Gunter E. Grimm/Hans-Peter Bayerdörfer (Hrsg.)

Im Zeichen Hiobs

Gunter E. Grimm
Hans-Peter Bayerdörfer
(Hrsg.)

Im Zeichen Hiobs

Jüdische Schriftsteller und deutsche Literatur im 20. Jahrhundert

Athenäum

CIP-Kurztitelaufnahme der Deutschen Bibliothek

Im Zeichen Hiobs: jüd. Schriftsteller u. dt. Literatur
im 20. Jh. / Gunter E. Grimm ; Hans-Peter Bayerdörfer
(Hrsg.). – Königstein/Ts. : Athenäum, 1985
ISBN 3-7610-8304-1
NE: Grimm, Gunter E. [Hrsg.]

Satz: Composersatz Klaus Prechtl, Passau
Druck und Bindung: Bercker, Graphischer Betrieb GmbH, Kevelaer
Printed in West-Germany
ISBN 3-7610-8304-1

Inhalt

Konrad Kwiet, Gunter E. Grimm, Hans-Peter Bayerdörfer

EINLEITUNG

I. Zum Problem: Deutsch-jüdischer Dialog' und deutsche Literatur (1870-1940)

'Symbiose' und 'Dialog' als Begriffe, welche historische Phasen des deutsch-jüdischen Verhältnisses bezeichnen sollen, sind seit 1945 heftig umstritten. Ernst und Emphase der Debatte erklären sich daraus, daß diese Begriffe nach dem 'tausendjährigen' Reich und dem Holocaust von Repräsentanten dieses Dialogs, die in der Emigration überlebt hatten, ins Gespräch gebracht worden sind. Adolf Leschnitzer sprach von einer hundertfünfzigjährigen 'Symbiose' zwischen Juden und Deutschen,[1] Heinz Politzer bezeichnete die Jahre 1890 bis 1933 als das goldene Zeitalter der deutsch-jüdischen Literatur,[2] Eva G. Reichmann sprach bekenntnishaft über Größe und Verhängnis deutsch-jüdischer Existenz mit der Formel „tragische Begegnung".[3] Gershom Scholem widersprach aus zionistischer Perspektive; einen Festschrift-Beitrag zu Ehren von Margarete Susman unter dem Stichwort 'Dialog' zu schreiben, lehnte er ab, weil ein „deutsch-jüdisches Gespräch in irgendeinem echten Sinne als historisches Phänomen" niemals stattgefunden habe. Denn zu einem Gespräch, so führte Scholem aus, gehöre die Bereitschaft, „den anderen in dem, was er ist und darstellt, wahrzunehmen und ihm zu erwidern",[4] und zu einem deutsch-jüdischen Gespräch habe es nach beiden Seiten hin an den tragenden Voraussetzungen gefehlt. Auf seiten der Deutschen war nach Scholem selbst im günstigsten Falle, wenn das Zusammenleben im humanen Geiste der Toleranz und der Achtung versucht wurde, „von Wilhelm v. Humboldt bis zu George" ausdrücklich oder unausdrücklich die „Selbstaufgabe der Juden" als einer Gemeinschaft eigenen Charakters eingeschlossen; dies hatte zur Folge, daß allenfalls die Einzelnen – „sei es als Träger reinen Menschentums, sei es selbst als Träger eines inzwischen geschichtlich gewordenen Erbes" – willkommen geheißen wurden. Aber auch von der anderen Seite her fehlte die echte Gesprächsbasis, spätestens seit die deutschen Juden im Zeichen der Assimilation ihre eigene Identität preisgaben, eine fragwürdige deutsche Existenz suchten und es nicht verschmähten, sich „von allen möglichen Gesichtspunkten und Standorten her, fordernd und beschwörend, kriecherisch und auftrotzend, in allen Tonarten ergreifender Würde und gottverlassener Würdelosigkeit", der Majorität anzubiedern.

Alex Bein hat diese Argumente aufgegriffen und historisch, hinsichtlich der Entstehung des modernen, d.h. politischen und rassistischen Antisemitismus, sowie der Langzeitwirkung von Vorurteilsstrukturen konkretisiert:

> Der gegenseitige Vorwurf, man sei voller Vorurteile, enthielt tatsächlich mehr Wahrheit als sich beide Seiten klarmachten. Es gab wirklich massive Vor-Urteile, auf der Seite der Nichtjuden vor allem, doch auch auf Seiten der Juden: Urteile, die sich [. . .] in langen Jahrhunderten geformt hatten, die in langer Tradition ge-

wachsen und vor allem bewußten Denken vorhanden waren und nun den Gedanken und den Affekten den Weg vorschrieben.[5]

Diesen Urteilen über die Krisenjahre des deutsch-jüdischen Verhältnisses, die zugleich die kultur- und literaturgeschichtliche Wende zur Moderne bezeichnen, stehen ganz andere Einschätzungen gegenüber. „Hätten Berufsantisemiten nicht auf die Rolle der Juden in den Künsten, in der Literatur und im Journalismus hingewiesen", so schrieb Peter Gay in einem Essay über *Deutsche Juden in der deutschen Kultur*, „so gäbe es keine Möglichkeit, aus der Qualität oder dem Charakter ihrer Werke auf ihre religiöse Zugehörigkeit zu schließen."[6] Der herausragende Anteil der Juden an der kulturellen Wende, so besagt die Folgerung, hat nichts mit jüdischem Kulturerbe oder gesellschaftlicher Benachteiligung zu tun, sondern damit, daß sie als Intellektuelle dem Zentrum des deutschen Kulturwandels so nahe wie irgend möglich waren. Und dasselbe gilt auch laut Peter Gay für die andere Seite des politisch-kulturellen Spektrums:

> Deutschlands Juden waren völlig mit der deutschen Kultur verwoben, und Deutschland färbte seine Juden durch und durch. Sie trugen seine Farben – schwarz, weiß, rot – ohne Entschuldigung, sogar mit Stolz. Es war keine Tarnfärbung, sondern ihre eigene. Jedenfalls glaubten sie das.[7]

Die vorliegenden Untersuchungen widmen sich – angesichts der skizzierten Kontroverse – unter analoger Fragestellung demjenigen Bereich der kulturellen Entwicklung, der am sensibelsten auf Spannungen und Konflikte in der Gesellschaft und auf Bewußtseinsveränderung reagiert. Es ist der Bereich der *Literatur*, weil er allein in sprachlicher Allgemeinheit und ästhetischer Verdichtung gesellschaftliche Probleme aufgreift, ohne sie an Konkretheit und Tragweite zu verkürzen. Die Frage der Dialogmöglichkeit zwischen Juden und Deutschen komprimiert sich dabei noch einmal. Literarische Werke, die als 'Antworten' auf die vorgegebenen Fragen verstanden werden können, sind im Falle deutscher Autoren jüdischer Abstammung oder jüdischer Autoren deutscher Sprache ihrerseits vermittelt durch eine individuelle Identitätsproblematik,[8] die – so oder so – in Thema und ästhetischer Gestalt in Erscheinung tritt. Der innere Widerstreit des Einzelnen erreicht auf diese Weise eine literarische Öffentlichkeit, die von ihren geistesgeschichtlichen Prägephasen in der Aufklärung her nichts anderes als Dialogfeld und Gesprächsforum zu sein hat, die aber im 19. Jahrhundert zu einem politisch-gesellschaftlichen Kampfplatz um Rang und Gewinn, Behauptung und Bestätigung geworden ist, ohne doch ihre frühere Bestimmung völlig verloren zu haben.

Die in diesem Band vorgestellten Schriftsteller repräsentieren die Geburtsjahrgänge 1869 bis 1920; die Mehrzahl von ihnen steht 1920 sehr aktiv im literarischen Betrieb. In den damit umrissenen fünfzig Jahren vollzieht sich Entscheidendes im jüdisch-deutschen Zusammenleben. Zu Beginn dieser Jahrzehnte wird den deutschen Juden die Emanzipation als formalrechtliche Gleichstellung gewährt und die soziale Integration in Aussicht gestellt. Wenig später formiert sich dagegen der jetzt politisch und rassistisch begründete Antisemitismus, der bis zu den

Jahren der deutschen und österreichischen Republik zu einem wichtigen gesellschaftlichen und politischen Faktor geworden ist. Gegen den deutschen und europäischen Nationalismus tritt andererseits die nationaljüdische Erneuerung und der politische Zionismus an, gegen die Kräfte der gesellschaftlichen Beharrung und ökonomischen Herrschaftsstrukturen der Sozialismus, der seinerseits die Lösung der europäischen Judenfrage verspricht. In der bürgerlichen deutschen Kulturlandschaft, die zugleich den wilhelminischen Nationalstaat bzw. die österreichische Staatsidee repräsentiert, vollzieht sich jener grundlegende Umbruch zur Moderne, der das 20. Jahrhundert ankündigt, noch ehe es begonnen hat. Jüdisch-deutsche Intellektuelle sind in vielen Bereichen kreative und geistige Wortführer; von der ideologischen Reaktion werden sie zum verketzerten Inbegriff dieses Umbruchs stilisiert.

Die Probleme, die sich daraus für die deutsch-jüdischen Literaten ergeben und in ihren Werken Niederschlag finden, sind der Gegenstand der folgenden Einzeldarstellungen. In der Einleitung kann es nicht darum gehen, ein geschlossenes Bild der deutsch-jüdischen Lebensgemeinschaft zu entwerfen.[9] Wohl aber sind wichtige Aspekte und Probleme zu skizzieren, die als Rahmenbedingungen für alle Autoren gelten und daher in den Einzeldarstellungen so oder so Widerhall finden werden. Daher ist im folgenden einiges zum sozialen und geistigen Erscheinungsbild des deutschen Judentums zu sagen, einiges zur Formation und Stoßkraft des Antisemitismus sowie zu den Verhaltens- und Abwehrstrategien, die dagegen entwickelt werden und die ihrerseits mit den geistigen Kämpfen um neue Gesellschafts- und Staatsformen, nicht zuletzt mit jüdischer Erneuerung zu tun haben. Schließlich ist einiges zum Erscheinungsbild des deutschen Judentums besonders in Publizistik und Literatur in Erinnerung zu rufen, damit das Ausmaß der die literarische Situation der einzelnen Autoren bestimmenden allgemeinen Züge erkennbar wird.

II. Zum Sozialprofil des deutschen Judentums im letzten Jahrhundertdrittel

Über ein Jahrhundert haben sich in Mitteleuropa die Debatten über die Judenemanzipation hingezogen.[10] Als 1867 im Habsburger Reich, 1871 im neuen deutschen Kaiserreich die rechtliche Gleichstellung ausgesprochen ist – nicht ohne daß Restriktionen bis 1918/19 in Kraft blieben, welche den Zugang zu staatlichen Führungspositionen versperrten – enthalten die 'von oben' verkündeten Anordnungen die Erwartung, daß sich die Juden, im Zuge der Emanzipation, von ihren angestammten Traditionen lösen, ihre eigene Gruppenstruktur und Identität aufgeben und sich als Österreicher und Deutsche in ihre Umwelt einfügen würden. In dieser Hinsicht erneuert sich, was schon frühere Emanzipationsedikte, das Toleranzpatent Josephs II. von 1782, das Hardenbergsche Judenedikt von 1812, deren Durchsetzung sich um Jahrzehnte verzögerte,[11] ebenfalls vorausgesetzt haben: selbst das im direkten Wirkungsbereich Mendelssohns entworfene Dohmsche Programm *Über die bürgerliche Verbesserung der Juden* von 1781 hat die 'Denationierung' als stillschweigend zu entrichtenden Preis eingeschlossen.[12] Und wann immer sich im 19. Jahrhundert analoge Impulse aus weltbürgerlicher Absicht Gehör zu verschaffen wissen, enthält das Postulat der Gleichberechtigung eine Gegenrechnung. So etwa bei den Jungdeutschen, u.a. bei Gutzkow, nicht zuletzt bei Börne, der mit seiner Namenswahl gegenüber 'Baruch Löw' persönlich dafür einsteht, wie Emanzipation und Löschung jüdischer Identität zusammenhängen und wie der jüdischen Nation bestimmt ist, in universellem Kosmopolitismus aufzugehen. Auch die Marxschen Vorschläge zur Lösung der „Judenfrage" folgen dem Muster, indem sie die 'Emanzipation' mit geschichtlicher Aufhebung der nationalen Eigenart dialektisch verbinden.

Daß sich die gesellschaftliche Einfügung der europäischen Juden bis in die siebziger Jahre nicht nahtlos vollzogen hat, liegt freilich nicht nur an der verweigerten rechtlichen Gleichstellung, auch nicht an der Stärke jüdischen Identitätsbewußtseins, sondern auch an der ideologisch-politischen Formation der europäischen Staaten. Der Gedanke der Staatsnation, in seiner in der Französischen Revolution festgelegten Form, enthielt bereits zu viele historische Momente, die sich im Nationalgedanken des 19. Jahrhunderts Geltung verschaffen, als daß die 'Denationierung' der jüdischen Bevölkerung restlos hätte gelingen können. So ergibt sich für die Jahrzehnte nach 1870 das eigenartige Bild, daß die deutschen Juden in ihrer Mehrheit in gewisser Weise 'überangeglichen' sind, aber gerade darin sich wieder von der restlichen Bevölkerung abheben, zu schweigen von weiteren Differenzmerkmalen, die sich im Bewußtsein artikulieren. Hinsichtlich des Sozialprofils zeichnet sich der doppelte Sachverhalt ab, daß die jüdische Bevölkerung im Vergleich mit der nichtjüdischen stärker verbürgerlicht und stärker 'intellektualisiert' ist. Dafür sprechen demographische Befunde, das Spektrum der Berufe, das politische Wahlverhalten, nicht zuletzt die Stellung in Schul- und Bildungssphäre insgesamt.[13]

An der Bevölkerungsexplosion, die, durch die Industrialisierung ausgelöst, die Jahre zwischen 1870 und 1910 kennzeichnet, hat die jüdische Bevölkerungsgruppe mit knapp 20 Prozent weniger Anteil als die gesamte Reichsbevölkerung, die sich um fast 60 Prozent erhöht. Damit verringert sich der jüdische Anteil an der Bevölkerung von 1,25 auf 0,95 Prozent; er sinkt bis 1933 weiter auf 0,75 Prozent. Die Ursachen sind in der stärkeren Annäherung an bürgerliche Lebensweisen zu sehen: steigendes Heiratsalter, Einschränkung der Kinderzahl als Erfordernisse bürgerlichen Lebensstandards, dazu Mischehen, Taufen und Gemeindeaustritte sind für das verringerte Wachstum verantwortlich. Schon um 1920, lange vor der nationalsozialistischen Ausrottungspolitik, gibt es jüdische Stimmen, die über den drohenden 'Untergang' des deutschen Judentums Klage führen.[14]

Weiteres Indiz für die stärkere Verbürgerlichung ist der höhere Anteil der jüdischen Bevölkerung an der Konzentration in den Städten, wie sie in der zweiten Hälfte des 19. Jahrhunderts sich vollzieht. Die von der industriellen und wirtschaftlichen Entwicklung bedingte Urbanisierung zieht die große Migrationswelle von Ost nach West nach sich. Dabei erlaubt es die größere Mobilität den Juden, sich der Wanderung schneller als Nichtjuden anzuschließen, besonders nachdem mit der rechtlichen Emanzipation ihnen die Wahl des Berufs und des Wohnorts zugestanden wurde. Zu Tausenden ziehen sie in die industriellen Ballungszentren, in die Orte des Handels und der Bildung, die den wirtschaftlichen und gesellschaftlichen Aufstieg versprechen. 1910 leben fast 60 % der deutschen Juden in Großstädten, von der Gesamtbevölkerung sind es erst etwa 20 %. Dabei verrät die innerstädtische Siedlung das soziale Gefälle. In den zwanziger Jahren leben 80 % aller Berliner Juden in sechs von zwanzig Bezirken, mit Höchstwerten in Charlottenburg und Wilmersdorf, also im 'wohlsituierten' Westteil der Stadt, während im Norden und Osten – abgesehen vom Scheunenviertel am Alexanderplatz – der Prozentsatz wesentlich geringer ist. Die Affinität zum Bürgertum drückt sich in der Wohnlage aus. Die räumliche Trennung läßt Kontakte zur Arbeiterschaft kaum aufkommen, jedoch auch nicht zu den im Scheunenviertel lebenden Ostjuden.[15] Starke Distanz entwickelt sich desweiteren zwischen den urbanisierten Juden und der jüdischen Landbevölkerung, die wesentlich länger traditionelle Wertvorstellungen und Lebensweisen bewahrt, während die in den Stadtbereichen durch die Emanzipation freigesetzten Aufstiegsenergien die Bereitschaft zur Wandlung der Lebensweise befördern.

Von der Gesamtbevölkerung unterscheiden sich die Juden weiterhin durch ihr Berufsspektrum. Charakteristisch ist die starke Präsenz in Handel und Finanzen; die Konzentration resultiert, zum Teil jedenfalls, aus der langen Handelstradition, die den Juden gegenüber anderen Sozialgruppen beim Übergang in die kapitalistische Marktwirtschaft entscheidende Vorsprünge gesichert hat. Hinzu kommen weitere spezifische Bedingungen; da Karrieren in Verwaltung und Justiz, in Armee und Schule bis 1918 weitgehend versperrt geblieben sind, werden die 'selbständigen' Berufe gewählt; da diese keine kollegialen und Vorgesetzten-Verhältnisse kennen, die zu antijüdischen Anfeindungen leicht Anlaß geben, sind sie zudem attraktiv. Die jüdische akademische Intelligenz drängt in die freien Berufe. Ärzte und Rechtsanwälte dominieren; sie lösen als gesellschaftliche Symbolfiguren die alten 'Vieh- und Betteljuden' ab. Offen stehen weiterhin die Bereiche von Literatur, Kunst und Journalismus. So ist in Deutschland der jüdische Anteil an den freien Berufen 'überproportional' hoch; er beträgt zwischen 1900 und 1910 15 % der Anwälte, 6 % der Ärzte und Zahnärzte, 8 % der Schriftsteller und Journalisten.

Wie die berufliche, so weicht auch die soziale Schichtung der Juden im ganzen ab. Um die Jahrhundertwende gehören drei Viertel aller deutschen Juden dem mittleren und oberen Bürgertum an, mehr als 50 % von ihnen als Selbständige, doppelt so viele wie in der Gesamtbevölkerung. Dementsprechend liegt das jüdische Einkommen deutlich über dem Durchschnitt – eine Prosperität, die sich mit dem Ersten Weltkrieg und erst recht in den zwanziger Jahren schnell abbaut und zu Beginn der dreißiger verliert, die aber als 'Image' bis zur nationalsozialistischen Machtergreifung überlebt.

Mit dieser neuen Sonderstellung in der Gesellschaft verbindet sich das veränderte Antlitz der jüdischen Gemeinschaft. Die alte, relative Abgeschlossenheit und Homogenität sind verschwunden, da Emanzipation und Integration den Typ des 'modernen' Juden hervorgebracht haben. Eine der Welt geöffnete, angepaßte Gemeinschaft, in sich nach reich und arm, gebildet und ungebildet, Stadt und Land, Ost und West vielfach aufgesplittert, weist eine abweichende Schichtung der 'sozialen Pyramide' auf. An der Spitze der jüdischen Gruppe stehen die wenigen über

Kapital und Einfluß verfügenden Großkaufleute, Fabrikanten und Bankiers, die in der Öffentlichkeit über großes Renommee verfügen und nicht ungern als Mäzene und Philanthropen in Erscheinung treten, in Wien 'Hofjuden' und in Berlin zeitweilig 'Kaiserjuden' genannt. Das jüdische Bürgertum hat als Oberschicht die Akademiker, aus denen sich die Führungselite der jüdischen Gemeinden und Organisationen rekrutiert, als Mittelschicht die wohlsituierten Händler und Handwerker. Lediglich ein Viertel der deutschen Juden rangiert in der Arbeiterschaft und der sozialen Unterschicht, als Dienstboten und Fabrikarbeiter. Dementsprechend fällt das politische Wahlverhalten aus. Die Mehrheit fühlt sich dem politischen Liberalismus, als dem traditionellen Sachwalter ihrer Interessen, verpflichtet. 1848 wählt das Judentum des Deutschen Bundes weitgehend linksliberal und stellt eine Reihe von prominenten Abgeordneten dieser Richtung für die Paulskirche. Im Nachmärz ergibt sich eine gewisse Drift nach rechts, bis dann nach der Reichsgründung das Pendel nach der nationalliberalen Seite ausschlägt, um nach der folgenden Brüskierung durch den nationalistischen Antisemitismus ab 1890 wieder eher auf die linksliberale Seite zurückzukehren.

Noch später, in der Weimarer Republik, führt diese 'Treue' zum Liberalismus das deutsche Judentum zu politischer Unruhe. Zunächst ergibt sich eine Akkumulation jüdischer Stimmen in der 'Deutschen Demokratischen Partei', die daraufhin als 'Judenpartei' denunziert wird. Mit dem weiteren Zerfall des Liberalismus ist dann etwa um 1930 eine mehrheitliche Orientierung zur Sozialdemokratie, die ihr marxistisches Erbe überprüft und den Kurs einer demokratischen Volkspartei eingeschlagen hat, zu bemerken, weil jetzt von ihr am ehesten Schutz erwartet wird. Für den gesamten Zeitraum 1870 bis 1933 ist weiterhin bezeichnend, daß aus dem jüdischen bürgerlichen Block stets nur eine geringe Anzahl von intellektuellen Sympathisanten sich am linken Flügel – während des Kaiserreiches also an der Sozialdemokratie, später an der USPD und an der KP – orientiert.[16] Neu hingegen in der Weimarer Republik ist, daß das Judentum auch auf dem rechten, chauvinistischen Flügel eigens in Erscheinung tritt. So sammeln sich etwa 3500 Mitglieder im „Verband nationaldeutscher Juden";[17] diese rechte Minorität zieht vor allem gegen den Zionismus und die unerwünschten Ostjuden zu Felde. Antiliberal und dezidiert anti-sozialistisch sind außerdem die Orthodoxen, von denen sich einige – im Versuch der Abwehr 'weltlicher' Einflüsse auf die Gesellschaft – sogar mit dem katholischen Zentrum verbünden. Damit zeigt sich während des ganzen zur Debatte stehenden Zeitraums ein Wahlverhalten, das ein tendenziell anderes Profil aufweist als das der Gesamtheit der deutschen Bevölkerung.

Schließlich sind Differenzen auch in der Familienstruktur zu beobachten. Nicht nur, daß hier Erinnerungen und Empfindungen, religiöse Werte oder Restwerte, oft an Feiertagen oder Familienfesten zu äußerem Brauch formalisiert, noch Atmosphäre und Bewußtsein prägen – gemäß der Tradition wird auch der Frau eine größere Rolle eingeräumt. Die jüdisch-bürgerliche Familie bleibt zwar von Grund auf patriarchalisch strukturiert, aber „die durchschnittliche jüdische Ehefrau unterschied sich von der nichtjüdischen durch eine geringere Kinderzahl und einen höheren Bildungsgrad, sie war seltener berufstätig und verfügte über mehr Hauspersonal."[18]

Emotionale Verbundenheit der genannten Art hält viele Juden zusammen und führt dazu, daß Nicht-Juden ausgeschlossen bleiben. Danach werden Freundeskreis, Wohnviertel, Lebenspartner ausgewählt – jedenfalls ergeben sich Barrieren gegen zu leichte Vermischung bis hin zu Mischehe und Taufe.

Es ist des öfteren behauptet worden, daß der Nationalsozialismus eine Entwicklung beendet habe, die auf eine vollständige Angleichung der Juden an ihre Umwelt hinausgelaufen wäre. Diese Annahme bedarf der Korrektur; Emanzipation und Integration führen nicht dazu, daß die Juden als Juden verschwinden. Sie bleiben eine deutlich erkennbare Sozialgruppe, die nicht nur durch den antisemitischen Außendruck zusammengehalten und definiert wird, sondern auch die primären und sekundären Sozialmerkmale einer Besonderung aufweist.[19] Mit Religion, Tradition und dem Bewußtsein der 'Sonderung' heben sich die Juden von ihrer Umwelt ab. Erworbene sekundäre Merkmale manifestieren sich im demographischen Verhalten, in der beruflichen und sozialen Schichtung, wie schließlich in der familiären Tradition.

Wirtschaftliche und soziale Integrationsschübe, die der rechtlichen Emanzipation 1868 bzw. 1871 vorausgehen, haben keine völlige Assimilation hervorgerufen. Einer Angleichung nach weltbürgerlich-liberalen Vorstellungen, die in der Tat die Preisgabe jüdischer Nationalität bedeutet hätte, wirkt der Nation-Begriff des 19. Jahrhunderts mit seiner legitimistischen, historischen, wenn nicht religiösen Begründung entgegen. Einer Assimilation im nationalen Sinne aber stehen von vornherein Schranken im Wege, die sich schon im Zusammenhang mit den Befreiungskriegen deutlich abgezeichnet haben: antijüdische Momente beim Wartburg-Fest setzen Signale, erst recht aber die legislative und administrative Praxis der deutschen Staatsorgane, die im Zeichen der heiligen (d.h. christlichen) Allianz öffentliche Laufbahnen den Juden nur um den Preis der Konversion öffnen und sich um patriotische Verdienste der Freiheitskriege, selbst bei Auszeichnungen, nicht kümmern.

Was hingegen nach der Öffnung der Ghettos auf der Basis von Integration und wirtschaftlichem Erfolg möglich ist, ist eine weitgehende Akkulturation, und zwar in dem doppelten Sinne, daß das deutsche, wie das westeuropäische Judentum eine beträchtliche Reduktion seiner Eigenständigkeit in den Bereichen Religion, Schule und Bildung vornimmt, sich aber entsprechend aktiv in der kulturellen Entwicklung der jeweiligen Majorität engagiert. Die Mehrheit der mitteleuropäischen Juden weist Offerten zurück, sich durch das Entrée-Billet der totalen Assimilation den Platz in einer 'Juden-freien Gesellschaft' zu erkaufen. Sie übernimmt jedoch entscheidende 'cultural patterns' ihrer Umwelt und versucht, in diesem Rahmen eigene kulturelle Eigenart zu wahren.[20]

III. Zum geistig-kulturellen Erscheinungsbild im letzten Jahrhundertdrittel

Nichts kennzeichnet die Entwicklung der Religion deutlicher als die Tatsache, daß im 19. Jahrhundert nahezu kampflos die rabbinische Gerichtsbarkeit aufgegeben wird. Damit ist nicht nur angezeigt, daß sich die jüdische Reformdebatte im wesentlichen auf den Kultus konzentriert, sondern generell, daß sich 'jüdische Religiosität' und 'jüdische Nationalität' – wie sie bis dahin noch unbefangen gleichgesetzt werden konnten – trennen lassen. Das 'Jüdische' kann nun 'konfessionell' definiert werden, und beim allgemeinen Rückgang der Bedeutung der Religion für Identität und Selbstbewußtsein ist damit ein Weg des Identitätswandels vorgezeichnet. Die geistesgeschichtlichen Grundlagen dafür sind bereits in der zweiten Hälfte des 18. Jahrhunderts gelegt worden. Zum einen liegen sie in der religionsphilosophischen Aufwertung des jüdischen Monotheismus durch die Aufklärung, insbesondere durch Moses Mendelssohn;[21] sein Nachweis, daß die Religion der Vernunft und die des Judentums mehr miteinander zu tun hätten als beide mit dem Christentum, sowie seine Unterscheidung zwischen der vernunftgemäßen religiösen Substanz und dem offenbarten Gesetz als einem historischen Moment jüdischer Identität, sind ausschlaggebend für die Neuorientierung jüdischen Selbstbewußtseins.[22] Von vergleichbarer Bedeutung ist zum zweiten die Ethisierung des Religiösen bei Kant – wobei eine gewisse Analogie zur liberalen (christlichen) Theologie des 19. Jahrhunderts zu erkennen ist.

> Diese Verflüchtigung der Religion zu einer reinen Ethik war eine der Formen, in denen sich der kantische Einfluß auf Leben und Lebenshaltung vieler Juden ausdrückte. Sie kam auch den Tendenzen des jüdischen Emanzipationskampfes entgegen. Denn sie diente dazu, die Unterschiede zwischen jüdischen und christlichen Bürgern zu bagatellisieren. In dieser Form wirkte die kantische Ethik mit ihrem dem Judentum als verwandt empfundenen Rigorismus auf viele jüdische Generationen.[23]

Rund ein Jahrhundert später ist Hermann Cohen, mit seiner neukantianischen Interpretation der jüdischen Religion, nicht nur ein Repräsentant der akademischen Schicht des deutschen Judentums, sondern auch ein Anwalt jener Symbiose, die er durch eine besondere geistige Nähe gerechtfertigt sieht.[24] Die Konsequenzen aus der veränderten Religionsauffassung sind in erster Linie sichtbar in der Reform des synagogalen Gottesdienstes, der nach unterschiedlichen Konzepten an die christlichen Gottesdienstformen, einschließlich Predigt und musikalischer Rahmung, angeglichen wird. Diese Vorgänge beschäftigen jüdische Gemeinden auf Jahrzehnte und führen u.a. dazu, daß das Bild so vielfältig und gegensätzlich erscheint, wie das der christlichen: Reformjuden, Konservative und Neoorthodoxe stehen sich gegenüber. Die große Mehrheit des mitteleuropäischen Judentums bekennt sich dabei zu liberalen, reformierten Richtungen. Insgesamt stärker als im nichtjüdischen deutschen Bürgertum tritt eine Indifferenz gegenüber Religion und Tradition auf. Speisegesetze und Sabbatruhe bilden besondere Probleme im modernen Alltag. Die Reduktion des Religiösen auf das Brauchtum an hohen Feiertagen bedeutet dann letztlich nur, daß man den Gemeindeaustritt als charakterlos und opportunistisch empfindet. Die Minderheit, die auch um 1900 noch nach herkömmlicher Vorschrift lebt (ca. 15 %), hat in einigen Großstädten und ländlichen Regionen in Gestalt von Separat-Gemeinden ihre Bastionen.

Während das Erbe des 18. Jahrhunderts im Bereich der Religion für die deutschen Juden einen langen Prozeß der Auseinandersetzung mit sich bringt, eröffnet es im Bereich von Sprache und Bildung diejenigen Bahnen, auf denen das 'Entrée-Billet' zur bürgerlichen Gesellschaft – gemäß deren eigenem Selbstverständnis – zu gewinnen war. Mendelssohn hat für die 'reinen Sprachen' votiert, sein eigenes philosophisches Schrifttum entsprechend abgefaßt und für den jüdisch-deutschen Leser eigens den Pentateuch ins Deutsche übertragen. Während die Alternative, das Hebräische letztlich nur für die Haskala in Osteuropa verbindlich wird, führt Sprach-Purismus im deutschen Sprachbereich dazu, daß das Westjiddische bis auf geringe Reste verschwindet – und im übrigen als diskreditierend empfunden wird –[25] und daß das Jiddische des Ostens – trotz bedeutender Anwälte seit 1860 – bis weit ins 20. Jahrhundert mit großer Abneigung betrachtet wird. Als Sprache der ostjüdischen Einwanderer, die ohnehin eine Gefährdung des sozialen Status der ansässigen Juden bedeuten, stößt das Jiddische auf Ablehnung und Spott. Das Deutsche als Muttersprache ist zum Statussymbol und Stützpfeiler eines neuen Identitätsbewußtseins geworden.[26]

Mit der Mendelssohnschen 'Sprachreform' und der Öffnung für die moderne, das heißt aufgeklärte Bildung treten die traditionellen Bestände jüdischer Bildung und Gelehrsamkeit stark zurück. Die talmudische Tradition wird aus Erziehung und Bildungsbewußtsein des deutschen Judentums nach und nach ausgeschieden und ersetzt durch die Zugehörigkeit zur deutschen bzw. europäischen Kultur und Literatur. Nirgendwo setzt sich die 'Akkulturation' so stark durch wie im Schul- und Bildungssystem auf allen Stufen. Um 1850 ist die Identifikation mit deutscher Kultur im wesentlichen vollzogen. Selbst in den jüdischen Freischulen sind säkulare Inhalte beherrschend.

Von jüdischer Erziehung kann man schon nicht mehr sprechen, namentlich nicht in Berlin und den meisten größeren Gemeinden. An jüdischen Inhalten brachten diese Jugendlichen aus ihren Elternhäusern nur Rudimente mit und überlieferten ihren eigenen Kindern noch weniger.[27]

Sieht man von rein ländlichen Gebieten ab, so kann man für die zweite Jahrhunderthälfte konstatieren: „Indifferenz und Unbildung in jüdischen Dingen herrschte in den weitesten jüdischen Kreisen."[28]

Mit dem Rückgang der 'Juden-Schulen' geht die Integration eines Großteils der jüdischen Kinder in das staatliche Bildungssystem Hand in Hand.[29] Es indiziert die 'Verbürgerlichung', daß ein höherer Prozentsatz jüdischer Kinder die weiterführenden Schulen und die Hochschulen besucht als der Kinder der nichtjüdischen Bevölkerung. Um 1900 liegt der Anteil jüdischer Schüler an den preußischen Oberschulen bei fast 10 Prozent, und auf Bevölkerungsanteile gerechnet studieren in Preußen rund sechsmal so viele Juden wie Protestanten und achtmal so viele Juden wie Katholiken.[30] Diese Zahlen spiegeln das Tempo, in dem sich die Juden am kulturellen, wissenschaftlichen und literarischen Leben seit der Mendelssohn-Zeit beteiligt haben. Die Akkulturation geht dem wirtschaftlichen Aufstieg parallel und der rechtlichen Gleichstellung voraus. Die berühmten literarischen Salons der Berliner Romantik, gruppiert um Henriette Herz, Dorothea Schlegel und Rahel Varnhagen bilden das Symptom der sozial-kulturgeschichtlichen Lage, denn sie treten in „die Lücken des fehlenden Großbürgertums".[31] Der zunehmende Anteil jüdisch-deutscher Bürger an der Entwicklung von Wissenschaft und Kultur in allen Bereichen während des 19. Jahrhunderts braucht nicht im einzelnen belegt zu werden. In Jura und Medizin können traditionelle Disziplinen jüdischer Bildung auf säkularer Grundlage weitergeführt werden; im naturwissenschaftlichen Bereich ergibt sich im Laufe der Zeit ein ähnliches Bild. Besonders auffallend ist außerdem der Anteil deutsch-jüdischer Intellektueller in den Bereichen von Verlag, Publizistik und Literatur. In den entsprechenden Berufsfeldern spiegelt sich die Bedeutung, die Sprache und Literatur für das Identitätsgefühl der akkulturierten Juden haben. Besonders die Geistes- und Literaturgeschichte zwischen Aufklärung und Weimarer Klassik bildet einen Anhaltspunkt für das kulturelle Integrationsbewußtsein und die Erwartung, gerade im deutschen Sprach- und Kulturraum – auf der Basis einer kosmopolitischen Ausrichtung des gesellschaftlichen und kulturellen Lebens – die ihnen zustehende Aufnahme finden zu können.

Schon einmal hat es in der jüdischen Geschichte eine ähnliche fruchtbare Begegnung zweier Kulturströme gegeben, als zur Blütezeit des spanischen Judentums jüdische und arabische Kultur zusammentrafen. Jetzt wurde das deutsche Judentum zu einer Erscheinung eigentümlicher Prägung durch die Begegnung jüdischer Tradition mit einem Zweig der deutschen Kultur, zu dem die Juden eine besondere Affinität empfanden: der deutschen Klassik. Sie identifizierten diesen Zweig mit dem Ganzen, was sich später als tragisches Mißverständnis erwies.[32]

Der gleichsam Herderschen Komponente der Klassik, welche geschichtsphilosophisch einen kosmopolitischen Humanitätsbegriff mit der Vorstellung nationaler Kulturtradition verbindet, verdanken sich Ansätze zu einem neuen geschichtlichen Selbstbewußtsein, das für die Akkulturationsneigung[33] der deutschen Juden Bedeutung erlangen sollte. Die erste Keimzelle bildet der „Verein für Cultur und Wissenschaft der Juden“ 1819, dem Leopold Zunz, Eduard Gans, zeitweilig Heinrich Heine sowie sein Freund Moses Moser angehören.[34] Diese Gründung ist als erste Reaktion auf die Gegebenheiten nach der napoleonischen Ära und zu Beginn der Restauration zu verstehen. Im Rahmen des Wissenschafts- und Geschichtsverständnisses den neuen, des ‘historischen’ Jahrhunderts, ist sie getragen vom Zutrauen in die soziale Wirksamkeit wissenschaftlicher Einsicht und in die Teleologie der Selbstverwirklichung der Menschheit. Hatte es Mendelssohn verstanden, „das Judentum, das ja der Welt nur noch in der Gestalt eines verkümmerten Ghettowesens sichtbar wurde, in seine große historische Bedeutung, und damit in seine sittliche Würde wieder einzusetzen,“[35] so versuchen nun die Wissenschaftler des ‘Vereins’, die Kulturleistungen des morgen- und abendländischen Judentums für die gesamte menschheitliche Kultur ins Bewußtsein zu bringen. Diesem Zweck ‘nach außen’ entspricht ‘nach innen’ der Versuch, wie Eduard Gans formulierte, „die jüdische Welt sich selbst vorstellig zu machen“,[36] d.h. jüdisches Selbstbewußtsein durch wissenschaftliche Beschäftigung mit sich selbst zu stabilisieren.

Der Culturverein machte es zu seinem Programm, die Kenntnis der jüdischen Geschichte und Kultur wieder in weite Kreise von Juden zu bringen und sie zu lehren, ihr Judentum als einen Teil der allgemeinen Kultur zu verstehen und nicht als Gegensatz.[37]

Indem jüdisches Geschichtsverständnis vom alten talmudischen Traditionsbegriff gelöst und mit den andersartigen Prämissen des europäischen Geschichtsbewußtseins vermittelt wird, ergibt sich die Möglichkeit, im Akkulturationsprozeß jüdische Ebenbürtigkeit zu begründen und damit historisches jüdisches Selbstbewußtsein aufzubauen.

Die in der Folge des 'Vereins' entstehende Wissenschaft vom Judentum, die zwar lange keine akademische Verankerung an der deutschen Hochschule findet, aber zu einer jüdischen Hochschule in Breslau führt, rückt weite Bereiche jüdischer Geschichte wieder ins Bewußtsein. Zunz' Forschungen zum jüdischen Mittelalter etwa oder Heinrich Graetz' vielbändige *Geschichte der Juden,* welche die nicht abreißende Kette jüdischer Märtyrer und jüdischer Gelehrter zum Inbegriff des Juden-Bildes macht und damit der abendländischen Unwissenheit oder den Trivialbildern von jüdischer Geschichte entgegentritt, haben bedeutenden Anteil an der Historisierung jüdischen Bewußtseins, nachdem die religiösen Stützen an Bedeutung verloren haben. Jedenfalls kann die Wissenschaft des Judentums im Jahrhundert eines Ranke, eines Droysen, eines Mommsen mithalten und damit der Akkulturation den Rücken stärken.

Eine analoge Funktion ergibt sich im publizistischen Bereich, in dem sich in der ersten Jahrhunderthälfte eine vielgestaltige deutsch-jüdische Zeitschriften-Literatur entwickelt.[38] Es ist bezeichnend, daß die renommierteste und langlebigste Zeitschrift, die *Allgemeine Zeitung des Judentums* (1837 bis 1922), ein Blatt von dezidiert liberaler Grundhaltung ist, das alle Spielarten von Assimilation und Akkulturation befördert. Das von Ludwig Philippson begründete Organ wahrt sein auf Aufklärung, Idealismus und bürgerlicher Emanzipation basierendes Profil zeit seines Bestehens und vertritt alle Forderungen, die sich daraus ergeben. Entsprechend werden Reform-Forderungen hinsichtlich der Synagoge und der jüdischen Schule unterstützt, die sich gegen Orthodoxie und Neoorthodoxie, später gegen den Zionismus wenden. Von besonderem Belang in unserem Zusammenhang ist, daß die Zeitschrift an der Frage jüdischer und deutscher Literatur größtes Interesse bekundet. Philippson selbst läßt seiner AZJ später das 'Institut zur Förderung der israelitischen Literatur' (1855-1874), die erste jüdische Buchgemeinschaft, und ein *Jüdisches Volksblatt,* eine populäre Zeitschrift, folgen. Die Bedeutung, die vom deutschen Judentum gerade der Literatur beigemessen wird, zeigt sich in der Erweiterung des Literaturbegriffs, welcher die kulturell-historische Umorientierung spiegelt. Der Begriff der 'jüdischen Literatur', der sich anfangs auf die talmudische und rabbinische Literatur beschränkt, umfaßt in zunehmendem Maße alle Werke, welche Probleme und Geschichte des Judentums betreffen, sowie alle von deutsch-jüdischen Autoren verfaßten Bücher, denen sich später jüdische Autoren jeglicher Sprache, auch der neuhebräischen, anschließen. Im Hinblick auf die Wirkung formuliert Philippson sein Literatur-Programm:

Die Mittel zu dieser Erkräftigung [scl. des Selbstbewußtseins der Juden im europäischen Kontext] sind nicht allein *Synagoge* und *Schule*, sondern auch die *Literatur*. Ja, wenn von Vielen der Gottesdienst nur selten besucht, wenn die Wirkung der Schule im Leben bald wieder verwischt wird, so tritt hingegen die Literatur fortwährend und immer wiederholt an die Menschen, spricht zu ihnen in einer für sie jetzt anziehenderen und anregenderen Weise, so daß ihre Wirksamkeit unstreitig das bedeutsamste Mittel auch für das religiöse Leben in der Gegenwart ist.[39]

Es ist verständlich, daß das Akkulturationsprogramm der AZJ nach der Formel 'deutsche Kultur und jüdische Religiosität' gegen Ende des Jahrhunderts in Schwierigkeiten gerät, als von nationalistischer und antisemitischer Seite den Juden 'deutsche Kultur' abgesprochen und von orthodoxer und nationaljüdischer Seite 'jüdische Religiosität' in Anspruch genommen wird.[40] In den siebziger Jahren ist das Literaturprogramm dieses bedeutendsten Organs darin beglaubigt, daß diejenigen literarischen Genres, welche der (Selbst-)Darstellung des Judentums im 19. Jahrhundert unter liberalen Prämissen dienstbar gemacht worden sind, seine Ansprüche voll realisieren.

Das wichtigste Genre bilden historische Novellen und Romane, auf allen Ebenen, hochliterarisch bis trivial. Angeregt vor allem von Walter Scotts Romanen, u.a. *Ivanhoe*, in dem jüdische Geschichte, als Außenseiter- und Verfolgungsgeschichte, das zentrale Sujet bildet, später von Heinrich Heines *Rabbi von Bacharach*, sowie von Phöbus Philippsons Muster-Novelle *Die Marannen* entwickelt sich ein Strom historischer Erzählliteratur mit jüdischen Sujets, der sozusagen Heinrich Graetz' Bild vom Martyrium einerseits und geistig-gelehrter Selbstbehauptung andererseits ausgestaltet. Die kulturhistorischen Romane,[41] die Krisen- und Verfolgungszeiten thematisieren und bisweilen große geistige und kulturelle Entwicklungslinien, von der Gnosis über die Kabbala bis zur Neuzeit etwa, ziehen, haben eine mehrfache Zielsetzung. Sie sind gleichzeitig an den jüdischen und den nichtjüdischen Leser adressiert. Auf den letzteren zielt die Erhellung jüdischer Geschichte, die sozialgeschichtliche Darstellung des Antijudaismus und seiner Wurzeln, auf Hervorhebung der jüdischen Kulturleistung. Damit demonstriert man seine Identität, die den für das 19. Jahrhundert so wichtigen Faktor der Geschichte beansprucht und damit den Legitimationsverfahren des deutschen Nationalbewußtseins an die Seite tritt; dabei geht es um den Nachweis von Ebenbürtigkeit in dem Sinne, daß das Judentum Beiträge zur modernen europäischen Kultur- und Staatenwelt geleistet hat, deren sich diese nicht mehr bewußt ist. Desweiteren ist historische Leistung und Dignität für das jüdische Selbstbewußtsein selbst als Faktor in Rechnung zu stellen, und nicht zuletzt verbirgt sich im historischen Rückblick oft die Stellungnahme zur internen Reformdebatte. Wie im Falle der aufgeklärten bzw. idealistischen Religionsphilosophie und in der Wissenschaft vom Judentum, so geht es auch in der historischen Erzählliteratur um eine doppelte Strategie: der positiven Religion wird traditionsbildende und identitätsvermittelnde Leistung zugestanden; ihrem substantiellen Kern nach wird aber jüdische Religiosität einem philosophischen, mono- oder pantheistisch fundierten Gottesbegriff und einem entsprechenden Humanitätsbegriff zugeordnet. Wie in jenen Bereichen, so sind auch in der historischen Erzählliteratur die Weichen in Richtung auf Akkulturation gestellt.

Gibt das historische Genre die geschichtliche Tiefe, so ein anderes die regionale Breite: die Dorfgeschichte, die sich über Jahrzehnte vom biedermeierlichen Genrebild zur realistischen Erzählung, schließlich zur naturalistischen Milieuskizze wandelt. Sie steht in einem europäischen Zusammenhang, der von George Sand bis zu der Polin Eliza Orzeszka reicht. Im deutschsprachigen Bereich werden nach und nach östliche Sektoren des jüdischen Lebens erzählerisch erschlossen, die Böhmens durch Leopold Kompert, die des polnischen Preußen durch Aron Bernstein, die Galiziens durch Karl Emil Franzos. Im Bereich der Donau-Monarchie treten auch Beiträge aus nichtjüdischer Feder, etwa von Leopold von Sacher-Masoch hinzu. Auf diese Weise wird schon in der 'liberalen Ära' der Boden für eine ernsthafte Auseinandersetzung mit ostjüdischer Tradition und Kultur geschaffen, unter der Prämisse freilich, daß die deutsch-jüdische Symbiose letztlich auch dem Judentum des Ostens Modell und Vorbild sein werde. Franzos' Titel *Halb-Asien* ist verräterisch: die Beschäftigung mit dem Osten hat gleichsam kulturhistorischen *und* missionarischen Charakter. In dieser Hinsicht ändert sich das Bild entscheidend in den Jahren nach 1895, als sich umgekehrte Wertungen für das akkulturierte Westjudentum und den jüdischen Osten abzeichnen.

Bis dahin findet die deutsch-jüdische Literatur ihren Inbegriff freilich noch in einem Schriftsteller, der allen liberalen Assimilations- und Akkulturierungstendenzen den seriösesten Ausdruck verliehen hat, in Berthold Auerbach. Seine makellose liberale Haltung, sein Anschluß an das deutsche Nationalbewußtsein, wie er sich in den Jahren 1866 und 1870 zeigt, seine von Toleranz, aber auch von Neutralität gekennzeichnete Beziehung zur Religion, spiegelt im Persönlichen, was auch seine literarische 'Musterrolle' bedingt. Seine frühen historischen Romane *Spinoza* und *Dichter und Kaufmann*, die von der AZJ den jüdischen Schullesebibliotheken empfohlen werden, bilden nahezu das Paradigma des historischen Romans mit jüdischer Thematik. Ihrer Tendenz nach zielen sie auf die volle Symbiose im Zeichen einer Humanisierung der gesamten menschlichen Lebenswelt. Der *Spinoza*-Roman kontrastiert zudem eine unbewegliche jüdische Orthodoxie mit einer modernen, philosophischen Position; diese läßt sich darin als nach-Mendelssohnsche begreifen, daß sie das Judentum und die Entwicklung zur Humanität in direkten Zusammenhang bringt. Der Apostat Spinoza verkörpert jene Synthese von Frömmigkeit und Pantheismus, die auch als Nenner für pietätvoll betrachtete historische Religion und moderne philosophische Weltanschauung gelten kann, und läßt außerdem ansichtig werden, welchen Anteil das Judentum an der Formation des neuzeitlichen Geistes – von besonderer Bedeutung für die deutsche Geistes- und Literaturgeschichte – genommen hat. Auerbach hat aber auch mit seinen Dorfgeschichten jenen Erzähltypus geschaffen, mittels dessen sich dann das deutsche Judentum die Vielfalt jüdischer Lebensweisen außerhalb seines Bereiches vor Augen führen und damit jüdische Solidarität über die Grenzen hinweg aneignen kann. In jeder Hinsicht kann Auerbach daher als Repräsentant jener Literatur gelten, in der das jüdisch-deutsche Problem unter dem Vorzeichen liberaler Hoffnungen dargestellt worden ist.[42] Weit mehr kommt ihm diese repräsentative Rolle zunächst zu als Heinrich Heine, der die Spannung und Zerrissenheit verkörpert und der bei deutsch-jüdischen Intellektuellen genauso umstritten und umkämpft ist wie bei anderen.[43] Die tiefe Resignation freilich, in die Auerbach in seinen letzten Jahren unter dem Eindruck der in den siebziger Jahren sich abspielenden antisemitischen Kämpfe verfällt, wirft einen Schatten auf das optimistisch-idealistische Bild, welches seinem Werk und seiner Wirkung anhaftet. Um die Jahrhundertwende ist es kaum mehr als eine schöne Reminiszenz, die keine Orientierungshilfe mehr bietet und die ebenso verblaßt, wie der Name des Autors in Vergessenheit gerät.

„Vergebens gelebt und gearbeitet“, schrieb Auerbach in der depressiven Stimmung, in die ihn die Reichstagsdebatte über die ‘Judenfrage’ am 21. und 23. November 1880 versetzt hatte,[44] – und dieser bewegende Satz bezeichnet recht genau die letztlich vergebliche Anstrengung einer ganzen Generation, eine deutsch-jüdische Lebens- und Kultursynthese auf liberaler Grundlage herbeizuführen.

IV. Alter Judenhaß und neuer Antisemitismus

Die Signale des Antisemitismus, die in dichter Folge von Mitte der siebziger Jahre bis zur Jahrhundertwende auftreten, bedeuten Fragezeichen hinter allem, was die Emanzipation rechtlich und die Integration sozial bis dahin erreicht hat. Die dezidiert anti-liberalen Akzente, welche die antisemitischen Gruppierungen um Stökker in Berlin oder Lueger in Wien setzen, kennzeichnen die deutsche Lage. Mit den russischen Pogromen, die der Ermordung Alexanders II. und der Thronbesteigung Alexanders III. (1881) folgen,[45] und der rund zehn Jahre lang die Gemüter erregenden Dreyfus-Affäre (1894-1904) erscheinen zudem Fanale, welche das Problem von Nationalismus und Antisemitismus als europäisches sichtbar werden lassen. Mit den Stimmen Lagarde's und Chamberlains tritt auf dem ideologischen Gebiet die rassistische Untermauerung der neuen Ausrichtung in Erscheinung.[46]

Stoßkraft und Breitenwirkung der neuen Strömung erklären sich daraus, daß sie jahrhundertealte Vorurteilsstrukturen reaktivieren kann,[47] die nur oberflächlich von Aufklärung und Liberalismus eingegrenzt oder überdeckt worden sind. Diese lassen sich mit zunehmender publizistischer Schlagkraft und medialer Wirkungsmöglichkeit jederzeit stimulieren und zu einer Brisanz treiben, die politisch einplanbar und fungibel wird. Christlicher Judenhaß von fast zwei Jahrtausenden hält das Stigma der ‘Gottesmörder’ bereit, welches die Juden als Gegenkraft der Heilsgeschichte bestimmt, das weitere der verfluchten Nation, der damit moralische Minderwertigkeit bescheinigt wird, das im Laufe der Wirtschafts- und Sozialgeschichte hinzugekommene Stereotyp des ‘jüdischen Wucherers’, dem die Schuld an jeglicher ökonomischer Mißlichkeit aufgebürdet wird, schließlich das Stigma des ‘Antichristen’, der sich mit Heiden und Teufel zum Untergang der christlichen Gesellschaft verschwört. Dieser Fundus antisemitischer Stereotypen wird dem industriellen Zeitalter und seinen gesellschaftlichen Gegebenheiten angepaßt und zum neu-alten Kompendium der Denunziation zusammengefügt. Der ‘moderne’ Antisemitismus setzt das ‘jüdische Wesen’ mit dem Liberalismus und dem Kapitalismus, mit der Sozialdemokratie und dem Marxismus gleich; der Jude steht hinter dem großstädtischen Asphaltdschungel, der vulgärmateriellen Kultur, der Auflösung alter Gemeinschaftsformen, „hinter allen Kräften, die zum Niedergang althergebrachter sozialer Zusammenhänge, Werte und Institutionen führen", er ist der Urheber aller 'intellektuellen Erscheinungen der Zersetzung', des Wertrelativismus, des Nihilismus.[48]

Selbst die alte Verschwörungstheorie erweist sich als wiederbelebbar und als wirksame Propaganda-Waffe. Sie findet in den Fälschungen der *Protokolle der Weisen von Zion* in den 90er Jahren ihr zeitgemäß-absurdes Comeback und bis zur Propaganda des Dritten Reiches eine grauenerregende Zukunft.[49] Der aufkommende Rassismus liefert schließlich den 'unwiderlegbaren' Beweis, daß die Juden, die im Begriff sind, sich als gleichberechtigte Staatsbürger in die Gesellschaft zu integrieren, per se 'andersartig', 'minderwertig' und 'zerstörerisch' sind. Der Antisemitismus wird so im ausgehenden 19. Jahrhundert zu einem allgemeinen 'cultural code',[50] zu einem Interpretationsschema, das schlechthin für die Auflehnung gegen die moderne Lebenswelt steht. Entscheidend gegenüber früheren Formen von Judenhaß ist der 'systematische' Charakter. Moderner Antisemitismus ist eine umfassende Ideologie mit umfassendem Welterklärungsanspruch, nicht eine einfache Addition von Vorurteilen. Der springende Punkt ist die Zwangsvorstellung, alles als negativ Erfahrene auf einen Punkt zurückführen zu können.

Allen Formen des Antisemitismus ist eine Vorstellung von jüdischer Macht gemeinsam: die Macht, Gott zu töten, die Beulenpest loszulassen, oder, in jüngster Zeit, Kapitalismus und Sozialismus herbeizuführen.[51]

Die gesellschaftlichen und nationalen Auseinandersetzungen im Wilhelminischen Kaiserreich und im Habsburger Vielvölkerstaat, später Niederlagen und Revolutionsversuche von 1918/19, politische Polarisierung in den Nachkriegsrepubliken sowie schließlich die Weltwirtschaftskrise schaffen den Nährboden, auf dem die Antisemiten ihr Feindbild mit zunehmender Gewalttätigkeit agitatorisch entfalten können.

Für die Mehrheit des deutschen bürgerlichen Judentums, das liberalen Werten, Bildung und Wissenschaft zugewandt ist, wirkt besonders belastend, daß die 'neue Welle' auch im akademischen Bereich Unterstützung findet. Der Nationalismus der siebziger Jahre bildet den Rahmen, in dem hier die 'Judenfrage' neu verhandelt wird.[52] Der Berliner Antisemitismusstreit 1879/80 ist – so wenig er an sich die extremen Dimensionen späterer Jahrzehnte ahnen läßt – doch höchst bezeichnend, nicht nur, weil er zeigt, welcher Sprengstoff für die deutschen Juden im Begriffspaar von 'national' und 'liberal' enthalten ist, sondern weil er demonstriert, welche Bereitschaft zum antisemitischen Engagement in der Akademikerschaft schlummert. Theodor Mommsens Satz in der *Römischen Geschichte*, „auf der Welt stelle das Judenthum ein wirksames Ferment des Kosmopolitismus und der nationalen Decomposition", der in Übertragung auf das Deutsche Reich „Decomposition der Stämme" besagt, hat Treitschkes Forderung der totalen Assimilation als Folge der Emanzipation hervorgerufen. Dabei mag aus heutiger Sicht die Differenz beider Standpunkte mehr im Vorgehen als im Ziel bestehen, da beide den Nationalstaat als Norm betrachten. Aber auf der einen Seite artikuliert sich rücksichtsloser Assimilationsdruck, auf der anderen liberales Gelten- und Gewährenlassen. Besonders Treitschkes Erwiderung, die Juden widersetzten sich der „inneren Verschmelzung", sie beförderten „ein heimatloses Weltbürgertum" und zerstörten „den nationalen Stolz, die Freude am Vaterlande", bildet den Keim vielfältiger späterer Anfeindung und trifft besonders die liberalen Juden, welche sich wie Berthold Auerbach auf die Möglichkeit, guter Deutscher und guter Jude gleichzeitig sein zu können, eingestellt haben.

Für die deutsche Literatur bedeutet die neue Sachlage eine thematische Belastung und problemgeschichtliche Herausforderung, deren Tragweite den Autoren erst nach und nach klar wird. Jede Darstellung jüdischen Lebens erhält ein Moment des Bekenntnishaften und des Provokativen, steht in Gefahr der Vereinnahmung von der falschen Seite. Literarische Judenporträts, wie etwa die von Freytag oder Raabe, gewinnen aufgrund des Beifalls der antisemitischen Seite eine Stoßrichtung, die sie nach der Absicht der Autoren keinesfalls haben, die aber wegen des Renommees der Verfasser umso wirksamer wird. Poetische Fehlkonstruktion und ein zu einfaches Realismuskonzept, wie im Falle von Freytags *Soll und Haben* wirken sich verheerend aus.[53] Aber auch die liberal-apologetische Darstellung jüdischer Geschichte, die letztlich ein auf Integration hin angelegtes Judenbild anbietet, wird obsolet, weil der politische Antisemitismus Adaptionsintentionen dieser Art von vornherein ad absurdum zu führen versucht. Wilhelm Jensen beispielsweise, der Freund Raabes, hatte 1865 in einer historischen Novelle *Die Juden zu Cölln* die „Darstellung eines einzelnen akuten Falles am Krankenbett der Menschheit", des Kölner Judenpogroms von 1349, versucht, in der Erwartung, daß grobe Rechtlosigkeit und Barbarei in der Gegenwart nicht mehr gegeben seien. Dreißig Jahre später, bei der zweiten Auflage, muß der Verfasser Erschütterung und Ratlosigkeit eingestehen, die ihn bei der Lektüre seines alten Buches ergriffen haben.

> Damals dachte wohl kaum jemand, das Raubtiergelüst könne, von Pfaffen mit und ohne Kutten genährt, wieder im deutschen Volk aufwachen, dem 'Kultur'-Fortschritt gemäß in der Tonart des 19. Jahrhunderts nach seiner alten Beute zu brüllen. Damals glaubten wir überhaupt nicht, das anbrechende helle Tageslicht der Erkenntnis könne wieder vom Trug, der Heuchelei und Dummheit nächtig verdunkelt werden. Wir haben Vieles damals nicht mehr für möglich gehalten, was uns heute als wirklich vor Augen und Ohren steht.[54]

V. Gegenbewegungen: Wege der Angleichung

Neue Strategien des Verhaltens, der Abwehr und der Solidarisierung werden erforderlich, nicht nur für die Schriftsteller. Die in der Geschichte des Judentums geläufige Dialektik von Ausgrenzung, bzw. Fremddefinition seitens der 'Wirtsvölker', bis zur Vertreibung und Abwehr, bzw. Selbstbestimmung durch Tradition und überregionalen Zusammenhalt des Judentums, tritt um die Jahrhundertwende verschärft hervor. Dem aggressiven Nationalismus und Antisemitismus steht nun nicht mehr traditionelle religiöse Einstellung seitens der Juden gegenüber, sondern ein erstarkendes Selbstbewußtsein, das sich kulturell und geistig begründet, oder ein nationaljüdisches Bewußtsein in einer Reihe von Varianten, sofern nicht – und auch das ist eine in dieser Ausprägung neue Möglichkeit – nationale bis nationalistische Assimilation der Anfeindung den Wind aus den Segeln zu nehmen sucht. Durch historische Differenzierung oder Überlagerung der Motive ergibt sich in den folgenden Jahren eine Fülle von Positionen und Richtungen. Daß der Nationalsozialismus den deutschen und den europäischen Juden unterschiedslos dasselbe Schicksal zugedacht und bereitet hat, Diskriminierung, Vertreibung und Ausrottung, verdeckt „die Tatsache, daß die deutsche Judenheit politisch und weltanschaulich auf eine Bandbreite ausdifferenziert war, die sogar noch die ohnehin überdehnte Skala der Weimarer Republik übertraf.“[55]

Zunächst, in den 80er und 90er Jahren, setzt sich das zwischen Assimilation und Akkulturation angesiedelte Judentum im akademischen Bereich zur Wehr. Als Antwort auf die Diskriminierung rufen die jüdischen Studenten zur Gründung eigener Verbindungen auf (1886 „Viadrina“ in Breslau). Zehn Jahre später schließen sich diese Verbindungen, die in Ehrencodex, Duell- und Mensurwesen die deutschen Burschenschaften kopieren, im Kartell-Convent Jüdischer Verbindungen (K.C.) zusammen.[56] Diese Akademikerschaft, die sich bewußt für ihre deutsch-jüdische Existenz einsetzt, bringt viele Persönlichkeiten hervor, die an der Spitze von Gemeinden und jüdischen Organisationen stehen und ihrerseits Musterfälle von Akkulturation abgeben. Auf breiterer Basis ist 1893, drei Jahre nach der Gründung des „Verein(s) zur Abwehr des Antisemitismus“, dem überwiegend Liberale nichtjüdischer Abkunft angehörten, der „Central-Verein deutscher Staatsbürger jüdischen Glaubens“ entstanden.[57] Er repräsentiert später das deutsch-jüdische Bürgertum zu etwa zwei Dritteln; 1914 hat er 40.000, 1932 ca. 60.000 bis 70.000 Mitglieder. Seine Aufgabe als Abwehr-Verein versteht der Central-Verein juristisch und propagandistisch; ideologisch wandelt er sich von einer kaisertreuen zu einer strikt republikanischen Organisation, die sich gegen Ende der Weimarer Republik an die Sozialdemokratie anlehnt. Nach innen verschiebt sich das Gewicht vom alten Assimilationsgedanken auf die Stärkung jüdischen Bewußtseins und die Erhaltung jüdischer Eigenständigkeit. Daher versteht er sich immer weniger als Abwehr-, immer mehr als Gesinnungsgemeinschaft, die es erlaubt, jüdische mit deutscher Identität in Einklang zu bringen, wie es in der Satzung festgelegt ist:

> Der Central-Verein bezweckt, die deutschen Staatsbürger jüdischen Glaubens ohne Unterschied der religiösen und politischen Richtung zu sammeln, um sie in der tatkräftigen Wahrung ihrer staatsbürgerlichen und gesellschaftlichen Gleichstellung, sowie in der unbeirrbaren Pflege deutscher Gesinnung zu bestärken.[58]

Bezeichnenderweise geht die altliberale AZJ (Allgemeine Zeitung des Judentums), deren Profil unter der doppelten Anfechtung von Seiten des Antisemitismus wie auch des Zionismus zerrieben wird, in den 20er Jahren in der C.V.-Zeitung auf.

Der vergleichsweise breiten Stabilisierung eines auf Akkulturation gegründeten jüdischen Selbstbewußtseins ist es zu verdanken, daß nur eine Minderheit der mitteleuropäischen und deutschen Juden sich von den Bindungen an ihr Judentum lossagt. Der Weg zum Taufbecken, als einfachste Lösung, wird in den Jahren des Kaiserreiches nur wenig häufiger betreten als vorher, meist in Richtung auf den Protestantismus. Der Höhepunkt ist um die Jahrhundertwende, vor allem in den Großstädten erreicht.[59] Die Hoffnung, mit dem Glaubenswechsel die sozialen Aufstiegsbarrieren zu durchbrechen, erfüllt sich oft nicht, denn der Makel des Opportunismus bleibt häufig an den Konvertiten hängen.

Stärkeres Gewicht gewinnt der Gemeindeaustritt, der seit 1876 den Juden in Preußen legal eingeräumt ist, ohne daß ihnen ein Zwang zur Konversion auferlegt würde. Dieses 'liberale Austrittsgesetz', das von den Rabbinern heftig angegriffen wird, erleichtert das Verlassen des Judentums; analoge Möglichkeiten ergeben sich im Bereich der Habsburger Monarchie und in den Nachfolgestaaten.

Schließlich kommen die Mischehen hinzu, die am höchsten zu Buche schlagen – mit Ausnahme der ostjüdischen Einwanderer. Kontinuierlich steigende Zahlen belegen die Bereitschaft zur völligen Assimilation, denn durch die Eheschließung mit einem nichtjüdischen Partner gehen in der Regel die Nachkommen dem Judentum verloren. Von 8 % im Jahre 1900 auf 20 % im Jahre 1930 steigt die Zahl der 'gemischten' Heiraten. Abgesehen von den assimilationistischen Neigungen dokumentiert sich in den genannten Prozessen auch, wie stark die Religion für die Identitätsfrage an Bedeutung verliert. Historische, kulturgeschichtliche Momente nehmen an Bedeutung zu, was u.a. auf die Formen jüdischer Erneuerung um die Jahrhundertwende, zu einem weiteren Teil auf die kulturell oder politisch akzentuierten Varianten des Zionismus zurückzuführen ist. Für die religiöse Angleichung, die nur selten bekenntnishaft, meist eher opportunistisch zu verstehen ist, hat schon Max Nordau die These formuliert, sie führe hinsichtlich der sozialen Anerkennung meist zum Gegenteil dessen, was damit intendiert sein mochte.

Die Enttäuschung der Assimilationserwartung, wie sie nach der Dreyfus-Affäre, nach der 'Judenzählung' im deutschen Heer 1916, dann in den ersten Jahren der Weimarer Republik und wieder ab 1928 auftritt, bedingt häufig die Neuorientierung an einem der 'nationalen' oder 'internationalen' Lösungsversuche, an einer der Spielarten des Zionismus oder des Sozialismus. Viele, die sich aber nicht durch den Anschluß an eine politische Organisation Rückhalt verschaffen können, fallen umso mehr in Resignation, je weiter das ideale Modell einer Synthese von Deutschtum und Judentum wieder in utopische Ferne rückt. Ein Beispiel für die Schwierigkeiten, mit denen ein seines Judentums bewußter Assimilant zu kämpfen hat, bietet etwa Jakob Wassermann. Schon 1921, in seiner Bekenntnisschrift *Mein Weg als Deutscher und Jude*, stellt er betroffen fest: „Leider steht es so, daß der Jude heute vogelfrei ist. Wenn auch nicht im juristischen Sinn, so doch im Gefühl des Volkes".[60] Die Frage „Was sollen wir aber tun" läßt Wassermann, als dezidierten Nicht-Zionisten, ratlos. Rückhaltloses „Überläufertum" verbietet die Selbstachtung, heimliche Anpassung ist unwürdig, Beharrung führt zu Erstarrung; es bleibt eine vage Hoffnung auf einen „neuen Vorgang" im Bewußtwerden und Verschmelzen der beiden Sphären. Das Jahr der Machtergreifung vernichtet endgültig diese Hoffnung. Wassermanns *Selbstbetrachtungen* des Jahres 1933 sind eine Grabrede auf lebenslange Assimilationshoffnung:

Als ich vor zwölf Jahren das kleine Buch veröffentlichte, worin ich, mit allzu schwachen Mitteln, wie ich gern gestehe, die unheilvollen Folgen nachwies, die diese welthistorische Schande [scl. die Brüskierung der deutschen Juden in den letzten Kriegsjahren und zu Beginn der Weimarer Republik] für mein eignes Leben gehabt hatte, schrieben mir Menschen aus den verschiedensten Kreisen des deutschen Volkes, Frauen und Mädchen, ehemalige Offiziere, Lehrer, Professoren, Beamte, von all dem hätten sie eigentlich keine Ahnung gehabt, ich hätte ihnen die Binde von den Augen gerissen, und sie gelobten mir, manche in feierlicher Weise, sich in Zukunft dafür einzusetzen, daß es anders werde. Es waren leere Worte. Es ist alles viel schlimmer geworden.[61]

Im übrigen sind Ausmaß und Form der Assimilation in den Regionen des deutschen Sprachgebiets unterschiedlich, anders auf dem Land als in der Stadt, in der Kleinstadt als in städtischen Ballungsgebieten. Aufschlußreich ist auch ein Vergleich zwischen den Metropolen, da die Konsequenzen für ihr intensives literarisches Leben in gewissem Umfange sichtbar sind. Nirgendwo ist die Assimilationsbereitschaft – im liberalen, später auch im nationalen Sinne – so groß wie im preußischen 'Kerngebiet', besonders in Berlin. Das Vertrauen in Rationalität und Ausgleichskraft des Staatsgefüges ist von erheblicher Bedeutung dafür und läßt sich noch bis in die Jahre nach der 'Machtergreifung' verfolgen.[62] Literarisch gesehen, lassen sich die Probleme des Judentums daher auch relativ lange mit den Mitteln des Gesellschaftsromans bewältigen, wie sich etwa an Georg Hermanns Romanen *Jettchen Gebert* und *Henriette Jacoby* (1906/1908) zeigen ließe. Es dauert noch zwei Jahrzehnte, bis sich nach den antisemitischen Erscheinungen im preußischen Heer die Zionismus-Debatte im Roman Bahn bricht (Arnold Zweigs *Grischa*). Erst die jüngere Expressionisten-Generation verleiht dem Problem in den zwanziger Jahren, als das Ostjudentum für kurze Zeit zu einem Berliner Dilemma wird, schärfere literarische Konturen; während andere, wie Bruckner oder Mehring, sich nach wie vor als 'aus dem Judentum ausgetreten' betrachten, wieder andere, wie Mascha Kaléko oder Gertrud Kolmar, sich bis 1933 über die Problemlage hinwegsetzen.

In Wien, wo für zahlreiche in zweiter oder dritter Generation ansässige Juden unterschiedlicher Schicht die Assimilation keineswegs unumgänglich erscheint, wo aber auch durch den ständigen Zustrom von Ostjuden das 'jüdische Lebensspektrum' in seiner ganzen Breite sichtbar ist, sind die intellektuellen und schriftstellerischen Positionen profilierter. Arthur Schnitzler porträtiert sie in seinem Roman *Der Weg ins Freie* bereits 1908, mit z.T. sarkastischen Zügen in *Professor Bernhardi* (1912); das Literatenspektrum selbst reicht von der Voll-Assimilation Peter Altenbergs oder Jakob Wassermanns bis zu der heftigen Judenkritik von Karl Kraus, dem pathologischen Selbsthaß von Otto Weininger, aber auch zu Joseph Roth und seinen Bindungen an ostjüdische Tradition oder zu dem ersten zionistischen 'Jüdisch-politischen Cabaret' von Oscar Teller und Viktor Schlesinger.

Das Prager Judentum, das einen erheblichen Teil der deutschsprachigen Minorität ausmacht, hat Teil an deren privilegierter Stellung, wird von der deutschen Bevölkerung hofiert, vor allem in den Jahren der Entwicklung des tschechischen Nationalismus. Da Jude-Sein a priori hier eine gesellschaftliche Stellung ausmacht, bedeutet Assimilation weder einen Reiz noch eine Notwendigkeit. Die Unbefangenheit der jüdischen Selbstorientierung zeigt sich auch literarisch, zum einen darin, wie wesentliche Impulse jüdischer Erneuerung aus dem Osten verarbeitet und weitergegeben werden, wofür vor und während des Weltkrieges der Bar Kochba-Kreis zu nennen wäre (s. unten S. 31), zum anderen aber auch in den 20er Jahren der literarisch wie intellektuell selbständige und bahnbrechende 'Prager Kreis' mit Ernst Weiss, Oskar Baum, Ernst Sommer, Paul Kornfeld, Ludwig Winder, zu denen Kafka, Brod und Werfel wieder in einem besonderen Verhältnis stehen,[63] zu schweigen von Egon Erwin Kisch oder Willy Haas, die weitere literarische und journalistische Richtungen verkörpern.

Abgesehen von regionalen Unterschieden der Assimilation, sind ihre Extremformen in Gestalt von besonderen Verhaltensweisen zu verzeichnen. Die politisch 'überassimilierten' deutschen Juden, die den nationalen Taumel von 1870/71 und erneut von 1914 als Basis der Integration überbewerten und die berüchtigte Judenzählung des Heeres 1916 nicht wahrhaben wollen,[64] vollziehen die Angleichung auf einer deutschnationalen, rechtslastigen Grundlage, etwa im "Verband nationaldeutscher Juden". Der „Reichsbund jüdischer Frontsoldaten" vermittelt hingegen zum C.V. hin und glaubt, noch 1933/34, mit der Rückendeckung durch den Reichspräsidenten von Hindenburg dem Nationalsozialismus Paroli bieten zu können.[65] Ein erschütterndes Beispiel für die öffentliche Rolle einer solchen Orientierung bietet der Publizist Paul Nikolaus Cossmann, der einen radikalen deutschen Nationalismus verficht, was ihn, wie Tausende seiner, auch gemäßigteren, Gesinnungsgenossen, nicht vor dem Konzentrationslager (Theresienstadt) bewahrt.[66]

Eine weitere Erscheinungsform von 'Überassimilation' ist das viel diskutierte Phänomen jüdischen Selbsthasses und des 'jüdischen Antisemitismus.'[67] Verbreitung und Repräsentanz werden unterschiedlich beurteilt; einhellig ist die Auffassung, daß sich in diesem Phänomen der Druck entlädt, dem die Juden in einem judenfeindlichen Sozialmilieu ausgesetzt sind, zumal bei Individuen, die einen hohen Assimilationsgrad erreicht haben, trotzdem aber mit dem Stigma ihres Jude-Seins belegt werden und damit soziale Ohnmacht erfahren. Die Zurückweisung trifft das Selbstgefühl, weckt die Identifikation mit dem Angreifer; man macht daher für das Scheitern nicht den Gegner, sondern das eigene Ich und vor allem andere Juden verantwortlich. Diese Haltung findet sich in allen Hochburgen der deutsch-jüdischen Assimilation; insbesondere entlädt sie sich im Verhältnis zu den eingewanderten Ostjuden[68] – wobei es freilich schwierig ist zu unterscheiden, was sachgerechte intellektuelle und literarische Selbstkritik, was unkontrollierter Selbsthaß und was ideologisch bornierte Anti-Haltung sein mag.

Das Phänomen ist wichtig; es gehört mit in jede Diskussion über deutsche Juden in der deutschen Kultur. Aber wie bei anderen stark ins Auge fallenden Dingen, so gilt auch hier, daß Häufigkeit und Bedeutung des Selbsthasses beträchtlich übertrieben wurden. Es war dies die pathologische Kehrseite des Selbstvertrauens, mit dem die deutschen Juden ihre deutsche Identität geltend machten.[69]

Höchste Differenzierung ist am Platze, wenn man Vergleiche anstellt, etwa die extreme Position Otto Weiningers und die subtile von Rudolf Borchardt nennt, auf Walter Rathenau verweist, der 1897 in einem Aufsatz *Höre, Israel* viele Negativzüge des antisemitischen Judenbildes bestätigte und die totale Integration forderte, oder auf Theodor Lessing,[70] der selbst über 'jüdischen Selbsthaß' ein aufschlußreiches Werk abgefaßt hat. Das Problem der negativen Judenfiguren in der Literatur und auf dem Theater gewinnt durch Tucholsky oder Mehring in den zwanziger Jahren freilich eine neue Dringlichkeit, die im Rückblick nicht ohne Beklemmung ist.[71]

Eine weitere Minderheit der mitteleuropäischen Juden löst das Integrationsproblem durch Assimilation im Zeichen des Sozialismus und seiner Varianten – im Gegensatz zu Osteuropa, wo der sozialistische jüdische 'Bund' eine breite proletarische Basis hat. Gemäß ihrer ideologiegeschichtlichen Brisanz gewinnt die 'sozialistische Lösung' in der geistigen und literarischen Auseinandersetzung eine Bedeutung, die über die zahlenmäßige Repräsentanz weit hinausreicht. In Deutschland und Österreich sind es in erster Linie Intellektuelle, die sich von Bürgertum und Judentum absetzen, um einen neuen Halt zu finden. Von Marx oder Moses Hess zu Trotzki, von Rosa Luxemburg zu Ernst Bloch reicht die Reihe der Denker, die in allen Feindeslagern stets zum Anlaß genommen wurde, Marxismus und Kommunismus, Anarchismus und Sozialdemokratie als 'jüdisch' zu diskreditieren. Die Vorstellung, daß die Emanzipation der Juden nur im Rahmen einer gesamtgesellschaftlichen Emanzipation erreicht werden kann, führt schon Marx in der Kritik an der bürgerlichen Gesellschaft dazu, daß er Kapitalismus und 'Judentum' einander metaphorisch und 'bildlich' annähert und darauf aufbauend die zugespitzte These formuliert:

> Die Judenemanzipation in ihrer letzten Bedeutung ist die Emanzipation der Menschheit vom Judentum.[72]

Diese Perspektive bedeutet letztlich die Auflösung der jüdischen Existenz und entspricht – wenn auch unter veränderten Vorzeichen – bürgerlich-liberalen Wunschvorstellungen. Bei allen antijüdischen Ressentiments in der deutschen Arbeiterbewegung hat dies doch zur Folge, daß man überwiegend den Antisemitismus ablehnt, wie unterschiedlich man ihn auch beurteilen mag. Auseinandersetzungen entzünden sich am Aufkommen des politischen Zionismus, der in seiner ersten Entfaltung seinerseits sozialistische Elemente einschließt. Die Kontroversen sind in Österreich und Osteuropa naturgemäß besonders heftig, dogmatische Marxisten und Austromarxisten deklarieren den Zionismus zur reaktionären, kleinbürgerlichen Bewegung;[73] die deutsche Sozialdemokratie nimmt ab 1917, besonders gegenüber den sozialistisch-zionistischen Strömungen, eine differenziertere Haltung ein. Sonst verlaufen die Auseinandersetzungen um die 'Judenfrage' in den alten Bahnen, man gibt vor, der Antisemitismus bleibe ein 'innerkapitalistisches', ein bürgerliches Problem.

Insgesamt bietet das Kaleidoskop des Sozialismus den Intellektuellen jüdischer Herkunft viele Projektions- und Identifizierungsmöglichkeiten, die aus vielerlei Beweggründen, Erfahrungs- und Vorstellungswerten genährt werden. Solidarität gegenüber der Arbeiterbewegung, utopische Motive und Ressentiment gegen bürgerliche Lebensformen – meist der biographische und familiäre Hintergrund[74] – bedingen die Anziehungskraft. Viele deutsch-jüdische Sozialisten sind sich ihrer marginalen Existenz bewußt, die sie als 'Juden' und Intellektuelle, damit als 'doppelte Außenseiter' in der Gesellschaft führen.[75] Die 'sozialistische Assimilation' bietet ihnen die Chance, aus der Isolierung auszubrechen und sich einer künftigen freien Gesellschaft zuzuordnen, ohne auf ihre privilegierte Stellung als Intellektuelle verzichten zu müssen.

Die jüdisch-deutschen Sozialisten konnten mit gutem Gewissen ihre eigenen Interessen als diskriminierte Minderheit im Kontext einer breit angelegten emanzipatorischen Kampagne verteidigen, die das Ende der Unterdrückung von allen Minderheiten, ja das Ende der Unterdrückung schlechthin erstrebte [. . .].[76]

Freilich bleibt fraglich, inwieweit sich der Einzelne dem Sozialismus – welcher Richtung auch immer – zuwendet, um das Proletariat zu unterstützen, oder inwieweit es ihm um die Assimilation, und d.h. die Lösung der Schwierigkeiten einer deutsch-jüdischen Intellektuellen-Existenz geht. Jedenfalls fällt eine Affinität zur programmatischen und theoretischen Arbeit auf, weiterhin, daß die Vorliebe der humanitär-ethischen Komponente des Sozialismus und seinem utopischen Charakter gilt, wobei es naheliegt, die Kontinuität mit alten messianischen Vorstellungen ins Blickfeld zu rücken.

VI. Gegenbewegungen: Wege der Abgrenzung

Die Bewegung der jüdischen Renaissance als Selbstbesinnung, die seit 1880 die europäische Judenheit immer weiter erfaßt, weist national-politische und nationalkulturelle Strömungen auf. In allen Bereichen aber gewinnt das Ostjudentum gegenüber dem assimilierten oder akkulturierten Westen an Bedeutung. Zum einen ist die Frage der nationalen Konstitution im Osten, in dem die sprachliche und soziale Besonderung noch erhalten ist, aktueller und positiver akzentuiert als im Westen, zum zweiten wird die kulturelle und geistige Eigenständigkeit des Ostjudentums jetzt deutlicher sichtbar; zum dritten gewinnen die politische wie die kulturzionistische Bewegung ihre Dynamik aus dem Osten, ehe sie zögernd auch den Westen erreichen. Es versteht sich von selbst, daß für das deutsche und österreichische Judentum mit dem hohen Grad der Integration die kulturellen Impulse früher und aufs Ganze gesehen stärker zu Buche schlagen als die politischen, die bei der Mehrheit auf Unverständnis und Ablehnung stoßen – bis in die 30er Jahre. Im Bereich der kulturellen und historischen Neubesinnung führen die Vorgänge zu einer Umwertung des Bildes vom Ostjudentum, die sich in einem langwierigen Prozeß vollzieht. Er beginnt noch vor 1900, beschleunigt sich durch das zionistische Ferment und individuelle Vermittlungsleistungen bis Kriegsausbruch, erhält neuerlich Impulse ab 1916/17 durch die direkte Berührung mit den Juden in den besetzten Ostgebieten, um dann in den zwanziger Jahren an vielen Stellen die geistig-intellektuelle Auseinandersetzung mitzubestimmen.

Auf der Ebene der politischen Organisationen, um diese zunächst in Erinnerung zu rufen, gibt es auch innerhalb des deutschen Judentums nationaljüdische Gründungen *vor* dem Zionismus, vor allem bei der akademischen Jugend in den Jahren des sich etablierenden neuen Antisemitismus. Dabei wird die Möglichkeit nationaljüdischen Lebens in der Diaspora nicht prinzipiell in Frage gestellt, sondern zum Postulat erhoben: „Wir sind treue Staatsbürger jüdischer Nationalität", so lautet die Parole,[77] die als Alternative zum Konzept des „deutschen Staatsbürgers jüdischen Glaubens" verstanden werden will. Die erste nationaljüdische Verbindung, die Wiener 'Kadimah' (1883), hat die Bekämpfung der Assimilation als Hauptziel, erwägt aber auch die Besiedlung Palästinas. Bezeichnenderweise finden nationaljüdische Parolen im deutsch-jüdischen Bürgertum kaum Widerhall, hingegen im Osten der Donaumonarchie, wo sie zur Gründung der "Jüdischen Volkspartei" führen, die die politische Anerkennung einer jüdischen Nationalität innerhalb des Vielvölkerstaates fordert und damit auch anderswo, etwa in Böhmen, Anhänger findet. Weitere nationaljüdische, später zionistische Verbindungen organisieren sich 1914 im „Kartell jüdischer Verbindungen" und treten damit dem liberalen Kartell-Konvent gegenüber: die jüdische Akademikerschaft ist gespalten, als das neue Kartell seinen Mitgliedern auferlegt, „für eine der Vergangenheit des jüdischen Volkstums würdige Erneuerung in Erez Israel einzutreten."[78]

Die analoge Polarisierung tritt auch im Bereich der außeruniversitären Vereine auf. Nach Theodor Herzls, unmittelbar unter dem Eindruck der Dreyfus-Vorgänge entstandenem Programm „Der Judenstaat" (1896) und dem ersten zionistischen Weltkongreß in Basel kommt es zur Gründung der „Zionistischen Vereinigung für Deutschland" (ZVfD).[79] Und obwohl man den politischen Zionismus keineswegs nur als Reaktion auf Antisemitismus und europäischen Nationalgedanken verstehen, sondern auch als Inbegriff alter Hoffnung auf Rückführung und Befreiung betrachten kann, stößt die Vereinigung in Deutschland im wesentlichen auf Ablehnung. Rabbiner protestieren gegen die Säkularisierung der messianischen Idee, nach der ein Judenstaat nur aufgrund direkter göttlicher Willenserklärung entstehen kann. Desweiteren greifen sie den 'jüdischen Nationalismus' an, der als Ideologie das Grundprinzip des religiösen Judentums herausfordere, nämlich sich dem göttlichen Schicksal zu ergeben. Schließlich weisen sie auf 'Religion und Vaterlandsliebe', d.h. auf die Verpflichtung als Diaspora-Juden gegenüber den 'Wirtsstaaten' hin. Erst nach und nach wird diese Polemik schwächer, doch bleiben die Institutionen des liberalen Judentums, allen voran die *AZJ* und der Central-Verein, dezidierte Gegner des Zionismus.[80]

Das akkulturierte jüdische Bürgertum fühlt sich durch den zionistischen Aufbruch bedroht und herausgefordert.[81] Man befürchtet, daß er den Antisemiten neue Munition liefere, vor allem, daß man als deutscher Patriot unglaubwürdig werde und der Emanzipation wieder verlustig gehe. Nur knapp 9.000 Mitglieder kann die zionistische Vereinigung bis zum Ersten Weltkrieg aufbringen, wobei hinzuzufügen ist, daß ihr Zionismus philanthropische Züge trägt und als Hilfe für die rechtlosen Ostjuden mit motiviert ist; Ostjuden stellen ohnehin einen beträchtlichen Teil der Mitgliedschaft. Das gleichzeitig aber auf dem Posener Delegiertentag (1912) beschlossene radikale Programm, das die Mitglieder verpflichtet, die Auswanderung nach Erez Israel in ihren 'Lebensplan' aufzunehmen,[82] bedeutet die Kampfansage an die Mehrzahl der deutschen Juden; der Central-Verein geht offen auf die Fehde ein. Gleichzeitig bringt Moritz Goldstein die Auseinandersetzung in den Kultur- und Literaturbereich ein (s.S. 34f.) – wobei sich hier deutlich zeigt, was es für das liberal-akkulturierte Judentum bedeutet, daß es sich nunmehr nach zwei Seiten, der nationaldeutschen und der nationaljüdischen, verteidigen muß. Trotz der vermehrten Aktivität der Zionisten in der Weimarer Republik, die sich durch die Balfour-Declaration von 1917, d.h. den politischen Rückhalt für eine 'nationale Heimstätte in Palästina' beflügelt sehen, bleibt das deutsch-jüdische Bürgertum ablehnend. Regionale Gemeindewahlen ergeben zwar Stimmengewinne für die Zionisten, die um 1930 rund 17.500 Mitglieder zählen; doch verweigert man sich der Identifikation und hält an deutscher politischer Identität fest bis an die Schwelle jener Jahre, in denen den deutschen Juden die deutsche Staatsbürgerschaft aberkannt werden sollte.

Wesentlich größere Aufgeschlossenheit bekundet das deutsch-jüdische Bürgertum – und ein großer Teil der Intellektuellen überhaupt – für die Neubesinnung im geistigen, geschichtlichen und literarischen Bereich, der durch die Wiederentdeckung ostjüdischer Traditionen und Lebensformen erschlossen wird. Auf diese, später mit dem Etikett 'Kulturzionismus' versehenen Strömungen, ist der deutsch-jüdische Intellektuelle nicht gänzlich unvorbereitet. Zwar hat sich bis um die Jahrhundertwende die traditionelle Typisierung gehalten: der Ostjude erscheint als Gegenbild zum aufgeklärt-modernen Juden des Westens und wird seiner geistigen Haltung nach „in the world of Myth“[83] angesiedelt. Dennoch ist der Informationswert der Berichterstattung höher, als das typisierte Bild vermuten läßt. Die Berichte der AZJ über das Jiddische, das zur ausstrahlenden Literatursprache geworden ist, werden ausführlicher und schließen detaillierte Hinweise auf führende Literaten, von Abraham Goldfaden bis Jizchak Leib Perez, später bis Schalom Asch und David Pinski ein.[84] Um die Jahrhundertwende gibt es daher das Gegenbild auch schon als positives Wunschbild; je mehr sich im liberal-aufgeklärten Weltbild des Westjudentums aufgrund der antisemitischen Rückschläge Sprünge abzeichnen, die Orientierungslosigkeit hinterlassen, desto gewinnender tritt das – scheinbar einheitliche, unangefochtene – Selbstbewußtsein des Ostjudentums in Erscheinung, und umso mehr wird es idealisiert. Die neue Auseinandersetzung beginnt daher mit einem idealisierenden Wunschbild:

> Numerous figures from Germany at the turn of the century fled the insecurity of Western Jewry for their ideal of the structured world of the 'Ostjude'.[85]

Daß es auch im Ostjudentum tiefe Spaltungen gibt – die, wenn auch nur in einer Minorität, erstrebte Assimilation an russische oder polnische Umgebung, die antireligiöse, politisch-sozialistische Gefolgschaft im 'Bund' (gegr. 1897) als einer politisch-proletarischen Partei, schließlich, abgesehen von allen religiösen Gruppierungen, die sogenannten Autonomisten, die auf der Basis eines jüdischen Volksbegriffs und der jiddischen Sprache nationalen Minoritäten-Status für die Juden des Ostens verlangen,[86] dazu noch vor den zionistischen Schlüsseljahren die protozionistische Gruppe der Chowewej Zion – all dies wird zugunsten von Idealbildern unterschlagen.[87] Aber mit eben dieser 'Reduktion' gewinnen Traditionsmomente an Ausstrahlung, so daß sie zu neuen Stimuli werden können.

In diesem Prozeß der Annäherung und der Neubewertung des jüdischen Ostens bedeutet der Zionismus ein Ferment, freilich in spezifischer Weise. Abgesehen von dem utopischen Elan und den sozialistischen Ingredienzien des Herzlschen Programms, wie es außer in der Schrift *Judenstaat* in dem Roman *Altneuland* in Erscheinung tritt, begründen sich die Forderungen primär politisch, aus der Analyse der gesellschaftlichen und politischen Situation der Juden Westeuropas, vor allem Frankreichs und Deutschlands.

> Wir haben überall ehrlich versucht, in der uns umgebenden Volksgemeinschaft unterzugehen und nur den Glauben unserer Väter zu bewahren. Man läßt es nicht zu. [. . .] In unseren Vaterländern, in denen wir ja auch schon seit Jahrhunderten wohnen, werden wir als Fremdlinge ausgeschrien [. . .] Wer der Fremde im Lande ist, das kann die Mehrheit entscheiden; es ist eine Machtfrage, wie alles im Völkerverkehr.[88]

Dieser – durchaus westliche – Nachdruck auf der rein politischen Seite hat im Osten schon früh Widerspruch hervorgerufen. Die Stimme Achad Ha'ams (Ascher Ginzbergs) etwa, die in den frühen Jahren der zionistischen Entwicklung zu profilierten Gegenpositionen führt, bedeutet eine fruchtbare Spannung, die auch dort zu Buche schlägt, wo die politischen Forderungen des Zionismus nicht aufgenommen werden. Wenn Achad Ha'am dem Herzlschen Entwurf ankreidet, daß er die national-kulturellen Elemente vernachlässige, vor allem hebräische Sprache und Erziehung, wenn er auf geistige und kulturelle Abhängigkeit und Deformation hinweist, der ein Teil des Galuth-Judentums unterliege, und damit den Aufbau einer jüdisch-hebräischen Kultur vor der politischen Bewegung verlangt, so regt er damit an, daß die Fülle der jüdischen Traditionen in allen Bereichen Europas neu gesichtet und auf ihre Tragfähigkeit in der Gegenwart hin überprüft werden. Dieser Anstoß hat die Diskussion um jüdisches Traditions- und Selbstbewußtsein ungemein belebt, ermöglichte er doch ein zionistisches Bekenntnis, ohne daß damit schon eine politische Festlegung oder gar die Auswanderung gefordert gewesen wäre. Die Wirkung Achad Ha'ams ist daher – so wenig sein Name auch in Deutschland bekannt ist – vor allem dank der Vermittlerrolle Martin Bubers zu verfolgen,[89] denn die Wiederentdeckung jüdischer Geistes- und Kulturbestände des Ostens gibt der Debatte auch um jüdisch-deutsche Identität eine Farbigkeit und Intensität, die alles früher Erreichte in den Schatten stellt. Eine Schlüsselrolle für den 'Transport' spielt dabei der Prager Bar Kochba-Kreis, in geistesgeschichtlichen, aber auch literarischen Zusammenhängen. Sieht man von Hermann Cohen, dessen *Religion der Vernunft aus den Quellen des Judentums* als Spätwerk liberaler jüdischer Religionsphilosophie 1919 aus dem Nachlaß erscheint, desweiteren von Franz Rosenzweig, ab, so sind im Jahrbuch des Vereins 1913 fast alle Namen versammelt,[90] die während der zwanziger Jahre die Debatte tragen und immer erneut anregen: Hans Kohn, Karl Wolfskehl, Jakob Wassermann, Hugo Bergmann, Margarete Susman, Kurt M. Singer, Erich Kahler, Alfred Wolff, Robert Weltsch, Oskar Epstein, Ludwig Strauß, Hugo Herrmann, Moritz Goldstein, Arnold Zweig, Nathan Birnbaum, Gustav Landauer, Moritz Heimann, Max Brod – und die im Anhang beigegebenen, neu übersetzten messianischen Texte und *Sohar*-Auszüge beglaubigen das Programm, indem sie die gesuchte und gefundene Tradition selbst in Erscheinung treten lassen. Vor allem sind mit der Geschichte des Vereins und seines Sammelbuches Martin Bubers in Prag erstmals gehaltene *Drei Reden über das Judentum* verbunden, die von ungemein suggestiver Wirkung auf Juden und Nichtjuden sein sollten; vielen vermitteln sie zum ersten Mal einen Begriff von Aktualität und Tragweite jüdischen Denkens. Daß Bubers Bemühung, Wege zum östlichen Chassidismus aufzuzeigen, dabei ebensosehr dem Wunschbild von jüdischer Erneuerung wie der Kenntnis ostjüdischer Lebensrealität entspringt – was sich schon an Werken wie *Die Geschichte des Rabbi Nachman* (1906) und *Die Legende des Baalschem* (1908) beobachten läßt –, erhöht ihre Wirkungsweise:

Buber's presentation of the positive side of the model of the 'Ostjude' provided a utopian model of purified Jewry, divested of all its Western raiments.[91]

Bubers Schlüsselrolle kann daher weder für das Ost-West-, noch für das jüdisch-deutsche Verhältnis überschätzt werden,[92] ihre katalysatorische Wirkung ist selbst in Bereichen spürbar, in denen die wichtigen Impulse von anderen gegeben werden. Insgesamt kommt es so zur Aufwertung des talmudischen Schrifttums, der jüdischen Mystik, zur Wiederentdeckung der mittelalterlichen jüdischen Poesie, zur kontroversen Debatte um den jüdischen Messianismus, sei es in seiner speziellen Form des Sabbatianismus, sei es in seiner allgemeineren als 'Prinzip Hoffnung'; auf diese Weise werden Spannweite und Tragweite jüdischer Tradition und jüdischen Geistes gerade für die Moderne erkennbar – in einem vielschichtigen Prozeß der erneuten Aneignung, ohne die weder Gustav Landauers noch Ernst Blochs oder Walter Benjamins säkulare geistige Entwürfe denkbar wären.

Die Folgen der Annäherung an den jüdischen Osten zeigen sich noch während des Krieges, als ab 1916 die direkte Begegnung möglich wird. Bekannt ist die Künstler- und Intellektuellengruppe um Sammy Gronemann, die sich in Kovno (Kaunas) um direkten Kontakt mit dem Ostjudentum bemüht und zu der Hermann Struck, Karl Schmitt-Rottluff, Richard Dehmel und Arnold Zweig gehören.[93] Weniger bekannt ist der Versuch, der mit dem Buch *Das Volk des Ghettos* im Jahre 1916 gemacht wird;[94] es ist das Bestreben der drei Herausgeber, Jakob Elias Poritzky, Arthur Landsberger und Hermann Blumenthal, auch dem gemeinen deutschen Soldaten die Lebensweise des Ostjudentums verständlich zu machen, wobei sie über frühere Vermittlungsversuche hinausgehen, indem sie den Assimilationsgedanken zurückweisen und die Eigenständigkeit der jüdischen Literatur und Kultur betonen. Dieser Versuch ist im übrigen nicht vereinzelt zu sehen; eine heftige Debatte in jüdisch-deutschen Zeitschriften findet in den Jahren 1916/17 statt, ob „assimilation or preservation“ der ostjüdischen Kultur zu unterstützen sei.[95] Nicht zuletzt ist die schon in den Vorkriegsjahren einsetzende „alljüdische Bewegung“ in diesem Zusammenhang zu nennen, in der deutsche Juden, u.a. Fritz Mordechai Kaufmann und Ludwig Strauß, in Abgrenzung gegen den Zionismus, für Gleichberechtigung und Aufwertung des Jiddischen eintreten.[96] Um 1920 liegen dann auch die in hohen Auflagen verlegten Sammelbände ostjüdischer Erzählungen vor, die Alexander Eliasberg übersetzt hat, oder der Band *Vom östlichen Judentum*, den Micha Josef Bin Gorion 1918 erscheinen läßt.[97]

In den zwanziger Jahren gibt es daher nicht nur eine zionistische Gretchenfrage für alle, die sich mit der Zukunft des europäischen Judentums und des deutsch-jüdischen Verhältnisses befassen, sondern auch eine ostjüdische Gretchenfrage, die dadurch an Brisanz gewinnt, daß zum ersten Mal im deutschen Reichsgebiet ostjüdische Emigranten in größerer Zahl sich niederlassen, weil ihnen die Weiterreise in traditionelle Einwanderungsländer in Übersee erschwert ist; damit ist auch in Berlin ein Problem sichtbar, das in Österreich, besonders in Wien, seit Jahrzehnten bekannt ist. Die Frage des deutsch-jüdischen Verhältnisses, von der man fast 150 Jahre lang seit der Mendelssohn-Zeit geglaubt hat, sie auf der Ebene des Nationalstaates bereinigen zu können, läßt unwiderruflich ihre gesamteuropäischen Dimensionen erkennen. Ganz unabhängig aber davon, wie die Gretchenfragen beantwortet werden, unabhängig auch von der zunehmenden antisemitischen Aktivität der Rechtskreise und -parteien, ist nun eine Aufgeschlossenheit für hebräische und jiddische Literatur, für Theater aus dem Osten, für ostjüdische Folklore und Tradition zu verzeichnen, wie nie vorher – und das, obwohl auch im deutschen Judentum traditionelle Abwehrhaltungen gegenüber dem Osten lebendig bleiben und Negativklischees alter Prägung hervorbringen.

Spannung und Fruchtbarkeit, die die ‘jüdische Erneuerung’ für das deutsche Kulturleben und die literarische Entwicklung der zwanziger Jahre mit sich gebracht hat, verkörpert sich sozusagen personal in den beiden deutsch-jüdischen Intellektuellen, deren Gemeinsamkeit und Gegensatz den gesamten Horizont absteckt: Martin Buber und Franz Rosenzweig. Buber erhebt mit seiner Philosophie des Dialogischen und seiner Interpretation des Chassidismus den Anspruch, urjüdische Denk- und Verhaltensweisen als erneuernde Alternative dem Westen, speziell dem Judentum präsentieren zu können; die Konsequenz eines gemäßigten, kulturellen Zionismus gibt Orientierungshilfe ohne politischen Druck. Rosenzweig seinerseits gelangt von seinem Offenbarungsbegriff und seinem Verständnis des Judentums als des ‘ewigen Volkes’ – einer geschichtstheologischen Konzeption, die er vor allem durch seine Deutung jüdischer Religiosität und jüdischen Brauchtums verdeutlicht – zu einem dezidierten Anti-Zionismus und verlangt die Rückkehr zu einem Selbstbewußtsein unter Ausschluß jeder national-jüdischen Lösung. Daß beide es unternehmen, in ihrer neuen Bibel-Übersetzung der deutschen Sprache, ohne ihr Gewalt anzutun, sozusagen die hebräische einzuprägen und damit eine Sprachgestalt zu schaffen, in welcher die Fremdsprache des Originals ständig durchscheint – dieser Versuch will als Symbol der Intensität erscheinen, mit welcher sich neues jüdisches Selbstbewußtsein der deutschen Sprache und Literatur zuwendet. Als ‘Gastgeschenk’ des Judentums an das deutsche Volk hat Gershom Scholem diese

Übersetzung 1961 aus Anlaß der Vollendung durch Buber bezeichnet, nicht ohne zugleich auszudrücken, in welch unwiderruflicher Weise der Sinn eines solchen Geschenkes durch die nachfolgenden Ereignisse zerstört worden ist.[98]

VII. Urteilsstereotype: Jüdische Dominanz im Kulturleben der Weimarer Republik

Die im Laufe des 19. Jahrhunderts sich abzeichnende überdurchschnittliche Beteiligung der Juden am Kulturleben (vgl. S. 13ff.) war um die Jahrhundertwende nicht mehr zu übersehen. „Als habe ein lange zurückstauender Damm nachgegeben, so traten mit einem Mal auf fast allen Gebieten der Literatur, der Lyrik, der Novelle, des Romans, des Essays, der Dramatik Juden hervor mit Leistungen, die zumindest von einer gewissen Schicht geistiger Menschen als Merkmale der Epoche empfunden wurden“[99] – diese auf die Literatur gemünzte Beschreibung Hans Tramers galt mehr oder weniger für alle Bereiche kultureller Betätigung: für die bildenden Künste, für die Musik, für Theater und Film, aber auch für Kunsthandel und Antiquariat, Verlag und Buchhandel.[100] Es mag dahingestellt bleiben, ob man zur Erklärung eher die als jüdische Tradition verstandene „Hingabe an geistige und kulturelle Werte“ dafür heranziehen soll, oder vielmehr die soziale Tatsache, daß die vollzogene Gleichstellung der Juden in Gesellschaft und Kultur und die damit verbundene Horizonterweiterung eine Fülle von Talenten hervorgebracht hat.[101] Zu Recht oder zu Unrecht, der Betrachter der Wilhelminischen Epoche erhält den Eindruck, „als seien die Juden äußerst betriebsam und pausenlos aktiv gewesen.“[102]

Nicht selten begegnet die zunächst merkwürdig anmutende Selbsteinstufung der Juden als der „Hüter“ deutscher kultureller Tradition. Zu besonderer Schärfe verdichtete sich diese Haltung in Moritz Goldsteins provokativem Aufsatz *Deutsch-jüdischer Parnaß*, den er 1912 im Märzheft der angesehenen national-konservativen Zeitschrift „Kunstwart“ veröffentlichte.[103] Allerdings verfolgte Goldstein mit der Darlegung jüdischer Dominanz im deutschen Kulturleben keine assimilatorischen Ziele, im Gegenteil, aus nationaljüdischem Kalkül war es ihm darum zu tun, das jüdische Mißverständnis dieses kulturellen Faktums aufzudecken und zu erneuter Selbstbesinnung aufzurufen. Nach einer Musterung der Emanzipationsstationen wendet sich Goldstein gegen die unter den zeitgenössischen Juden mehrheitlich anzutreffende Tendenz zu Akkulturation und Assimilation. Er hält sie für verfehlt; die Toleranz der Deutschen sei scheinbar. In Wirklichkeit räumten sie den Juden keinen gleichberechtigten Platz in ihrer Gemeinschaft ein, unbeschadet aller Verdienste, die sich die Juden sogar um das Deutschtum selbst erwürben:

„Auf allen Posten, von denen man sie nicht gewaltsam fernhält, stehen plötzlich Juden; die Aufgaben der Deutschen haben die Juden zu ihren eigenen Aufgaben gemacht, immer mehr gewinnt es den Anschein, als sollte das deutsche Kulturleben in jüdische Hände übergehen. Das aber hatten die Christen, als sie den Parias in ihrer Mitte einen Anteil an der europäischen Kultur gewährten, nicht erwartet und nicht gewollt. Sie begannen sich zu wehren, sie begannen wieder, uns fremd zu nennen, sie begannen, uns im Tampel ihrer Kultur als eine Gefahr zu betrachten. Und so stehen wir denn jetzt vor dem Problem: *Wir Juden verwalten den geistigen Besitz eines Volkes, das uns die Berechtigung und die Fähigkeit dazu abspricht.*“[104]

Um seine These zu stützen, weist Goldstein auf die faktische Macht der Juden in Presse und Kritik hin; ebenso auf die führende Rolle im Theaterwesen und auf die sich anbahnende Dominanz in Literaturwissenschaft und Literatur. Angesichts dieser paradoxen Situation sucht Goldstein nach einem Ausweg; er selbst erwägt als die konsequenteste und ehrlichste Lösung, ja als „einzige Rettung“, den „Sprung in die neuhebräische Literatur“, kann allerdings keine sofort realisierbare Lösung für die deutschen Juden aufzeigen. Schlimmer als die antisemitischen „deutsch-christlich-germanischen Dummköpfe und Neidbolde“ scheinen ihm die blindlings um Assimilation bemühten Juden selbst zu sein – „die Juden, die nichts merken, die unentwegt deutsche Kultur machen, die so tun, als ob, und die sich einreden, man erkenne sie nicht.“[105] Ihren tragischen Aspekt erhält Goldsteins Argumentation dadurch, daß in der sich anschließenden öffentlichen Diskussion seiner Thesen die liberale und die jüdische Presse sich zurückhielten, die antisemitischen Blätter dagegen seine Thesen lebhaft aufgriffen und gerade in ihnen die Bestätigung ihrer antijüdischen Vorurteile erblickten.[106] Sein so völlig anders intendiertes Statement lieferte ungewollt Wasser auf ihre Mühlen, da zudem die Mehrheit der deutschen Juden dadurch pauschal diskreditiert wurde.

Bereits in den neunziger Jahren hatten protestantische und katholische Kreise das Überhandnehmen des jüdischen Einflusses auf das Pressewesen kritisiert.[107] Im Unterschied jedoch zu diesen konfessionellen Frontstellungen verbanden die Vertreter nationalistischer und antisemitischer Gruppierungen das Faktum einer jüdischen Dominanz im Kulturbetrieb mit der bereits erwähnten Konspirationshypothese (vgl. S. 20f.), derzufolge diese Dominanz plausibler Ausdruck des jüdischen Strebens nach allgemeiner – gesellschaftlicher, politischer und kultureller – Vormacht sei.

Auftrieb erhielt die nationalistische Interpretation in der von den Rechtsparteien als „Judenrepublik“ oder gar „Judenparadies“ apostrophierten Weimarer Republik, in der – erstmalig – eine Reihe von Ministern jüdischer Herkunft im Reichskabinett saßen (Preuß, Rathenau, Landsberg, Gradnauer, Hilferding). Obwohl die Judenemanzipation seit 1871 im ganzen Reichsgebiet durchgesetzt war, ermöglichte erst die *republikanische Staatsform* eine weitere gesellschaftliche und kulturelle Öffnung; in der Republik schienen liberaler und demokratischer Geist der gesetzlich verbürgten Gleichberechtigung tatsächlich ein soziales Fundament zu schaffen.

Die unbestreitbare Tatsache, daß geistige Liberalität und materieller Profit bei den jüdischen Initiatoren eines solchen Kulturbetriebs Hand in Hand gingen, war den Vertretern völkischer und konfessionell gebundener Ideologeme ein Dorn im Auge. In der Verbindung von literarischer Kritik, Verlagswesen und Literatentum erblickten sie ein verhängnisvolles Komplott, das mit dem Ziel, die literarische Vorherrschaft in Deutschland zu erreichen, geschmiedet worden sei. Den Juden wird unterstellt, sie wollten „durch die Literatur zur öffentlichen Geltung“ gelangen, mit dem Fernziel, „die Assimilation zu befördern" bzw. den Materialismus auszubreiten und die christlichen Werte aus Staat und öffentlichem Leben zu verdrängen.[108]

Von nationaler Seite hat man mehrfach auf die *ökonomischen Wurzeln* der kulturellen Vorherrschaft hingewiesen und das Phänomen durch das Etikett „Handel mit dem Geist" diskriminiert. Insbesondere Josef Nadler vertrat die Überzeugung, die jüdischen Schriftsteller hätten es aufgrund ihrer wirtschaftlichen Begabung verstanden, sich des Distributionsapparates – Presse, Verlagswesen, Theater, Rundfunk – zu bemächtigen und so einen „Bucherfolg" von vornherein zu programmieren.[109] Auch wenn sich zahlreiche nationalistische Betrachter Nadlers Schlußfolgerung nicht anschlossen, so standen sie doch auf alle Fälle der Konzentrierung kultureller Vermittlungsinstanzen in jüdischer Hand ablehnend gegenüber.

Die *liberale Presse* des Kaiserreichs und der Weimarer Republik – von den Nationalsozialisten pauschal als „Judenpresse" gebrandmarkt – war mit ihren wichtigsten Organen tatsächlich eng an jüdische Verlagshäuser gebunden: Die *Frankfurter Zeitung*, die bedeutendste Tageszeitung der Republik, war seit 1856 in jüdischem Besitz. Ihr Gründer, der Bankier Leopold Sonnemann, gehörte selbst als Mitglied der Deutschen Volkspartei dem Reichstag an. Auflagenstärkste Berliner Zeitungen waren die im Ullstein-Verlag erscheinende *Berliner Morgenpost* und das im Mosse-Verlag herausgegebene *Berliner Tageblatt.* Von beträchtlichem Einfluß waren daneben die ebenfalls bei Ullstein erscheinenden Organe *Berliner Illustrierte* – ein illustriertes Wochenblatt, die Boulevardzeitung *BZ am Mittag* und die für die Berliner Intelligenz bestimmte *Vossische Zeitung.* Radikalere Varianten der großen demokratischen Presse stellten zwei Wochenschriften dar, Siegfried Jacobsohns *Weltbühne*, und Stefan Großmanns *Tagebuch*. An der *Weltbühne*, die 1918 die Nachfolge der wesentlich kulturell geprägten *Schaubühne* antrat, arbeiteten Alfred Polgar, Egon Friedell, Julius Bab, Kurt Tucholsky, Erich Dombrowski, Alfons Goldschmidt, Otto Flake u.a. mit; ihr redaktioneller Leiter war Carl von Ossietzky. In gewisser Hinsicht schlossen sie an zwei Publikationsorgane an, deren Glanzzeit zweifellos vor dem Weltkrieg gelegen hatte, die kulturell-politischen Zeitschriften *Die Zukunft* (Berlin, 1892-1922) von Maximilian Harden und *Die Fackel* (Wien, 1899-1936) von Karl Kraus. Wichtigste Literaturzeitschrift der Weimarer Ära wurde die im Fischer-Verlag publizierte *Neue Rundschau.* Besonders *Frankfurter Zeitung* und *Berliner Tageblatt* fungierten als Bindeglied zwischen der im November 1918 gegründeten Deutschen Demokratischen Partei (DDP) und ihren Wählern, zu denen besonders die emanzipierten und assimilationswilligen bürgerlichen Juden zählten. Dennoch darf die Tatsache des hohen Niveaus dieser liberalen Blätter, zu denen noch der Berliner *Börsenkurier* und die Wiener *Neue Freie Presse* rechnen, die Tatsache der Auflagenstärke und der internationalen Beachtetheit nicht darüber hinwegtäuschen, daß die Bevölkerung der Klein- und Mittelstädte Deutschlands sich ausschließlich an regionalen Zeitungen orientierte, daß diese meist konservativen Zuschnitts waren und antisemitischen Tendenzen offenstanden. Jüdische Journalisten und Redakteure konzentrierten sich daher nicht zufällig auf Berlin, das Eldorado des Journalismus.[110]

Als Distributionsinstanz spielen die großen *Verlage* eine entscheidende Rolle. Gerade die erwähnten Verlagshäuser Mosse und Ullstein schienen das antisemitische Vorurteil zu bestätigen, da sie sowohl in der Literaturproduktion als auch der öffentlichen Vermittlung tätig waren. Neben Zeitungen, Adreß- und Telegraphen-Code-Büchern brachte der Mosse-Verlag doch auch populärwissenschaftliche Literatur und Romane heraus. Ähnlich sah die Situation beim Ullstein-Verlag aus. 1877 von dem aus Fürth zugewanderten Leopold Ullstein gegründet, erreichte der Verlag unter seinen fünf Söhnen als Zeitungen-, Zeitschriften-, Schnittmuster- und Buchverlag einen der vordersten Plätze unter den deutschen Verlagen. Wichtigster Verlag für Schöne Literatur war unbestritten der S. Fischer-Verlag, der von Samuel Fischer, einem aus der ungarischen Slovakei eingewanderten Juden, 1886 in Berlin gegründet wurde. Gerade diesem Verlag hat man oftmals vorgeworfen, daß er nicht nur jüdische Autoren bevorzuge, sondern ihnen überhaupt erst publizistischen Erfolg verschafft habe. – Freilich darf über dieser quantitativen Feststellung nicht übersehen werden, daß Fischers persönlicher Einsatz zahlreichen skandinavischen Autoren galt, etwa Ibsen und Björnson, daß Gerhart Hauptmann, Thomas Mann und George Bernard Shaw bei Fischer publizierten, Autoren also, deren Erfolg beim besten Willen nicht jüdischer Herkunft zugeschrieben werden konnte und den zahlreicher jüdischer Verlagskollegen übertraf. Neben dem avantgardistischen Kurt-Wolff-Verlag, der sich besonders um Dichter des Expressionismus verdient machte, gab es eine ganze Reihe jüdischer Literatur- und Kunst-Verlage, etwa den Theaterverlag Felix Bloch Erben, den Erich-Reiss-Verlag, die Verlage von Jakob Hegner und Erich Lichtenstein, den Berliner Malik-Verlag, der die deutsche Linke betreute, den Gustav-Kiepenheuer-Verlag, den Ruetten u. Loening-Verlag, die Kunstverlage von Paul und Bruno Cassirer und eine große Zahl spezifizierter Verlage. So lassen sich verschiedene jüdische Verlage den jüdischen Organisationen entweder zuordnen oder doch als Sympathisanten dieser Bewegungen einstufen. Der Berliner Philo-Verlag stand in unmittelbarer Beziehung zum „Central-Verein deutscher Staatsbürger jüdischen Glaubens" und war damit das Gegenstück zum Jüdischen Verlag und zum Schocken-Verlag, die beide die Interessen der „Zionistischen Vereinigung für Deutschland" vertraten. Waren sie „kulturzionistisch" ausgerichtet, so standen die Verlage M. & H. Marcus (Breslau), J. Kauffmann (Frankfurt a.M.) und die kleineren Verlage (Levy-Verlag, Kedem-Verlag, Vortrupp-Verlag) der „jüdischen Erneuerungsbewegung" nahe. In Wien nahm der Paul Zsolnay-Verlag für Österreich in etwa die Stellung ein, die der Fischer-Verlag für Deutschland innehatte. Der Kommerzialisierung des Buchhandels in Gestalt von „*Buchgemeinschaften*" galt das dezidierte Mißtrauen nationalistischer Kreise; daß die „Deutsche Buchgemeinschaft" als größtes dieser jungen Unternehmen sich ausschließlich in jüdischem Besitz befand, erschien ihnen als deutliches Signum jüdischen Vormachtstrebens. Charakteristischerweise richtete sich die erste Maßnahme der NS-Regierung gegen den Ullstein-Verlag als Aushängeschild jüdischen Verlagswesens, dessen 'Arisierung' sie bereits 1934 vollzog, während sie anderen jüdischen Verlagen, mit zunehmender Restriktion auf jüdisches Publikum und Sortiment noch einen Restspielraum beließ. Im Jahre 1937 gab es auf deutschem Reichsgebiet noch 27 jüdische Verlage und 61 Buchvertriebe, ehe 1939 der Verlag „Jüdischer Kulturbund" Lager und Vertrieb aller deutschen jüdischen Buchverlage zwangsweise übernahm. Am 11. September 1941 wurde auch er aufgelöst; Verlag und Buchvertrieb gingen auf die „Reichsvereinigung der Juden in Deutschland" über.[111]

Als Domäne jüdischer Selbstdarstellung und jüdischer Interessen war auch das *Theater* verschrieen. Der Vorwurf einseitiger Bevorzugung jüdischer Autoren durch jüdische Regisseure war freilich auch hier vollkommen unangebracht. Nicht zu leugnen ist hingegen, daß jüdische Schauspieler und vor allem jüdische Regisseure, überwiegend in den Metropolen, besonders sichtbare Stellen im öffentlichen Kulturbetrieb einnahmen, außerdem in Bereichen des avantgardistischen, modernen Theaters. Die besondere Note ergab sich dabei aus der Konstellation, daß auch bei gegensätzlichen Strömungen und bei Richtungskämpfen die Antipoden oft jüdisch-deutscher Herkunft waren und damit dem antisemitischen Klischee zu entsprechen schienen. Das gilt bereits für die wilhelminische Zeit. Otto Brahm, der als Direktor des Theatervereins der 'Freien Bühne' den Stücken von Ibsen, Björnson, Gerhart Hauptmann und vielen anderen den Weg auf die deutsche Bühne eröffnete und später, als Direktor des Deutschen Theaters, alle modernen naturalistischen bis realistischen Richtungen auf breiter Ebene fördern konnte, prägte die Theatergeschichte der neunziger Jahre. Sein Schüler und Antipode ab 1902, später, ab 1905 sein Nachfolger am Deutschen Theater, Max Reinhardt, war österreichischer Jude; an seiner Erfolgslaufbahn faszinierte besonders, daß er zwischen 1905 und der Emigration 1933 ein anti-naturalistisches Theater der schauspielerisch-szenischen Erneuerung von höchsten ästhetischen Ansprüchen entwickelte, gleichzeitig aber unter kommerziellem Aspekt ein erfolgreicher Unternehmer war. Ganz Ähnliches gilt in der folgenden Generation für Reinhardts Berliner Konkurrenten, Meinhard und Bernauer, sowie Barnowsky, die an Berliner Bühnen den theatralischen Expressionismus vorbereiteten und durchsetzten. Die antipodische Stellung war schließlich sehr deutlich ausgeprägt, als Leopold Jessner dem Theaterunternehmer Reinhardt und seinem 'Theater der Fünftausend' – als von der republikanischen SPD-Regierung unterstützter Intendant des ehemals Königlichen, jetzt Preußischen Staatsschauspiels – mit seinem engagierten 'Theater für die Republik' entgegentrat. Nimmt man Gustav Lindemann und die neue Düsseldorfer Schauspiel-Konzeption, später Berthold Viertel hinzu, so zeigt sich die repräsentative Rolle, die jüdisch-deutsche Theater-Künstler in den Metropolen – außer Berlin und Wien sind Hamburg, Leipzig und Frankfurt am Main zu nennen – einnahmen, in denen ohnehin das Gros jüdischer Regisseure und Schauspieler wirkte.[112] In der 'Provinz' galten andere Maßstäbe: Auf den Stadt- und ehemaligen Hoftheatern, die ab 1918 als Staats- oder Landestheater weitergeführt wurden, war der Anteil jüdischer Künstler geringer, außerdem hatten anspruchsvollere Privattheater in diesem Bereich ohnehin keine Chance.

Ein ebenso häufig zu hörender Vorwurf bezieht sich auf die *geistigen Quellen* des kulturellen Vormachtstrebens: er sieht die angebliche Vorherrschaft des Judentums auf der *Literaturkritik* gegründet, die aus einer dienenden Funktion geradezu zur „Herrin der öffentlichen Meinung" avanciert sei.[113] Der Kritiker befinde sich auf einer Zwischenebene zwischen Dichtung und Publikum; anders als der Dichter, dem Intuition und Empfindung als unerläßliche Eigenschaften zugesprochen werden, brauche er Scharfsinn, Beurteilungskraft und kühlen Intellekt. Das Schlagwort vom „zersetzenden Scharfsinn", mit dem jüdische Kritiker den gefühlsbeladenen Dichtwerken zu Leibe rückten, war eine der in völkischen Kreisen gängigen Formeln, mit einer übrigens langen Tradition. Im 19. Jahrhundert selbst hatten die Journalisten Börne und Heine durch ihre nonchalant-bissigen Artikel die zünftige und lederne Professorenkritik abgelöst, dafür aber auch sofort den Vorwurf gewissenloser und sittenloser Polemik eingeerntet. Im Fall Heines wird immer wieder auf die unerquickliche Fehde mit Platen in den *Bädern von Lucca* hingewiesen; von Börne hat Heinrich von Treitschke behauptet, er habe den „eigentümlich schamlosen Ton" in die deutsche Presse gebracht. Noch Golo Mann erkennt bei Maximilian Harden, Alfred Kerr und Karl Kraus, den drei bedeutendsten Kritikern nach der Jahrhundertwende, Eitelkeit, Sensationsgier und Streitlust, und er vermißt bei ihnen den Rückhalt einer bejahenden Tradition.[114] Vorschub leisteten dieser Diagnose zahlreiche Juden selbst, die sich auf ihren Scharfsinn viel zugute hielten und gerade ihn als etwas typisch Jüdisches reklamierten. So erklärt etwa Ernst Lissauer, der als glühender Patriot der Auffassung Goldsteins entgegentrat und eine totale Assimilation propagierte, die Kritik zur eigentlichen literarischen Domäne der Juden – eben mit dieser Scharfsinnsthese.[115] Wenn in der Folge noch die Begriffe „Schläue" und „kombinatorische Begabung" fallen, so nimmt es nicht wunder, daß diese naive Selbstdarstellung von antisemitischer Seite mit Aplomb aufgegriffen wurde. Dennoch hat dies an der Selbsteinschätzung jüdischer Publizisten nichts geändert. Noch 1922, anläßlich eines Artikels über Maximilian Harden, konnte der jüdische Autor Paul Meyer feststellen:

> „Der Journalismus ist keine jüdische Erfindung, aber seine Wesensfarbe, sein Lebensgesetz, sein Blut, seine Seele hat er – wenigstens in Deutschland – von Juden empfangen. Für die andern war das Schreiben ja nur eine Betätigungsmöglichkeit unter vielen, für den begabten Juden war es der einzige Beruf, der ihm ein Partikelchen eingebildeter oder wirklicher Macht sicherte."[116]

Drei weitverbreitete, von nationalistischer Seite gegen die jüdische Literaturkritik vorgebrachten Einwände seien noch erwähnt: Die Dominanz jüdischer Kritiker führe sich nicht etwa auf Begabung oder gar besonderen Scharfsinn zurück, sie habe vielmehr drei „natürliche Ursachen". Zum ersten habe der Jude kein gewachsenes Verhältnis zur deutschen Sprache. Die Reflexion, zu der ihn die Mittelbarkeit dieser Beziehung zwinge, münde konsequent in Kritik und Artistik. Der Typus des Literaten, in dem sich Kritiker- und Artistentum vereinigten, sei die jüdische Ausprägung des verwehrten 'Dichtertums'. Zum zweiten habe sein Drang nach öffentlicher Geltung, da er in den Berufen des Offiziers, des Beamten und des Priesters nicht befriedigt werden konnte, sich auf Kunst und Wissenschaft geworfen und sich dort als *Mäzenatentum* manifestiert. Durch Klüngelei zwischen jüdischen Literaten und jüdischen Mäzenen seien die echten deutschen Dichter aus der Öffentlichkeit verdrängt worden. Das dritte natürliche Moment sei die *Polemik,* als zwangsläufige Verhaltensweise eines Fremden, der sich andauernd mit seiner Umgebung auseinandersetzen müsse. Literatentum, Geltungssucht und Polemik um ihrer selbst willen seien die drei Grundpfeiler jüdischer Literaturkritik.[117] Es versteht sich im Rückblick ohne weiteres, daß die Prinzipien einer intellektuell-progressiven Literaturkritik, wie sie aus völkischer Perspektive diskreditiert wurde, im Falle moderner Literatur zu wesentlich besserer Beurteilung führten als im Falle völkischen und heroischen Schrifttums und der sog. Heimatliteratur. Die Betroffenen freilich flüchteten sich zu der Vorstellung eines Komplotts zwischen Avantgarde und intellektueller Kritik. Unbestreitbar war jedenfalls die starke Dominanz jüdischer Kritiker in Berlin. Die Namen Julius Bab, Walter Benjamin, Arthur Eloesser, Fritz Engel, Norbert Falk, Manfred Georg, Willy Haas, Maximilian Harden, Monty Jacobs, Siegfried Jacobsohn, Alfred Kerr, Siegfried Kracauer, Fritz Mauthner, Kurt Pinthus, Alfred Polgar und vor allem Kurt Tucholsky belegen „den tatsächlich überragenden Anteil der Juden an der Berliner Theaterkritik zwischen 1871 und 1933."[118] Doch ist es völlig verfehlt, den jüdischen Kritikern insgesamt eine jüdische Ideologie zu unterstellen; Kiaulehn erkennt im Gegenteil als ihr gemeinsam angestrebtes Ideal „das Deutsche Nationaltheater". Die Diffamierung, auch das Wesen der Berliner Theaterkritik sei jüdisch, resultiert, wie in der Literatur selbst, aus dem Mißerfolg der völkischen Dichter. Den nichtjüdischen Kritikern hätten diese 'bedauerlichen Opfer' sicherlich nicht den „Fehler" geistiger Beweglichkeit und polemischer Schärfe vorgeworfen. So aber wurde das Schlagwort vom Mißbrauch der von den Juden erschlichenen publizistischen Macht zum bequemen Deckmantel eigener Unzulänglichkeit.[119]

Der Zielpunkt nationalistischer Angriffe war wieder das zersetzende Wesen all dieser kritischen Verlautbarungen; sie förderten angeblich den Trend, den man in der *Literatur* selbst aufs schärfste ablehnte, die sogenannte „Asphaltliteratur" in ihren diversen Spielarten. Ein offizielles, 1935 vom „Institut zum Studium der Judenfrage" im Eher-Verlag herausgegebenes Pamphlet charakterisiert die Entwicklung und macht zugleich die 'Jüdische Front', die sich in ihr herausbildet, deutlich:

„Auch die deutsche Buchliteratur war immer mehr unter das Regiment der jüdischen Rasse geraten! Die großen Bucherfolge wurden fast durchweg von Juden erzielt. Wir nennen nur Namen wie Emil Ludwig, Jakob Wassermann, Stefan Zweig, Arnold Zweig, Lion Feuchtwanger, Georg Hermann, Alfred Döblin und glauben, daß ihre Buchauflagen zusammengenommen die Auflagen aller sonstigen deutschen Schriftsteller übersteigen dürften. Die Namen rein deutscher Romandichter wie Gustav Frenssen, Hermann Stehr, Erwin Guido Kolbenheyer, Hans Grimm, Hans Friedrich Blunck u.a. treten diesen Modeschriftstellern gegenüber immer mehr in den Hintergrund."[120]

Aus der Retrospektive kommt Lowenthal zu einem ganz anderen Urteil; er meint, von einer jüdischen Vorherrschaft im literarischen Leben Deutschlands habe „tatsächlich kaum die Rede sein" können. Nicht nur, daß die absolute Zahl der bedeutenden jüdischen Schriftsteller relativ gering gewesen sei, darüber hinaus seien die literarisch führenden Gestalten Nichtjuden gewesen: Gerhart Hauptmann, Thomas Mann, Hermann Hesse, Stefan George, Rainer Maria Rilke. Auch bei den Linken hätten Nichtjuden dominiert: Brecht, Remarque, Glaeser und Kästner. Die Schlußfolgerung Lowenthals – „Schon aus diesem Grund entbehrt die Legende der jüdischen Vorherrschaft in der deutschen Literatur jener Zeit der echten Berechtigung“ – ist freilich damit noch keineswegs abgesichert.[121]

Tatsächlich läßt sich die Rolle jüdischer Autoren in der literarischen Avantgarde nicht bestreiten: Gerade der deutsche Expressionismus scheint noch einmal die These von der Symbiose zu bestätigen, – fast jeder zweite Name von Rang verweist auf jüdische Herkunft – anders als im naturalistischen Jahrzehnt oder der ‘Zwischenzeit’.[122]

Allerdings zielte der Vorwurf jüdischen Vorherrschaftsstrebens in erster Linie nicht auf die literarischen Führungsqualitäten, als vielmehr auf die enorme Breitenwirkung, die durchaus machtpolitisch als Durchsetzung der eigenen Maßstäbe definiert ist; künstlerische Qualitäten fungieren in diesem Kräftefeld lediglich als beliebig einsetzbare ‘Mittel zum Zweck’. Rein quantitativ übertraf die Auflage vieler jüdischer Autoren allerdings die Auflagenhöhe der Lyriker Rilke und George; Hesse, der literarisch ohnehin kaum zu den Avantgardisten zählt, hatte in der Weimarer Republik noch keine Millionengemeinde. Vielmehr gehörten die jüdischen Romanciers Jakob Wassermann, Georg Hermann, Lion Feuchtwanger und Franz Werfel, die Biographen Emil Ludwig und Stefan Zweig, die Feuilletonisten Kurt Tucholsky und Alfred Polgar, der Reporter Egon Erwin Kisch zu den meistgelesenen Autoren ihrer Zeit; in der reinen Unterhaltungsliteratur gelang Vicki Baum schon früh der Sprung über die nationalsprachliche Grenze.

Was den Anhängern einer konservativen oder völkischen Dichtung besonders ins Auge stach, war die Möglichkeit der jüdischen Autoren, ihre liberalen oder pazifistischen Überzeugungen zu propagieren. Betrachtet man die gegen ‘jüdische Literatur’ vorgebrachten Einwände, so tarnen sich ideologische Gründe meist mit künstlerischen Argumenten: als literarisch minderwertig wird das Produkt bezeichnet, das eine andere Meinung vertritt. Auf einer primitiveren Ebene liegt das beliebte Verfahren, das schriftstellerische Produkt ausschließlich aufgrund der jüdischen Herkunft seines Verfassers abzuqualifizieren. Die literarischen Scheingründe sind dann schnell bei der Hand.

Vergegenwärtigt man sich, wie geläufig die negativ besetzten Varianten des Begriffs ‘Literatentum’ waren (man denke nur an Thomas Mann!), so wundert es nicht, daß auch jüdische Autoren ähnliche Einwände vorbringen. Jakob Wassermann etwa apostrophiert die Juden als ein „zu einer Art von Literaten-Rolle“ vorbestimmtes Volk.[123]

VIII. Urteilsstereotype 2: Das Phantom einer ‘jüdischen Literatur’ in der völkisch-nationalsozialistischen Literaturdoktrin

Einer unvoreingenommenen Literaturgeschichtsschreibung ist es unmöglich, eine genuin ‘jüdische Literatur’ auszumachen und die differenzierte Skala literarischer Ausdrucksweisen bestimmten rassischen Faktoren zuzuordnen. Die lange Tradition gerade dieser voreingenommen-katalogisierenden Ettiketiersucht erhellt indes schon Ludwig Börnes nüchterne Feststellung von 1832:

„Die einen werfen mir vor, daß ich ein Jude sei; die andern verzeihen mir es; der dritte lobt mich gar dafür; aber alle denken daran. Sie sind wie gebannt in diesem magischen Judenkreise, es kann keiner hinaus."[124]

Man hat sich also, gerade heute, nach der 'Zerstörung deutscher Kultur' und insbesondere der Vernichtung einer deutsch-jüdischen Literatur, sehr zu hüten, diese Rubrizierungs- oder Charakterisierungsversuche erneut aufzunehmen. Ein „Inventar jüdischer Autoren" käme „einem fragwürdigen Anheften von Judensternen" unreflektiert nahe, auch wenn es in bester Absicht geschähe.[125] Man kann allenfalls versuchen, dem Phänomen der deutsch-jüdischen Literatur „im Spiegel ihrer Vorurteile" nachzugehen, mit aller noch immer gebotenen Vorsicht und dezidierten Distanzhaltung.

Die ursprünglich kulturkritisch gemeinten Begriffspaare „Kultur" und „Zivilisation", „Literat" und „Dichter" spielten im Wust antisemitischer Vorurteile schon deswegen eine wichtige Rolle, da sie einer rassistischen Vereinnahmung leicht gefügig waren. Völkische Kritiker bedienten sich ihrer mit leicht durchschaubarer Vorliebe, im Zusammenhang mit ihrer selbstgestellten 'Aufgabe', die Eigenart jüdischer Literatur zu charakterisieren und sie rassistisch auf den eindeutigen Begriff zu bringen. Das mit ermüdender Konsequenz immer wieder aufgegriffene Argument geht vom intellektuellen Zuschnitt des jüdischen Schriftstellers aus, der als – von Reflexion und Kritik herkommender – 'Literat' definiert und vom intuitiv 'empfangenden' Dichter abgegrenzt ist. Was er produziert, ist, sofern er sich über seine ureigene Domäne „Kritik" hinauswagt, nicht „Dichtung", sondern ein zwischen Dichtung und Kritik angesiedeltes Mittelding – eben die 'Literatur'. Während Dichtung tiefere Seelenregionen anrühre, bleibe Literatur an der Oberfläche haften – was immer mit diesem vagen Unterscheidungsmerkmal in concreto gemeint ist.[126] Diese bei jüdischen Verlagen gedruckte, von jüdischer Kritik propagierte Literatur, mit deren Hilfe – nach völkischer Meinung – das Judentum schließlich kulturelle und über sie politische Vorherrschaft erringen wollte, sieht sich vor allem drei Vorwürfen ausgesetzt. Jüdische Literatur galt als artistisch-formal, als psychologisierend-sittenlos und als pazifistisch-zersetzend. Die drei Kritikpunkte liegen also auf ganz unterschiedlichen Ebenen, auf einer ästhetischen, einer ethischen und einer politischen.

1) Der jüdischen Literaturkritik und der jüdischen Literatur komme es in erster Linie auf die *„Gekonntheit"*, die *formale Vollendung* an, und zwar auf Kosten des Inhalts und des Gehalts. Zweckloses Ästhetentum, losgelöst von den volkhaften Bindungen, sei das Resultat einer solchen wurzellosen Literatur: „Durch das Formalprinzip der Gekonntheit wurde das ursprüngliche Deutsche in der Dichtung geradezu abgetötet."[127] Die angestrebte 'Tendenzlosigkeit' werde jedoch höchst ambivalent praktiziert: Verurteilt würde Dichtung mit nationaler Thematik, da sie tendenziös sei; begrüßt dagegen Literatur liberalen oder gar kommunistischen Inhalts, da es ja auf den Inhalt gar nicht ankomme. Heine gilt dieser Claque als Stammvater artistischen Könnertums. Schon der sicherlich nicht nationalismusverdächtige Eduard Mörike hatte die 'Lüge' seines Wesens kritisiert, Karl Kraus hatte ihn für die 'Zerstörung der deutschen Lyrik' verantwortlich gemacht.[128] Bei Heinrich von Treitschke stehen die Vorwürfe bereits unter antisemitischem Vorzeichen:[129] Heines Charakterlosigkeit und Mangel an nationaler Gesinnung entsprechen angeblich Formalismus, Effekthascherei und stilistischer Manierismus.[130] Der vielfach gefeierte Feuilletonstil schließlich sei ein Resultat schöpferischer Unzulänglichkeit: die „künstlerische Komposition großen Stiles" gelingt, wie Treitschke weiß, „nur der massiven Kraft der Arier". Seine programmatische Abkanzelung Heines gipfelt in einem Verdikt, das die antisemitische Vorurteilsstruktur schlagartig erhellt: „Das Weltbürgertum und der Christenhaß, der ätzende Hohn und die Sprachverderbnis, die Gleichgültigkeit gegen die Größe der vaterländischen Geschichte – alles war jüdisch in dieser Bewegung."[131] Mit Hilfe solcher, von der nationalen Geschichtsschreibung vorfabrizierten Etikettierungen fällt es der antisemitischen Polemik der dreißiger Jahre nicht schwer, vor allem die Feuilleton-Schriftsteller wie Tucholsky, Kerr oder Polgar zu 'erledigen'. Charakterlosigkeit gilt als das Signum fast aller jüdischen Autoren;[132] ihre „innere Leere" und ihr „nackter Zynismus" äußerten sich als „frivole Schnoddrigkeit", als Ironie und als höhnische Polemik.

Der Vorwurf, all diese Autoren schrieben ein unreines und mauschelndes Judenidiom, durchzieht leitmotivisch die Charakterisierungen. Das „feinere Ohr" habe jedoch immer das „scheinbare" Deutsch jüdischer Literaten herausgespürt. Als Gipfel sprachlicher Überfremdung gilt die Buber-Rosenzweigsche Bibelübersetzung, die das 'hebräische Psalmodieren' nachzubilden versuchte. Auf derselben Ebene liegen die gegen die expressionistische Literatur gerichteten Vorwürfe (vgl. S. 47).

2) Bei der Diskussion um die 'Moderne' spielt die jüdische Herkunft der Autoren eine wichtige Rolle. Moderne Literatur hat zwei Hauptwurzeln in sozialen Veränderungen, in der durch die Industrialisierung hervorgerufenen *Verstädterung* und in der *psychologischen Sichtweise.* Die Wiedergabe der modernen Großstadt-Zivilisation führe – so lautet der stereotype Vorwurf – zur sogenannten „Asphaltliteratur", die psychologische Ausleuchtung des Individuums zur naturalistischen Entblößung. Formalismus und Psychologismus hängen innerlich zusammen: Indem die angeblich rein formalistische Literatur jeden Stoff zulasse, entscheide ausschließlich die subjektive „Scham" des Dichters über das Sujet. Die Darstellung des Schamlosen mit ihrer ausschließlich sensationellen Wirkung gilt als Produkt der modischen Psychoanalyse. Das Freilegen 'primitiver' seelischer Triebkräfte, die Reduzierung der Handlungsmotivationen auf egoistische und 'ehrlose' Funktionen, stand von vornherein im Gegensatz zu den konservativen Werten bürgerlicher Moral. Die Aufwertung des 'Verbrechens' und die Zerstörung des 'deutschen Ethos' aber dienten angeblich wiederum der totalen Assimilation: „ein Volk, das sich nicht mehr schämt, ist assimilierbar."[133] Kurzerhand apostrophierten die nationalistischen Kritiker die 'Moderne' als Resultat dieser seelenkundlichen Entdekkungen und identifizierten sie mit „entarteter Literatur". Gegen Döblin und Arnold Zweig etwa wurde dann der Vorwurf erhoben, sie setzten Bauerntum mit „Dumpfheit" und mit Provinzialismus („das total platte Land") gleich, während sie den „entwurzelten, emanzipierten, 'geistig selbständigen' Großstadtmenschen" glorifizierten.[134] Die Beschäftigung mit den unbewußten Triebregungen widersprach den heroisierenden Idealen der Rechten, aber auch konservative Kreise des politisch gemäßigten Bürgertums erhoben den Vorwurf der Unsittlichkeit gegen eine Literatur, die sich ihrer Meinung nach die 'Zerstörung der Persönlichkeit' zum Ziel gesetzt hatte. Emil Ludwig, einer der erfolgreichsten Verfasser biographischer Darstellungen (1930 betrug die Gesamtauflage seiner Werke 2 010 000 Exemplare, davon 800 000 in Deutschland), gilt als repräsentatives Beispiel kommerzieller Verwertung der psychologischen Methode. An die Stelle der taktvollen Außensicht und der heroischen Heldenverehrung trete bei ihm die respektlose Kammerdienerperspektive, die alles Große in die Privatheit menschlicher Konflikte auflöse. Der Mangel an Zurückhaltung und Ehrfurcht führe zur Deutung der Geschichte als einer Folge von Privatintrigen. Die Dominanz der triebhaften Seite menschlicher Motivationen verabsolutiere erotische und sexuelle Darstellungen und gipfele schließlich in der Schändung religiöser Phänomene. Arthur Dinter hatte ja in seinen Roman-Pamphlet *Die Sünde wider das Blut* bereits die „nackte Geschlechtsgier" als typisch jüdisch gebrandmarkt; nun findet die antisemitische Polemik die Freude am Pornographischen in Alfred Kerrs und Kurt Tucholskys Lyrik, paradoxerweise (aber nicht von ungefähr) in Lion Feuchtwangers Judenporträt im *Jud Süß*-Roman, der schon rein sprachlich ein Beleg für ordinäre und hemmungslose Pornographie sei.[135]

Daß gerade bei diesen Schriftstellern „fanatischer Kirchenhaß" zu einer Herabwürdigung heiliger Themen führe – so bei Kerr, bei Tucholsky, bei Hasenclever in seiner frivolen Komödie *Ehen werden im Himmel geschlossen* –, stellt für die Bewahrer heimischer Tugend nur die logische Konsequenz dar. Den Gipfel dieser psychologischen, letztlich den Anarchismus verherrlichenden Tendenz erreiche die moderne Literatur in den Dramen von Ferdinand Bruckner (Theodor Tagger). Ihm diene der Trieb nicht nur als eigentliche Motivation, er deklariere ihn sogar als Wert an sich – in seiner ganzen Kreatürlichkeit und Ungehemmtheit.[136] Bei Bruckner, der die Ängste und Irritationen des modernen Großstadtmenschen aufdeckt, wittern die Vertreter einer 'heilen' und 'hehren' Welt sogleich die Aufwertung des Asozialen. Der ganze psychologisierende Trend läuft nach diesem Vorurteil wieder auf die 'Zerstörung staatlicher Ordnung und nationaler Wehrkraft' hinaus – also zwei für den reglementierten Deutschen unerträglichen Sakrilegien. Hier schließt sich der dritte, der politische Vorwurf, nahtlos an.

3) Der *Vorwurf kosmopolitischer und pazifistischer Tendenzen* der Juden, der 1919/20 mit der Kriegsniederlage an Brisanz gewinnt, hat Tradition (vgl. S. 21f.). Treitschkes Erwiderung im erwähnten Antisemitismusstreit, die Juden trügen nichts zur Versöhnung der Stämme bei, sie beförderten lediglich „ein heimatloses Weltbürgertum“ und zerstörten den „nationalen Stolz, die Freude am Vaterlande“, fiel jetzt auf besonders fruchtbaren Boden[137] – ungeachtet der Tatsache, daß sich die Juden 1914 mit derselben Begeisterung wie die übrigen Deutschen der ‘nationalen Sache’ angenommen hatten.[138] Jetzt verband man den Vorwurf mit der Konspirationshypothese und deutete die Assimilation als schleichendes, bewußt in Szene gesetztes Verfahren: Ein gedemütigtes und geschwächtes Volk sei unfähig, der Assimilation Widerstand entgegen zu setzen. Im besiegten Deutschen Reich wurde der Pazifismus generell als Instrument zur Schwächung nationaler Eigenart betrachtet und zusätzlich als diskriminierend gedeutet, sobald sich Juden seiner annahmen.[139] Für nationalistisches Argumentieren ist dieser jüdische Pazifismus in erster Linie ökonomisch definiert. Kriege stören die internationale Geschäftemacherei der Juden, denen an der Bewahrung nationaler Ehre nichts liegt. Der Pazifismus bilde den Versuch, die Nation aufzulösen, sie zu überführen in das ‘größere Ideal’ der Menschheit; damit aber zersetze er den Willen zur Erhaltung eines Volkes und schädige die Wehrkraft entscheidend. Die „wurzellosen“, „vaterlandslosen“ Juden galten als prädestinierte Vertreter eines solchen demobilisierenden Internationalismus – ob er sich traditionell liberaler oder mehr sozialistischer Ideologie verschrieb. Im folgenden einige *Beispiele*, die auch literaturgeschichtlich unterschiedene Entwicklungen repräsentieren.

Den Bekenntnissen, die der beliebte, in der Nachfolge Fontanes stehende Erzähler Georg Hermann 1919 unter dem Titel *Randbemerkungen* publiziert hatte, wurde das Etikett der *Wurzellosigkeit* aufgedrückt, weil er gestanden hatte, keine Gefühle für Obrigkeit, Vaterland und Religion zu besitzen. Seinem Diktum, er könne sich in der ganzen Welt wohlfühlen, wo er Kultur und Kommunikation antreffe, entspricht sein Appell, endlich die Menschheit über die Nationalität zu stellen.[140] Hermanns Geschichtsverständnis zufolge macht gerade das „Perhorreszieren des Staatsgedankens“ die Modernität der Juden aus. In der Gehorsamsverweigerung („Selbstbesinnung des Viehs“) erblickt Hermann die konsequente Replik auf das Desaster des obrigkeitlich verordneten Weltkriegs. Wie immer man zu dem Argument steht, mit einer Volksregierung wäre der Krieg nicht hereingebrochen oder schon längst beendet, zweifelsfrei hat die ironische Demontage nationaler Werte den Nationalisten entgegengearbeitet, deren Verdikt ihn von nun an unerbittlich trifft.[141] So zieht Hermann bereits 1919 die Konsequenzen aus seiner Enttäuschung; sie führt ihn zu einer Rückbesinnung auf die jüdische Tradition. Als Westjude, als „deutscher Staatsbürger jüdischen Glaubens“, dem Deutschtum innerlich verbunden und dem Ostjudentum ausgesprochen abgeneigt, habe er die Folgen des Krieges und des dadurch aufgespülten Antisemitismus besonders schmerzlich empfunden:

„Ob wir es wollten oder nicht, wir mußten uns auf unser Judentum besinnen, denn der Krieg und die Grundanschauungen, die mit ihm Hand in Hand gingen, zeigten von Jahr zu Jahr mehr und stärker die Wesensverschiedenheiten und die Wesensfremdheiten, die uns von jenen trennten. Wir haben eine große Enttäuschung am Deutschtum erlebt, und wir erleben sie noch heute jede Stunde. Laßt mich offen ein hartes Wort sagen, – wozu es verschweigen und vertuschen?! Die

Deutschen haben sich als schlechte Siegelbewahrer des Menschentums bewährt.“[142]

Er selbst spricht seine Identitätskrise als ein Phänomen der Entwurzelung an. Seine literarische Produktion spiegelt in gewisser Weise diesen Bewußtseinsprozeß. Während *Jettchen Gebert* (1906) lediglich den Beginn eines Entwurzelungsvorgangs darstellt – die jüdische Familie wünscht noch keine totale Assimilation und lehnt den Christen Kößling als Ehemann für Jettchen ab –, zeigt der spätere Roman *Die Nacht des Dr. Herzfeld* (1912) bereits die Konsequenz der Entwurzelung und der zunehmenden Isolation: Herzfeld ist – nach den Worten des jüdischen Interpreten Hans Kohn – der „Typus des entwurzelten, seiner Familie und seinem Volke fremden jüdischen Literaten, wie er durch unsere Tage geht, die letzte Verkleidung, in der Ahasveros auf seiner endlosen Wanderung vor uns erscheint.“[143] So lag es offensichtlich an der Atmosphäre dieser Jahre, daß 1922 auch Willy Haas das Werk Hugo von Hofmannsthals und Albert Ehrensteins das Leben Peter Altenbergs unter dem Signum Ahasvers gedeutet haben.[144] Alfred Wolfenstein stellt eine charakteristische Gleichung vom verbannten Dichter und vom verstreuten und verbannten Judenvolk auf: „Der Dichter ist der unter die Völker Verstreute; aus tieferem Grunde kommend und in höherem Sinne ortlos; der Verbannte. Er ist, heute zumal, der ungewiß Wohnende unter Fremden, – denen er sich doch glühend zugehörig fühlt.“[145] Solche einerseits resignative, andererseits ins Mythische überhöhende Selbstcharakterisierung der Juden als ‘Entwurzelter’ mutet besonders fatal angesichts der Tatsache an, daß dieser Vorwurf mit aggressiver Absicht auch von antisemitischer Seite erhoben wurde.

Unschwer findet man weitere Beispiele für die ominöse, aus völkischer Sicht systematisch verwirklichte ‘Zersetzung der Volkskraft’. Ernst Toller etwa steht für die Kombination jüdischer Herkunft und sozialistischer Zielsetzung. Im frühen Drama *Die Wandlung. Das Ringen eines Menschen* (1919) stellt er den eigenen Weg vom kriegsbegeisterten Nationalisten zum aktiven Pazifisten dar. Der „Traum des reinen Menschseins“, den er pathetisch verkündet, ist den Nationalisten natürlich ein Dorn im Auge; sie wenden sich heftig gegen die politische Konsequenz, „den Umsturz und die Untergrabung des staatlichen und völkischen Lebens im Sinne eines utopischen Menschheitsreiches [. . .].“[146] Auch die späteren Dramen *Hinkemann* (1925) und *Feuer aus den Kesseln* (1930) gelten der Rechten als verwerfliche Dokumente eines zerstörerischen Pazifismus: *Hinkemann* als „niederträchtige Verunglimpfung des deutschen Kriegsverletzten und des Deutschen überhaupt“,[147] *Feuer aus den Kesseln,* das die Meuterei der Hochseeflotte von 1917 im Sinne eines berechtigten Ausbruchs aus einem tyrannischen System interpretiert, als „Heroisierung des Hochverrats und der Fahnenflucht.“[148] Mit besonderer Verärgerung konstatierte die völkische Rechte, daß die pazifistischen Stücke Ernst Tollers oder Friedrich Wolfs von der jüdischen Presse günstig aufgenommen wurden.[149]

Den Gipfel böswilliger Verunglimpfung vaterländischer Werte ersteige indes der „jüdische Literat“ Walter Mehring mit seinem politischen Spektakel *Der Kaufmann von Berlin* (1929), das, „auf dem Höhepunkt jüdischen Machtrausches“, das Herrschaftsstreben der Juden erbarmungslos dekuvriere.[150] Das Stück, in Wahrheit eher eine Revue über jüdisches und ‘arisches’ Schiebertum, zeigt die Absurdität des Vorwurfs besonders kraß, da Kaftan, der kleine ostjüdische Geschäftemacher, am Schluß genauso arm dasteht wie zu Beginn – ausgenutzt und betrogen von einem 'arischen' Rechtsanwalt namens Müller. Vom Vorwurf der 'Verunglimpfung' des Deutschen und des Preußischen ist es nur ein kleiner Schritt zum Vorwurf der Verletzung religiöser Gefühle. Die Kehrseite der totalen Freiheit, die man für das entfesselte Ich fordere, sei eben die Anarchie, der Zerfall von Moral und staatlicher Ordnung.

Alle drei Vorwurfs-Kategorien – Formalismus, Psychologismus und Pazifismus – richten sich gegen die 'Zersetzung deutscher Werte' (was immer mit dieser verwaschenen Formel gemeint ist) und werden global gegen die Künstler des Expressionismus vorgebracht, denen man bedenkenlos die Etikette „wesensfremd" oder „entartet" anheftet. In der Tat – das wurde schon mehrfach festgestellt[151] – hatten Juden an der Front des Expressionismus gegen saturiertes Bürgertum und erstarrte Konventionen einen maßgeblichen Anteil – unter den Mitarbeitern an Herwarth Waldens Zeitschrift *Der Sturm* oder unter den Beiträgern der von Kurt Pinthus herausgegebenen Lyrikanthologie *Menschheitsdämmerung* (1920), in der mehrere antimilitaristische Gedichte von Juden stammten (Werfel, Ehrenstein, Lichtenstein). Die bei Toller beobachtete Wandlung vom Nationalen zum Menschheitlichen[152] begegnet auch bei anderen jüdischen Autoren, wie überhaupt während des Weltkriegs die meisten aktiven Pazifisten aus dem Umkreis des Expressionismus stammten. Die Verfasser pazifistischer Antikriegskunst besaßen in den expressionistischen Zeitschriften ihr wichtigstes Forum.[153] Trotz der gemeinsamen politischen Haltung war die mentale Situation der Expressionisten auf keinen simplen Nenner zu bringen: Die weltanschauliche Ambivalenz des Expressionismus manifestiert sich gerade im Nebeneinander von Zukunftsglauben und Endzeitbewußtsein (etwa in Gedichten von van Hoddis, Lasker-Schüler, Wolfskehl), von schwärmerischer Weltverbrüderung und dumpfer Existenzangst – so als ob jüdisches Bewußtsein nicht nur einer positiven politischen Entwicklung vertraute, sondern sich zugleich eingeholt fühlte „vom unentrinnbaren tausendjährigen Schicksal eines verfolgten Gottesvolks."[154] All die latent vorhandenen, von 'formaler Verkrampftheit' bis zu 'rassischer Entartung' reichenden Vorurteile bieten eine zusätzliche Erklärung für das „geschärfte Bewußtsein existentieller Entfremdung", das die jüdischen Autoren des Expressionismus kennzeichnet:

> „Die gesellschaftliche Position jüdischer Expressionisten scheint so exemplarisch für die Isolationserfahrung und das Außenseitertum moderner Künstler überhaupt."[155]

Dennoch ist, allen Gefühlen des Fremdseins zum Trotz, gerade bei jüdischen Autoren die Bemühung um das Heimatrecht in der deutschen Sprache zu spüren, die Bewußtheit, mit der hier Tradition angeeignet wird. Wolfensteins Versuch, diese keineswegs selbstverständliche, diese fragile und reflektiert erarbeitete Synthese in Sätzen, in denen noch deutlich emotionale Betroffenheit anklingt, festzuhalten, beleuchtet, als eine extreme Stellungnahme, zweifellos die geistige, von Verzweiflung und Hoffnung geprägte Situation jener Jahre:

„Wie zum Sinnbild einer späten Vereinigung begegnen sich im neuen Gedicht jüdisches Wesen und deutsche Sprache.

Unter den westeuropäischen Sprachen scheint sich die deutsche anders als die übrigen zum jüdischen Wesen zu verhalten: In ihr bewahrt es sich selbst, es bleibt lebendig, in die romanischen Sprachen eher spurlos aufgelöst [sic!]. Hier bewegt es sich souverän, ihr verbunden wie ein Schwimmer seinem Element. So geschieht es nicht deshalb, weil die deutsche Sprache nachgiebiger und freier ist und über die feststehenden Dinge weicher hinwegströmt. Wir sehen, an allen Unterschieden vorbei, in eine seltsame Verwandtschaft.

Manchmal, wenn Gegensatz und Liebe zwischen ihnen hervortritt, erscheint der Jude wie ein Doppelgänger des Deutschen."[156]

Schärfer konnte der Widerspruch gegen den deutschnationalen Antisemitismus und den Ausschluß der Juden aus der deutschen Gesellschaft nicht formuliert werden. Freilich widersprach Wolfenstein auch allen nationaljüdischen Kräften, die sich auf die Erhaltung des genuin 'jüdischen Wesens' konzentrierten. Gerade im Extrem dieser Stellungnahme zeigt sich nochmals Glanz und Elend einer 'Wahlverwandtschaft', die sich aufs Grausamste als Illusion erweisen sollte.

IX. Zu diesem Buch

Der Anteil von Autoren jüdischer Abstammung an der deutschen Literatur ist nie größer gewesen als in den Jahrzehnten, die zwischen dem Aufflammen des neuen Antisemitismus und dem nationalsozialistischen Völkermord, zwischen der Formation der zionistischen Gegenbewegung gegen den europäischen Nationalismus und dem erzwungenen 'Auszug des jüdischen Geistes aus der deutschen Kultur' liegen. Auf dem Höhepunkt dieser spannungsreichen und belasteten literarischen Koexistenz, zu Beginn der zwanziger Jahre, als Hoffnung und Enttäuschung ein grelles Verhältnis bildeten, erschien 1922 im jüdischen Welt-Verlag in Berlin ein Band *Juden in der deutschen Literatur. Essays über zeitgenössische Schriftsteller.* Er enthielt 23 Porträts von deutsch-jüdischen Autoren, meist aus der Feder wiederum von jüdischen Schriftstellern und Publizisten. Der Herausgeber, Gustav Krojanker, verstand den Sammelband als einen Beitrag zum deutsch-jüdischen Gespräch: die Abneigung gegen das Judentum – so stellte er im Vorwort fest – stehe, „wenn auch nicht ganz überwunden, heute doch im Begriffe, [. . .] überwunden zu werden." Die Möglichkeit, einen solchen Sammelband herauszugeben, erscheint ihm bereits als „Beweis eines Umschwungs", nicht weniger als Bestätigung einer jüdischen Selbsterneuerung; die republikanische Staatsform bietet gerade das geeignete Forum für den längst fälligen Dialog, in dem die Eigenart beider Gesprächspartner anerkannt und nicht Angleichung des schwächeren Partners als Bedingung für das Zustandekommen verlangt werde. Grundlage für ein verständnisvolles Miteinander sei – so konstatiert der Herausgeber – jetzt gelegt, „wo der Jude seiner unlösbaren Zugehörigkeit zur deutschen Kultur so sehr als einer selbstverständlichen Tatsache sich bewußt ist, daß vom Trennenden getrost die Rede sein kann, und wo der Deutsche im Juden den Mitbürger gerade auch wegen seiner Andersartigkeit schätzt."[157]

Eine ähnlich optimistische Zielsetzung verbietet sich 60 Jahre später, angesichts der historischen Erfahrung, die Krojankers Erwartung in allen Punkten widerlegt hat. Ging es damals um die Gesamtwürdigung von „Juden in der deutschen Literatur" in einem allgemeinen und positiven Sinne,[158] so lautet jetzt die eingeschränkte, rückwärtsgewandte und mit geschichtlichen Gewichten belastete Fragestellung: 'deutsch-jüdisches Zusammenleben aus der Perspektive jüdischer Autoren'. Statt des hoffnungsvollen Vertrauens auf ein bereits etabliertes, zukünftig Früchte tragendes Gespräch steht jetzt die Frage nach dem *"Warum"* im Zentrum, d.h. warum dieser Versuch, ein Gespräch miteinander zu führen, trotz Ausblick und Hoffnung, in der Katastrophe endete.

Im Bereich der Literatur spiegelt sich diese Katastrophe schon allein in der umfangreichen Liste der Namen derer, denen ein Gespräch ohnehin unmöglich wurde, sei es, daß sie im Konzentrationslager starben oder ermordet wurden, wie Erich Mühsam, Arno Nagel, Arthur Silbergleit, Gertrud Kolmar, Georg Hermann, Jura Soyfer, Fritz Löhner-Beda, Fritz Grünbaum, Peter Hammerschlag, sei es, daß sie in der Bedrohung durch das NS-Regime oder im Exil Hand an sich selbst legten, wie Kurt Tucholsky (1935), Egon Friedell (1938), Ernst Toller (1939), Ernst Weiss (1940), Walter Hasenclever (1940), Walter Benjamin (1940), Carl Einstein (1941), Stefan Zweig (1942) und Alfred Wolfenstein (1945).

Die vorliegende Sammlung von Untersuchungen vereint u.a. Autoren, denen das Problem des Gesprächs und seiner Verhinderung unter der symbolischen Chiffre von alttestamentlichen Gestalten, vor allem Jeremias und Hiobs, aber auch der 'mythologischen' Figur Ahasvers zum Problem geworden ist.[159] Am häufigsten sind hier Werke vertreten, in denen die Hiob-Gestalt als alttestamentlich beglaubigtes, literarisches Deutungsmodell in Erscheinung tritt. Bezeichnenderweise läßt schon Jakob Wassermann, zu einem Zeitpunkt, als ihm die Möglichkeit der 'Symbiose' noch kaum fragwürdig geworden ist, die Hiob-Gestalt, wie eine alttestamentliche Gloriole, hinter einer Figur auftauchen, die ohnehin zum ehrwürdigen Patriarchen stilisiert ist: Gedalja, zu dem sich Agathon Geyer, der Held von *Die Juden von Zirndorf,* unwiderstehlich hingezogen fühlt. In die ehrwürdige Aura ist freilich die Fraglichkeit eingezeichnet, denn der moderne Hiob verliert angesichts der neuen Zeit auch den unanfechtbaren Gottesglauben:[160]

> Glaube is kaaner mehr in der Welt, ich spür's am eigenen Fleisch, Gott hat die Zeit verloren, sie is ihm gefallen aus der Hand, nebbich.

Auf inhaltlich analoge Weise wird die Beziehung zwischen Titelheld und Hiob-Gestalt in Arnold Zweigs *Grischa*-Roman hergestellt, und zwar in dem bezeichnenden Moment der Erzählung, als der Todeskandidat nach der Begegnung mit dem ostjüdischen Frommen seinen Tod annimmt und sich befrieden läßt – eine Konstellation, die in der Forschung zu der Kennzeichnung Grischas als eines „Hiob des vierten Standes" geführt hat.[161]

Wesentlich ausgedehnter, d.h. den ganzen Roman strukturierend, ist hingegen die Konfiguration alttestamentlicher Gestalten, die um Franz Biberkopf aufgebaut wird und in der Hiob und Abraham bzw. Isaak die wichtigste Stelle einnehmen. Ein Jahr später, 1930, wird dann Hiob zum Namenspatron für Joseph Roths „einfachen Mann“, namens Mendel Singer, wobei es eigens zu bedenken ist, daß Roth sich später von seiner Leidensdarstellung distanziert hat mit der Begründung, das Leid sei „zu schmackhaft und zu weich“.[162] Ein starkes Jahrzehnt später entsteht Margarete Susmans Reflexion *Das Buch Hiob und das Schicksal des jüdischen Volkes* (veröffentlicht 1945), entsteht Karl Wolfskehls Hiob-Dichtung im äußersten, entferntesten Fluchtland, in Neuseeland, bereitet sich das lyrische Werk der Nelly Sachs vor, in dem die Hiob-Gestalt von *Sternverdunkelung* bis zu den *Späten Gedichten* immer wieder auftaucht. In dem früheren Werk wird die alttestamentliche Gestalt direkt angesprochen:[163]

> O Du Windrose der Qualen!
> Von Urzeitstürmen
> in immer andere Richtungen der Unwetter gerissen
> [. . .]

Dabei steht Hiob bei den deutsch-jüdischen Autoren keineswegs ausschließlich als Chiffre für das als Fügung hingenommene, sondern auch als Symbol des als Verhöhnung eigenen Leidens zurückgewiesenen Schicksals. Die Gestalt bedeutet nicht nur den Schmerzensmann – und seine Wieder-Erhöhung tritt so gut wie nie in Erscheinung –, sondern auch den unerbittlichen Frager nach der Gerechtigkeit und nach dem Sinn des verhängten Leidens – wie es in Nelly Sachs' Gedicht heißt:

> Deine Stimme ist stumm geworden,
> denn sie hat zuviel *Warum* gefragt.

Die Sichtweise 'im Zeichen Hiobs' bildet in dem vorliegenden Band die übergeordnete Perspektive; als Chiffre des literarisch vermittelten Selbstverständnisses deutsch-jüdischer Autoren drückt sie für eine Zeit, in der die reale Möglichkeit der deutsch-jüdischen Symbiose unwiderruflich vernichtet ist, die Reverenz vor denen aus, die der physischen und psychischen Vernichtung anheimgefallen sind. Für die literaturwissenschaftliche Begründung des Versuchs kommt die literarische und problemgeschichtliche Repräsentanz als Kriterium hinzu. Zur Diskussion gestellt werden Autoren von Werken, in denen das Problem der jüdischen Selbstorientierung, des Selbstfindens und Selbstdarstellens ausdrücklich thematisiert wird. Der Doppelaspekt ist dabei entscheidend. So gibt es Autoren von Weltformat, die sich in ihrem literarischen Werk dieser anstehenden Fragen nicht angenommen haben, wie Hermann Broch oder Anna Seghers, und die deshalb im vorliegenden Rahmen nicht vorgestellt werden. Desgleichen konnten Autoren von höchstem theoretischem Anspruch, wie Walter Benjamin oder Gustav Landauer, nicht berücksichtigt werden, wenn die dezidiert literarische Vermittlung der Problemlage fehlte, während im Falle von Vertretern der literarischen und feuilletonistischen Satire wie

Karl Kraus und Kurt Tucholsky die genannten Kriterien zugunsten der Darstellung sprachen; letztlich können auch rein pragmatische Erwägungen nicht ausgeschlossen werden. Ein umfassender Abriß oder gar eine Bestandsaufnahme aller in Frage kommenden Werke und Autoren ist ohnehin nicht im Rahmen eines solchen Versuches denkbar. Bestandsaufnahmen grundsätzlicher Art, im Sinne der 'Beiträge zur deutsch-jüdischen Kultur' liegen vor. Die Problemstellung dieses Bandes wird dort jedoch nur unter anderen Themen mitbehandelt. Auch die Frage nach der Selbsteinschätzung des Judentums, als sozialer und geistiger Prozeß verstanden, ist in verschiedenen Darstellungen zur Bewußtseinslage der jüdischen Bevölkerung zur Sprache gekommen;[164] in der jüngeren Forschung wurde sie jedoch, wenn man von den Studien Peter Gays und Klara Pomeranz Carmelys einmal absieht,[165] nicht generell auf deutsch-jüdische Schriftsteller bezogen. Selbstverständlich liegen außerdem zahlreiche Spezialuntersuchungen zu Autoren und Einzelwerken vor. Diese ganze Forschung im allgemeineren Rahmen zugänglich zu machen und unter den genannten Gesichtspunkten damit Vergleichbarkeit zwischen Autoren und Werken herzustellen, ist der Hauptimpuls des hier vorgestellten Sammelbandes. Eine wirkliche Geschichte der Literaturentwicklung unter dem Vorzeichen des deutsch-jüdischen Verhältnisses kann zur Zeit wohl noch nicht geschrieben werden. So bleibt die Möglichkeit, im Sinne einer 'Ersatzvornahme' repräsentative Autoren und Werke oder Werkteile in den Rahmen des Vergleichbaren zu stellen. Der Versuch, die Breite des gesamten Spektrums, sowohl problemgeschichtlicher als auch literaturgeschichtlicher Art, wenigstens in Umrissen sichtbar werden zu lassen, bestimmte weiterhin die Auswahl. Unter dieser Prämisse tauchen eine Reihe von Autoren, denen man mit Fug und Recht Aufmerksamkeit widmen müßte, nicht auf, weil sie im Spielraum zwischen den Polen, vom bürgerlich-konservativen bis zum marxistisch-revolutionären, vom zionistischen zum assimilierten, vom literarisch-traditionellen bis zum experimentellen, nicht entsprechend profiliert erschienen. Im Hinblick auf den zur Debatte stehenden Zeitraum lag es nahe, legitimiert durch die Autoren und ihre Werke, nicht das Datum des nazistischen Völkermords als terminus ad quem festzulegen. Wenigstens sollten noch Autoren mit zur Debatte stehen, deren Biographie und Werkgeschichte über dieses Datum hinwegreicht – so schwierig sich auch gerade an diesem Punkte die Beschränkung gestaltete. Selbsterleben und Abgeschlossenheit der literarischen Auseinandersetzung waren hierbei Kriterien, doch wären hier von Rechts wegen weitere Autoren in Betracht zu ziehen – man denke an Ilse Aichinger, Günther Anders, Rose Ausländer, Jurek Becker, Hilde Domin, Erich Fried, Stephan Hermlin, Stefan Heym, Wolfgang Hildesheimer, Edgar Hilsenrath, Hermann Kesten, Jakov Lind, Robert Neumann, Hans Sahl, Hilde Spiel, Friedrich Torberg, Grete Weil oder Peter Weiss. Die Tatsache, daß jüdisch-deutsche Autoren nach allem und trotz allem die deutsche Literaturgeschichte nach 1945 in entscheidender Weise gestaltet und neu geprägt haben, kann in der vorliegenden Sammeldarstellung nicht gebührend zum Ausdruck gebracht werden. Angesichts der Namen und der Autoren wirkt die abschließende These Theo Bucks zum Werk von Paul Celan,[166] daß erst mit dessen Freitod 1970 eine entscheidende Trennung zwischen deutscher Sprache und jüdischem Geist stattgefunden habe, besonders provokativ. Sie mag daher Wiederspruch herausfordern, doch macht sie auf das Grundproblem aufmerksam, daß hinsichtlich der Fragestellung, wie sie hier für die Jahrzehnte ab 1870 entwickelt worden ist, für die Jahrzehnte ab 1950 nur eine modifizierte Weiterführung angemessen, in solcher Gestalt aber dringend wünschbar wäre.[167]

Die einzelnen Abhandlungen dieses Bandes, die nach der Chronologie der Geburtsdaten der Autoren geordnet sind, folgen im Hinblick auf das Ziel der Vergleichbarkeit einem locker gehandhabten Schema. Der Schwerpunkt liegt auf der literarischen Analyse, doch sind Biographie und theoretische Auseinandersetzung der einzelnen Autoren mit zu berücksichtigen. Daraus ergibt sich eine mehrteilige Anlage. Hinweisen zur Person des Autors in seiner Zeit, und zwar unter dem speziellen Aspekt des deutsch-jüdischen Verhältnisses, folgen Darlegungen zu dessen außerliterarischen Stellungnahmen, sei es zur Auseinandersetzung mit Problemen jüdischer Tradition, religiöser oder philosophischer Bindung, sei es zu den Grundfragen der sozialen und weltanschaulichen Festlegung, schließlich der direkten gesellschaftlichen und politischen Aktivität. Vermittlung und Darstellung dieser Problembereiche im literarischen Werk und die exemplarische Analyse eines zentralen Oeuvres oder eines Werkkomplexes war für den Hauptteil der Abhandlungen ins Auge zu fassen. Die Mitarbeiter dieses Bandes, die bei der Werkauswahl und dem interpretatorischen Zugang volle Freiheit hatten, vertreten nach Generationszugehörigkeit, Lebensschicksalen – die Kurzbiographien belehren darüber – nach literaturwissenschaftlicher Position, nicht zuletzt nach ihrer Einstellung zu den Grundfragen jüdischer und deutscher Geschichte, ein breites und in sich widersprüchliches Spektrum. Die „Vielstimmigkeit der Betrachter“,[168] die auch Gustav Krojanker in seinem Sammelwerk von 1922 als „Gebot“ erkannte, dürfte im jetzt vorliegenden Rahmen noch stärker ausgeprägt sein, und keineswegs darf die Einleitung als übergeordnete Perspektive mißverstanden werden. Sie hat vielmehr Teil an dieser 'Vielstimmigkeit', die derjenigen der hier zur Debatte stehenden Schriftsteller und Dichter an Divergenzen wohl kaum nachstehen dürfte. Angesichts solcher 'Vielstimmigkeit' ist ein Wort des Dankes an alle Mitarbeiter dieses Versuchs einer wissenschaftlichen Zusammenschau besonders angebracht. Stellvertretend für alle einzelne Danksagung sei dieser Dank gegenüber Frau Caroline Kohn ausgedrückt, die sozusagen die Rolle des Doyen im Corps der Mitarbeiter spielte und trotz schwerer gesundheitlicher Belastung die gegebene Zusage einlöste. Gemeinsam freilich ist allen, die an diesem Sammelband mitgearbeitet haben, die immer erneute und durch nichts zu beschwichtigende Betroffenheit durch das Geschehene.

Die Darstellung der jüdisch-deutschen Problematik in wesentlichen literarischen Vertretern und Werken dient daher nicht einer, wie auch immer zu verstehenden oder mißzuverstehenden 'Bewältigung', schon gar nicht einer fachwissenschaftlichen 'Aufarbeitung', deren Resultat danach ad acta gelegt werden könnte. Sie unterzieht sich vielmehr den Mühen der erneuten Sichtung und Überprüfung der Zusammenhänge, in der Absicht, das Geschehene im Bewußtsein zu halten und *nicht* vorzeitig „ins Grau der Historie, die schließlich alle Schrecken einebnet“, absinken zu lassen.[169]

Anmerkungen

1 Adolf Leschnitzer: Saul und David. Die Problematik der deutsch-jüdischen Lebensgemeinschaft. Heidelberg: Lambert Schneider, 1954.
2 Heinz Politzer: From Mendelssohn to Kafka: The Jewish man of letters in Germany. In: Commentary 3 (1947), No. 4. S. 348.
3 Eva G. Reichmann: Größe und Verhängnis deutsch-jüdischer Existenz. Zeugnisse einer tragischen Begegnung. Heidelberg: Lambert Schneider, 1974.
4 Gershom Scholem: Wider den Mythos vom deutsch-jüdischen Gespräch. In: Manfred Schlösser (Hrsg.): Auf gespaltenem Pfad. Zum neunzigsten Geburtstag von Margarete Susman. Darmstadt: Erato-Presse, 1964. S. 229-232; abgedruckt auch im Bulletin des Leo Baeck Instituts 27 (7. Jg./1964). S. 278-281. Vgl. auch ders.: Noch einmal: Das deutsch-jüdische Gespräch. In: Bulletin des Leo Baeck Instituts 30 (8. Jg./1965). S. 167-172 sowie: Juden und Deutsche. In: Scholem: Judaica 2. Frankfurt/M.: Suhrkamp, 1970. S. 20-46.
5 Alex Bein: Die Judenfrage. Biographie eines Weltproblems. Bde. I/II. Stuttgart: Deutsche Verlagsanstalt, 1980. Bd. I, S. 263.
6 Peter Gay: Begegnung mit der Moderne – Deutsche Juden in der deutschen Kultur. In: Werner E. Mosse (Hrsg.) unter Mitwirkung von Arnold Paucker: Juden im Wilhelminischen Deutschland 1890-1914. Tübingen: Mohr, 1976 (= Wissenschaftliche Abhandlungen des Leo Baeck Instituts, Nr. 33). S. 241-311, hier S. 243.
7 Gay (Anm. 6) S. 300.
8 Auf der Basis theoretischer und essayistischer Ausführungen von deutsch-jüdischen Autoren wurde das Problem von Klara Pomeranz Carmely untersucht (Das Identitätsproblem jüdischer Autoren im deutschen Sprachraum. Von der Jahrhundertwende bis zu Hitler. Königstein/Ts.: Scriptor, 1981).
9 Über die steigende Publikationsflut zu allen Themenbereichen der deutsch-jüdischen Beziehungen informiert am besten die Jahresbibliographie im *Yearbook of the Leo Baeck Institute* (seit 1956). – Besonders genannt sei im Hinblick auf literarische und zumal literatursoziologische Fragen: David Bronsen (Hrsg.): Jews and Germans from 1860 to 1933. The problematic symbiosis. Heidelberg: Winter, 1979.
10 Grundlegend dazu: Jacob Katz: Out of the ghetto. The social background of Jewish emancipation 1770-1870. Cambridge, Mass.: Harvard University Press, 1973; Reinhard Rürup: Emanzipation und Antisemitismus. Studien zur 'Judenfrage' der bürgerlichen Gesellschaft. Göttingen: Vandenhoeck & Ruprecht, 1975; außerdem die einschlägigen Kapitel in: Bernd Martin und Ernst Schulin (Hrsg.): Die Juden als Minderheit in der Geschichte. München: dtv, 1981.
11 Vgl. Walter Grab: Der preußische Weg der Judenemanzipation. In: Juden in Preußen. Ein Kapitel deutscher Geschichte. Hrsg. vom Bildarchiv Preußischer Kulturbesitz. Dortmund: Harenberg, ^{3}1982. S. 29.
12 Die klassische Formulierung dieses Vorbehalts stammt von 1789, als der Deputierte Clermont-Tonnère am 23.12. in der Französischen Nationalversammlung verlangte, 'den Juden als Nation nichts, als Menschen alles' zu gewähren. (zit. nach Heinz Mosche Graupe: Die Entstehung des modernen Judentums. Geistesgeschichte der deutschen Juden 1650-1942. 2. rev. u. erw. Aufl. Hamburg: Helmut Buske, 1977. S. 155, Anm. 112). – Zur Gleichset-

zung, die seitens der Liberalen zwischen Judenemanzipation und allgemeiner Emanzipation vorgenommen wird, vgl. Thomas Nipperdey: Deutsche Geschichte 1800-1866. Bürgerrecht und starker Staat. München: Beck, 1983. S. 248ff., sowie Jacob Toury: Der Eintritt der Juden ins deutsche Bürgertum. In: Hans Liebeschütz/Arnold Paucker (Hrsg.): Das Judentum in der deutschen Umwelt 1800-1850. Studien zur Frühgeschichte der Emanzipation. Tübingen: Mohr, 1977 (= Wissenschaftliche Abhandlungen des Leo Baeck Instituts, Nr. 35). S. 139-242.

13 Den besten Überblick vermitteln die Einleitungen, die Monika Richarz ihrer Dokumentation vorangestellt hat: Jüdisches Leben in Deutschland. Selbstzeugnisse zur Sozialgeschichte. Bde. 1-3 (1780-1871/Kaiserreich/1918-1945). Stuttgart: Dt. Verlagsanstalt, 1976/1979/1982. – Die Bemerkungen zum Sozialprofil der deutschen Juden stützen sich weitgehend auf Richarz' Beiträge. Vgl. dazu ferner die wichtigsten Sammelbände des Leo Baeck Institutes, insbesondere Mosse/Paucker: Juden im Wilhelminischen Deutschland 1890-1914 (Anm. 6); dies.: Entscheidungsjahr 1932. Zur Judenfrage in der Endphase der Weimarer Republik. Tübingen: Mohr, ^{2}1966; Deutsches Judentum in Krieg und Revolution 1916-1923. Tübingen: Mohr, 1971; neuerdings auch Shulamit Volkov: Jüdische Assimilation und jüdische Eigenart im Deutschen Kaiserreich. Ein Versuch. In: Geschichte und Gesellschaft 9 (1983) H. 3. S. 321-348.

14 Beispielhaft hierfür ist Felix Theilhabers Studie: Der Untergang der deutschen Juden. Berlin 1911/^{2}1921.

15 Eike Geisel: Im Scheunenviertel. Bilder, Texte und Dokumente. Berlin: Severin u. Siedler, 1981.

16 Hans-Helmut Knütter: Die Juden und die deutsche Linke in der Weimarer Republik 1918-1933. Düsseldorf: Droste, 1971. S. 121.

17 Vgl. Donald Niewyk: The Jews in Weimar Germany. Baton Rouge/London: Louisiana State University Press, 1980. S. 165ff.; sowie Carl J. Rheins: The Verband nationaldeutscher Juden 1921-1933. In: YLBI XXV (1980). S. 243-268.

18 Richarz (Anm. 13) Bd. 3. S. 32. – Vgl. dazu auch allgemein: Marion A. Kaplan: Die jüdische Frauenbewegung in Deutschland. Organisation und Ziele des Jüdischen Frauenbundes 1904-1938. Hamburg: Christians, 1981.

19 So bereits auch Robert Weltsch in der *Einleitung* zu dem von ihm herausgegebenen Band: Deutsches Judentum. Aufstieg und Krise. Gestalten, Ideen, Werke. Stuttgart: Dt. Verlagsanstalt, 1963. S. 14.

20 Marion A. Kaplan: Tradition and transition. The acculturation, assimilation and integration of Jews in imperial Germany – A gender analysis. In: YLBI XXVII (1982). S. 6.

21 Zur Wirkung von Werk und Person vgl. Alexander Altmann: Moses Mendelssohn. A Biographical Study. University of Alabama Press, 1973.

22 Nicht zu übersehen ist die Spitze gegen die christliche Umgebung; wenn das Judentum als wichtigster historischer Träger der Idee des Monotheismus dargestellt wird, so richtet sich dies gegen Anthropomorphismen und spekulative Momente der christlichen Inkarnations- und Trinitätstheologie. Zum Problem vgl. Graupe (Anm. 12) S. 93 – außerdem grundsätzlich Michael A. Meyer: The origins of the modern Jew. Detroit 1967.

23 Graupe (Anm. 12) S. 151f.

24 Ebd. S. 289ff.

25 Vgl. dazu Werner Weinberg: Die Reste des Jüdischdeutschen. 2., erw. Aufl. Stuttgart/Berlin/Köln/Mainz: Kohlhammer, 1969.

26 Gay (Anm. 6) S. 256.

27 Graupe (Anm. 12) S. 240.

28 Ebd. S. 241.

29 Steven M. Lowenstein: The pace of modernisation of German Jewry in the nineteenth century. In: YLBI XXI (1976). S. 43.

30 Vgl. dazu den Abschnitt *Juden* in: Sowjetsystem und demokratische Gesellschaft. Eine vergleichende Enzyklopädie. Bd. 3. Freiburg: Herder, 1970. Sp. 376.

31 Sigmar Ginsburg: Die zweite Generation der Juden nach Mendelssohn. Bulletin des Leo Baeck Instituts 2 (1958) S. 62-72.

32 Graupe (Anm. 12) S. 168.

33 Kaplan (Anm. 20) S. 4.

34 Vgl. Gershom Scholem: Wissenschaft vom Judentum einst und jetzt. In: Judaica Bd. 1. Frankfurt/M.: Suhrkamp, 1963. S. 147-164.

35 Arthur Eloesser: Vom Ghetto nach Europa. Das Judentum im geistigen Leben des 19. Jahrhunderts. Berlin: Jüdische Buch-Vereinigung, 1936. S. 27.

36 Zitiert nach Hartmut Kircher: Heinrich Heine und das Judentum. Bonn: Bouvier, 1973 (= Literatur und Wirklichkeit. Bd. 11). S. 111.

37 Graupe (Anm. 12) S. 170.

38 Einen Überblick über die Vielfalt der publizistischen Organe und eine Gesamtanalyse der *Allgemeinen Zeitung des Judentums* hinsichtlich Literaturbegriff, Literaturdebatte etc. gibt die Aachener Habilitationsschrift von Hans Otto Horch: Conditio Judaica. Juden und Judentum im Spiegel liberaler Erzählliteratur und liberaler jüdischer Literaturkritik. S. 47f., sowie S. 343-617. Diese Analyse erscheint 1985 (Bern/Las Vegas: Lang).

39 Ebd. S. 31.

40 Bezeichnenderweise geht die AZJ zu Beginn der zwanziger Jahre in der Zeitung des 'Central-Vereins' auf, als ihre altliberale Grundlage endgültig überholt ist.

41 Zur Darstellung der Zusammenhänge vgl. Horch (Anm. 38) S. 486-515, außerdem H.-P. Bayerdörfer: Jüdisches Mittelalter in der deutschen Literatur des 19. Jahrhunderts. In: James F. Poag u. Gerhild Scholz-Williams (Hrsg.): Das Weiterleben des Mittelalters in der deutschen Literatur. Königstein/Ts.: Athenäum 1983. S. 122-141; an Einzeltiteln wären etwa zu nennen: Eugen Rispart (Isaak Ascher Frankolm): Die Juden und die Kreuzfahrer unter Richard Löwenherz (1841); August Becker: Das Vermächtnis des Rabbi. Bde. 1-6 (1866-67); Wilhelm Jensen: Die Juden von Cölln. Novelle aus dem deutschen Mittelalter (1869; 2. Aufl. 'Die Juden von Köln' 1897).

42 Margarita Pazi: Berthold Auerbach – dem jüdischen Autor der deutschen Dorfgeschichte zum 100. Geburtstage. In: Neue Deutsche Hefte 29 (1982) H. 1. S. 95-109; außerdem Horch (s. Anm. 38) S. 221-337.

43 Eine allmähliche Umorientierung auf Heine findet Ende des Jahrhunderts statt. Die AZJ, zu deren schriftstellerischen Leitbildern Auerbach von Anfang an gehörte, bringt erst 1906 eine intensive Auseinandersetzung mit Heines *Rabbi von Bacharach* (vgl. Horch – Anm. 38 – S. 465f.); bezeichnend für diese Umwertung ist aber andererseits, daß Heinesche Gedichte immer häufi-

ger ins Hebräische übersetzt und so in osteuropäischen Zeitschriften publiziert werden, „eine Art Heimholung des Dichters ins Judentum" (Dafna Mach: Heines 'Prinzessin Sabbath' – hebräisch verkleidet. In: Heine-Jahrbuch 22/1983. S. 96-120, hier S. 100).

44 Zitiert nach Pazi (Anm. 42) S. 108.

45 Eine ähnliche Pogromwelle breitet sich auch nach der Niederschlagung der ersten russischen Revolution (1904/05) aus.

46 Zur Geschichte des Antisemitismus in Deutschland und Österreich vgl. Paul W. Massing: Vorgeschichte des politischen Antisemitismus. Frankfurt/M.: Europäische Verlagsanstalt, 1969; P.G.J. Pulzer: Die Entstehung des politischen Antisemitismus in Deutschland und Österreich 1867-1914. Gütersloh: Sigbert Mohn, 1966, Eva G. Reichmann: Flucht in den Haß. Die Ursachen der deutschen Judenkatastrophe. Frankfurt/M.: Europäische Verlagsanstalt, 1969; Werner Jochmann: Zur Ausbreitung des Antisemitismus. In: Mosse/Paucker (Anm. 13); ders.: Struktur und Funktion des deutschen Antisemitismus. In: Mosse/Paucker (Anm. 6); Léon Poliakov: Der arische Mythos. Wien: Europa Verlag, 1977; George L. Mosse: Rassismus. Ein Krankheitssymptom der europäischen Geistesgeschichte des 19. und 20. Jahrhunderts. Königstein/Ts.: Athenäum, 1978; Bein (Anm. 5); Hermann Greive: Geschichte des modernen Antisemitismus. Darmstadt: Wissenschaftliche Buchgesellschaft, 1983; außerdem Hans-Joachim Bieber: Anti-semitism as a reflection of social, economic, and political tension in Germany 1880-1933. In: Bronsen (Anm. 9) S. 33-77.

47 Zum frühneuzeitlichen Stadium der Vorurteilsgeschichte vgl. Heiko A. Oberman: Wurzeln des Antisemitismus. Christenangst und Judenplage im Zeitalter von Humanismus und Reformation. Berlin: Quadriga/Severin u. Siedler, 1981.

48 Moishe Postone: Die Logik des Antisemitismus. In: Merkur 36 (1982) H. 1. S.
1 13-25, hier S. 15.

49 Norman Cohn: Die Protokolle der Weisen von Zion. Der Mythos von der jüdischen Weltverschwörung. Köln: Kiepenheuer & Witsch, 1969.

50 Vgl. dazu Shulamit Volkov: Antisemitism as cultural code. In: YLBI XXIII (1978). S. 25-46.

51 Postone (Anm. 48) S. 15.

52 Die einschlägigen Texte sind zusammengestellt von Walter Boehlich: Der Berliner Antisemitismusstreit. Frankfurt/M.: Insel, 1965. Die im folgenden aufgeführten Äußerungen Mommsens und Treitschkes finden sich auf S. 211ff.

53 Zum Problem u. zur jüngeren Freytag-Debatte s. Horch (Anm. 38) S. 59ff.

54 Jensen (Anm. 41) S. VI/VII.

55 Dietz Bering: Geeinte Zwienatur. Zur Struktur politischer Perspektiven im 'Central-Verein deutscher Staatsbürger jüdischen Glaubens'. In: Thomas Koebner (Hrsg.): Weimars Ende. Prognosen und Diagnosen in der deutschen Literatur und politischen Publizistik. 1930-1933. Frankfurt/M.: Suhrkamp, 1982. S. 182-204, hier S. 183.

56 Adolph Asch: Geschichte des Kartell-Convent. London 1964.

57 Zur Geschichte der jüdischen Vereinsgründungen vgl. Iehuda Reinharz: Fatherland or Promised Land. The Dilemma of the German Jews 1893-1914. Ann Arbor: The University of Michigan Press, 1974; Marjorie Lamberti: Jewish Activism in Imperial Germany. New Haven/London: Yale University

Press, 1978; Ismar Schorsch: Jewish Reactions to German Antisemitism 1870-1914 New York/London: Columbia University Press und Philadelphia: Jewish Publication Society of America, 1972; zur Geschichte des C.V. speziell vgl. Arnold Paucker: Der jüdische Abwehrkampf gegen Antisemitismus und Nationalsozialismus in den letzten Jahren der Weimarer Republik. Hamburg: Leibniz, [2]1969.

58 Zitiert nach Ruth Pierson: German Jewish identity in the Weimar Republic. Diss. Yale University. New Haven 1970 (Ms.).

59 Zum Problem generell Guido Kisch: Judentaufen. Berlin: Colloquium, 1973; zur speziellen Lage in einem Gebiet deutscher Minoritäten vgl. Michael Anthony Riff: Assimilation and conversion in Bohemia. In: YLBI XXVI (1981).

60 Jakob Wassermann: Mein Weg als Deutscher und Jude. Berlin: Fischer, 1922. S. 117.

61 Jakob Wassermann: Selbstbetrachtungen. Berlin: Fischer, 1933. S. 105. – Analoges Zeugnis bietet das späte Romanfragment *Ahasver*.

62 Daß die Mehrzahl der Juden „auch die grausamen, barbarischen, gegen sie gerichteten Gesetze fast ohne Versuch des Widerstandes befolgten", belegt diese Unterordnungsbereitschaft, die im Verhältnis zum nationalsozialistischen Staat das gemeindeutsche Verhaltensmuster noch einmal reproduzierte (Margarita Pazi: Kurt Tucholsky. 'Ich sitz' auf einem falschen Schiff'. In: Tribüne 20/1981. H. 79. S. 108-124, hier S. 120). Die neuere Forschung legt freilich eine Teilrevision des Bildes nahe, vgl. Konrad Kwiet/Helmut Eschwege: Selbstbehauptung und Widerstand. Deutsche Juden im Kampf um Existenz und Menschenwürde 1933-1945. Hamburg: Christians, 1984 (= Hamburger Beiträge zur Sozial- und Zeitgeschichte, Bd. 19).

63 Vgl. Margarita Pazi: Fünf Autoren des Prager Kreises. Frankfurt/M./Bern/Las Vegas: Lang, 1978.

64 Werner I. Angress: Das deutsche Militär und die deutschen Juden im Ersten Weltkrieg. In: Militärgeschichtliche Mitteilungen 19 (1976). S. 77-146, sowie: ders.: The German army's „Judenzählung". In: YLBI XXIII (1978). S. 117-135.

65 Der Reichsbund jüdischer Frontsoldaten wird 1919 ins Leben gerufen, um mit Kundgebungen und Broschüren die Vorwürfe von der „jüdischen Drückebergerei" zu widerlegen und „die maßlosen Drohungen" der völkischen Gegner gegen jüdische Mitglieder nicht zur Tat werden zu lassen (Mitgliederstand: 35.000). Vgl. dazu Ulrich Dunker: Der Reichsbund jüdischer Frontsoldaten 1919-1938. Düsseldorf: Droste, 1977.

66 Wolfram Selig: Paul Nikolaus Cossmann und die Süddeutschen Monatshefte von 1914-1918. Ein Beitrag zur Geschichte der nationalen Publizistik im Ersten Weltkrieg. Osnabrück: Fromm, 1967. Vgl. außerdem Hans Tramer: Der Beitrag der Juden zu Geist und Kultur. In: Mosse/Paucker: Deutsches Judentum in Krieg und Revolution 1916-1923 (Anm. 13). S. 317-386, hier S. 376.

67 Zu diesem Themenkomplex vgl. Peter Loewenberg: Antisemitismus und jüdischer Selbsthaß. In: Geschichte und Gesellschaft 5 (1979) H. 4. S. 454-475; Gershom Scholem: Zur Sozialpsychologie der Juden in Deutschland 1900-1930. In: R. v. Thadden (Hrsg.): Die Krise des Liberalismus zwischen den Weltkriegen. Göttingen: Vandenhoeck & Ruprecht, 1978. S. 260; Hans Dieter Hellige: Generationskonflikt, Selbsthaß und die Entstehung antikapitali-

stischer Positionen im Judentum. In: Geschichte und Gesellschaft 5 (1979) H. 4. S. 476-518; sowie Gay (Anm. 6) S. 305ff.

68 Jack Wertheimer: „The unwanted element" – East European Jews in imperial Germany. In: YLBI XXVI (1981). S. 23-46.

69 Gay (Anm. 6) S. 311. Vgl. dazu auch Gay's Studie: Hermann Levi, A study in service and self-hatred. In: Freud, Jews and other Germans. Masters and Victims in Modernist Culture. New York: Oxford UP, 1978, S. 189-230.

70 Theodor Lessing: Der jüdische Selbsthaß. Berlin: Jüdischer Verlag, 1930. – Vgl. außerdem Gay (Anm. 6) S. 305ff.

71 „Die Zustimmung von Juden zu ablehnenden Deutungen des Judentums oder zu abfälliger Beurteilung jüdischen Verhaltens ist ein nicht zu übersehender Faktor im komplizierten Gewebe der Judenfrage. Die Empfindlichkeit von Juden für ein ihnen unsympathisches Verhalten anderer Juden und der Wunsch, nicht mit Juden schlechthin identifiziert zu werden, ist nur die Kehrseite des von der Umwelt auf sie angewandten Gruppendenkens, durch das Individuen verschiedenen Charakters oder verschiedener Ansicht einfach deswegen unter einen Hut gebracht wurden, weil sie Juden waren." (Robert Weltsch: Entscheidungsjahr 1932. In: Mosse/Paucker: Entscheidungsjahr 1932 – Anm. 13 – S. 552).

72 Zur Judenfrage. In: Karl Marx/Friedrich Engels: Werke I. Berlin (DDR): Dietz, 1981. S. 347-377. – Zur Auseinandersetzung um die Marxsche Position vgl. u.a. die Kritik von Alex Bein (Anm. 5 – Bd. II, S. 154ff.) sowie Hans Liebeschütz: Judentum und deutsche Umwelt im Zeitalter der Restauration. In: Liebeschütz/Paucker (Anm. 12) S. 1-54.

73 Programmatische Stellungnahmen stammen von Karl Kautsky und Otto Bauer; grundsätzlich analoge Positionen werden dann von Lenin und Stalin über Otto Heller und Abraham Leon bis zu den Neomarxisten der Gegenwart hin bezogen. – Zum gesamten Problemkomplex vgl. Robert S. Wistrich: German social democracy and the problems of Jewish nationalism 1897-1917. In: YLBI XXI (1976). S. 109-142; sowie Rürup (Anm. 10) und Edmund Silberner: Sozialisten zur Judenfrage. Ein Beitrag zur Geschichte des Sozialismus vom Anfang des 19. Jahrhunderts bis 1914. Aus dem Engl. übers. von Arthur Mandel. Berlin: Colloquium, 1962; Neuaufl. Wiesbaden: Westdt. Verlag, 1983.

74 Über die typischen Zusammenhänge für die jüngere Generation – Auflehnung gegen patriarchalische Strukturen, Flucht aus den 'Geldberufen' der Älteren und Hinwendung zu künstlerischen oder akademischen Berufsfeldern –, Zusammenhänge, die sich leicht mit einer Kapitalismus-Kritik verbinden, vgl. Hellige (Anm. 67) sowie Egon Schwarz: Melting pot or witch's cauldron? Jews and anti-semites in Vienna at the turn of the century. In: Bronsen (Anm. 9) S. 262-287.

75 John Milfull: Marginalität und Messianismus. Die Situation der deutsch-jüdischen Intellektuellen als Paradigma für die Kulturkrise 1910-1920. In: Bernd Hüppauf (Hrsg.): Expressionismus und Kulturkrise. Heidelberg: Winter, 1983. S. 147-157.

76 Ebd. S. 151.

77 Vgl. dazu Yehuda Eloni: Die umkämpfte nationaljüdische Idee. In: Mosse/Paucker (Anm. 6) S. 633-688.

78 Zitiert nach Richarz (Anm. 13). Bd. II S. 40.

79 Zur Geschichte des Zionismus in Deutschland vgl. St. M. Poppel: Zionism in Germany 1897-1933. Philadelphia: The Jewish Publication Society of America 5737/1977; H.H. Bodenheimer: Der Durchbruch des politischen Zionismus in Köln 1890-1900. Köln: Bund-Verlag, 1978; J. Reinharz (Hrsg.): Dokumente zur Geschichte des deutschen Zionismus 1882-1933. Tübingen: Mohr, 1981; sowie Hermann Greive: Zionism and Jewish orthodoxy. In: YLBI XXV (1980). S. 182.

80 Die jahrzehntelange Kontroverse ist in gewisser Weise vorgezeichnet durch die Reaktionen auf Moses Hess' Buch *Rom und Jerusalem. Die letzte Nationalitätenfrage* in den sechziger Jahren, freilich ohne den Erfahrungshintergrund, den der Antisemitismus des letzten Jahrhundertdrittels bietet.

81 Eloni (Anm. 77) S. 682, sowie Marjorie Lamberti: From coexistence to conflict – zionism and the Jewish community in Germany 1897-1914. In: YLBI XXVII (1982). S. 53-86.

82 Kurz nach dem Posener Delegiertentag wurde außerdem dem Central-Verein von zionistischer Seite expressis verbis das Recht, im Namen aller deutschen Juden zu sprechen, bestritten.

83 Sander Gilman: The rediscovery of the Eastern Jews: German Jews in the East, 1890-1918. In: Bronsen (Anm. 9) S. 338-366, hier S. 339.

84 „Im Ganzen läßt sich wohl sagen, daß die AZJ sich – trotz prinzipieller Bedenken gegenüber dem Festhalten am Jiddischen als einer genuin 'jüdischen' Sprache – um Verständnis des kulturhistorischen Sachverhalts einer im Zuge der jüdischen Renaissance in Osteuropa, aber auch zunehmend im Westen erfolgenden Aufwertung der jiddischsprachigen Kultur des Ostens bemüht." (Horch – Anm. 38 – S. 566).

85 Gilman (Anm. 83) S. 344.

86 Zu den Autonomisten gehört der Historiker Simon Dubnow, dessen *Geschichte des jüdischen Volkes* allen im deutschen Sprachbereich entstandenen Geschichten durch die ausschließliche Betonung des nationalen und das Zurückdrängen des religionsgeschichtlichen Faktors gegenübertritt. Vgl. Graupe (Anm. 12) S. 262ff.

87 Die 'Zionsfreunde' sind im Osten bereits überregional organisiert, als im deutschen Sprachgebiet allenfalls einzelne nationaljüdische Stimmen vernehmbar sind.

88 Zitiert nach Theodor Herzl: Wenn ihr wollt, ist es kein Märchen. Altneuland/Der Judenstaat. Hrsg. u. eingel. von Julius Schoeps. Kronberg/Ts.: Jüdischer Verlag, 1978. S. 201.

89 Vgl. die zusammenfassende Darstellung von Ernst Simon: Martin Buber und das deutsche Judentum. In: Weltsch (Anm. 19) S. 27-84.

90 Vom Judentum. Ein Sammelbuch. Hrsg. vom Verein jüdischer Hochschüler Bar Kochba in Prag. Leipzig 1913.

91 Gilman (Anm. 83) S. 349.

92 Bubers Zeitschrift *Der Jude* ist der Brennpunkt entsprechender Bestrebungen und Debatten zwischen 1916 und 1924; später folgt in dieser Rolle die von ihm mitherausgegebene Zeitschrift *Die Kreatur* (1926-1930).

93 Sammy Gronemann: Hawdalah und Zapfenstreich. Erinnerungen an die ostjüdische Etappe 1916-18 (1924). Neuaufl. Königstein/Ts.: Athenäum/Jüdischer Verlag, 1984.

94 Das Volk des Ghettos. – Unter Mitwirkung von H. Blumenthal und J.E. Poritzky hrsg. v. Arthur Landsberger. München: Müller, 1916.

95 Gilman (Anm. 83) S. 357. – Von besonderer Prägnanz ist die ausdrücklich dem Thema „Ostjuden" gewidmete Februar-Nummer der Süddeutschen Monatshefte von 1916.

96 Das erste Organ der Bewegung, *Die Freistatt. Alljüdische Revue*, erschien 1913/14 und 1914/15 (Berlin-Steglitz/Eschweiler).

97 Ostjüdische Erzähler. J.-L. Perez/Scholem Alejchem/Scholem Asch. Ausgew. u. aus dem Jiddischen übers. v. Alexander Eliasberg. Weimar: Kiepenheuer, 1917. – Ein Jahr später läßt Eliasberg *Ostjüdische Novellen* bei Georg Müller, München erscheinen, desgleichen *Ostjüdische Volkslieder*, 1919 dann *Jüdisches Theater. Eine dramatische Anthologie ostjüdischer Dichter*, in zwei Bänden (München: Müller). – Bin Gorions Tätigkeit als Vermittler jüdischer Erzähltradition führt zu den Anthologien *Der Born Judas. Legenden, Märchen und Erzählungen* (Bde. I-VI, Leipzig: Insel, 1916ff.) und *Die Sagen der Juden. Mythen, Legenden, Auslegungen* (Bde. I-V. Frankfurt/M.: Rütten & Loening, 1913-1927).

98 Scholems Rede: An einem denkwürdigen Tage. Rede bei der Feier zum Abschluß der Buberschen Bibelübersetzung in Jerusalem, Februar 1961. In: Judaica Bd. 1 (Anm. 34) S. 207-215, hier S. 214.

99 Tramer (Anm. 66) S. 317-385; hier S. 327.

100 Dazu vgl. die einschlägigen Einzelbeiträge im Sammelband von Siegmund Kaznelson (Hrsg.): Juden im deutschen Kulturbereich. Mit einem Geleitwort von Richard Willstätter. Berlin: Jüdischer Verlag, ^{2}1959.

101 E.G. Lowenthal: Die Juden im öffentlichen Leben. In: Entscheidungsjahr 1932 (Anm. 13) S. 51-86; hier S. 71.

102 Peter Gay: Begegnung mit der Moderne. Deutsche Juden in der deutschen Literatur (Anm. 6) S. 293.

103 Moritz Goldstein: Deutsch-jüdischer Parnaß. In: Der Kunstwart. Halbmonatschau für Ausdruckskultur auf allen Lebensgebieten. Hrsg. Ferdinand Avenarius. Jg. 25 (1. Märzheft 1912) H. 11. S. 281-294.

104 Ebd. S. 290.

105 Ebd. S. 290, 294.

106 Von der gerade im *Kunstwart* weitergeführten Debatte sind hervorzuheben die Beiträge von Ernst Lissauer (daß die Restbestände jüdischen Volkstums sich auflösen sollten: „Nur zweierlei ist möglich: entweder: auswandern; oder: Deutsche werden. Dann aber: sich eingraben, einwurzeln mit aller Kraft, mit [. . .] allen Muskeln sich zum Deutschen erziehen, die Sache der Deutschen zu der eigenen machen." S. 12), Paul Cohn, Franz Quentin, alias Ludwig Strauß (der glaubt, daß „die nationaljüdische Bewegung in Deutschland [. . .] alle Kraft an die Verbreitung der hebräischen Sprache wenden wird, denn nur sie wird fähig sein, uns unser Judentum vollends zur Wirklichkeit zu machen", S. 244), Jakob Loewenberg (daß Zionismus nur für das Ostjudentum eine Lösung darstelle, nicht dagegen für deutsche Juden, die Deutsche seien und bleiben wollten) und Philipp Stauff, der in seinem Schlußartikel die Goldsteinschen Thesen in rassistisch-antisemitischer Weise aufgreift. Der Kunstwart Jg. 25 (Erstes Aprilheft 1912) Heft 13, Ernst Lissauer: Deutschtum und Judentum, S. 6-12; Der Kunstwart Jg. 25 (Zweites Augustheft 1912), Heft 22 „Aussprache zur Judenfrage"; Paul Cohn, S. 236f.; Franz Quentin, S. 238-244;

Jakob Loewenberg, S. 245-249; Philipp Stauff, S. 251-257. Vgl. auch den „offenen Brief" des Herausgebers Ferdinand Avenarius unter dem Titel „Juden, Antisemiten und wir"; der Kunstwart Jg. 26 (Erstes Dezemberheft 1912) Heft 5, S. 297-303, in dem er gegen die Praktiken des 'Vereins zur Abwehr des Antisemitismus' zu Feld zieht.

107 J.A. Kofler: Katholische Kirche und Judentum. München: Eher, 1931. S. 7f.

108 Richarz: Jüdisches Leben in Deutschland (Anm. 13) Bd. 2. S. 36. Wirkungsvoll vereint die völkischen Kritikpunkte bei Wilhelm Stapel: Die literarische Vorherrschaft der Juden in Deutschland 1918-1933. In: Forschungen zur Judenfrage. Band 1. Schriften des Reichsinstituts für Geschichte des Neuen Deutschlands. Hamburg: Hanseatische Verlagsanstalt, 1937.

109 Josef Nadler in: Europäische Revue VIII (September 1932) H. 9. Vgl. auch Erwin Guido Kolbenheyers Autobiographie: Sebastian Karst über sein Leben und seine Zeit. Teil 2. Darmstadt: Kolbenheyer-Gesellschaft, 1958. S. 389ff.

110 In Berlin lebten 1925 31 % aller deutschen Juden (4,3 % der Stadtbevölkerung bzw. 48 % aller preußischen Juden) – auch dies ein Indiz für die Atypik der Berliner Situation. Esra Bennathan: Die demographische und wirtschaftliche Struktur der Juden. In: Entscheidungsjahr 1932 (Anm. 13) S. 87-131; hier S. 89. Zum Pressewesen vgl. Werner Becker: Die Rolle der liberalen Presse. In: Deutsches Judentum in Krieg und Revolution 1916-1923 (Anm. 13); Graupe: Die Entstehung des modernen Judentums (Anm. 12) S. 252f.

111 Siegmund Kaznelson: Verlag und Buchhandel. In: Juden im deutschen Kulturbereich (Anm. 100) S. 131-146; hier S. 131ff.; Hellmut Jaesrich: Literatur, Presse und Verlagswesen. In: Doch das Zeugnis lebt fort. Der jüdische Beitrag zu unserem Leben. O. Hrsg. Berlin u. Frankfurt a.M.: Leber, 1965, S. 243-272; hier S. 266ff.; Tramer: Der Beitrag der Juden (Anm. 66) S. 373ff.; In den Katakomben. Jüdische Verlage in Deutschland 1933-1938. Bearbeitet von Ingrid Belke. Marbacher Magazin 25 (1983). Marbach: Deutsche Schillergesellschaft, 1983.

112 Fritz Engel: Theater. In: Juden im deutschen Kulturbereich (Anm. 111), S. 199ff.; Tramer: Der Beitrag der Juden (Anm. 66) S. 371f.; Gay: Deutsche Juden in der deutschen Literatur (Anm. 6) S. 296f.; Oskar Eberle: Theaterwissenschaftliche Grundbegriffe. In: Das vaterländische Theater. Jahrbuch der Gesellschaft für innerschweizerische Theaterkultur. Hrsg. v. O.E. Basel, Freiburg: Heß, 1928. Jetzt in: Theaterwissenschaft im deutschsprachigen Raum. Texte zum Selbstverständnis. Hrsg. von Helmar Klier. Wege der Forschung, Band 548. Darmstadt: Wissenschaftliche Buchgesellschaft, 1981. S. 77-92; hier S. 83.

113 Stapel: Die literarische Vorherrschaft (Anm. 108) S. 171.

114 Golo Mann: Der Antisemitismus. Wurzeln, Wirkung und Überwindung. München: Ner-Tamid-Verlag, 1960. S. 91.

115 Ernst Lissauer, in: Der Kunstwart, Jg. 25 (1912) H. 13. S. 11.

116 Paul Meyer: Maximilian Harden. In: Gustav Krojanker (Hrsg.): Juden in der deutschen Literatur. Essays über zeitgenössische Schriftsteller. Berlin: Welt-Verlag, 1922. S. 107f.

117 Stapel: Die literarische Vorherrschaft (Anm. 108) S. 171ff.

118 Walther Kiaulehn: Die Berliner Kritik war jüdisch. In: Porträts deutsch-jüdischer Geistesgeschichte. Hrsg. von Thilo Koch. Köln: DuMont Schauberg, 1961. S. 205-227; hier S. 205.

119 Zur Literaturkritik vgl. Arthur Eloesser: Literatur. In: Juden im deutschen Kulturbereich (Anm. 111) S. 63ff.; Tramer: Der Beitrag der Juden (Anm. 66) S. 360ff.; Jaesrich: Literatur, Presse und Verlagswesen (Anm. 111) S. 263ff.; Engel: Theater (Anm. 112) S. 216ff. Zur nationalsozialistischen Perspektive vgl. Die Juden in Deutschland. Hrsg. vom Institut zum Studium der Judenfrage: München: Eher, 1935. S. 261ff. Zur Situation im Jahre 1933 speziell vgl. Die Lage der Juden in Deutschland 1933. Das Schwarzbuch – Tatsachen und Dokumente. Hrsg. vom Comité des Délégations Juives (Paris 1934). Nachdruck Frankfurt a.M., Berlin, Wien: Ullstein, 1983. S. 432-443.

120 Die Juden in Deutschland (Anm. 119) S. 165.

121 E.G. Lowenthal: Die Juden im öffentlichen Leben (Anm. 101) S. 71.

122 Vgl. Hans Tramer: Der Expressionismus. Bemerkungen zum Anteil der Juden an einer Kunstepoche. In: Bulletin für die Mitglieder der 'Gesellschaft der Freunde des Leo-Baeck-Instituts' 5 (1958), S. 36, S. 56; sowie: Expressionismus. Manifeste und Dokumente zur deutschen Literatur 1910. 1920. Hrsg. von Thomas Anz und Michael Stark. Stuttgart: Metzler, 1982. S. 374-386.

123 Zitiert bei Anz/Stark: Expressionismus (Anm. 122) S. 375 (Jakob Wassermann: Der Jude als Orientale. In: Das bunte Buch. Leipzig: Kurt Wolff, 1914. S. 132).

124 Zitiert nach Max Wehrli: Die Literatur. In: Die Juden und die Kultur. Eine Vortragsreihe des Bayerischen Rundfunks. Hrsg. von Leonhard Reinisch. Stuttgart: Kohlhammer, 1961. S. 91-105; hier S. 91.

125 Ebd.

126 Stapel: Die literarische Vorherrschaft (Anm. 108) S. 174.

127 Ebd. S. 177.

128 Theodor Storm: Meine Erinnerungen an Eduard Mörike. In: Theodor Storm, Sämtliche Werke. Hrsg. von Peter Goldammer. Band 4. Berlin und Weimar: Aufbau, 1972. S. 499; Karl Kraus: Heine und die Folgen. München: Langen, 1910.

129 „Geistreich ohne Tiefe, witzig ohne Überzeugung, selbstisch, lüstern, verlogen und doch zuweilen unwiderstehlich liebenswürdig, war er auch als Dichter charakterlos und darum merkwürdig ungleich in seinem Schaffen.“
Heinrich von Treitschke: Deutsche Geschichte im 19. Jahrhundert. Band 3. Leipzig: Hendel, 1928. S. 694.

130 Heinrich von Treitschke: Deutsche Geschichte im 19. Jahrhundert. Bd. 4. Leipzig: Hendel, 1928. S. 288.

131 Ebd. S. 424.

132 Die Juden in Deutschland (Anm. 119) S. 224. Tucholsky erscheint als direkter Nachfahr Heines: „Dieser Schriftsteller Kurt Tucholsky ist durch seine rege Produktion zum Typus des völlig glaubens- und grundsatzlosen Literaten geworden, der alle üblen Charaktereigenschaften des jüdischen Journalismus in sich vereinigt und zu höchster Vollendung entwickelt hat. Zweifellos, er war fleißig, eifrig, wortgewandt, belesen, scharfsinnig, geistreich. Aber schon sein Witz war immer ätzend, nur satirisch. So standen alle seine Geistesgaben ausschließlich im Dienste der zersetzenden Kritik, nicht aber des Aufbaues.“

133 Stapel: Die literarische Vorherrschaft (Anm. 108) S. 180. In der älteren völkischen Literaturgeschichtsschreibung fällt diese Gruppe unter die Rubrik Perversismus, Erotismus. Vgl. Adolf Bartels: Geschichte der deutschen Lite-

ratur. 16. Aufl. Braunschweig, Berlin, Leipzig, Hamburg: Westermann, 1937. Kapitel Weltkrieg, Revolution und Expressionismus. S. 683ff. Er charakterisiert den Expressionismus als eine im wesentlichen jüdische Bewegung. Bes. S. 685f., S. 692.

134 Die Juden in Deutschland (Anm. 119) S. 285f.

135 Ebd. S. 210.

136 Ebd. S. 316; vgl. S. 321ff.

137 Walter Boehlich: Der Berliner Antisemitismusstreit (Anm. 52) S. 230; Alex Bein: Die Judenfrage (Anm. 5), Band 2, S. 199f.

138 Eva G. Reichmann: Der Bewußtseinswandel der deutschen Juden. In: Mosse/Paucker: Deutsches Judentum in Krieg und Revolution (Anm. 13) S. 511-612; hier S. 513ff. Im übrigen unterscheidet sich die völkisch-nationalsozialistische Einstellung von der Treitschkes erheblich: Erhoffte dieser die „innere Verschmelzung" der bisher nebeneinander existierenden Teile, so interpretierten die Völkischen dagegen die Assimilation als Resultat konspirativen Strebens. Ziel des Judentums sei die Bemächtigung des deutschen Volkes; Mittel dazu sei die Niederlage im Weltkrieg.

139 Stapel: Die literarische Vorherrschaft (Anm. 108) S. 176.

140 Georg Hermann: Randbemerkungen. Berlin: Deutsche Verlagsanstalt, 1919, S. 14. Zum Vorwurf des jüdischen Charakters dieser 'Menschenliebe' vgl. Robert Weltschs Schlußwort zu: Deutsches Judentum in Krieg und Revolution (Anm. 13) S. 623.

141 „Die Untergrabung staatlicher und volklicher Ordnung, die Verunglimpfung der Träger deutschen Wehrwillens, die Entwertung deutscher Geschichte, die Predigt dumpfen Lebensgenusses gegen heldischen Einsatz, das sind seine Betrachtungen. So kämpfte jüdisch-pazifistischer Materialismus gegen deutschen Idealismus – mitten im Kriege." Die Juden in Deutschland (Anm. 119) S. 201.

142 Georg Hermann: Zur Frage des Westjudentums. In: Neue Jüdische Monatshefte III (10./25. Juli 1919), S. 399f.

143 Hans Kohn: Georg Hermann. In: Gustav Krojanker, Juden in der deutschen Literatur (Anm. 116) S. 27-40; hier S. 35.

144 Willy Haas: Hugo von Hofmannsthal; Albert Ehrenstein: Peter Altenberg. In: Gustav Krojanker, Juden in der deutschen Literatur (Anm. 116) S. 148ff., S. 196. Zu den Stereotypen literarischer Judendarstellung vgl. Charlene A. Lea: Emancipation, assimilation and sterotype: The image of the Jew in German and Austrian drama (1800-1850). Bonn: Bouvier, 1978; aus antisemitischer Perspektive Elisabeth Frenzel: Judengestalten auf der deutschen Bühne. Ein notwendiger Querschnitt durch 700 Jahre Rollengeschichte. München: Deutscher Volksverlag, o.J.

145 Alfred Wolfenstein: Jüdisches Wesen und Dichtertum (Aus einer größeren Arbeit). In: Der Jude 6 (1922) H. 7, S. 428-440. Auszüge in Anz/Stark: Expressionismus (Anm. 122) S. 382-387; hier S. 382.

146 Die Juden in Deutschland (Anm. 119) S. 205.

147 Ebd. S. 205.

148 Ebd. S. 273.

149 In den antijüdischen Kontext wird auch das Drama *Die Matrosen von Cattaro* des Nichtjuden Friedrich Wolf integriert: Über die Verächtlichmachung des

Offizierskorps und der Kriegsinvaliden hinausgehend (so Toller, Arnold Zweig, Mehring und Tucholsky), trage er die Zersetzung in den 'lebendigen Volkskörper' hinein. Sein Kampf gegen den Abtreibungsparagraphen 218 gilt der Rechten als marxistische Untergrabung des „staatlich und volklich gebundenen Denkens". Das Ich – radikal auf das Ausleben seiner Triebe reduziert – löse sich aus den herkömmlichen Bindungen gegenüber Volk und Staat: „Unter dem Deckmantel der sozialen Not, die eine Vermehrung der Bevölkerung unerwünscht erscheinen lasse, lehrte man die Geburtenbeschränkung, forderte man die Freiheit der Abtreibung als Staatsnotwendigkeiten." Ebd. S. 280.

150 Ebd. S. 289 - 300.

151 Wehrli: Die Literatur (Anm. 124) S. 97.

152 Ernst Toller: Eine Jugend in Deutschland. Reinbek bei Hamburg: Rowohlt, 1963. S. 52.

153 Anz/Stark: Expressionismus (Anm. 122), Expressionismus und Krieg, S. 292-301; hier S. 295.

154 Wehrli: Die Literatur (Anm. 151) S. 100.

155 Anz/Stark: Expressionismus (Anm. 122) S. 374f.

156 Wolfenstein: Jüdisches Wesen und Dichtertum (Anm. 145) S. 384.

157 Krojanker (Anm. 116) S. 12.

158 Im einzelnen werden bei Krojanker folgende Autoren dargestellt: Franz Werfel, Georg Hermann, Alfred Kerr, Franz Kafka, Albert Ehrenstein, Alfred Döblin, Jakob Wassermann, Maximilian Harden, Alfred Mombert, Otto Weininger, Hugo v. Hofmannsthal, Martin Buber, Else Lasker-Schüler, Peter Altenberg, Richard Beer-Hofmann, Arthur Schnitzler, Paul Kornfeld, Rudolf Borchardt, Arnold Zweig, Paul Adler, Moritz Heimann, Carl Sternheim, Max Brod; – wie stark auch schon Krojanker auswählt, im Vergleich zu dem Gegebenen, ergibt sich aus einem Blick in die umfassende Bestandsaufnahme von Desider Stern: Werke von Autoren jüdischer Herkunft in deutscher Sprache. Eine Bio-Bibliographie. Wien: Selbstverlag 3. Aufl. 1970.

159 Zu den Symbolgestalten jüdischer Tradition, die in der Dichtung des 20. Jahrhunderts eine besondere Rolle spielen, vgl.: Siegmund Kaznelson (Hrsg.): Jüdisches Schicksal in deutschen Gedichten. Eine abschließende Anthologie. Kronberg/Ts. Athenäum, 1980 (1. Aufl. 1959); zu einzelnen Sinnbild-Figuren vgl.: Adolf Leschnitzer: Der Gestalt-Wandel Ahasvers. In: Hans Tramer (Hrsg.): In zwei Welten. Siegfried Moses zum 75. Geburtstag. Tel-Aviv: Bitaan, 1962. S. 498ff. Sigrid Bauschinger: Hiob und Jeremias. Biblische Themen in der deutschen Literatur des 20. Jahrhunderts. In: Akten des VI. Internationalen Germanisten Kongresses Basel 1980. Teil 3. Hrsg. von Heinz Rupp und Hans-Gert Roloff. Bern, Frankfurt, Las Vegas: Peter Lang. 1980. S. 466ff.

160 Vgl. den Beitrag von Hans Otto Horch zu Jakob Wassermann, S. 124ff.

161 Vgl. den Beitrag von Jörg Schönert zu Arnold Zweig, S. 223ff.; das Zitat stammt von Hans Kaufmann.

162 Hans Natonek: Joseph Roth. In: Die neue Weltbühne 35 (1939) H. 22, S. 680. Zit. nach David Bronsen: Joseph Roth. Eine Biographie. München: dtv, 1981. S. 388.

163 Fahrt ins Staublose. Die Gedichte der Nelly Sachs. Frankfurt/M.: Suhrkamp. 1961. S. 95. – Weitere Beziehung auf Hiob ist in folgenden Gedichten gegeben: „Oh die Schornsteine", S. 8; „Nacht, mein Augentrost du", S. 24;

„Landschaft aus Schreien", S. 221-223; „Vertriebene", S. 282f., sowie in „Es ist ein Schwarz wie" (Nelly Sachs: Späte Gedichte. Frankfurt/M.: Suhrkamp, 1968. S. 227)

164 Vgl. u.a. Reichmann (Anm. 3); Paucker: Der jüdische Abwehrkampf. In: Entscheidungsjahr 1932 (Anm. 13) S. 405-502; ders.: Zur Problematik einer jüdischen Abwehrstrategie in der deutschen Gesellschaft. In: Juden im Wilhelminischen Deutschland 1890-1918 (Anm. 6) S. 479-548; Pinchas E. Rosenblüth: Die geistigen und religiösen Strömungen in der deutschen Judenheit. ebd. S. 549-598.

165 Vgl. Gay (Anm. 6) und Pomeranz Carmely (Anm. 8).

166 Vgl. den Beitrag von Theo Buck zu Paul Celan, S. 338ff.

167 In der Einleitung verbot es sich daher, solche Linien, etwa unter dem Kriterium der Darstellung des Holocaust, weiter auszuziehen, wie es auch unmöglich war, die Verbindungen, welche zu einer neuen israelischen Literatur deutscher Sprache bestehen, sichtbar zu machen; verwiesen sei dazu auf die Anthologien von Alice Schwarz-Gardos: Heimat ist anderswo. Deutsche Schriftsteller in Israel. Freiburg i.Br.: Herder, 1983 und Margarita Pazi: Nachrichten aus Israel. Deutschsprachige Literatur in Israel. Hildesheim: Olms, 1981.

168 Krojanker (Anm. 116) S. 15.

169 Günter Kunert: Reisebeschreibung. Zitiert nach Dietrich Strothmann: Mein Israel. Das Gewissen und die Hoffnung – Bruchstücke einer Passion. In: Die Zeit, Nr. 9 vom 24. Februar 1984. S. 78.

Egon Schwarz

Arthur Schnitzler und das Judentum

Was sich zunächst vordrängt, sind wohl Binsenwahrheiten. Obgleich die Situation, in die es hineingeboren wird, entscheidenden Einfluß auf den Ablauf seines Lebens ausüben wird, steht ihr das einzelne Mitglied einer Minderheit völlig machtlos gegenüber. Ungeheuer viel hängt von der Stufe der Assimilation an die Mehrheit ab, auf der das Individuum seinen Weg antritt: nicht nur seine Chancen in der Gesellschaft, sondern sein ganzes Selbstverständnis, das was man heute vorzugsweise seine „Identität" nennt, und damit sein Sich-Einfügen in die Umwelt, seine Weltanschauung und die Mitgestaltung seiner Lebensumstände. Aber noch ein zweiter axiomatisch formulierbarer Umstand bestimmt die Existenz des Einzelnen, lange ehe er zum Bewußtsein seiner Lage gekommen ist: die ganz besondere Art der Beziehungen seiner Minderheit zur Mehrheit, zu den herrschenden Verhältnissen überhaupt, innerhalb derer sie sich bewegen muß. Alle diese Faktoren bildeten für einen während der letzten Dezennien der österreichisch-ungarischen Monarchie lebenden Juden ein Bezugsnetz von großer Komplexität. Im folgenden soll der Versuch gemacht werden, zu erfassen, wie der Mensch und Schriftsteller Arthur Schnitzler mit der Wiener Realität fertig wurde, in die er, ohne um seine Meinung gefragt zu werden, am 15. Mai 1862 geriet.[1]

Die Geschichte seiner Familie erfüllt in vielen Einzelheiten ein sozio-historisches Paradigma: Auszug aus dem östlichen Städtel oder Ghetto in Polen, der Bukowina, Ungarn; Übersiedelung nach Wien mit möglichen Zwischenstationen in größeren Provinzhauptstädten wie Prag und Budapest; Aufstieg aus dem Kleinhandel oder dem Handwerk in die höhere Geschäftswelt; Heirat mit der Tochter einer schon früher emanzipierten Familie, die für eine feinere Erziehung der Tochter sorgt und ihnen Liebe zur deutschen Sprache und Literatur einflößt. Herangewachsen widmen sich die Sprößlinge dieser Verbindungen dem Aufbau des väterlichen Geschäfts, aber ebenso häufig einem freien Beruf wie Medizin oder Jus. Deren Kinder wieder werden Intellektuelle, Künstler, Schriftsteller. Natürlich ist dieser Prozeß, wie das Endprodukt bereits zeigt, von einer geistigen Entwicklung begleitet: Verlust der Orthodoxie, ja fast des ganzen jüdischen Kulturerbes, Aufgabe der jiddischen Umgangssprache und der hebräischen Sakralsprache, Anpassung der Sitten an die westliche Welt, Assimilation. Man steht vor einem gewaltigen Säkularisierungsvorgang, der zwei, drei, manchmal vier Generationen in Anspruch nimmt.[2] Schnitzlers Herkunft, so wie es sie selbst in seiner Autiobiographie *Jugend in Wien* erzählt, erfüllt dieses Schema. Aufschlußreich für den Grad seiner Eingliederung wie für seine Einstellung zur österreichischen Gesellschaft ist folgende Bemerkung Schnitzlers: „Manche der jüngeren und jüngsten Sprosse [sic] unterscheiden sich von den Abkömmlingen altadeliger Geschlechter höchstens durch ein Mehr an Witz und die rasseneigentümliche Neigung zur Selbstironie." In diesem Satz drückt sich viel Charakteristisches aus: das Bewußtsein kultureller Angleichung, aber auch die Erkenntnis, daß Reste eines psychischen Andersseins geblieben sind, ein ironisiertes, aber nichtsdestoweniger vorhandenes Gefühl der Überlegenheit und zumindest eine sprachliche, ohne Zweifel zeittypische Tendenz, seelische Eigenschaften „rassischen" Ursachen zuzuschreiben. Doch ist es bei solcher Verwurzelung in einer Kultur kein Wunder, daß Schnitzler schon früh Skepsis gegen blut- und bodenmythische Identifizierungswünsche ausbildet. Anknüpfend an den Bericht eines Besuchs bei den ungarischen Verwandten, während dessen ihm die enorme Distanz klar geworden ist, die ihn von diesen Ursprüngen trennte, verallgemeinert er:

Sicher ist [. . .], daß mich weder Sehnsucht noch Heimweh jemals wieder nach Groß-Kanizsa gelockt haben; und wäre ich je zu längerem oder gar dauerndem Aufenthalt nach der Stadt verschlagen worden, in der meine Großeltern gelebt haben und in der mein Vater zur Welt kam, ich hätte mich dort gewiß wie ein Fremder, wenn nicht gar wie ein Verbannter fühlen müssen. So läge die Versuchung nahe, sich schon hier mit der fragwürdigen Auffassung auseinanderzusetzen, nach der jemand, der in einem bestimmten Land geboren, dort aufgewachsen, dort dauernd tätig ist, ein anderes Land – nicht etwa eines, in dem vor Jahrzehnten seine Eltern und Großeltern, sondern eines, wo seine Ururahnen vor Jahrtausenden zu Hause waren – nicht allein aus politischen, sozialen, ökonomischen Gründen (worüber sich immerhin diskutieren ließe), sondern auch *gefühlsmäßig* als seine Heimat zu betrachten habe; – doch es erschiene verfrüht, wollte ich schon hier bei einem Problem verweilen, das in der damaligen liberalen oder liberalisierenden Epoche zwar in einigen Köpfen gewiß vorhanden war, aber größere praktische Bedeutung noch nicht gewonnen hatte.[3]

Es bedarf keines großen Scharfsinns, um zu erkennen, daß er schon hier, auf der dritten Seite der Lebensbeschreibung, seine Einstellung zum Zionismus niederlegt. So viel über die „nationale" Seite von Schnitzlers Judentum.

Auch über das Verhältnis seiner Familie zur jüdischen Religion gibt Schnitzler Auskunft. Auf diesem Gebiet ist ebenfalls die vielfach beobachtete, keineswegs auf das Judentum beschränkte Säkularisierung der Epoche zu bemerken. Lediglich der „Versöhnungstag", der höchste jüdische Feiertag, wurde im Hause der Großmutter noch begangen. Schnitzler selbst zieht die Schlußfolgerungen: „In den folgenden Generationen trat – bei allem, oft trotzigen [sic] Betonen der Stammeszugehörigkeit – gegenüber dem Geist jüdischer Religion eher Gleichgültigkeit, ihren äußeren Formen gegenüber Widerstand, wenn nicht gar spöttisches Verhalten zutage." Auch hier zeigt sich also wieder das gleiche Bild: weitgehende Anpassung an die Umwelt; aber ein Gefühl der Distanz bleibt zurück, wenngleich der Begriff der „Stammeszugehörigkeit" keineswegs leicht zu definieren ist.

Was nun zu bedenken wäre, sind die Wechselbeziehungen zwischen den Juden und ihrem sozialen Milieu zu Schnitzlers Lebenszeit. Sie zeichnen sich durch große, schicksalsschwere Umwandlungen aus, die schon mehrfach aufs genaueste geschildert worden sind.[4] Wir müssen uns mit dem Hinweis begnügen, daß die sich aus religiösen, ökonomischen und wohl auch kulturellen Quellen speisende Antipathie gegen die Juden, wie die ganze Geschichte Österreichs zeigt, nachweislich immer schon bestanden hat, daß sie aber im Lauf von Schnitzlers Leben in eine neue Phase trat: die politische. Die Identifizierung der Juden mit dem spekulativen Kapitalismus und der Industrialisierung – Erscheinungen, die viele soziale Gruppen in Bedrängnis brachten – rief jetzt so bezeichnete „antisemitische" Bewegungen ins Leben. Der moderne Antisemitismus unterschied sich vom alten Judenhaß dadurch, daß die hergebrachte religiöse und wirtschaftliche Argumentation um sozial-darwinistische, biologistische vermehrt, daß dieses Amalgam zum Zentrum einer ganzen Weltsicht gemacht wurde, die einer Massenbewegung als politisches Kampforgan diente, und daß sich die von der Industrierevolution Bedrohten und Benachteiligten ihrer bemächtigten, um den Erfolgreichen und Besserweggekommenen Macht und Privilegien zu entreißen. Es handelt sich um die Überführung einer bereits vorhandenen, aber mehr statischen Disposition in eine dynamisch-aggressive Phase, eine Mobilisierung, die breite Bevölkerungsschichten, ja ganze Institutionen wie z.B. die katholische Kirche erfassen konnte und im Grunde kaum jemand, selbst die Opfer nicht unaffiziert ließ. Den unter diesen Umständen entstehenden jüdischen Selbsthaß erwähnt Schnitzler, indem er das Witzwort zitiert, „der Antisemitismus sei erst dann zu Ansehen und Erfolg gediehen, als die Juden sich seiner angenommen[5]."

Diese Verwandlungen traten in mehreren europäischen Ländern auf, nahmen jedoch in Österreich besonders giftige Formen an, weil hier große Massen von Juden in den Prozeß einbezogen wurden, die teils unter dem Druck von Verfolgungen, teils verlockt von den Möglichkeiten der glänzenden Hauptstadt aus ihren östlichen Siedlungsgebieten nach Wien strömten. Der Umschwung fand natürlich nicht von heute auf morgen, sondern nach und nach statt. Will man ihn jedoch mit Hilfe eines symbolischen Ereignisses datieren, dann bietet sich der große Börsenkrach von 1873 an, der viele Menschen um ihre Ersparnisse brachte, das Land in eine anhaltende Wirtschaftskrise stürzte und den expansiven Kapitalismus der Gründerjahre sein Prestige kostete. Da viele Juden in die fehlgeschlagenen Spekulationen verwickelt gewesen waren, gelang es den nun in Erscheinung tretenden Demagogen leicht, ihnen die alleinige Schuld zuzuschieben und sie überhaupt für sämtliche Übel des Jahrhunderts verantwortlich zu machen.

Diesen soziologischen Veränderungen scheint Schnitzler wenig Aufmerksamkeit geschenkt, dafür aber die damit zusammenhängenden atmosphärischen Störungen stark gespürt zu haben. Er selbst gesteht, daß es „nicht eigentlich die politische, auch nicht so sehr die soziale, sondern vorwiegend die psychologische Seite der Judenfrage" war, die ihn seiner „ganzen Anlage nach" interessierte.[6]

Wir wollen uns nun auf die Phänomene beschränken, denen Schnitzler Bedeutung zumaß. Großen Nachdruck legt Schnitzler in seiner Autobiographie verständlicherweise auf den immer aggressiver werdenden Antisemitismus unter den Studenten der Wiener Universität. Er kulminierte im Ausschluß der jüdischen „Kommilitonen" (unter den beschriebenen Umständen nimmt dieser Ausdruck natürlich ironische Merkmale an) aus den Verbindungen und, was bei den damaligen Lebensbedingungen schwerer wog, in der Weigerung der christlichen Studenten, sich mit den jüdischen zu schlagen.[7] Ausdruck fand die neue Haltung im sogenannten „Waidhofener Beschluß", den Schnitzler im vollen Wortlaut zitiert:

Jeder Sohn einer jüdischen Mutter, jeder Mensch, in dessen Adern jüdisches Blut rollt, ist von Geburt aus ehrlos, jeder feineren Regung bar. Er kann nicht unterscheiden zwischen Schmutzigem und Reinem. Er ist ein ethisch tiefstehendes Subjekt. Der Verkehr mit einem Juden ist daher entehrend; man muß jede Gemeinschaft mit Juden vermeiden. Einen Juden kann man nicht beleidigen, ein Jude kann daher keine Genugtuung für erlittene Beleidigungen verlangen.[8]

Wer Ohren hat, dem kann in dieser Sprache die Mischung der aristokratischen Ideologeme mit neuzeitlich antisemitischen nicht entgehen, was ja auch dem Befund entspricht, es habe in der betreffenden Epoche eine „Refeudalisierung" der Gesellschaft stattgehabt. Schnitzler fügt dem nur hinzu, daß die Geistesverfassung, aus der die Erklärung entstand, „auf der ganzen Linie" triumphierte, und er erzählt daran anschließend Episoden aus seiner Universitätszeit, die zeigen, daß die seinem Drama „Professor Bernhardi" zugrundeliegenden Geschehnisse und Personen nicht nur auf Erfahrungen zurückgehen, die Schnitzlers Vater in der von ihm gegründeten Klinik machen mußte, sondern auf höchsteigene Erlebnisse des Sohnes selbst. Er macht diesen Zusammenhang überaus deutlich, indem er erklärt, er habe aus der Vereinigung zweier antisemitischer Studenten, mit denen er damals unliebsame Bekanntschaft gemacht hatte, die Figur des Studenten Hochroitzpointner geschaffen. Daß dieses Werk mehrmals von der Zensur abgelehnt wurde und in Wien erst nach dem Zusammenbruch der Monarchie 1918 aufgeführt werden konnte, ist längst bekannt.[9] So interessant diese Tatsachen sind, so ist heute vielleicht ein privater, an Schnitzler gerichteter Brief aufschlußreicher, in dem eine preußische Leserin namens Bernhardi ihn bittet, die Schreibweise seines Helden von i auf y abzuändern, weil sich die jüdischen Familien dieses Namens in Preußen alle am y identifizieren ließen,[10] und damit ihren uneingestandenen Antisemitismus naiv zu erkennen gibt.

Schnitzler hat es mit seiner Gesellschaft nicht leicht gehabt. Ohne provozieren zu wollen, bloß auf Grund seiner scharfen Beobachtungsgabe und seines Willens zur Aufrichtigkeit stieß er mit vielen Werken auf tiefsitzende soziale und psychologische Tabus, die ihn in Konflikt mit ganz bestimmten Schichten der Bevölkerung brachten. Es ist erstaunlich, daß so viele Werke eines Schriftstellers, der angeblich zuerst der Dekadenz bzw. dem Hedonismus seiner Zeitgenossen das Wort redete und später, nicht von ihnen loskommend, eine „versunkene Welt" darstellte, in ständige Kämpfe mit Zensur und Teilen der öffentlichen Meinung verwikkelt waren. Vom *Freiwild,* das erst nicht angenommen und dann nur unter Störungen aufgeführt wurde, weil es den Fetisch Duell in Frage stellte; über *Leutnant Gustl*, der ihn seine Offizierscharge kostete, und den *Grünen Kakadu*, den man auf Intervention des Hofes absetzte, weil er hochgestellte Empfindlichkeiten pikierte; bis zum *Professor Bernhardi*, um nur einige zu nennen, ist die Geschichte der Schnitzlerschen Produktion gleichzeitig eine der öffentlichen Diffamierungen. Daß die vielen Zensurschwierigkeiten und Angriffe auf seine Person und Werke, die Schnitzler über sich ergehen lassen mußte, wenig mit Moral, nichts mit Kunst und viel mit Antisemitismus zu tun hatten, geht am deutlichsten aus der Rezeption des *Reigens* hervor.[11] Schnitzler wußte, welche Sprengkraft in den zehn Dialogen steckte. Als er das Werk 1897 abschloß, ließ er bloß einen Privatdruck (1900) von 200 Exemplaren machen, den er an Freunde verschickte. Die vielen Krawalle und Verbote bei Versuchen, den *Reigen* öffentlich zu lesen oder aufzuführen, belehrten ihn über die fortgesetzte Unaufführbarkeit des Stückes. Als es dann nach dem Krieg im Jahre 1921 endlich in Berlin gespielt wurde, kam es zu einem Prozeß, in dem sogar die Schauspieler mitangeklagt waren. In Wien schlugen die Wellen noch höher. Die höchsten damals im Staat wirksamen Führungsschichten waren in den Aufruhr verwickelt. Die Presse kommentierte heftig. Im *Volkssturm* wurde die Meinung geäußert, das Werk diene dazu, „die Triebe und Lüste des Ariervolks zu entfesseln, damit es zum charakterlosen Knecht der ungebändigten Leidenschaften Judas"[12] werde. In dem Polizeischutz, der den Aufführungen gestellt werden mußte, sah die *Deutsch-österreichische Tageszeitung* „die ungeheuerliche Geldmacht des durch Preistreiberei und Schiebertum aufgestiegenen Judentums" und fragte empört, ob denn „das Bundesheer aufgeboten werden" sollte, „um einem perversen Judenklüngel erotische Genüsse zu sichern."[13] Der sozialdemokratischen Stadtverwaltung, die sich während des Streites für die Aufführung des *Reigens* einsetzte, wurde vorgeworfen, sie ereifere sich „für das Recht der Drohnen und Ausbeuter" und sei „Stangenhalter des Auswurfs der Menschheit."[14]

Ist es da ein Wunder, wenn Schnitzler in seinem Tagebuch unter den Faktoren, die sein Schicksal bestimmten, zwei als besondere „Complicirtheit der Sache" hervorhebt: „Österreicher. Jude" zu sein.[15] Ein anderes Mal wird er noch deutlicher. Als spreche er schon zur Nachwelt, versichert er, daß er seine „Stellung in der Welt ohne jeden Verfolgungswahn [. . .] beurteile", und fährt fort: „Mißverstanden wurden natürlich alle Künstler von Rang; – der Grad, – die Betonung – und *die Lauheit der 'Verstehenden'* ist eben doch zum allergrößten Teil nur aus meinem Judentum zu erklären" (29.1.1919).

Es ist also nicht befremdlich, daß die „jüdische Frage" Schnitzler sein Leben lang beschäftigt hat. Wie er sich in seiner Intimität zu ihr gestellt hat, geht vielleicht am eindringlichsten aus seinen von Jugend an bis wenige Tage vor dem Tode geführten Tagebüchern hervor. Gerade in ihrer lakonischen, fast kommentarlosen Lapidarität sind sie Zeugnisse seiner stets wachen, bis ins Schmerzliche reichenden Sensibilität. So vermerkt er nicht selten die Einstellung der ihm begegnenden Menschen zu den Juden. Nur ein banales Beispiel: „Baron Flotow [. . .] ist ein riesiger Judenfresser" (1880). Oft notiert er sich auch, wenn andere von antisemitischen Begebenheiten berichtet haben. Schon 1883 erkennt er, daß eine „*soziale Bewegung* ringsum überall aus dem Keime de[s] Antisemitismus, dieser Spottgeburt aus Neid und Gemeinheit sich mählig entwickelt." Der apokalyptisch anmutende Zusatz „Brände auf den Holzplätzen Wiens" beruht auf einem tatsächlichen Ereignis, doch ist er vielleicht auch metaphorisch gemeint. Jedenfalls hat sich fünfunddreißig Jahre später die Lage so verschlechtert, daß Schnitzler sich ihrer ganz konkreten Gefährlichkeit bewußt wird. Schlagwortartig hält er fest: „Groteske Verwirrung. Der Antisemitismus. Progromdenkbarkeiten" (16.6.1918) oder noch 1923 „Pogrom Stimmung und Gefahr".

Lange beschäftigt sich Schnitzler mit dem Fall des Jesuitenpaters Abel, „der erklärt, nur die Juden hätten im Weltkrieg ihre Pflicht nicht getan, sie seien [. . .] an allem Elend Schuld; man müsse sie ausrotten" (14.7.1918). Eine solche Anschuldigung muß den Tagebuchschreiber, der den Kriegstod so vieler Bekannter zu vermerken hatte, als besonders perfid anmuten. Er ist für eine „*Klage der jüd. österr. Offiziere gegen Abel*; und Zeugenvorladung des Kaisers, des Kriegsministers u.s.w." Aber im Grunde weiß er: „Die Antisemiten sind straflos, unangreifbar" (November 1903).

Während des Krieges ist Schnitzler natürlich besonders hellhörig gegen Verletzungen des „Burgfriedens", dem zuliebe ja alle sozialen Gegensätze vergessen sein sollten. So notiert er wiederholt Berichte über antisemitische Äußerungen der Offiziere und über ungerechte Zurücksetzungen von Juden im Militär, weil es „nach den Zeitungen keinen Antisemitismus mehr" gibt (21.3.1915). Einmal stellt er auch fest, daß „der Antisemitismus hier durch die galizischen Flüchtlinge gesteigert" werde (18.12.1914). Bald darauf ist er genötigt zu notieren: „Russische Mordbefehle gegen die Juden in Galizien wegen ihres österreichischen Patriotismus." Nach dem Vorangegangenen ist Schnitzlers anschließende Frage rein rhetorisch-ironisch: „Wird mans ihnen hier danken? –" (17.3.1915). Ein andermal hört er von einer Dame, die beim Labedienst den Wunsch ausgesprochen habe, die jüdischen Soldaten sollten „in der Front ganz vorne stehen, um erschossen zu werden". Als sie darauf verhaftet, aber sehr bald auf Intervention eines Erzherzogs freigelassen wurde, empört sich Schnitzler: „Ist dieses Land noch zu retten?" (14.9.1914). Und als ihm berichtet wird, daß die Frau des Generals Pflanzer-Baltin beim Lesen einer Verlustliste ausgerufen habe: „Schon wieder ein Aristokrat gefallen. Es werden bald nur mehr Juden übrig sein", steigert er seine Entrüstung zu der Frage: „Was geht uns dies Land an –?–" (19.5.1915). Aber schon am nächsten Tag empfindet er „das Schicksal dieses Landes so tief wie andre, tiefer vielleicht. Wie verwurzelt ist man doch mit dem Land, das einen geboren! Was gehn uns am Ende die Mitbürger, die Diplomaten, die Monarchen an? Das Land! Die Heimat!" (20.5.1915). Es ist klar: Das Österreichertum und das Judentum in ihm erzeugen eine Spannung, die er nicht lösen kann, die ihn in Widersprüche verwickelt.

Aus dieser Konstellation heraus erklärt sich auch Schnitzlers Wahlverhalten nach dem Krieg. Obwohl er vom „Antisemitismus der Arbeiter" (1918) zu wissen glaubt und „so widerlich [ihm] die Arbeiterzeitung, die ganze Partei mit ihrer einerseits zum Antisemitismus, anderseits zum Bolschewismus schielenden Haltung" geworden ist, erklärt er doch: „Wir geben unsre *Stimme für die sozial-demokr. Kandidaten*", denn „es *handelt sich darum, so weit von rechts* wegzurücken *als möglich*" (16.2.1919). Und wenn er schon im nächsten Jahr anders wählt, so sind es immer noch die gleichen Gründe, die ihn bewegen: „*Wählte* (in die Nationalversammlung), u. zw. die *jüd. National Partei* [. . .], nicht weil ich jüd.-nat wäre –; sondern weil die bürgerlich demokratische Partei zum größern Theil gewiß undemokratisch, ja sogar leicht antisemitisch ist, und es bei der heutigen Weltlage unerläßlich, daß in der Nation. Versammlung einige bewußten Juden sitzen, die sagen, was zu sagen ist. –" (17.10.1920).

Schnitzler hat sich mehrmals Notizen über Antisemitismus bei Kindern gemacht, z.B. daß „Kinder, mit Ruthen, am Türkenschankpark, im Takt schlagend; 'Noch ein Jud – noch ein Jud' " (1918) oder andere im Nebenhaus „Euer Vater ist ja ein Jud [. . .]. Ein Straßenkehrer ist mehr wie Euer Vater" rufen (2.12.1906). Einmal notiert er sich den Dialog zwischen seiner Tochter Lili und dem kleinen vierjährigen Gärtnermädchen, das bisher noch nie etwas gesagt hat, aber jetzt durchs Gitter fragt: „Nicht wahr, du bist ein Jüdin? Lili: Ja. Warum fragst du? Das Mädel: Weil du schöne Kleider hast. Nur Juden haben schöne Kleider –" (14.7.1918).

Auch die „Zustände an der hiesigen Universität" mit ihren „antisemitischen Schäbigkeiten und Schurkereien" (1922) interessieren ihn, ihre „wissensch. Vereine, in die kein Jude aufgenommen wird" (2.12.1906), „die tückischen Überfälle" auf jüdische Studenten „durch die Deutschnationalen" (1908), die pöbelhaften antisemitischen Wandanschläge in der Universität u.a. „'Wir deutschen Studenten entscheiden uns für die Kultur, die Arndt, Goethe und Fichte gegeben haben und nicht für die, die Lasalle, Schnitzler und Korngold uns bringen [. . .]' " (1926).

Die meiste Aufmerksamkeit schenkte Schnitzler freilich diesen, den antisemitischen Erscheinungen in Kunst und Kultur, und begreiflicherweise den gegen ihn selbst gerichteten. Auf diesem Gebiet ist er verletzlich, denn hier wird nicht nur seine krude Existenz in Frage gestellt, sondern sein Dichtertum, sein *être*, gewiß, aber auch seine *raison d'être*. Hier fühlt er sich verfolgt, z.B. als er einmal ein Gespräch über jüdische Schriftsteller belauscht, in dessen Verlauf über ihn gesagt wird: „Er schreibt seine Sachen nicht selber, sondern läßt sie von einem christlichen Studenten machen, den er bezahlt" (29.3.1906). Oder: „Bei der Prem. d. L. St. [*Lebendigen Stunden*] [. . .] applaudieren zwei rasend", schreibt er sich auf, aber „wie ich nicht komme, rufen sie: Warum kommt der arrogante Jud nicht? –" (24.3.1903). Eine solche Episode schärft ihm nicht ein, wie es bei einem anderen Dramatiker der Fall wäre, daß die Galerie wankelmütig ist, sondern in welcher prekären Lage er sich als *jüdischer* Künstler seinem Publikum gegenüber befindet. Denn dem Juden wird, um es ganz deutlich zu sagen, das Recht abgesprochen, in der Kultur seines Geburtslandes wirksam zu sein.

Schnitzler ist der Meinung, daß der letzte Satz der 3. Symphonie Gustav Mahlers, des von ihm sehr bewunderten Meisters, die von Goethe gestaltete Empfindung „Süßer Friede, komm . . . etc." ausdrückt. Ein von Schnitzler namentlich genannter Architekt widerspricht: „Das ist unmöglich (er kennt keine Note von Mahler) [. . .]ein Mensch von dieser Abstammung hat unmöglich die Fähigkeit, di[es]e Goethe Worte zu verstehen: Das kann nur ein urgermanischer Mensch –." Nimmt Schnitzler solche Äußerungen zu schwer? Hat er unrecht, sich zu beklagen: „Unter solchen Menschen lebt man –" (4.11.1906). Übrigens sind auch die Juden selbst nicht frei von Vorurteilen dieser Art, wie ja vielleicht eine der schlimmsten Folgen des Antisemitismus ist, daß manche seiner Opfer von den gleichen Krankheitskeimen infiziert werden. Mit Recht hält Schnitzler ein solches Beispiel voll Ironie in seinem Tagebuch fest. Ein jüdischer Kritiker hat Hofmannsthals *Elektra* abfällig beurteilt, worauf Peter Altenberg in einem Brief an den Autor schreibt: „Ein Jude kann dieses Stück nicht verstehen." Schnitzler kommentiert mit vernichtender Logik: „Er selbst Jude, Hugo von jüdischer Abstammung, der Direktor ein Jude, die stärksten Lober Juden – Irrsinn des Antisemitismus" (1904). Aber mit rationalen Argumenten wird man dieses Irrsinns nicht Herr.

In den gleichen Zusammenhang gehört auch die gegen den *Leutnant Gustl* vorgebrachte und von Schnitzler als „charakteristisch" bezeichnete Meinung, „ein Jude sollte doch keinen österr. Ltnt schildern! –" (17.3.1903) und eine ähnliche Äußerung, die er sich notiert:

Ich sei Jude – man lasse sich offenbar, wenn meine Sachen gefallen, durch den Schein täuschen, denn als Jude könne ich ja nicht wissen, was in der Seele einer Wienerin vorgeht. So denken heute 99 % Christen in Wien (Feb. 1898).

Auf Grund dieser Beobachtungen und der Rezeption so mancher seiner Arbeiten ist Schnitzlers Meinung (und er mag auch objektiv im Recht sein) zu verstehen, daß er „schon durch das ewige Gekläff des Antisemitengesindels seit der Erfindung der Buchdruckerkunst der am meisten beschimpfte Dichter in deutscher Sprache" sei (1917). Und so ist seine Reaktion auf die Verleihung des Bauernfeld-Preises für die *Lebendigen Stunden*, obwohl die Antisemiten im Abgeordnetenhaus eine Interpellation dagegen eingebracht haben[16], mehr als die übliche Freude über eine öffentliche Anerkennung: „Es freut mich, daß ich den Preis erhielt, trotz aller Frondeurstellung; trotz der Kakadusache, der Beatrice Affaire, des Ltnt Gustl, des Reigen." Daß die Zeitungen im ganzen freundlich sind und nur „die antisemitischen pfauchen" muß diesmal besonders genugtuend gewesen sein (16.1.1908).

Aber Schnitzler weiß, daß am Phänomen des Antisemitismus zwei Seiten beteiligt sind, die Judengegner und die Juden selber, und die stehen ihm natürlich ein gutes Stück näher. Daher kommt es wohl, daß er mit monotoner Insistenz eine Sammlung von „Antisemiteleien" in ihrer ewig gleichen Dumm-Dreistigkeit anlegt, während unter seiner fleißigen Tagebuch-Feder eine schillernde Bildergalerie von Juden aller Schattierungen entsteht. Denn obschon die sonderbaren Lebensbedingungen mit ihrer Gehässigkeit, ihrer Unsicherheit und dem Zwang zur außerordentlichen Anspannung und Leistung für alle die gleichen sind, so sind doch die Reaktionen darauf individuell und erzeugen die vielfältigsten Typen, wie z.B. den des „ungetauften Juden", der sich „als wüthenden Antisemiten zu erkennen" gibt (20.1.1919) oder den des „Halbjuden", eines „alte[n] Couleurstudent[en] mit Schmisse[n], Haltung, nicht ohne Pose, Monocle, – im Innern die jüdische Hälfte seines Wesens nicht verleugnend, klug unzufrieden mit sich, zweiflerisch u.s.w." (1917), den Typus des „katholischen Juden", der behauptet, „Glauben sei vielleicht das einzige – was [Schnitzler] zur Größe fehle! –" (10.1.1930), und des getauften Juden, der sich aber „durchaus als Jude" fühlt (1919). Noch ein letztes Beispiel, das Schnitzler „psychologisch interessant" findet: „Ein junger liebenswürdg. Mann meiner besten Bekanntschaft, sehr begütert und von Natur [. . .] sehr glücklich veranlagt, stammt väterlicherweise von Juden. [. . .] Nun ist er aber enragirter Antisemit geworden und hat die feste Absicht nicht zu heiraten – um nicht selbst noch das jüdische Blut fortzupflanzen, welches er so heftig anschuldigt, und dem er eine Fülle Anklagen der unberechtig[tsten] Art aufzubringen weiß" (März 1885).

Es wäre möglich, ist aber nicht nötig, diese Porträts aus dem reichen Vorrat, den Schnitzler angesammelt hat, zu vermehren. Wichtig ist vielmehr herauszustellen, welche Eigenschaften, die er an den Juden seiner Umwelt beobachtet haben will, er am meisten verabscheut. Schnitzlers Zorn und Verachtung konnten Juden vor allem durch drei Verhaltensweisen auf sich ziehen, die im Grunde, wie sich gleich zeigen wird, alle auf einen Nenner zu bringen sind: Renegatentum, Kriecherei und Snobismus. Freud hat alles in allem eine ähnliche Einstellung gehabt wie Schnitzler, aber doch wiederholt betont, was er dem Judentum verdankt. Im Gegensatz dazu hat sich Schnitzler relativ selten über die guten Seiten ausgesprochen, die dem Judentum allenfalls abzugewinnen wären. Und obwohl es über jeden Zweifel klar ist, daß ihm die Zugehörigkeit zum Judentum weder im religiösen noch im nationalen Sinn etwas bedeutete, hat er es doch jedem übelgenommen, der dem angeborenen Judentum durch irgendein Manöver zu entfliehen suchte. Dem Begriff Snobismus sind wir schon begegnet. Gerade weil er so häufig vorkommt, schillert er in mancherlei Farben. Er wird, soviel ich sehen kann, nur auf Juden oder von Juden stammende Personen angewendet und bedeutet eine übermäßige Anpassung an die herrschenden Vorurteile, eine würdelose Anbiederung an das „Establishment" oder die Volksstimmung. So ist einmal von dem „jacobinisch anticapitalistischen Treiben der Hof, Regierungs- und Agrarkreise" die Rede, „die die Verzweiflung des Volkes, dessen Wut, pogromistisch auf den Mittelstand ableiten möchten; unter Mithilfe auch der liberalisierenden Judenpresse, die aus Feigheit und Snobismus mittut –" (4.11.1917). Solchen Juden wird vorgeworfen, daß sie „in kriecherisch stinkiger Weise sich bei den Antisemiten anbiedern" (13.11.1902). Denn „schlimmer als der Antisemitismus sei und bleibe die unangebrachte Nachsicht gegenüber ihm –". Und das gelte „besonders den jüdischen Antisemiten gegenüber" (1930). Diese sind „in ihrer verächtlichen Kriecherei die schlimmsten" (1930). Manchmal werden dafür auch andere Synonyme gebraucht, wie wenn Schnitzler dem Fischer-Verlag, der seiner Meinung nach die Werke der jüdischen Schriftsteller, die seinigen miteingeschlossen, nicht gut genug betreut, „das byzantinische Verhältnis gegen die christlichen Autoren" vorwirft (1918). Sehr häufig ist auch das Liebäugeln mancher getauften, doch nicht notwendigerweise getauften Juden mit dem Katholizismus gemeint. Dieser Variante gibt er dann sehr oft den Namen „Renegatentum" oder „Renegatismus". Vielleicht hilft zur Unterscheidung der sehr ähnlichen Begriffe die Tatsache, daß er Hofmannsthal, der ja als Katholik geboren ist und nur großväterlicherseits jüdische Vorfahren hat, Snobismus und Karl Kraus, der als Jude zur Welt kam, Renegatentum ankreidet. Im Literaturbetrieb wirkt sich das dann so aus, wie im Fall des Pressburger Verbots von *Professor Bernhardi*, daß der getaufte Kritiker die „clericalen Lügen" gegen Schnitzler unterstützt, um „als der edle anständige Jude, 'ders mir gibt' gefeiert" zu werden (7.5.1913); oder es wird umgekehrt das „töricht-wichtigtuerische, [. . .] ahnungslos[e] und roh[e] „Stück eines Christen[17] – „oh Kritik" – von jüdischen Kritikern aus „Feigheit und Kriecherei" (1918) hochgepriesen, aus „Angst [. . .], ja nur nicht einen Christen zu wenig zu loben" (7.12.1903).

Die Komplementärhaltung zu alledem ist die mangelnde Achtung der Juden voreinander, vor jüdischem Können, jüdischen Leistungen. Schnitzler nennt es das „Aesoi"- oder auch „Esoi"-Phänomen, das er im Roman *Der Weg ins Freie* in Form eines alten jüdischen Witzes wiedergibt. Es ist die „Geschichte von dem polnischen Juden, der mit einem Unbekannten im Eisenbahnkupee sitzt, sehr manierlich – bis er durch irgendeine Bemerkung des andern darauf kommt, daß der auch Jude ist, worauf er sofort mit einem erlösten „äsoi" die Beine auf den Sitz gegenüber ausstreckt".[18] Die Zusammengehörigkeit der beiden Dispositionen macht Schnitzler in folgender Anmerkung deutlich: „'Esoi'verhältnis der Juden zueinander Respektlosigkeit. – und *Nachkriechen jedem Drittrangstalent christlicher Confession von Seiten der jüdischen Kritiker.* Renegatentum (Kraus, Polgar, D. Bach etc.) –" (1918).

Hat sich Schnitzler, der unbestechliche Beobachter, der rationale Diagnostiker, dem allgemeinen Irrsinn entziehen können, ist er freigeblieben von den Obsessionen seiner Schicksalsgenossen? Fast, aber nicht ganz. Eine solche fatale Unberührtheit wäre auch völlig widernatürlich; mit einer Reihe von Redensarten schwimmt er im Strom.

Aber die sonderbarste Marotte, die ihm sein Judentum eingegeben hat, ist die Idee, daß ein Jude keine rechten Dramen schreiben, ja vielleicht überhaupt kein vollgültiger Dichter sein könne. Damit gerät er sehr in die Nachbarschaft der irrationalen Empfindungsweise seiner eigenen Gegner. Sei es, daß er eine „Antinomie zwischen dramatischer Weltanschauung und jüdischem Denken" (1918) postuliert, sei es, daß er „tiefere Gründe" annimmt, „warum dem Dichter jüdischer Race das höchste auf dramatischem und Roman-Gebiet versagt" (22.6.1919) ist, er scheint in der Tat davon überzeugt zu sein, daß es ihm und „wahrscheinlich allen Juden" verwehrt sei, „ein absolut gutes Drama zu schreiben. Dazu gehört eins: 'sich innerhalb des gegebenen zu beruhigen' " (1906). Man mag füglich bezweifeln, ob gerade ein solcher Konformismus dem Dramatischen zuträglich ist. Ich meine, diese besondere *idee fixe* ließe sich nicht schwer theoretisch und historisch widerlegen. Derlei Schwächen machen den Weltweisen nur menschlicher, sie sind der Tribut an die Zeit, um den niemand herumkommt.

Schnitzlers profundes Verständnis des Antisemitismus, seine lange Erfahrung mit dem Judentum, seine Beobachtungen der vielfältigen und oft kontradiktorischen Reaktionen der Juden auf die psychische und soziale Komplexität ihrer Situation haben vor allem im Drama *Professor Bernhardi* und im Roman *Der Weg ins Freie* ihren Niederschlag gefunden. Antisemitismus und Judenfrage werden in manchen seiner Werke peripher berührt, hier sind sie zentral. Sie werden im *Bernhardi* mehr in ihren politischen Auswirkungen, im *Weg ins Freie* mehr von ihrer sozio-psychologischen Seite her erforscht.

Am Bernhardi arbeitete Schnitzler von 1905 bis 1912; also während einer Zeit, als der hochaufflammende Antisemitismus der Jahrhundertwende bereits triumphiert hatte und die Christlich-Sozialen unter Lueger über Wien herrschten. In Frankreich war die Dreyfus-Affäre über die Bühne gelaufen, an der sich Schnitzler orientieren konnte. Wie dort wird ein einzelnes, durch Böswilligkeit verfälschtes Ereignis zum Politikum, das die ganze Gesellschaft aufwühlt und spaltet. Erfahrungen mit Pressekampagnen und antisemitischen Interpellationen im Parlament hatte er ja selbst gemacht, das Milieu der medizinischen Klinik war ihm auch wohlbekannt. Wenn sein Drama also etwas Prophetisches an sich hat, dann liegt das einerseits an der minutiösen Sachkenntnis, mit der er Offenkundiges wiedergibt, und andererseits in seiner Bloßlegung der geheimsten Beweggründe, die man normalerweise vor sich selber verschwieg, die aber dafür weit in die Zukunft hineinwirkten. Der hier dramatisierte „Einzelfall“ ist in der Tat „ein Symbol für unsere ganzen politischen Zustände“,[19] wie an einer Stelle gesagt wird.

Eine gründliche Interpretation müßte alle Tiefen ausloten, die sich hier auftun. Denn nicht nur vom gestörten Zusammenleben zweier ethnischer Gruppen ist hier die Rede, sondern es wird die fundamentalere Frage aufgeworfen, ob sinnvolles Wirken für den Einzelnen unter den obwaltenden gesellschaftlichen Umständen überhaupt noch möglich ist. Und in der Auseinandersetzung zwischen dem Arzt und dem Pfarrer wird versucht, jene höchsten Gemeinsamkeiten zu erahnen, mit deren Hilfe die symbolischen Repräsentanten der gegensätzlichen Kräfte und Weltanschauungen eine Verständigung erzielen könnten, „über den Abgrund“[20] hinweg, wie es heißt. Und dieses utopische Bemühen rührt nun tatsächlich an Metaphysisches, an „letzte Dinge“. Eine solche Analyse müßte aber auch die zeit- und klassenbedingten Grenzen von Schnitzlers Weltverständnis zu ziehen trachten. Es würde sich die Abwertung der Gestalten, die von den konkreten Gegebenheiten fort ins Allgemeine und Prinzipielle streben, die ganze Zuspitzung auf den „speziellen Fall“ als Schnitzlers verzweifelter Versuch entpuppen, an einer zentralen Auffassung des Liberalismus festzuhalten, nämlich an dem um die Jahrhundertwende in eine Krise geratenen autonomen Ich. Schnitzler ist natürlich zu wenig „Idealist“, um bei dieser Aufgabe von den ihm nur zu genau bekannten sozialen Hindernissen abzusehen; aber wenn er schon 1880, im Alter von 18 Jahren (!) in sein Tagebuch schreibt: „Wenn ich doch zum Henker *Principien* herauskriegen könnt! Ich bleib immer bei dem naiven Urtheilen von Fall zu Fall – und auch da bin ich unsicher“, so besagt dieser beinahe komisch formulierte Aufschrei, dessen Inhalt aber für sein ganzes ferneres Schaffen gilt, daß Schnitzlers Schwierigkeiten mit Universalien tief in seinem Wesen, seiner sozialen Schicht und seiner Zeit verankert waren.

Obwohl erst sie die epochale, synthetisch-künstlerische Leistung des *Bernhardi* voll ins Licht rücken würde, können wir eine solche Interpretation nicht liefern. Engen wir den Blick auf die jüdisch-antisemitische Thematik ein, mit der wir es zu tun haben, dann finden wir alle Typen der autobiographischen Schriften wieder, vermehrt um einige interessante Varianten und vor allem von einer Dynamik bewegt, die den Eindruck lebendigster Wahrheit erzeugt. Die böse Kongruenz zwischen Fiktion und Realität hat Schnitzler selbst ironischerweise im Zusammenhang mit den antisemitischen Intrigen erlebt, die die Aufführungen gerade dieses Stückes zu verhindern wußten; und es gab natürlich keinen besseren Kommentar als auszurufen: „Wie wahr, wie gut ist mein Stück!“ (29.4.1913) Die beherrschende Macht im Drama, die alle am Gängelband hat, Juden wie Christen, ist der Antisemitismus. Sie ist die unverrückbare Achse dieser Welt. Die Christen benützen sie, um ihre Unzulänglichkeiten zu verdecken und um Macht zu gewinnen, wobei es ohne Lügen und Gemeinheiten nicht abgeht; oder sie agieren aus religiösen Motiven, andere rennen um ihrer weltanschaulichen Überzeugungen und Illusionen willen gegen sie an, manche tun das gleiche aus persönlicher Loyalität. Aber entkommen kann ihr keiner, am allerwenigsten natürlich die Juden, denen nur die Wahl bleibt, wie sie auf ihre existentielle Situation reagieren: mit inauthentischer Anpassung an die Gegner, in furchtsamem Zurückweichen vor der Wirklichkeit, mit militanter Herausforderung und nationaler Überbetonung oder im Versuch, sich innerhalb der allgemeinen Korruption die Funktionsfähigkeit in einem beruflichen Bereich zu retten. Daß alle diese Lösungsversuche mindestens partiell fehlschlagen, zu Verzerrungen der Persönlichkeit oder Verlusten der Menschenwürde führen und daß die Zukunft den irrationalen Rassefanatikern und finsteren Opportunisten gehört, ist der tragische Einschlag in einem Werk, dessen von Schnitzler gewählte Gattungsbezeichnung „Komödie" den Auslegern schon manchen Kummer bereitet hat. Sie ist vielleicht zu verstehen in dem Sinn von *comedie humaine* oder als Ausdruck des ständigen Rückzugsgefechts des Helden, von dessen anfänglicher Selbstsicherheit am Ende wenig übriggeblieben ist. Das letzte, außerhalb seiner lokalen Sphäre schwer verständliche Wort des Dramas, „Viech", bleibt an ihm hängen. Es besagt im Gesamtzusammenhang, daß ein neuzeitlicher Don Quijote ist, ein Gemisch aus Heroismus und Lächerlichkeit, wer den Kampf mit dem „unangreifbaren" Antisemitismus aufnimmt.

Obwohl im Roman *Der Weg ins Freie* (Arbeitszeit etwa von 1903 bis 1908) der Antisemitismus überall irrlichtert, sind doch die antisemitischen Typen im wesentlichen in die eine Nebengestalt des Josef Rosner eingeschmolzen, der zusammen mit seinen Kumpanen in Zeitung und Fahrradklub den Aufstieg der christlich-sozialen Partei symbolisiert. Schnitzler verwendet hier eine beinahe noch wirksamere Methode, um die Heimatlosigkeit der Juden in ihrer Heimat zu veranschaulichen. Man sieht sie nämlich zum größten Teil aus der Perspektive des Musikers und Aristokraten Georg von Wergenthin, der nicht-jüdischen Zentralgestalt. Obwohl er viel, fast ausschließlich mit Juden verkehrt und seine ausführlichen Künstlergespräche mit dem jüdischen Schrifststeller Heinrich Bermann, einem verdüsterten Spiegelbild Schnitzlers, sogar zu einer Art Zusammenarbeit und Freundschaft führen, bleiben ihm die Juden im Grunde fremd; ja, er ist befremdet von der bizarren, zerrissenen, beinahe exotisch anmutenden Psyche der meisten von ihnen. „Schon wieder einer", denkt er bei sich, „den man beleidigt hat! Es war wirklich absolut ausgeschlossen, mit diesen Leuten harmlos zu verkehren" (S. 670). Ein andermal empfindet er, „enerviert", sein Gegenüber hätte ihm nicht „offizielle Mitteilung von seiner Zugehörigkeit zum Judentum" zu machen brauchen. „Er wußte es ja, und er nahm es ihm nicht übel; aber warum fingen sie denn immer selbst davon zu reden an? Wo er auch hinkam, begegnete er nur Juden, die sich schämten, daß sie Juden waren, oder solchen, die darauf stolz waren und Angst hatten, man könne glauben, sie schämten sich" (S. 661). Georg ist der wohlwollende, liberale, verfeinerte Wiener, allen Erscheinungen gegenüber offen, willig, ja begierig, sich auf Neues, Eigenartiges einzulassen. Er ist der gebildete *Homo austriacus* par excellence, und man bekommt den Eindruck, wenn es *ihm* nicht gelingt, sich ein Herz zu ihnen zu fassen, eine gewisse Reserviertheit, die manchmal an Irritation grenzt, zu überwinden, dann ist die Hoffnung der Juden auf Integration hinfällig.

Dazu kommt noch, daß Wergenthin selbst wenig Kraft hat, daß er niemand halten kann noch will und darin nur der Reflex seiner Heimatstadt ist. Die ganze glanzvolle Kultur Wiens scheint von einer solchen Schwäche erfaßt zu sein, daß sie keiner der in ihr agierenden Personen einen sinnvollen Wirkungskreis, einen festen Halt bieten kann. Das ist vielleicht die geheime, aber wesentlichste Aussage des Romans, daß die Szenerie Abschied ist, ein zögerndes „Noch". Noch residieren die Brüder Wergenthin standesgemäß in der kaiserlichen Hauptstadt, noch sind sie überall beliebt, werden bewundert wohin sie kommen. Aber die Tage des eleganten Müßiggangs sind gezählt. Man erlebt mit ihnen den Zeitpunkt, an dem ihre Finanzen sie zwingen, die Wiener Wohnung aufzulösen und im Ausland einem Erwerb nachzugehen.

Dieses Noch gilt auch für die Juden. Noch werden sie nicht aktiv verfolgt, nicht ihrer Habe beraubt, außer Landes getrieben. Aber sie sind unsicher geworden, mit der antisemitisch durchtränkten Luft atmen sie ständig ein bedrohliches Element ein. Hier hat Schnitzler ein breites Panorama der jüdischen Bevölkerung Wiens entworfen, wahrscheinlich das authentischste seines Gesamtwerks. Fast alle Juden im Roman, am meisten die jüngeren, die sich nicht mehr im Liberalismus geborgen fühlen, haben etwas abbekommen. Ob sie sich unter dem Druck der Umstände der Sozialdemokratie oder dem Zionismus zuwenden, ob sie sich zu assimilieren trachten oder trotz ihrer Heimatverbundenheit zu dem ihnen aufgezwungenen Außenseitertum bekennen, innerlich sind sie irgendwie angegriffen, gespalten, sie geraten in Konflikte, werden zynisch oder aggressiv. Auf jeden Fall sind sie aber dünnhäutig und empfindlich bis zur Krankhaftigkeit. Auch für sie ist Wien keine unproblematische Heimstätte mehr.

Ein besonders charakteristischer Fall ist der Oskar Ehrenbergs, weil er das Epochenmerkmal, die „Refeudalisierung" der Gesellschaft illustriert. Seine Mutter und Schwester haben gesellschaftlichen Ehrgeiz, führen ein großes Haus, einen „Salon", in dem sich eine aus vornehmen und künstlerischen Elementen gemischte Lebewelt trifft. Der Vater ist Fabrikant, hat sich aus kleinen Verhältnissen hochgearbeitet und betont sehr zum Leidwesen der Familie sein Judentum. Oskar spielt schon als Fünfzehnjähriger den „Lord", ist „geckenhaft gekleidet" und trägt „ein Monokel im Auge" (S. 644). Seine Neigung zu adeligem Umgang und aristokratischen Allüren nimmt mit den Jahren nur noch zu. So stark ist sein Drang zur Anpassung an diese Kreise, daß ihn nur die Furcht vor Enterbung vom Übertritt zum Katholizismus zurückhält. Der alte Ehrenberg haßt aber die „Feudalbande" (S. 691), so daß sich die Spannungen zwischen Vater und Sohn verschärfen, unüberwindlich werden und sich schließlich in einem öffentlichen Skandal entladen, von dem Georg berichtet:

Gestern zur Mittagszeit geht Oskar an der Michaelerkirche vorüber und lüftet den Hut. Sie wissen, daß es zurzeit kaum eine Eigenschaft gibt, die für eleganter gilt als die Frömmigkeit. [. . .] Weiß der Himmel wie oft er schon vorher sich dieser Falschmeldung ungefährdet schuldig gemacht hat. Das Unglück wollte nun gestern, daß im selben Moment der alte Ehrenberg des Wegs daherkommt. Er sieht wie Oskar vor dem Kirchentor den Hut abnimmt . . . und von einer fassungslosen Wut ergriffen, holt er aus und haut seinem Sprößling eine Ohrfeige herunter. Eine Ohrfeige! Oskar dem Reserveleutnant! Mittag, im Zentrum der Stadt! (S. 808)

Das Wertsystem, in dem Oskar lebt, fordert drastische Maßnahmen zur Wiederherstellung seiner „Ehre". Er schießt sich eine Kugel in den Kopf, kommt zwar mit dem Leben davon, büßt aber ein Auge ein. Mit dem Prinzen von Guastalla, einem Frondeur und Außenseiter *seiner* Gruppe, begibt er sich auf Reisen. Auch diesen beiden bietet Wien keine Bleibe mehr.

Man kann, wenn man so will, den *Weg* als Schlüsselroman behandeln und die einzelnen Personen mit Vorbildern aus Schnitzlers Bekannten- und Familienkreisen identifizieren. Er selbst scherzt einmal über diese autobiographischen Bezüge, als sich in ihm, knapp vor Kriegsausbruch, „patriotische" Empfindungen regen und er seinen Gesprächspartner, der widerspricht, darauf aufmerksam macht, „daß 'wir' dieses Gespräch schon im 'Weg ins freie [sic]' geführt haben" (Juli 1914). Dieses Gespräch ist eines der wichtigsten, nicht nur im Werk, sondern überhaupt für Schnitzlers Selbstverständnis als Jude (S. 719-722). In ihm läßt er den Zionisten Leo Golowski ein passioniertes Plädoyer für die Rückkehr der Juden nach Palästina und den Dramatiker Bermann, sein Spiegelbild, eine ebenso heftige Replik vortragen. Es ist nicht möglich, allen Nuancen dieser Auseinandersetzung gerecht zu werden. Es seien nur einige Kernstellen herausgegriffen.

Leo meint, es ginge nicht um

die paar jüdischen Beamten, die nicht avancieren, die paar jüdischen Freiwilligen, die nicht Offiziere werden, die jüdischen Dozenten, die man nicht oder verspätet zu Professoren macht, – das sind lauter Unannehmlichkeiten zweiten Ranges sozusagen; es handelt sich hier um ganz andere Menschen, die Sie nicht genau oder gar nicht kennen, und um Schicksale, über die Sie, ich versichere Sie, lieber Heinrich, über die Sie gewiß, trotz der Verpflichtung, die Sie eigentlich dazu hätten, noch nicht gründlich genug nachgedacht haben.

Hier scheint sich Schnitzler Selbstvorwürfe zu machen. Gemeint sind die Ostjuden, wohl auch die armen, kaum assimilierten, oft erst kurz in Wien ansässigen Juden der Leopoldstadt und Brigittenau, die kleinen Händler, Handwerker und Krämer, von denen Schnitzler durch gesellschaftliche Abgründe getrennt ist und die er daher auch in seinem Roman eben nur streift. Für diese, zum Großteil noch orthodoxen Massen des Ostens, verfolgt, verfemt und in Gettos gepreßt, in einer Weise, wie sie sich das gehobene jüdische Bürgertum Wiens nicht vorstellen könne, sei – so fährt Leo fort – „die Sehnsucht nach Palästina [. . .] ein echtes, nie erloschenes und nun mit Notwendigkeit neu aufflammendes Gefühl", von dem er sich auf dem Basler Zionistenkongreß selber habe überzeugen können. Dort habe er

alte Männer, nicht etwa ungebildete, nein, gelehrte, weise Männer hatte er weinen gesehen, weil sie fürchten mußten, daß das Land ihrer Väter, das sie, auch bei Erfüllung der kühnsten zionistischen Pläne, doch keineswegs mehr selbst hätten betreten können, sich vielleicht auch ihren Kindern und Kindeskindern niemals erschließen würde.

Heinrich Bermann ist um eine eloquente Erwiderung nicht verlegen. Ihm erscheine

der Zionismus als die schlimmste Heimsuchung, die jemals über die Juden hereingebrochen war. [. . .] Nationalgefühl und Religion, das waren seit jeher Worte, die in ihrer leichtfertigen, ja tückischen Vieldeutigkeit ihn erbitterten. Vaterland . . . das war ja überhaupt eine Fiktion, ein Begriff der Politik, schwebend, veränderlich, nicht zu fassen. Etwas Reales bedeutete nur die Heimat, nicht das Vaterland . . . und so war Heimatsgefühl auch Heimatsrecht. [. . .] Und zusammengehörig fühlte er sich mit niemandem, nein mit niemandem auf der Welt. Mit den weinenden Juden in Basel gerade so wenig, als mit den gröhlenden Alldeutschen im österreichischen Parlament; mit jüdischen Wucherern so wenig, als mit hochadeligen Raubrittern; mit einem zionistischen Branntweinschänker so wenig, als mit einem christlich-sozialen Greisler. Und am wenigsten würde ihn je das Bewußtsein gemeinsam erlittener Verfolgung, gemeinsam lastenden Hasses mit Menschen verbinden, denen er sich innerlich fern fühle. Als moralisches Prinzip und als Wohlfahrtsaktion wollte er den Zionismus gelten lassen, wenn er sich aufrichtig so zu erkennen gäbe; die Idee einer Errichtung des Judenstaates auf religiöser und nationaler Grundlage erschiene ihm wie eine unsinnige Auflehnung gegen den Geist aller geschichtlichen Entwicklung.

Und schließlich endet das Ganze in einem Gedankengang Georg von Wergenthins, mit dem sich Schnitzler ja auch bis zu einem gewissen Grad eins weiß:

Eine Ahnung von dieses Volkes geheimnisvollem Los dämmerte in ihm auf, das sich irgendwie in jedem aussprach, der ihm entsprossen war; nicht minder in jenen, die diesem Ursprung zu entfliehen trachteten wie einer Schmach, einem Leid oder einem Märchen, das sie nichts kümmerte, – als in jenen, die mit Hartnäckigkeit auf ihn zurückwiesen wie auf ein Schicksal, eine Ehre oder eine Tatsache der Geschichte, die unverrückbar feststand.

Wir fassen zusammen. Schnitzler war ein weitgehend assimilierter, äußerlich vom wohlhabenden österreichischen Großbürgertum nicht zu unterscheidender Wiener. Ein Rest des Andersseins blieb aber bestehen. Was der Sohn Freuds, Martin, von seiner Familie schrieb, das gilt auch für Schnitzler, man braucht nur die Namen umzutauschen:

Die Familie Freud, den Riten und Gebräuchen der jüdischen Religion entfremdet, wie sie war, stellt keine Ausnahme unter der jüdischen Bevölkerung Wiens dar. Die Reichen wie die Armen, ganz besonders aber die Reichen, sind diesen Weg gegangen. Und dennoch waren wir alle in einer Hinsicht jüdisch geblieben: wir bewegten uns in jüdischen Kreisen, unsere Freunde waren Juden, unser Arzt, unser Rechtsanwalt waren Juden.[21]

Als Folge des neu aufflackernden Antisemitismus wurde Schnitzler mehr und mehr als Fremder, ja als Feind und Auswurf behandelt und entwickelte daher ein zwischen Zugehörigkeit und Entfremdung schwankendes Bewußtsein. Als wissenschaftlich geprägter Liberaler war er ein eingefleischter Rationalist, Individualist und Freidenker. Als solcher war er jedem Lösungsvorschlag, den er für ungemäß oder unpraktisch hielt, abhold. Zu den Verstiegenheiten, in die die Juden gedrängt wurden, rechnete er den Zionismus, zu den Unwürdigkeiten Anbiederung und Taufe. Dies ließ nicht viel Spielraum. Als kontemplativer Mensch und Diagnostiker von Seelenzuständen, ganz dem entsprechend, was man „therapeutischen Nihilismus" genannt hat, womit gemeint ist, daß in seinem Ärzteberuf (und wohl überhaupt in seiner Gesellschaft) die Erkenntnis des Übels seiner Kur weit vorgezogen wurde, beobachtete er mit großer Subtilität die verschiedenen Reaktionen der Juden auf ihre Umwelt und der Umwelt auf die Juden. Seinen Schriften, vor allen den hier erwähnten, in denen er diese Wechselbeziehungen exemplarisch beleuchtet, kommt daher eine hohe Bedeutung zu, die gleichzeitig künstlerisch und dokumentarisch ist. Als Mensch und Schriftsteller empfand er tief das *malheur d'être juif,* nicht nur äußerlich wegen der unaufhörlichen Verunglimpfungen und Hindernisse, denen sein Werk und Wirken ausgesetzt war, sondern auch wegen der inneren Schäden, die in solcher Atmosphäre der Seele und den intimsten schöpferischen Regungen zugefügt wurden. Das Ärgste blieb ihm aber erspart. Er starb rechtzeitig. Nur wenige Jahre später wäre er ohne Rücksicht auf Alter und Heimatrecht von denen, die er erkannt hatte, ins Exil oder in die Gaskammer getrieben worden.

Anmerkungen

1 Der Versuch, Schnitzlers Selbstverständnis als Jude darzustellen, ist schon mehrfach unternommen worden, z.B. von Willehald Paul Eckert: Arthur Schnitzler und das Wiener Judentum. In: Eumuna. Horizonte zur Diskussion über Israel und das Judentum 8 (1973); und Klara Pomeranz Carmely: Das Identitätsproblem jüdischer Autoren im deutschen Sprachraum. Von der Jahrhundertwende bis zu Hitler. Königstein/Ts.: Scriptor 1981.
2 Vgl. den Aufsatz des Verfassers: Melting Pot or Witch's Cauldron? Jews and Antisemites in Vienna at the Turn of the Century. In: Jews and Germans from 1860 to 1933: The Problematic Symbiosis, ed. by David Bronsen, Reihe Siegen 9. Heidelberg: Carl Winter 1979.
3 Arthur Schnitzler: Jugend in Wien. Eine Autobiographie. Frankfurt a.M.: Fischer Taschenbuch Verlag 1981, S. 14-15. Die folgenden, Schnitzlers Abstammung betreffenden Zitate sind den Seiten 17-19 dieser Ausgabe entnommen.
4 Z.B. Peter Pulzer: The Rise of Political Antisemitism in Germany and Austria. New York-London-Sydney: John Wiley & Sons 1964.
5 Jugend in Wien, S. 154.
6 Ebd. S. 93.

7 Von welcher Bedeutung „Satisfaktionsfähigkeit" war, stellt eindrucksvoll dar Klaus Laermann: Zur Sozialgeschichte des Duells. In: Rolf-Peter Janz/Klaus Laermann: Arthur Schnitzler. Zur Diagnose des Wiener Bürgertums im Fin de siècle. Stuttgart: J.B. Metzler 1977.

8 Jugend in Wien, S. 152; s. auch die Anm. hierzu auf S. 352.

9 Karl Glossy: Vierzig Jahre Deutsches Volkstheater. Ein Beitrag zur deutschen Theatergeschichte. Wien 1925.

10 Abgedruckt im Programmheft des Wiener Burgtheaters zur Aufführung des *Professor Bernhardi* 1981. Aus dem Nachlaß mitgeteilt von Werner Welzig, dem ich auch den Hinweis auf dieses Dokument verdanke.

11 Die Darstellungen sind zu zahlreich, um hier aufgeführt zu werden. Sie sind zu finden bei Reinhard Urbach: Schnitzler-Kommentar zu den erzählenden Schriften und dramatischen Werken. München: Winkler 1974, S. 159/160. Die hier verwendeten Zitate verdanke ich der unveröffentlichten Abhandlung von Alfred Pfoser: Der Wiener 'Reigen'-Skandal. Sexualangst als politisches Syndrom der Ersten Republik. Vgl. auch Alfred Pfoser: Wer hat Angst vor Arthur Schnitzler? Der Wiener 'Reigen'-Skandal 1921 – ein unerledigtes Drama. In: Die Presse, 2./3. Mai 1981. S.V.

12 Volkssturm, 1. März 1921.

13 Zitiert nach der Reichspost, 3. März 1922.

14 Reichspost, 14. Februar 1921.

15 Aus Schnitzlers Tagebüchern, deren Edition von der „Kommission für literarische Gebrauchsformen der Österreichischen Akademie der Wissenschaften" betreut wird. An dieser Stelle möchte ich deren Obmann, Univ. Professor Dr. Werner Welzig, meinen Dank für den freizügigen Zugang abstatten, den er mir zu den unveröffentlichten Teilen dieser Dokumente gewährt hat, und für die Erlaubnis, daraus zu zitieren. Das Datum der Eintragung folgt jeweils dem Zitat.

16 „Abgeordnetenhaus *Pattai u Consorten* eine antisem *Interpellat* wegen des Bauernfeldpreises" (18.3.1903). Interessant in diesem Zusammenhang ist auch folgende Eintragung: „Neben mir saß *Pattai*, hob mir einen heruntergefallenen Operngucker auf, sah mich dabei strafend an. 'Wie kann man nur ein Jude sein [. . .]' " (1905).

17 Gemeint ist *Liebe* von Anton Wildgans.

18 Schnitzler: Die erzählenden Schriften. Erster Band. Frankfurt a.M.: S. Fischer 1961, S. 755. Alle späteren Zitate aus dem Roman entstammen dieser Ausgabe. Die Seitenangaben stehen fortan eingeklammert im Text.

19 2. Akt, Sezene zwischen Bernhardi und Flint. In: Das dramatische Werk. Band 6. Frankfurt a.M.: Fischer Taschenbuch Verlag 1979, S. 180.

20 4. Akt, Szene zwischen Bernhardi und Pfarrer. Ebd. S. 226.

21 Martin Freud: Who was Freud. In: Josef Fraenkel: The Jews of Austria. Essays on their Life. History and Destruction. London: Vallentine-Mitchell 1967, S. 204.

Sigrid Bauschinger

„Ich bin Jude. Gott sei Dank." Else Lasker-Schüler

„Von allen jüdischen Dichtern, die zu ihrer Generation gehören, war die Dichterin der *Hebräischen Balladen* die einzige, deren Judentum für Deutsche und Juden am wenigsten mit einer Problematik behaftet war."[1] Diese Worte über Else Lasker-Schüler von Werner Kraft, demjenigen ihrer Freunde und Interpreten, dem wir die verständnisvollsten Deutungen ihrer Werke und ihrer Persönlichkeit verdanken, verlangen Zustimmung und fordern zugleich zum Nachdenken auf, wie das möglich sein konnte in einer Zeit, in der kaum ein deutsch-jüdischer Autor nicht aufs stärkste von der Spannung zwischen seinem Judentum und seinem Deutschtum ergriffen war, und von Juden und Nichtjuden inmitten dieses Spannungsfelds gesehen wurde.

Else Lasker-Schüler, am 11. Februar 1869 in Elberfeld geboren, war das jüngste von sechs Kindern des Privatbankiers Aron Schüler und seiner Frau Jeanette, geborene Kissing. Die Familie des Vaters stammte aus Westfalen, wo der Großvater in Geseke ein Fuhrunternehmen und ein Bankgeschäft betrieb und wo der Urgroßvater Hirsch Cohen wahrscheinlich Lehrer war. Seine Vorfahren, so hat Bernhard Brilling ermittelt, gehörten in eine lange Reihe großer Rabbiner aus der Familie Rappaport.[2] Else Lasker-Schülers Mutter war die Tochter eines Weinhändlers im fränkischen Kissingen und wuchs nach dem frühen Tod ihrer Mutter in Frankfurt am Main, im Haus ihres Onkels Meyer Sonnemann auf, dessen Sohn Leopold später die *Frankfurter Zeitung* gründete.

Schon die Generation von Else Lasker-Schülers Großeltern hat man sich als aufgeklärte jüdische Bürger vorzustellen, auf dem Weg zur immer engeren Assimilation an den deutschen Mittelstand. In ihrem Elternhaus wurde keineswegs jüdisches Brauchtum in besonderem Maße gepflegt und das höchste Fest, Jom Kippur, der Versöhnungstag, eher als Familienfeier begangen. Von anderen Feiertagen, von Gebeten oder religiösen Riten ist in ihren autobiographischen Schriften nie die Rede. Gegenüber der Orthodoxie hat Else Lasker-Schüler bis zu ihrem Lebensende eine entschiedene Abneigung gezeigt. Mischehen waren in ihrer Familie nicht ungewöhnlich. In dem Theaterstück „Arthur Aronymus und seine Väter" kauft ihr Großvater Moritz Schüler seinem christlichen Schwiegersohn eine Apotheke, was durchaus der Wahrheit entsprochen haben kann. Ihr Lieblingsbruder Paul, der mit 20 Jahren starb, wollte zum katholischen Glauben übertreten. Ihre Schwester Anna heiratete den ebenfalls christlichen Opernsänger Franz Lindwurm gen. Lindner, wobei sich die Familie keineswegs gegen seine Konfession, sondern eher gegen seinen unbürgerlichen Beruf sträubte. Else hingegen heiratete den jüdischen Arzt Berthold Lasker und zog mit ihm nach Berlin, wo sie sich bald in Künstlerkreisen zu bewegen begann. Zunächst nahm sie Malunterricht und hatte ein eigenes Atelier. Dann lernte sie den Dichtervaganten Peter Hille und seinen Kreis innerhalb der naturreligiösen „Neuen Gemeinschaft" der Brüder Heinrich und Julius Hart kennen. Hille ermunterte sie zum Schreiben, womit sie allerdings schon in früheren Jahren begonnen hatte. 1899 erschienen die ersten Gedichte in der von Ludwig Jacobowski herausgegebenen *Gesellschaft*.

Im selben Jahr wurde Else Lasker-Schülers Sohn Paul geboren, dessen Vater, wie sie behauptete, nicht Berthold Lasker war. 1903 wurde ihre Ehe geschieden und sie heiratete den sieben Jahre jüngeren Musiker und Komponisten Georg Levin, dem sie den Namen Herwarth Walden gab und der als Gründer der Zeitschrift *Der Sturm* und der gleichnamigen Berliner Kunstgalerie zu einem der größten Förderer und Vermittler zeitgenössischer, vor allem expressionistischer Kunst wurde. Nach der Scheidung ihrer zweiten Ehe 1912 führte Else Lasker-Schüler ihre Boheme-Existenz in Berlin fort, schrieb und diskutierte in den literarischen Cafes und errang die ersten größeren Erfolge, wie sie 1919 an der Uraufführung ihres Dramas *Die Wupper* am Deutschen Theater in Berlin und am Erscheinen der zehnbändigen Gesamtausgabe ihrer Werke bei Paul Cassirer abzulesen sind. Ihre ständige Sorge um den künstlerisch hochbegabten Sohn, dessen Talent als Zeichner sich früh zeigte, aber nicht weiter entwickelte, wurde durch seine Erkrankung an Lungentuberkulose verstärkt. Nach vergeblichen Aufenthalten in Schweizer Sanatorien holte sie ihn zurück nach Berlin, wo sie ihn bis zu seinem Tod 1927 gepflegt hat. Die höchste literarische Auszeichnung, die sie je erhielt, der Kleistpreis, wurde ihr zusammen mit Richard Billinger 1932 zugesprochen, kurz vor ihrer Flucht nach Zürich im April 1933. Von der Schweiz ist Else Lasker-Schüler dreimal nach Palästina gereist. Auch die dritte Reise 1939 war nur für drei Monate geplant. Doch sie erhielt keine Aufenthaltsgenehmigung mehr für die Schweiz, und der Ausbruch des zweiten Weltkriegs verhinderte ihre Rückkehr nach Europa vollends. Am 22. Januar 1945 ist sie in Jerusalem gestorben.

In diesem Leben zeigte sich das Judentum erst dann „mit einer Problematik behaftet“, als sie ihm von außen aufgedrängt wurde. Else Lasker-Schülers Familie gehörte zu den 70% jüdischer Bürger im Bismarck-Reich, die seit Generationen in Deutschland ansässig waren und deren Assimilation sich in regelmäßigen Schritten vollzogen hatte. Sie selbst war 1932 gerade an dem Punkt angelangt, an dem deutsche Juden auch von nicht-jüdischer Seite mehr und mehr akzeptiert und anerkannt wurden, wie es die Verleihung des Kleistpreises zeigt. Das Ende der Weimarer Republik führte jedoch auch das Ende dieser Entwicklung herbei.[3]

Es hätte allerdings im Leben Else Lasker-Schülers schon von frühester Kindheit an Grund genug gegeben, ihr Judentum in der deutschen Umwelt als problematisch zu sehen. Sie wurde in einer Zeit heftigster Kontroversen nicht nur zwischen Deutschen und Juden, sondern auch innerhalb der jüdischen Gemeinschaft selber geboren. Zwar hatte in ihrem Geburtsjahr, am 3. Juli 1869, der Norddeutsche Bund das Gesetz der Religionsfreiheit und -gleichheit erlassen, aber auch als dieses Gesetz 1871 Reichsgesetz wurde, stellten christlich ausgerichtete Verfassungsartikel der einzelnen Staaten die Religionsgleichheit und -freiheit doch wieder in Frage.[4]

Darüber hinaus sahen die siebziger Jahre in Deutschland eine neue Welle des Antisemitismus über die jüdische Minorität hereinbrechen. Veröffentlichungen, die in versteckter oder offener Demagogie vor der „jüdischen Gefahr“ warnten, erschienen in wachsender Zahl von Heinrich von Treitschkes Traktat *Ein Wort über das Judenthum* zu Wilhelm Murrs *Der Sieg des Judenthumes über das Germanenthum*"[5], die von einem antiintellektuellen und antiliberalen zum biologischen und völkischen Antisemitismus überleiteten und in den Schriften von Richard Wagners Schwiegersohn Houston Stewart Chamberlain gipfelten.[6]

Die jüdische Antwort auf diese Angriffe war vielstimmig und unterschiedlich.[7] Es kam zur Gründung dreier wichtiger Vereine, des nicht-jüdischen „Vereins zur Abwehr des Antisemitismus" und des „Central Vereins deutscher Staatsbürger jüdischen Glaubens", beide in Opposition zu der „Zionistischen Vereinigung für Deutschland", welche die Assimilationsbestrebungen bekämpfte und den jüdischen Nationalgedanken durch die Besiedlung Palästinas mit jüdischen Auswanderern in die Tat umsetzen wollte.[8] Es ist nicht anzunehmen, daß Else Lasker-Schüler von diesen tiefgreifenden Kontroversen völlig unberührt geblieben ist. Als Jüngste von fünf zum Teil viel älteren Geschwistern mag sie schon in der Kindheit im Familienkreis das eine oder andere davon gehört haben. Sie selber erzählt in dem Aufsatz *Der Antisemitismus*, daß sie als Schulkind zwar „schon einige antisemitische Aufstände" erlebt habe, aber: „Nie beschuldigte man mich auf dem Heimwege oder in den Räumen des Schulhauses selbst wegen der grausigen Kreuzigung des göttlichen Propheten, der den christlichen Einwohner zur Rache veranlasse, zu bedrohen noch nach Jahrhunderten" (III, 71). Bleibt also zu fragen: wie hat sich Else Lasker-Schülers Leben und Dichten in sechs Jahrzehnten wachsender antisemitischer Anschuldigungen und Gefahren erhalten und entwickeln können, so daß ihr Judentum „am wenigsten mit einer Problematik behaftet" war? Selbstverständlich hat sie nie einer der jüdischen Organisationen angehört. Ihrer völlig auf Unabhängigkeit angelegten Natur widerstrebte jeglicher Anschluß dieser Art. Sie bildete sich vielmehr allein, aber umgeben von heftigen Kontroversen, ihre höchst eigene und eigenwillige Vorstellung vom Judentum. Daß diese Vorstellung nicht von Anfang an bestand, zeigt sich in Else Lasker-Schülers frühen Werken, den Gedichtsammlungen *Styx* (1902) und *Der siebente Tag* (1905) sowie dem verehrungsvollen *Peter Hille-Buch*, das sie ihrem großen Freund und Förderer 1906 gewidmet hat. Von einer spezifisch jüdischen Thematik ist darin mit einer Ausnahme nichts zu bemerken. Hingegen taucht eine märchenhafte orientalische Welt in ihren frühen Dichtungen auf, zuerst 1907 in der Prosa- und Gedichtsammlung *Die Nächte Tinos von Bagdad*. Aus diesem orientalischen Reservoir von Figuren, Bildern und Motiven löst sich allmählich immer deutlicher ein Komplex heraus, der nach Werner Krafts bereits zitiertem Nachwort eine „durch und durch jüdische Substanz" vorweist.

Schon 1901, als Martin Buber die Zeitschrift *Ost und West* gründete und darin „eine jüdische Kunst und Dichtung, die nicht bloß zufällig von Juden stammt, [. . .] sondern eine, die in Inhalt und Form die Art und das Schicksal unseres Stammes gestalten will",[9] gefordert hatte, waren in der sechsten Nummer zwei Gedichte von Else Lasker-Schüler erschienen, wovon sie später eines in ihre *Hebräischen Balladen* aufgenommen hat. Jedoch sind diese *Sulamith* und dieses *Lied des Gesalbten* noch orientalische Verbrämungen für die Gestalt der Dichterin und ihrer Dichtergottesfigur. Dann aber schreibt sie ein Gedicht, das in der zweiten Gedichtsammlung, *Der siebente Tag*, ganz einzigartig dasteht und zum ersten Mal die jüdische Thematik aufnimmt, hingegen immer noch nicht die der *Hebräischen Balladen*, sondern vielmehr ihre ganz persönliche. Ehe Else Lasker-Schüler die großen Bibelgestalten besingen konnte, hat sie sich selber in ihrem Volk zu definieren gesucht und dabei erkannt, daß sie ihm zwar entstammt, daß sie aber nicht mit und in ihm leben konnte, sondern ihren eigenen Weg finden mußte.

Mein Volk

Der Fels wird morsch,
Dem ich entspringe
Und meine Gotteslieder singe . . .
Jäh stürz ich vom Weg
Und riesele ganz in mir
Fernab, allein über Klagegestein
Dem Meer zu.

Hab mich so abgeströmt
Von meines Blutes
Mostvergorenheit.
Und immer, immer noch der Widerhall
In mir.
Wenn schauerlich gen Ost
Das morsche Felsgebein,
Mein Volk,
Zu Gott schreit.[10]

Das alte, müde Volk konnte der Dichterin nicht mehr geben, was sie von Anfang an gesucht und in ihren orientalischen Phantasien zunächst gefunden hatte, eine neue Sprache. Sie will Gotteslieder singen und sie wird das von nun an tun und damit die schauerlichen Gottesschreie ihres Volkes übertönen, die sie dennoch immer höher wird. Hier zeigt sich, daß Else Lasker-Schülers Judentum durchaus die Möglichkeit einer Problematik für sie enthielt, daß sie aber diese Problematik bewältigen konnte in ihrer Kunst. Die Gotteslieder, die sie jetzt dichtete und 1913 als *Hebräische Balladen* veröffentlichte, eine Sammlung von 13 Gedichten, die in den folgenden zehn Jahren noch um sieben weitere vermehrt wurde, stellen etwas ganz Neues in ihrem Werk, der deutsch-jüdischen und darüber hinaus in der gesamten deutschen Literatur dar. Wenn jemals eine deutsch-jüdische Symbiose stattgefunden hat, dann in dieser vollkommenen Vereinigung biblischer Bilder und deutscher Sprache:

Abraham baute in der Landschaft Eden
Sich eine Stadt aus Erde und aus Blatt
Und übte sich mit Gott zu reden. (I, 294)

So heißt es zu Beginn von *Abraham und Isaak*, und mehrere andere solcher Bibelpaare erstehen in den Gedichten, *Pharao und Joseph, David und Jonathan, Jakob und Esau, Moses und Josua, Hagar und Ismael;* dazwischen die Einzelgestalten von

Ruth, Esther, Boas, Abel, Jakob, Saul. Die Dichterin verfährt sehr frei mit ihren biblischen Vorlagen, es gibt Hebräische Balladen von visionärer Kraft wie *Jakob* und solche von süßer Schwermut wie *David und Jonathan:*

O Jonathan, du Blut der süßen Feige,
Duftendes Gehang an meinem Zweige,
Du Ring in meiner Lippe Haut. (I, 303)

Eine biblische Figur nimmt für Else Lasker-Schüler nicht nur in den *Hebräischen Balladen* einen besonderen Platz ein, es ist die des Joseph, mit dem sie sich ihr Leben lang identifiziert hat. Ihr Theaterstück *Joseph und seine Brüder* spielte sie als Kind immer wieder der Mutter vor[11] und im palästinensischen Exil erklärt sie: „Immer ertappe ich mich in der Rolle Josephs. Ich brenne darauf, meine Lieblingsgeschichte einmal hier auf dieser steinernen Urbühne zu spielen in der Ursprache uraltem Hebräisch. Die Seele der Josephslegende, die einmal Wahrheit gewesen, wieder auferstehen zu lassen, sie zu verkörpern, in meinen Körper zu hüllen“ (II, 964). Joseph war für Else Lasker-Schüler eine ihr eng verwandte Figur. Er repräsentierte den von den eigenen Brüdern verstoßenen – so wie sie sich vom eigenen Volk entfremdet und nicht verstanden fühlte –, wiewohl er ein Gotteslіebling war, als den sie sich auch stets empfand; und wie Joseph die Gabe besaß, Träume zu deuten, so konnte sie ihre Traumbilder in Dichtungen fassen. Dichter und Seher waren für sie immer sehr ähnliche Erscheinungen. Joseph also bedeutete ihr eine Gestalt, in der sie sich als Dichterin darstellen konnte. So erhielt ja auch der Prinz von Theben, diese phantastisch orientalische Figur, der sie 1914 ein Geschichtenbuch widmete, deren Identität sie in ihren Briefen annahm und deren Kostüm sie mit Vorliebe trug, den Namen Jussuf.

Joseph war schließlich eine Figur, in der sich die drei großen jüdischen Themen verkörpern ließen, die Else Lasker-Schülers ganzes Werk durchziehen: Familie, Judentum – also ihr Volk – und Gott, wie sie Werner Kraft definiert hat (III, 158). Josephs Liebe zu Vater und Brüdern, auch noch nachdem sie ihn verraten und verkauft haben, ist eins mit seiner Liebe zu seinem Volk, das er als der „Ernährer“ in Ägypten ebenfalls retten wird, und diese Liebe ist gleichsam miteingeschlossen in seiner Liebe zu dem väterlichen Gott, wie sie in der 'Hebräischen Ballade' *Joseph wird verkauft* dargestellt ist. Wie Joseph hat Else Lasker-Schüler ihre Familie, ihr Volk und ihren Gott geliebt.

In dem Katalog biblischer Figuren, die in den *Hebräischen Balladen* auftreten, fehlen bezeichnenderweise solche schmerzlichen Gestalten wie Hiob oder Jeremias, wiewohl Else Lasker-Schüler später gesagt hat, sie habe ihre *Hebräischen Balladen* „Jeremias in Gedanken“ gewidmet (III, 71).

Die Dichterin schöpfte aus dem Schatz biblischer Bilder und Vorstellungen aus zwei Gründen. Ganz entsprechend der Forderungen Martin Bubers in *Ost und West* wollte sie die großen Zeugnisse und Zeugen der jüdischen Kultur darstellen, ihrem Volk Ehre machen, wie sie das wiederholt genannt hat. Nach 1910 mehren sich ihre Briefe, in welchen sie sich uneingeschränkt und stolz zu ihrem Judentum bekennt. Antisemitische Äußerungen wie die von Georg Trakls Schwester treffen sie tief. „Ich bin Jude. Gott sei Dank", schreibt sie in diesem Zusammenhang an Ludwig von Ficker.[12] Derselbe heilige Zorn ergießt sich aber auch auf Mitjuden, die ihr Volk durch Kleinmut, Feigheit oder Habgier verraten. Ganz unberechtigterweise gerät Martin Buber einmal unter solchen Beschuß, als er ihrer Behauptung, Stefan George sei Jude, widersprach. „Ich *hasse* die Juden", schrieb sie ihm daraufhin, „weil sie meine Sprache mißachten, weil ihre Ohren verwachsen sind und sie nach Zwergerei horchen und Gemauschel. Sie fressen zu viel, sie sollten hungern" (B I, 117).[13] Die Juden, die den alten Klischeevorstellungen vom raffgierigen Händler und Geldverleiher nahekamen, haben Else Lasker-Schüler immer aufs heftigste erbittert. „Gerade wenn ein Jude nicht *ganz hoch* ist, schmerzt mich. Ich will keine Händler, etc.",[14] heißt es in einem Brief 1914, und 1926 schreibt sie:

Diese Juden, die nie die Prüfung des Geldes bestehen – in seltensten Fällen nur – ließen ja stets ihre wahren Kronen verstauben; -- ich will nicht damit behaupten, daß die Christen es besser machen. Aber ich verlange die Einsicht von einem alten Volke denn es hat die größten Vorbilder gehabt und darum verwerfe ich den Aussatz der Juden und diesmal auf Tod und Leben! (B I, 150-151)[15]

In solchen Briefstellen zeigt sich eine Haltung, die Else Lasker-Schüler auch in bestimmten Figuren ihres Werks verkörpert hat, und die um die Zeit der frühen *Hebräischen Balladen* zum ersten Mal auftauchen: die wilden Juden. Sie sind ihre Erfindung, die ebenfalls eng mit der Suche nach einer eigenen künstlerischen Ausdrucksweise zusammenhängt. In ihrer Streitschrift gegen ihre Verleger, *Ich räume auf!* erinnert sich die Dichterin, zwischen 15 und 17 Jahren ihre „Ursprache" wiedergefunden zu haben, „noch aus der Zeit Sauls, des königlichen Wildjuden herstammend", und zitiert das Gedicht *Weltflucht* in diesem exotischen Idiom mit dem Titel *Elbanaff* (II, 520). In der Hebräischen Ballade *Moses und Josua* heißt es:

Als Moses im Alter Gottes war
Nahm er den Wilden Juden Josua
Und salbte ihn zum König seiner Schar. (I, 300)

Wilde Juden, das waren die großen Krieger der Bibel, ebenfalls „größte Vorbilder" des alten Volkes, die das morsche Felsgebein in den Jahrhunderten der Vertreibung und Unterdrückung vergessen hatte und die seine Dichterin in ihren Gottesliedern wieder beschwor. Sie stellte sie ihrem eigenen Volk gegenüber, aber auch den Nichtjuden, als stolze Beispiele der eigenen Vergangenheit und als Möglichkeit für die Zukunft.

Damit nimmt Else Lasker-Schüler den Verfasser des aufsehenerregenden Aufsatzes *Der jüdische Parnaß*, Moritz Goldstein,[16] gleichsam beim Wort und erfüllt seine Forderung der Schaffung eines „neuen Typus Juden" in der Literatur, indem sie das „Asiatische", das die Deutschen aus der neuen Sprache eines Hugo von Hofmannsthal oder aus dem Theater eines Max Reinhardt oder aus den Bildern eines Max Liebermann nach Goldstein herauslesen, unverbrämt in ihren Dichtungen zeigt. Sie gehörte nicht zu den Poeten, welchen Goldstein vorwirft, sich als „'deutsche Dichter' unter dem Weihnachtsbaum photographieren und veröffentlichen zu lassen", sondern zeigte sich „im lammblutenden Rock Josephs" in ihren Gedichten oder in der Tracht Jussufs des Prinzen von Theben in Berlin. So gelingt ihr, wie ein Diskutant in der erregten Debatte erkennt, welche Goldsteins Aufsatz hervorgerufen hatte, die an sich „ganz unsinnliche" Bildlichkeit des „Hohen Liedes" wiederzufinden, die dieser Autor der sinnlichen Bildlichkeit deutscher Dichtung entgegenstellt.[17]

Hierin liegt der zweite Grund für Else Lasker-Schülers Wahl biblischer Themen. In ihrer Selbstdarstellung als Josephsfigur und in ihrem Konzept des wilden Juden, eines kriegerischen Judenhäuptlings, wie sie ihn speerbewaffnet und mit Ohrgehängen geschmückt, das Emblem von Stern und Mondsichel auf der Wange, in ihrem Roman *Der Malik* gezeichnet hat, konnte sie sich auch von den Nichtjuden unterscheiden. Im *Malik* zieht die Dichterin selbst als Kaiser Jussuf Abigail I. mit sieben Häuptlingen, allesamt wilde Juden, nach Moskau. Verschlüsselt verbergen sich in dieser Gruppe ihre engsten Künstlerfreunde und in der Episode die Reise nach Rußland, die sie selbst unternommen hatte, um Johannes Holzmann, einen anarchistischen Dichter und Herausgeber der Zeitschrift *Kampf* aus dem Zuchthaus zu „befreien". Im *Malik* ist auch davon die Rede, eine Zeitschrift mit dem Titel *Die wilden Juden* herauszugeben, die Karl Kraus „so unter der Hand mitdrucken lassen" soll; „die Fackel merkt's gar nicht und ich habe eine Existenz" (II, 404).

Zum ersten Mal trifft man bei Else Lasker-Schüler auf eine Gegenüberstellung von wild Jüdischem und gezähmt Fremdem in einem Brief an den jungen Kunststudenten Eduard Plietzsch, dem sie 1910 schreibt: „Sie sind ein deutscher Prinz und König und ich bin aus Cana, Jacobs Sohn und trage den lammblutenden Rock [. . .]. Sie sind mir einmal schon in meiner Bibelzeit begegnet und Träume habe ich gedeutet, Ihre Träume; nachher wurde ich Kornverweser. Aber davon wissen Sie nichts. Sie erinnern sich meiner nicht mehr, denn das Germanenblut verwischt." Und in einem späteren Brief: „Aber ich schwärme für deine Sitte, du bist eine Symphonie von Violinen, alle gestimmt und ich bin das Geschrei der Kameelherden. Du bist ein fremder Prinz vor meinem Herzen, aber ich weiß, deiner Väter Vater war Kalif in Bagdad in deiner Traumzeit" (BII, 30-33).[18]

Die Erkenntnis des Anderen, das gleichwohl fasziniert – „ich schwärme für deine Sitte" –, das aber aufgehoben werden kann in einer Verwandtschaft, welche die Kunst und das Kunstverständnis stiften –" deiner Väter Vater war Kalif in Bagdad" –, wird dann für Else Lasker-Schüler nahezu überwältigend in der Begegnung mit Gottfried Benn. Sie fand ihren Niederschlag nicht nur in einem Gedicht-Zyklus sondern auch in dem Schlüsselroman *Der Malik,* der die Künstlerfehden in Berlin, Prag und Wien um 1914 und die Auswirkungen des Kriegsausbruchs auf Kunst und Künstler ihres Kreises darstellt, von dem im ersten Kriegsjahr Franz Marc, Georg Trakl und Peter Baum getötet wurden.

Bemerkenswert zunächst, daß Else Lasker-Schüler für Gottfried Benn ebenso germanische Namen wählt, wie sie sich mit orientalischen benennt. Er ist Giselheer in den Gedichten und ein Nibelunge im *Malik*, in dem er auch der Arier genannt wird. Er ist ein kriegerischer König, das Motto des Gedichtzyklus lautet:

> Der hehre König Giselheer
> Stieß mit seinem Lanzenspeer
> Mitten in mein Herz. (I, 201)

Er ist ein Barbar und ein Heide und um diesen blauäugigen, hellhaarigen germanischen Helden beginnt in den Gedichten und im *Malik* das Werben Josephs, der angetan ist „mit einem süßen Gürtel um meine bunte Haut" (II, 221). Die zahlreichen Spekulationen über ein mögliches Liebesverhältnis zwischen Else Lasker-Schüler und Gottfried Benn übersehen, daß es dabei noch um ganz anderes ging. Die Dichterin wollte den germanischen Heiden zu ihrer Kunstreligion voller Wunder bekehren, denn in der Kunst wären alle tödlichen Unterschiede, auch die zwischen Juden und Christen aufgehoben. „Du weißt doch, ich bin ein Jude und eine Gegnerin aller Christentümer, ich habe die Christenhunde immer mit Steinen beworfen bei den großen Festen in Cairo", schreibt sie 1909 an den englischen Literaturhistoriker Jethro Bithell. Darauf folgt jedoch der aufschlußreiche Satz: „Aber die Künstler und Künstlernaturen liebe ich, wenn sie auch Christ heißen, wir sind von einem anderen Stern, Du auch" (B I, 45).

Else Lasker-Schülers Werben um Gottfried Benn ist vergeblich gewesen. Ihre Wunder haben seine schweren Lippen nicht erlöst, wie es in dem Gedicht *Dem Barbaren* heißt, und sein hochmütiges Herz ließ „keine Meere mehr ein" (I, 221). In der Kaisergeschichte *Der Malik*, kommt es zunächst zu einer Versöhnung der wilden Juden und der Arierschar. „Umschlungen auf einem Weizenfelde sah ein verwundeter Thebaner die beiden Fürsten der feindlichen Heere im silbernen Brote stehn und sich inbrünstig küssen" (II, 442). Die verliebten Anführer Giselheer und Jussuf hatten sich geeinigt. Dann aber zieht Giselheer vor Jussufs Stadt Theben, um ihn zu zwingen, am Weltkrieg teilzunehmen. Jussuf wehrt sich drei Tage lang, danach verliert sich der Träumer „in den heraufsteigenden schwärmerischen Wolken seines Herzens", und Giselheer der Nibelunge lauert ihm auf und zieht ihn am Ring seiner Unterlippe in sein Zelt. „Aber täglich zerriß eine Glaubensfalte des Maliks, ihn befremdete das geflügelte Herz Giselheers mit seiner gezügelten Liebe, das sich vor willenloses, süßes [sic!] Überströmen *standhaft* bewahrte" (II, 484). Einer seiner wilden Juden mahnt Jussuf, er sei doch zu schade für das Spielzeug eines Ariers und ein anderer, Asser, hinter dem sich Franz Werfel verbirgt, hatte ihm einmal erklärt, „die Liebe des Abendlandes sei eine Tätigkeit und nicht wie hier des Herzens goldene Eigenschaft" (II, 484-485).

Obwohl oder wahrscheinlich gerade weil die dauernde Vereinigung von Ariern und wilden Juden, von rationaler und emotionaler Kunstauffassung, wie sie Else Lasker-Schüler in Gottfried Benn auf der einen Seite und ihrer und der Kunst von Jussuf Abigails geliebtem Halbbruder Ruben, d.i. Franz Marc dem „noch unberührten Mensch der Bibel" (II, 419), auf der anderen Seite verkörpert sah, steht das Motiv der Versöhnung von nun an wie ein Stern über den Werken Else Lasker-Schülers. Das Erlebnis des ersten Weltkrieges, den sie von Anfang an als sinnlos und für die Kunst als tödlich angesehen hatte – der Herzog Adalbert (von Maltzahn, einer der ergebensten Freunde der Dichterin) macht es sich im *Malik* zur Aufgabe, alle Erdteile zu verbinden schon im Interesse der Kunst –, hat dazu sicher beigetragen.

Die dringlichste Versöhnungsaufgabe bestand jedoch in der Versöhnung der Religionen, die jetzt eine wichtige Rolle in den Werken Else Lasker-Schülers zu spielen beginnt. „Ich bin keine Zionistin, keine Jüdin, keine Christin", schreibt sie noch 1942 an Martin Buber und im selben Brief, „wenn wir nur von seiner [Jesus] einfachen Lehre wüßten, gäbe es heute noch Judenchristen und das wäre eine Brücke zwischen Juden und Christen" (B I, 127). Diese Brücke hat die Dichterin zu schlagen versucht.

In der 1921 erschienenen Erzählung *Der Wunderrabbiner von Barcelona,* Else Lasker-Schülers erster poetischer Auseinandersetzung mit dem Antisemitismus und dem Zionismus, ist es noch ein vergleichsweise schmaler Steg. Da leiden die Juden Barcelonas unter der Verfolgung durch die Christen. Die einen werfen ihnen überhöhte Preise vor, die anderen, daß sie den Armen Gleichheit und Brüderlichkeit predigen, dabei stammten solche Ärgernisse oft aus der Auseinandersetzung eines einzigen enttäuschten Spaniers mit einem Hebräer. Uralte und zeigenössische antisemitische Vorwürfe werden hier aufgenommen. Der verehrte Rabbi Eleasar rät den Juden von Barcelona jedoch davon ab, in das verlorene Land zurückzuziehen. „Wer das gelobte Land nicht im Herzen trägt, der wird es nie erreichen." Palästina ist vielmehr nur die *Sternwarte* ihrer Heimat, während sie, die Juden, zum Volk der Propheten von Gott erleuchtet wurden, „ihm zu dienen in jedem Lande, in jedem Volke, auf allen Wegen. Amen". Die großen Geschwistervölker dagegen hatten von Gott eine Heimat bekommen und die Aufgabe, „liebevolle Ordnung" zu halten, „ein jeglicher Mensch weise unter den Menschen der Völker über aller Völker Menschen" (II, 495 ff.). Das war Else Lasker-Schülers Antwort auf den Zionismus, ganz entsprechend den Proklamationen des Central Vereins.

In dem Judenvolk von Barcelona lebt eine Dichterin (die Verschlüsselung des Namens ihres Vaters, des Bauherrn Arion Elevantos, weist sie als Else Lasker-Schüler aus), die sich in den Sohn des christlichen Bürgermeisters verliebt, und obwohl er zu feige ist, die Juden zu verteidigen, fährt sie mit ihm auf einem geheimnisvollen Schiff davon, das unerklärlicherweise plötzlich auf dem Marktplatz von Barcelona erschienen ist, während ein fürchterliches Pogrom über die Juden der Stadt hereinbricht, so daß selbst der Wunderrabbiner, dessen großartige Versöhnungsvision so grausam vernichtet wird, seinen Tempel zerstört und sich mit den Trümmern auf die Christen stürzt.

In den sogenannten autobiographischen Schriften Else Lasker-Schülers, die einen ausgeprägten Legendencharakter tragen, ist die Versöhnungsidee ganz unübersehbar.[19] Zunächst zeigt sie ihre eigene Familie als eine mit sich versöhnte, ideale Gemeinschaft, aus der sie jedes Indiz des stereotypisch Jüdischen wie den Beruf des Vaters, eines Handelsagenten und Privatbankiers, oder der Großväter, eines Fuhrunternehmers und Weinhändlers, zu entfernen sucht, indem sie sie zu Baumeistern, Gutsherren und Weinbauern macht, – nicht zu reden von dem Urgroßvater, der zum Landesrabbiner von Rheinland und Westfalen wird, wiewohl er wahrscheinlich nur Lehrer in Geseke war. Einer dieser Texte trägt bezeichnenderweise den Titel *Der Versöhnungstag.* Er enthält ein Bekenntnis der Dichterin zum Judentum – wie ihr Gedicht *Mein Volk.* „Wer vermag mich zu entreißen dem uralten Jehovagebein, dem unerschütterlichen Fels!" (II, 750), wobei das „Gebein" hier nicht mehr als „morsch" bezeichnet wird. Aber auch die Heimatstadt Elberfeld, in der sie die stets besonnt beschriebenen Kinderjahre verbrachte, ist eine Stadt der Versöhnung. In *St. Laurentius* erzählt sie von diesem Feiertag, an dem die katholischen Kinder weiße Kleider anzogen und die „'lutherischen und semitischen' Kinder, wie uns das Fräulein zu unterscheiden pflegte" (II, 713), der Prozession zuschauten. Die religiösen Streitigkeiten zwischen Lutherischen, Katholischen und der lutherischen „Mucker"-Sekte, die die Juden am Ende immer ausfressen mußten, ruhten dann. Ihr Vater hatte sowieso davon nie etwas gemerkt, „ewwer wenn et tum Krawall twischen den Religionen kam, hat er eenfach mitgehauen". Und wenn die Kinder der kleinen Else Schüler „hepp hepp" nachrufen, erscheint ihr niemand anders als Jesus Christus selbst im Traum und tröstet sie: „Jerusalem ist nicht verloren, da es in deinem Herzen wohnt" (II, 715). Tolerante Kirchenmänner wie der Sozialpolitiker Carl Sonnenschein, dem in Berlin die katholische Künstlerseelsorge oblag, und selbst Nuntius Pacelli, den sie beim Begräbnis Carl Sonnenscheins getroffen hatte, waren ihr Garanten für die künftige Versöhnung aller Menschen. Sonnenschein hatte ihr von dem „jetzigen, höchsten, herrlichen katholischen Heiligen, dem Papst in Rom, der den Antisemitismus schon als Knabe verachtete und immer wieder schwer mißbilligte" (III, 74) erzählt, was sie nie vergaß.

Am eindrucksvollsten hat Else Lasker-Schüler ihre Versöhnungsidee in der Erzählung *Arthur Aronymus. Die Geschichte meines Vaters* gestaltet, die 1932 erschien, gleichzeitig mit der Bühnenfassung *Arthur Aronymus und seine Väter.* In dieser Dramatisierung einer Familienbegebenheit ist eines der 22 Geschwister ihres Vaters (in Wirklichkeit entstammten den beiden Ehen von Moritz Schüler 21 Kinder), die Schwester Dora, vom Veitstanz befallen und wird von den Dorfbewohnern als kleine Hexe verschrieen. Der junge Kaplan, dessen Liebling der aufgeweckte Arthur Aronymus ist, rät den Eltern Schüler, Aronymus taufen zu lassen, um so dem Volkszorn zu entgehen. Aber würdig erhebt sich Arthur Aronymus' Vater und entgegnet ihm mit Worten, die bereits auf die Verschmelzung jüdischen und christlichen Glaubens hindeuten, die sich in Else Lasker-Schülers Denken vollzogen hatte: „Ich, wie mein Vater, noch meines hochseligen Vaters hochseliger Vater und dessen Väter Väterväter, noch die Väter Frau Henriettens, meiner Gattin, in Gott ruhenden Vaters, pflegten auf *direktem* Wege zu Gott zu gelangen, und ich sollte *Seinem Sohn* – meinen noch unmündigen Sohn auf *Umwegen* zuführen lassen?" (II, 1151). Worauf der Kaplan den Bischof von Paderborn zu einem Hirtenwort bewegt, das er auf der Kirchentreppe dem ganzen Volk von Geseke vorliest, auch den Juden: „Vergeßt nicht in eurem schwarzen Hasse, daß unser Heiland Jesus Christus *selbst* ein Jude war, dem Blute Davids entsprossen" (II, 1163). Am Ende kommt der Bischof persönlich in das Haus Schüler und nimmt am Sederabend das Pessahmahl mit der ganzen Familie ein, wobei Frau Schüler die Worte spricht: „Und mit einem bißchen Liebe gehts schon, daß Jude und Christ ihr Brot *gemeinsam in Eintracht* brechen, noch wenn es ungesäuert gereicht wird" (II, 1187).

Man hat Else Lasker-Schüler immer der größten Naivität geziehen, daß sie noch 1932 dem drohenden Unheil mit einem Werk wie *Arthur Aronymus* begegnen wollte. Man müßte aber gerechterweise hinzufügen, daß sie damit keineswegs allein stand. Sowohl auf jüdischer wie nicht-jüdischer Seite hat man zu dieser Zeit ganz ähnliche Gedanken geäußert. Lion Feuchtwanger glaubte in „Nationalismus und Judentum" noch 1933, deutschen Nationalisten das Judentum erklären und damit den Antisemitismus eindämmen zu können. Werner Cahnmann proklamierte 1932 in einer Central Verein-Broschüre, *Völkische Rassenlehre; Darstellung, Kritik, Folgerung,* Juden und Deutsche seien zwar verschieden, aber einander nicht fremd,[20] und das fortschrittlich gesinnte Mitglied der Deutschnationalen Volkspartei, Friedrich von Oppeln-Bronikowski, schließt, ebenfalls 1932, seine Broschüre *Gerechtigkeit!*, die die deutschen Juden zum Beitritt in die „Nationale Bewegung" ermuntern sollte und die sogar vom Central Verein finanziert wurde, mit den Worten: „Liebe und Zuneigung lassen sich nicht erzwingen; sie sind ein freies Geschenk. Aber eines kann jeder beanspruchen, der Menschenantlitz trägt: *Gerechtigkeit.* Um Gerechtigkeit ringt Deutschland heute in der Welt; sie gebührt auch dem deutschen Juden!"[21]

Welche unvorstellbare Ungerechtigkeit über die Juden ganz Europas hereinbrechen sollte, war 1932 nicht abzusehen. Ein Jahr später floh Else Lasker-Schüler in die Schweiz, von wo sie 1934, einer Einladung nach Alexandrien folgend, zum ersten Mal nach Palästina gelangte. Eine Auswanderung ist diese Reise nicht gewesen, und als Else-Lasker-Schüler nach drei Monaten in die Schweiz zurückreist, hat sie durchaus ein schlechtes Gewissen, das heilige Land wieder zu verlassen. Sie tut es, um in der Distanz dazu ihr Buch *Das Hebräerland* zu schreiben, welches gewiß eines der seltsamsten Bücher ist, das je über dieses Land geschrieben wurde. In Palästina kann man es nur mit Kopfschütteln gelesen haben.

Das Hebräerland ist in erster Linie ein Buch der Versöhnung. Die Dichterin versöhnt darin Juden und Araber, Westjuden und Ostjuden, Juden und Christen und alle, die dort leben, auch sich selbst, mit den äußerst schwierigen Lebensbedingungen. All das findet sich in einer hochpoetischen Sprache niedergeschrieben, mit den schönsten Passagen über die wildzerklüftete Landschaft oder das geheimnisvoll uralte Jerusalem, aber auch in fast komischen Episoden, wenn die Dichterin von ihrem Enthusiasmus förmlich davongetragen wird. An ihrem jüdischen Selbstverständnis hat dieser Palästinabesuch nichts geändert. Wenn sie einmal eine Gruppe von Chassidim, „achtzig ehrwürdige Rabbiner in Synagogentücher gehüllt", zur Klagemauer ziehen sieht, begleitet von „spaniolischen Frauen" und Kolonisten, hebräischen Bauern und ihren tapferen Bäuerinnen, folgt sie als letzte Pilgerin, „allein fernab und doch ein tausendjähriges Volk" (II, 816), und zitiert damit ihr Gedicht *Mein Volk* von 1905 wie auch den Prosatext *Der Versöhnungstag* von 1932. Geändert hat sich allerdings ihre Vorstellung des neuen Juden. Hier hat sie ihn gefunden, nicht mehr als den wilden Juden, jene Mischung aus Indianer und Makkabäer, wie er im *Malik* erscheint, wo er noch am ehesten ein Künstlerrevolutionär war, sondern als Hebräer. Dieser Jude keucht nicht mehr unter der Last seiner Auserwählung, verfolgt von Geschwistervölkern, sondern er weiß „vom Inhalt seiner göttlichen Bürde und trägt die verantwortliche Last, das holde Kind der Gebote . . . die Thora lächelnd in seinen Armen“ (II, 883). Sogar „der Juden Sprache kehrt zu ihrem Urboden zurück“ (II, 904); und die gehetzten, verfolgten Gemüter der Ostjuden, denen gegenüber Else Lasker-Schüler nicht vorurteilsfrei war – was sie wußte, beruhigen sich. Daß das Jiddische nicht die Sprache des Hebräerlandes wurde, hat die Dichterin mit tiefster Befriedigung erfüllt.

Margarita Pazi hat darauf aufmerksam gemacht, welche Bedeutung dem Hebräischen, von Else Lasker-Schüler mit „ivirit“, dem neuhebräischen Ausdruck für die Sprache, zu „hebrit“ zusammengezogen, in dem Gesamtbild des Hebräerlandes zukommt, wo es nicht nur hebräische Menschen gibt, die Hebräisch sprechen, sondern auch hebräische Autobusse.[22]

Die Wirklichkeit des Hebräerlandes sah jedoch ganz anders aus, als es sich in diesem Buch liest. Besonders als Else Lasker-Schüler während ihres dritten Aufenthalts der Rückweg nach der Schweiz abgeschnitten war, als sie alt und müde und ohne die Möglichkeit zu veröffentlichen in Jerusalem herumirrte, hat sich ihrer eine tiefe Verzweiflung bemächtigt. Ihre ganze maßlose Gereiztheit richtete sich gegen ihre nächste Umgebung, und das waren selbstverständlich die Juden. Darin jüdischen Selbsthaß zu sehen, wäre allerdings ganz verfehlt. Es sind die tiefsten Exilleiden, die sich hier auftun: „Es ist zu schwer für mich unterm Volk hier. David wär – auch abgereist“ (B I, 317). Sie muß von einem Heimweh ergriffen gewesen sein, wie es sich kaum nachvollziehen läßt, wie sonst könnte sie am 25. Februar 1944 in Jerusalem schreiben: „Ich denk nur an Köln: Karneval“ (B II, 212). Dennoch hat sie weitergeschrieben. Es entstand im Winter 1941-1942 das fragmentarische Drama *Ichundich,* in dem sie ihre Abrechnung mit dem deutschen Ungeist macht. Es ist trotz aller Unvollkommenheit von einer erstaunlichen Logik. Goethe und Faust verschmelzen darin zu einer Figur, die mit Mephisto, der für die Dichterin spricht, dem eigentlichen Bösen, dem Nationalismus mit seinen obersten Anführern gegenübergestellt wird. Mephisto identifiziert dabei Hitler als den Antichrist und Antijud, beide bedingen einander ja, ehe die Nazis mit ihren Heeren im Höllenpfuhl versinken, da sie in unerhörter Habgier und Zerstörungswut mit dem Teufel paktieren wollten, um ihren Krieg und damit die Welt zu gewinnen.

Else Lasker-Schüler hat das volle Ausmaß der Katastrophe, die über ihr Volk hereingebrochen war, nicht mehr erfahren. So blieb ihr zu wissen erspart, woran Nelly Sachs letztlich zerbrochen ist. Ein Gedichtfragment wie das folgende aus dem Nachlaß steht vereinzelt da:

> Ich falte meine Hände in der Abendstunde
> Und auch dasselbe höre ich aus aller Juden Judenmunde
> Die wir am Freitagabend knien vor den Kerzen:
> Erbarm dich, lieber Vater, und erweiche ihre Herzen.
> Mein Leib und meine Seele sollen weiter fasten. (III, 112)

So konnte sie im Exil noch die im wahrsten Sinne des Wortes wunderbaren Gedichte des *Blauen Klaviers* schreiben, denen sie wieder im Geist der Versöhnung die Widmung voranstellt: „Meinen unvergeßlichen Freunden und Freundinnen in den Städten Deutschlands – und denen, die wie ich vertrieben und zerstreut in der Welt. In Treue!" Und so konnte Else Lasker-Schüler letztlich ein unzerstörtes Bild Deutschlands bewahren und heraufbeschwören, auch in der dunkelsten Zeit. Werner Kraft berichtet, wie sie einmal einen Leseabend beschloß mit der „zum Überdruß bekannten Strophe: 'Stell auf den Tisch die duftenden Reseden, / Die letzten roten Astern trag herbei! / Und laß uns wieder von der Liebe reden, / Wie einst im Mai,' und sie sagte diese Verse wie zum ersten Mal, so daß man nicht nur den Eindruck eines großen Gedichts hatte: das ganze zerstörte Deutschland kam noch einmal herauf, es war wirklich zum Weinen" (III, 151-152).

Weil Else Lasker-Schüler diesem Deutschland ebenso verbunden war wie dem Judentum, weil sie beides in ihren Dichtungen buchstäblich vermittelte, war sie imstande zu zeigen, was an diesem Deutschland zerstört worden war, weit über Städte und Kunstschätze hinaus: die Freiheit und in der Zukunft die Möglichkeit für eine Dichtung wie die ihre. Sie wird es nicht mehr geben.

Anmerkungen

1 Werner Kraft, Nachwort. In: Else Lasker-Schüler. Gesammelte Werke. 3. Band Herausgegeben von Werner Kraft. München: Kösel, 1961. S. 151. Im Folgenden zitiert als III.

2 Bernhard Brilling, Die Vorfahren Else Lasker-Schülers. In: *Allgemeine Wochenzeitung der Juden in Deutschland* vom 8.6.1965.

3 Vgl. Einleitung und Gordon R. Mork, German Nationalism and Jewish Assimilation. The Bismarck Period. In: *Yearbook of the Leo Baeck Institute.* Vol. XXII, 1977, S. 81-90.

4 Vgl. Peter Pulzer, Why was there a Jewish Question in Imperial Germany? In: *Yearbook of the Leo Baeck Institute*. Vol. XXV, 1980. S. 133-146.

5 Wilhelm Murr, der Sieg des Judenthums über das Germanenthum. Vom Nichtconfessionellen Standpunkt aus betrachtet, vae victis. 10. Aufl. Bern 1879.

6 Vgl. Die Einleitung, Abschnitt IV, S. 20f.

7 Vgl. Einleitung, Abschnitt V, S. 22ff. Vgl. Walter Zwi Bacharach, Jews in Confrontation with Racist Antisemitism 1879-1933. In: *Yearbook of the Leo Baeck Institute*. Vol. XXV, 1980, S. 197-210.

8 Dazu Peter M. Baldwin, Zionist and Non-Zionist Jews in the Last Years before the Nazi-Regime. In: *Yearbook of the Leo Baeck Institute* Vol. XXVII, 1982, S. 87-108.

9 Martin Buber, *Ost und West.* Illustrierte Monatsschrift für modernes Judentum Berlin. Heft 1 (1901) S. 1.

10 Else Lasker-Schüler, Gesammelte Werke. 1. Band. Gedichte. Hrsg. von Friedhelm Kemp, München, Kösel, 1959. S. 137. Im Folgenden zitiert als I. Eine ausführliche Interpretation gibt Jakob Hessing: Else Lasker-Schüler und ihr Volk. In: *Ariel* 41 (1976) S. 60-76.

11 Else Lasker-Schüler, Gesammelte Werke. 2. Band. Prosa und Schauspiele. Hrsg. von Friedhelm Kemp, München: Kösel, 1962. S. 866. Von nun an zitiert als II.

12 Else Lasker-Schüler, Lieber gestreifter Tiger. Briefe. 1. Band, hrsg. von Margarete Kupper, München: Kösel, 1969. S. 112. Im Folgenden zitiert als B I.

13 Das Gerücht, Stefan George sei Jude, mag sich durch Maß Geißlers *Führer durch die deutsche Literatur des 20. Jahrhunderts* verbreitet haben. Vgl. Schalom Ben-Chorin, Zwiesprache mit Martin Buber. München: List, 1966. S. 75-81.

14 Else Lasker-Schüler, Wo ist unser buntes Theben, Briefe. 2. Band. Hrsg. von Margarete Kupper, München: Kösel, 1969. S. 58. Im Folgenden zitiert als B II.

15 Wie Klara Pomeranz Carmely am Beispiel einer Figur in Arthur Schnitzlers *Der Weg ins Freie* darlegt, kann auch bei Else Lasker-Schüler dieses Schamgefühl für andere Juden dem Wissen entspringen, „daß die Umwelt dieses Benehmen auch ihr selbst zur Last legen wird" (Das Identitätsproblem jüdischer Autoren im deutschen Sprachraum von der Jahrhundertwende bis zu Hitler. Königstein: Scriptor, 1981. S. 9).

16 Moritz Goldstein, Deutsch-jüdischer Parnaß. In: Der Kunstwart Vol. XXV, Heft 11 (1912) S. 281-294.

17 Aussprache mit Juden, Der Kunstwart Vol. XXV, Heft 22 (1912) S. 243.

18 Vgl. dazu Eduard Plietzsch, „ . . . heiter ist die Kunst." Erlebnisse mit Künstlern und Kennern. Gütersloh. Bertelsmann, 1955. S. 43-49.

19 Zuletzt hat Erika Klüsener Legende und Wirklichkeit in Else Lasker-Schülers Selbstdarstellungen einander gegenübergestellt in: Else Lasker-Schüler in Selbstzeugnissen und Bilddokumenten. rororo Monographie 283, Hamburg: Rowohlt, 1980. S. 11-32.

20 Zitiert nach Walter Zwi Bacharach S. 215 (Anm. 7)

21 Friedrich von Oppeln-Bronikowski: Gerechtigkeit! Zur Lösung der Judenfrage mit einem Geleitwort von Ricarda Huch. Berlin: Nationaler Verlag Joseph Garibaldi Huch, 1932. S. 90.

22 Margarita Pazi: Else Lasker-Schüler in Jerusalem. Zur Nuancierung einer allgemeinen Meinung. DVJS Bd. 75 (1981) S. 115-124.

Paul Hoffmann

„ – jüdisch, römisch, deutsch zugleich". Karl Wolfskehl

I.

Karl Wolfskehl wurde am 17. September 1869 in Darmstadt geboren, zwei Jahre vor der Gründung von Bismarcks Reich. Das Reich Hitlers hat er um drei Jahre überlebt. Er starb am 30. Juni 1948 in Auckland, Neuseeland. Die schlichte Grabplatte trägt außer Namen und Datum nur die Aufschrift: 'Exul poeta'.

Die alteingesessene jüdische Familie (ihrer Überlieferung nach jenem Geschlecht Kalonymos entstammend, das Karl der Große aus dem toskanischen Lucca nach Mainz geholt hatte, und „(seitdem also unausgesetzt im gleichen rheinischen Gau verblieben war"[1]) fühlte sich im Deutschen verwurzelt in ihrer Bindung an Landschaft, Geschichte und Geistesform. Dieses Erbe ist Karl Wolfskehl zuteil geworden. Die späte Dichtung *Mittelmeer oder Die Fünf Fenster* erinnert an die Überlieferung der Familie. Das Schicksal der Ahnen wird dem Dichter zur mythischen Identifikation:

Zu Lucca saß ich lang im Land Toskan,
Seit unsres Tempels Fall. Dann zog der Ahn,
Wie einst zum Nil Ur-Jakobs Karawan
– Großkarl gebots – zum Rhein. Für ein Jahrtausend
Saß ich am Rhein, in Ried und Städten hausend,
Im Dienst des Herrn – der Herren, hoffend, grausend.

Am Frankenrhein sog ich lateinischen Hauch,
In Rheins Wein löscht ich, mit der Väter Brauch
Das Sabbathlicht. Den Kaisern zugehörig.
Heimlich und aufrecht, weltweis gottestörig
Verblieb ich, jüdisch, römisch, deutsch zugleich. (I, S. 191)

Karl Wolfskehls Vater, erfolgreich und wohlhabend, mit bedeutenden öffentlichen Ämtern betraut (er war Vize-Präsident der Zweiten Hessischen Kammer und nationalliberaler Stadtverordneter), von Pflichtbewußtsein und Patriotismus durchdrungen, ist Repräsentant einer jüdischen Generation, welche die Chancen der fortschreitenden Liberalisierung in verdoppelter Anstrengung nutzte, um sich als deutsche Bürger mustergültig zu bewähren. Humanistisch in der Tradition der deutschen Aufklärung und Klassik, in der Gesinnung des liberalen Bürgertums, war der Geist des Elternhauses. Das jüdische Element blieb weithin unterschwellig, bekundete sich nur als pietätvoller Brauch. Wo Spannungen ins Blickfeld traten, deutete man sie als Erscheinungen der Oberfläche und des Übergangs. Das Wunschbild optimaler Integration des Jüdischen und des Deutschen schien in greifbare Nähe gerückt. Karl Wolfskehl wuchs in dem Klima jenes Optimismus heran, der die Geschichte einer tausendjährigen Symbiose ihrer Sinnerfüllung entgegenzuführen versprach.

An dem Ludwig-Georgs-Gymnasium seiner Vaterstadt wurde der Knabe Wolfskehl in die deutsche und antike Bildungstradition eingeführt, die seine geistige Heimat blieb. An der Landesuniversität Gießen (und zeitweilig in Leipzig und Berlin) studierte er Germanistik und promovierte über „Germanische Werbungssagen", ein in jener Zeit recht untypisches Dissertationsthema. Bei der Arbeit stieß er auf Bachofens *Mutterrecht.* Es wurde für ihn eines der Bücher, die er „konstitutiv" nannte. Wolfskehl verdankt Bachofen das vertiefte Verständnis der Bilderwelt der Mythen, die eine wesentliche Quelle seiner Dichtung wurde und blieb. Neben der griechischen war es vor allem die germanische Mythologie, die seine Imagination bewegte. Die Mythen von Wotan, dem ruhlos Wandernden und sich immerfort Wandelnden, dem fast Allwissenden, der nach tieferem Wissen sucht, dem Fragenden, der seine Gegenwart durch sein Fragen verrät, sprachen ihn unmittelbar an, und er durchdachte und deutete sie seinem eigenen Wesen gemäß. Ihm entsprach auch unter den Götterbildern des griechischen Pantheons weniger die klar umgrenzte Gestalt Apollos, als der grenzensprengende, allumschließende Dionysos, der in der Einheit von Todes- und Werdeschauer die Fülle des Lebens erfaßt und erneut, oder der zwischen den Sphären vermittelnde Orpheus. Die Bilderwelt einer magisch und mythisch gebundenen Frühzeit, wie sie Bachofen mit stupender Gelehrsamkeit beschrieben und mit imaginativer Kraft evoziert hatte, behielt für Wolfskehl zeitlebens ihre Faszination. Die Menschen auf der matriarchalischen und der älteren 'hetärischen' Stufe der kulturellen Entwicklung, nach der Auffassung Bachofens, erfühlten den Zusammenhang allen Lebens. Die Mythen jener Zeit künden von einer Menschheit, die noch im Einklang mit dem Kosmos lebte. Dieses naturreligiöse Gefühl der Allbezogenheit haben die in ihrer 'Vereinzelung' befangenen, neuzeitlichen Menschen verloren. Vor der kontrastierenden düsteren Folie des gegenwärtigen Weltzustandes extremer Entfremdung erwachten die perennierenden Bilder eines verlorenen Paradieses zu neuer Faszination.

Die frühe Lektüre Nietzsches hatte das Denken Wolfskehls entscheidend geprägt. Seine eigene Zeitkritik blieb von Nietzsches Diagnose bestimmt: „der merkwürdige Gegensatz eines Innern, dem kein Äußeres, eines Äußeren, dem kein Inneres entspricht, ein Gegensatz, den die alten Völker nicht kannten". Das aber bedeutet: Wirklichkeitsschwund, Weltverlust. Das Innere des Menschen, sein Fühlen, Denken und Wollen verliert den Bezug zum äußeren Geschehen, das ihm wesensfremd, nach eigener Mechanik abläuft. Sein Tun, durch äußere Zwänge determiniert, erscheint ihm seelenlos, sinnlos. Die Traditionen, in die er sich gestellt sieht, sind ihres geistigen Gehalts entleerte Hülsen der Konvention. Wahre Wirklichkeit beruht auf der Integration von Innen und Außen, Wesen und Schein. Immer wieder klagt Wolfskehl über die Depotenzierung und Defizienz der Wirklichkeit, über einen Zustand, in dem jedes Ding und jeder Mensch allein nach seinem Funktionswert gemessen wird, wo alles zum Mittel wird, vertauschbar, ersetzbar, „in dem kein Ding an seiner Stelle bleibt, keine Person, keine Strebung, keine Hingabe um ihrer selbst willen besteht"[2] und wo „jede Wirklichkeit durch ihre scheinhaften Gegenbilder abgeblendet und verschüttet" ist.[3]

In Person und Werk Stefan Georges sah Wolfskehl dagegen, inmitten der Desintegration humaner Wirklichkeit, „ein Denkmal einheitlichen Menschentums" und damit einen „Maßstab".[4] In einer Welt, in der allein das Kriterium der 'Verwendbarkeit' Geltung beansprucht, die Mensch und Ding nur funktional wertet, zur Ware degradiert, erlebte Wolfskehl an George das Gegenbeispiel dessen, der in dem „Zustand allgemeiner Bezogenheit", den er als „völlig gnadenlos" empfand, allein „sich selber genügt und damit der Idee"[5], das Beispiel reiner Wesensverwirklichung.

Ende 1892 wurde Wolfskehl mit Georges frühen Gedichten bekannt, die, von der literarischen Öffentlichkeit noch weitgehend unbeachtet, in schmaler Auflagenzahl eben gedruckt vorlagen, nachdem der Dichter wenige Jahre zuvor in Paris entscheidende Impulse von der jungen symbolistischen Bewegung erhalten hatte. Die Wirkung der Lektüre war überwältigend. Der sehr gründlich belesene Germanist schrieb an den ihm persönlich unbekannten jungen Autor, daß er, der „seine Begeisterung vor allem der Lyrik zuwendet", jetzt zum ersten Mal erfahren habe, „was ein Gedicht sei". Er erkannte einen „Sprung in der Kunstentwicklung". Und er bekannte für sich als existentielle Konsequenz: „Plötzlich war die Welt zwar nicht 'vollkommen', aber sie hatte einen Sinn."[6] Der Dreiundzwanzigjährige, der schon seit langem Verse verfaßt hatte, fühlte sich jetzt zum Dichter erweckt, gemäß den hohen Intentionen und strengen Ansprüchen einer erneuerten Lyrik, und fand damit die Aufgabe seines Lebens. Wolfskehl spürte in den frühen George-Gedichten die dichtungsgeschichtliche Zäsur, den zukunftsweisenden Ansatz.

Was ihn ergriff war das neue Ethos der Form und das neue Gefühl für die Sprache. Die Intention der neuen Lyrik richtet sich auf die Sprache selbst. In der Aktivierung ihrer Physis, ihres klanglichen und rhythmischen Potentials, in der Transparenz ihrer grammatischen Struktur, im Aufscheinen des ihr eingewirkten Geflechts der Bilder soll die Sprache, um es mit einem Lieblingsausdruck Wolfskehls zu sagen, „ins eigene Leuchten kommen". Sie soll „durch den Schutt und die Erstarrung hindurch wieder als Gebilde aufrauschen".[7] Als Dienst an der Sprache hat Wolfskehl sein Dichten verstanden. Erstrebt wurde damals mit neuer Intensität die Entfaltung und Gestaltung der suggestiven Wirkung von Rhythmus und Klang und gleichermaßen des Bedeutungsspektrums der Wörter, die Auswertung ihrer Vieldeutigkeit in der Spannung von Abstrakt und Konkret, das „Musizieren" mit den Konnotationen im Überschuß über die zweckorientierte, einsinnige Rede hinaus. Die Idee der 'poésie pure' erforderte in der Besinnung auf das Spezifikum von Lyrik die Abstreifung des Akzidentellen, die Eliminierung aller Fremdzwecke (also Beschreibung, Belehrung, Polemik usw.), damit sich das Essentielle rein verwirkliche. Poesie soll nur sagen, was sie auf ihre Art allein zu sagen vermag – und den Rest anderen Kommunikationsformen überlassen. Kraft des Verses ist die Sprache über die Funktion der Mitteilung hinausgehoben und transsubstantiiert. Mit den Prinzipien der symbolistischen Poetik wurde Wolfskehl durch das Frühwerk Georges bekannt. George gab Wolfskehl das Vorbild seiner dicht gefügten Form in der Distanz strenger Stilisierung, der Gemessenheit des Rhythmus, der Getragenheit des Tons. Dies schien Wolfskehls eruptiver Natur zu widerstreben. Die Georgesche Reimstrophe wurde ihm aber nicht zur Zwangsjacke. Der strenge Anspruch eines hohen Stils schulte seinen Formsinn. Es gelang ihm, das Muster sich anzuverwandeln. In der Spannung zwischen dem gesetzten Maß und dem Elan seines Wesens formte sich sein persönlicher Rhythmus.

In Wolfskehl besaß George den Gefährten mit dem feinsten Sinn für dichterische Qualität. Mit ihm pflegte er oft stundenlang die Vorzüge und Nachteile bestimmter Versfassungen zu überlegen.[8] Mit ihm gemeinsam stellte er die drei Bände *Deutsche Dichtung*[9] zusammen; im dritten wurde das lyrische Erbe seit Klopstock gesichtet nach den Kriterien des 'Eigentons' und der vollendeten Form, um damit einen Anschauungsunterricht deutscher Poetik zu geben. An dem anonymen aphoristisch-theoretischen Teil der *Blätter* hat Wolfskehl erheblichen Anteil. Seine aufgeschlossene und zugleich verschwiegene Natur bestimmte ihn zum Vermittler zwischen George und der Welt, indem er auf sein Werk aufmerksam machte und 'Jünger' und Mitarbeiter ihm zuführte – darunter den Studenten Friedrich Gundolf.

Schon die frühesten von Wolfskehl veröffentlichten Gedichte sind durch das neue Dichtungskonzept und die neue künstlerische Praxis geprägt. Sie sind streng metrisch durchgebildet und haben die Getragenheit von Georges Vers wie die Geschlossenheit seiner Strophe. Doch ist der eigene Ton schon unverkennbar. Die Bilder haben weniger klar gesehene Umrisse wie erfühlte (in Rhythmus und Klang mitvollzogene) Bewegung und intensive Farben, gerne das Blau der Ferne, aber auch die Farben von Gold, Feuer und Blut, das Zwielicht der Dämmerung und schwelender Brände, das den dunklen Grund von Licht durchrieselt oder durchflammt. Wolfskehls frühe Gedichte sind noch frei vom Harten und Jähen der späten Rhythmik. Sie sind von klangdichter, zäsurenbeschwerter Gemessenheit, die die Stimme zum Verweilen nötigt. Die variierende, echohafte Wiederholung der gleichen Zeile durch mehrere Strophen hindurch, wie sie sich in Gedichten Brentanos findet, lockert und bewegt die Form als ein stark musikalisches Moment. Häufig findet sich Enjambement als Element rhythmischer Spannung mit der Wirkung syntaktischer und semantischer Ambiguität.

Die dichterische Entwicklung Wolfskehls ist repräsentativ für den Wandel, der sich in der deutschen symbolistischen Dichtung in den Jahren vor dem Ersten Weltkrieg vollzieht. Noch bevor sich die expressionistische Generation artikuliert, der literarische Szenenwechsel des 'expressionistischen Jahrzehnts' anhebt, scheint sich die Entwicklung der modernen Lyrik auf die neuen Tendenzen hinzubewegen. Die ältere Generation antizipiert wesentliche Aspekte des Expressionismus, freilich auf eine Weise, die sich von den späteren Formen deutlich unterscheidet. Das gilt für die Zeitgedichte in Georges *Siebentem Ring* wie für Rilkes *Neue Gedichte*, und gilt für die Gedichte Wolfskehls jener Jahre. Gemeinsam ist eine thematische Ausweitung in einer neuen Öffnung gegenüber der empirischen Realität, auch in ihren widrigen und erschreckenden Aspekten. Man kann von einem 'Auszug aus dem Elfenbeinturm' sprechen. Nicht aufgegeben wird der hohe formale Anspruch des symbolistischen Gedichts.

Wolfskehls 'expressionistische Wendung' bekundet sich einmal in der Erweiterung der Thematik. Die frühe Dichtung Wolfskehls ist der Nacht und dem Nächtlichen zugewandt (sehr im Kontrast zu George). Süße, Trunkenheit und Grauen des nächtigen Kosmos werden evoziert, dann auf dieser Grundierung Trauer über das nicht Erreichte, das Verlorene, Verwirkte, Sehnsucht nach Wandlung und Wiedergeburt, nach Lebensfülle und Lebensweihe, Bereitschaft zu Opfer und Tod. Neu kommt nun in geweitetem Blick und deutlichem Zeitbezug das Motiv von Endzeit und Weltuntergang hinzu, die Schreckensvisionen von dem Zusammenbruch einer untergangsreifen Zivilisation, die einen zentralen Motiv- und Gestaltungsbereich expressionistischer Lyrik antizipieren, wie auch die Angst vor der Auflösung des personalen Ich. Zum anderen manifestiert sich die 'expressionistische' Tendenz in der Form. Die Fügungen werden härter, der Rhythmus drängender. Charakteristisch wird die Häufung tonstarker Silben. Die Hebungen folgen unmittelbar aufeinander. Diese rhythmische Dehnung des Verses, die Georges *Zeitgedichten* in *Der Siebente Ring* das neue Gepräge gibt, hat Wolfskehl antizipiert und zuweilen extrem gesteigert.

Von ihren Anfängen bis zu ihren späten Gipfeln durchpulst Wolfskehls Dichtung der Drang, die Grenzen der Person zu durchbrechen, sich zu vertauschen, sich zu entäußern, überzuströmen in ein anderes, in ein 'Du', in ein 'Wir', in Welt und Gott. Im kosmischen Entgrenzungsjubel und -taumel durchstößt die Einzelseele die Schranke ihrer Individuation, durchschaut den Trug der sondernden Oberfläche, „die Lüge des Ich", und erahnt ihre bergende Allverwobenheit im göttlichen Seinsgrund. Die Wolfskehls Dichtung durchziehende Wein-Metaphorik evoziert dieses religiöse Grunderlebnis in unterschiedlicher Prägung und unter sich wandelndem Aspekt. Der Dichter, getroffen von der dröhnenden Stimme des Weingottes, sieht die Menschenherzen als Trauben in seinem „wingert", gesammelt in seiner „bütte", gepreßt in seinem „kelternden gewitter":

„Trauben in eigner flamme gar gekocht
Der winzer ist erwacht, der erntebrüller
Fährt in den wingert, euer saft erpocht
zersprengt die hülle". (I, S. 100)

Die Kelter ist ein Gedicht der mittleren Werkstufe, und der Gott, der hier ruft, heißt noch Dionysos. Aber ein Vierteljahrhundert später, als den Verbannten die Stimme des Gottes seiner jüdischen Ahnen aufgerüttelt hatte, da mündet das alte Gotteserlebnis in das neue ein:

Seid ihr nicht alle von Erst an Eins?
Jeder ein Kein-Ich, jeder dein Sein, Deins,
Jeder: Faser im Wimpel. Eins: Zettel und Schlag,
Weintröpflein alle in Gotts Gelag. (I, S. 212)

So beginnt der Dichter im *Vierten Spiegel* seines *Hiob* das Mysterium der Erlösung zu umkreisen. Und diese wohl größte, sicher ureigenste Dichtung Karl Wolfskehls klingt aus:

Weil Ich Mir zerstob, ein Nirgendwo.
Wohl, du kommst zu Dir.
Wohl, du wirst Du.

und gipfelt in der ekstatischen Gleichung:

Wer – Er – Du. (I, S. 215)

Das kosmische Hochgefühl entgrenzender All-Einung ist eine Konstante in Wolfskehls Erleben und Dichten. Aber es erscheint oft verdunkelt und entmachtet durch seinen Widerpart, durch das Grauen vor dem Ichverlust, dem Absinken ins Nichts. Dem Drang nach seliger Entgrenzung ist der Zwang zugesellt, die Bitternis des Übergangs vorauszuspüren. Ein *Ich* überschriebenes Gedicht der mittleren Periode hebt an:

Nun muß ich krampfig an den rand geschmiegt
Das andre und mich andren ganz verlieren. (I, S. 93)

Und es schließt:

Die lippen fasern, nebelbilder, meins
Zerreißt wie todesschrei von tieren.

Doch gerade wenn das Ich sich seiner Hinfälligkeit am schmerzlichsten bewußt wird, erwächst ihm die Gewißheit eines Unvergänglichen als seines unangreifbaren, innersten Eigentums. Durch die Transienz seiner wechselnden Erscheinungsweisen hindurch dringt der nach Innen gekehrte Blick zu ihrer sie transzendierenden, dauernden Essenz. Wenn das Ich sich in sein Inneres versenkt, in mystischem 'Entwerden' alles Erworbene von sich abtut, Schalen und Hüllen abstreift und sich jedes äußeren Halts begibt, dann erschließt sich ihm sein metaphysischer Wesenskern. Die Angst vor dem schicksalhaften Absterben und Aufhören in extremer Einsamkeit schlägt um in die beglückende Erfahrung eines dem Ich innewohnenden unversiegbaren Freiheitspotentials. In dem Gedicht *Vita in Morte* (synchron mit *Ich*) ergeht der Appell an die „Seele", daß sie „Ganz einsam sei, ganz nackt" und so „Im eignen quell steh(e)": „Auf dass der tiegel tod an dir zerspringe", der „schwarze tiegel", der den Quell „umzirkt" (I, 94). Das Ich verendet nicht wie „todesschrei von tieren", es ist seinem geistigen Wesen nach (in den Worten eines anderen Gedichts der gleichen Zeit): „fahn aus nacht der nacht ins herz gemastet', 'tagstrahlend, ewigem tag vermählt" (I, 110), oder wie es anderwärts heißt, „selbstgeborener glanz der finsternis".

Zum Gefühl der Allverwobenheit tritt, dem Vergänglichkeitsschauder entrungen, die Gewißheit von Eigenständigkeit und Eigenwert der personalen Existenz. Statt ekstatisch sich aufzulösen im All, rücksinkend in den Dämmer des Unbewußten, erkennt das Ich mystisch im Licht des Geistes sein währendes Wesen. Es offenbart sich dem Erlebnis der Identität mit dem schöpferischen Weltengrund.

Das späte Gedicht *Wesen* gibt der Dialektik der Erfahrung von Vergänglichkeit und Dauer den reifsten Ausdruck. (Der ursprüngliche Titel, die indische Identitätsformel „Ta twam asi", verwies explizit auf die Einheit des 'Du' mit dem Absoluten.) Der erste seiner drei Teile lautet:

Wachsend mag wer Eigenform erreichen
Ewige Wiederkehr des Nimmergleichen

Heißt die Spulung dieses laufenden Bandes
Leben lacht vertragnen Ichgewandes.

Mit dem Licht löscht Farbe, Tönung, Strich.
Denn man nimmt nichts mit, nicht einmal sich.

Solch resignativer Erfahrungssumme begegnet mit dem Einsatz des zweiten Teils das Dennoch einer tieferen Einsicht:

Fühlst doch, dich befreit ein ganz Geheimes
Ganz unsäglich Selbes, das bist du.
. . .

Dieses Gefühl ist letztlich begründet im Glauben an Gottes uranfängliches Schöpferwort und seine im Geist des Menschen fortwirkende Kraft. Das besagt der dritte Teil. Er spricht im Sinne der jüdischen Mystik von der Schöpfung als Selbstbeschränkung des weltjenseitigen Gottes, als dem Urakt seines Selbstopfers. Die Selbstauffaltung des göttlichen Ureinen, der sich innerhalb des Absoluten vollziehende dramatische Prozeß, geht, jenseits von Zeit und Raum, der Erschaffung der Welt voraus.

Einmal nämlich bist du angebrochen.
Einmal hat Er mit Ihm urgesprochen:

Kreise! Laut umrundete das Taube
Leere barst als rebenlose Traube.

Übervoller Süße gor die Nacht.
Einmal hat Er sich Ihm dargebracht.

In der Rückbindung an das, was 'im Anfang geschah', als Teil dessen, was darum noch 'immer geschieht', wird sich das Ich des Dichters seiner Identität bewußt. Es ist so seiner Teilhaftigkeit an einer Sphäre des Seins und Sinns versichert, die das Verhängnis der Vergänglichkeit transzendiert. Das sich derart konstituierende Ich erlebt sich als Glied eines geistgefügten Kosmos. So will das Ich in Wolfskehls Spätwerk verstanden sein.

II.

Bis dahin aber war es noch ein langer Weg. Dem gesteigerten Selbstbewußtsein des sich als 'geistige Wirklichkeit' begreifenden Ich widersprach die Faszination durch das Gefühl der Allverwobenheit jener Urzeit, in der das Ich noch nicht 'emporgetaucht' war. Der Widerstreit zwischen dem 'konstitutiven' Erlebnis der Dämmerwelt der Mythen und der Forderung des sich im 'tagenden Bewußtsein' des Ich bekundenden Geistes, zwischen der 'Wirklichkeit des Mythos' und der 'Wirklichkeit des Logos', mußte von Wolfskehl bewältigt werden. Der Sog des Archaischen barg die Gefahr der Regression. Sie war am stärksten, als Wolfskehl 1899-1903 gemeinsam mit Alfred Schuler und Ludwig Klages Sturm lief gegen die Verabsolutierung des seelenlosen Intellekts und Einzelwillens. Diese Trias bildete im München der Jahrhundertwende jene 'Kosmische Runde', in deren 'Lingualorgien' der deutsche Irrationalismus seine höchsten Wellen schlug, mit nachhaltiger Wirkung auf die Literatur und darüber hinaus.[10] Schuler, der 'heidnische Mystiker', der in seinen Visionen den esoterischen Gehalt antiker Kulte erlebte, den eine römische Scherbe zu inspirieren vermochte, den einstigen integralen Zusammenhang und Lebenshintergrund mit sinnenhafter Eindringlichkeit zu vergegenwärtigen, bewegte sich in seiner Gedankenwelt mit schlafwandlerischer Sicherheit. Wolfskehl war durch Schulers unmittelbaren Zugang zu jener Welt, die ihm Bachofen erschlossen hatte, stark beeindruckt. Das Verblüffende seiner Intuitionen empfand der Visionär als das Evidenteste. Wolfskehl sah in Schuler den 'Revenant' und Kronzeugen einer versunkenen Welt, faszinierend und unheimlich. Wenn Wolfskehls eigenes Mythen-Erlebnis ihm Schuler nahebrachte, so mußte dessen Unfähigkeit, über die Grenzen seines Weltbildes hinauszublicken, seine starre Unduldsamkeit allem ihm nicht Konformen gegenüber seiner Natur ganz fremd sein. Für Klages wurde Schuler zum eigentlichen Mentor, Schulers Intuitionen bildeten das Fundament seines philosophischen Systems. Auch Bachofen wurde darin ausgiebig rezipiert und zurechtgebogen. Diese andere Bekanntschaft von für ihn fundamentaler Bedeutung verdankt Klages Wolfskehl. Über dessen Rolle in der 'Runde' schreibt er aus der Erinnerung: Er „sekundierte ihm (Schuler) mit den Blickfeuern seines immer erregten und, wenn aus solchem Born gespeist, in dunkelste Schlünde zündenden Geistes", während er selbst „mindestens zwei Jahre hindurch lernender Zuschauer" blieb.[11] Schulers zentraler Gedanke ist der des „offenen Lebens" als Charakteristikum einer imaginären Urzeit: ein Zustand rauschhaften, festlichen Überschwangs, das Glücksgefühl eines in sich beruhenden, erfüllten Augenblicks. Dieser urtümliche Zustand vermag sich jedoch in gewissen Epochen der Geschichte zu erneuern. Auch können immer wieder Einzelne Träger des „offenen Lebens" sein.[12] Doch in der geschichtlichen Evolution war die dem „offenen Leben" feindliche Gegenkraft am Werk, die den Rapport des Menschen mit dem Kosmos unterbindet, den Einklang zerstört, die Substanz des Lebens depotenziert, es seiner Leuchtkraft, seiner „Aura" beraubt. Dieses antagonistische Prinzip ist der sich absolut setzende Geist. Konzipiert als bloß zerebrale Reflektivität des bezugslosen Subjekts wird „Geist" zum „Widersacher der Seele" (der Titel von Klages' Hauptwerk) dämonisiert, und als Träger des parasitären, das Leben pervertierenden und zerstörenden 'Geistes' erscheint der jüdisch-christliche Monotheismus. Auch beließ man es nicht bei der Postulierung zweier antagonistischer Weltprinzipien, man sprach von einem organisierten Kampf, den die Partisanen und Nutznießer des 'Geistes' gegen das 'Leben' führen: „Die Waffe", so Klages, „ist das Bewußtsein (des) Ich, das Ichbewußtsein der Entlichteten ist der Hebel zur Atomisierung der Menschheit."[13]

Man munkelte von sinistren Machenschaften eines weltweiten ‘Geheimbundes’. Und Klages, in seiner Einleitung zu dem von ihm erst 1940 herausgegebenen Schuler-Nachlaß, versteigt sich in ressentimentgeladenen Ausfällen gegen Wolfskehl zu der wahrhaft wahnwitzigen Behauptung, der Gefährte von einst sei nichts weniger als ein „Drahtzieher“ der „Weisen von Zion“.[14]

Wie aber konnte der Jude Wolfskehl sich mit den dezidierten Antisemiten Schuler und Klages und sie sich mit ihm in einer ‘Runde’ zusammenschließen? Mit Klages verband ihn danach sogar, was dieser später verdrängt hat, eine durchaus freundschaftliche Beziehung und gegenseitige Wertschätzung, was ein Schlaglicht wirft auf das Schizoide jenes Antisemitismus, dessen Radikalität sich vorderhand allein in metaphysischen Hirngespinsten austobte. Denn Wolfskehl hat damals sein ‘Judentum’ keineswegs ‘verleugnet’. Im Gegenteil, er war von dem Geist der eben sich formierenden zionistischen Bewegung tief berührt. Klages bezeugt es selbst: „Wolfskehl verschwieg uns nicht, daß er Zionist sei.“ Freilich, er war ein Zionist sehr seltsamer Art. Denn das Selbstbewußtsein dieses Juden war entscheidend mitgeprägt durch seine Rezeption der paganen Mythen der mediterranen Antike wie des germanischen Nordens und jener im Orient beheimateten ‘Urreligion’, mit der ihn Bachofen vertraut gemacht hatte. Die alten Mythen waren für Wolfskehl nicht ‘Bildungsgut’ mit unterhaltender und belehrender Funktion, in welcher sie, Schmuck und Allegorie, der christlich-abendländischen Kultur mühelos assimiliert werden konnten, sie waren Quellen intensiver seelischer Erfahrungen und nur so zu vermittelnder Erkenntnisse. Die Impulse und Ergebnisse des Mythenverständnisses der Romantik wirkten hier selbstverständlich weiter, wandelten sich jedoch zu einer Konzeption der mythischen Gehalte, die über die romantischen begrifflichen Konstruktionen hinausführte, wobei sie sich zugleich von den neuen Deutungen der Psychoanalyse abhob. Als Fundus ‘vorbegrifflicher Erkenntnis’ war der ‘echte’ Mythos (zum Unterschied von den willkürlichen Fabeln) nicht nur Projektion der vorbewußten Psyche, sondern er galt Wolfskehl als Manifestation des die Dimension der subjektiven Innenwelt transzendierenden, objektiv vorgegebenen metaphysischen Realität, die das Wesen eines Volkes prägt und sein Schicksal bestimmt. Da Wolfskehl dem Mythos diese Bedeutung zuerkannte, und die mythischen Bilder in ihrem geheimnisvollen Gehalt und ihrer evokativen Energie sein Innerstes berührten und Affinitäten seiner Seele erkennen und aufklingen ließen, mußte er sich eines inneren Zwiespalts bewußt werden.

In der Desintegration der modernen Welt sahen Schuler und Klages die letzte Konsequenz des jüdischen Monotheismus, der die Weichen für die verhängnisvolle Entwicklung gestellt habe. Ihr Antisemitismus war durch diese den Juden aufgebürdete historische Schuld motiviert. Durch den Triumph des einen Gottes, der Raum und Zeit transzendiert, sich jeder bildhaften Vorstellung entzieht, wurde die Herrschaft der Götter beendet, die magisch-mythische Bindung der Menschen zerstört. Die Natur ist entgöttert und entseelt, gibt lösbare Rätsel auf, aber birgt kein Geheimnis, wird schließlich total berechen- und beherrschbar. Freilich, in diesem langen Prozeß ging die Gegenstimme erfüllten Naturbezugs nicht unter und offenbarte sich eindringlich in der Sprache der Poesie. Die Spannung, in der sie zur christlichen Lehre, die das Judentum beerbt hatte, sowie zu den noch durch sie bedingten rationalen Welterklärungen stand, führte auf der Ebene des begrifflichen Denkens zu unterschiedlichen Lösungsversuchen.

Wolfskehls Position implizierte den existentiellen Konflikt. Einerseits war er durch seine leidenschaftliche Zeitkritik und die Art und Intensität seines Bezugs zur Welt des Mythos Schuler und Klages verbunden. Er hatte die urtümlich-mythischen Bilder sich zuinnerst angeeignet und anverwandelt. Sie waren ein Teil seiner selbst geworden. Andererseits beweist sein gleichzeitiges zionistisches Engagement, wie wach sein jüdisches Bewußtsein war. Das aber wies über die Welt des Mythos hinaus. Da ihm sein Judentum nicht mehr ein unbefragbar Gegebenes war, abgesehen von dem unfraglichen Band der Herkunft, stellte sich ihm die dringliche Aufgabe, seine eigene jüdische Identität zu begreifen. Diese konnte, seiner Denkart nach, nur metaphysisch fundiert sein. So führte seine Identitätssuche in den religiösen Wurzelgrund jüdischer Existenz. Doch zugleich mußte es ihn verlangen, das dort Erkannte mit seinem Erleben kosmischer Religiosität in Einklang zu bringen. Es ist verständlich, daß er von den Relikten einer vormonotheistischen Religion in der jüdischen Überlieferung angesprochen war. Für eine kurze Frist mag er geträumt haben, daß sich das Judentum aus seinem altorientalisch-mythischen Erbgut regenerieren könne und wohl auch, daß die Rückkehr ins angestammte Land zu einem naturnahen, „offenen" Leben würde. Klages berichtet, daß sich Wolfskehl als Zionist und ‚Heide' bezeichnete.

Es bedarf keiner Worte, daß solche Vorstellungen Illusionen waren. In welchem Maß ihnen Wolfskehl anhing und wie er sie sich zurechtlegte, dafür fehlen nähere Anhaltspunkte. Sicherlich handelt es sich nur um eine kurze Episode in seinem Leben. Schon seine in der Zeit der 'Kosmischen Runde' entstandenen Gedichte des Zyklus *An den alten Wassern* beten zum Gott der Väter oder sehnen sich nach der Gnade des Gebets. Wolfskehl muß bald eingesehen haben, daß ein Zurückgehen auf ein 'heidnisches' Urjudentum, wenn wir mit Klages Wolfskehl diese Intention unterstellen wollen, die Identität des Judenvolkes untergraben würde. Doch hat ihn noch spät die magisch-mythische Bibelinterpretation Oskar Goldbergs stark beeindruckt,[15] den er den „jüdischen Schuler" nannte und der ihn wie Schuler gleichzeitig anzog und abstieß. Seine eigene Sichtung aber bewahrt auch die archaische Grundschicht der jüdischen Überlieferung und verleiht ihr ergreifenden Ausdruck, als seelische Realität und Element der spannungsvollen jüdischen Gotteserfahrung, die darüber hinausschwingt.

Der Bruch mit Schuler und Klages war unvermeidlich. Von ihrem wachsenden Antisemitismus und den persönlichen Differenzen abgesehen, weitete sich die Kluft im Prinzipiellen, welche die Geschichtsblindheit ihres regressiven Denkens in monomanischer Fixierung auf das Ursprüngliche und Urtümliche und die Verzerrung der komplexen Wirklichkeit in ihrer Reduktion auf ein starres begriffliches Schema aufrissen. Wolfskehls historischer Sinn forderte ein differenzierteres Weltverständnis, dem eine andere Auffassung des Geistes zugrundelag.

Geist ist für Wolfskehl die zu klarer Bewußtheit erwachte Seele selbst, nicht ihr Widersacher. Er ist die im Bereich der Naturwesen allein den Menschen auszeichnende Befähigung zur Reflexion und die allein durch ihn wirkende schöpferische und formende Potenz. Bedingung ihres Wirkens sind die rezeptiven Seelenkräfte des Einfühlens und Erlebens. Sie bleiben den produktiven polar verbunden. Die dem Menschen eigene Geistpotenz begreift der Metaphysiker Wolfskehl (im Anschluß an biblische und neuplatonische Bilder und Gedanken) als Auswirkung des welttranszendenten, kreativen, göttlichen Ursprungs alles Geschaffenen. Geist ist Pneuma, Gottes lebensspendender Hauch. Der 'wehende', wirkende Geist ist 'Wirklichkeit', vor und jenseits der Materie, die er immerfort umgestaltet und erneuert. Der analog schaffende Menschengeist wirkt der Schwere, der Erkaltung und Erstarrung entgegen, die das Gesetz der Materie ist. Die gestalterische Kraft Einzelner durchbricht die einengenden 'Mauern' überalterter Satzung, um Luft für neues geistiges Leben zu haben, entgrenzt, um neu zu begrenzen in der ihr gemäßen Form. Dieses befreiende, Leben erhaltende und regenerierende Wirken des Geistes bedarf aber des steten Bezugs zu den älteren Seelenkräften und -schichten. Keiner Regression in die Menschheitsfrühe mythischen Bilderlebens, der noch nicht durch das Ich-Bewußtsein verstellten Einheit von Seele und Welt, redet Wolfskehl das Wort. Der Weg der Entwicklung ist irreversibel. Aber Wolfskehl will die heute noch mögliche Reaktivierung des Entsunkenen im „Rücktauchen des 'Ich' in seine Gründe". Dies führt zu keinem Ichverlust, Wolfskehl ist im Gegenteil überzeugt, daß erst so das Ich zu sich selbst findet: „Äußerste Ausbildung des Einzelfalls, des Einzelgeschehens, und Rücktauchen des Ich in seine Gründe bedingen sich gegenseitig."[16] Wenn Klages sagt: „Der Geist riß zwischen Ding und Ich die Kluft",[17] so ist es in Wolfskehls Sicht der Geist, der neue Einheit schafft. Er bewirkt dies in der polaren Bindung der gestalterischen an die erlebenden, der wach bewußten an die dämmrig vorbewußten Seelenkräfte, in der Durchdringung von Rationalem und Irrationalem, von Reflexion und sinnenhafter Erfahrung. Nur wenn er sich aus dem Lebensganzen ablöst, verkümmert er zum bloß begrifflichen Denken, das der Wirklichkeit des Lebens nicht zu genügen vermag. Wolfskehls Anklage richtet sich gegen den die Lebenswirklichkeit auf Quantitäten und Funktionen reduzierenden Intellekt, wodurch die Ganzheit zerstückelt, die Welt entseelt, das vereinzelte Individuum ihr und sich selbst entfremdet wird. Dies ist der Tenor seiner Zeitkritik. Mit gleicher Entschiedenheit aber wendet er sich gegen die Reaktion einer Verabsolutierung der irrationalen Seelenkräfte mit ihrer regressiven Tendenz. Ihre Defizienz ist offensichtlich. Wolfskehl will der ganzen und vollen Wirklichkeit gerecht werden. Er leistet keine begriffliche Synthese seiner disparaten Erfahrungen und Intentionen, aber sie durchdringen sich im Spannungsfeld seiner Dichtung und sie werden im Spätwerk zu einer vielschichtigen Einheit als Spiegelung der eigenen geistigen Existenz in ihrer ganzen Widersprüchlichkeit und Weite integriert. Ein hoher Grad der Reflexion verbindet sich seiner starken Sinnlichkeit, ein religiöser Spiritualismus seinem vitalistisch-erotischen Grundgefühl, seine Mystik seiner Weltfreude, Metaphysik seinem Humanismus, sein rauschhaftes entgrenzendes Erleben seinem Willen zur strengen Form. Der Geist als kreative Kraft schließt das Irrationale in sich ein, die Natur durchbrechend und übersteigend, wirkt er dennoch als 'Lebensgesetz' und offenbart sich im sinnlichen elementaren Erlebnis der 'In-spiration'. Geist ist unbedingt und unberechenbar, er ist, „was, ohne Maßstab, ohne Bezug der Formeln und Hilfsmittel spottet", nur vor sich selber besteht, nur aus sich selber wirkt.[18]

Geist objektiviert sich in der Geschichte, in den Völkern, den Kulturen. In diese Objektivationen ist der 'freie Geist' des Einzelnen eingebunden, durch sie bleibt er bedingt. „Homer, Bibel, dazu unsere Vorwelt, haben unmittelbar oder übertragen, im Blute kreisend oder den Geist lichtend, die Volksart 'Deutscher Mensch' geschaffen, die sich aus diesen Elementen in unerhörter Selbständigkeit in so vielen voneinander geschiedenen und doch innerlichst gleichartigen Gezeiten von Aufschwung und Abebben gehalten hat bis auf diesen Tag", so schrieb Wolfskehl im Jahr 1929.[19] Dieses 'Geisterbe' richtet und verpflichtet das geistige Schaffen des Einzelnen. Wolfskehls Loyalität aber war eine zwiefache: Seine geistige Existenz war nicht nur durch sein deutsches, sondern auch durch sein jüdisches Erbe geprägt und gefordert.

Wolfskehl sah die geschichtlichen Objektivationen des Geistes durch deren ursprüngliche Manifestationen dauernd bestimmt. Anfängliche Formen und Gehalte eines Gemeinsamkeit stiftenden Erlebens und Gestaltens wirken in komplexerer Verwandlung weiter. Auch sein Begriff des Geistes erweist sich hiermit als ein mythischer. Die urtümlichen mythischen Bilder, Verbildlichungen ursprünglicher gemeinschaftlicher Welterfahrung, können aus ihrer in sich ruhenden Sphäre der Imagination treten und in das Weltgeschehen hineinwirken (umgekehrt können Gestalten der Weltgeschichte zu mythischen Bildern werden). Wolfskehl rezipiert hier Bachofens Gedanken von der Gegründetheit der Geschichte im Mythos, den dieser am Paradigma der römischen Geschichte expliziert. In diesem Sinn begreift Wolfskehl die Geschichte der Juden als perennierenden gelebten Mythos. Wenn er in seinem späten Gedichtzyklus *Mittelmeer oder Die Fünf Fenster* den römischen geschichtsträchtigen Mythos zum Thema nimmt, den Mythos der vermittelnden Mutter, des völkerverbindenden Reichs, der Erfüllung im Irdischen, so gestaltet er in der gleichzeitig entstandenen Dichtung *Hiob oder Die Vier Spiegel* den Mythos der Juden: die Bindung an den unergründlichen Vatergott, das schicksalhafte Sonderdasein, die Unvollendung im geschichtlichen Ablauf.

In ganz besonderem Maße sah Wolfskehl das Schicksal der Juden in ihrem Mythos vorgeformt. Das Bewußtsein des göttlichen Auftrags, der erstmals an Abraham ergangen war, hat die jüdische Geschichte jederzeit von innen her geformt. Der Bund der Allmacht mit Abraham währt bis ans Ende der Zeit und trägt seinen Sinn, der keiner Frage des Verstandes Antwort steht, in sich allein. „Was ist der Inhalt des Judentums? – Die Antwort", sagte Wolfskehl in einem Vortrag, „liegt in der Frage selbst und heißt: das Judentum ist da, es wird nicht, es entwikkelt sich nicht. Hier ist ein Da-Sein einmalig, selbstgewiß und unter Gottes Auftrag."[20] Und an anderer Stelle: „Judentum ist ein Einziges, Einmaliges, das sich begibt, begab, immer begeben wird . . . doch nicht als Zeitablauf von Gegenwart, Vergangenheit, Zukunft. Es ist ein Kreislauf, keine Reihe." Die Idee des Judentums, wie sie in der jüdischen Überlieferung verankert ist, kann sich nicht in der Stufung eines historischen Prozesses realisieren. (Die Hegelsche Dialektik ist nach Wolfskehl „ganz antijüdisch".) „Die Idee, der Inhalt des Judentums: dem Ewigen, Unnambaren, fraglos da zu sein." „Die Juden dürfen nicht aufgehen in den Anderen, was immer, in welchem Ausmaß, Einzelne tun mögen, dürfen nicht vergehen, aufhören wie die anderen Völker; gleichwie sie sich nicht erfüllen dürfen wie die anderen in Streit und Reich." Wolfskehls Haltung dem Staat Israel gegenüber war ambivalent. Ohne Zweifel empfand er Genugtuung und Freude über das Errungene und Erreichte, bewegte ihn der jugendliche Idealismus, das neue Gemeinschaftsgefühl, doch erkannte er früh die Gefahrenzone der Politik, insbesondere betrachtete er das Verhältnis zu den Arabern (den „Vettern" von Urvater Abraham) mit größter Sorge, und er wollte die Staatsgründung nicht mit der „Idee" des Judentums verwechselt wissen. Er sah die Gefahr der Verengung des Horizonts, der Pervertierung der jüdischen Idee durch ihre politische Instrumentalisierung. In keinem äußeren Geschehen kann das Judentum seine Idee erfüllen. Aber jedes äußere Geschehen kann ihm dienstbar sein, auch solches, und gerade solches Geschehen, das von außen gesehen als Hemmnis erscheint. Wolfskehl konnte die lange, leidschwere Zeitspanne der jüdischen Diaspora nicht nur als Schmach und Mangel abwerten. Er sah, wie geistig fruchtbar das Leben unter den Völkern war; ein Höhepunkt: der Kabbalist Manoell Ebreo, dem Dante seine Kenntnis der 'Gematria' verdankt, woran Wolfskehl in seiner Mittelmeer-Dichtung erinnert.[21] Auch das deutsche Getto war nicht hermetisch abgeschlossen, wie man gemeinhin denkt. Wolfskehl interessierte sich nachhaltig für die mittelalterlichen jüdischen Kontakte zur deutschen Literatur, in den jüdisch-deutschen Nachdichtungen der Heldenepen und der jüdisch-deutschen Behandlung biblischer Stoffe im Anklang an die Nibelungenstrophe (ein von der Forschung lange zu wenig beachtetes Gebiet). Am teuersten war ihm das vielumstrittene althochdeutsche 'Schlummerlied', dessen germanische Götternamen hebräisch glossiert sind, als ältestes Zeugnis der Beschäftigung eines Juden mit deutscher Literatur, von dessen Echtheit er überzeugt war.[22]

Die mythische Schicht der jüdischen Religion verband sich als integraler Teil von Wolfskehls Dichtung mit Elementen der germanischen Götter- und Heldenmythen. Ihre von ihm erlebte Affinität zu biblischen Motiven ist Ausdruck einer Konvergenz der deutschen und jüdischen Konstituenten seiner Seele und bekundet die nachhaltige Wirkung seiner jugendlichen Rezeption des eddischen Mythos. Wie Wotan die Seherin, zwingt Saul in Wolfskehls Drama die weissagende Stimme aus der Tiefe zu sich empor und erinnert, wenn er schicksalsgezeichnet den Kampftod wählt, an einen germanischen Helden und Heerkönig. Simson, in Wolfskehls Exildichtung eine der Spiegelungen des Hiob-Mythos,[23] wirkt wie einer von Wotans Berserkern, wenn in dem Todgeweihten noch einmal die Woge des ekstatischen Lebens gegen alles Gefügte wütet. Die Landschaft, die Wolfskehls Vision beschwört, ist der Strand eines nördlichen Meeres, kahlgepeitscht von den Stürmen, von der Brandung immer bedroht. Es ist jene mythische Landschaft, wo unter nebelverhangenem Himmel das düstere Schicksal strahlenden Heldenmut und schaurige Dämonie, argen Verrat und furchtbare Rache zusammenzwingt. Der blutdunkle Schein der Archaik umflackert diesen Riesen und seinen Gott. Es ist eine vorbiblische, mythische Welt, die *Hiob-Simson* beschwört. „Wolfskehl ist so tief hinabgestiegen", schrieb Rudolf Pannwitz, „daß Jahwe und Odin sich berührten."[24]

So wie Wolfskehl in seiner Dichtung vorzeitlich Mythisches im Judentum reaktiviert hat, das auf einer neuen Bewußtseinsstufe zwar überwunden, als unbewußt seelische Potenz aber nach wie vor 'Wirklichkeit' war, griff er auch das Ergbut jüdischer Mystik auf, die seinem geistigen Habitus zutiefst gemäß war. In sie konnte sein naturreligiöses Grundgefühl göttlicher Alleinheit einfließen. Die jüdische Mystik, als Neben- und Unterströmung, repräsentiert den Gegentypus zur jüdischen Orthodoxie, indem sie den transzendenten Gottesbegriff mit der Vorstellung göttlicher Immanenz konfrontiert, den Vatergott mit dem weiblichen Aspekt der uranfänglichen Gottheit jenseits der polaren Trennung. Das entsprach Grundvorstellungen von Wolfskehls mythisch und mystisch geprägter Metaphysik. Sie wurde aus diesen Quellen bereichert und vertieft. Aber die jüdische Mystik birgt als wesentliche Differenz die Spannung zu einem ganz anderen Gotteserlebnis, von dem Wolfskehls Spätdichtung entscheidend bestimmt ist. Das Erfühlen der Gotteskraft in der eigenen Seele löscht nie das Wissen um Gottes radikale, numinose Andersheit. Das Erlebnis inniger Gottesnähe rüttelt nicht an Gottes unendlicher Ferne. Das fundamentale jüdische Gotteserlebnis des weltjenseitigen Gesetzgebers, der ausschließliche Bindung fordert, schaut über sich Gottes zwingendes Gebot, das sich entfaltende Mystische spürt Gottes wirkenden Keim in der Menschenseele. Gottes Transzendenz verbindet sich in der jüdischen Mystik mit dem Erlebnis seiner Immanenz, begründet in der Lehre von der 'Schechina'. Gott wohnt der Welt ein, doch geht er in ihr nicht auf. 'Schechina' ist nach der Kabbala die der Welt innewohnende Emanation der Gottheit. Etwas von Gott ist gewissermaßen in die Welt 'verbannt'. Etwas von Gott ist von ihm selbst 'im Exil'. Die Schechina ist der weibliche Aspekt (Sphäre, Potenz) der vorgegensätzlichen Gottheit. Die Wiedervereinigung der getrennten Hälften und die Herstellung der ursprünglichen Einheit am Ende der Zeiten ist die Erlösung, 'nach der alle Kreatur seufzt'. So wird die tiefe, währende Messiasvorstellung der Juden in der Lehre von der Schechina metaphysisch begründet und verinnerlicht. Die jüdische Mystik hat die vom jüdischen Gesetzesglauben verdrängten Möglichkeiten religiöser Erfahrung zur Entfaltung gebracht, der Gefahr seiner einseitigen Verengung und der Gefahr der Erstarrung entgegengewirkt. Ihre Ausweitung des metaphysischen Horizonts und die Vertiefung des religiösen Erlebnisses in seinem Ausgerichtetsein auf das Ganze der Welt und in seiner Gewichtung des Humanen ermöglichte Wolfskehl die Identifikation mit seinem jüdischen Erbe.

III.

Wir haben den chronologischen Rahmen durchbrochen; es gilt, die begonnene biographische Skizze fortzusetzen. Der brieflichen Kontaktaufnahme mit Stefan George folgte im nächsten Jahr, im August 1893 nach Beendigung von Wolfskehls Doktorarbeit, die persönliche Zusammenkunft, die einen vierzigjährigen Freundschaftsbund begründete. Wolfskehl war nach dem frühen Ausscheiden Hofmannsthals der bedeutendste Mitarbeiter von Georges *Blättern für die Kunst*, in denen er bis zum Ende ihres Erscheinens (1919) die meisten seiner Gedichte veröffentlicht hat.

Im Dezember 1898 vermählte sich Wolfskehl mit Hanna de Haan, Tochter Willem de Haans, der, holländischer Abstammung, als Dirigent in Darmstadt wirkte. Das junge Paar ließ sich in München nieder, wo sein Heim bald zu einem geistigen Mittelpunkt der Stadt wurde und es durch zwanzig Jahre geblieben ist. Hier pflegte George zu wohnen, wenn er, meist zweimal jährlich, oft monatelang, in München war. Hier trafen sich aber auch, weit über den George-Kreis hinaus, viele Persönlichkeiten des geistigen Lebens, die das Vorkriegs-München in so reichem Maß beherbergte: Gelehrte wie Lujo Brentano, Ludwig Curtius, Heinrich Wölfflin; Autoren wie Richard Dehmel, Ina Seidel, Ricarda Huch; Maler und Graphiker wie Th. Th. Heine, Emil Preetorius, Alfred Kubin, um nur einige Namen zu nennen.

Das väterliche Vermögen gestattete es Karl Wolfskehl, sich ganz seiner Dichtung und seinen gelehrten Neigungen zu widmen. In München, das er liebte und wo er ganz heimisch wurde, ging er seinen weit verzweigten Studien nach, die ihn zu einem bestaunten Polyhistor machten. In den Münchner Antiquitätenläden und auf der 'Dult' war der Kunstsammler Wolfskehl jedem bekannt – die schlanke, hohe Gestalt, das Gesicht damals noch von einem rötlichen Vollbart umrahmt –, wie er trotz höchster Kurzsichtigkeit immer etwas Interessantes und Echtes entdeckte, den Fund zärtlich betastend alle seine Merkwürdigkeiten begeistert auseinandersetzte. Allbekannt war der Büchersammler Wolfskehl, der in München einen großen Teil seiner Bibliothek zusammentrug, eine der kostbarsten Privatbibliotheken Deutschlands. Für Wolfskehl besaß jeder von ihm gesammelte Band seinen besonderen Erlebniswert, war ihm auch in seiner körperlichen Hülle ausdrucksmächtige Lebens- und Geistesspur, und indem er seine Wirkung bedachte, das Verhältnis des Autors zu einer bestimmten Auflage erwog oder dem privaten Geschick eines bestimmten Exemplars nachging, hat er das Büchersammeln in einzigartiger Weise vergeistigt und durchseelt, wovon seine schönen Essays zur 'Bücherliebeskunst' eine lebendige Vorstellung geben können.[25]

Dieser Mann mit dem reichen, tiefen Wissen und dem fesselnden Vortrag besaß auch die Fähigkeit, auf seinen Gesprächspartner sensibel einzugehen. Er verstand aufs Feinste, Begabungen zu wecken und zu ermutigen, zu geistiger Tätigkeit anzuregen und durch Rat und Sympathie das Werk anderer zu fördern. Seine Einfälle und Einsichten verstreute er, dem Geduld und Neigung zur Durchführung wissenschaftlicher Arbeiten fehlte, freigiebig im Gespräch, das seiner impulsiven Natur das gemäßeste Medium war.

Damals erlebte Schwabing seine Glanzzeit, die längst Legende geworden ist. Erinnerungen und Schlüsselromane[26] halten Wolfskehls Bild als 'Zeus von Schwabing' fest. „Glanz und Zentrum der hohen Zeit Schwabings, allgekannt, allbegehrt, allbestaunt . . . “, nennt ihn Emil Preetorius.[27]

Schilderungen Wolfskehls sind reichlich überliefert. Aus allen Lebensstufen und von sehr verschiedenen Betrachtungen herrührend, betonen sie in verschiedener Brechung die gleichen Züge: das kosmisch ekstatische Lebensgefühl, überquellende Begeisterung und sinnenfrohes Genießen, die Fülle des Wissens und die Intensität des Erlebens, das innige Mitschwingen mit den Freunden, den 'Tiefenblick' für das Symbolhafte der Erscheinungswelt, das Gespür für die Dynamik allgegenwärtiger Geistesenergie, die Fähigkeit zusammenschauenden Deutens.

Ein Beispiel aus den Erinnerungen von Ludwig Curtius, dem großen Archäologen: „Er schien mir zuerst chaotisch und ich fand mich in ihm nicht zurecht. Denn, wenn er in ungehemmtem Redefluß zuerst ein mittelalterliches Gedicht vortrug, um von diesem auf ein indisches überzugehen, von diesem aber auf Sappho kam und einige Verse aus der Ilias erläuterte, nachher aber Bemerkungen über Dostojewski hinwarf und, während ich mir diese überlegte, schon bei Mallarmé angelangt war, um zuletzt Georges Verse zu preisen und in bitteren Zorn über die Gegenwart auszubrechen, war das Zentrum schwer zu finden, von dem aus dieser Überfluß regiert und geordnet war . . . Begreiflich, daß er auf der Straße nur im Sturmschritt mit wehendem, kaum zugeknöpftem Mantel erschien, und daß sein Wesen immer etwas von einem großen Zugvogel hatte, immer im Aufbruch nach einer anderen Hemisphäre. Aber es wäre falsch, ihn sich als nervösen, von der modernen Zeithetze getriebenen Menschen vorzustellen. Er besaß in hohem Maß auch die Fähigkeit des verweilenden Genießens, liebte den Wein, verehrte schöne Frauen, ergab sich beglückt jeder reizvollen Situation von Landschaft, Kunstwerk oder Gesellschaft, und die saturnische Berauschtheit eines Bierzeltes der Oktoberwiese in München oder die sinnenfrohe Verbundenheit der Bayernkirchweih in Schwabing versetzten ihn ebenso in ekstatische Seligkeit wie der Anblick der Ruinen des Palatins in Rom oder die Gewölbe der Caracalla-Thermen."[28]

George sagte einmal: „Man hätte aus der Fülle der Wolfskehlschen Geistes- und Seelensubstanz drei komplette Genies machen können. Der liebe Gott verabsäumte jedoch, diese brodelnde Masse rechtzeitig aufzuteilen."[29] Der Ausbruch des Ersten Weltkriegs machte jenem Schwabing ein Ende, dessen „ungekrönter König" Wolfskehl gewesen war (so Rolf von Hörschelmann in seinen Erinnerungen). Das allgemeine Schicksal gestattete dieses 'Leben ohne Alltag' nicht mehr. Der Ausgang des Krieges und die Inflation mit dem Verlust der bisherigen Geldmittel brachten für Wolfskehl völlig neue Lebensbedingungen. Er konnte noch zur Existenzsicherung seiner Familie in Kiechlingsbergen, am Kaiserstuhl, ein kleines Landgut erwerben. Die älteste seiner beiden Töchter, die nach ihrer Schulausbildung ihren Wunsch durchgesetzt hatte, ein Leben bäuerlicher Arbeit zu führen, heiratete einen badischen Winzer und bewirtschaftete mit ihm das Weingut. Hier hatte auch Karl Wolfskehl seinen ständigen Wohnsitz vom Juli 1919 bis zum Herbst 1922, hier wurde seine Bibliothek untergebracht, hierher kehrte er auch später immer wieder zurück, und von diesem geliebten Stück Boden mit seinen Obstbäumen und Weingärten erzählte er noch gerne im Exil.

Dreiundfünfzigjährig nahm Wolfskehl eine Stelle als Hauslehrer bei zwei jungen deutschen Adligen in Florenz an. Dort blieb er von Ende 1922 bis Juli 1925. Damals vollendete er den größten Teil seines Buches „vom Wein", in dem er Perlen weinseliger Dichtung aus allen Zeiten und Völkern zusammentrug und zum Teil selbst übersetzte, so den mittelhochdeutschen 'Weinschwelg' und die mittelalterliche 'Beichte' des Archipoeta, die er bereits in Kiechlingsbergen mit dessen anderen Gedichten in formgetreuer Nachbildung eingedeutscht hatte. Wolfskehls Übertragungen von Gedichten (aus dem Alt- und Mittelhochdeutschen, dem Mittellateinischen, Französischen, Italienischen und Hebräischen[30]) sind von höchstem Rang.

Im Juli 1925 zog er wieder nach München. Jetzt erst begann er, zum Broterwerb genötigt, sein so viel bestauntes Wissen literarisch auszuwerten. In den folgenden Jahren verfaßte er eine große Zahl von Essays (über dichterische, sprachliche, philosophische, mythologische, volkskundliche, historische und zeitkritische Themen). Einen Teil hat er in dem Band *Bild und Gesetz* gesammelt. Er schrieb seine Abhandlungen zur Bibliophilie, war literarischer Herausgeber der Rupprecht-Presse und zeitweiliger Feuilleton-Redakteur der 'Münchner Illustrierten'. Die eigene Dichtung freilich versiegte in jener arbeitsreichen Zeit zwischen den Kriegen.

Unterdessen ging die Weimarer Republik ihrem Ende entgegen. Als der Spuk, der ihn schon lange geängstigt hatte, deutsche politische Wirklichkeit wurde, erkannte er sogleich die volle Tragweite und ließ sich durch die Beschwichtigungen von Freunden nicht beirren. Im Januar 1933 war er auf Besuch in der Schweiz, und er kehrte nach Deutschland nur zurück, um Abschied zu nehmen. Mit einer Schnelligkeit des Entschlusses, die an dem zum Zaudern Neigenden umso bemerkenswerter war, leitete er den Verkauf seiner Bibliothek gegen eine Leibrente ein, die ihm eine karge Existenz sichern sollte, und verließ die Heimat für immer.

Die italienische Phase des Exils war noch gemildert durch persönliche Kontakte mit Angehörigen und Freunden, die gelegentlich zu Besuch kamen, und durch die Vertrautheit des Ambiente. Die Situation spitzte sich mit der Auswanderung nach Neuseeland extrem zu. Italien hatte Wolfskehl noch als 'Wahlheimat' empfunden. Neuseeland erst wurde ihm zum 'Exil' in des Wortes voller, bitterer Bedeutung. Als die Lage der Juden auch in Italien unleidlich zu werden begann, beschloß er, Europa den Rücken zu kehren und so weit fortzugehen wie nur möglich.

Im Juni 1938 schiffte er sich nach Neuseeland ein, wo er zwei Monate später, nach kurzem Aufenthalt in Australien, im Hafen von Auckland eintraf, einen Monat vor seinem 69. Geburtstag. Er kannte niemanden, niemand kannte ihn. Die Stadt Auckland, mit ihren damals nur 250 000 Einwohnern auf einer Landzunge zwischen zwei Meeren liegend, zeigte ihm ihr Gesicht regelmäßiger, gartengesäumter Straßenzüge, cremefarbiger Bungalows hinter adrett gestutzten Hecken und Rasenflächen. Es war ein gefälliges, freundliches, aber auch sehr fremdes Gesicht, von einer Fremdheit, die sehr verschieden war von der Fremdheit der neuseeländischen Urlandschaft seltsamer Vögel und Wälder, von der er geträumt haben mag. Hier verlief das Leben in sehr normierten Bahnen und freies geistiges Leben als Existenzform war eine Anomalie. Durch die Vermittlung Thomas Manns erhielt Wolfskehl, der nur mit einem Touristenvisum ins Land gekommen war, nach mehreren Wochen aufregender Unsicherheit den dauernden Aufenthalt bewilligt. Bald zettelte Hitler den Weltkrieg an, in dem Neuseeland dem britischen Mutterland beistand. Deutsche, auch deutsche Juden waren verdächtig. Der deutsche Dichter in seinem achten Lebensjahrzehnt, beinhe erblindet, mit einer kargen Rente bedacht, immer wieder zum Wohnungswechsel genötigt, tat sich schwer. „Anders geweiht, gewachsen, ja gewandet . . .", wie es in einem Gedicht heißt, konnte er hier nicht Fuß fassen. Und andere Verse klagen: „Ich friere wo am weiten Ozean/ Fremd mut ich, muten mich die Menschen an". Das Heimweh hat ihn nie verlassen. Und noch furchtbarer als der Verlust der Heimat war, daß die Heimat im Selbstverlust ihren Stern- und Leitbildern untreu geworden war: „Löschest aus die eignen Lichter,/Fährst vom Weltentempelhaus/Deiner Kaiser, deiner Dichter/Brüllend, Teut, ins Dunkel aus". So im Gedicht *An die Deutschen.*

Freudige Ereignisse waren die Briefe der über den Erdball verstreuten Freunde. Nach dem Ende des Unheil-Regimes traf auch wieder Post aus Deutschland ein. Wolfskehl konnte ausführlich antworten, dank der Hilfe Margot Rubens, der Gefährtin seines Exils, der er seine brillanten Formulierungen ohne Konzept diktierte. Seine Korrespondenz wurde ihm zum Ersatz für versagte Gespräche, und Gesprächs-Charakter haben seine Briefe aus dem Exil durch den lebendigen Rapport mit dem jeweiligen Partner, auf dessen individuellen Ton sie abgestimmt sind. Erstaunlich, wie er spontan auf die verschiedensten Interessenbereiche einging und ohne Hilfsmittel wertvolle Beiträge auf dem jeweiligen gelehrten oder literarischen Gebiet zu liefern vermochte, ob es sich nun um Probleme des Neuplatonismus, die ersten deutschen Hexameter oder die Übersetzung des griechischen Lyrikers Kavafis handelte. Hier konnte er auch von den Dichtungen Mitteilung machen, die er in Neuseeland schuf, die seinem Exil Sinn verliehen und sein Exildasein krönten. Sie entstanden trotz äußerer Hemmnisse in sieben verschiedenen Wohnungen zwischen häufig gepackten Koffern und auf wiederholtem Krankenlager, bei völliger Angewiesenheit auf fremde Schreib- und Lesehilfe.

In den letzten neuseeländischen Jahren mehrten sich die Erkrankungen. Wolfskehl bedurfte der Ruhe und es wurde still um ihn. Immer weniger Menschen ließ er an sich herankommen. Womöglich noch intensiver war jetzt der Kontakt mit den Entfernten. Er träumte von Rückkehr oder einem letzten Besuch. Ob es dazu gekommen wäre? Er selbst hatte Bedenken. War er nicht dort noch unbekannter geworden, noch verschollener? Am 30. Juni 1948 (vor seinem 79. Geburtstag) erlöste ihn der Tod von einer schweren Krankheit und machte allen Zweifeln ein Ende.

Wolfskehls Zeit in Neuseeland war für die Entwicklung seines Werks von entscheidender Bedeutung. Trotz aller Mühsal und Entbehrung gelangte es dort zur vollsten Reife, und gewann er als Dichter jenen Rang, den wir ihm heute zuerkennen. Das Negative schlug ins Positive um. Denn Neuseeland war nicht nur der Ort der bewegenden Klage, sondern hier wuchs ihm auch Erkenntnis zu: „Auf Erdballs letztem Inselriff/Begreif ich, was ich nie begriff". Die extreme Raumesferne wurde dem Exul zum Gleichnis innerer Entrückung, und „andre Thule" zur Warte geistiger Überschau.

Im Jahr 1933 hatte mit dem Zyklus *Die Stimme spricht* das Spätwerk eingesetzt. Wolfskehl sprach von dem „Grund", der damals „ins Grünen kam".[31] In seinem siebten Jahrzehnt hob eine ganz neue kreative Phase an, die bis in die letzten Lebensjahre währte. Die neue Dichtung Wolfskehls entrang sich der Erschütterung seiner ganzen Existenz. Sie ist ich-zentriert, doch dieses 'lyrische Ich' ist, worauf schon hingewiesen wurde, von besonderer Art. Das Ich erlebt sich als Repräsentanten jener geistigen Welten, die dem Dichter konstitutiv sind: Judentum, Deutschtum, Mittelmeer. In seiner Gesamtheit ist das Spätwerk Zeugnis für die Werte einer großen Tradition, mit der die Machthaber des Tages gebrochen hatten, und Rechtfertigung einer geistigen Existenz, der sie das Daseinsrecht absprachen.

Das Biographische ist daraufhin bezogen. Für sich genommen ist es kein Thema. Die politische Zäsur des gebrochenen Rechts und der entfesselten Gewalt koinzidiert ja mit der biographischen, die das Verlassen Deutschlands und der Beginn des Exils markierte. Die Tragödie nahm ihren Gang: die Tragödie der Juden und die Tragödie der Deutschen in unheilvoller Verquickung. Das „ewige Schicksal" des Ahnenvolkes, das Schicksal der Entehrung, Verfolgung und Verbannung, erfüllte sich nun von neuem am eigenen Leib: „Nun das ewige Schicksal mich/ mich anspringt" lautet ein Vers in *Die Stimme spricht*. Doch dieses leidenschaftliche Bekenntnis des Dichters zu seinem jüdischen Wurzelgrund ist wortgewaltige deutsche Dichtung von weiter Amplitude der Stimmungen und Töne, in der die reiche Tradition deutscher Lyrik mitklingt, die den heroischen Gang des germanischen Stabreimverses so wie die Innigkeit des Kirchenliedes einbegreift.

Väter, in die weißen Mäntel gehüllte.
Heut entrinn ich Euch nicht, ich bin im Ring.
Väter, Wüstenwaller, zeichnet den Nachfahr
Mit Eures Schicksals Siegel, Segen oder Fluch. (I S. 151)

Und:

Ein Körnlein ist verscharret
Im Irgendwo der Welt.
Wer auf das Körnlein harret
Mit dem ists recht bestellt. (I S. 135)

Dem jüdischen Bekenntnis folgt das deutsche aus gleicher innerer Notwendigkeit. Das „Lebenslied" *An die Deutschen* wurde 1934 begonnen und in einer ersten, knappen Fassung fertiggestellt. Es ist die Besinnung auf ein unverlierbares Deutschtum, das der Verbannte als Erbe und verinnerlichten Besitz bewahrt, so daß er in der Ohnmacht seiner Exilexistenz in stolzem Selbstbewußtsein auszurufen vermag: „Wo ich bin ist Deutscher Geist". Dieses Selbstbewußtsein ist untrennbar von dem Schmerz über die Pervertierung des deutschen Geistes durch die deutschen Machthaber, den Zusammenbruch der deutsch-abendländischen Tradition, den Losbruch ins Nichts. Dort ist für den Dichter kein Platz mehr:

Alle meine Pulse pochen
Von dem Rufe: auf und fort!
Und ich folge, und ich weine
Weine, weil das Herz verwaist.
Weil ein Tausendjahr vereist. (I S. 219)

In Fortführung des Ansatzes der *Stimme* folgt in den weiteren Jahren der Zyklus *Hiob oder Die Vier Spiegel*, darin der Dichter für das jüdische und eigene Schicksal das gültige mythische Bild findet, indem er in vierfacher Formung des Hiob-Mythologems den „ewigen Fug des Judenschicksals" nachvollzieht und so die eigene Identität tiefer begreift. Der Grund, aus dem die *Stimme* erwuchs, „kam noch stärker ins Blühen . . . noch mehr zu sich, und, wer weiß, noch mehr ich zu mir."[33] Und in einem anderen Brief bekennt Wolfskehl: „Das tragische Erlebnis, mein Leben genauso durchzitternd wie das Schaffen, heißt Hiob."[34] In *Hiob Maschiach*, dem „Vierten Spiegel", spricht die verinnerlichteste Form jüdischen Messiasglaubens. Erlösung erwächst aus dem Leid, Erhöhung wird dem Geringsten und Erniedrigten zuteil. Der Heilbringer ist nicht einer, der vor der Welt glänzt, ist nicht, wo man ihn erwartet. Man muß für ihn bereit sein:

Seid ihr bereit? seid ihr gerüstet?
Weh wenn er da wär, ohn dass ihr wüsstet,
Dass er nimmer die Sach ist, mit der ihr euch brüstet,
Dass er irgendwas ist danach euch gar nicht lüstet.
Dann, just dann kommt er euch in die Quer –
Ja er ist da, fragt nicht woher. (I S. 213)

Er ist Hiob in seiner Verklärung:

Hiob immer, empfangen im Schoß der Not.
Hiob immer, erkoren zum Hocken im Kot.
Hiob immer von der Stimme umloht! (I S. 212)

Die Erlösungssehnsucht der Menschenseele erwächst aus dem Erinnern ihrer göttlichen Ursprungs- und Allverbundenheit und ihr Erlösungsglaube nährt sich aus der ihr innewohnenden göttlichen Liebeskraft. Hier ist Erlösung ein in Zeit und Raum nie erfüllbarer, dennoch jeden Ort und Augenblick umfassender Prozeß unentrinnbarer Wechselbezogenheit von Mensch und Gott. Gottes Erlösungswerk, das die Schöpfung vollendet und alles Geschaffene umspannt, bedarf zu seinem Gelingen der Mitwirkung des Menschen. Jede liebende Opfertat ist ein Same des Heils, der herrlich aufgehen wird am Ende der Zeiten, und ist zugleich sein weltverklärender Abglanz schon „hier" und „heute". Die Forderung der Annäherung an die Utopie ergeht an jeden von uns, an jedem Ort, in jedem Augenblick: „Wer wenn nicht du?/ Wann wenn nicht heut?/ Wo wenn nicht hier?" So ist virtuell jeder Mitbereiter des Messianischen Reiches.

Das jüdische Bekenntnis zur welterlösenden Liebe kommt dem christlichen ganz nahe, um dennoch von ihm durch einen Abgrund getrennt zu bleiben. Der Zyklus *INRI oder Die Vier Tafeln* hat das Verhältnis von Christentum und Judentum zum Thema und ist Ausdruck eines ergreifenden religiösen Ringens und einer paradox anmutenden Entscheidung. Die von Jesus tief betroffene Seele versagt sich dennoch christliche Gefolgschaft durch ihre Bejahung des gottgewollten Mysteriums der jüdischen Existenz:

Taug ich Dir nicht zur Ernte,
Pflugloser Scholle angesät?
Bleib ich der stets Entkernte,
Aus Schnitt und Drusch entfernte
Windwuchs, der nie zu Brot gerät?

Hast Du mich nie gemostet,
Nie Deinem Wingert eingesetzt?
Bin ich versengt, verfrostet,
Dass Du mich nie gemostet?
Nie werd ich Wein, ich weiss es jetzt! (I S. 199)

Die Dichtung *Mittelmeer oder Die Fünf Fenster* preist den Mittelmeerraum als die Matrix europäischer Gesittung: „Du Mutter der Geschichte wie der Mythen,/ Artmutter du all unsres Menschentums". *Mare Nostrum* vereinigt griechisch-römische Antike und biblisches Geschehen, die den deutschen Geist geformt haben. Hier weiß der Dichter das jüdische und das deutsche Element seines Wesens beheimatet und gebunden. Er gedenkt der eigenen Vorfahren, die seit der Diaspora lange in Italien ansässig gewesen waren, bis sie von Karl dem Großen an den Rhein gerufen wurden, in den von lateinischem Geist geprägten Kulturraum. Wir haben die Verse zitiert, die davon sprechen. Die Reichsidee hatte das Getrennte überwölbt. Nun war die tausendjährige deutsch-jüdische Symbiose mit ihren Katastrophen, Befruchtungen und Hoffnungen für immer zerbrochen. Das Bekenntnis zu seiner vollen Identität war nur auf die Formel zu bringen: „jüdisch, römisch, deutsch zugleich".

Ganz auf sich selbst zurückgeworfen, aber auch in der Gewißheit eines Unzerstörbaren als seines inneren Besitzes, mußte er in sich Wurzel fassen, um aus sich heraus den Gegenwurf eines dichterischen Kosmos hervorzubringen, in dem die Widersprüche seines Wesens integriert waren. „Ich habe mir selbst Welt werden müssen, Geistraum, Wiege des Wortes."[34] Dieses Bekenntnis folgt auf das andere und aus ihm: „Ich habe den Rhein in mir sowie das Mittelmeer, dem ich entstamme . . ." Jetzt, wo Wolfskehl nicht mehr umgeben war von Rhein und Mittelmeer, wurde das Geisteserbe von Rhein und Mittelmeer, das er in sich trug, um so mehr zu bestimmender und verpflichtender Potenz. Jetzt, wo seine Visionen von Europas Inferno furchtbar in Erfüllung gingen, das Außen ganz ins Spukhafte und Dämonische verzerrt, der Wirklichkeitsverfall total schien, verabsolutierte sich in der äußeren Unbezogenheit des Exils der Innenraum der eigenen Seele zur Arche alles Wesenhaften. Erst die Erprobung im Exil verlieh der Bezeugung seines Glaubens an Sinn und Rang der Dichtung das volle existentielle Gewicht. Zur Zeugenschaft des Geistes weiß sich der Exul aufgerufen. Er versteht sich als Verwalter des 'eigentlichen Innenreichs' des Geistes, des lebendigen Wortes. In ihm hat das Gewesene Dauer, in ihm ist Zukünftiges begründet. Das lebendige Wort ist Quelle und Gewähr kommenden Geistgeschehens. Die Reinheit der Verbildlichung, nicht die „Breite der Auswirkung"[35] ist entscheidend. Dieses Bewußtsein gab dem verbannten Dichter das stolze Gefühl von Sinn und Wert seiner einsamen Zeugenschaft.

Die expressionistischen Visionen des Entsetzlichen überschatteten seine nüchterne, eiskalte Faktizität, die den Hintergrund von Wolfskehls Spätwerk bildet. Das stellt den Zusammenhang mit der deutschen Nachkriegslyrik her. Ihr Signum ist nicht der Schrei, sondern das Verstummen angesichts der gorgonischen Realität. Radikaler denn je stellt sich die Frage nach dem Sinn von Lyrik, ja ihrer Berechtigung – ihrer Möglichkeit – „nach Auschwitz". Das Trauma der Dichter ist die geschändete Sprache. Die Aufgabe der Dichtung wäre es, der Sprachpervertierung entgegenzuwirken, „Gegenwort" zu sein. Die Reaktion auf den hohen Anspruch schwankt zwischen Zuversicht und Resignation. Die Sprache wird zum zentralen Thema der Gedichte selbst. Sie entfaltet sich im Spannungsfeld zwischen dem reinen Urbild und dem Zustand der Entstellung und Erstarrung. Die Spannung von inniger Bindung an die Sprache und dem Bewußtsein ihrer Schmach wurde von jüdischen deutschen Dichtern radikaler erlebt, von ihnen, die deutsch schrieben trotz allem, denen Sprache zur einzigen Heimat geworden war. In diesen Zusammenhang – den Zusammenhang mit Nelly Sachs und Paul Celan – möchte ich Karl Wolfskehl vorsichtig rücken. Zwischen Wolfskehls Formwelt und der des reifen Celan gibt es freilich keine Berührung. Celans hermetische Abbreviaturen, seine Sprachaskese auf dem Weg in eine immer „grauere Sprache"[36] sind Wolfskehls ausladendem Pathos diametral entgegengesetzt. Und doch besteht eine Verwandtschaft des Ethos. Es besteht der gemeinsame Hintergrund jüdischer Sprachmystik. Zwischen Mystik und Skepsis bewegt sich die Dichtung des Jüngeren. Er erlebte und durchlitt die Spannung zwischen sinnstiftender Utopie und Verzweiflung. Auch Celan wußte um des Wortes kosmischen Bezug, des „sternüberflogene(n)", des „meerübergoßne(n)"[37]. Und er fand Stärkung im Besitz des „Schibboleth", des Kennwortes derer, die dem „Markt" und der Macht nicht zu Willen sind[38]. Er erblickte am Horizont der Zukunft das „Zeltwort", das in Freiheit und Brüderlichkeit Gemeinschaft zu begründen vermag.[39] Aber er erkannte auch schmerzlich das ganze Elend der ihm verfügbaren Sprache, durch Mißbrauch verderbt und entwertet: den „Bettel" und „Schotter" der Worte.[40] Im unauslöschlichen Gedächtnis niederträchtigster, unmenschlichster Gewalt blieb er durch das Entsetzen gezeichnet. Er kannte den Schrecken der „Wortnacht".[41] Er erfuhr die ganze Ohnmacht des Wortes, das dem, der sich in der Sprache geborgen wähnte, „erstarrte", „als die Meute ihn hinterrücks anfiel".[42] In einem Gedicht Celans heißt es: „Ein Wort/ Du weißt eine Leiche".[43] Dennoch bleibt sein Vertrauen einem Unversehrbaren zugewandt, jenem Wort, das, urbildhaft in tieferen Schichten begründet, gefeit bleibt gegen die Sprachvergiftung: „dem das Blut nicht gerann, als der Giftzahn/ Die Silben durchstieß".[44]

Auch aus Wolfskehls Exildichtung spricht der Schmerz über den Verfall des kreativen Menschenwortes, die Schmach seiner Erniedrigung, die Vernichtung seiner Substanz:

Das Wort hat seinen Ruhm gehabt,
Purpurnen Königsruhm gehabt,
Feil wards und faul wie Kot,
Und ob ihr tausend Worte habt:
Das Wort, das Wort ist tot. (I, S. 177)

„Das Wort, das Wort ist tot" wird seine Entsprechung finden in Celans „Ein Wort / Du weißt eine Leiche". Aber auch Wolfskehls dichterische Beschwörung des Wort-Schicksals drängt über den Horizont des Verderbens und des Verderblichen hinaus. Die Totenklage des Gedichts überwölbt das Finale eines dreifachen

UND DOCH, in dem das Vertrauen in die regenerative Potenz des Geistes sich in die Waagschale wirft. In seinem Exil weiß sich Karl Wolfskehl trotz aller Anfechtungen als Hüter des „rechten Wortes":

> Exul! Mich Keltrer, Kellerer des Weins,
> Des Weins, der Wort heißt, Tau des Gedeihns. (I, S. 192)

Noch in der Mühsal und Vereinsamung seiner Exilexistenz hat Wolfskehl sich jenes dichterische Selbstverständnis bewahrt, das die Dichtung seiner Jugend bestimmt hatte. Es war geweckt und geprägt worden durch seine Begegnung mit Gedichten Georges. In seinem Glauben an die ihm in der Gefolgschaft Georges gestellte Aufgabe, an der Erneuerung der deutschen Dichtung mitzuwirken, hatte „plötzlich . . . die Welt . . . einen Sinn". Dieser erfüllte sich vorerst ganz im Rahmen der sich selbst genügsamen Kunst. Im Verlauf der weiteren Entwicklung – der persönlichen Wolfskehls und der allgemeinen der deutschen Lyrik – werden seine Grenzen gesprengt. Neuer, poesiewidriger Realitätsstoff rückte in den Blick und ließ sich nicht länger abweisen. Existentielle Ängste verlangten nach dichterischer Gestaltung. Der Glaube des Dichters an den Sinn seines Tuns mußte sich in der Auseinandersetzung mit der erschreckenden Erfahrung einer aus den Fugen geratenen Welt, einer dichtungsfremden, „antilyrischen" Gegenwart, bewähren. Es war der Weg der Lyrik in den Expressionismus, den Wolfskehl im Vorfeld des Ersten Weltkriegs vorangegangen war – auf den ihm eigenen Bahnen.

Wolfskehls „späte Lese" vom „Winzer Leid" aus „Tränen" gepreßt und „ausgeklärt" zum „vollsten Wein", ist von unverwechselbarer Eigenart. Der neu erwachte dichterische Impuls des Siebzigjährigen transformiert die Quintessenz seiner persönlichen Existenz in eine Werkgestalt von persönlichstem Gepräge. Die dichterische Ichaussage, durch tragisches Schicksal zu radikaler Selbstprüfung und Selbstfindung genötigt, transzendiert auf die das Individuum konstituierenden kollektiven und ideellen Wirklichkeiten. Der Dichter wird seiner Identität inne im mythischen Nachvollzug des „ewigen Judenfugs", in der Identifizierung mit der Gestalt Hiobs und als Repräsentant geistiger Werte, für die er durch seine Existenz einzustehen hat. Für sie und gegen ihre Bedrohung zeugt er als „Seher" und Warner aus der Überschau, die die Distanz und Entrückung des Exils gewährt. Zugleich weist das Spätwerk über die Exilsituation hinaus. Die letzte Entwicklungsstufe Wolfskehlscher Dichtung antizipiert wesentliche Momente der Entwicklung der deutschen Lyrik nach dem Krieg. Freilich, den jüngeren Dichtern ist aller Gestus der Verkündigung ganz fremd geworden. Nichts ist ihnen mehr suspekt als die Rolle des 'vates'. Doch gleich Wolfskehl bleiben sie durch eine geschichtliche Situation gezeichnet, die ihnen ein Wissen aufbürdet, das sie nicht wie andere Zeitgenossen zu verdrängen vermögen, vor dessen grauenvollem Inhalt die Sprache versagt und Lyrik ihre Berechtigung zu verlieren droht. Dort, wo in dem „Und dennoch" eines dichterischen Werkwillens ihre Lyrik einer extremen seelischen Belastung abgerungen ist mit der Funktion, in einer Welt, in der „jede Wirklichkeit durch ihre scheinhaften Gegenbilder abgeblendet oder verschüttet ist"[45], „Wirklichkeit zu entwerfen"[46] (Celan), sind sie Wolfskehl verbunden.

Anmerkungen

1 Karl Wolfskehl: Gesammelte Werke. Zwei Bände. Hrsg. von Margot Ruben und Claus Victor Bock. Hamburg: Claassen, 1960. (abgekürzt: G.W.I. und G. W.II); hier das Titel-Zitat G.W.II S. 576; Wolfskehl: Zehn Jahre Exil. Briefe aus Neuseeland 1938-1948. Hrsg. und eingeleitet v. Margot Ruben. Mit einem Nachwort von Fritz Usinger. Heidelberg/Darmstadt 1959. S. 286.

2 Wolfskehl: Stefan George und die Welt. In: G.W.II S. 265.

3 Wolfskehl: Geist und Gegenwart. In: G.W.II S. 365.

4 Ebd. S. 261 Anmerkung 2.

5 Ebd.

6 Wolfskehl: Meine Begegnung mit Stefan George. In: Literarische Welt (Juli 1928)

7 Wolfskehl: Stefan George und der Mythos. In: G.W.II S. 259.

8 Friedrich Wolters: Stefan George und die Blätter für die Kunst. Berlin 1930. S. 244.

9 Deutsche Dichtung. Hrsg. und eingeleitet von Stefan George und Karl Wolfskehl. Erster Band: Jean Paul. Ein Stundenbuch für seine Verehrer. Zweiter Band: Goethe. Dritter Band: Das Jahrhundert Goethes. Berlin: Bondi, 1910.

10 Vgl. G. Plumpe: Alfred Schuler. Chaos und Neubeginn. Zur Funktion des Mythos in der Moderne. Berlin: Agora, 1978. In diesem Buch wird Schulers Wirkung auf Rilke untersucht. Die Spannweite von Schulers Wirkung signalisiert der Titel eines Aufsatzes von G.K. Kaltenbrunner: Zwischen Rilke und Hitler – Alfred Schuler. In: Zeitschrift für Religions- und Geistesgeschichte 19/9 (1967). Zu Schulers Wirkung auf Walter Benjamin vgl. W. Fuld: Die Aura. Zur Geschichte eines Begriffs bei Benjamin. In: Akzente (Juli 1979) S. 352 - 370. Ferner aufschlußreich zu diesem Thema vom gleichen Verf.: Walter Benjamins Beziehung zu Ludwig Klages. In: Akzente (Juni 1981) S. 274 - 287; Gershom Scholem: Walter Benjamin und Felix Noegerath. In: Merkur (Februar 1981) S. 134 - 169. – Ein wichtiges, amüsantes zeitgeschichtliches Dokument zur 'Kosmischen Runde' ist der Roman von Franziska zu Reventlow: Herrn Dames Aufzeichnungen. Neu aufgelegt München: Heyne, 1978 – Schwabing zu Beginn des Jahrhunderts mit Wolfskehl (Hofmann) und Klages (Hallwig).

11 Alfred Schuler: Fragmente und Vorträge aus dem Nachlaß. Hrsg. und eingeleitet von Ludwig Klages. Leipzig: Barth, 1940. S. 53.

12 Vgl. Alfred Schuler: Erster Vortrag: Vom offenen und geschlossenen Leben. Ebd. S. 159ff.

13 Ebd. S. 110. Klages zitiert hier in seiner Einleitung Schuler.

14 Ebd. S. 78. In diesem Sinn sei auch George von Wolfskehl im Interesse des „Weltjudentums" gegängelt worden („sagen wir getrost: die Weisen von Zion"), Wolfskehl sei dem „von ihm 'kreierten' Bundesmeister" (einer geheimen Loge) „an Bedeutung weit überlegen" gewesen. „Eine Loge hatte er gründen sollen [. . .] (um) arische Quellgeister zu fangen und sie unmerklich Juda dienstbar zu machen." (ebd.) Dieser Dämonisierung des Juden im Stil der schlimmsten antisemitischen Kolportage-Literatur geht eine Porträtskizze voraus, die Klages' Faszination durch die Persönlichkeit Wolfskehls dokumentiert: „Ich habe ihn sich unterhalten hören mit Völkerforschern über Totemismus [. . .], mit Altphilologen über schwierige Probleme der Metrik in

den Chorgesängen der Tragiker, mit Archäologen über die antike Oikos-Idee, über den Brauch der Theoxenien, über Inkubationsmantik, mit Ägyptologen über die anch-Schlinge (Henkelkreuz, 'Nilschlüssel'), mit Tonkünstlern über abseitige Kapitel der Musikgeschichte, mit sehr unterrichteten Ästheten über Lecomte de Lisle, François Coppée, Huysmans, Henry de Régnier, Rimbaud, Wilde, Beardsley und gewann jedesmal den Eindruck, der Aussprache zweier Fachleute beizuwohnen, da denn [. . .] er den 'eigentlichen' Fachmann womöglich an Kenntnissen, bestimmt aber an scharfsinniger Ausdeutung hinter sich ließ. – Hier und nur hier fand Schuler den Mann, der ihm in unterste Abgründe seiner Mysterien unverzüglich folgte, selbst angesichts dieser Welt von einzigartiger Fremdheit im Nu sich auskennend und hie und da ein ihm jetzt erst begegnendes Katakombengemälde mitaufhellend." Ebd. S. 52
Die Schmähexzesse des einstigen Jugendfreundes bekam Wolfskehl noch in Neuseeland zu Gehör. Mir oblag es, ihm die 'Einführung' von Klages vorzulesen. Seine Reaktion völliger Fassungslosigkeit bleibt mir unvergeßlich.

15 Oskar Goldberg: Die Wirklichkeit der Hebräer. Einleitung in das System des Pentateuch. Berlin, 1925.

16 Wolfskehl: Die Blätter für die Kunst und die neueste Literatur. In: G.W.II S. 225.

17 Ludwig Klages: Stefan George. Berlin 1902. S. 15.

18 Wolfskehl: G.W.II S. 365.

19 Ebd. S. 367.

20 Dieses Zitat und die folgenden entnehme ich den 'Stichworten zu einem Vortrag' über 'Geschichte und Tradition im Leben des Judentums', gehalten in Recco am 14. Mai 1937. Das Typoskript im Literaturarchiv Marbach.

21 G.W.I S. 186 u. II S. 573.

22 Hiezu K.W.: Das Althochdeutsche Schlummerlied, Wolfskehls Beitrag zur 'Festgabe für Martin Buber zum 50. Geburtstag', Heidelberg 1928. Abgedruckt in G.W.II. S. 62-66.

23 Der zweite Spiegel: Hiob Simson, G.W.I, S. 205ff.

24 R.P.: Der Dichter Karl Wolfskehl. In: Die Tat, 26.4.1952.

25 Bücher Bücher Bücher Bücher. Elemente der Bücherliebeskunst von Karl Wolfskehl. Mit Beiträgen von Curt Faber du Faur und Emil Preetorious, 51. Band der Rupprecht-Presse München 1931. Enthalten in: G.W.II, S. 492-549.

26 Insbesondere: Franziska zu Reventlow: Herrn Dames Aufzeichnungen. (Vgl. Anm. 10). Ein anmutiges Bild des Nachkriegs-Schwabing gibt Willy Seidel in dem Roman *Jossa und die Junggesellen,* München 1930, mit den Privatgelehrten und Bohemiens C.G. Maaßen und Karl Wolfskehl (Gundermann) als männlichen Hauptfiguren. An Schwabinger Memoiren seien genannt: Rolf von Hörschelmann: Leben ohne Alltag. Berlin 1947; Erich Lissner: Dem Schwabinger Zeus. In memoriam Karl Wolfskehl. Frankfurter Rundschau vom 15.7.1948; Fritz Knöller: Das Schwabinger Dreigespann. In: Neue literarische Welt (1952) H. 13; sowie der unten zitierte Essay von Preetorius.

27 E. Preetorius: Münchner Erinnerungen. In: Über die Kunst und ihr Schicksal in unserer Zeit. Düsseldorf/München : Küpper, 1953. S. 59ff.

28 Aus seinen Erinnerungen an Wolfskehl, die Ludwig Curtius auf meine Bitte hin mir 1952 zugesandt hat.

29 zitiert nach Emil Preetorius: Karl Wolfskehl, dem Freund. Privatdruck, ausgeliefert durch Küpper, Düsseldorf 1950.

30 Erst kürzlich erschien Wolfskehls brillante Übertragung des Textes zu Mozarts 'Hochzeit des Figaro' von da Ponte. Hrsg. von Klaus Schultz. Marbach a.N. 1978 (= Marbacher Schriften 15).

31 Aus einam Brief an Kurt Frener aus dem Jahr 1945, abgedruckt im 'Merkur', September 1955.

32 Ebd.

33 Brief an Gräfin Helmstatt vom 1.11.1946. In: Wolfskehl: Zehn Jahre Exil. 1958. S. 4.

34 Wolfskehl: Zehn Jahre Exil. a.a.O., S. 323.

35 Wolfskehl: Geist und Gegenwart. In: G.W.II S. 365.

36 Paul Celan in seiner Antwort auf eine Umfrage über die Situation der modernen Lyrik. In: Almanach der Librairie Flincker. La Librairie Française et Etrangère. Paris 1958. S. 4

37 Paul Celan: Gedichte in zwei Bänden. Frankfurt a.M.: Suhrkamp 1975. Bd. 1 S. 138 ('Argumentum e Silentio').

38 Ebd. S. 131.

39 Ebd. S. 256.

40 Ebd. S. 89 und S. 171.

41 Ebd. S. 117.

42 Ebd. S. 138.

43 Ebd. S. 125.

44 Ebd. S. 138.

45 Wolfskehl: G.W. II S. 365.

46 Paul Celan: Ausgewählte Gedichte. Zwei Reden. Nachwort von Beda Allemann. Frankfurt: Suhrkamp, 1970. S. 128.

Hans Otto Horch

„Verbrannt wird auf alle Fälle ... “ Juden und Judentum im Werk Jakob Wassermanns

Es geht schließlich um die Frage: warum schlagt ihr die Hand, die für euch zeugt?
Jakob Wassermann *Mein Weg als Deutscher und Jude* (1921)[1]

Im Jahr 1915, als sich Europas intellektuelle Elite bis auf wenige Ausnahmen in einer Art „Schicksalsrausch“ (Thomas Mann) zum Weltkrieg und dessen nationalistisch-chauvinistischen Prämissen bekannte, gab Jakob Wassermann unter dem Titel *Deutsche Charaktere und Begebenheiten*[2] ein „absonderliches Sammelwerk“[3] heraus. Es enthält Auszüge aus Büchern historischen und kulturgeschichtlichen Inhalts, die in ihrer Gesamtheit einen Eindruck davon vermitteln sollen, was ein „deutscher Charakter“, ein „deutsches Schicksal“, ein „deutsches Ereignis“ eigentlich sei.[4] In Anlehnung an Gustav Freytags *Bilder aus der deutschen Vergangenheit* (vgl. XVII, XXIII) wird die deutsche Kultur von Wassermann als „wundergleiche Schöpfung einer Seele ohne Leib“ (XVII), das deutsche Leben als gespalten zwischen den Polen des Spießbürger- und Heldentums, zwischen alltäglicher Plattheit und Lichtlosigkeit und dem Unbedingten, dem Pathos großer Ereignisse beschrieben (XX f.). 1924, in einer Zeit der „tiefen Erniedrigung und Not der deutschen Welt“, erschien das Sammelwerk in einer stark vermehrten Neuausgabe.[5] Charakteristischerweise ist die Episode *Eine Judenbekehrung unter dem Galgen* eingefügt,[6] in der auf die perversen Praktiken der Judenmission im 17. und 18. Jahrhundert aufmerksam gemacht wird. Auch die Grausamkeit um einer pervertierten Idee willen gehört zur Überlieferung der deutschen Geschichte. Wassermanns „Weg als Deutscher und Jude“ ist von diesem Bewußtsein ebenso geprägt wie sein schriftstellerisches Werk, das seiner eigenen Einschätzung nach mit dem Roman *Die Juden von Zirndorf* (1897) begann, und an dessen Ende der Plan zu einem Ahasver-Roman (1933) stand.[7] Kein Schriftsteller jüdischer Herkunft im deutschen Sprachraum, so Hans Lamm in seinem Aufsatz zum 100. Geburtstag des Autors 1973,[8] habe so sehr unter der Zugehörigkeit zur jüdischen und deutschen Gemeinschaft gelitten wie Jakob Wassermann; man wird hinzufügen müssen, daß sich auch kaum einer unter den deutsch-jüdischen Schriftstellern des 19. und 20. Jahrhunderts so kontinuierlich mit dem Problem des Jude-Seins in einer aufs Ganze gesehen distanzierten bis feindlichen deutschen Umwelt auseinandergesetzt hat. Wassermann gilt zu Recht als Repräsentant des westlich orientierten assimilierten Judentums; falsch wäre es allerdings, ihn – wie es Theodor Lessing[9] eher beiläufig tat – als Exponenten jüdischen Selbsthasses darzustellen. Wassermann fühlte sich als Deutscher, verleugnete aber nie seine jüdische Herkunft; er litt zeitlebens daran, daß die erstrebte Synthese, die im Gedanken der Humanität potenziert erfüllt werden sollte, vom Antisemitismus zunichte gemacht wurde. Gerade in der Idee der Synthese folgten viele deutsche Juden. Hans Mayers harsche Kritik, Wassermann seien die wahren Fragen immer wieder über imaginären „Problemen" entglitten,[10] läßt sich kaum als sachgerecht bezeichnen. Die ungeheure Wirkung weit über Deutschland hinaus – nicht zuletzt bei jüdischen Lesern – sollte auch denen als Indiz wenigstens partieller Problemadäquatheit gelten können, die sich im Zeichen eines ästhetischen Avantgardismus nur gleichsam von oben herab dem „trivialisierten Dostojewski" zuwenden.[11] Sollte sich ein Kurt Tucholsky getäuscht haben, als er 1924 gegenüber allen bloß ästhetischen Untersuchungen darauf insistierte, daß das Unfertige und Leere integrale Bestandteile von Wassermanns Leben und Werk seien und der Autor gerade dadurch in einer Zeit des Niedergangs der deutschen – und man darf ergänzen: der deutsch-jüdischen – Seele zu einem Ausdruck ihrer selbst verholfen habe?[12] Und sollte Jean Amérys später Appell, man möge den letzten „unter den großen konventionellen Romanciers der Deutschen", ungeachtet seiner „Wort-Zügellosigkeit", seines auch von Thomas Mann gerügten Hangs zum leeren Pomp, nicht völlig vergessen, auf falschen Voraussetzungen beruhen?[13] Wassermann jedenfalls, so Améry, sei „besser als sein armseliger Nachruhm" (169). Die literarhistorische Forschung aber hat sich bisher kaum darum bemüht, diesem Romancier Gerechtigkeit widerfahren zu lassen. Besser steht es mit der Analyse von Wassermanns essayistischen, autobiographischen und brieflichen Stellungnahmen zur deutsch-jüdischen Existenz; hier ist die generelle Aufmerksamkeit, die man nach 1945 diesem zu Ende gegangenen Kapitel gewidmet hat, auch ihm zugutegekommen.[14] Wie differenziert sich das Problem auch im Erzählwerk niederschlägt, bedarf näherer Untersuchung. Die Gestalten des Judentums bilden einen wesentlichen Bestandteil der figurativen Konstruktion der Romane seit 1897. Dabei ist dem frühen Roman *Die Juden von Zirndorf* besondere Aufmerksamkeit zu widmen; in ihm werden – noch chaotisch-expressiv – alle wesentlichen Motive angeschlagen, die das spätere Werk bestimmen. Der Hauptteil der folgenden Untersuchung bietet deshalb eine Interpretation dieses Romans und seiner frühen Rezeptionsgeschichte (Abschnitt 3). Zuvor wird auf die nichtfiktionalen Schriften über die deutsch-jüdischen Existenz (Abschnitt 1) sowie auf jüdische Figuren in späteren Erzählwerken (Abschnitt 2) eingegangen.

I.

Als der nationalsozialistische Literarhistoriker Franz Koch 1937 im ersten Band der offiziösen *Forschungen zur Judenfrage* Jakob Wassermanns Weg als Deutscher und Jude beschrieb,[15] hatte er sich mit dem Umstand auseinanderzusetzen, daß dem Werk dieses Autors auch von „nichtliberalistischer" Seite – etwa von Adolf Bartels oder Josef Nadler – Anerkennung zuteil wurde (vgl. 150f.). Koch sieht in Wassermann demgemäß einen symbolischen, einen typischen Fall: der Autor steht für den emanzipierten und assimilierten Juden, der sich ins Deutschtum „eindrängt", weil er einerseits sozial reüssieren will und weil er andererseits in einer Art „Instinktunsicherheit" (151) sich zeitweilig mit dem Deutschtum wie mit dem

Judentum stammesmäßig identifiziert. Mit dem Spürsinn des Hasses sammelt Koch Äußerungen Wassermanns zum Problem von „Blut und Seele, Leben und Nachleben“, Abstammung und Bildungsbesitz, rassisch-biologischen Gesetzmäßigkeiten und der Hervorhebung des Ausnahmeschicksals, die in ihrer scheinbaren oder tatsächlichen Widersprüchlichkeit die „doppelgleisige Taktik“ des Autors sichtbar werden lassen (152f.). Die Häufigkeit rassisch-biologischer Metaphern wird für den nationalsozialistischen Ideologen zum Indiz dafür, daß Wassermann quasi gegen seinen Intellekt die Gültigkeit der Rassentheorie anerkenne (155); auch könne man in seinem Werk eine Vielzahl von Aussagen finden, die sich in ihrer Summe als förmliche Charakteristik des „jüdischen“ Typus entpuppten (155f.). So ist es nur konsequent, daß Koch auch im Erzählwerk Wassermanns nur „Kolportage und Kitsch“ (161), Mangel an echten Bildern (161) und tiefer Sprache (162), häufige Plagiate (162), zersetzende Tendenzen (163), mit einem Wort: die Wurzel- und Substanzlosigkeit des typisch jüdischen Literaten entdeckt.

In Franz Kochs raffiniert-gehässiger Analyse scheinen – wenngleich in völlig verzerrter Gestalt – Motive und Probleme auf, die für Wassermann konstitutiv sind. Die lebenslange Bemühung um die Definition des Jude-Seins in der fränkischen bzw. deutsch-österreichischen Umwelt bringt zwangsläufig ein Schwanken zwischen verschiedenen Argumentationsmustern – etwa dem rassisch-biologischen, dem religiösen, dem stammesmäßigen, dem kulturhistorischen – mit sich. Solche Argumente lassen sich formallogisch durchaus als kontradiktorisch interpretieren; letztlich erweisen sie aber gerade in ihrer Widersprüchlichkeit, wie verzweifelt sich der Autor um Anerkennung als deutscher Jude bemühte. Die Widersprüchlichkeit, das Paradox wird zum adäquaten Signum der existentiellen Problematik. In der neueren Forschung wird Wassermann deshalb zu Recht als Repräsentant des Assimilationsjudentums behandelt: zwar bemüht um eine Synthese von Deutschtum und Judentum, aber das Deutschtum letztlich mehr betonend als die jüdische Herkunft.[16] Das Selbstbewußtsein als Jude entwickelt sich nicht frei, sondern als Produkt der Auseinandersetzung mit einer judenfeindlichen Umwelt.[17] Jakob Wassermanns Weg als Deutscher und Jude ist zugleich ein Weg von der quälenden kleinbürgerlichen Jugend zur Integration in das Wiener Großbürgertum, allerdings ohne daß sich daraus ein explizit politisches Bewußtsein entwickelt hätte (292ff., 307). In seinen Schriften zum Problem der deutsch-jüdischen Existenz fällt ein Doppeltes auf: zum einen bekennt sich Wassermann ohne Einschränkung zum jüdischen Leid in der Geschichte und in der vom Antisemitismus vergifteten Gegenwart; zum andern erhofft er für die Zukunft – im Rahmen einer wirklich humanen gesellschaftlichen Verfassung – die bruchlose Integration der jüdischen Minderheit in die deutsche Kultur. Die Aufhebung der jüdischen Leiden wäre demnach zugleich die Aufhebung der jüdischen Leidensgemeinschaft; übrig blieben die Erinnerung und eine gewisse ererbte bzw. tradierte „orientalische“ Mentalität, die jüdische „Sendung“ bestünde danach in einem konsequenten Eintreten für die Sache der Humanität und – dies die Leitbegriffe von Wassermanns Gesamtwerk – der „Gerechtigkeit“ im Zeichen einer Überwindung der „Trägheit“ und „Atrophie“ des Herzens.

Geprägt von den Erfahrungen der Kindheit und Jugendzeit, die gleichzeitig im autobiographischen Roman *Engelhart Ratgeber* (1903/05) verarbeitet werden, ist Wassermanns großer Aufsatz *Das Los der Juden* (1904).[18] Alle Absurditäten und Grausamkeiten des Judenhasses, von denen auch die „Menschlichsten", der „lichteste Geist" nicht unberührt geblieben seien (941), werden in leidenschaftlicher Anklage aufgeführt. Unwissenheit, versteinertes Mißtrauen und religiöse Voreingenommenheit gelten als Hauptursache für die Abneigung des „Durchschnitts-Deutschen oder -Christen oder -Germanen" (941). Demgegenüber muß der Jude der Gegenwart als einzelner sich auf sein Judentum besinnen: nicht als Volks- oder Rassegedanke, sondern als Erweckung großer Traditionen (944f.). Der ewig geschundene Jude muß gewissermaßen den aufrechten Gang erst einüben, der ihm so lange verwehrt wurde; die Möglichkeit und Fähigkeit, ein großer Mensch zu sein, mag ihn darüber hinwegtrösten, daß es ihm so oft verboten ist, ein Deutscher im vollen Sinn zu werden (948). Der „Genius aus jüdischem Blute", ein „Mann der tiefsten Leidenserfahrungen und des stolzesten Adelsbewußtseins" (948), mag die beste Rache der Juden an einer Menschheit sein, die das Volk des ersehnten Messias so lange verachtet hat.

Unverkennbar schwebt Wassermann für sich selbst eine Sendung vor, die – wenngleich in bescheidenerem Maßstab – in diese Richtung weist. Entsprechend deutlich hebt er 1909 zwei diametral verschiedene Möglichkeiten des Juden hervor, geistig eine Rolle zu spielen:

> Der Jude als Europäer, als Kosmopolit ist ein Literat; der Jude als Orientale, nicht im ethnographischen, sondern im mythischen Sinne, mit der *verwandelnden Kraft* zur Gegenwart, die er besitzen muß, kann Schöpfer sein.[19]

Dieser Gedanke wird in Wassermanns Beitrag zum Prager BAR KOCHBA-Sammelbuch *Vom Judentum* (1913) auf Anregung Martin Bubers noch einmal erläutert.[20] Im Gegensatz zum „modernen", entgötterten, entwurzelten Juden und seiner Flucht ins Extrem, in den Krampf (6f.) ist der „orientalische" Jude als Symbolfigur ein legitimer Erbe der jüdischen Vergangenheit:

> Er kann sich nicht verlieren, da ihn ein edles Bewußtsein, Blutbewußtsein, an die Vergangenheit knüpft und eine ungemeine Verantwortung der Zukunft verpflichtet; und er kann sich nicht verraten, da er gleichsam ein offenbartes Wesen ist. (7)

Der Jude als Orientale könnte in diesem Sinn als „Idee" wirkmächtig werden; er ist das E I D O S, auf das hin jede intellektuelle, geistige Anstrengung auszurichten ist.

Demgegenüber muß die Wirklichkeit zwischen Antisemitismus und jüdisch-moderner „Häßlichkeit" zum Horrorbild werden; Resignation angesichts einer seit dem Weltkrieg zunehmend verrohenden Gesellschaft macht sich breit, „Vergeblichkeit" ist das Stichwort der Epoche. Die große autobiographische Schrift *Mein Weg als Deutscher und Jude* (1921) gipfelt denn auch im zehnmaligen Verzweiflungsschrei „Es ist vergeblich . . ." angesichts eines Judenhasses, der sich selber

Sinn und Ziel ist.[21] Zwar hat Wassermann den tiefen Kulturpessimismus der Schrift für die englische Übertragung abgemildert;[22] aber es ist nicht zu verkennen, daß das Bewußtsein der Vergeblichkeit bis 1933 nicht prinzipiell revidiert, sondern allenfalls abgemildert wird. Ereignisse wie der Mord an Rathenau[23] unterstreichen die pessimistische Weltsicht. Wassermann ist gegen Ende seines Lebens ähnlich desillusioniert wie etwa der Repräsentant der deutsch-jüdischen Symbiose im 19. Jahrhundert, Berthold Auerbach, dem der Glaube an die bruchlose Integration angesichts des Antisemisismus seit 1870/71 ins Schwanken geriet.[24] Die Rede *Meine Landschaft, äußere und innere,* gehalten in seinem letzten Lebensjahr (März 1933) im Wiener Volksheim unter dem Eindruck der nationalsozialistischen Machtergreifung in Deutschland, evoziert einen Begriff der Heimat, der – verstanden als „innere Landschaft" – jenseits der aufgezwungenen Polarität von Deutschtum und Judentum liegt.[25] Jede Apologetik wird als „wider die Natur, wider den Geist, wider die Kunst und wider die Wahrheit" (115) abgelehnt: Jude, Deutscher und Mensch ist man in gleicher Selbstverständlichkeit (117).

In den *Selbstbetrachtungen* (1933) – ebenso wie in der *Selbstschau* aus demselben Jahr – insistiert Wassermann darauf, daß der Begriff der Gerechtigkeit

> nicht bloß als Idee, als Inkarnation des göttlichen Wesens, sondern als sittliche Forderung von höchster ungestümster Dringlichkeit das moralische und legislative, politische und religiöse Fundament des Judentums bildet.[26]

Ähnlich wie im Aufsatz von 1904 wird noch einmal der Leidensweg der Juden nachgezeichnet: als eine „Straße des Kummers und der Tränen, wie es keine gab, seit menschliche Taten und Leiden aufgeschrieben werden" (98f.). Dieses Schicksal wird „im Gruppen- und Stammesgedächtnis aufbewahrt und bildet den historischen und mythologischen Erlebniskern" (99); es ist die Ursache für alles, was den Juden als Stammes- oder gar Rasseneigentümlichkeit negativ zugerechnet wird (100f.). Daß gerade Deutschland zum „Zentrum der Infektion" des Antisemitismus wurde, schmerzt Wassermann besonders:

> Es ließe mich nicht ruhen, auch wenn ich kein Jude wäre; den Stachel würde ich nicht los, ich bin dessen sicher, den Vorwurf, den Gewissensruf, das Gefühl einer brandigen Wunde am Körper der Nation. Nun hat mich aber doch das Schicksal zum Juden gemacht, das heißt zu einem Menschen, der sein Alles dransetzt, Blut und Seele, Leben und Nachleben, um zur *Gleichgewichtslage* zu gelangen; wundert es dich da noch, daß die Idee der Gerechtigkeit über ihm hängt wie eine azurne Flamme? (101f.)

Auch wenn er wollte, könnte er sich nicht von der Gemeinschaft der Verfolgten lösen, könnte sich nicht als Ausnahme statuieren: „Ungerechtigkeit schmiedet einen an die, die Unrecht leiden, und der Haß, der die Welt umnachtet, macht den Anruf von außen zu einer inneren Verpflichtung." (107f.)

So verbindlich dieses Bekenntnis in den *Selbstbetrachtungen* und der *Selbstschau* formuliert ist, so groß bleibt Wassermanns gefühlsmäßige Distanz gegenüber den Ostjuden.

Sah ich einen polnischen oder galizischen Juden, sprach ich mit ihm, bemühte ich mich, in sein Inneres zu dringen, seine Art zu denken und zu leben zu ergründen, so konnte er mich wohl rühren oder verwundern oder zum Mitleid, zur Trauer stimmen, aber eine Regung von Brüderlichkeit, ja nur von Verwandtschaft verspürte ich durchaus nicht. Er war mir vollkommen fremd, in den Äußerungen, in jedem Hauch fremd, und wenn sich keine menschlich-individuelle Sympathie ergab, sogar abstoßend.[27]

Man wird wohl mit Felix Weltsch feststellen müssen, daß die Verachtung gegenüber den Ostjuden die „allerdunkelste Stelle in Wassermanns System" ist.[28] Zugleich ist aber mit Aschheim hervorzuheben, daß die Artikulation der Fremdheit Ergebnis einer realen soziokulturellen Kluft und daher nicht per se mit jüdischem Selbsthaß gleichzusetzen ist: „On the contrary, it signaled recognition of identity and was governed by the acute self-consciousness of a minority sensitive to its vulnerability."[29] Auch Wassermanns Stellung zum Zionismus war seiner eigenen Einschätzung nach „schmerzlich unsicher": er vermochte nichts anderes darin zu sehen als „ein wirtschaftlich-philanthropisches Unternehmen"[30] zur Rettung bedrängter Ostjuden, während sich nur im Diaspora-Judentum die messianisch-humane Sendung verwirklichen lasse (vgl. 106f.). Diese Einschätzungen forderten selbstverständlich negative Reaktionen in zionistischen Kreisen heraus. So wies bereits Siegmund Kaznelson 1921 auf die „Angst des Dichters vor der Realität" hin; die Hoffnung Wassermanns auf „den längst abgestandenen liberalen Missionsgedanken von der Beförderung der Humanität" wird als individualpsychologisch verständliche, aber nicht allgemeingültige Aussage gewertet.[31] Man gesteht Wassermann das Recht zu, subjektiv, als Dichter seine Meinung zu äußern, spricht ihm aber die Befähigung zum Führertum in jüdischen Dingen ab:[32] Der Autor sei „kompetent für die Juden-Neurose des Juden Wassermann, aber nicht kompetent, über Juden und Judentum unhaltbare Allgemeinheiten zu verkünden."[33] Ähnlich klar, wenn auch im Ton gemäßigter, wird von Max Brod die entscheidende Divergenz zwischen nationaljüdisch-zionistischer und assimilatorischer Identitätsbestimmung herausgearbeitet.[34] Aber auch der liberale Offenbacher Rabbiner Max Dienemann bemängelt in der assimilatorisch ausgerichteten *Allgemeinen Zeitung des Judentums* das Fehlen einer positiven Stellungnahme zum Judentum, zum genuin jüdischen Geist:[35] gerade der Kernbereich des Jüdischen, die Religion und jüdische Geistesgeschichte, werde von Wassermann schief, negativ, ungerecht dargestellt, obwohl aus ihm das große Thema der Gerechtigkeit und Liebe abzuleiten sei.

II.

Lothar Kahn betont in seinem Kurzporträt Jakob Wassermanns, daß der Autor trotz seiner eigenen Identitätsproblematik, den Zügen des Selbsthasses und der Idiosynkrasie gegenüber dem Ostjudentum gerade bei Juden in besonderer Weise Verständnis gefunden habe.[36] Dies liege wohl an seiner messianischen, prophetischen Ausstrahlung bei der Suche nach der wahren Moralität (36). Immer wieder ist in der Kritik auf diesen als genuin „jüdisch" apostrophierten Zug hingewiesen worden. So meinte Stefan Zweig bereits 1912, der Autor sei nicht nur vom Judentum tangiert, sondern fast ausschließlich von ihm bestimmt, insofern er vom ständigen Dualismus zwischen orientalischer Phantasie und sicherem Wirklichkeitssinn geprägt werde.[37] Bereits früh bemerkte man jedoch auch, daß Wassermann nach dem 'jüdischen' Roman *Die Juden von Zirndorf* die jüdische Problematik allmählich ins Menschheitliche ausweitete und jüdische Figurationen durch andere ersetzte. Gleichwohl gibt es kaum einen Roman, in dem nicht wenigstens am Rand jüdische Figuren auftreten oder indirekt auf jüdische Problematik angespielt wird. Dabei verfährt Wassermann gemäß einem dialogisch-dualistischen Erzählprinzip: negative und positive jüdische Figuren werden einander gegenübergestellt und so gleichsam zu Allegorisierungen der jüdischen Existenz- und Identitätsproblematik. Seit den *Juden von Zirndorf* und der *Geschichte der jungen Renate Fuchs* tauchen immer wieder messianische Figuren auf, die durch ihre bloße Existenz den Weltriß, die Ungerechtigkeit in der Gesellschaft aufdecken und ihn zu heilen versuchen. Im *Gänsemännchen* (1915) wird Dr. Friedrich Benda zur Inkarnation der Gerechtigkeits- und Freundesliebe, obwohl ihm dies in der fränkischen Heimat schwer gemacht wird. Für Christian Wahnschaffe (1919) wird Ruth Hofmann, die Tochter eines ostjüdischen Agenten, das Licht auf seinem mühseligen Weg zum reinen Leben und zur Wahrheit, zur personificatio der Nächstenliebe. Indem Christian Ruths Mörder zum Eingeständnis seiner Schuld zwingt, deckt er zugleich – ganz im Sinn Dostojewskis – den Grund für die Notwendigkeit und Unmöglichkeit des ideal Guten in der Welt auf.

Auffälliger freilich als die messianischen jüdischen Figuren sind ihre negativen jüdischen Gegenfiguren. Allein ihre Zahl schon zwingt den Leser zu der Einsicht, daß für Wassermann die moderne jüdische Existenz problematisch ist. Dabei sind die männlichen Figuren weitaus in der Überzahl, während an den weiblichen Figuren immer wieder ihre Schönheit und Trauer, ihr elegischer Fatalismus (Gisa Schumann in *Renate Fuchs*), ihre kindliche Treue (Mirjam Geyer in *Renate Fuchs),* ihre Gemütsgewalt und ihr prophetisches Feuer (Regina Sußmann in *Gänsemännchen*), ihre 'jüdische' Melancholie (Johanna Schöntag in *Christian Wahnschaffe*) hervorgehoben werden. Unter den negativen männlichen Figuren lassen sich die Vertreter des westlichen „Literatentums" und des Ostjudentums voneinander unterscheiden. Zur ersten Gruppe gehört etwa der das „pure Wort" liebende „Messias der Frauen" Christian Süssenguth,[38] zur zweiten Gruppe der sich für den „Genius der anderen Rasse" servil einsetzende Wurzelmann.[39] Neben der „Häßlichkeit" des Ostjuden wird aber immer auch sein Leid beschworen. So ist in *Der Moloch* (1903) das Schicksal des mährischen Hausierers Samuel Elsasser, dessen Tochter Jutta in ein katholisches Kloster verschleppt wird, ein Exempelfall weltlich-geistlicher Ungerechtigkeit; indem der „reine" Held Arnold Ansorge beschließt, dem Juden seine Tochter wiederzubeschaffen und dafür den Kampf mit dem „Moloch" Stadt aufnimmt, glaubt er, die Gerechtigkeit in der Welt gleichsam pars pro toto wiedereinsetzen zu können. Ansorge wähnt in seinem „wilde[n] Idealismus",[40] die Geschichte im Sinne von Freiheit und Gerechtigkeit umschreiben zu können (71f.); er durchspäht gleichsam den Weltraum nach dem „Engel der Gerechtigkeit" (108) und ist empört über den durch das Leid der Jahrhunderte gehärteten Fatalismus Elassers (109f.). Aber der Realismus des Juden behält gegenüber Ansorges Idealismus recht: Der reine Held aus Mähren wird vom Moloch der Stadt im innersten korrumpiert, er kann leben, ohne daß Gerechtigkeit herrscht, ja er wird selbst gegen seinen ihn als Christus-Figur verehrenden Onkel im höchsten Maß ungerecht – ein Verhalten, das nur durch den Freitod zu sühnen ist. Während Elassers Geschichte eine „Geschichte ohne Schluß" (251) bleibt, endet Ansorges Suche nach der Gerechtigkeit in der Katastrophe.

Die interessanteste jüdische Figur in Wassermanns Spätwerk ist zweifellos Gregor Waremme alias Georg Warschauer im 1928 erschienenen Roman *Der Fall Maurizius*. Der ursprünglich geplante Titel des Romans, *Deutsches Inferno*, verweist auf das zentrale Thema: die deutsche Welt vor und nach dem Ersten Weltkrieg – scheinbar unerschütterlich in ihrer „Gesetzlichkeit" und doch ein Inferno, weil wahre Gerechtigkeit jenseits von „Recht und Ordnung" keine Chance hat. Dieser Welt wird das Urteil gesprochen, wobei der dargestellte Kriminalfall den äußeren Rahmen liefert. Nach Peter de Mendelssohn treffen und vereinigen sich in der Gestalt des ahasverischen Warschauer-Waremme

> zwei Denk- und Erfahrungsträhnen zu einem unauflöslichen Geflecht, die zuweilen gesondert, zuweilen parallel, zuweilen verschlungen Wassermanns ganzes Leben und Trachten durchziehen: die Auseinandersetzung mit dem Schicksal der Juden in der deutschen Welt und der Kampf um Gerechtigkeit in der menschlichen Gesellschaft. Gerechtigkeit und Judentum – sie sind für Wassermann unlöslich miteinander verklammert.[41]

Waremme ist autobiographisch in dem Sinne, „daß Wassermann in dieser Gestalt alles versammelt hat, was er zeitlebens über Juden, Judentum und die sogenannte 'jüdische Frage' gefühlt, gedacht, gesagt und geschrieben hat"; zugleich kann Waremme als Vorstudie zum geplanten Ahasver-Roman gelten (561). Insofern Wassermanns dualistisches Figurendenken nicht manichäisch, sondern eher dialogisch bestimmt ist (vgl. 544), muß zu Waremme immer auch sein Herausforderer Etzel von Andergast als das helle Gegenprinzip hinzugedacht werden. So ist es nur konsequent, wenn Fritz Martini die ganze Polarität des Judentums nicht nur im jüdischen Intellektuellen Waremme gespiegelt sieht, sondern ebenso in der Gesetzesstrenge des (nichtjüdischen) Staatsanwalts und in der Messias-Gestalt seines Sohnes Etzel.[42] Umgekehrt gilt, daß – wie Walter Goldstein hervorgehoben hat[43] – *Der Fall Maurizius* zugleich eine Synthese bietet aus allen von Wassermann bis dahin behandelten Themen. Das Judenproblem bleibt jedoch zentral, da in ihm wie in einem Brennspiegel fast alle anderen angeschlagenen Themen zusammengefaßt erscheinen. Und in Waremme kulminieren alle Facetten dessen, was von Wassermann unter dem Stichwort 'jüdisch' je erörtert worden war.

„Alles, was über ihn ausgesagt wurde, war genauso richtig wie das Gegenteil davon": einerseits Spieler, Salonlöwe, Weiberheld, zugleich aber Philolog, Philosoph, Dichter, Politiker, ein „produktiver Geist, etwas wie ein Teufelskerl, ein Universalgenie".[44]

Waremmes Herkunft ist „dunkel" (164), er gleicht gelegentlich einem „Golem" (239) und fühlt sich selbst als „Proteus" (320) oder als „Monstrum" (321). In der Zurückgezogenheit seiner Berliner Behausung stapeln sich

> auffallend viele Spezialwerke über jüdisches Altertum, semitische Sprachwissenschaft, hebräische Lexika, Talmudausgaben, Bibelexegesen, Jahresberichte orientalischer Gesellschaften und kabbalistische Schriften (235):

Zeugnis für die – freilich allzu späte – Aufmerksamkeit, mit der sich Georg Warschauer nach seiner Renegatenexistenz als „Zwischenfall" Waremme (304) den rationalistischen und mystischen Ursprüngen seiner jüdischen Herkunft widmet. Die eigene durchlebte Vergangenheit ist gleichwohl „nicht wie für die meisten Menschen die verwitterte Inschrift auf einem Grabstein, sondern der Blutbach in seinen Adern, der in den Meerbusen des Todes hinüberrauscht" (299). Warschauer ist, wie er Etzel selbst mitteilt (304ff.), Sohn jüdischer Eltern aus Thorn (304), „die in der zweiten Generation bürgerlicher Freiheit lebten" (307). Er leidet unter der spezifischen jüdischen Identitätskrise, hängt „religiös und sozial in der Luft" wie seine Eltern (307). Die Emanzipation wird als „Bettelalmosen" empfunden, der Antisemitismus, der sich an Grabsteinen vergreift, ist schlimmer als die wahnhaften Brunnenvergiftungs- und Ritualmordexzesse alter Zeit (307f.). Vor allem die „moralische Feigheit" seiner Stammesgenossen, die „sich zufriedengaben mit ihrer Helotenexistenz und sich mit einem mythologisch verkünstelten Gefühl von Auserwähltheit trösteten" (308) und das „Herrentum ihrer Herrn nachäfften" (309), macht Warschauer zu einem jüdischen Selbsthasser. Im Wort „Jude" und der Art, wie es ausgesprochen wurde, scheinen ihm „das Vorurteil, die Geschichtsfälschung, der eingefleischte Haß" der Jahrhunderte enthalten zu sein (309). Für einen jungen genial begabten Juden, der die „ganze strahlende Breite geistiger Existenz" zu erwerben sucht (310), ist das Ausgeschlossensein die Hölle. Die bedingungslose Liebe zur Kultur der Peiniger läßt ihn seine Apostasie nicht als Renegatentum empfinden (310). Der Weg „von Osten nach Westen" (311) verläuft nach der Taufe durch vielfache Protektion reibungslos – bis Waremme auf Leonhart Maurizius stößt, die „repräsentative Null" (317). Waremme wird zum überbegabten Schauspieler, der sich in seinen Rollen existentiell völlig ausgibt und damit zugleich „einen dunklen, metaphysischen Rest von schlechtem Gewissen" der Apostasie wegen zu beseitigen bemüht ist (317f.). An Anna Jahn scheitert sein bedingungsloses Haben-Wollen: das „fremde Blut" ist im Wege (326). Anna, „ein deutsches Mädchen", schaudert vor der jüdischen Genialität und elementaren Sinnlichkeit; hätte sie sich „geöffnet", wäre Waremme zur Ruhe gekommen, hätte „Wurzel schlagen" können (327). Hier zeichnet sich jenseits der individuellen Figuren die Tragik des deutsch-jüdischen Verhältnisses schlechthin ab: die Wurzellosigkeit der Juden in Deutschland käme zu einem Ende, wenn sich die nichtjüdische Gesellschaft nicht versperren würde – aber sie läßt nur den bereits Integrierten zu, nicht den Außenseiter, der um Einlaß bittet. So wird Waremme gezwungen, nach der Katastrophe – die ihn als Juden ebenso trifft wie seine nichtjüdischen Mitspieler – noch weiter nach Westen zu gehen, nach Amerika. Das „Exil" ist nicht vorübergehend, sondern wird zur eigentlich bestimmenden Existenzform (329, 331). Die Verkündigung des geistigen Europa mißlingt in der Neuen Welt gründlich (332); dafür aber gewinnt Warschauer tiefe Einblicke in die sozialen Abläufe und Gesetze. Er solidarisiert sich mit dem Leid der Armen und Ausgestoßenen, ergreift Partei für die Neger und Chinesen (334f.); in Hamilton La Due findet er den „magischen Menschen", das „Menschheitsnovum", in seiner einfachen Güte und Hilfsbereitschaft das Ideal einer geistfernen, gleichsam natürlichen Ethik (347). Von diesem Punkt an strebt Warschauer zurück nach Europa, nach Osten, zu den Ursprüngen (347). La Due zeigt ihm den Reichtum der russischen Juden in den amerikanischen Gettos; er befreundet sich mit chassidischen Gelehrten, studiert die alten Schriften. Für eine völlige Identifikation mit dem Osten ist es freilich zu spät; und so zieht sich Warschauer auf den Berliner „Beobachterposten" (348) zwischen Ost und West zurück. Etzels Reinheit zwingt ihn zur Offenbarung seiner Rolle im Mordfall Jahn-Maurizius: der Junge habe, so Warschauer, sein verwelktes Herz gelegentlich „in ein wunderliches Licht hinaufgehoben" (495). Warschauer entschließt sich, in den Osten, ins polnische Oberschlesien zurückzukehren, um dort – so hofft er – einen Ruheplatz zu finden und seine ahasverische Existenz zu beenden (495). Vielleicht wäre er vor seinem Tod sogar noch bereit, „der maroden Justitia" unter Preisgabe seines „unwürdigen Ichs Beine zu machen" (495). Damit würde er gleichsam zur substantiellen Idee seines jüdischen Ursprungs zurückfinden und könnte endlich dem Zwang entrinnen, sich selber ständig über seine Geburt zu belügen (vgl. 307).

Gegen alle Interpretationen, die in Waremme-Warschauer nichts als das negative Prinzip des Bösen sehen,[45] muß die dialektische Einheit der Figur festgehalten werden. Waremme selbst betont als „Axiom", daß es in jedem Leben einen Augenblick gebe, „wo sich der Mensch nach den polaren Gegensätzen seiner Natur entscheiden kann"; er selbst hätte „ein jüdischer Führer, ein Luther des Judentums" werden können.[46] Ob ein entsprechender Anstoß erfolgt, hängt nicht mehr vom instinktgeleiteten Dualismus des Menschen ab, sondern von der historischen und sozialen Kondition. Auch Waremmes „Monstrosität" verweist auf die conditio judaica im Europa des 19. und 20. Jahrhunderts, sie ist viel eher sozialpsychologisch als individualpsychologisch zu deuten. Dasselbe gilt für die bereits vom Namen her allegorisch angelegte Figur Agathon Geyers in Wassermanns frühem Roman *Die Juden von Zirndorf,* der nun ausführlicher betrachtet werden soll.

III.

Das Werk, mit dem Wassermann sein 'eigentliches' Oeuvre begonnen sehen wollte, erschien 1897 bei Albert Langen, zu dessen Mitarbeitern – vor allem auch bei der Zeitschrift *Simplicissimus* – der Autor gehörte. In *Mein Weg als Deutscher und Jude* bekennt sich Wassermann zu seinem frühen Roman als dem 'jüdischen' Pol seines Ringens um das Publikum;[47] der 'deutsche' Pol wird im Roman *Caspar Hauser* ausgemacht.[48] Er habe in *Die Juden von Zirndorf* einerseits „zurück in Urbestände, Ahnenbestände, in Mythos und Legende eines Volkes" gegriffen, als dessen „Sprößling" er sich „zu betrachten hatte, und wollte andererseits auch das gegenwärtige, das werdende Leben dieses Volkes in einem mythischen, sehr vereinfachten, sehr zusammenfassenden Sinn gestalten" (72). Ohne wissentliche Überlegung, „wie man einen Traum erzählt oder wie unter einem befehlenden Diktat", habe er das Buch geschrieben (72): „Es war Aussprache, Bekenntnis, Befreiung von einem Alp, der meine Jugend zermalmt hatte. Für viele in Verwandlung Begriffene war es Mitbefreiung, und sie fühlten sich bestätigt." (73) Damit wird auf die spezifische jüdische Reaktion angespielt, der freilich nach Wassermanns eigenem Bekunden „helles Entsetzen" über das „judenfeindliche" Buch von Seiten der Verwandten und jüdischen Kreise der engeren fränkischen Heimat gegenüberstand – Zeugnis dafür, daß auch die Juden wie Deutsche oder Franzosen an Nationalismus litten, die Kritik grundsätzlich als Nestbeschmutzung empfanden.[49] Demgegenüber verhielt sich die deutsche Welt

> gleichgültig oder ablehnend bis auf einige unbürgerliche Gruppen, die für die Dichtung als solche und ihre Gestalten empfänglich waren; im allgemeinen begnügte man sich damit, das Buch einzuordnen und es im Museum der Literatur einstweilen bestehen zu lassen. Den Aufsichtsbeamten der Kunst und des Geschmacks war ich ein Greuel.[50]

Ebenfalls unter Anspielung auf die frühe Rezeption meint Wassermann 1928 in seiner Antwort an Felix Weltsch sogar, er zweifle, „ob ein dichterisches Denkmal dieser Art vorher im Judentum zu finden ist als Manifest sowohl wie auch als Gestaltung"; es gebe

> hervorragende Köpfe im Judentum wie auch außerhalb desselben, die der Meinung sind, daß das Vorspiel, die Geschichte des Sabatai Zewi, einer der wichtigsten Anlässe zur ganzen zionistischen Bewegung war.[51]

In der frühen Rezeption des Romans *Die Juden von Zirndorf* fällt auf, daß sich die meisten Kritiker dem genialischen Wurf des jungen Autors nicht völlig zu entziehen vermögen. Fast ausnahmslos wird, wie Wassermann selbst hervorhob, das historische „Vorspiel" über die Wirkung Sabbatai Zwis in Franken gerühmt – so von Otto Stoeßl[52], Adolf Bartels[53], Karl Federn[54], Gustav Karpeles[55] und Moritz Heimann.[56] Ludwig Geigers Totalverriß des Romans spart freilich auch die Einleitung nicht aus: sie sei mit schreienden Farben gemalt, aber höchst ungeschichtlich.[57] Ähnlich im Tenor ist die Kritik von Josef Bass aus dem Jahr 1913: als zureichender Grund für das von sachlichen und geschmacklichen Fehlern wimmelnde Vorspiel sei die Umfangserweiterung des Buches anzusehen.[58] Geiger und Bass urteilen von einem liberal-konservativen religiösen Standpunkt aus; danach kann der Roman nur Indiz des jüdischen Selbsthasses sein. Ästhetisch wird er als eine modernistische Verirrung empfunden, seine Formlosigkeit wie seine Boheme-Anklänge lassen ihn, gemessen am Standard des realistischen bürgerlichen Romans, als Dekadenz-Produkt erscheinen.

Auch die insgesamt wohlwollenden Kritiker freilich finden Grund zum Tadel. Gerügt wird vor allem die mangelhafte Verknüpfung des historischen Vorspiels mit dem eigentlichen Roman sowie die unzureichende Erzähltechnik, die gleichsam vor den anstürmenden Bildern kapituliert. Richard Schaukal sieht darin die Schwäche einer spezifisch „semitischen" Kunst, eines „gewaltsam gereckten Talentes": „Trotz mancher (freilich immer überladenen) Schönheiten zerfiel dieses von Herolden ausgerufene Werk dem kritischen Leser zu Schutt."[59] Auch die satirisch zugespitzte Charakteristik Michael Georg Conrads – er spricht von „Monstrekonzert mit Triangeln und Pauken und Schofarhörnern und Harfen und elektrischen Klavieren", das die Leser meschugge mache – zeugt von einer fast widerwilligen Bewunderung:

[. . .] die Luft ist erfüllt von Poesie wie von Kuchendüften, wenn der Sabbath naht, und durch die Seelen geht eine ergreifende Bewegung wie ein ewiges Geheimnis, das sich Himmel und Hölle zuflüstern voll Schauer. Und dazwischen fallen Weisheitssprüche ins Dunkel der Geschichte gleich blendenden Blitzen.

Daraus wird folgendes Fazit gezogen:

Jakob Wassermann ist eine große, wirkliche Dichterseele von einer prachtvollen orientalischen Glut und Schwere der Empfindung. Nur seine Augen und Hände sind ungeschickt und täppisch, sie haben keinen Ordnungssinn. Und er ist ein großer, wirklicher Charakter: er hat den Mut zu seinem Judentum, zur Verwegenheit und zum Überschwang seiner Rasse.[60]

Das Stichwort des 'Orientalischen' prägt auch Ernst von Wolzogens Rezension der Roman-Überarbeitung: Wassermann sei „unter den unzähligen, gegenwärtig deutsch dichtenden Juden" der einzige Orientale, ihm gingen das „spezifisch Jüdische, nämlich die überraschende Anpassungsfähigkeit an unterschiedlichste stilistische Eigenart, die feuilletonistische Gewandtheit und das Vergnügen am Witz" ganz ab, dafür besitze er

eine Phantasie, die mit ihrem üppigen Schwelgen in Blut, Pracht und Kostbarkeit ebenso orientalisch anmutet wie seine grüblerische Versonnenheit und das innige Vergnügen, das er im Nachgehen unterirdischer, verschütteter Wege des Seelenlebens empfindet.[61]

Wolzogen, dessen Sekretär Wassermann in seiner Münchener Zeit war, nimmt damit dessen Unterscheidung zwischen dem (europäischen) Juden als „Literaten" und dem (orientalischen) Juden als „Schöpfer" vorweg. Verengt ist diese Sicht, insofern Wolzogen als quasi kulturbiologische Konstante ontologisiert, was von Wassermann als Mythos und Idee verstanden wird. Die latent judenfeindliche Einstellung Wolzogens zeichnet sich hier bereits ab; auch die Porträtzeichnung Olaf Gulbranssons in Albert Langens Verlags-Katalog 1894 - 1904 weist in diese Richtung, deren betont 'jüdische' Signatur allenfalls durch den leidvoll melancholischen Ausdruck des jungen Autors gemildert wird.[62]

Abschließend sei noch auf zwei jüdische Stimmen hingewiesen, die in erster Zusammenfassung Wassermanns jüdischen Standort definieren und dabei auf *Die Juden von Zirndorf* eingehen. Victor Goldschmidt sieht im Roman den „bildglühende[n] Stil" und das „tiefste Erfassen" der Folgezeit vorweggenommen. Auch für ihn ist das Vorspiel ein „kleines Meisterstück", dessen „balladeske Konzentration" man im Roman selbst schmerzlich vermisse.[63] Mit Richard M. Meyer nennt er den jungen Wassermann einen „geistreich verworrenen Spätling der Romantik."[64] Seine „jüdische Liebe zum Bizarr-Phantastischen, zum Glänzend-Espritvollen, zum Sehnsüchtig-Sentimentalen" sei gepaart „mit einem eigentlich ganz germanischen scharfen Tatsächlichkeits-Erfassen."[65] Stefan Zweig schließlich sieht im Roman

eines der merkwürdigsten und bei aller Verwirrung genialsten Werke unserer neuen Literatur [. . .]. Eine Urkraft flackert darin, die zum mütterlichen Ganzen des Weltgefühls in verzweifelter Sehnsucht zurückwill, die Gier, alle Probleme des Lebens in die Faust einzupressen, schon mit dem ersten Ansprung verwegen das Unzulänglichste zu fassen.[66]

Im Zentrum des Romans sieht Zweig die „messianische Idee, in der jeder jüdische Idealismus am tiefsten wurzelt" (1136). Freilich sei der Held Agathon nur Johannes geblieben und nicht zum Erlöser geworden; der Roman sei innerlich Fragment, Wassermanns „Urfaust, ein Chaos von Möglichkeiten, durch das die Schicksale wie Meteore taumeln statt als Sterne in geeintem Umschwung" (1137).

Mehr als zwanzig Jahre später – im Glückwunsch zum 60. Geburtstag des Autors – versucht Stefan Zweig eine Charakterisierung von Wassermanns poetischem Verfahren, die präzise bereits auf das Frühwerk zutrifft:

Durchaus unrealistisch, reproduziert er nicht die Wirklichkeit, auch wenn er lebendige Porträts oder nach wirklich historischen Fakten zu schaffen meint, sondern er regeneriert, er erfindet aus sich das Vorhandene noch einmal in einer intensivierten Form, er übertreibt jede Gestalt, indem er sie tiefer in das Unbewußte hineintreibt und über ihr normales Volumen ins Dämonische hinaussteigert. Ohne unwahr zu sein, sondern gleichsam nur überwahr, ist seine Welt vehementer, dramatisierter, gespannter, geistiger und grandioser: Schöpfung ist für ihn Rausch, eine Überwirklichung des Wirklichen [. . .].[67]

Den „Klang von Ballade und von Altem Testament, eine Verschwisterung von Deutschtum und Judentum" hatte Hermann Hesse in seiner Jugend an den *Juden von Zirndorf* geliebt;[68] dies liegt zum einen natürlich am spezifischen Erzählverfahren, das im Frühwerk lyrisierend-expressiv, nicht episch-architektonisch ist, zum andern am Sujet, das unmittelbar auf die unglückliche Kindheit und Jugend des Autors, auf die Früherfahrung seiner deutsch-jüdischen Existenz zurückverweist. Indem Wassermann das historische Bild des Vorspiels mit dem Zeitbild der jüdischen Identitätskrise zusammenspannt – verknüpft nur durch die gleiche Region im Fränkischen und den Umstand, daß der Held Agathon Nachfahre aus einer unehelichen Verbindung einer Jüdin mit einem Christen ist –, versucht er eine Kontinuität der jüdischen Existenz in Deutschland zwischen Messias-Hoffnung und Leiderfahrung künstlerisch zu gestalten. Die messianische Idee wird zum roten Faden zwischen Vorspiel und Roman. *Die Juden von Zirndorf* bestehen „ganz aus Antizipation" und sind zugleich „jahrtausend-altes jüdisches Erbe"; sie sind das letzte und bleiben das einzige Buch Wassermanns, in dem die Welt ganz „als spezifisch jüdisches Erlebnis aufgefaßt und dargestellt" wird.[69] Der Roman muß als ein

„groß angelegtes Experiment" angesehen werden,[70] in dem – sprachlich-poetisch noch unbewältigt – die wesentlichen Themen des späteren Werks angeschlagen werden.

Den Mittelpunkt des „Vorspiels" bildet – obwohl nur als Idee und ferne Gestalt – die Figur des aus Smyrna stammenden mystischen Häretikers Sabbatai Zwi (1626 - 1676), von dem eine bis dahin ungekannte religiöse Erschütterung des europäischen Judentums im 17. Jahrhundert ausging, die sich in der sabbatianischen Bewegung – auch und gerade nach der Apostasie des Pseudo-Messias – bis ins 19. Jahrhundert fortsetzte.[71] Die Wirkung dieses Messias in der Judengemeinde von Fürth – von der ekstatischen Ergriffenheit, dem Entschluß zum Auszug nach Jerusalem bis zur Enttäuschung über die Apostasie und der danach erfolgenden Gründung von Zionsdorf (Zirndorf) – ist Thema des Vorspiels. Der von den Schweden vom jüdischen Gottesacker gestohlene Granitblock mit einer hebräischen Grabinschrift wird zum Symbol des Exils: das große Befremden, das er bei den Christen erweckt, ist Ausdruck des „Elends" der jüdischen Gemeinden in einer feindlichen Umgebung und zugleich der vergangenen Größe des Judentums.[72]

In das Elend der jüdischen Gemeinde bringt Sabbatai Zwis Abgesandter Zacharias Naar die Botschaft der Erlösung, derer er selbst durchaus auch bedürftig ist: finsteren Gesichts, fremdartig, mit den

> Augen der Juden, – voll Haß, voll Unfrieden, voll von unbestimmtem Flehen, von einer gedrückten Innigkeit, bald in Leidenschaft flackernd, bald in Schwermut alle Glut verlierend, die Augen des gehetzten Tieres, das angstvoll und kraftlos die Blicke dem Verfolger zuwendet, oder in bebender Sehnsucht hinausstarrt in das reiche, ferne Land der Freiheit (8).

Für die Christen wirkt Naar als eine ahasverische Figur (11f.); er selbst verkündet als Prophet in der Fürther Synagoge den wahren Messias aus Smyrna: „Ein neues Erlösungswerk geht ihm voran und Olam Tikkun wird erstehn." (15) „Tikkun": damit ist – gemäß der lurianischen Kabbala – der Prozeß der „Restitution der im Bruch verschütteten göttlichen Lichter an ihrem legitimen Ort"[73] gemeint, an dessen Verwirklichung die Menschen selbst teilhaben. Für Luria ist dieser Prozeß geistiger Natur; das Erscheinen des Messias gilt ihm als „Siegel, das auf den Abschluß dieses Prozesses [. . .] gesetzt wird", wobei der historisch-nationale Aspekt einer Rückkehr ins Land der Väter nur eine – freilich willkommene – Begleiterscheinung darstellt (300f.). Auch Wassermann verweist auf das Buch *Sohar* und die lurianische Mystik, von der in der Tat Sabbatai Zwi und sein Prophet Nathan von Gaza (1644-1680) bei ihren Neuinterpretationen ausgehen (16ff.). Die Häresie besteht vor allem darin, daß die im Prozeß des Tikkun notwendig werdenden Handlungen nicht mehr nur heilige und gesetzeskonforme sind, sondern daß sie sich – besonders beim radikalen Flügel des Sabbatianismus – gegen den Rabbinismus wenden und einen antinomistischen, nihilistisch-anarchistischen Charakter annehmen. In Wassermanns Vorspiel wird diese Komponente der Bewegung gleichsam vorweggenommen, indem sich bei den Fürther Juden die religiöse Ordnung auflöst und die Gemeinde in ihrer trunkenen Begeisterung sich bis zum sexuellen

Exzeß berauscht, eine Gemeinde, die sonst „mit unerschütterlichem Fanatismus am Hergebrachten, am überlieferten Gesetz hing" (19). Ein allgemeiner Irrationalismus macht sich breit: „Niemals stand die Anarchie drohender über den Völkern, als zu dieser Zeit der Dämonie und der Ekstase" (50). Man erhofft sich z.B. von Rahel, der von einem christlichen Studenten geschwängerten Tochter des geizigen Maier Knöcker, die Geburt der Messias-Braut.[74] Der von Rahel geborene Sohn wird zum Ahnen des messianischen Romanhelden Agathon; das bedeutet, daß die messianische Potenz, die für Wassermann primär ein Produkt immanenter sozialpsychologischer Hoffnungen ist, erhalten bleibt und unter neuen historischen Vorzeichen wirksam werden kann. Daß auch Agathon neben einer jüdischen Mutter einen christlichen Vater hat, ist Beleg für Wassermanns Ablehnung eines religiösen Partikularismus; zugleich jedoch erweisen sich die christlichen Väter als verantwortungslos, während die jüdischen Mütter zu ihren Kindern stehen. Die Schilderung des Auszugs der Juden aus Fürth, ihrer heroischen Gegenwehr gegenüber den christlichen Verfolgern, ihrer tiefen Depression angesichts der Nachricht von der Apostasie Sabbatai Zwis, gehört zu den eindrucksvollsten Passagen des Vorspiels. Es schließt mit einem eigentümlichen Ignorabimus, das Ausweis der Identitätskrise Wassermanns ist: mit der Frage nach den Auswirkungen der Emanzipation auf den „Charakter" des jüdischen Volkes. Der Jude erscheint als ein Ensemble guter und schlechter Eigenschaften, die jeweils von der Zeit, der Geschichte bzw. vom Schmerz und vom Erfolg aktualisiert und provoziert werden (86), also nicht metaphysisch-ontologisch festgeschrieben sind. Die harte Kritik am konkreten Verhalten jüdischer Menschen in Vergangenheit und Gegenwart ist Ausweis einer kritischen Solidarisierung, sie soll das messianisch-futurische Element, das so oft fehlgeleitet ist, aktivieren und vom Jüdisch-Partikularen, Religiös-Transzendenten ins Menschheitlich-Universale, Weltimmanente ausweiten. Dieser Idee vor allem dient die Hauptfigur des Zeitromans *Die Juden von Zirndorf*, Agathon Geyer.

Agathon, so heißt es an einer Stelle des Romans, dachte an Sabbatai Zwi und seine Freudenfeste, „und er zweifelte nicht an der Ehrlichkeit des Propheten, der das Leben in so großen Linien gelebt und alle Mitlebenden beglückt hatte" (269). Hier wird zum einzigen Mal eine direkte Verbindung beider Messias-Figuren hergestellt; es geschieht bezeichnenderweise unter dem Aspekt der innerweltlichen Glücksbotschaft, als die auch das sabbatianische Credo von Wassermann verstanden wird. Gegenüber Jeanette Löwengard, seiner exzentrischen Cousine, formuliert Agathon sein eigenes Glaubensbekenntnis so:

> Was ich will . . . Den Menschen den Himmel nehmen und ihnen die Erde geben. [. . .] Freilich, viele haben schon die Erde, aber nur die Erde ohne den Himmel, sie wissen, daß der Himmel fehlt. Verstehst du? Sie müssen die reine Erde haben, ohne Kreuz, ohne Abfall, ohne Verzicht, ohne Abrechnung mit einem Droben. (391).

Agathon beschwört ein „neues Geschlecht" im Zeichen des Lebens, des griechischen Glanzes (392) und fährt dann fort: „Alle Juden müßten ausgerottet werden, nicht der Körper, aber der Geist, denn aller Glaube ist Judentum" (393). Hier wird auf einen Nenner gebracht, was im Roman als eine Variante unter dem Begriff des Judentums subsumiert wird und wofür vor allem Edward Nieberding mit seiner „christelnden" Schwester Cornely als Figuren stehen. Die literarischen Ahnen dieser Art der Metaphorisierung des Begriffs sind leicht auszumachen: Heinrich Heine mit seiner Gegenüberstellung von jüdisch-christlichem Spiritualismus und antikem Sensualismus, und – darauf basierend – Friedrich Nietzsche, dessen lebensphilosophischer, vitalistischer Ansatz zweifellos auf den jungen Wassermann gewirkt hat. Dabei bleibt die Haltung gegenüber Heine allerdings ambivalent, da er für Wassermann – ähnlich wie für Karl Kraus – zum Stammvater des 'Literaten' wurde: er sei – sicherlich aus Scham über die Liebe zu der deutschen Kultur, die ihn zurückstieß – wie viele andere Juden „in einem Wahnsinn des Herzens" zu einem Leugner und Verräter geworden.[75] Die „Trägheit des Herzens" als Leitgedanke des späteren Werks kündigt sich an: bereits im frühen Roman wird Agathon allegorisiert zum „guten" Menschen mit dem großen Herzen für die Welt, für alles Irdische und Soziale; die Menschen spüren seine Stärke und Güte und vertrauen ihm als einem Propheten der Erlösung, er verkörpert das in der Romanwirklichkeit, was die Menschen der Zeit in der Legende vom „guten König" Ludwig I. von Bayern imaginieren. Nicht umsonst wird diese Legende, vermittelt durch Jeanette Löwengard, romantisierender Bestandteil der Erzählung (vgl. 403ff., 443ff.). Daß freilich auch Agathon letztlich scheitert, erweist sein früher Tod in Galizien, der die *Geschichte der jungen Renate Fuchs* (1900) abschließt; die einigermaßen groteske Zeugung des Sohnes Beatus mit der dadurch zu sich selbst findenden Titelheldin unmittelbar vor seinem Sterben unterstreicht dieses Scheitern eher, als daß es dadurch widerlegt würde.

Die zeitgenössische Welt des Judentums, die Wassermann in *Die Juden von Zirndorf* vorführt, ist kaum heller gezeichnet als die der Vorfahren des 17. Jahrhunderts, die in ihrem Elend der Botschaft des falschen Messias folgen und von einem rachgierigen „Judengott" dafür bestraft werden. Die alte Religion gilt Agathon als „etwas nicht mehr zu Erweckendes, Steinernes, Gespensterhaftes" (123); sie wird nur noch formell beachtet, die „Glaubensheuchelei" (123) triumphiert am Ende des 19. Jahrhunderts bei den Juden ebenso wie bei den Christen. Dazu trägt der jüdische Religionsunterricht in der wilhelminischen Schule erheblich bei (208). Aber 'Judentum' und 'Christentum' sind längst keine bloß religiöse Frage mehr (vgl. 317, 436). Die wenigen gläubigen Juden im Roman werden entweder als finstere Fanatiker – so der „Gast" der Familie Geyer Joelsohn (115, 168, 315) – oder als ehrwürdige Patriarchengestalten wie der alte Gedalja Löwengard vorgeführt. Gedalja von Roth, ein Greis von mehr als 90 Jahren, „hatte etwas wie eine große, seltsame Ruine; etwas in seinem Gesicht, das man unvergänglich nennen möchte: so einen Schimmer von wandelloser Milde und Güte" (149). Agathon fühlt sich zu dem von seinem baronisierten reichen Sohn verachteten alten Mann sofort hingezogen. Er ist wie keine andere Figur im Roman als Hiob (150, 170) gestaltet, als ein Hiob, dem in Augenblicken der Verzweiflung auch der Glaube an Gott zunichte wird.

Rigoros bezieht Gedalja seine Gottesvorstellung auf das eigene Sein; entscheidend ist das Tun des Menschen, sein „Erbarmen" (178). Die Bibel ist kein Buch für die Buchstabengläubigen und Gelehrten, sondern sie soll „werden getrunken wie Wein"; an ihren Symbolen soll man das eigene Leben messen, am Maßstab des eigenen Gewissens (179). Dazu gehört auch ein freies Verhältnis zur eigenen Sinnlichkeit (183f.). Sein Ratschlag an die Enkelin Jeanette, eine „gute Jüdin" auch ohne Glauben zu bleiben, „denn wir sin e großes Volk mit bedeutende Gelehrte" (287), hat etwas von einem grundsätzlichen Aufruf: auch bei größter Distanz zu einzelnen Juden und zum Komplex 'jüdischen' Verhaltens soll der jüdische Mensch der Schicksalsgemeinschaft seines Stammes treu bleiben. In dieser Weise läßt sich auch Agathons paradoxe Haltung verstehen, der trotz seines Hasses auf die Juden eine „eherne Zusammengehörigkeit" mit den Gehaßten empfindet (329f.). Am Elend einer russischen Judenfamilie wird ihm klar, daß vom Mittelalter bis ins gepriesene 19. Jahrhundert die jüdische Geschichte eine Geschichte des Leidens ist, über das die großen Leistungen einzelner nicht hinwegtäuschen können (328f.). Auch die Perversion des 'jüdischen' Wuchers, des Neureichtums – hierfür steht im Roman vor allem Baron Löwengard und sein Salon –, so hassenswert sie ist, rührt letztlich davon her, daß die germanisch-christliche Welt die Juden immer als Fremdlinge stigmatisierte. Im übrigen hat diese Welt an allen als 'jüdisch' bezeichneten Fehlern selbst Anteil. Nicht von ungefähr wird der 'Literat' Stefan Gudstikker als Halbbruder Agathons vorgeführt; sein Vorläufer im Vorspiel ist der Student Thomas Peter Hummel (409), der ähnlich skrupellos handelt und darüber mit gewandten Reden hinwegzutäuschen sucht. Gudstikker ruft Agathon, dessen wunderliche Kraft er erkennt, dazu auf, zum Erwecker und Propheten der Juden zu werden (131); und Agathons ehemaliger Lehrer Bojesen glaubt, nicht ohne Blick auf seinen Schüler, daß „gerade aus den Juden noch einmal ein großer Prophet aufstehen" werde:

> Es ist selten, aber bisweilen trifft man einen Juden, der das herrlichste Menschenexemplar ist, das man finden kann, um und um. Alle reinen Glieder der Rasse scheinen sich vereinigt zu haben, ihn hervorzubringen, ihn mit allen köstlichen Eigenschaften auszustatten, die die Nation je besessen hat: Kraft und Tiefe, sittliche Größe und Freiheit, kurz, alles und alles, ausgenommen den Humor. (296)

Zugleich erweisen sich Gudstikker und Bojesen aber paradoxerweise durchaus als Judengegner: jener identifiziert die „Kulturkrankheit" mit dem modernen dekadenten Judentum (160), dieser wird als überzeugter Juden- und Christengegner geschildert, als Apostel eines neuen Evangeliums der freien Sinnlichkeit wie Agathon. Im Gespräch mit Gudstikker beklagt Bojesen vor allem die Eroberung der Kunst durch Juden (190ff.), d.h. letztlich die Machtergreifung des „Literaten" an Stelle des Schöpfers, die Verdrängung der „Tiefe" durch die „Breite", der „Wahrheit" durch den „Schein". All dies aber ist ein Charakteristikum der Existenz Gudstikkers; und so ist es nur konsequent, daß Agathon für Gudstikkers Wesen keinen anderen Ausdruck findet als eben das Wort 'jüdisch':

Es war die Lüge selbst, die ihm in ihrer ganzen brutalen Unbekümmertheit entgegentrat. Glätte und Spitzfindigkeit, Zähigkeit, scheinheiliger Ernst, – Agathon fand kein anderes Wort dafür, als das Wort jüdisch, in seinem häßlichsten Sinn. Gudstikker schien ihm die jüdischeste Natur, die er je getroffen. (428)

Damit kommt die gleichsam oszillierende Semantik des Worts 'jüdisch' ins Spiel, die bei der Interpretation dieses Romans – wie bei Erzählwerken des 19. Jahrhunderts insgesamt – mitbedacht werden muß. Wassermann geht zweifellos von den konkreten Erfahrungen in seiner Jugend aus; seine Kritik richtet er als Jude gegen das Judentum. Gleichzeitig verwendet er das Wort 'jüdisch' jedoch in der gängigen metaphorischen Stereotypisierung: gemeint ist nicht nur der Bereich des (unsoliden) materialistischen Verhaltens oder des kapitalistischen Systems, sondern die moderne Welt und Kultur in toto. So verständnisvoll Wassermann einen Kultur-Antisemiten wie Bojesen darstellt: er identifiziert sich nicht mit dessen Forderung nach einem Auszug aller Juden aus Deutschland (vgl. 192). Die sogenannte 'Judenfrage' ist für ihn eine Frage nach dem Zustand der Gesellschaft insgesamt; davon isoliert kann sie jedenfalls nicht beantwortet werden (vgl. 257f.).

Im Zirndorfer Sebalderwirt Sürich Sperling wird das „personifizierte Germanentum" (132) in einer gleichsam mythisch-barbarischen Unschuld vorgeführt: „In ihm schien sich alles Glänzende und Rohe, alles Kraftvolle und Plumpe der Rasse vereinigt zu haben" (107). Sürich liebt und haßt „ohne Rechenschaft und Künstelei", er ist „ein Tier: wild, stolz, unbezähmbar, keinem Vernunftgrund der Welt zugänglich", nie Knecht, ein Verächter des Adels, des Gesetzes, der Pfaffen, der Regierung, des Militärs und natürlich ein Judenhasser (107). Insofern ist der Wirt der anti-moderne Außenseiter schlechthin, er paßt nicht „in diese Welt" (108). Indem Agathon, der Prophet und Garant der Zukunft, zum Mörder Sürichs wird, hebt er damit zugleich mit der Vergangenheit die Gegenwart in doppelter Weise auf. Was in der Form des Mythos nicht akzeptiert werden kann, soll als Logos die Zukunft bestimmen, was der eine an der Gegenwart regressiv zu negieren sucht, will der andere geistig-progressiv überwinden. Die dramatische Beziehung von Agathon und Sürich unterstreicht so mehr als die anderen Konfigurationen des Romans den allegorischen Sinn des Textes; beide sind Personifikationen von Prinzipien, die in einen tödlichen Wettstreit geraten. Zu versöhnen wären Germanentum und Judentum durch eine Ausrichtung auf die Natur, die allen gemeinsam ist (vgl. das Schlußkapitel 457ff.), und den menschheitlichen Geist; der tödliche Antagonismus wäre dann aufgehoben in einer wahrhaft humanen Synthese, wie sie Wassermann sein Leben lang ersehnt hat.

Daß die Botschaft seines chaotisch-expressiven Romans nicht von allen verstanden wurde, zumal nicht von den Kreisen des Bürgertums, in das integriert zu werden Wassermanns Wunsch war, mag mit zur Entscheidung beigetragen haben, den Roman für die Ausgabe bei Fischer 1906 zu überarbeiten. Zwar bleibt die Grundkonzeption erhalten, aber daß Wassermann „bei der Umarbeitung lediglich einige zu gewagte und übertriebene Formulierungen gestrichen" habe,[76] ist, gelinde gesagt, eine Untertreibung – es sei denn, man werte den durchgängigen sprachlichen Rekurs auf die jüdische Sphäre, die quälenden Diskussionen über die Judenfrage in der Erstausgabe als bloße Gewagtheiten und stilistische Übertreibungen. Indem Wassermann vor allem das strich oder abschwächte, was bürgerlich-liberale Leser allzu sehr schockieren könnte, versuchte er eine Wunde zu verdecken, die in seiner deutsch-jüdischen Existenz nie aufgehört hat zu bluten, eine Wunde, die offen im Kunstwerk vorzuzeigen nicht zum guten Ton gehört. Möglicherweise ließ er sich außerdem den Satz des Rezensenten der Erstausgabe und Fischer-Lektors Moritz Heimann eine Lehre sein, man könne sich auch zu wichtig nehmen, indem man sich verachte:[77] eine psychologische Deutung des jüdischen Selbsthasses, die ihrerseits Ergebnis eines schmerzvollen Selbsterfahrungsprozesses ist. Aus diesem Grund hatte wohl auch Heimann von einer Veröffentlichung des autobiographischen *Engelhart Ratgeber*-Romans abgeraten, der 1905 abgeschlossen wurde, und Hugo von Hofmannsthal war von der Schonungslosigkeit und Offenheit des Manuskripts so abgestoßen, daß er auf jede Äußerung dazu verzichtete.[78] Die „künstlerische" Überarbeitung[79] wird zugleich zu einer weiteren Auseinandersetzung mit der eigenen Existenzproblematik, wobei die Belege hierfür eben die gestrichenen oder überarbeiteten Passagen sind. Die Tendenz der Änderungen ist eindeutig: die Provokation des frühen Romans wird unter dem Signum einer „künstlerischen" Überarbeitung entschärft, ohne daß allerdings die grundlegende Problematik – die Frage nach der deutsch-jüdischen Symbiose – verstellt würde. Immerhin erreicht die Überarbeitung der *Juden von Zirndorf* in zwölf Jahren 17 Auflagen, während die Erstausgabe bei Langen in sechs Jahren nur auf drei Auflagen – noch dazu mit einer erheblich kleineren Anzahl von Exemplaren pro Auflage – kam.[80] Insofern mag die Tilgung des originären Impetus des Geschichtenerzählers Wassermann – nämlich die Bewältigung einer traumatischen deutsch-jüdischen Kindheit und Jugend – zugunsten einer künstlerischen Durchdringung durch die größere Wirksamkeit positiv zu Buche schlagen. Im gesamten Werk des Autors bleibt die „morgenländische" Erzählmotivation der Scheherazade erhalten: durch Geschichten-Erzählen sein und anderer Leben zu retten. Im *Engelhart Ratgeber*-Roman ist es der kleine Bruder, den Engelhart durch seine Geschichten von der Denunziation abhält; in der Erzählung *Der Aufruhr um den Junker Ernst* ist es der Titelheld, der Kunde gibt von der Trägheit des Herzens und der Gerechtigkeit und damit die Greuel der Inquisition und Hexenprozesse zunichte macht. Es ist die Tragik des Erzählers Wassermann, daß er es – anders als sein historisch-fiktiver Held – nicht vermochte, den Hexenwahn des 20. Jahrhunderts erzählerisch zu bannen. Im Ofen des Antisemitismus, so hatte er bezogen auf das New Yorker Getto in seiner *Selbstschau* von 1933 formuliert, würden Millionen verbrannt, und die Minorität der reichen Juden bilde den Zündstoff dazu.[81] Daß die Verbrennung in Deutschland nicht mehr „in effigie", sondern wirklich stattfinden würde – vor dieser Einsicht wurde der Autor nur durch seinen rechtzeitigen Tod bewahrt.

Anmerkungen

1 Jakob Wassermann: Mein Weg als Deutscher und Jude. 16.-21. Aufl. Berlin: S. Fischer 1922. S. 86. Das Zitat des Titels stammt aus Jakob Wassermann: Selbstschau am Ende des sechsten Jahrzehnts. Ein imaginäres Gespräch. In: Die Neue Rundschau 44, I (1933). S. 377-395, hier S. 393.
2 Jakob Wassermann: Deutsche Charaktere und Begebenheiten. Berlin: S. Fischer 1915.
3 Peter de Mendelssohn: S. Fischer und sein Verlag. Frankfurt a.M.: S. Fischer 1970. S. 728.
4 So das im Herbst 1914 geschriebene Vorwort. Zitiert nach der Neuauflage: Jakob Wassermann: Deutsche Charaktere und Begebenheiten. 2 Bde. Wien, Leipzig, München: Rikola 1924. S. IX-XXIV, hier S.X. Parallel dazu erscheint 1915 ein fast gleichlautender Artikel: Das deutsche Wesen. In: Die Neue Rundschau 26,I (1915). S. 240-246. Vgl. in diesem Zusammenhang auch Jakob Wassermann: Nationalgefühl. In: Ebd. S. 757-772.
5 Vgl. Wassermann, Deutsche Charaktere (Anm. 4), vor allem das Begleitwort zur Zweiten Reihe, S. IX-XI, hier S. XI. Mendelssohns (Anm. 3) Hinweis, eine geplante Fortsetzung sei nicht erschienen, ist also falsch.
6 Wassermann, Deutsche Charaktere (Anm. 4), Zweite Reihe S. 155-160.
7 Vgl. dazu Marta Karlweis: Jakob Wassermann. Bild, Kampf und Werk. Mit einem Geleitwort von Thomas Mann. Amsterdam: Querido 1935. S. 457f., 470.
8 Hans Lamm: Jakob Wassermann – Deutscher und Jude. In: Jakob Wassermann. Ein Beitrag der Stadt Fürth zu seinem 100. Geburtstag am 10. März 1973. Hrsg. Stadt Fürth. Gestaltung und Redaktion: Emil Ammon. Fürth: Fränkische Papierindustrie 1973. S. 30-39, hier S. 30.
9 Theodor Lessing: Der jüdische Selbsthaß. Berlin: Jüdischer Verlag 1930. S.42.
10 Hans Mayer: Der Fall Jakob Wassermann [1944] In: Mayer, Literatur der Übergangszeit. Essays. Berlin: Verlag Volk und Welt 1949. S. 177-181, hier S. 179.
11 Vgl. Marcel Reich-Ranicki: Jakob Wassermann, der Bestsellerautor von gestern. In: Reich-Ranicki, Nachprüfung. Aufsätze über deutsche Schriftsteller von gestern. München, Zürich: Piper 1977. S. 46-51, hier S. 47ff.
12 Peter Panter [= Kurt Tucholsky]: Jakob Wassermann und sein Werk. In: Die Weltbühne 20,II (1924). S. 430-432, hier S. 430.
13 Jean Amery: Glanz und Elend der Schrifsteller-Stars. Über Jakob Wassermann und Stefan Zweig. In: Améry, Bücher aus der Jugend unseres Jahrhunderts. Mit einem Vorwort v. Gisela Lindemann. Stuttgart: Klett-Cotta 1981. S. 162-175, über Wassermann S. 162-169, hier S. 164f.
14 Vgl. die demnächst erscheinende Sammlung aller einschlägigen Schriften Wassermanns: Deutscher und Jude. Autobiographische Schriften Aufsätze Reden Entwürfe. Hrsg. v. Dierk Rodewald. Mit einem Vorwort v. Hilde Spiel. Heidelberg: Lambert Schneider 1984. (= Veröffentl. d. Dt. Akademie f. Sprache u. Dichtung Bd. 57).
15 Franz Koch: Jakob Wassermanns Weg als Deutscher und Jude. In: Forschungen zur Judenfrage Bd. 1. Hamburg: Hanseatische Verlagsanstalt 1937. S. 150 -164.
16 Vgl. Klara Pomeranz Carmely: Das Identitätsproblem jüdischer Autoren im deutschen Sprachraum. Von der Jahrhundertwende bis zu Hitler. Königstein/

Ts.: Scriptor 1981. (= Monographien Literaturwissenschaft 50). S. 55-69, hier S. 56.

17 Rainer S. Elkar: Jakob Wassermann – ein deutscher Jude zwischen Assimilation und Antisemitismus. Versuch einer politisch-biographischen Skizze. In: Jahrbuch d. Instituts f. Deutsche Geschichte Tel Aviv 3 (1974). S. 289-311, hier S. 302f.

18 Jakob Wassermann: Das Los der Juden. In: Die Neue Rundschau 15,II (1904) S. 940-948.

19 Jakob Wassermann: Der Literat oder Mythos und Persönlichkeit [1909]. Wiederabgedruckt in Wassermann, Lebensdienst. Gesammelte Studien Erfahrungen und Reden aus drei Jahrzehnten. Leipzig, Zürich: Grethlein 1928. S. 502-549, hier S. 546f.

20 Jakob Wassermann: Der Jude als Orientale. In: Vom Judentum. Ein Sammelbuch. Hrsg. v. Verein jüdischer Hochschüler BAR KOCHBA in Prag. Leipzig: Kurt Wolff 1913. S. 5-8.

21 Wassermann, Mein Weg (Anm. 1) Kap. 24, S. 122f.

22 *My Life as German and Jew* (posthum 1934). Vgl. dazu Rainer S. Elkar: Der Verlust der Humanität. Zu Jakob Wassermanns Gesellschaftskritik. In: Jakob Wassermann. Ein Beitrag der Stadt Fürth (Anm. 8) S. 21-29, hier S. 24.

23 Vgl. Jakob Wassermann: In memoriam Walther Rathenau. In: Die Neue Rundschau 33,II (1922). S. 805-809.

24 Vgl. dazu Hans Otto Horch: Conditio judaica. Juden und Judentum im Spiegel liberaler Erzählliteratur und liberaler jüdischer Literaturkritik. Habilitationsschrift, Philosophische Fakultät der RWTH Aachen 1984. S. 221-342, insbes. S. 325ff.

25 Jakob Wassermann: Meine Landschaft, äußere und innere. Rede, gehalten im Wiener Volksheim im März 1933. In: Wassermann, Tagebuch aus dem Winkel. Erzählungen und Aufsätze aus dem Nachlaß. Amsterdam: Querido 1935. S. 87-117, insbes. S. 114.

26 Jakob Wassermann: Selbstbetrachtungen. Berlin: S. Fischer 1933. S. 98. In weiten Passagen fast identisch ist Jakob Wassermann: Selbstschau am Ende des sechsten Jahrzehnts. Ein imaginäres Gespräch. In: Die Neue Rundschau 44,I (1933). S. 377-395. Im folgenden beziehe ich mich auf die *Selbstbetrachtungen.*

27 Wassermann, Mein Weg (Anm. 1) S. 107f. Noch schroffer urteilt Wassermann in seinem Offenen Brief an Richard Drews: hier erscheinen die Ostjuden als „Unrat und Unflat", die der Krieg ins Land geschwemmt habe und mit denen Wassermann nicht das geringste zu schaffen habe. Wiederabgedruckt in Wassermann, Lebensdienst (Anm. 19) S. 155-159, hier S. 158.

28 Felix Weltsch: Jakob Wassermanns Kampf mit dem Judentum. In: Jüdische Rundschau Nr. 78/79, 5.10.1928, S. 554; Nr. 80/81, 12.10.1928, S. 566. Hier S. 566.

29 Steven E. Aschheim: Brothers and Strangers. The East European Jew in German and German Jewish Consciousness, 1800 - 1923. Madison, Wisc.: The University of Wisconsin Press 1982. S. 227.

30 Wassermann, Mein Weg (Anm. 1) S. 106.

31 Siegmund Kaznelson: Um jüdisches Volkstum. Zu Jakob Wassermanns Bekenntnisbuch. In: Der Jude 6 (1921/22). S. 49-52, hier S. 51f.

32 Vgl. Weltsch, Kampf (Anm. 28) S. 554, 566.

33 Felix Weltsch: Jakob Wassermanns Antwort. In: Jüdische Rundschau Nr. 94, 27.11.1928, S. 660.
34 Zuletzt im Nachruf: Max Brod: In memoriam Jakob Wassermann. In: Die Sammlung 1 (1934). S. 282-285. Vgl. auch den Bericht über die Rede Max Brods im Prager PEN-Club: Jakob Wassermann und die Judenfrage. In: Jüdische Rundschau Nr. 45/46, 9.6.1933, S. 243.
35 [Max] Dienemann: Der Gelehrte und der Dichter zum Problem des deutschen Juden und des Antisemitismus. In: Allgemeine Zeitung des Judentums 85 (1921). S. 179f, 191f, hier S. 192.
36 Lothar Kahn: Mirrors of the Jewish Mind. A Gallery of Portraits of European Jewish Writers of our Time. New York, South Brunswick, London: Yoseloff 1968. S. 35.
37 Stefan Zweig: Jakob Wassermann. In: Die Neue Rundschau 23,II (1912). S. 1131-1145, hier S. 1133. Ganz ähnlich argumentiert im selben Jahr Victor Goldschmidt: Jakob Wassermann. In: Goldschmidt, Seiende und Werdende. Versuche. Leipzig: Xenien-Verlag 1912. S. 49-74, hier S. 55.
38 Jakob Wassermann: Die Geschichte der jungen Renate Fuchs. 4. Aufl. Berlin: S. Fischer 1901. S. 18 bzw. 96.
39 Jakob Wassermann: Das Gänsemännchen. Roman. Berlin: S. Fischer 1919. S. 107.
40 Jakob Wassermann: Der Moloch. Roman. 2. Aufl. Berlin: S. Fischer 1903. S. 112.
41 Peter de Mendelssohn: Nachwort. In: Wassermann, der Fall Maurizius. Roman. München, Wien: Langen Müller 1981. S. 541-563, hier S. 562.
42 Fritz Martini: Nachwort. In: Jakob Wassermann, Der Fall Maurizius. Roman. Reinbek b. Hamburg: Rowohlt 1975. (= rororo 1907). S. 383-404, hier S. 385.
43 Walter Goldstein: Wassermann. Sein Kampf um Wahrheit. Leipzig, Zürich: Grethlein 1929. S. 258.
44 Wassermann, Der Fall Maurizius (Anm. 41) S. 162.
45 Vgl. etwa Walter Voegeli: Jakob Wassermann und die Trägheit des Herzens. Diss. phil. Zürich 1956. Winterthur: Keller 1956. S. 142f.
46 Wassermann, Der Fall Maurizius (Anm. 41) S. 308.
47 Später (Joseph Kerkhovens dritte Existenz. Roman. München, Wien: Langen Müller 1982) entfällt diese Einschätzung.
48 Wassermann, Mein Weg (Anm. 1) S. 75f.
49 Wassermann, Offener Brief an Drews (Anm. 27) S. 155f.
50 Wassermann, Mein Weg (Anm. 1) S. 73.
51 Wassermann, Antwort (Anm. 33) S. 660.
52 O[tto] St[oessl]: [Rezension von Wassermann: Die Juden von Zirndorf]. In: Die Zeit 11 (1897). S. 205.
53 Adolf Bartels: [Rezension von Wassermann: Die Juden von Zirndorf]. In: Der Kunstwart 11,II (1897/98). S. 5-7, hier S. 6.
54 Karl Federn: Renate Fuchs. In: Die Zukunft 34 (1901). S. 464-469, hier S. 464.
55 [Gustav Karpeles]: [Rezension der Überarbeitung von Wassermann: Die Juden von Zirndorf]. In: Allgemeine Zeitung des Judentums 71 (1907). S. 84.
56 Moritz Heimann: Zwei Romane [u.a. Wassermann: Die Juden von Zirndorf]. In: Neue Deutsche Rundschau (Freie Bühne) 9,I (1898). S. 642-647, hier S. 646f.

57 Ludwig Geiger: Zwei jüdische Erzählungen [u.a. Wassermann: Die Juden von Zirndorf]. In: Allgemeine Zeitung des Judentums 62 (1898). S. 366-368, hier S. 367.
58 Josef Bass: Darstellung der Juden bei Jakob Wassermann. In: Monatsschrift für Geschichte und Wissenschaft des Judentums 57, N.F. 21 (1913) S. 654-665; 58, N.F. 22 (1914) S. 97-112, 209-222. Hier insbes. Jg. 57, S. 655-665.
59 Richard Schaukal: Erzählungslitteratur [Wassermann: Die Geschichte der jungen Renate Fuchs]. In: Die Gesellschaft 17,III (1901) S. 197f., hier S. 198.
60 M[ichael] G[eorg] C[onrad]: [Rezension u.a. von Wassermann: Die Juden von Zirndorf]. In: Die Gesellschaft 13,IV (1897). S. 125-128, hier S. 126.
61 Ernst von Wolzogen: [Rezension von Wassermann *Die Schwestern* und *Die Juden von Zirndorf*]. In: Das literarische Echo 9 (1906/07). Sp. 544-546, hier Sp. 545f.
62 Albert Langens Verlags-Katalog 1894 - 1904. Druck: Leipzig: Hesse & Becker o.J. S. 153.
63 Victor Goldschmidt: Jacob Wassermann. In: Allgemeine Zeitung des Judentums 75 (1911). S. 510f, 525f, hier S. 510.
64 Vgl. Richard M. Meyer: Die deutsche Literatur des Neunzehnten Jahrhunderts. 2 Teile. 4. umgearb. Aufl. Berlin: Bondi 1910. Zweiter Teil S. 260. Hier heißt es allerdings „jungdeutscher Romantechnik".
65 Goldschmidt, Wassermann (Anm. 63) S. 510.
66 Zweig, Wassermann (Anm. 37) S. 1136.
67 Stefan Zweig: Für Jakob Wassermann. In: Die Neue Rundschau 44,I (1933). S. 358-360, hier S. 358.
68 Hermann Hesse: Für Jakob Wassermann. Ebd. S. 360.
69 Karlweis, Wassermann (Anm. 7) S. 108.
70 Voegeli, Wassermann (Anm. 45) S. 42.
71 Vgl. dazu Gershom Scholem: Die jüdische Mystik in ihren Hauptströmungen. Frankfurt a.M.: Suhrkamp 1980. (= suhrkamp tb. wiss. 330). S. 315-355.
72 Jakob Wassermann: Die Juden von Zirndorf. Roman. München: Langen 1897. S. 6. Nach dieser ersten Auflage wird im folgenden zitiert.
73 Scholem, Jüd. Mystik (Anm. 71) S. 294ff, hier S. 296.
74 Hier variiert Wassermann die seit dem Mittelalter bekannte Geschichte vom falschen Messias, die u.a. von Caesarius von Heisterbach, Heinrich Bebel, Hans Wilhelm Kirchhoff, Hans Folz und Grimmelshausen bearbeitet wurde. Vgl. dazu Edith Wenzel: Zur Judenproblematik bei Hans Folz. In: Zsch f. dt. Philologie 101 (1982) H.1. S. 79-104, hier S. 79ff.
75 Wassermann, Das Los der Juden (Anm. 18) S. 946.
76 Voegeli, Wassermann (Anm. 45) S. 54.
77 Heimann, Zwei Romane (Anm. 56) S. 647.
78 Vgl. Mendelssohn, Fischer (Anm. 3) S. 358ff.
79 Jakob Wassermann: Die Juden von Zirndorf. Roman. Berlin, Wien: S. Fischer 1918.
80 Vgl. Mendelssohn, Fischer (Anm. 3) S. 363.
81 Wassermann, Selbstschau (Anm. 26) S. 393.

Caroline Kohn

Karl Kraus und das Judentum

Immer meint ihr, es gehe um Meinungen,
aber der Widerspruch ist in der Welt.
K.K.

I.

Über Karl Kraus und das Judentum zu schreiben, ist ungefähr ebenso schwer wie ein Urteil über seine Stellung zum Sozialismus zu fällen. Zu beiden Fragen hat er sich, der Entwicklung der Zeit und der Ereignisse folgend, sehr verschiedenartig verhalten, Haß und Liebe, je nach dem Fall, unvoreingenommen verteilend, immer die Wahrheit, seine Wahrheit, verteidigend, immer Moralist und Satiriker, meist Reaktionär in der Theorie, Revolutionär im Handeln und Sein.

Nur seine Stellung zur Presse, sowohl zur jüdischen wie zur christlichen oder national-liberalen, blieb nach wenigen Jahren, in denen er sich als Journalist betätigt und in mehreren Wiener sowie Berliner Zeitungen und Zeitschriften aktuelle Berichte und Kritiken veröffentlicht hatte, dieselbe: kritisch ablehnend, schließlich feindlich.[1]

Sehr früh sah Kraus, wie vor ihm J.J. David, die Gefahr: „Wenn die Vertrustung der Meinungsübermittlung weitere Fortschritte macht, dann wird 'FREIGEIST' derjenige heißen, der sich dem Meinungsmonopol der Presse zu entziehen versucht.“ Karl Kraus w a r ein Freigeist. Als ihm die *Neue Freie Presse* die Stellung eines Feuilletonredakteurs anbot, lehnte er ab. Warum, das erklärte er in den ersten Heften seiner im selben Jahr, ab April 1899, erscheinenden Zeitschrift *Die Fackel*, die bis 1936 in 922 Heften, einzeln oder mehrere zusammengeschlossen, erschien.[2]

Er wollte den „Maulkorb der Presse“ in den „Papierkorb“ werfen und gegen Mißbrauch und Vorurteile kämpfen, die Interessen des Gemeinwohls verteidigen, in den „Phrasensumpf der Presse hineinleuchten.“ Häufige Konfiskationen, Prozesse, Parlamentsdebatten, nächtliche Angriffe auf seine Person, nichts hinderte den mutigen Verfasser daran, den Kampf gegen Ungerechtigkeit und Unterdrükkung, gegen Korruption, Justizirrtümer und Übergriffe polizeilicher oder anderer Behörden und die sehr oft verfälschten und doch meinungsbildenden Zeitungsberichte darüber, bis ans Ende seiner Laufbahn fortzusetzen.

Bis zum Ausbruch des Ersten Weltkrieges kämpfte Kraus nach vielen Seiten und äußerte sich in den ersten Jahren oft selbst über seine Einstellung zum Judentum – so in *Die Fackel* Nr. 1,17 usw. In vielen Heften werden Fragen, die mit Zionismus, Antisemitismus, den Streitigkeiten zwischen orthodoxen und liberalen Juden zu tun haben, erörtert. Schon in der allerersten Nummer seiner Zeitschrift, F. 1, beklagt er sich über die Presse, „die den Antisemitismus besser zu erzeugen als zu bekämpfen vermag", und darüber, daß die Zionisten „ein rotes Meer von Beschimpfungen" über ihn ergossen.[3]

In F. 5 spricht Kraus über einen Leitartikel der *Deutschen Zeitung,* in dem sich diese zu dem 'Phänomen' äußert, daß seine „Angriffe von der jüdischen Clique viel stärker empfunden werden als die der Antisemiten". Der Grund dafür, meinte die Zeitung, sei, daß er „die jüdische Gemeinbürgerschaft verletzte." Und er erklärt: „ . . . eine solche besteht wohl nicht, denn mit mir empfinden ungezählte Juden die Gemeinheit jener Offiziösen des Kapitalismus". In F. 7 schreibt er über die Dreyfuß-Affäre, in der er, wie Liebknecht, konstatiert, daß die „gut orchestrierte Pressekampagne" den Antisemitismus fördere, und er zieht die Lehre: „Jedenfalls hat sich für die gegenwärtige Geschichts- und Gesellschaftsperiode die Assimilation ohne physische Blutsvermischung als unzureichend erwiesen." Nach einer Beschießung der Gendarmerie des neuen Ministeriums Clary-Aldringen wegen der Judenstreitigkeiten, schließt er in der *Fackel* den Bericht: „ . . . so kommt man nicht darüber hinweg, daß die in sozialer und religiöser Abgeschlossenheit Verharrenden [. . .] den Antisemitismus auslösen: Durch Auflösung zur *Er*lösung!" und: „Die goldenen und zeitungspapierenen Gitter, die heute noch das Getto umschließen, müssen fallen [. . .], sonst sieht das vielberufene zwanzigste Jahrhundert Exzesse ärgerer Art."

In F. 36 begrüßt Kraus die Haltung von Masaryk, der „die tschechische Ehre und Intelligenz" in einer Ritualmord-Affäre vertreten hatte, und in F. 57 heißt es tadelnd: „Jedem sozialpolitischen Beginnen tritt die liberale Presse mit solch verbissener Wut entgegen, als wären Ausbeutung und Schwindel tatsächlich die unerläßlichen Lebensbedingungen der Wiener Judenschaft". Gegen die Einwanderung der ostjüdischen Flüchtlinge, besonders der Rumänen, schreibt Kraus, wie Herzl und Szell, und in F. 112 und F. 125 spottet er über die „Antisemitische Judenreklame", weil das *Deutsche Volksblatt* jüdischem Annoncenbedürfnis nicht „unzugänglich bleibt, da die einlaufenden Dukaten nicht beschnitten sind". In der Satire *Ehrenerklärung des Rabbi Bloch,* der für Auswürfe gegen Kraus vom Landesgericht am Ende eines Prozesses verurteilt wurde, „alles zurückzuziehen", spricht Kraus vor dem Gericht darüber, daß ein „wesentlicher Unterschied" bestehe „zwischen Angriff auf Religion" und „Angriff gegen Korruption". In F. 149 tritt Kraus für den „von Kritik und Presse konsequent verfolgten" Juden Gustav Mahler ein, und in F. 198 verurteilt er energisch in *Hexenprozeß* das „Toben der antisemitischen Presse gegen die Jüdin Hervay" in deren Scheidungsverfahren.

Unmöglich, auf alle Äußerungen in allen *Fackel*-Heften, die uns hier interessieren könnten, einzugehen. Wichtig ist, daß Karl Kraus in seinem Kampf gegen die Presse und später gegen den Krieg sich oft gegen einzelne jüdische Vertreter der Pressemacht und der Kriegsgewinnler stellte. So hat er in seinen Satiren die Gestalt des Moritz Benedikt, des Herausgebers der *Neuen Freien Presse,* ins Symbolhafte gesteigert, ihn als den „Sieger" oder den „Herrn der Hyänen" dargestellt, da er verantwortlich für eine Presse war, die das Schicksal des Landes beeinflußte und den Einzelnen zum „gedankenlosen Untermenschen" degradierte.

Die *Neue Freie Presse* büßte im und nach dem Ersten Weltkrieg viel von ihrem Ansehen ein, aber der „Zeitungshydra" wuchsen immer neue Köpfe, und noch in einem der letzten *Fackel*-Hefte eiferte Kraus gegen eine „käufliche Presse, die der Großmannssucht des Juden Max Reinhardt durch Bilder und anpreisende Berichte über die prunkvollen Feste auf Schloß Leopoldskron diente", zu einer Zeit, da nicht weit von Salzburg, jenseits der Grenze, „unschuldige und wertvolle Glaubensgenossen, um solcher Schuld und solchen Unwerts willen, entehrt und zertreten werden". Kraus hatte seit je gegen die nach Effekten haschenden Inszenierungen des berühmten Theatermannes geeifert. Nun rühmten die Zeitungen die Verfilmung von *Ein Sommernachtstraum* mit „Betrieb von großartigen Pumpwerken für die Waldbewässerung und 8000 Tagesgagen für die Ballerinen", obwohl „3500 Hausgehilfinnen jüdische Haushalte hatten verlassen" müssen und „Juden zum 'Schutz' vor dem Verhungern in Auffanglager verschleppt wurden" (F. 912/15).

Die Stellung, die Kraus der Presse gegenüber einnahm, blieb fast lebenslänglich dieselbe. Über seine Beziehung zum Sozialismus ist ein Urteil schon viel schwieriger zu fällen: Mit der Sozialdemokratie und der *Arbeiter-Zeitung* geht der mit Viktor Adler und Friedrich Austerlitz befreundete Karl Kraus in den ersten *Fakkel*-Jahren oft gemeinsam vor. Er erwartet viel von den sozialistischen Ideen. Aber er ist kein Parteimann und wendet sich mit seiner empörten Kritik sofort auch gegen die marxistische Presse, wenn sie den Grundsätzen von Lasalle untreu wird und sich, wie die bürgerlichen Zeitungen, durch Inserateninteressen leiten und „verleiten" läßt.

War das Zusammengehen mit den Sozialisten in der Vorkriegszeit fallweise, so brachte es dann der Krieg mit sich, daß der Herausgeber der *Fackel*, im Kampf gegen die Kriegsgewalten einzig von der *Arbeiter-Zeitung* unterstützt, sich der Sozialdemokratischen Partei dankend näherte. In der weiteren Einstellung zu den Sozialisten werden wir einen Umschwung verfolgen können, der zum Bruch führen und in der Polemiksatire *Wichtiges von Wichten* (F. 917/22) gipfeln wird.

Kraus war jeder Organisation im Grunde fern. Er blieb frei, auch im Verhältnis zur katholischen Kirche, und freimütig spricht er von den „Juden aller Konfessionen" oder den „Maulantisemiten".

Im Umschwung der Haltung für oder gegen die Sozialisten kann man aber deutlich Ursache und Wirkung verfolgen und erkennen, ebenso wie im wechselvollen Verhältnis zur Kirche. Wie anders ist es aber, wenn man seine vielfältige Stellungnahme zum Judentum, zu den Juden betrachten will. Welch ein Abgrund zwischen *Eine Krone für Zion* oder den heftigen Satiren gegen die jüdischen Kriegsgewinnler, Schieber und „Pressegeier" im Welttheater-Drama *Die Letzten Tage der Menschheit* und, schließlich, dem grimmigen Kampf des Juden Kraus zur Verteidigung der verfolgten, gefolterten, in den Lagern vernichteten Juden: in dem einzigen großen Pamphlet gegen Hitler, schon zur Zeit vor dessen Aufstieg. Eine Streitschrift in deutscher Sprache, von einem weltberühmten Schriftsteller, Satiriker, Moralisten, im Sommer 1933 geschrieben: *Warum die Fackel nicht erscheint*, in dem umfangreichsten *'Fackel'*-Heft (F. 890/905) veröffentlicht. Es ist eine Streitschrift, die ihren Sinn wesentlich aus dem Geist der Sprache bezog; denn für Kraus war die deutsche Sprache „ein Gnaden-", ein „Wunderort" – wer sie verunstaltete und verrohte wie die Nazis, der wurde zum Erzfeind.[4]

Kraus war einer jener österreichischen Juden, denen eine moderne Gesetzgebung eine völlige Assimilation ermöglicht hatte. Schon in einer seiner frühesten Schriften, *Eine Krone für Zion,* erklärt der junge Kraus seine Einstellung zum Judentum und betont, daß „orientalische Enklaven" in der europäischen Kultur ein Unding geworden" seien, [. . .] „alle Auserlesenheit und Auserwähltheit aber sei im modernen Staat und im jetzigen Europa nicht möglich, ohne den alten Haß auflodern zu lassen". „Der unumstößliche Glaube an die Anpassungsfähigkeit des jüdischen Charakters", schreibt er, „ist die beste Orthodoxie: man lasse ihn nur erst einmal den Glauben der Väter werden. Bestimmt, in allen umgebenden Kulturen unlösbar aufzugehen – dennoch immer Ferment zu bleiben, erweist er sich stärker als seine übereifrigen Verkünder."

Später gab die geschichtliche Entwicklung Theodor Herzl und dem Zionismus Recht und setzt im Rückblick die Kraus'sche Satire ins Unrecht. Aber als Kraus *Eine Krone für Zion* schrieb, tat er es im guten Glauben, daß jeder kriegsfördernde Nationalismus von der modernen Entwicklung überholt werden müsse, daß Völkerverschmelzung mehr zu wünschen sei als Absonderung. Wie hätte er ahnen können, daß seine Assimilationsideen bereits zu spät kamen.

Übrigens hatte *Eine Krone für Zion* noch nichts von der Bitterkeit, vom gehässigen Ingrimm der späteren *Fackel*-Satiren oder der Zeichnung einzelner jüdischer Personen in *Die letzten Tage der Menschheit.* Auch hat Karl Kraus noch vor der Hitlerzeit, wie immer aufrichtig und wahr, geschrieben (in F. 657/67): „Ich bekenne [. . .], daß ich das Meiste, was in meiner Schrift steht, heute *nicht* oder nicht *so* sagen würde."

Eine Krone für Zion beginnt heiter: „Einer der Herren, die sich jetzt als Geschichtsanwälte des jüdischen Volkes aufspielen und mit seltsam gen Sonnenaufgang verdrehten Augen für die Rückkehr aller übrigen Juden nach dem Stammland Palästina agitieren, ersuchte mich vor einiger Zeit, einen kleinen Beitrag zu jenen Zwecken beizusteuern, die man zionistische oder mit einem guten alten Wort antisemitische nennt." Kraus beklagt, daß der Ruf „Hinaus mit den Juden!" sich aus dem Lager der deutsch-nationalen Burschenschaften „in das der jüdisch-nationalen Studentenschaft verpflanzt habe" und erklärt, daß der „freundliche Sammler" den Beitrag „einen Schekel" nenne, daß die Zahlung trotz des ungewöhnlich biblischen Namens zu keiner Parteigenossenschaft verpflichte, sondern nur das Recht gebe zur Teilnahme an den Delegiertenwahlen für den nächsten Kongreß in Basel. „Dennoch wollte ich mich", fährt Kraus fort, „erst unter allerlei Protesten und gegen das ausdrückliche Versprechen, daß man mich nie für den neuen Glauben usurpiren werde, zur Zahlung des Schekels verstehen. Ich tat klug daran, aber es half nichts. Die Macht der zionistischen Verheißung ist eine so zwingende, daß selbst wer sich ihr zu entziehen wünscht, nach kurzer Zeit schon seinen Namen in einer gedruckten Liste von Parteigenossen lesen kann [. . .]. So ist es mir ergangen." Und Kraus bekennt: „ [. . .] und heute wäre ich gern bereit, als Loskaufsumme von der zionistischen Idee ein Dutzend Schekel zu erlegen!" Etwas weiter entrüstet sich der Autor, daß sein Name, ungefragt, auch auf der offiziellen Delegiertenliste für den Zionistenkongreß prangte, und dann folgt eine ziemlich scharfe Satire, mit wörtlichen Zitaten aus dem zionistischen Parteiorgan, gegen die

„blumenreiche, aufgeblähte“ Sprache der Journalisten – Kongreßlisten von Basel, die ihre Berichte in „messianischer Verzückung schrieben, statt ein Mittel gegen den Antisemitismus zu suchen“.[5]

Auf Seite 24 der Broschüre heißt es: „Bei gründlicher Abschließung von orthodoxen Einflüssen, bei völliger Verzichtleistung auf gewisse angestammte Vorurteile in Kleidung und Haartracht, die von der Mode längst überholt sind, scheint mir der Gedanke an eine endliche Colonisation im eigenen Lande viel weniger Utopisches zu haben, als die geplante Radikalkur des Exodus“; schließlich gibt Kraus der Hoffnung Ausruck, daß „das Weltleid keine Specialisten erfordert und Alles, was uns bedrückt, überall nur ein verirrter Socialismus ist, der noch vor der Rückkehr der Juden nach Palästina zu sich selbst zurückzukehren bestimmt ist. Sollte eine Verbesserung der europäischen Cultur nicht rascher durchzuführen sein, als die Gründung einer national-jüdischen?“

Hier wieder spricht die große Hoffnung, daß der Sozialismus, an dessen Ideale Kraus damals noch glaubte, zur Einigung aller arbeitenden Menschen führen werde. Überall zeigt er sich also, in seinen wechselvollen Meinungen und seinen fallweisen Stellungnahmen, als durchaus unabhängig, ohne Vorurteil von Klasse, Rasse oder Konfession. Wo zum Beispiel tiefe Gläubigkeit die Juden von der Assimilation abhielt, hat Kraus ihre Religiosität immer geachtet, ist stets den opferfreudigen Bekennern mit Ehrfurcht begegnet. So hat er schon in *Eine Krone für Zion* achtungsvoll von „Herrn Dr. Theodor Herzl [. . .] diesem feinsten unter den jungen Wiener Prosaisten“ gesprochen und nie den jüdischen Dramatiker Beer-Hoffmann zum Ziel seiner Satire genommen, auch völlig anerkannt, daß dieser ihm das Gedicht *Gebet an die Sonne von Gibeon* nie verzeihen konnte.[6]

Kraus selbst hat nie sein Judentum verleugnet, obwohl er schon 1899 die jüdische Glaubensgemeinschaft verlassen hatte und konfessionslos geworden war.[7] Als der Schriftsteller Salten ihn dessen anklagte, schrieb Kraus (in F. 717/23): „Mein Hass gegen das Judentum – man soll nicht generalisieren – erstreckt sich vornehmlich auf die jüdischen Parasiten und Journalisten, ohne daß ich je meine Abneigung gegen die christlichen Assimilanten verleugnet hätte.“

Kraus hatte viele jüdische Freunde. Der Jude Otto Weininger, der ihn, wie Wedekind, früh beeinflußt hatte, starb jung. Seinem Freund, Frank Wedekind, blieb der Herausgeber der *Fackel* über den Tod hinaus ein treuer Helfer. Er veröffentlichte Wedekinds erste Gedichte, kündigte dessen *Büchse der Pandora* in seiner Zeitschrift an, was einer Auszeichnung gleichkam, organisierte 1905 in Wien eine private Aufführung des an allen Theatern verbotenen Stückes. Zu dessen besserem Verständnis las Kraus vor der durch Burgtheater-Schauspieler gebotenen Aufführung eine Einleitung (F. 182). Der anwesende Musiker Alban Berg war so beeindruckt, daß er damals seine *Lulu*-Symphonie (später die weltberühmte Oper) konzipierte. Alban Berg, Schönberg, Ernst Křenek, wie auch Adorno und Walter Benjamin gehörten zu den treuesten Freunden des Herausgebers der *Fackel*.[8] Ebenso Leopold Liegler, Berthold Viertel, Emil Stein, Franz Grüner und Franz Janowitz – beide an der italienischen Front gefallen –, Peter Altenberg, für den Kraus, als Altenberg krank und notleidend war, ebenso wie für die hilfsbedürftige Lyrikerin Else Lasker-Schüler, seine ersten Lesungen veranstaltete. Unter den treuesten jüdischen Freunden von Kraus sind noch seine beiden ersten Biographen, Leopold Liegler und Berthold Viertel,[9] zu nennen und Frau Helene Kann, die das Karl Kraus-Archiv in die Schweiz rettete und es letztwillig 1954 der Wiener Stadtbibliothek vermachte. Auch der junge Franz Werfel und Albert Ehrenstein, deren Gedichte zuerst durch die *Fackel* bekannt geworden waren, gehörten dem Freundeskreis von Kraus an.[10] Trotz seiner zahlreichen jüdischen Freunde wurde gegen Kraus immer wieder der Vorwurf des Antisemitismus erhoben, und ernste Juden, wie Martin Buber und Ben Gurion, standen ihm ablehnend gegenüber. Andere, wie Berthold Viertel, sahen in ihm den 'Erzjuden', Urbild des idealistischen, leidenschaftlich nach Wahrheit und Gerechtigkeit strebenden Juden.

Was aber besonders hier interessieren muß, das sind die nichtjüdischen Freundschaften des Juden Kraus. Da waren die mit Detlev von Liliencron und Gerhart Hauptmann. In einer seiner ersten Vorlesungen las Kraus öffentlich Hauptmanns auf den Bühnen noch verbotenes Werk *Die Weber*, und noch 1932 las er, wie oft vorher, dieses Schauspiel wieder, mit der durch Hauptmanns politische Haltung provozierten Bemerkung: „Es sei gesagt, daß der Vortrag ausschließlich der revolutionären Jugend des Dichters gilt."[11]

Später war es der Kreis der katholischen Schriftsteller um die österreichische Zeitschrift *Der Brenner* und ihr Herausgeber Ludwig von Ficker, der die besten Freundschaftsbeziehungen, in guten und schlimmen Zeiten, zu dem Juden Karl Kraus unterhielt. Da war Theodor Haecker, über den Ernst Alker und Karl Thieme schrieben: „Er war neben Kraus das Gewissen seiner Epoche, die ohne diese beiden Männer in noch höherem Maß dem Ungeist und der Barbarei verfallen wäre"; da war Karl Dallago, der einen wichtigen Aufsatz im *Brenner: Augustinus, Pascal und Kierkegaard,* mit den Worten beschloß: „Einer ist da, auf den wie geprägt zu sein scheint, was Kierkegaard sagt [. . .] Kraus ist zwar Jude, seiner existentiellen Betätigung nach muß er ein geistiger und religiöser Mensch sein, einer, dessen Dasein im Grund vom Geistigen und Religiösen gespeist wird, einer, der bestrebt ist, die Menschen einem Höheren untertan zu machen." Und Karl Thieme urteilt in *Der Apokalyptiker Karl Kraus*: „Kraus erscheint wirklich als der wahre Jude, treu der Art der großen Väter, die noch nicht den Glauben an Gott für den Glauben an die Presse und Börse dahingegeben hatten."[12]

II.

Zur Zeit, als Österreich eine monarchistische Staatsform hatte, trat Karl Kraus für eine bessere Anwendung der konservativen Macht ein. Als Krieg und Umsturz ihn hoffen ließen, daß von den Sozialisten die Verwirklichung seiner Ideale, Menschenwürde, Persönlichkeitsrechte, wahre Brüderlichkeit und größere Freiheit, zu erwarten waren, verbündete er sich mit ihnen bei diversen Gelegenheiten, fing aber bald zu warnen und zu tadeln an, als sie sich durch Kompromisse und taktische Bedenken von ihren hohen Zielen abbringen ließen: „Freund ihres Wollens, Feind ihres Seins" (F. 876/84).

Es sei aber angemerkt, daß nach der Zeit der moralisch-sozialen Gesellschaftskritik Kraus in den letzten Vorkriegsjahren eine deutliche Wendung zu ausgesprochen literarisch-künstlerischen Interessen vollzogen hatte. Das war auch die Zeit, in der von einem Kreis besonders kultivierter, unvoreingenommener Bürger und Adeliger der Jude Kraus als geistig Gleichstehender, als Freund aufgenommen wurde. Zu diesem Kreis gehörten Ludwig von Ficker, Heinrich Fischer, Theodor Haecker, der junge Dichter Georg Trakl, Prinz Max Lobkowitz, Mechthilde Lichnowsky, Gattin des deutschen Gesandten, die mit reizenden Büchern literarischen Ruhm erworben hatte, die schöne Sidonie von Nádherný-Borutin und ihre beiden Brüder, sowie die Gräfin Dobrzensky, der Kraus den achten Band der *Worte in Versen* widmete.

Viele dieser Freunde besuchten regelmäßig seine Vorlesungen, er war auf ihren Schlössern, die vor allem in Böhmen lagen, wochenlang ein willkommener Gast. Die Sommer in Graetz, bei Troppau oder Kuchelna, dem Familiensitz der Fürsten Lichnowsky, oder aber auf dem Barockschlößchen Janowitz derer von Borutin, gehörten zu den beglückendsten für Karl Kraus.[13] Wie alle Berichte dieser Freunde, mit denen er auch gelegentlich auf Reisen ging, bezeugen, war Kraus ein einfacher, aufgeschlossener und sogar fröhlicher Mensch. Die Jugend des Kreises hing mit Vertrauen an ihm, er fand Spiele für sie, sportliche Wettbewerbe. Der Baronin Sidonie von Nádherný widmete er den ersten Band der *Worte in Versen,* er, der als Vierziger durch das beglückende Liebeserlebnis mit ihr zum Lyriker geworden war. Kraus dachte in diesen Jahren an eine Ehe mit Sidonie, die selbst sehr ernstlich diese Verbindung erwog. Wie wir heute durch einen Essay *Rainer Maria Rilke und das Judentum* (dem Andenken an Richard Mises gewidmet) wissen, wurde sie durch einen Brief von Rilke davon abgebracht.[14] Sidonie heiratete bald darauf den Grafen Dr. Max Thun, trennte sich aber nach kurzer Ehe von ihm und kehrte als lebenslängliche Freundin zu Kraus zurück.

Der Kriegsausbruch führte in der Entwicklung von Kraus zu einer entscheidenden Wendung. Wegen einer leichten Verhöckerung einer Schulter vom Kriegsdienst ausgeschlossen und unter dem Eindruck des entsetzlichen Unheils, das er auf Europa zukommen sah, unterbrach Kraus das Erscheinen der *Fackel* und seine Vorlesungen von August 1914 bis Dezember und blieb stumm. Aber schon das erste *Fackel*-Heft während des Krieges zeigte seinen unerschrockenen Kampf gegen den Krieg. Den Reinertrag seiner wieder aufgenommenen Vorlesungen stellte Kraus der Hilfe für Kriegsverwundete und Kriegsblinde zur Verfügung.

Wieder gingen die Polemiken gegen den Krieg zusammen mit denen gegen die Presse und, weil diese vielfach von Juden beherrscht wurde, gegen ein gewisses Judentum. Nicht umsonst hatte Kraus mit Begeisterung einen Ausspruch von Konfutse in der *Fackel* abgedruckt und oft darauf hingewiesen:

> Stimmen die Worte nicht, so kommen die Werke nicht zustande, kommen die Werke nicht zustande, so gedeihen Moral und Kunst nicht; gedeihen Moral und Kunst nicht, so trifft die Justiz nicht, trifft die Justiz nicht, so weiß die Nation nicht, wohin Hand und Fuß setzen. Also dulde man nicht, daß in den Worten etwas in Unordnung sei! Das ist es, worauf alles ankommt (F. 852/56).

So dachte auch Kraus: „. . . daß der Raum der Nation sich klar in der Sprache zeigt.“ Da Kraus konstatierte, daß es z.B. für die *Neue Freie Presse* keine Judenfrage gab und „Druckerschwärze zum Gehirnkleister“ wurde, weil die dumme Masse zumeist glaubt, „was in der Zeitung steht“, richtete er seine Polemik während des Krieges gegen eine Presse, die ihre Macht nutzte, um für den Krieg einzutreten und ihn zu verherrlichen, und gegen ihre jüdischen Mitläufer. Da die staatliche Zensur überaus gefährlich für jede freie Meinungsäußerung war, wurde Kraus dadurch zum bewundernswerten Verwender des Zitates. Statt selbst seine Meinung zu sagen, brachte er zwei schon durch die Zensur gegangene Texte, Berichte, sich widersprechende Zeitungsnachrichten, zwei sehr verschiedene Parlamentsreden, einen Brief des Papstes und nebenseitig einen kriegerischen Leitartikel von Benedikt: und ließ die Leser selbst urteilen, setzte bisweilen einen anklagenden Titel oder eine kurze, ironische Schlußwendung hinzu. Kraus konnte so seinen Lesern ziemlich genau Bescheid geben über die Kriegserlebnisse.

In F. 418/22 veröffentlicht er die bittere Satire *Bei uns ist es so* über das Alpenglühen im Semmering-Gebiet, wo sich „die neuen Reichen im Jargongemauschel unterhalten [. . .] Irgendwo ruhen Sieger auf Stroh und die Natur macht ihre Reverenz den Nehmern – Schakalen und Hyänen, von Hunger genährt, einverständigen Blicks, daß ihnen das Blut der Welt gut angeschlagen hat“, eine Satire, die in etwas veränderter Form als Szene des Dramas *Die letzten Tage der Menschheit* wiederkehrt, wie auch andere *Fackel*-Satiren dieser Epoche. In F. 431/36 findet sich die Satire *Haben Sie nicht den jungen Rothschild gesehen?* und die Glosse *Jenseits von Gut und Böse,* in der Kraus sich darüber mokiert, „ . . . daß jetzt so viele polnische Juden sich ‘bessere Namen’ zulegen: Moritz wird Maurice, Herschl – Horace“. Im selben Heft unter *Notizen* ein Gespräch nach seiner Vorlesung des Gedichtes *Gebet an die Sonne von Gibeon,* sowie die bittere Satire *Vor dem Höllentor:* „ . . . ob koscher oder katholisch – derselbe Schacher – Elende Juden!“ In *Fackel*-Heft 457/61 konstatiert Kraus in *Wehr und Wucher:* „ . . . fast lauter Juden – Mysterium des Rebachs [. . .] Kabbala des Saldos“, da er über die Bierlieferungen an die Armee von Dr. Kranz und Rittmeister Lustig spricht: „Kulturgreuel – Verrat an der Sonne! Der Feind ist die neue Macht [das Geld], die über die alten Embleme verfügt.“ In *Unser weltgeschichtliches Erlebnis* klagt Kraus über „Finanzgauner, deren Sprache kaum zur Verständigung über die notwendigsten Berufspraktiken reicht“, und „ . . . Judenbuben sind die Dichter einer Nation, der sie nicht angehören“, worauf er in F. 462/71 die Satire *Von der Sinai-Front* mit vielen Zitaten von Schopenhauer veröffentlicht. In F. 494/98 wird *Die letzte Nacht*, Epilog des Dramas *Die letzten Tage der Menschheit* publiziert mit dem Dialog von *Freßsack und Naschkatz.*

Dieses *Fackel*-Heft wirkte wie eine Bombe. Von da an hatte Kraus es nicht mehr nötig, die Schärfe seiner Kritiken zu mildern – man wußte, worum es ging. Im selben Heft steht noch die Glosse *Die Hyänen brauchen einen Tyrtäus* und die Satire *Ich und Ich bin,* wo es heißt: „daß Ich einen Weltkrieg führe, mag die verletzte Krapüle noch immer auf verletzte Eitelkeit zurückführen und die Judengasse glaubt noch immer nicht, daß ihre Psychologie ein triftigerer Grund ist, sie zu verpönen, als der Tatbestand, den sie fingiert.“

Durch dieses Heft erfuhr die Welt, daß Kraus ein Antikriegsdrama verfaßt hatte, von dem Alfred Fried, der Herausgeber der *Friedenswarte* und Nobelpreisträger im Jahre 1911, in einer ergreifenden Würdigung des Kraus'schen Werkes schreiben sollte: „Man wird dieses Werk gelesen haben müssen, wenn man künftig gegen den Krieg wird wirken wollen. Ich stehe nicht an, es zu den höchsten Schöpfungen des Geistes zu zählen, zu jenen Büchern der Menschheit, die Ewigkeitswert besitzen."

Die letzten Tage der Menschheit, von vielen für das Hauptwerk von Kraus – zu Unrecht – gehalten, wurde im Januar 1919 in F. 501/07 angekündigt und erschien in Sonderheften der Zeitschrift, außerhalb der laufenden Nummern, und kam später, 1922, in Buchform heraus; die Kriegsaufsätze der *Fackel* wurden unter dem Titel *Weltgericht* im Verlag der Schriften von Karl Kraus, bei Kurt Wolff, wiedergedruckt.

In diesem Riesendrama *Die letzten Tage der Menschheit,* das in Wien und Berlin, wie in großen Provinzstädten vom Autor teilweise zum Vortrag gebracht wurde, stand alles, was er gegen das große Töten zu sagen, und während des Krieges in der *Fackel* schon gesagt hatte.[15]

Und wieder gehen Kritik am Krieg und Kritik an einem gewissen Judentum zusammen, und wieder wird alles von der Sprachauffassung des Meisters geleitet. Alle Personen dieses gigantischen Werkes sprechen eine nuancierte Sprache, jede wird durch ihre Sprechweise vollkommen charakterisiert. Die Benediktjuden, Schieber, Kriegsgewinnler und Wucherer mauscheln ein mit Jargonausdrücken vermischtes, oft fehlerhaftes Deutsch. Die Offiziere an der Sirk-Ecke tauschen ihre Banalitäten aus, der typische Wiener Kleinbürger ergeht sich im Wiener Dialekt auf seinen Gemeinplätzen. Das grandiose Sprachempfinden des Autors, seine Kenntnisse in allen diesen Sprachformen geben seinen Karikaturen eine erstaunliche Echtheit – nie könnte man ihm einen Irrtum in der Form oder im Ton nachweisen.[16]

Das Ende des Krieges war auch das Ende der österreichischen Doppelmonarchie. Kraus tritt für die Republik ein. Eine Zeitlang der Kampfgenosse der Sozialisten, ohne je der Partei anzugehören, schreibt er aber schon zum zehnten Jahrestag der Republik ziemlich enttäuscht: „Wahrlich, lieber würde ich nicht sagen müssen, daß diese Republik nichts tauge, als es sagen dürfen." Das verkleinerte Deutsch-Österreich mit seiner übergroßen Hauptstadt Wien hatte gegen das wirtschaftliche Elend der Nachkriegsjahre zu kämpfen. Die Tuberkulose raffte während der großen Hungerszeit Alte und Kinder hin, Menschen begingen Selbstmord, um nicht langsam verhungern zu müssen. Kraus spendete den Erlös seiner Vorlesungen für Wohlfahrtseinrichtungen, Außenspeisestellen, Kinderhilfe, Ferienhäuser, Blindenheime, das 'Rote Kreuz'. In den 'Notizen' und 'Kleinen Mitteilungen' oder 'Anzeigen' der *Fackel* kann man Rechenschaft über die verdienten und gespendeten Summen und ihre Anwendung erfahren. Reichte der Erlös der Vorlesungen nicht, so wurde er ergänzt durch die Beträge, die der Verkauf der trotz des steten Verbotes auf dem roten Umschlag der *Fackel*-Hefte immer wieder an den Verlag geschickten Rezensionsexemplare ergab. In F. 781/86 liest man, daß der Verkauf des Manuskripts der Satire *Die Welt der Plakate* eine ziemlich große Summe für das Israelitische Blindenheim 'Hohe Warte' ergeben hatte und zwei Briefe der 'Society of friends', der in den besiegten Ländern wirkenden internationalen Hilfsaktion, die „. . . gerne sagen möchte, wie glücklich sie sich fühlte, daß durch direkte oder indirekte Spenden das Wort von Kraus so viel Elend zu lindern vermochte". Denn oftmals schlossen sich beeindruckte Leser dem hilfreichen *Fackel*-Herausgeber an für eine Hilfsaktion und schickten Beiträge für Sammlungen der Zeitschrift oder direkt an die von Kraus bezeichneten Organisationen oder Personen. Aber hatte er nicht geschrieben, daß „der Geist der Treue zu sich selbst, vom Ästhetischen ins Sittliche gewendet, zur Barmherzigkeit wird?" (F. 519/20) Und war er nicht aus idealen Gründen für Revolution, Neugestaltung nach sozialistisch-humanitären Idealen? Im *Fackel*-Heft 514/18 schrieb er, der große Feind des Krieges: „Der Militarismus, der die Jahrtausend-Idee der vaterländischen Ehre aufgebraucht hat, kann in der sozialen Welt nicht leben, deren Stoff die Achtung vor dem Menschen ist", und in F. 521/30 erklärt er, daß ihm „von allen journalistisch-politischen Richtungen die sozialistische als die einzige gilt, mit welcher jenem, der die Zimmerreinheit auch einer luftlosen Welt voraussetzt, eine Diskussion überhaupt möglich ist".

Aber die Lage wurde in dem winzigen Staat immer schwieriger: die große Hauptstadt war zwar noch Zentrum einer bemerkenswerten Kultur, aber auch eines von wirtschaftlichem Abstieg und unaufhörlichem Hader der Parteien. Als zum 20ten Geburtstag der *Fackel*, der mit dem zehnten der Republik zusammenfiel, 1929, der Präsident der Nationalversammlung, Seitz, Kraus beglückwünschte, antwortete dieser auf den Brief (in F. 795/99):

Nicht zum 10jährigen Geburtstag dieser Republik, sondern zum 10jährigen Tag meines Aufrufs 'An Alle, die die Wahl haben', durch den ich viele von ihnen der Partei zugeführt habe, schreibe ich, und es ist schmerzlich, bekennen zu müssen, daß die Leute hierzulande nie dümmer waren als seit es eine Republik gibt: Die Dummheit wird der Republik Schuld geben.

„Versailles ist hart", hatte auch Kraus empfunden; aber die Partei, die er „im Verhängnis politischer Übel für das kleinere gehalten hatte", wurde „unerträglich" wenn sie aus taktischen Gründen Schober, den sie nach der blutigen Unterdrükkung des Juliaufstandes „Arbeitermörder" genannt hatte, nun schonte und walten ließ, wie er wollte. Kraus hatte längst erkannt, daß Schober vielfach mit den Deutschnationalen und denen, die schon hinter ihnen standen, zu paktieren geneigt war. Er setzte seine Polemik gegen Schober fort, wenig unterstützt von der sozialistischen Partei, mit der er sich langsam entzweite.

In seinen politischen Kämpfen stieß er wieder auf die Nachkriegspresse. Mit durch enttäuschte Hoffnungen noch erbitterterer Schärfe zeichnete er Typen des Judentums, die eine Presse beherrschten, die nicht mehr auf der literarisch-kulturellen Höhe stand wie die Presse vor dem Krieg. In *Fackel*-Heft 649/56 schrieb Kraus:

Was meine Stellung zum Judentum betrifft, so kann ich nur versichern, daß in mir das Gefühl des Rassenzusammenhangs stark genug ist, um die Erscheinung einer intellektuellen Minderwertigkeit bei Juden schmerzlich zu empfinden [. . .], während es mir immer ein Problem sein wird, wie die Juden nicht finden sollen, daß ihnen die 'Neue Freie Presse' zu blöd ist.

Es gab Polemiken gegen Lippowitz, den Herausgeber des *Neuen Wiener Journals*, besonders aber gegen Bekessy, der in der Nachkriegszeitung *Die Stunde* das Wort führte. In F. 730/31 spricht Kraus von dem Kriegsgewinnler Castiglioni, von „der Großhyäne, die einen Vampir, Bekessy, genährt hat", und in F. 732/34 klagt er darüber, „ . . . daß ein abgefeimter Budapester Seifenagent, der Jude Bekessy, sein Geschäft mit dem Kapital der Wiener Indolenz treibe".

Die mehrere Jahre dauernde Polemik gegen den „Herrn der Stunde" ist jedenfalls der größte Erfolg, den der Satiriker Kraus zu Lebzeiten errungen hat. Diese international bekannte Affäre fand ihren Niederschlag in Berichten der Weltpresse, als es ihm gelang, den Herausgeber der *Stunde*, steckbrieflich verfolgt, aus Wien zu vertreiben.

Der *Hamburger Anzeiger* vom 24. Juli 1926 schrieb unter dem Titel *Hinaus aus Wien mit dem Schuft!*:

Das berüchtigste Wiener Nachmittagsblatt 'Die Stunde' ist gestern in andere Hände übergegangen. Der Prokurist des Verlages und der Inseratenchef sind verhaftet, ihr Herausgeber, Emmerich Bekessy, gegen den 30 Strafanzeigen wegen Erpressung vorliegen, kommt nicht mehr nach Wien zurück. Karl Kraus hat es vollbracht, da er rief 'Hinaus mit dem Schuft!'

Als die Vertreibung des Herausgebers der *Stunde* bekannt wurde, schrieb Albert Bloch von der University of Kansas in Lawrence (USA) zuerst einen Glückwunschbrief an Kraus, dann, im November 1926, *Zum Sieg der Bekessiade:*

Hinter jedem Wort dieser großen Aufsatzreihe ist aber dem aufmerksamen Leser klar, daß Sie die Grundgefahr dieser Presse als eine weit größere würdigen als die horrible Vordergrundserscheinung einer Eintags-Schmeißfliege wie die „Stunde" [. . .] Was geht es mich an? Und wie geht das zu, daß es mich doch so mächtig angeht? Ich lebe hier einige Tausend Meilen von Ihrem Kampfplatz entfernt, habe auch kein einziges Exemplar der 'Stunde' gesehen, bin kein Deutscher, kein Österreicher, kein Sozialist . . . und war dennoch schon von Anfang an im Innersten von Ihrem Ringen um die Ehre und Reinheit einer Stadt, die ich kaum kenne, berührt – Ihr Bekessiade ist wohl das Herrlichste – und ich vergesse dabei keinesfalls die anderen unzähligen Wundertaten Ihres Worts – das Sie uns bisher geschenkt haben.[17]

Im Jahre 1929 stand Kraus im dreißigsten Kriegsjahr seines satirischen Kampfes gegen das Ungute in der Welt und schrieb (in F. 800/805): „Ich war strafweise in eine Zeit versetzt, die es in sich hatte, so lächerlich zu sein, daß sie keine Ahnung mehr hatte von ihrer Lächerlichkeit und das Lachen nicht mehr hörte." Er beklagt sich darüber, daß die Halbheit des Umsturzes „wohl die Schaufensterfigur [den Kaiser] entfernt, doch den großen kulturellen Kramladen unversehrt gelassen" habe, beteuert aber: „Ich habe mich meiner Nachkriegsbegeisterung nicht zu schämen." Und in F. 811/19 heißt es noch:

Meine Hoffnung, daß diese alten Satiren veraltet waren, ist kläglich zusammengebrochen. Sie erschreckten mich, als ich sie nach Jahrzehnten wieder las, durch ihre Aktualität. [. . .] Vorwort zum Untergang waren sie immer. Gott sei's geklagt, sind sie es noch heute, denn der Untergang hat Entwicklung.

III.

Das Urteil drohte schon, der Untergang hatte Entwicklung! Noch wurde selbst im Hitler-Gebiet der *Völkische Beobachter* in München – Herausgeber Adolf Hitler – von einem Schöffengericht zur Zahlung von 200 Mark an den Herausgeber der *Fackel* verurteilt. Die Zeitung hatte nach Aufführung von *Traumstück* dem Autor „Schmähung der Frontsoldaten" vorgeworfen.[18]

Obwohl ihm bekanntlich zu Hitler nichts einfiel, arbeitete Kraus an einem Pamphlet gegen den verhaßten „Unhold", das er während des Sommers 1933 abschloß. Schon druckreif, publizierte er es aber schließlich nicht, weil er „mit Worten, also Waffen des Geistes" nichts gegen „tollwütige Hunde" vermochte. Etwas verkürzt und leichter verständlich, veröffentlichte er es aber doch in F. 890/905, dem umfangreichsten aller *Fackel*-Hefte, unter dem Titel *Warum die Fackel nicht erscheint*. Diese Streitschrift erschien kaum ein halbes Jahr später und enthält die wichtigsten Teile des größeren Werkes *Dritte Walpurgisnacht*. Kraus erklärt darin, daß er dieses Werk zurückgestellt habe, weil er fürchtete, „ein solches Werk" würde nicht nur ihn, „sondern auch den Drucker, die Vertreiber, den Verleger, ja selbst die Leser in Gefahr bringen, die wegen 'verbotener Lektüre' vielleicht in den Stehsärgen eines Lagers enden würden."[19]

Wie kaum eine andere polemische und sprachphilosophische Schrift von Kraus blieben diese 350 Seiten von fundamentaler Bedeutung, die Kraus selbst „aus der Flucht aus der Zeit den Steckbrief gegen die Verfolger" nennt, „ von der Sprache diktiert und ihnen darum unverständlich." Sie blieben wirklich im Trubel der Zeit und der politischen Entwicklung kaum beachtet und von wenigen verstanden. Dennoch sind sie – wie das ursprüngliche Werk *Dritte Walpurgisnacht* – eine gewaltige und entsühnende Tat.[20]

Wie stark dabei Kraus' universale Sprachkritik, als Ausgangspunkt und Grundlage auch der politischen und ideologischen Kritik, mit dem nun rückhaltlosen Eintreten für die verfolgten Juden Hand in Hand ging, ist in eindrücklicher Weise überall zu belegen:

Welche Enthüllung für den, der der Sprache nahekam, wäre überraschender, welcher Anblick schlagartiger als der der Worthülse, die sich wieder mit dem Blute füllt, das einst ihr Inhalt war? [. . .] In allen Gebieten sozialer und kultureller Erneuerung gewahren wir diesen Aufbruch der Phrase zur Tat. [. . .] Die Spießruten, wie insbesondere der Pranger, der seit dem Mittelalter vollends zum Blatt Papier zusammengeschrumpft war, haben sie allerorten in ihre Realität eingesetzt – sie schreiten über Leichen [. . .] die Lesart freilich, daß 'keinem Juden ein Haar gekrümmt wurde', konnte sich behaupten, weil es nachweislich die einzige Form von Behandlung ist, die nicht geübt ward, während bei manchem die Kopfhaut mitging und mancher geschoren wurde, zwecks Einbrennung des Zeichens, in dem die Idee gesiegt hat . . .[21]

Anmerkungen

1 In der 'Neuen Wiener Rundschau' erschien 1896 sein erstes größeres Werk: *Die demolierte Literatur.*
2 Bis *Fackel*-Heft 388 (= F. 388) hatte er erlesene Mitarbeiter, ab 1911 schrieb er die schnell international bekannt gewordenen roten Hefte allein.
3 Seine Schrift *Eine Krone für Zion,* Wien: M. Frisch - Verlag 1898, hatte viel Aufsehen erregt.
4 Allerdings hatte Theodor Haecker 1931 – unter dem tarnenden Titel *Vergil, Vater des Abendlandes* – auch eine mutige Absage geschrieben, und Georg Moenius, der Kraus „das größte moralische Ereignis seit Kierkegaard" nannte, hatte früh seinen Kampf gegen den Nationalsozialismus begonnen. Als katholischer Priester, Journalist und Doktor der Philosophie hielt er 1936 die Grabrede für Karl Kraus, dann emigrierte er nach Kalifornien; er starb 1953 in München.
5 Schon hier ist zu bemerken, daß Kraus seine Kritik und Satire, einem überfeinen Sprachgefühl folgend, auch zu einer Sprachkritik und Sprachsatire gestaltete, was charakteristisch für ihn und sein Werk wurde.
6 Gedicht in freier Odenform, im Band II der *Worte in Versen,* das sich im letzten Teil, da der Mensch aus der Natur verschwunden ist, zur kosmischen Hymne steigert.
7 Karl Kraus ist dann, 1911, zum Katholizismus übergetreten: Taufe am 8. April – manche geben den 8. Februar an – in der Karlskirche, Pate sein langjähriger Freund Adolf Loos, der berühmte Architekt. Kraus trat später aus der katholischen Kirche wieder aus und erklärte diese Wendung 1922 in mehreren *Fackel*-Heften damit, daß die Kirche im Krieg Waffen gesegnet, Glocken zum Guß für Kanonen gespendet hatte und nun die von Kraus als Skandal empfundenen Theateraufführungen in dem und um den Dom von Salzburg aus merkantilen Interessen duldete.
8 Die Musiker der Wiener Musikschule bezeugen alle in mehreren Heften der Wiener Musikzeitschrift *Dreiundzwanzig*, daß die Kraus'sche Sprachauffassung mit den Bestrebungen der modernen Musik nicht nur in Zusammenhang zu bringen sei, sondern seine Sprachtheorie diese vielfach angeregt habe. Ernst Křenek vertonte unter dem Titel *Durch die Nacht* eine Auswahl von Kraus-Gedichten. Dieser Zyklus wurde 1931 in Dresden uraufgeführt.
9 Vgl. Leopold Liegler: Karl Kraus und sein Werk, Wien: R. Lanyi, 1920; Berthold Viertel: Ein Charakter und die Zeit, Dresden: Kammerer Verlag, 1921.
10 Ehrenstein wandte sich später gegen Kraus und veröffentlichte eine Streitschrift gegen ihn; auch mit Werfel kam es zu literarischen Polemiken – seltene Ausnahmefälle!
11 „Wenn ich Gerhart Hauptmann wäre [. . .] ich widerstände nur schwer der

Versuchung, die belegten Brötchen, die das geistige Wien auf Staatskosten zu essen bekommt, vom Buffet zu nehmen und im Namen des Dichters der Weber unter die hungernden Kinder Wiens zu verteilen" (F. 583/87).

12 Carl Thieme: Der Apokalyptiker Karl Kraus. In: Die Erfüllung. Wien. Jg. 2 (1936) H. 3 (September) S. 109-120; Carl Dallago: Augustinus, Pascal und Kierkegaard. In: Der Brenner. F. 6 (1919/21) H. 9 (April) S. 706-713.

13 Schloß Janowitz wurde für Kraus eine zweite Heimat. Oft rettete er sich aus dem Entsetzen des Krieges in den geliebten Park zu Sidonie. Mit ihr weilte er wiederholt in der Schweiz – Vallorbe, Thierfehd, St. Moritz, Sils Maria –, wo *Die letzten Tage der Menschheit* und 1917 *Die letzte Nacht* geschrieben wurden.

14 Ilse Blumenthal-Weiss: Rainer Maria Rilke und das Judentum. In: Deutsche Rundschau 84 (1958) S. 268-279. S. 277.

15 In Innsbruck und Prag führten Vorlesungen aus dem Antikriegsdrama zu heftigen antisemitischen Kundgebungen, so daß in der Tiroler Hauptstadt die Polizei den zweiten Leseabend, „zur Sicherheit des Juden K. Kraus und des Veranstalters, Theodor von Ficker", verbot.

16 Während der ersten Jahrzehnte nach dem Weltkrieg 1914-18 stand das Drama im Rufe der Unaufführbarkeit; lediglich der 'Epilog' *Die letzte Nacht* wurde 1923 in Wien uraufgeführt und fand 1930 in Berlin, im Theater am Schiffbauerdamm, mit der Musik von Hanns Eisler eine weitere Aufführung. – Nach dem Zweiten Weltkrieg fand die Uraufführung des ganzen Werkes in einer von Heinrich Fischer und Leopold Lindtberg eingerichteten Kurzfassung 1964 an der Wiener Burg statt. Weitere Aufführungen (Basel 1974, Wien 1983, Edinburgh 1983) folgten.

17 Das von Kraus zur 'Bekessiade' geschriebene Theaterstück *Die Unüberwindlichen* wurde in der Berliner Volksbühne, Bülowplatz, mit Peter Lorre in der Rolle des Bekessy [Barkassy] und mit Hans Pepler als Polizeichef Schober [Wacker] in Schobermaske gespielt. Darüber F. 827/33 und F. 834/37. Die 'Bekessiade' mit allen dazugehörigen Aufsätzen, Glossen, Briefen ist ausführlich dargestellt, in: Caroline Kohn, Karl Kraus, Stuttgart: Metzler 1966.

18 Dazu konstatierte Ihering: In München bringen es Deutschnationale fertig, „gegen die Kammerspiele, gegen Karl Kraus und sein 'Traumstück' Sturm zu laufen. Tückische Verirrung: sie werfen Kraus, der von der ersten Stunde des Krieges nichts anderes getan hat, als *für* die menschlichen Rechte der Frontsoldaten zu kämpfen, 'Verhöhnung der Frontsoldaten' vor. Tolle Umkehrung, ahnungslose Verbohrtheit." (Berliner Börsen-Courier, März 1928)

19 Die bereits korrigierten Fahnen von *Dritte Walpurgisnacht,* von Freunden verborgen, wurden später zu Dr. Samek nach New York gebracht und während des Zweiten Weltkrieges von ihm aufbewahrt. So konnte das Werk 1952 im Kösel-Verlag, München, von Heinrich Fischer als posthume Schrift publiziert werden. Der Diplomat, der die *Dritte Walpurgisnacht* nach Amerika rettete, war Prinz Max Lobkowitz.

20 Wie kaum eine andere Schrift von Kraus ist diese – und das ursprünglich größere Werk – schwer zugänglich, da sie ein sprachphilosophisches Kunstgebilde ist, gewoben aus Zitaten, literarischen, historischen und politischen Anspielungen. Dennoch sind diese beiden Schriften vielleicht die wichtigsten im Werk von Kraus.

21 Karl Kraus, *Die dritte Walpurgisnacht*, München: Kösel-Verlag 1952. S. 121ff.

Hans-Peter Bayerdörfer

„'Ghettokunst'. Meinetwegen, aber hundertprozentig echt." Alfred Döblins Begegnung mit dem Ostjudentum

I.

Die bewußte Annäherung an Judentum, jüdische Tradition und jüdische Frage, macht im Leben Alfred Döblins nur einen vergleichsweise geringen Zeitraum aus. Sie beginnt nach Kriegsende, teils ausgelöst durch die politischen Umstände, teils durch die Begegnung mit dem jüdischen Theater des Ostens, und endet mit der intensiven, wenngleich vergeblichen Bemühung der französischen Exilsjahre, als Döblin, im Rahmen eines territorialistischen Konzeptes, sich für die aus Hitlers Machtbereich vertriebenen Juden verwendet. Die größte Annäherung ist mit der Polen-Reise 1924 erreicht; der Bericht darüber hat literarische Konsequenzen für die weiteren Werke. Die Tragweite der zeitweiligen Identifikation ist dabei doch so groß, daß es nicht angeht, Döblins jüdische Abkunft „in dem Maße als quantité négligeable [zu] betrachten, wie er selbst das lange Zeit tat."[1] Wie für andere Autoren der Zeit ist die Begegnung vor allem durch das Ostjudentum gekennzeichnet, zu dem sich Döblin aufmacht, als es ihm darum geht, sein Verständnis des Judentums zu überprüfen.

Die Jahre davor sind durch ein unspezifisches, weitgehend assimiliertes Familienmilieu bestimmt und eine mühelose Identifikation mit der Rolle des deutschen Intellektuellen im spätwilhelminischen Kontext;[2] Indiz dafür ist u.a. Döblins Verhalten bei Kriegsausbruch 1914, die nahezu rückhaltlose Zustimmung zur offiziellen deutschen Kriegspolitik. In den Jahren nach 1938 zeichnet sich mit dem Scheitern der territorialistischen Bestrebungen die Abkehr vom Judentum ab; für rund ein Jahrzehnt absorbiert die Konversion zum Katholizismus die intellektuelle Energie und verweist das 'jüdische Problem' auf den zweiten oder dritten Platz. Aber auch in den Jahren der intensiven Auseinandersetzung ist die Identifikation nie problemlos; Döblin flüchtet sich auf die Frage, zu welcher Nation er gehöre, zu einem 'tertium datur': „weder zu den Deutschen noch zu den Juden, sondern zu den Kindern und Irren."[3] Nur unter dem direkten Eindruck der sich abzeichnenden nationalsozialistischen Verfolgung – und solange er sich für die Verfolgten einsetzen kann – gibt sich Döblin rückhaltlos zugehörig.

II.

In den beiden ersten Jahrzehnten des schriftstellerischen Schaffens kommen jüdische Gestalten und Motive nur episodisch vor. Dies bedeutet inhaltlich, daß die damit verbundenen Fragen ein untergeordnetes Moment darstellen, und strukturell, daß jüdische Figuren eher illustrierenden als zentralen Wert bekommen. In Döblins erstem Berlin-Roman *Wadzeks Kampf mit der Dampfturbine* (1918) gibt es eine atmosphärisch dicht komponierte Juden-Szene. Ein jüdisches Ehepaar, das der finanziell und wirtschaftlich in Nöte geratene Wadzek aufsucht,[4] wird mit kräftigen erzählerischen Stichen gezeichnet und sprachlich deftig charakterisiert; all dies jedoch verbleibt im Rahmen von Klischees: der Jude, der im Geldgeschäft zu Macht gekommen ist, privat aber kleinbürgerlich lebt, sogar – absichtlich – den Anschein des Heruntergekommenen und des Schmuddeligen erweckt. Bezeichnend für die Klischeekette ist außerdem die Heuchelei im Verhältnis zu Tradition und Religion, in diesem Falle zu den Speisegesetzen; die sprachliche Charakterisierung beschränkt sich syntaktisch auf die Anfangsstellung des finiten Verbs im Hauptsatz, semantisch auf die Einfügung geläufiger Hebraismen; die Pointe dabei ist, daß der Geldjude über ein Geschäft räsoniert: „Kommt mir die Sache nicht koscher vor", während er gleichzeitig mit seiner Frau Berliner Bouletten verspeist. Das Stereotyp vom Schacher- und Mauscheljuden, das sprachlich und erzählerisch durchaus der avancierten Erzähltechnik Döblins unterworfen ist und im Gesamtaufriß des Romans keinen antijüdischen Akzent trägt, verrät dennoch, daß das Problem jüdischer Existenz für die Thematik nicht von Bedeutung ist.

Kaum anders verhält es sich mit Judengestalten in dem historischen Roman *Wallenstein* (1920), die nur Details im ebenso vielfarbigen wie bedrückenden Gesamtbild der Epoche ergeben. Die Schilderung etwa der 'Zwecktoleranz', die das Machtmonstrum Wallenstein gegenüber den Juden aufbringt, weil sie ihm wirtschaftlich von Nutzen sind, ist genauso dem erzählerischen Prinzip untergeordnet wie zahlreiche andere, welche Machttrieb und wirtschaftlich-politische Herrschaft schildern, ohne daß die jüdische Problematik eigens in Erscheinung träte.[5] Dasselbe gilt von Justizurteil und Verbrennung der beiden Juden in Wien; die Schilderung ist erzählerisch durchaus revolutionär, da sie sich ganz auf die sinnlich wahrnehmbaren Momente des grauenhaften Vorgangs beschränkt und darin ihre schockierende Wirkung erlangt.[6] Inhaltlich kommt die Szene über traditionelle, vor allem in der liberalen Erzähltradition geläufige Schilderungen des abendländisch-christlichen Judenhasses nicht hinaus. In dem an Exzessen reichen Panorama des Dreißigjährigen Krieges fehlt auch der Sadismus gegenüber den Juden nicht. Szenen dieser Art gehören seit Walter Scotts *Ivanhoe* und Heines *Rabbi von Bacharach* zum Grundbestand einer aufklärenden Historienschriftstellerei, die ihre humanitären Ziele im Rückblick auf die barbarische Vorgeschichte, auf die 'finsteren Zeiten', zu propagieren sucht. Von besonderem Interesse ist allenfalls, daß es sich bei den beiden Verbrannten in *Wallenstein* um getaufte Juden handelt – ein frühes Aufblitzen von Döblins späterer Einsicht, daß im Krisenfalle dem Juden auch die größte Assimilationsbereitschaft nichts nützt. Die erzählerische Phantasie wurde freilich in einer 1920 nicht absehbaren Weise 'biographisch' eingeholt; als Döblin von der seitens der nationalsozialistischen Studentenschaft angekündigten Bücherverbrennung erfuhr, schrieb er am 28. April 1933 an Ferdinand Lion: „Am 10. Mai ist autodafé, ich glaube, der Jude meines Namens ist auch dabei, erfreulicherweise bloß papieren. So ehrt man mich."[7]

III.

Kriegsende, Revolution und die erste Formationsphase der Weimarer Republik werfen für Döblin Fragen auf, deren Lösung viele Jahre auf sich warten läßt. Sein dynamischer Naturbegriff und sein davon geprägtes Geschichts- und Gesellschaftsverständnis stehen im Widerspruch mit der als notwendig erkannten politischen Verantwortlichkeit individuellen Entscheidens und Handelns. Das Verhältnis von Ich und Nation, von individueller und kollektiver Identität wird aktuell – Döblin spaltet als politischer Journalist vorerst ein alter ego, das er auf den Namen Linke Poot tauft, von sich ab. In diesem Zusammenhang entsteht die erste größere Ausführung zum 'jüdischen Problem' in Gestalt eines Essays in Efraim Frischs *Neuem Merkur,* August 1921.[8] Grundüberzeugungen werden in einer vorläufigen Weise formuliert; Döblin wendet sich gegen den politischen Zionismus, erwartet die restlose Integration der Westjuden in den europäischen Staatsnationen, verlangt – in grober Fehleinschätzung der Gegebenheiten – einen ostjüdischen nationalen Staat.

Weitere Impulse gehen für Döblin von Theater und Sprache des Ostjudentums direkt aus und führen zu einer Neueinschätzung kultureller jüdischer Identität. Schon in den ersten Monaten seiner Tätigkeit als Theaterkorrespondent für das *Prager Tagblatt* berichtet er außer über russische auch über jüdische Gastspiele (28.12.1921). Die sogenannte 'Wilnaer Truppe' gastiert im 'Jüdischen Künstlertheater' in der Kommandantenstraße, in dem früher Schwanktheater mit nostalgisch jüdischer Einfärbung stattgefunden hat. Döblins Reaktion auf das Programm der neuen Direktion Galeen-Gottowt ist überaus positiv; sie läßt zugleich seine Umorientierung erkennen.[9] Döblin distanziert sich von einer Attitüde, die Vergangenheit und Tradition nur sentimental erinnert, ohne sich damit zu identifizieren, und hebt stattdessen die genuine kulturelle Leistung der Truppe hervor: „An diese Stelle [scl. der alten Herrnfeld-Bühne] ist ein echtes jüdisches Theater getreten. Das sich selbst prostituierende unwürdige Gemauschel ist vorbei; hier sind spontane Kunstleistungen eines lebendigen Volksstammes.“[10] Er belegt seinen Eindruck – da er den von den Wilnaern gespielten *Dibbuk* von Schalomo An Ski offenbar nicht gesehen hat – an David Pinskys Schwank *Jankl der Schmied,* dessen einfache, holzschnittartige Machart ihm Ursprünglichkeit und Eigenart der Präsentationsweise mit verbürgen. Das Jiddische, „das schon ein naturgewachsenes Esperanto ist“, vervollständigt den Eindruck des Genuinen. Im übrigen kommentiert Döblin die Publikumssituation: diejenigen, welche das Sprachengemisch verstehen könnten, leben als ostjüdische Emigranten im Scheunenviertel in der Nähe des Alexanderplatzes und haben kaum die Mittel, das Theater aufzusuchen. „Die Reichen des Volkes“ hingegen machen „vor diesem Jiddisch – ich möchte sagen: drei Kreuze“ – was Döblin zynisch glossiert: „Denn heiter ist ihr Leben. Ernst diese Kunst.“[11]

Dieser Wertung ostjüdischer Theaterkunst folgt in der zweiten Rezension zum Gastspiel der Wilnaer Truppe (19.1.1922) eine Auseinandersetzung mit rassistischen Vorstellungen. Inszenierung und Leistung der Schauspieler werden wiederum voll gewürdigt, so wenig Döblin auch das Stück, *Der Dorfsjunge* [sic!] von Leon Kobrin, inhaltlich zusagt. Dessen Thema sieht der Rezensent im „Rassenhaß“,

„milder“ ausgedrückt, in der „Rassenfremdheit“. Das stark melodramatische Geschehen endet mit dem Selbstmord des Helden, der seine jüdische Braut zugunsten einer Nichtjüdin ausgeschlagen hat, aber unter dem Fluch von Vater und Sippe zusammenbricht. Döblin kommentiert lakonisch: „Es siegt Stuart Chamberlain.“[12]

Aufgrund des künstlerischen Eindrucks vom Ostjudentum hat sich in Döblins Vorstellung dessen Anspruch auf nationale Identität ausgewiesen. Lebendige Tradition gibt ihm ein historisches und ästhetisches Recht. Demgegenüber verblassen für Döblin theoretische und ‘künstliche’ Ansprüche, die sich aus dem zionistischen Programm ergeben. Zweieinhalb Jahre später berichtet er (20.6.1924) über das Gastspiel einer hebräisch spielenden Truppe aus Palästina, die einen Belsazar-Stoff präsentiert hat:

> Ich möchte gerne loben und lieben und kann nicht. Nach dem Programmbericht ist die ‘Legende’ ein Dilettantismus. Zwei ältere Herren hielten vor dem Beginn an die festliche Menge hebräische Reden, dann meinte, deutsch, ein jüngerer: hier würde Kunst geboten werden, die aus nationalem Boden wüchse. Dem ist nicht so.

Der artifizielle Anspruch kontrastiert mit den früheren Eindrücken: „Wir sahen vor zwei Jahren das Wilnaer Jiddische Theater. Echt, meine Herren! Goldecht, hundertprozentig. Ihr lacht: ‘Ghettokunst’. Meinetwegen, aber hundertprozentig echt.“[13]

Angesichts des literarischen Schattens, den das Ostjudentum vorausgeworfen hat, wundert es nicht, daß Döblin im Jahre 1924 – desweiteren übrigens motiviert durch pogromähnliche Ausschreitungen im Scheunenviertel – den Plan der Ostreise faßt.[14] Angebote einer Palästina-Reise, die ihm von zionistischer Seite unterbreitet werden, schlägt er aus; die für sein Gefühl auf dem Reißbrett entworfene neue Identität hat wenig Verlockendes für ihn im Vergleich mit der historisch gewachsenen, die er im Osten anzutreffen hofft und für die *Vossische Zeitung* darstellen will.[15] Sicherlich spielt dabei auch die politische Neugier auf den jungen polnischen Nationalstaat, seine wirtschaftliche, soziale, politische Struktur eine Rolle; primär ist aber die ‘Pilgerreise’ auf der Suche nach dem Judentum, wie schon Joseph Roth in seiner Besprechung des Döblinschen Buches hervorhebt.[16] Erwartung und Anspannung des Reisenden sind denn sehr hoch und verleihen seinem Bericht eine Vielfarbigkeit und Dichte, daß man stellenweise *Berlin Alexanderplatz* vorweggenommen sieht.

IV.

Döblins Beschreibung von Warschau, zunächst des polnischen, dann des jüdischen, ist sein erster groß angelegter Versuch, das Porträt einer zeitgenössischen babylonischen Wirklichkeit, die Turbulenz einer Weltstadt aufgrund direkter Beobachtung nachzuzeichnen. Die ‘experimentelle Spaltung’ zwischen einem journalistischen und einem epischen Autor-Ich wird rückgängig gemacht. Nicht, daß fingiert wird, was aus Polen zu berichten wäre; aber Döblins episches Prinzip, das im

Schichten und Verzahnen von Materialien seinen Angelpunkt hat, wird mit dem journalistischen der engagierten und kritischen Beobachtung verbunden. In diesem Sinne wird der Reisebericht zu einem Schlüsselwerk in der Entwicklung der Döblinschen Schreibweise.[17] Die Collagen aus Zeitung und Reklame, die Notation von Eindrücken, oft auf Stichwortreihen reduziert, die a-szenische Erfassung von simultanen Abläufen und Geschehnissen – diese Verfahren, die man aus *Berlin Alexanderplatz* kennt, sind keimhaft vorhanden. Hinzu kommt die einmontierte Statistik, der sachbedingte Exkurs, der historische Rückblick, die eingeblendete Geschichte, nach Hörensagen, nach Zeitungsbericht oder anderen Quellen. All dies unterliegt in dem Polen-Buch der Gattung 'Reisebild'; aber es bemißt sich nicht nur an der 'objektivierenden' Variante des Reiseberichts, sondern auch an der des Erlebnisjournals, das durch atmosphärische Dichte und raschen Wechsel der Perspektiven, Pointierung und unerwartete Zuspitzung der Beobachtungen gekennzeichnet ist. Zur Debatte steht damit nicht die distanzierte Bestandsaufnahme, sondern die subjektive Begegnung, das persönliche Sich-Aussetzen im Verhältnis zu einer Welt. Als sozial-kulturell-geistige ist sie nicht eine Summe von Gegebenheiten, sondern ein Ineinander von Einladung, Anspruch und Herausforderung: das Ostjudentum in der Unüberschaubarkeit und doch Einheit seiner Lebensäußerungen. Diese 'Provokation' spiegelt sich in der Komposition des Buches. Rein äußerlich folgt sie der Reiseroute.

Wichtiger sind aber die Momente, die sich den Eindrücken von jüdischer Kultur und Mentalität verdanken. Abgesehen von Einleitung und Schluß, welche Ankunft und Rückreise zum Inhalt haben, ordnen sich die Binnenteile nach einem ausgewogenen Schema: am Anfang steht die überwältigende Fülle jüdischen Lebens, unbegreiflich in seinen widersprüchlichen Manifestationen, am Ende das subtile Verständnis im Gespräch. Das kaum überschaubare Bild der Warschauer Judenstadt, welches sich von den Straßeneindrücken bis zu den Religionsbräuchen, den exzentrischen Verhaltensweisen auf dem Friedhof, am Versöhnungstag, beim Laubhüttenfest oder der Bar Mizvah-Zeremonie erstreckt, schließt mit dem Besuch beim chassidischen Rabbi in Gura Kalwarja. Hier verdichtet sich das Gesetz der ersten Eindrücke: der Besucher, dem Sinn und Brauchtum der 'Wallfahrt' ohnehin noch verschlossen bleiben, wird sozusagen abgewiesen. An die Stelle des Verstehens tritt das Zitat aus chassidischer paränetischer Literatur in Gestalt eines Textes, der dem alten Gorer Rabbi zugeschrieben wird.

Kontrapunktisch dazu steht am Ende des Berichtteiles von Lodz ein weiterer Besuch bei einem Rabbi, dieses Mal der Strickower Chassiden. Dessen Lehrrede, auf Fragen des Reisenden formuliert, wird wörtlich wiedergegeben. Seine Darlegungen sind – ganz im Gegensatz zu den im Warschauer Teil geschilderten Zeremonien – durchschaubar, verständlich in ihrer toleranten Humanität, welcher der Berichterstatter seine Verehrung nicht versagt. So kommentiert er die Weisheitsrede des Rabbi über die Thora, die hinter allen Naturerscheinungen deren Urheber erkennen lehre, mit den Worten: „Wundervolles Gespräch, vollkommenes Labsal."[18] Von der Abweisung zur Annahme, von der bestürzenden Oberfläche zum dialogischen Verstehen führt die Erkundungsfahrt des Buches.

Sie ist freilich kein einliniger Prozeß und erbringt kein flächiges Gesamtbild. Die Judenheit des Ostens erscheint als Einheit nur in der Totalität ihrer Widersprüche und Spaltungen. Diesen Eindruck spiegelt die zentrale 'Binnengeschichte'. Die offensichtlich aus Zeitungsnachrichten übernommene Geschichte vom Kleinkrieg zwischen dem Radomer Rabbi und seiner Gemeinde ist der erzählerische Kunstgriff, mit Hilfe dessen der Berichterstatter die Situation des Ostjudentums und dessen Verhältnis zu der nationalen Republik Polen deutlich macht.[19] Im selben Moment, in dem sich Döblin von der historischen Realität eines jüdischen Volkes überzeugt – „Sie haben ihre eigene Tracht, eigene Sprache, Religion, Gebräuche, ihr uraltes Nationalgefühl und Nationalbewußtsein",[20] – wird er auch der Dichotomien gewahr. Und er wird nicht müde, die Spannungen zwischen Orthodoxen, Chassiden, den aufgeklärt-religiösen Maskilim, den a-religiösen Sozialisten und anti-religiösen Kommunisten, zwischen Jiddischisten und Hebraisten, zwischen Assimilanten und Zionisten zu schildern.

Schonungslose Offenlegung der Widersprüche ist überhaupt das Signum des Reise-Buches – nicht nur bei der Schilderung des polnisch-jüdischen Gemeinwesens, sondern auch in Momenten der Selbstbesinnung, wenn sich der Reisende über seine Urteile, seine Wertungen, seine eigene Verfassung Rechenschaft gibt. Kaum an einer Stelle seines Werkes hat Döblin sein weltanschauliches Grunddilemma, das in seinem Leben zu so scharfen Wendungen und bekenntnisfreudigen Konvertiten-Positionen geführt hat, so rückhaltlos aufgedeckt: das Dilemma zwischen Naturbegriff und Ich-Bewußtsein, zwischen dem Bedürfnis nach religiöser Weltdeutung und dem Anspruch auf wissenschaftliche Welterklärung, zwischen religiöser Ergebung und menschlichen Autonomie-Ansprüchen:

Ich habe Krakau gelobt, die Marienkirche, den Gehängten [scl. den gekreuzigten Christus von Veit Stoß], den Gerechten [scl. den jüdischen „Zaddik"]. Die leben. Das Uralte ist immer das Neueste. Diese Maschinen hier aber sind auch echt, stark, stahllebendig. Sie haben mein Herz. Mich kümmert nicht, wie sie mit dem Gehängten und dem Gerechten zusammenhängen.
Ich – und wenn der Widerspruch bis zum Unsinn und bis zur Hölle herunterklafft – ich lobe sie beide.[21]

Dieses Bewußtsein vom Widerspruch kennzeichnet auch die Einschätzung der gesellschaftlichen und politischen Situation. Nationale Identitätssuche des Ostjudentums und polnischer Nationalstaat stehen in Spannung zueinander. Auf der Grundlage einer anarchistisch getönten Staatsutopie erwartet Döblin, daß jedes historische Volk irgendwann die ihm zustehende staatliche Form finden und nach einer Phase der Durchsetzung den Herrschaftscharakter des Staates überwinden wird – so auch die Juden:

Wie sie durch die Jahrtausende irren, wanken, getrieben werden, sind sie ein Symbol für das Einzige, was Zukunft, Geburt, Schöpfung trägt: für den Geist und die Kraft des Ich. Bei den Polen hat es mich beglückt: sie sitzen in ihren eigenen Häusern. Den Juden kann es nicht entgehen.[22]

Solche Befriedung ist aber eine Sache der Hoffnung. In der Beschreibung der Gegebenheiten bleibt es das ganze Buch hindurch, wie auch am Ende, bei der Polarität. Nur wenn man versuchsweise einen dritten Standpunkt einnimmt, rücken polare Phänomene einander etwas näher – in Lodz etwa, wo einer polnischen Majorität etwa gleich starke jüdische und deutsche Minoritäten gegenüberstehen:

Ah, meine lieben Deutschen, meine lieben Juden, hier treffe ich euch nun nebeneinander. Welch sonderbare Situation! Ihr seid nun beide Fremdvölker! Gleichberechtigt, in der fehlenden Gleichberechtigung. Sieh da, kuriose Suppe. Ihr ähnelt euch sonst nicht sehr; ob ihr jetzt etwas aneinander findet; – es braucht nicht gleich die Taufe zu sein, seitens der Juden, oder Tifillinlegen seitens der Deutschen . . .[23]

Kommt es außerhalb des Wunschtraums zur Überbrückung der Polarität, so bleibt das auf persönliche Begegnung beschränkt. Im Schlußteil des Berichts stehen dafür der Strickower Rabbi, der im Kreise seiner Anhänger dem deutschen Gast die allgemeine Aufmerksamkeit zuwendet, wenn dieser sich äußern möchte: „Still, eine Frage". Und dem zionistischen Agitator, der als Gegenbild auftaucht, wird ganz am Ende ein „junger jiddischer Literat" gegenübergestellt; er erwartet die Erneuerung des jiddischen Volkstums, freilich in einem menschheitlichen Kontext. Der Rest ist Hoffnung:

Die Welt muß aufgemenscht werden. [. . .] Alles muß aufgemenscht werden. Langsam. So wird auch die jüdische große Schwierigkeit behoben werden. Ohne Zerstörung der Substanz.[24]

Jüdische Eigenständigkeit und Selbstbewußtsein hat Döblin in überwältigender Weise erfahren, aber deren Zukunft liegt für ihn nicht mehr in einer nationalstaatlichen Formation, sondern in einer menschheitlichen Utopie, welche die Nationen auslöscht, um die Völker zu bewahren.

Fragt man über die persönliche Begegnung hinaus nach dem Grund für diese Zuversicht, so muß man sich mit der Parabel begnügen. Die tiefste Annäherung an das Ostjudentum drückt sich im literarischen Entwurf der *Reise in Polen* darin aus, daß Döblin diese Perspektive jüdischer Erzähltradition selbst anvertraut. Wie schon am Anfang chassidische Geschichten und die pointierte Erzählung vom Kleinkrieg in Radom stehen, so am Ende die Gleichnisrede. Der westliche Gast fragt nach den divergierenden Richtungen im Judentum, konkret nach der Konkurrenz der chassidischen Schulen. Der Rebbe antwortet:

Alle haben dasselbe Ziel, das zu Gott führt. Es gibt ein großes Land. Ein König herrscht über das Land. Der König kann aber das Land nicht allein regieren; er braucht Soldaten und Generale. Das sind die Rebbes. Die Rebbes, worin unterscheiden sie sich. Sie halten sich alle an ein und dasselbe. Ein Rebbe kann die Thora verstehen hart oder weich. Man kann die Thora verstehen so und so. Es gibt eine Thora von 'Middas haddim': ich befehle, bis zu einer Thora: 'Middas horachim': ich habe Mitleid. Das ist die Interpretation.[25]

V.

Die Bedeutung, welche die in dem Polen-Buch dokumentierte persönliche und literarische Erfahrung für Döblins weitere schriftstellerische Entfaltung gewonnen hat, zeigt sich im nächsten Roman, in *Berlin Alexanderplatz.* Diese Bedeutung ist struktureller und grundsätzlicher, nicht primär stofflicher Art. Oberflächlich gesehen, sind die Judengestalten des ersten Buches Randfiguren, mögen auch die Entwürfe entstehungsgeschichtlich zu den 'Keimzellen' des Romans gehören. Umso tragender sind die konzeptuellen Bezüge, welche von dem Großstadt-Roman 1929 auf den Reisebericht 1926 zurückweisen.

Was sich in dem Polen-Buch als ungelöster Widerspruch zwischen dem naturhaft-kollektiven Lebens- und Überlebensbedürfnis der Gruppen und Nationen und dem letztlich vom Individuum ausgehenden Anspruch des Geistes darstellt, wird zum Problem und epischen Gestaltungsprinzip des neuen Romans. Als 'Reise in Berlin' ließe sich der Haupttitel interpretieren, und diese wird 'in, mit und unter' der „Geschichte vom Franz Biberkopf" greifbar. Die erzählerischen Mittel, dank derer das verwirrende Panorama Berlin eingebracht wird, sind grundsätzlich im Falle von Warschau oder Lodz vorgebildet: der Reisende von 1924/26, der die erwanderte Stadt in Arrangement und Collage sinnfällig werden läßt, hat sich jetzt, gemäß dem fiktionalen Charakter der anderen Gattung, zweigeteilt in eine personal und eine auktorial wiedergebende Erzählstimme. Teils erscheint diese Stadt-Wirklichkeit aus dem Blickwinkel eines Helden, teils aus dem eines Erzählers, der durch seine eigene Erzählwelt 'noch einmal hindurch' geht, wie Döblin in einem erzähltheoretischen Kommentar zu seinem Roman sich ausgedrückt hat.[26] Bezeichnend für die Erzählstrategie ist dann freilich, daß das Verhältnis von Kollektiv und individuellem Ich von einem der Juden zuerst auf die vorläufige Formel gebracht wird: „Man wird schon nicht verkommen. Berlin ist groß. Wo tausend leben, wird noch einer leben."[27] Denn diese 'Themaangabe' entspricht dem Moment, in welchem der Lebensweg des aus der Haft entlassenen Biberkopf neu beginnt. Sein neues Selbstvertrauen, sich der überwältigenden Wirklichkeit Berlins zu stellen, verdankt er der Aufnahme bei den Juden und ihrem Geschichten-Erzählen. Die 'Binnenparabel' von Vater und Sohn Zannovich ist in dreifacher Hinsicht strukturbildend für das gesamte Werk. Sie bildet eine teils antizipierende, teils verdeutlichende Parallele zur 'Geschichte vom Franz Biberkopf', sie vermittelt zweitens den Komplex der biblischen Motive, welcher den Großstadt-Collagen im Laufe des Romans immer deutlicher gegenübergestellt wird, sie präfiguriert schließlich das Verhältnis von Erzähler und Leser, mithin die didaktische Form und den Schluß von *Berlin Alexanderplatz* und gibt damit einen Hinweis auf die 'Poetik' des Romans.

Döblin hat den Kunstgriff der 'Binnenerzählung', welche den gesamten Verlauf eines Erzählwerkes in nuce vorwegnimmt oder kommentiert, schon in *Die drei Sprünge des Wang-lun* mit der 'Parabel vom Schatten' verwendet, oder in *Wadzek*, in der Erzählung von dem kleinen Mädchen, das auf den hohen Schornstein geklettert ist und nicht mehr allein herunterkommt.[28] In *Berlin Alexanderplatz* findet dieses Prinzip sozusagen zu einer Urgestalt jüdischen Erzählens zurück, zum einen, weil Juden die Erzähler sind und deutliche Stilformen der ostjüdischen Lehrerzählung verwendet werden, zum andern weil sie der uralten Grundform jüdischen Lebens – nicht von der Theorie, sondern vom Beispiel ausgehend – entspricht und so den Lernprozeß Biberkopfs mit einem besonderen Akzent versieht. Entscheidend ist dabei, daß die Lehrgeschichte der jüdischen Tradition nicht autoritativ festlegt, sondern Deutung herausfordert, damit zu Erweiterungs- oder Gegen-Fabeln anregt und geradezu sequenzbildend wirkt.[29] In dieser Hinsicht ähnelt Döblins Verfahren dem Kafkas, in dessen *Prozeß* die Parabel *Vor dem Gesetz* eine Reihe von Deutungsgesprächen und -versuchen nach sich zieht, die um die unabschließbare Sinnfrage kreisen. Die Zannovich-Geschichte in *Berlin Alexanderplatz* ist zweiteilig, sie wird von zwei Erzählern berichtet und mit unterschiedlichen Moral-Sentenzen verbunden. Ostjüdischen Stiltraditionen ist außerdem auch mit humoristischen Lichtern Rechnung getragen. Die Folge ist eine Mehrdimensionalität des Sinnes, die der komplexen Anlage des neuen Romans gegenüber früheren Erzählkonzepten entspricht.

Zunächst spiegelt die zweiteilige Geschichte die seelische Verfassung des Helden nach der Entlassung. Der erste Teil, der von Nachum erzählt wird, schließt die Sentenz ein: „Man muß die Welt sehen können und zu ihr hingehen" und verspricht, daß die Erkenntnis dessen, was ist, die Angst vor dem Leben und seiner Bewältigung schwinden läßt.[30] Dieser Teil der Geschichte wirkt auf den Hörenden niederdrückend. Der zweite Teil, von Eliser erzählt, läuft auf eine Warnung vor dem anderen Extrem der Angstüberwindung, vor Auftrumpfen und Hochstapelei hinaus.[31] Er wirkt in 'unerwarteter Weise' stabilisierend auf Biberkopf, nicht, weil er die Tendenz verstünde, sondern weil er sich mit dem toten Zannovich gegen die Welt solidarisch fühlt: „Ja, sind wir denn nichts, weil wir mal was getan haben?"[32] Die Folge ist der Vorsatz, sich wieder auf die Beine zu bringen und notfalls draufloszuschlagen. In jeder Hinsicht entzieht sich daher der Held den Appellen, welche die Erzähler mit ihren Geschichten verbinden. Auch bei der dritten Begegnung, als die Parabel vom Ball, d.h. von Lebensentwurf und Erreichen oder Verfehlen, erzählt wird, mißversteht Biberkopf und wiegt sich in der Selbstsicherheit, daß der von ihm geschlagene Ball sein Ziel auf jeden Fall erreichen wird.[33]

Indessen sind die Zannovich-Geschichten zu vielsagend, als daß sich ihre inhaltliche Reichweite im direkten Kontext erschöpfen würde.[34] Vater und Sohn Zannovich verkörpern eine vita activa, die sich – mit welchen Mitteln auch immer – mit der kollektiven Lebenswelt auseinandersetzt. Mit scheinbar durchschlagendem Erfolg gelingt es den beiden Hochstaplern, sich in der jeweiligen Metropole einen Namen zu machen. Die Eroberungs-Attitüde ist dieselbe, nur läßt sie sich im einen Falle rechtzeitig zurücknehmen, so daß die Flucht und der Genuß der erschwindelten Güter noch möglich ist, während im anderen Falle Entlarvung, Demütigung und Selbstmord das Ende darstellen.

Diese Bedeutung der Figuren spiegelt das Thema des Romans. Bezeichnenderweise richten sich die 'aufmunternden' Geschichten an einen Biberkopf, der sich allein und verzweifelt in den Hinterhöfen des Berliner Ostens mit lautem Gesang, mit der 'Wacht am Rhein', Mut einzuflößen versucht hat; dies bedeutet, daß er das Gefühl der jetzt erst beginnenden Strafe unterdrücken und die sich ankündigende Unruhe über die Schuld an Idas Tod verdrängen will. Ohne daß er sich der ideologischen Schlagseite dieses Liedes bewußt wäre, verbindet sich sein subjektives Machtgebaren mit kollektiven, chauvinistischen Lagen der deutschen Psyche. Die jüdischen Beispielgeschichten sind genau auf dieses Problem abgestimmt. Biberkopf macht sich anheischig, auf Zannovich-Manier sich vor der Welt aufzuspielen, und er wird später zeitweilig nationalsozialistisches Schrifttum vertreiben.[35]

Hinsichtlich der kollektiven Ebene des Problems ist freilich die dritte Judengestalt mit in Betracht zu ziehen, die Biberkopf entgegentritt. Der Rebbe denkt an das Purim-Fest, an Esther und Haman, an die Geschichte von der Rettung eines Volkes durch Mut, Entschlußkraft und Liebe einer Frau. Dieses Motiv individueller Verantwortlichkeit für Entwicklung und Überlebensmöglichkeit der Gemeinschaft findet im Roman vielfältige Fortsetzung; dabei handelt es sich jeweils um Gegenfiguren zu Biberkopf. Aber noch ein weiteres Grundmotiv wird dem Stadt- und Welteroberungsdrang zugeordnet: der Fluch Jeremias über die Weltmacht Babylon und der darin angekündigte Untergang. Die spätere Motivkette aus der Apokalypse, die in der Hure Babylon ihr zentrales Sinnbild findet, hat hier ihren Keim. Damit sind die Koordinaten eines Motivfeldes gelegt, welches wichtige Teile des Alten Testaments einbezieht und den im ersten Teil des Romans dominanten Großstadt-Bildern gegenüberstellt.[36] Die Zannovich-Parabel, die das naive Machtbedürfnis des Einzelnen zum Inhalt hat, ruft die Gegenbilder einer aus jüdischer Tradition gespeisten, prophetischen Hellsicht hervor, die den Gesamthorizont des Romans abstecken. Es ist daher verständlich, daß Biberkopf in dieser Anfangsphase auf die Geschichten falsch reagiert. Seine Eroberungspläne verlaufen daher dreimal in die falsche Richtung, ehe für die schon am Anfang angedeutete Einsicht auch die seelischen Bedingungen gegeben sind. Es ist freilich bezeichnend für inhaltliche Brüche in *Berlin Alexanderplatz*, daß die jüdischen Konnotationen, die sich mit der Einführung der alttestamentlichen Motivketten verbinden, im erzählerischen Fortgang genauso verlorengehen wie die Judengestalten selbst. Eine wesentlich amorpher gestaltete Integrationsfigur beherrscht den Schlußteil des Romans, der Tod.[37] Er verbindet die widersprüchlichen Momente individueller Verantwortlichkeit und Reinigung, sowie kollektiver, ekstatischer Lebens- und Untergangstriebe und bricht damit einem Geschichtsverständnis Bahn, welches dem geläuterten Biberkopf als denkendem Individuum keinen Raum läßt, sich auf die Moral der jüdischen Parabeln des Eingangs zu besinnen.

In formaler Hinsicht aber ist die Tragweite des sich in den Juden-Geschichten ankündigenden Prinzips bis zu Ende ungebrochen; sie spiegeln Erzählverfahren und Erzählintention des ganzen Romans: „[. . .] faßte er [scl. Döblin] nicht ein ähnliches Verhältnis zum unberatenen Leser ins Auge wie die beiden Juden zu Biberkopf? Was für Biberkopf die Geschichte von Zannovich ist oder sein könnte, das ist für den Leser die von Biberkopf, samt ihrem Kranz von biblischen Motiven."[38] In der Tat verweisen die Erzählungen auf das ironisch-didaktische Erzählkonzept des Romans. Wie Biberkopf, so wird auch der Leser nicht mit einem einfachen 'fabula docet' entlassen. Die eigentliche Beziehung der Geschichte auf die eigene Situation muß er selbst herstellen. Diese 'offene Didaktik', die ein Moment der Selbstrelativierung seitens der Erzählfigur einschließt, nimmt spezielle jüdische

Traditionen der Unterweisung auf. Sie ist Döblins Antwort auf die Forderung einer parteipolitisch gebundenen Agitations- und Anweisungsliteratur, wie sie im zweiten Jahrfünft der Weimarer Republik von vielen Seiten erhoben worden ist.

VI.

Diese Verweigerung, die Döblin in den Jahren des Erfolgs von *Berlin Alexanderplatz* viel Anfeindung eingetragen hat, schließt nicht aus, daß er den gesellschafts- und zeitbezogenen Auftrag einer 'ars militans' bejaht.

Noch im Erscheinungsjahr, 1929, artikuliert Döblin dies auch im Zusammenhang mit der 'jüdischen Frage'. Aus Anlaß eines Gastspiels wird im 'Kreis der Freunde der Habima' in Anwesenheit von Chajim Nachman Bialik, Arnold Zweig, Martin Buber, Nachum Goldmann, Bernhard Diebold über die Aufgabe eines hebräischen Theaters debattiert. Die Möglichkeit einer auf weltliterarische Ausmaße zielenden jüdischen Nationalbühne wird ebenso erörtert wie die Konzentration auf im engen Sinne jüdische Themen und Stoffe – wie die 'Jüdische Rundschau' (Nr. 89) am 12.11.1929 berichtet. Aber es gibt eine weitere Stellungnahme, die sich wie ein Nachhall der Debatten in der 'Gruppe 1925' anhört:

> 'Habima' soll als Tendenztheater im Sinne der im Palästina-Aufbau wirksamen jüdischen Tendenzen seine Existenz fortsetzen. Diese Auffassung war am radikalsten durch Alfred Döblin vertreten, der sich darauf stützte, daß es eine tendenzfreie Kunst nicht gäbe und die heutige Kunst zu wirklicher Größe und Wirksamkeit nur durch freudige Bejahung ihrer soziologisch-politischen Funktion kommen könne . . .

Keineswegs ist Döblin, wie man dieser Äußerung entnehmen könnte, zum Zionisten geworden. Seine Schriften zur Judenfrage, die jetzt entstehen und unter dem Titel *Flucht und Sammlung des Judenvolkes* 1935 gesammelt werden, folgern aus den Erfahrungen in Polen, daß sich das assimilationswillige und jüdischer Identität weitgehend entkleidete Westjudentum der Gesamtsituation nicht entziehen kann;

> [. . .] denn die Ostjuden sind eben da, und die jüdische Geschichte ist da, und es kann, so wie es einmal steht, zwar einer oder der andere mit seelischer Verkümmerung entschlüpfen, im Ganzen hält aber die Judenfrage jeden Einzelnen, auch der Westjuden, er mag sich noch so außerhalb des Spiels vorkommen, fest am Kragen.[39]

Daher wendet sich Döblin auch gegen eine Vorstellung, die dank der Zerstreuung, letztlich der Auflösung in Individuen, die Sonderstellung des Judentums in einem über-nationalen Mittlertum erkennt. Auch die individuelle Integration ist illusorisch, denn die europäischen Nationen lassen den Antisemitismus zu jedem gegebenen Anlaß in Ventilfunktion zu: „[. . .] die versklavten Schichten halten sich schadlos an den Juden, die Herren unterstützen das."[40] Gerade diese Einsicht schließt aber auch die Forderung jüdischer Reform ein. Die tatenlose Orthodoxie wie der apolitische Chassidismus sind Symptome einer unhaltbaren Situation; der Verlust eigenen Landes, die Dauerflucht, hat die Lähmung und die Spiritualität der Passivität hervorgebracht. Daraus befreit auch das Konzept der sozialistischen Menschheitserneuerung nicht. Juden sind in den Klassen ihrer Wirtsvölker nur 'zugelassen', d.h. in ständiger Gefahr der Vertreibung – selbst wenn sie besitzlos sind, stehen sie nicht auf einer Stufe mit dem Proletariat. Erneuerung ist daher nur vom Judentum selbst zu leisten; es bedarf einer Grundlage, eines 'Freilands' – wie die Zeitschrift der neuterritorialistischen „Liga für jüdische Kolonisation", in der Döblin schreibt, sich nennt. Döblins Erfahrung der Polenreise schlägt sich – im Einklang mit dem antizionistischen Sprachprogramm der 'Liga' – in seinem Versuch nieder, Jiddisch zu lernen.

Freilich, so aufopfernd er sich in der Notsituation noch in Paris für die vertriebenen Juden und die Siedlungspläne der Liga einsetzt, so mißverständlich, überspitzt und oft vom Feindbild des Nationalsozialismus allzu direkt ins Gegenteil gedrängt, muten stellenweise die Schriften an. Sorgfältige Lektüre kann zwar den Verdacht chauvinistischer oder rassistischer Argumentation entkräften; doch ist verständlich, daß sich Döblin damit zwischen alle Stühle setzt.[41]

Für die schriftstellerische Tätigkeit dieser Jahre ist die unruhige Beschäftigung mit jüdischer Tradition weiterhin bezeichnend. Der Fluch des Propheten Jeremia über Babylon bestimmt ein weiteres Romanwerk, die *Babylonische Wanderung*, in welcher der Gott Marduk eine ahasverische Irrfahrt durch die abendländische Geschichte antritt: vom alten Babylon durch die Riesenstädte, Bagdad, Konstantinopel, Paris. Der Versuch einer weltgeschichtlichen Überbietung des Großstadt-Epos von Berlin fällt freilich hinter das frühere Werk zurück. Auch das Problem jüdischer Identität ist ganz ins Episodische zurückgenommen. Die Begegnung mit den Juden von Bagdad, ein Wiedersehen mit alten Bekannten aus der Zeit des babylonischen Exils, weist für den Wanderer wie für den Leser amüsante Züge auf, denn anscheinend hat sich am alten Mauschel- und Winkelgeist nicht viel geändert – dennoch stellt die Episode eine erzählerische Reprise auf die Juden-Szene von *Wadzek* dar, die ins Unverbindliche überzogen erscheint.[42] Ähnliches gilt für den vor dem Zürich-Kapitel eingefügten Bericht von der Straßburger Juden-Verbrennung des Jahres 1349.[43] Er erinnert an die Verbrennungsszene von *Wallenstein*, ohne daß ein vergleichbarer historischer Rahmen gegeben wäre und erweist sich daher als Nachkömmling älterer Erzählformen des 19. Jahrhunderts. Die Frage nach der jüdischen Position in der modernen Welt wird unter integrationistischem Vorzeichen als Problem der Vergangenheit dargestellt.[44] Die historische Pogrom-Erzählung bildet einen Appell an die europäischen Staatsnationen, den Juden – um den Preis ihrer Identität – das lange vorenthaltene Heimatrecht, nicht nur juristisch, sondern auch sozial, zu gewähren – und das 1934, in einem Augenblick der deutschen Geschichte, in dem sich der radikale Entzug eines jeglichen Rechtes anbahnt.

Ungelöst und irritierender denn je ist für Döblin die 'jüdische Frage'. Auch die scheinbar eindeutig zu verstehende Konversion zum Katholizismus führt nicht aus der Aporie, abgesehen davon, daß sich Döblins Lage zwischen allen Stühlen bis zum Unerträglichen verschärft. Dem persönlichen Impuls – „an inner spiritual need", theologisch gesprochen, einem Ungenügen an dem allzu entfernten, abstrakten jüdischen Gott, wie man aus Döblins Äußerungen ersehen kann – die Berechtigung abzusprechen, geht nicht an. Doch hat der Schritt auch im Hinblick auf Döblins Erfahrung mit dem Judentum eine gewisse Folgerichtigkeit. Einerseits war er von Anfang an „from the emptiness of Western judaism as he had come to know it“[45] zu sehr überzeugt, als daß er hier geistige Orientierung erwartet hätte; andererseits trennte ihn vom Ostjudentum, das er voll anerkannte und bewunderte, der traditionsgeschichtliche Abgrund von Jahrhunderten, so daß ihm der geistige Anschluß unmöglich erschien. Trotz allem bezeichnet die Taufe keinen Endpunkt. Das Verhältnis zum Judentum bleibt ein Stachel. Er ist selbst da zu spüren, wo sich der Epiker mit dezidiert christlichem Selbstverständnis zu Wort meldet und – mit poetologischer Orientierung an *Paradise lost*[46] – die Situation Deutschlands 1918 universal zu schildern unternimmt. Der erste Berlin-Roman Döblins weist alttestamentliche Motivketten auf, aber keine tragende Judengestalt; der zweite, *November 1918*, hat einen neutestamentlichen und kirchlichen Horizont, aber legt seine humane und utopische Substanz in eine jüdische Gestalt. Nur an der Oberfläche beugen sich alle Figuren dem weltanschaulichen Konzept.[47] Wie auch sonst in Döblins Werk setzt sich die Wahrheit der individuellen Gestalt gegenüber dem großen weltanschaulichen Entwurf immer wieder durch. In dem Kapitel „Am Morgen des letzten Tages“ versuchen Karl und Rosa in persönlichster Zuwendung, sich ihre geheimen metaphysischen Hoffnungen, die den klassenkämpferischen Habitus des täglichen Auftretens transzendieren, mitzuteilen. Dies gelingt, je mehr sie sich auf die in der Kindheit angereicherte seelische Substanz einlassen. Karl artikuliert seine ‘seelische Befindlichkeit’ mit Luthers Trutzstrophe: „Und wenn die Welt voll Teufel wär“ in deutlicher Anspielung auf seine konkrete Lage: „Nehm'n sie uns [sic!] den Leib, / Gut, Ehr', Kind und Weib, / laß fahren dahin, / sie haben's kein' Gewinn. / Das Reich muß uns doch bleiben.“ Rosa zieht sich noch tiefer zurück. Die Urerfahrung jüdischer Leidenstradition und deren rituelle Vergegenwärtigung bricht in fast unpersönlicher Weise durch:

> Und dann sann sie nach, ihre Lippen sagten unvermittelt: ‘An den Wassern Babylons, an den Wassern Babylons saßen sie und weinten.’[48]

Mit dieser Klage um den Verlust des Tempels als Mittelpunkt von Identität und Hoffnung, hat es im Falle Rosas, der Lichtgestalt der Tetralogie, sein Bewenden. Der Sozialismus – nicht als ‘real existierender’, sondern in seiner Urgestalt als menschheitserlösende Utopie – und die Exilsgeschichte des Judentums werden einander zugeordnet. In der Situation vor dem Tod gewinnt die Wortführerin der Revolution zugleich den Status der klagenden Prophetin, wohlgemerkt aus jüdischer, nicht aus christlicher Tradition. Karl, dem das Luther-Lied allzu situationsgerecht von den Lippen kam, nimmt die Tonlage auf und vollendet das von Rosa angestimmte Klagelied: „Sie dachten Zions.“

Damit, und das heißt mit dem abrundenden Bericht über den Doppelmord, seine Vertuschung und halbherzige Aufdeckung, erreicht das Döblinsche Erzählpanorama sein eigentliches Ende. Es bezeichnet das Erlöschen der Utopie über der Weimarer Republik. Das noch folgende Buch, die Privatgeschichte vom Leiden und der christlichen Apotheose des Friedrich Becker, bei welcher der Konvertit Alfred Döblin die Feder führt, kann dem eigentlichen Schluß nur abträglich sein.

Anmerkungen

1 Klaus Müller-Salget: Alfred Döblin. Werk und Entwicklung. Bonn: Bouvier 1972. S. 42. – Eine Zusammenstellung der wichtigsten biographischen Momente findet sich neuerdings bei Klara Pomeranz-Carmely: Das Identitätsproblem jüdischer Autoren im deutschen Sprachraum. Von der Jahrhundertwende bis zu Hitler. Königstein/Ts., Scriptor 1981 (= Monographien Literaturwissenschaft Bd. 50) S. 101ff.

2 Zur Beurteilung des Einflusses jüdischer Erziehungselemente auf seine eigene Jugend vgl. Alfred Döblin: Schicksalsreise. In: Autobiographische Schriften und letzte Aufzeichnungen. Hrsg. von Edgar Hässler. Olten/Freiburg i.Br.: Walter 1977. S. 206ff.

3 Arzt und Dichter. Merkwürdiger Lebenslauf eines Autors. In: Aufsätze zur Literatur. Ausgewählte Werke in Einzelbänden, 1963 (S. 361-367), S. 362. – Im folgenden werden Döblin-Zitate nach dieser Ausgabe, die „in Verbindung mit den Söhnen des Dichters" von Walter Muschg, später von Heinz Graber und Anthony W. Riley im Walter Verlag (Olten/Freiburg/i.Br.) herausgegeben wurde, ausgewiesen (unter Angabe von Titel und Erscheinungsjahr).

4 Wadzeks Kampf mit der Dampfturbine. (1982), S. 70ff.

5 Wallenstein. (1965, 2. Aufl. 1977), S. 212ff.

6 Wallenstein. S. 439-445.

7 Briefe (1970). S. 179. – Zur Beurteilung der 'Bücher-Aktionen' vgl. auch S. 180.

8 München und Berlin, Jahrgang 5 (1921). H. 5. S. 342 (zitiert nach Nr. 302 des Katalogs: Alfred Döblin 1878/1978. Eine Ausstellung des Deutschen Literaturarchivs im Schiller-Nationalmuseum Marbach a.N. Hrsg. von Bernhard Zeller).

9 Zur neuen Ausrichtung des Theaters vgl. die *Vossische Zeitung* (2.9.1921): „Im Herrnfeld-Theater beschmunzelte das Publikum früher Possen eines jiddischen Jargons; jetzt wird ernste Kunst versucht."

10 Ein Kerl muß eine Meinung haben: Berichte und Kritiken 1921-1924. Olten/Freiburg i.B.: Walter 1976. S. 36.

11 Berichte und Kritiken (Anm. 10) S. 37.

12 Berichte und Kritiken (Anm. 10) S. 44.

13 Berichte und Kritiken (Anm. 10) S. 253f. – Bezeichnend ist außerdem die Kritik eines Pogrom-Dramas von Eugen Tschirikow, *Die Juden,* in der Döblin zu einer Typisierung jüdischen Verhaltens gelangt, die an Arthur Schnitzlers Roman *Der Weg ins Freie* erinnert: „Alle Typen werden vorgeführt: der Assimilant und Kapitalist, [. . .] der Zionist, [. . .] der Sozialist [. . .], dem auf russische Weise die Befreiung der Arbeiterklasse auch die Befreiung der Juden bringen soll . . ." (18.1.1923; S. 145), sowie die Rezension zu Shakespeare's Komödie *Der Kaufmann von Venedig,* die Döblin als antisemitisches Pogrom-Theater versteht (19.9.1923; S. 206ff).

14 In einem Vortrag im März 1924, wenige Monate vor der Reise, kommt Döblin auf die frühere Forderung einer jüdischen Ostrepublik zurück und erörtert die Möglichkeit einer Erneuerung jüdischer Kultur, die freilich nicht aus dem alten religiösen Bereich kommen, allenfalls auf der Grundlage einer „neuen Religiosität außerhalb der Synagoge" beruhen könnte (Handschriftliches Konzept der Rede. In: Alfred Döblin 1878/1978 – Anm. 8 –, Nr. 303, S. 360).

15 Zu den Voraussetzungen der Reise und den Vorabdrucken der *Reise in Polen* in der Vossischen Zeitung vgl. Müller-Salget (Anm. 1) S. 261 und die dort gegenüber Heinz Graber (In: Reise in Polen. 1968. S. 349ff.) vorgenommene Richtigstellung.

16 „Er [scl. Döblin] hätte sein Buch *Reise zu den Juden* nennen müssen. Er erkannte sie besser als die westeuropäischen Zionisten, die eine reiche Welt zu einer Nation degradieren . . ." (Frankfurter Zeitung vom 31.1.1926), in: Alfred Döblin im Spiegel der zeitgenössischen Kritik. Hrsg. von Ingrid Schuster und Ingrid Bode. München/Bern: Francke 1973. S. 168-170). – Döblin hatte sich freilich auch einschlägig und sorgfältig vorbereitet; außer den im Anhang der *Reise in Polen* genannten Werken (Simon Dubnow, *Neueste Geschichte des jüdischen Volkes* / Samuel Abba Horodezky, *Religiöse Strömungen im Judentum* / Chaim Block, *Die Gemeinde der Chassidim)* hatte er Werke der jüdischen Mystik (Das Buch Jezira, Das Buch Bahir, übersetzt und kommentiert von Gershom Scholem; weitere Werke über den Sohar und über die Frankisten) aus der Preußischen Staatsbibliothek ausgeliehen (Alfred Döblin 1878/1978 – Anm. 8 – Nr. 308/ S. 365f.), außerdem Romane von jiddischen Autoren, David Bergelson und Mendele Mojcher Sforim (*Schlojmele*) rezensiert.

17 In *Wadzek* findet sich nur e i n e vergleichbare, aber relativ kurze Passage, bezogen auf das (nicht genannte) Berlin (Anm. 4) S. 341.

18 Reise in Polen. S. 330.

19 Reise in Polen. S. 85ff.

20 Reise in Polen. S. 73, vgl. dazu K. Pomeranz-Carmely (Anm. 1) S. 103f.

21 Reise in Polen. S. 326.

22 Reise in Polen. S. 99. – Zur Kritik von Döblins politischen Kriterien in der Polen-Schrift vgl. Leo Kreutzer: Alfred Döblin. Sein Werk bis 1933. Stuttgart: Kohlhammer 1970 (= Sprache und Literatur 66), S. 100-107.

23 Reise in Polen. S. 306.

24 Reise in Polen. S. 331.

25 Reise in Polen. S. 328. – Zu Recht wurden Auszüge aus dem Polen-Buch daher in die Anthologie *Dein aschenes Haar Sulamith. Ostjüdische Geschichten* (Hrsg. von Ulf Diederichs; Düsseldorf/Köln: Diederichs 1981) aufgenommen und den Beiträgen ostjüdischer Autoren an die Seite gestellt.

26 Vgl. Der Bau des epischen Werks. In: Aufsätze zur Literatur (Anm. 3). S. 114ff.

27 Berlin Alexanderplatz (1961). S. 16.

28 Die drei Sprünge des Wang-lun. 1960. S. 13; Wadzek (Anm. 5) S. 46ff.

29 Eindrucksvolle Beispiele finden sich dafür im Eingangsdialog zwischen den Talmud-Schülern in: Schalomo An Ski: *Der Dibbuk.* Dramatische Legende in vier Bildern. Neue deutsche Übertragung von Salcia Landmann und Horst Bienek. München dtv 1976. (dtv 1208). S. 14.

30 Berlin Alexanderplatz. S. 24; vgl. dazu K. Müller-Salget (Anm. 1) S. 324f.
31 Berlin Alexanderplatz. S. 30.
32 Berlin Alexanderplatz. S. 30.
33 Berlin Alexanderplatz. S. 40.
34 Otto Keller: Döblins Montageroman als Epos der Moderne. München: Finck 1980. S. 143ff. – Eine erweiterte Beziehung auf den 'Messias' des 17. Jahrhunderts, Sabbatai Zwi, wie sie Monique Weyembergh-Boussart vorschlägt – „In beiden Fällen handelt es sich um das Los eines Mannes, der durch Betrug einen jähen Aufstieg erlebt, worauf aber bald der Fall folgt" (Alfred Döblin. Seine Religiosität in Persönlichkeit und Werk. Bonn: Bouvier 1969. S. 196 Anm. 96) – halte ich interpretatorisch nicht für gerechtfertigt.
35 Daß Biberkopfs Ich in der chauvinistischen Tradition indessen nicht aufgeht, wird mit dem Motiv der 'rutschenden Dächer' auch angedeutet; der Held ist irritierbar, und darin liegt die Möglichkeit seiner individuellen sittlichen Erneuerung.
36 Es ist darauf hinzuweisen, daß die Bibelmotive nicht im Sinne eines jüdisch-christlichen Gemeingutes verwendet werden, sondern dem Alten Testament entnommen sind (Genesis- und Vätergeschichten, Jeremia, Prediger Salomo, Hiob, Esther). Eine Ausnahme bilden die Motive der neutestamentlichen Johannes-Apokalypse, die sich aber ganz an den Babylon-Fluch Jeremias anschließen. – Werner Stauffacher hat in seinem Essay *Die Bibel als poetisches Bezugssystem. Zu Alfred Döblins 'Berlin Alexanderplatz'* (in: Sprachkunst 8/1977. S. 37ff.) diesem Tatbestand Rechnung getragen: „Babylon war den Juden längst zum Hauptsymbol für alles Unglück, Götzendienst und Exil geworden." Die interpretatorische Konsequenz besagt, daß das 'spezifisch Christliche' aus dem biblischen Motivkranz des Werkes ausgespart bleibt.
37 Vgl. dazu meine Interpretation des Romans in: Deutsche Romane des 20. Jahrhunderts. Neue Interpretationen. Hrsg. von Paul Michael Lützeler. Königstein/Ts., Athenäum 1983. S. 148-166, besonders S. 156ff.
38 W. Stauffacher (Anm. 36) S. 37.
39 Flucht und Sammlung des Judenvolks. Reprographischer Druck der Ausgabe Amsterdam 1935. Hildesheim: Gerstenberg 1977, S. 19. – Zur genauen Analyse der Schriften vgl. Pomeranz-Carmely (Anm. 1) S. 103-115. – Das entsprechende Kapitel aus *Unser Dasein* ist 1933 im Querido Verlag, Amsterdam, unter dem Titel *Jüdische Erneuerung* ediert worden.
40 Flucht und Sammlung. S. 9.
41 Vgl. dazu die Rezension von *Flucht und Sammlung des Judenvolkes* durch Maria Lazar (Neue Deutsche Blätter 1/1933-1934. S. 380-383. In: Schuster/Bode – s. Anm. 16 – S. 327ff.), welche auch deutlich die Animosität der deutschen Linken, die sich durch Döblins Schrift *Wissen und Verändern* verärgert fühlte, erkennen läßt, desgleichen die Besprechung der *Babylonischen Wanderung* von Albin Stübs (in: Schuster/Bode – Anm. 16 – S. 331ff.), sowie die Erörterung von Winfried G. Sebald (in: Der Mythos der Zerstörung im Werk Döblins. Stuttgart: Klett 1980. S. 38ff.), die sich direkt auf M. Lazars Stellungnahme bezieht. – Zur Kritik dieser Stellungnahmen vgl. Erich Kleinschmidt: Döblin-Studien II: 'Es gibt den eisklaren Tag und unseren Tod in den nächsten 80 Jahren.' Alfred Döblin als politischer Schriftsteller. In: Jb. der Deutschen Schillergesellschaft. 26/1982. S. 401-427, bes. S. 424.

42 Babylonische Wanderung oder Hochmut kommt vor dem Fall. Amsterdam: Querido 1934. S. 125-133.

43 Babylonische Wanderung. S. 519-527; mit erneutem Hinweis auf den Fluch des Jeremias, der von den Juden in ihrem Gebet wiederholt wird (S. 525).

44 Vgl. Verf.: Jüdisches Mittelalter in der deutschen Literatur des 19. Jahrhunderts. In: Das Weiterleben des Mittelalters in der deutschen Literatur. Hrsg. von James F. Poag und Gerhild Scholz-Williams. Königstein/Ts.: Athenäum 1983. S. 122-141.

45 Lothar Kahn: The Mirrors of the Jewish Mind. A Galery of Portraits of European Jewish Writers of Our Time. New York/South Brunswick/London: Thomas Yoseloff 1968. S. 83.

46 Wolfgang Frühwald: Rosa und der Satan. Zum Verhältnis von Christentum und Sozialismus im Spätwerk Alfred Döblins. Vortrag gehalten beim 3. Internationalen Döblin-Kolloquium 9.-10. Juni 1983 in Freiburg i. Br.

47 Ein Beispiel für die weltanschauliche Eingliederung bietet der in *Verratenes Volk* (Freiburg/München: Karl Alber 1948. S. 412ff) auftretende Jude, der Friedrich Becker von dem Lemberger Pogrom in einer stark fatalistisch getönten Weise berichtet und dem Zuhörer damit zur Erkenntnis seiner eigenen fatalistischen Neigung verhilft.

48 Karl und Rosa. Freiburg/München: Karl Alber 1950. S. 590-593.

Helen Milfull

„Weder Katze noch Lamm“? Franz Kafkas Kritik des „Westjüdischen“

> ... ich bin, soviel ich weiß, der westjüdischste von ihnen [den Westjuden], das bedeutet, übertrieben ausgedrückt, daß mir keine ruhige Sekunde geschenkt ist, nichts ist mir geschenkt, alles muß erworben werden, nicht nur die Gegenwart und Zukunft, auch noch die Vergangenheit ...[1]

In einem Brief an Max Brod aus dem Jahre 1921 beschreibt Franz Kafka die „schreckliche innere Lage“ der jüngeren deutsch-jüdischen Intelligenz:

> Weg vom Judentum, meist mit unklarer Zustimmung der Väter (diese Unklarheit war das Empörende), wollten die meisten, die deutsch zu schreiben anfingen, sie wollten es, aber mit den Hinterbeinchen klebten sie noch am Judentum des Vaters und mit den Vorderbeinchen fanden sie keinen neuen Boden. Die Verzweiflung darüber war ihre Inspiration.[2]

Damit drückt er vor allem sein ambivalentes Verhältnis zum eigenen literarischen Schaffen aus, das ab 1912 immer deutlicher die Erfahrung der Ausgeschlossenheit aus der eigenen Familie zum Paradigma der „verlorenen Gemeinschaft“ erweiterte. Das Gefühl der Entfremdung sah er als Grunderlebnis des assimilierten deutsch-jüdischen Literaten, der die „geschlossene Gesellschaft“ der jüdischen Gemeinschaft hinter sich gelassen hatte, ohne von der angeblich „offenen“ des Wirtsvolks integriert werden zu können. Die deutsch-jüdischen Schriftsteller hätten „eine von allen Seiten unmögliche Literatur [geschaffen], eine Zigeunerliteratur, die das deutsche Kind aus der Wiege gestohlen und in großer Eile irgendwie zugerichtet hatte, weil doch irgendjemand auf dem Seil tanzen muß“.[3] Bezeichnenderweise begründet Kafka im Tagebuch den gestörten Bezug zu seiner Mutter in der „gestohlenen“ Sprache, deren Inhalte ihm fremd bleiben:

> Gestern fiel mir ein, daß ich die Mutter nur deshalb nicht immer so geliebt habe, wie sie es verdiente und wie ich es könnte, weil mich die deutsche Sprache daran gehindert hat. [...] „Mutter“ ist für den Juden besonders deutsch, es enthält unbewußt neben dem christlichen Glanz auch christliche Kälte, die mit Mutter benannte jüdische Frau wird daher nicht nur komisch, sondern fremd. Mama wäre ein besserer Name, wenn man nur hinter ihm nicht „Mutter“ sich vorstellte.[4]

Sehr viel bekannter ist natürlich die Charakterisierung seines literarischen Werkes im *Brief an den Vater*: „Mein Schreiben handelte von Dir, ich klagte dort ja nur, was ich an Deiner Brust nicht klagen konnte.“[5] In beiden Fällen ist es aber die

Sprache, des Kindes wie des Schriftstellers, die den Verlust der Elternbindung zugleich betrauert und begründet: die „fremde Sprache“ ist Ausdruck und Ursache der Entfremdung.

Im schon zitierten Brief an Brod überwindet Kafka die psychoanalytische Erklärung der Spannung zwischen Vater und Sohn zugunsten einer sozial- und religionsgeschichtlichen Interpretation, die den Grund in der Loslösung vom verdrängten aber immer noch vorhandenen Judentum des Vaters erblickt. Auf ähnliche Weise überwindet er die „ödipale“ Ebene der Erzählung *Das Urteil*, die er zu Recht als Durchbruch zu einer neuen literarischen Ausdrucksform erkannte, aber gleichzeitig in ihrer halbbewußten Unmittelbarkeit „peinlich“ bzw. „widerlich“ fand, im Sinne einer „kulturkritischen“ Erweiterung. Schon in der Erzählung *In der Strafkolonie* wird das Vater-Sohn-Verhältnis in der Gegenübersetzung alter Kommandant/neuer Kommandant aufgehoben, wobei die „Vaterebene“ deutlich genug dem Regime des alten Kommandanten, des alttestamentarischen Judentums, entspricht. Sah Kafka vorübergehend die Möglichkeit, aufgrund des gemeinsamen Judentums doch noch das ersehnte Gespräch mit seinem Vater herbeizuführen, so blieb es überdeutlich, daß Hermann Kafkas eigenes Verhältnis zum Judentum alles andere als intakt geblieben war, geschweige denn „alttestamentarisch“; Franz unterwirft das „Assimilantentum“ seines Vaters sogar einer vernichtenden Kritik[6] und muß einsehen, daß seine wachsende Beschäftigung mit der eigenen Herkunft die Spannung nicht mindert, sondern steigert. Eben die Unlösbarkeit des ödipalen Konflikts führt zur Erfindung einer „erweiterten“ Vatergestalt, der die unbegreifliche und Angst einflößende Autorität des Vaters noch eigen ist, die aber von dem „Vermischten“, „Westlichen“ des wirklichen Vaters bereinigt worden ist. Das „Jüdische“ im Vater, zu dem er selber kaum noch eine Beziehung hatte, wird vom Vater losgelöst und zum überdimensionalen Bild einer Autorität entwickelt, die noch imstande war, eine „Gemeinschaft“ herzustellen und zu erhalten.

Diese Entwicklung wurde bekanntlich durch das Prager Gastspiel einer jiddischen Theatertruppe im Jahre 1911 ausgelöst, das Kafka mit dem Bild eines ganz anderen, „organischen“ Judentums konfrontierte. So faszinierend er aber die Religiosität und das „Unvermischte“ des Ostjudentums auch fand, die gegen die „Halbherzigkeit“ der Westjuden abstachen, blieb ein Abstand zurück, den er immer deutlicher als Ergebnis seiner „westlichen“ Sozialisation erkannte, der ihn aber daran hinderte, sich die „ostjüdischen Werte“ anzueignen. Sein Leben lang blieb er Außenseiter, „*Amhoretz*“,[7] weder fähig noch willens, zur „alten Gemeinschaft“ zurückzukehren, noch in der Lage, sich in die als leer erkannte moderne Gesellschaft zu integrieren. Eine Tagebucheintragung aus dem Jahre 1921 bestimmt diese Grundposition seines literarischen Werkes mit der Klarheit der Verzweiflung:

> Dieses Grenzland zwischen Einsamkeit und Gemeinschaft habe ich nur äußerst selten überschritten, ich habe mich darin sogar mehr angesiedelt als in der Einsamkeit selbst.[8]

Eine besondere Stellung in Kafkas literarischem Werk nehmen die beiden Erzählungen *Ein Bericht für eine Akademie* und *Schakale und Araber* ein, die zunächst in der von Martin Buber herausgegebenen Zeitschrift *Der Jude* veröffentlicht wurden. Trotz der für Kafka typischen Mittelbarkeit der Aussage nehmen sie doch unverkennbar Bezug auf Grundprobleme der Assimilation und des Zionismus, die den Mittelpunkt der Diskussionen nicht nur in *Der Jude*, sondern auch in breiten Kreisen des damaligen westeuropäischen Judentums bildeten; sie bieten also einen geeigneten Ausgangspunkt für eine Untersuchung seines Verhältnisses zum Judentum, das er in anderen Werken sehr viel „individualistischer" verarbeitet hat.

Die liberal-zionistische Position Bubers, bei deren Formulierung seine Vorträge im Prager Bar-Kochba-Verein eine wichtige Rolle spielten, wollte bekanntlich die besten Werte eines aufgeklärten Judentums mit dem Aufruf nach einer Selbsterneuerung und Selbstbesinnung der europäischen Judenheit verbinden. Daß Buber die beiden Erzählungen aus den zwölf, die Kafka ihm vorlegte, selbst zur Veröffentlichung aussuchte, scheint darauf hinzudeuten, daß er nicht nur das „Jüdische" in ihnen erkannte, sondern sie auch als Stellungnahmen zu den Problemen, die ihn am meisten beschäftigten, verstand. Später nahm Kafka die beiden Erzählungen in den Erzählband *Ein Landarzt* auf, dessen Widmung an seinen Vater er in einem Brief an Max Brod zu erklären versucht:

> Nicht als ob ich den Vater versöhnen könnte, die Wurzeln dieser Feindschaft sind hier unausreißbar, aber ich hätte doch etwas getan, wäre, wenn schon nicht nach Palästina übersiedelt, doch mit dem Finger auf der Landkarte hingefahren.[9]

So gesehen kann man wohl die Erzählungen als Kafkas persönlichen Beitrag zu der innerjüdischen Diskussion der Zeit über das Wesen des Judentums und seine geistige und historische Bestimmung interpretieren. Hinter dem Gegensatz Mensch/Tier, der beiden Texten zugrunde liegt, erkennt man unschwer einen Kunstgriff des Autors, der das „Anders-Sein" der Juden auf diese verfremdende Weise herausstellen will.

Auf den ersten Blick mutet *Ein Bericht für eine Akademie* wie eine Parodie bekannter satirischer Texte aus dem neunzehnten Jahrhundert an, wie z.B. Hoffmanns „Kreislerianum" *Nachricht von einem gebildeten jungen Mann* und Hauffs Novelle *Der Affe als Mensch*. Es fällt einem aber sofort auf, daß die Tendenz dieser Satiren, die sich auf das Philistertum der sogenannten 'gebildeten Kreise' richtete, in ihr Gegenteil verkehrt worden ist; wo Hoffmann und Hauff sich der Gestalt des Affen bedienten, um die Dummheit und Albernheit einer Gesellschaft bloßzustellen, die den „Affen" vergöttert und den „wahren Künstler" verhungern läßt, verschwindet bei Kafka diese Gegenüberstellung: der Affe tritt selber in der „Künstlerrolle" auf und scheint trotz der äffischen Herkunft den „hohen Herren" der Akademie, denen er berichtet, an Einsicht wie an Intelligenz weitaus überlegen zu sein. Daß er in so kurzer Zeit die europäische Bildung von Jahrhunderten hat erwerben müssen, ist ihm weniger Hindernis als Ansporn. Doch bildet die „Künstleranalogie" trotz der offensichtlichen Verwandtschaft zu späteren Erzählungen wie *Ein Hungerkünstler* und *Erstes Leid* keinen geeigneten Ausgangspunkt für eine Interpretation der Erzählung. Den Gegensatz zu den Satiren Hoffmanns und Hauffs kann man auf die Feststellung reduzieren, daß die „gebildeten Affen" des neunzehnten Jahrhunderts ihren menschlichen Kollegen deutlich unterlegen sind, während Kafka von vornherein diesen unreflektierten Glauben an die Überlegenheit des Menschen und der „wahren" Bildung verwirft.

Sehr viel wahrscheinlicher erscheint es, daß die Wahl des Affenmotivs als Anspielung auf die wissenschaftliche Theorie zu verstehen ist, die in der Rezeption des neunzehnten Jahrhunderts dem Fortschrittsglauben den Anschein einer wissenschaftlichen Gesetzmäßigkeit verlieh – die Evolutionstheorie Darwins. Aber auch hier wird es überdeutlich, daß es sich bei Kafka um eine satirische Umkehrung dieser Fortschrittsgläubigkeit handelt, die eher an die talmudische Tradition erinnert, daß die Menschheitsgeschichte seit dem Sündenfall nichts als einen Verfall vom gottähnlichen Adam Kadmon des Paradieses bis zur „Äffischkeit" späterer Generationen darstellt:

> Im Vergleich zu Sara sind alle anderen Menschen Affen, und im Vergleich zu Eva war Sara nur ein Affe, und im Vergleich zu Adam war Eva ein Affe, und im Vergleich zu der *Schechina* war Adam ein Affe.[10]

Es geht Kafka in *Ein Bericht für eine Akademie* unter anderem darum, den darwinistischen Glauben an den Fortschritt und an den Menschen als „Krone der Schöpfung" dadurch zu verfremden, daß er die Menschen mit einem „akkulturierten Affen" konfrontiert, der den evolutionären „Sprung" in einigen Jahren eines einzelnen Lebens geschafft hat; dabei werden die Begriffe „Fortschritt" und „Zivilisation" einer vernichtenden Kritik unterzogen.

Man entdeckt jedoch die vielleicht aufschlußreichste Parallele zu Kafkas Verwendung des Affenmotivs im Briefwechsel zwischen dem italienisch-jüdischen Gelehrten Luzzato und Heinrich Graetz, dessen *Geschichte des Judentums* Kafka mit Begeisterung las. Luzzato beschreibt die Reaktion späterer Generationen auf das „würdenlose" Benehmen jener Juden, die das Judentum bei dem Versuch hinter sich ließen, um sich der nichtjüdischen Welt akzeptabel zu machen: „Sie wollten um jeden Preis die Affen der europäischen Zivilisation werden [. . .], indem sie den intellektuellen Modeströmungen eines verdorbenen Zeitalters nachäfften."[11]

Es gibt in der Tat Anhaltspunkte genug, um die These Robert Kaufs[12] zu bestätigen, daß *Ein Bericht für eine Akademie* als Parabel der Assimilation zu verstehen ist. Schon 1918 hatte Brod in einer Rezension in der Zeitschrift *Selbstwehr* den gleichen Ansatz vorgeschlagen: wenn wir nur annehmen, daß die jüdische *Haskalah*-Bewegung mit ihrem aufklärerischen Glauben an den Fortschritt und die Fähigkeit der Menschen, sich zu vervollkommnen und die Assimilationswelle, die sie auslöste, den eigentlichen Gegenstand der Satire Kafkas bildet, gewinnt die Erzählung eine völlige andere Dimension, die ihre Veröffentlichung in *Der Jude* rechtfertigt und erklärt. Die „jüdische Aufklärung" stellte den Juden die Aufgabe, aus der jahrhundertealten Isolierung des Ghettos auszubrechen und in kurzer Zeit die ganze europäische Bildung der „Wirtsgesellschaft" nachzuholen. Der Erfolg, mit dem sie wie Rotpeter diese Aufgabe meisterten, braucht kaum betont zu werden; der „Siegeszug" der jüdischen Intellektuellen in den deutschsprachigen Ländern von dem Durchbruch Mendelssohns bis zur Katastrophe des Jahres 1933 scheint nicht nur diesen Erfolg zu beweisen, sondern im Nachhinein die Unfähigkeit der westlichen Gesellschaft, mit dieser von ihr selbst initiierten Entwicklung fertig zu werden. In der tragikomischen Verfremdung des *Berichts* tritt die Vergeblichkeit dieser Anstrengungen deutlich hervor: der schwer erkämpfte „Ausweg" aus dem Getto ist umsonst gewesen, Rotpeters Bericht liegt eine tiefe Melancholie zugrunde, die der „Affenfreiheit" nachtrauert, einer Freiheit, die so selbstverständlich war, daß sie unbewußt blieb. Als „Affenmensch" weiß er nicht mehr genau, ob er sie jemals besaß: „Ich meine nicht dieses große Gefühl der Freiheit nach allen Seiten. Als Affe kannte ich es vielleicht [. . .]".[13] Schien die „Rückkehr" zuerst ein Leichtes, ist sie inzwischen so schwer geworden wie – im biblischen Gleichnis – das Schlüpfen durchs Nadelöhr. Die „vorwärtsgepeitschte Entwicklung" zum Menschen macht die „alte Affenwahrheit" immer unzugänglicher, die sich in der fremden Sprache kaum ausdrücken läßt (die Verwandtschaft mit den schon zitierten Überlegungen zur deutschen Sprache ist offensichtlich):

Ich kann natürlich das damals affenmäßig Gefühlte heute nur mit Menschenworten nachzeichnen und verzeichne es infolgedessen, aber wenn ich auch die alte Affenwahrheit nicht mehr erreichen kann, wenigstens in der Richtung meiner Schilderung liegt sie, daran ist kein Zweifel.[14]

Die Bedeutung dieser „vorwärtsgepeitschten Entwicklung" erhellt sich durch den Vergleich mit einem Aphorismus aus dem dritten Oktavheft, der sich auf den „Kampf mit dem Bösen" bezieht:

Das Tier entwindet dem Herrn die Peitsche und peitscht sich selbst, um Herr zu werden, und weiß nicht, daß das nur eine Phantasie ist, erzeugt durch einen neuen Knoten im Peitschenriemen des Herrn.[15]

Im Kontext der Aphorismen stellt dieses Sich-Selbst-Peitschen den Verlust der Fähigkeit dar, das „Böse" zu erkennen. Am Wendepunkt seiner Entwicklung entschließt sich Rotpeter, die Peitsche selbst in die Hand zu nehmen; um dem gettoähnlichen Käfig, „angedrückt an eine Kistenwand", zu entkommen, will er sein „Affentum" ablegen und sich die Sitten und Gebräuche der Menschen aneignen. Für Kafka verlangt der Assimilationsprozeß offensichtlich eine ähnliche Absage an das Judentum und die Übernahme der „unreinen" Gewohnheiten der *gojim* (hier durch Schnaps und Tabak vertreten[16]). Daß Rotpeter sich dabei „verunreinigt", ist wohl auch im rituellen Sinn zu verstehen; mit dem Schnapstrinken verstößt er gegen das Gesetz und begibt sich in ein „unreines" Leben.

Rotpeters Assimilationsversuche müssen das „Affentum" verleugnen, das seinen wahren Zustand „vor dem Gesetz" darstellt: auch im Käfig war er Affe geblieben, bei der Suche nach einem Ausweg setzt er sich der Umarmung einer „Schlange" aus, die noch tödlicher ist als die Riesenschlangen seinem Käfig gegenüber. Nicht von ungefähr führen alle anderen „Auswege" entweder in einen „noch schlimmeren Käfig" oder in den Tod; auch dazu gibt es eine deutliche Entsprechung in den Aphorismen, wo der Tod als einziger Ausweg aus dem „Weltgefängnis" erscheint, wenn er auch nur in ein weiteres Gefängnis führen kann.[17] Aus dieser Sicht ist die jüdische Assimilation eine Illusion, die Probleme im „Diesseits" lösen will, die sich nur – wenn überhaupt – im „Jenseits" lösen lassen. Der Ausweg, aus dem Käfig wie aus dem Getto, ist kein Ausweg zur „Freiheit": seit der Gefangennahme Rotpeters gibt es für ihn nur noch Auswege („Ich sage absichtlich nicht Freiheit."). Dieser Grundbegriff der Emanzipation ist für Kafka nur eine gefährliche Täuschung: die „selbstherrliche Bewegung" des Trapezkünstlers, die in späteren Erzählungen zum Sinnbild der „leeren" Freiheit des Künstlers wird, nennt Rotpeter eine „Verspottung der heiligen Natur", die jeden Affen zum Lachen reizen müßte. Die „Evolution" vom Affen zum Menschen ist am Ende eine Regression, die die „Affennatur" des Menschen nur verhüllt. Diese Einsicht drückt Rotpeter in verschlüsselter Form aus: „An der Ferse aber kitzelt es jeden, der hier auf Erden geht: den kleinen Schimpansen wie den großen Achilles".[18] Damit wird aber nicht nur auf den verlorengegangenen Kletterfuß des *homo sapiens* angespielt, sondern auch auf Jahwes Verfluchung der Schlange nach dem Sündenfall: „Derselbe [der Samen des Weibes] soll dir den Kopf zertreten, und du wirst ihn in die Ferse stechen" (1. Mose 3, 15). Das „Affentum" des Menschen, seine „doppelte" Achillesferse, bleibt also sowohl im Atavistischen des Körpers erhalten als im Mal der Erbsünde, das ihn weiterhin „kitzelt", so sehr er es verleugnen will.

Die „Schamlosigkeit", mit der Rotpeter die Hosen vor Besuchern auszieht, „um die Einlaufstelle jenes Schusses zu zeigen", der ihn die Affenfreiheit gekostet hat, enthält wohl auch eine theologische Anspielung: wie viele jüdische und christliche Quellen verbindet Kafka den Sündenfall mit der Entdeckung der Sexualität und der Scham.[19] Bei Rotpeter ist diese „Schamlosigkeit" eine der wenigen äffischen Eigenschaften, die dem „Assimilationsprozeß" nicht zum Opfer gefallen sind. Sie hat in der Erzählung eine doppelte Funktion, indem sie auf die Unmöglichkeit der völligen Assimilation hinweist, aber zugleich Rotpeters größere Nähe zum „Ursprung" betont, die verdunkelnde Erinnerung an eine andere Welt.

Die Unhaltbarkeit seiner Lage wird in dem Verhältnis zur „kleinen halbdressierten Schimpansin", mit der er sein Bett teilt, am allerdeutlichsten. Soweit wird er es wohl nie bringen, daß er eine „Menschin" beschlafen darf, aber die Schimpansin kann er „bei Tag [. . .] nicht sehen": sie erinnert ihn zu stark an den Prozeß, den er selber durchgemacht hat. Am Ende ist er weder Affe noch Mensch, sondern ein „Zwischending", eine „Kreuzung", in keiner der beiden Welten beheimatet. So entlarvt Kafkas melancholische Satire das Schicksal des Assimilanten, der das Judentum hinter sich gelassen hat, aber von der Gesellschaft ausgeschlossen bleibt, um deren Gunst er so verzweifelt kämpfte.

So überzeugend und fruchtbar Kaufs Ansatz im Falle des *Berichts* sein mag, so muß seine quasi-zionistische Interpretation der zweiten Erzählung, *Schakale und Araber*, doch Widerspruch erregen.[20] Es ist nicht einzusehen, wie die Schakale mit dem „Assimilationsproblem" in Verbindung gebracht werden können; vielmehr erinnert ihr „Hundedasein" unter der Herrschaft der Araber an die Situation eines gettoisierten Ostjudentums – sie wollen sich auf keinen Fall den „Arabern" angleichen, wie der „Assimilant" Rotpeter, sondern die Welt von ihnen „reinigen".

Ungerechtfertigt scheint auch die Annahme Kaufs, daß Kafka den Schakalen ihre Unfähigkeit, aus dieser „würdelosen" Existenz auszubrechen, vorwerfen will. Dagegen sprechen sowohl Kafkas Haltung zum Ostjudentum[21] als auch interne Gründe der Erzählung: es bleibt dem Leser völlig unklar, wie den Schakalen ein solcher Ausbruch gelingen könnte – nur ein „Messias" kann sie aus ihrer Knechtschaft erlösen. Inzwischen folgen sie ihrem „Gesetz", obwohl das Verlangen nach „Reinheit", die es ihnen vorschreibt, sie paradoxerweise unter diesen Lebensbedingungen immer „unreiner" machen muß. Das läßt sich vielleicht als Gleichnis für das Schicksal der Judenheit verstehen, seitdem Jerusalem selbst „zur Wohnung der Schakale" gemacht worden ist (*Jeremia* 9,10); mit der Zerstörung des Tempels wurde es den Juden unmöglich, alle Vorschriften des Gesetzes zu erfüllen, sie wurden im strengen Sinne „unrein", ein Zustand, der von der feindlichen Umgebung der Diaspora noch verschlimmert wurde.[22] Der Versuch, „rein" zu bleiben, führte auch paradoxerweise zum Schmutz und Elend des Gettos.

Diese Identifikation der Schakale mit einem versklavten aber religiös praktizierenden Judentum läßt sich durch einige Anspielungen im Text untermauern. Obwohl das Aas selber unrein ist,[23] halten sich die Schakale noch an die Vorschrift, daß zunächst die Schlagader geöffnet werden muß, damit das Blut ausfließt. Auf ähnliche Weise fordern sie den Erzähler auf, den Arabern mit der Schere die „Hälse" durchzuschneiden. Aber die Observanz kehrt sich in ihr Gegenteil: von dem Wunsch besessen, alles „bis auf die Knochen zu reinigen", verschlingen sie das unreine Fleisch des toten Kamels. Sie bewegen sich „wie unter einer Peitsche gesetzmäßig und flink", aber die Treue zum Gesetz bedeutet für sie nichts als eine ständig erneuerte Mortifikation, die in den Klagetönen ihres Geheuls, die „in fernster Ferne" die Melodie des ursprünglichen rituellen Gesangs ahnen lassen,[24] zum Ausdruck kommt. Die Peitsche haben sie nicht wie Rotpeter selbst in die Hand genommen: es schwingt sie der Araber, der in diesem Zusammenhang eher als Ausführer einer von der Vorsehung verordneten Strafe erscheinen muß. Von dieser Strafe kann sie nur der vorausgesagte Messias erlösen, der Erzähler ist damit offensichtlich überfordert.

Weitaus schwieriger ist es, die Wahl der Araber als „Gegenspieler" zu deuten. Auf den ersten Blick scheinen nicht nur die Veröffentlichung in *Der Jude*, im Kontext der Auseinandersetzung mit dem Zionismus, sondern auch einige Anspielungen im Text die einfache Äquivalenz Araber-Araber zu bestätigen. Das Wort der ältesten Schakals, daß „[seine] Mutter und ihre Mutter und weiter alle ihre Mütter bis hinauf zur Mutter aller Schakale" auf den „Messias aus dem Norden" gewartet haben, scheint ein klarer Hinweis auf das lange Warten Saras, um Abraham den Sohn zu gebären, der verhindern sollte, daß sein Erbe auf Ismael, den legendären Begründer des arabischen Volkes, übergehen sollte. Der „alte Streit", der „im Blut" liegt, bezieht sich wohl auch auf die Fehde zwischen Isaak und Ismael, die sich nach der Bibel bei ihrem Nachkommen fortsetzen wird. Doch zuletzt ist es wohl eine Verkürzung, Kafkas Araber mit den Arabern des Jahres 1917 gleichzustellen, sonst müßten wir logischerweise auch annehmen, daß die Schakale nur jene Juden darstellen, die in arabischen Ländern lebten und sich am allerwenigsten von der zionistischen Variante des Messianismus angesprochen fühlten. Wie die orthodoxen Juden in viele Länder zerstreut worden sind, so kann man die „Araber“ vielleicht auch allgemeiner als ihre nicht-jüdischen Unterdrücker verstehen. Wahrscheinlich wollte Kafka auch hier den Unterschied zwischen Ost- und Westjudentum im Verhältnis zu ihrer nicht-jüdischen Umgebung betonen: die assimilierten Westjuden leben in einer Gesellschaft, die sich wenigstens mit den Lippen zu Begriffen wie Emanzipation, Toleranz und Vernunft bekennt – die Ostjuden dagegen sehen sich von einem Meer irrationaler und brutaler Feindlichkeit umgeben.

Wie sollen wir nun die Rolle des Erzählers verstehen, der aus dem „hohen Norden“ kommt und den Erlösungsträumen der Schakale Nahrung gibt? „Dort“, sagt der älteste Schakal, „ist der Verstand, der hier unter den Arabern nicht zu finden ist.“ In einem Fragment zur *Strafkolonie* beklagt sich der Reisende: „Meine Urteilskraft ist zu Hause im Norden geblieben“;[25] damit ist offensichtlich das „aufgeklärte“ Europa gemeint. Wie William C. Rubenstein gezeigt hat,[26] gibt es aber auch biblische Gründe für die Identifizierung des Erzählers mit dem versprochenen Messias, der nach Jesaja aus dem „Norden“ kommen soll. Vertreter des „Verstandes“ wie sein Vorgänger, wird er jedoch von der „alten Ordnung“ vereinnahmt – hier den Schakalen, dort dem Offizier – und vor eine wichtige „historische“ Aufgabe gestellt. Anders als in der früheren Erzählung ist der messianische Aspekt dieses Auftrags überdeutlich: die Schakale halten den Reisenden tatsächlich für den Messias aus dem Norden und verlangen von ihm die versprochene Erlösung. Die „Ehrbezeigung“, die ihm dabei zuteil wird, läßt sich vielleicht als satirische Anspielung auf die Beschneidung verstehen („Sie halten deine Schleppe [. . .] haben nach der Sitte tief sich eingebissen“), kann aber nicht darüber hinwegtäuschen, daß er für die ihm bestimmte Rolle sowenig taugt wie der Reisende in der *Strafkolonie*; auch er steht der „alten Ordnung“ fassungslos gegenüber, die seiner europäischen Perspektive völlig fremd erscheint, und der Schluß der Erzählung zeigt unmißverständlich, daß die Schakale noch lange auf die Befreiung aus ihrer Knechtschaft durch den Messias werden warten müssen.

Ein Vergleich mit den Auswirkungen des Zionismus auf die Ostjuden drängt sich geradezu auf. Die maßgebliche Rolle spielten in der Anfangsphase „assimilierte“ Westjuden wie Herzl, für die der Zionismus gewissermaßen die letzte Konsequenz der Emanzipation darstellte. Erst später sollten die Ostjuden die Führung übernehmen; zunächst erschien Herzl vielen von ihnen, in weniger bescheidenen Augenblicken vielleicht sogar sich selbst, als Messias.[27] Für Kafka könnte es sich dabei nur um eine grundsätzliche Täuschung handeln; von den Westjuden war keine messianische Rettung zu hoffen, sie waren noch rettungsbedürftiger als die Ostjuden, hatten sich im Dienst am „Verstand“ (der in den Aphorismen zum Erfüllungsgehilfe des „Bösen“ wird[28]) noch weiter vom Ursprung entfernt. Der Reisende ist bloß Pseudo-Messias, der Hoffnungen erweckt, die er nicht erfüllen kann – damit setzt Kafka die messianischen Ansprüche des westeuropäischen Zionismus einer verheerenden Kritik aus. Aus dem europäischen „Norden“ ist keine Erlösung zu erhoffen, eine solche Erlösung gibt es nur im „Jenseits“,[29] und ob die Westjuden daran teilnehmen können, ist mehr als fraglich. Wie so oft bei Kafka sind die Schakale in ihrer scheinbaren Verlorenheit näher daran als die „gebildeten“ Europäer.

So verstanden, bestimmen die Erzählungen *Ein Bericht für eine Akademie* und *Schakale und Araber* Kafkas Stellung im zeitgenössischen Judentum mit überraschender Deutlichkeit. Einerseits verwirft er die Assimilation als illusorisch und als Aufgabe der letzten Möglichkeit der „Erlösung" – andererseits bringt er der begeisterten „Diesseitigkeit" der Zionisten sehr viel Skepsis entgegen und stellt sie als Produkt des gleichen europäischen Milieus dar, wogegen diese sich auflehnen. Er sympathisiert eher mit den Schakalen, die die Last eines paradoxen Verlangens nach Reinheit weitertragen müssen, das nur das Gegenteil hervorbringt. Solche Sympathieerklärungen für ein Ostjudentum, das nach Kaufs Begriffen ein „würdeloses" Leben auf sich nimmt, um dem Gesetz und der Tradition treu zu bleiben, gibt es bei Kafka genug. Auf der metaphorischen Ebene geht auch hier der Vergleich zwischen „Menschen" und „Tieren" zugunsten der Tiere aus.

In diesem Zusammenhang lohnt es sich, einen weiteren Motivkomplex in den beiden Erzählungen zu besprechen. Die Schakale berufen sich auf die „alles vermögenden Hände" des Reisenden mit der Begründung: „wir sind arme Tiere, wir haben nur das Gebiß; für alles, was wir tun wollen, das Gute und das Schlechte, bleibt uns einzig das Gebiß."[30] Auch der Panther, der den Käfig des toten Hungerkünstlers bezieht und eine besondere Freiheit „mit sich herumzutragen" scheint, hat diese anscheinend „irgendwo im Gebiß [. . .] stecken";[31] Rotpeters Kritik an den Trapezkünstlern geht wohl nicht zuletzt darauf zurück, daß „einer [. . .] den anderen an den Haaren mit dem Gebiß [trug]". Der Unterschied zwischen den Tieren, die nur das Gebiß für alles haben, und den Menschen, die sich ihrer Hände bedienen können, hat für Kafka offensichtlich mehr als eine nur evolutionäre Bedeutung. Die Ablehnung der „selbstherrlichen Bewegung" der Trapezkünstler betrifft vor allem das „Nachäffen" der Natur; anders ausgedrückt, die Versuche der Menschen, die Freiheit der Tiere vorzutäuschen, die ihnen unwiederbringlich verloren ist, wirken besonders lächerlich. In *Ein Hungerkünstler* wird auf ähnliche Weise das Verlangen des Künstlers nach Freiheit, das richtig verstanden nur im Jenseits erfüllbar wäre, mit der Freiheit des Panthers verglichen, die in seinem Körper aufgehoben ist und sogar die Gefangenschaft übersteht. Mit der Unterwerfung unter die Menschen verlieren aber die Tiere diese Freiheit – nur der Panther, dem das „Raubtierhafte" nicht auszutreiben ist, kann sie bewahren. Die Schakale haben zwar ihr „Tierisches" nicht verdrängt, verlangen aber die Hilfe der Hände des Reisenden, um ihre „Befreiung" aus der Unterdrückung durch die Araber zu erreichen. Aber die Worte des ältesten Schakals verraten schon das Zweideutige dieses Unternehmens. Sie haben „für alles, was [sie] tun wollen, *das Gute und das Schlechte*",[32] nur das Gebiß – in den Aphorismen stellt der Versuch, die seit dem Sündenfall vorhandene Erkenntnis des Guten und des Bösen durch den „Verstand" (mit dem die Schakale den Reisenden explizit identifizieren) zu ersetzen, die gefährlichste aller Versuchungen des Bösen dar.[33]

Man könnte schlußfolgern, für Kafka seien die Hände, die der Mensch für so viele Zwecke zu verwenden gelernt hat, das konkrete Symbol des Verstandes. Doch sollte man dabei nicht vergessen, daß es sich hier auch nur um „symbolische" Tiere handelt: Kafka entwickelt keine philosophische Evolutionstheorie, sondern bedient sich des Vergleichs zwischen Mensch und Tier, um die Menschen zu „verfremden". Die natürlichen Beschränkungen der Tiere, die der „zivilisierte" Mensch überwunden hat, erinnern an einen früheren Zustand der Menschheit, wo Freiheit im Rahmen einer „geschlossenen" Ordnung tatsächlich noch existierte; durch die Verwandlung in das Ziel der gesellschaftlichen Entwicklung ist sie zur gefährlichen Illusion geworden. Damit will Kafka keineswegs für eine Rückkehr zum „Tierhaften" plädieren, er will vom Standpunkt dieser „Unschuld" aus die „Verstandsmoral" der europäischen Gesellschaft kritisieren. Die „Grausamkeit", die mit dem Begriff des Gebisses verbunden ist, wie die Grausamkeit des alten Kommandanten, ist für Kafka wenigstens zum Teil eine Frage bzw. ein Ergebnis der Perspektive – der westeuropäische Außenseiter kann die Vorurteile, die er seiner „verstandesmäßigen" Erziehung verdankt, nicht überwinden. In den Aphorismen wird die „sinnliche Welt", zu der die Tiere doch wohl gehören, zwar dem „Bösen" gleichgestellt, aber nur im Verhältnis zum Menschen: die Tierwelt ist für Kafka wie für Rilke zugleich weniger und mehr als die Menschenwelt, weniger, weil ihr die „Erkenntnis" abgeht, die trotz allem die erste Stufe zur Erlösung bleibt, mehr, weil sie in ihrer Unschuld diese Erkenntnis nicht pervertieren kann. Kafkas Reisende stehen zwischen beiden Welten: von der „alten Ordnung" abgestoßen, aber der Fragwürdigkeit der „neuen" voll bewußt.

Daß Kafka später die beiden Erzählungen in den Band aufnahm, der nach seiner Titelgeschichte *Ein Landarzt* benannt wurde, mag zunächst befremden, stellt aber bei genauerem Hinsehen den Versuch dar, die spezifisch jüdische Problematik als Teilaspekt eines gesamteuropäischen Phänomens erscheinen zu lassen, das den Kern der *Landarzt*-Erzählung bildet. Als Vertreter der Wissenschaft und des Verstandes, beklagt der Arzt sich über „die Leute in [seiner] Gegend", die „immer das Unmögliche vom Arzt verlangen. Den alten Glauben haben sie verloren; der Pfarrer sitzt zu Hause und zerzupft die Meßgewänder, eines nach dem andern; aber der Arzt soll alles leisten mit seiner zarten chirurgischen Hand".[34] Die „Messias"-Rolle, die ihm aufgedrängt wird, kann er nicht erfüllen, die geheimnisvolle Wunde des Jungen, die in der Forschung[35] wohl zu Recht mit der „Erbsünde" identifiziert worden ist, nicht heilen – auch er ein falscher „Heiland", der mit einer bitteren Parodie des lutheranischen Kirchenlieds von den Dorfkindern verabschiedet wird: „Freuet Euch, Ihr Patienten, der Arzt ist Euch ins Bett gelegt!"[36] Hier sind es offensichtlich nicht die Juden, die auf ihren Messias warten, sondern die „Christenmenschen", die den Glauben verloren haben und als Kinder der europäischen Aufklärung von der „Wissenschaft" die Lösung aller Probleme erwarten.

In den Oktavheften scheint Kafka das Christentum als möglichen Weg zur Erlösung keineswegs auszuschließen, nur war für ihn Kierkegaard gewissermaßen der „letzte Christ":

> Ich bin nicht von der allerdings schon schwer sinkenden Hand des Christentums ins Leben geführt worden wie Kierkegaard und habe nicht den letzten Zipfel des davonfliegenden jüdischen Gebetsmantels noch gefangen wie die Zionisten. Ich bin Ende oder Anfang.[37]

In seinem gegenwärtigen Zustand hat das Christentum kaum mehr anzubieten als das „verwässerte" Judentum, das Kafka von seinem Vater erbte. Die europäische Aufklärung hat beide Religionen ihrer Wirkungsmöglichkeit beraubt, indem sie die angeborene religiöse Erkenntnis durch den Verstand ersetzt hat. Der christliche Kontext der *Landarzt*-Erzählung bringt Kafkas Überzeugung zum Ausdruck, daß die religiöse Krise der Gegenwart sich nicht auf das Westjudentum beschränkt, sondern in der Gesamtgesellschaft verwurzelt ist, deren Glaube an die Vernunft und den Fortschritt nicht imstande ist, ihre verdrängte Sehnsucht nach Erlösung zu erfüllen. Unter der Oberfläche der Zivilisation gärt noch eine blinde, gewalttätige Wirklichkeit, die das „Unechte" dieses Lebens mit einem Schlag zerstören kann, wie der apokalyptische Reitknecht und seine unirdischen Pferde.

Der Landarzt verläßt eben diese Welt des Scheins, er erkennt die „Wunde", die von seiner „zarten chirurgischen Hand" nicht geheilt werden kann, findet aber weder eine „neue" Welt noch in die alte zurück. Die messianische Bedeutung, die den „unirdischen Pferden" im Buch *Sacharja*[38] zukommt, die zerstreuten Kinder Israels nach Jerusalem zurückzubringen, hat sich nicht erfüllt; stattdessen führen sie ihn in ein endloses Exil:

Nackt, dem Froste dieses unglückseligen Zeitalters ausgesetzt, mit irdischem Wagen, unirdischen Pferden, treibe ich mich alter Mann umher.[39]

Vielleicht ist aber dieses Exil die erste Stufe der Erlösung. In den Aphorismen bedeutet die Bejahung der Erkenntnis für den Einzelnen die Wiederholung des „messianischen" Lebenswegs; der Begriff der *imitatio Christi* enthält für Kafka eine Grundwahrheit des religiösen Lebens; er sieht sogar den Entschluß Moses, die Gegenwart Gottes zu verlassen und zu seinem Volk zurückzukehren, als Vor-Bild dieses Erlösungsweges.[40] Im jetzigen „unglückseligsten" Zeitalter führt dieser Weg aber nicht zur allgemeinen Erlösung, nur der Einzelne kann ihn beschreiten, und das Ziel liegt in fernster Ferne, im „Jenseits".

Das „Fehlläuten der Nachtglocke" ist also nicht nur Betrug: es konfrontiert den Landarzt mit einer tieferen Realität, läßt ihn aber in einem Niemandsland des Exils zurück. Die messianische Verheißung der nächtlichen Reise erfüllt sich nicht, sie markiert aber den Anfang eines neuen Weges, dessen Ende vorläufig unerreichbar erscheinen muß. Vielleicht versinnbildlicht die Nachtglocke selbst die „finstere Zeit", in der der Landarzt – auch er ein *Amhoretz* – leben muß, und in der der Stern der Erlösung noch nicht aufgegangen ist?

Das „Ding Odradek"

sieht zunächst aus wie eine flache sternartige Zwirnspule, und tatsächlich scheint es auch mit Zwirn bezogen; allerdings dürften es nur abgerissene, alte, aneinandergeknotete, aber auch ineinanderverfilzte Zwirnstücke von verschiedenster Art und Farbe sein. Es ist aber nicht nur eine Spule, sondern aus der Mitte des Sternes kommt ein kleines Querstäbchen hervor und an dieses Stäbchen fügt sich dann im rechten Winkel noch eines. Mit Hilfe dieses letzteren Stäbchens auf der einen Seite, und einer der Ausstrahlungen des Sternes auf der anderen Seite, kann das Ganze wie auf zwei Beinen aufrecht stehen.[41]

Scheint Walter Höllerers Interpretation des „Abrätchens" Odradek[42] als Sinnbild für Kafkas literarisches Werk überzeugend, so bietet dieses Sinnbild uns auch einige Erkenntnisse über die Situation des Autors, der ihm das zweifelhafte Leben gab. Die „sternartige Zwirnspule" und die kreuzartigen Querstäbchen, aus denen es besteht, und die, durch „abgerissene, alte [. . .] Zwirnstücke" zusammengehalten, ihm das Stehen ermöglichen, kann man als symbolische Darstellung der theologischen Position Kafkas verstehen. Der Davidstern des Judentums und das Kreuz des Christentums[43] werden durch die „Zwirnstücke" der philosophischen und theologischen Lektüre Kafkas in einer scheinbar sinnlosen „Synthese" verbunden, die weder Tätigkeit noch Ziel kennt; die Möglichkeit, daß sie den Erzähler überleben soll, ist „eine fast schmerzliche". Kafkas „Theologie", die in ähnlicher Weise eine letzte Synthese der jüdischen und christlichen Religiosität versucht, erschien ihm im Kontext der europäischen Zivilisation seiner Zeit genauso „sinnlos" und isoliert, wenn er sich in lichteren Augenblicken manchmal auch als „Anfang" versteht, als Erfinder „einer neuen Geheimlehre, einer Kabbala".[44] Solche Augenblicke sind aber selten; diese seltsame „Kreuzung" scheint ihm eher zum Untergang bestimmt, wie das seltsame Tier, das er in dem Gleichnis beschreibt, das diesen Begriff als Titel führt, *Eine Kreuzung*.

Baruch Kurzweil[45] identifiziert dieses „Erbstück aus meines Vaters Besitz" überzeugend mit dem Judentum, das Kafka von seinem Vater erbte. Das „Lammhafte" bezieht sich wohl auf die Passivität und Unterwürfigkeit des früheren Judentums, „wie das Lamm unter den Wölfen" der Diaspora; neuerdings ist aber das Tier von einer neuen „Wildheit" befallen worden, die sich zur „Katze" hin entwickelt, zum gezähmten Raubtier. „Vor Katzen flieht es, Lämmer will es anfallen [. . .] Miauen kann es nicht und vor Ratten hat es Abscheu. Neben dem Hühnerstall kann es stundenlang auf der Lauer liegen, doch hat es noch niemals eine Mordgelegenheit ausgenutzt."[46] Damit ist Kafka ein boshaftes Bild für das „Westjüdische" gelungen, das er an sich selbst und anderen gegeißelt hat. Die Westjuden haben zwar das „Lamm-Dasein" des Gettos hinter sich gelassen und inzwischen an Aggressivität und Selbstbewußtsein gewonnen, sie haben aber noch Angst vor den *gojim* und ekeln sich vor der „Unreinheit" ihrer Sitten. Sie werden weder von den „Katzen" (den Wirtsvölkern) noch von den „Lämmern" (den Ostjuden) akzeptiert. Diese Kreuzung ist die eigentümliche Schöpfung der Westjuden („Es hält zur Familie, die es aufgezogen hat"), scheint aber wie das Maultier unfähig, sich fortzupflanzen. Die Schlußworte des Erzählers geben wenig Hoffnung für die Zukunft:

Vielleicht wäre für dieses Tier das Messer des Fleischers eine Erlösung, die muß ich ihm aber als einem Erbstück versagen. Es muß deshalb warten, bis ihm der Atem von selbst ausgeht, wenn es mich manchmal auch wie aus verständigen Menschenaugen ansieht, die zu verständigem Tun auffordern.[47]

Wie Odradek scheint die Kreuzung ohne Sinn und Ziel, also ohne eigentliches Existenzrecht: die Erlösung durch „das Messer des Fleischers“ erinnert an das Ende Josef Ks., dem es genauso wenig gelingt, sich zwischen den Welten des Gerichts und des „Geschäfts“ zu behaupten. Vielleicht wäre die Selbstzerstörung tatsächlich eine Erlösung, aber so wie Kafka in den Aphorismen den Selbstmord als vorzeitigen Abbruch einer verordneten Strafe verurteilt,[48] so schließt auch die Pietät, die man einem „Erbstück“ schuldet, diese Möglichkeit aus. Inzwischen teilt das Tier die Stimmungen seines Herrn, scheint sogar eine wichtige Botschaft übermitteln zu wollen. Seine Haltung dabei erinnert an den sterbenden Hungerkünstler, der dem Aufseher seine „letzte Wahrheit“ bekennt, aber diese Botschaft bleibt unverständlich, wie die kaiserliche Botschaft kommt sie nie an. Auch in dieser entarteten Form enthält das Judentum vielleicht noch den Schlüssel zur Rettung, er ist aber nicht mehr zugänglich.

Daß das Tier auch noch „Menschenehrgeiz“ zu zeigen scheint, läßt sich im Zusammenhang unserer Untersuchung eher negativ deuten. Den Verdruß seines Herrn über das sinnlose Leben in der Geschäftswelt – auch anderswo bei Kafka Chiffre für das „Westliche“ – empfindet es unter eigenen Tränen nach; wenn es ihn „wie aus verständigen Menschenaugen ansieht, die zu verständigem Tun auffordern“, so scheint es von ihm einen Aktivismus zu fordern, den Kafka schon mit dem wiederholten Appell an den Verstand abqualifiziert. Solchen „eingreifenden“ Lösungen stand er sein Leben lang skeptisch gegenüber, wie auch die bittere Ironie des nachfolgenden Fragments im zweiten Oktavheft bezeugt:

> Ein kleiner Junge hatte als einziges Erbstück nach seinem Vater eine Katze und ist durch sie Bürgermeister von London geworden. Was werde ich durch mein Tier werden, mein Erbstück? Wo dehnt sich die riesige Stadt?[49]

Anders als Dick Whittington darf Kafka nicht erwarten, daß er durch sein groteskes Tier Bürger, geschweige denn Bürgermeister eines neuen Jerusalems wird. Er bleibt „weder Katze noch Lamm“, traurigste Stimme einer deutsch-jüdischen „Symbiose“, die seine tief pessimistische Prognose mit einer systematischen Brutalität verwirklicht hat, die vielleicht kein anderer als der Verfasser der *Strafkolonie* hätte voraussehen können.

Deutsche Übersetzung von John Milfull

Anmerkungen

1 Franz Kafka: Briefe an Milena. Frankfurt/M.: Fischer 1965, S. 247.
2 Kafka: Brief 1902-1924. Frankfurt/M.: Fischer 1966, S. 337.
3 Ebd., S. 338.

4 Kafka: Tagebücher 1910-1923. Frankfurt/M.: Fischer 1967, S. 82-83.
5 Kafka: Hochzeitsvorbereitungen auf dem Lande. Frankfurt/M.: Fischer 1966, S. 203.
6 Kafka: Brief an den Vater. Frankfurt/M.: Fischer 1966, S. 197.
7 Hebräisch *am-ha'aretz*; Kafka gebraucht das Wort in der jiddischen Form (vgl. Tagebücher, S. 127). Zur Bedeutung vgl. Heinz Politzer: Franz Kafka, der Künstler. Frankfurt/M.: Fischer 1965, S. 259.
8 Tagebücher, S. 394.
9 Briefe, S. 237.
10 Isidore Epstein (Hrsg.): The Babylonian Talmud. Seder Nezikin, Baba Bathra I, London: Soucino 1935, S. 233.
11 Zit. bei Walter Laqueur: A History of Zionism. London 1972, S. 17.
12 Robert Kauf: Once Again: Kafka's „A Report to an Academy". In: Modern Language Quarterly XV (1954), S. 359-365.
13 Kafka: Sämtliche Erzählungen. Frankfurt/M. 1967, S. 150.
14 Ebd., S. 149-150.
15 Hochzeitsvorbereitungen, S. 42.
16 Kauf (Anm. 12) S. 361.
17 Hochzeitsvorbereitungen, S. 40, Nr. 13.
18 Erzählungen, S. 148.
19 Vgl. Frederick Robert Tennant: The Sources of the Doctrines of the Fall and Original Sin. New York 1968, Kap. VII, XI.
20 Kauf (Anm. 12) S. 365.
21 Vgl. Tagebücher, S. 333: Ost- und Westjuden, ein Abend. Die Verachtung der Ostjuden für die hiesigen Juden. Die Berechtigung dieser Verachtung. Wie die Ostjuden den Grund dieser Verachtung kennen, die Westjuden aber nicht.
22 Vgl. Jens Tismar: Kafkas „Schakale und Araber" im zionistischen Kontext betrachtet. In: Jahrbuch der deutschen Schillergesellschaft XIX (1975), S. 306-323.
23 3 Mose 11,4.
24 Vgl. Evelyn Torton Beck: Kafka and the Yiddish Theater. Madison: The University of Wisconsin Press 1971, S. 180.
25 Tagebücher, S. 376.
26 William C. Rubenstein: Kafka's „Jackals and Arabs". In: Monatshefte LIX (1967), S. 14.
27 Vgl. Alex Bein: Theodor Herzl. A Biography. Philadelphia: Jewish Publication Society 1945, S. 13-14.
28 Vgl. Helen Milfull: The Theological Position of Franz Kafka's Aphorismus. In: Seminar XVIII (1982), S. 173.
29 Hochzeitsvorbereitungen, S. 40.
30 Erzählungen, S. 134.
31 Ebd., S. 171.
32 Hervorhebung von mir.
33 Vgl. H. Milfull (Anm. 28) S. 171-172.
34 Erzählungen, S. 127.
35 Vgl. Hermann Salinger: More Light on Kafka's „Landarzt". In: Monatshefte LIII (1961), S. 102.
36 Vgl. auch Robert Kauf: 'Verantwortung': The Theme of Kafka's „Landarzt" cycle. In: Modern Language Quarterly XXXIII (1972), S. 426.

37 Hochzeitsvorbereitungen, S. 121.
38 Sacharja 6, 2ff.
39 Erzählungen, S. 128.
40 Hochzeitsvorbereitungen, S. 84-85, 88-89.
41 Erzählungen, S. 139.
42 Walter Höllerer: Das verfitzte Ding Odradek. In: Die Zeit, 11.3.1966, S. 24. Zur „Übersetzung" des Namens Odradek vgl. Wilhelm Emrich: Franz Kafka. Frankfurt/M.: Athenäum [4]1965, S. 93.
43 Vgl. Kurt Weinberg: Kafkas Dichtungen. Die Travestien des Mythos. Bern/München: Francke 1963, S. 119-120.
44 Tagebücher, S. 398.
45 Baruch Benedikt Kurzweil: Franz Kafka – jüdische Existenz ohne Glauben. In: Die Neue Rundschau LXXVII (1966), S. 418-436.
46 Erzählungen, S. 302.
47 Ebd., S. 303.
48 Hochzeitsvorbereitungen, S. 104.
49 Ebd., S. 65.

Margarita Pazi

Max Brod – von *Schloß Nornepygge* zu *Galilei in Gefangenschaft*

Max Brod wurde 1884 in Prag geboren, in der Stadt an der Moldau, in der im Laufe der Jahrhunderte viele große Konflikte, vielleicht die entscheidenden Konflikte Europas, ihren Anfang genommen hatten. Konflikte, in denen es um religiöse und moralische Freiheit ging und die zu großen Kriegen führten, die fürchterliches Leid, aber nie eine wirkliche Lösung der Probleme brachten. Den Menschen, die in dieser Stadt beheimatet waren, wurde die düstere, mit den Problemen und Kämpfen durchdrungene Atmosphäre schicksals- und charakterbestimmend; sie klingt in der Musik der großen tschechischen Komponisten mit, aus ihr kommt zum Teil der ethische Ernst der Erzieher und Philosophen, die in der Stadt lebten und wirkten, und sie schärfte die Wachsamkeit der Politiker, erhöhte aber auch ihre Aggressivität, und am deutlichsten prägte sie die Dichter Prags. Hier befruchteten und bekämpften einander tschechische und deutsche, protestantische, katholische und jüdische Elemente, und trugen dazu bei, daß auch lange nachdem ihre Vorrangstellung als Residenzstadt zweier Kaiser des Heiligen Römischen Reiches Deutscher Nation nur noch eine stolze Erinnerung war, die Stadt Prag eine geistige und kulturelle Metropole blieb.

Bei den jüdischen Bürgern der Stadt schwangen freilich auch noch andere Erinnerungen mit: die Juden hatten in der Geschichte der Stadt stets eine bedeutende Rolle gespielt, und der erste Bericht, in dem Buch der *Straßen und Länder*, über den „aus Steinen erbauten festen Platz, Braga genannt und an dem Flusse Muldawa liegend", stammt aus dem Reisejournal des Juden Ibrahim Ibn Jacub, der als Mitglied einer arabischen Gesandtschaft die Länder der Slawen bereiste. Bis 1754 war die jüdische Gemeinde Prag, mit 10.000 Juden, eine der größten, zeitweilig die größte Judengemeinde Europas, doch der Aufstieg der jüdischen Gemeinden in den großen Städten des Westens Europas benahm Prag diese Stellung, wenn auch die 'Erleichterungen' nach 1848 – die Aufhebung der Heiratsbeschränkungen und größere Berufsfreiheit – wie auch der Zufluß aus den kleinen Städten und aus den Dörfern Böhmens es mit sich brachte, daß die jüdische Bevölkerung Prags zwischen 1869 und 1910 fast auf das Doppelte anstieg.[1]

Wenn von dem 'Prager Kreis' gesprochen wird, denkt man selten daran, daß kaum drei Jahrzehnte zwischen den Geburtsdaten dieser Autoren und der Auflösung des Prager Gettos liegen! Die Frage nach ihrer Verwurzelung in der tschechischen oder deutschen Kultur der Stadt Prag sollte nicht ohne Einbezug dieses topographischen, sozialen und historischen Umstandes aufgeworfen werden, und auch die so oft betonte Tendenz der Prager Juden zum Deutschtum ist nicht einfach als 'angeborene' Liebe zur deutschen Kultur zu erfassen und auch nicht als bloße berechnende Entscheidung für den nationalen und kulturellen Teil der Bevölkerung, der größere gesellschaftliche und wirtschaftliche Möglichkeiten bot, sondern als logische Reaktion auf die den Juden gegenüber eingenommene Haltung der Tschechen und Deutschen in den entscheidenden Jahren: die deutschen Liberalen begrüßten die jüdische Unterstützung, die sie angesichts der tschechischen nationalen Bewegung sehr nötig hatten, während kurz nach 1860 die Alt-Tschechen mit der konservativen Aristokratie und der katholischen Hierarchie einer wirtschaftlichen und ideologischen Linie folgten, die keinesfalls judenfreundlich war, und die Jung-Tschechen die Juden offen – auch weil sie als 'deutschfreundlich' galten – ablehnten.[2]

Max Brods väterliche Vorfahren hatten in den vorhergehenden 300 Jahren das Schicksal und die kulturelle-wirtschaftliche Entwicklung der Juden Prags geteilt; der sozialen Stellung und der sprachlich-kulturellen Einstellung der Eltern entsprechend besuchte er die Prager Piaristen Volksschule und später das Stefangymnasium. Der 'vulkanischen' Energie seiner Mutter, die sich mit dem Bescheid der Ärzte, daß die bei dem Kind in frühester Jugend festgestellte Kyphose unheilbar sei, nicht zufrieden gab und nichts unversucht ließ, um eine Heilungsmöglichkeit zu finden, verdankte es Brod, von dem körperlichen Gebrechen weitgehend geheilt zu werden; daß er auch keinen seelischen Schaden davontrug, ist seiner lebensbejahenden, optimistischen Grundhaltung zuzuschreiben.[3]

Im Herbst 1902 inskribierte Brod an der deutschen Universität Prags, wo er auch 1907 promovierte. Die Wahl des juristischen Studiums war nicht durch Vorliebe oder Interesse bestimmt gewesen, sondern weil es als Studium die größte Anzahl von Berufsmöglichkeiten versprach und unter Umständen einen 'Brotberuf mit halber Frequenz' ermöglichte, der genügend Freizeit für seine vielseitigen Interessen ließ.

Über den berühmten Freundschaften Brods gerät oft der erste, „intimste" Freund, Max Bäumel, in Vergessenheit; die „rückhaltslose Liebe" dieses Freundes, von dem Brod oft und liebevoll sprach und schrieb und dessen Tod 1908 er trotz der damals schon bestehenden Freundschaft mit Kafka und Weltsch nur sehr schwer überwinden konnte, muß in Brods Kinderjahren das Erlebnis gewesen sein, auf dem seine selbstbewußte Sicherheit gründete. Bäumel stellte auch die erste Verbindung mit dem blinden Musiker und Dichter Oskar Baum her. Brod hat in seinen autobiographischen Aufzeichnungen seine Freundschaften ausführlich beschrieben, im besonderen die innerhalb des 'engeren Prager Kreises', der von Baum, Brod, Kafka und Felix Weltsch geformt wurde. Mit Felix Weltsch bestand eine Kinder- und Schulfreundschaft, die nur während der Gymnasiumjahre unterbrochen wurde, da Weltsch, wie Kafka, das Altstädter Gymnasium besuchte.

Als Jusstudent im ersten Jahrgang der Hochschule traf ich wieder mit Felix zusammen; die alte Freundschaft lebte bald auf, [. . .]" schreibt Brod, „Mit Kafka kam ich (1902) in der 'Lese- und Redehalle der deutschen Studenten' zusammen, als er 19 Jahre, ich 18 Jahre alt war. [. . .] Ich machte meine beiden Freunde miteinander bekannt. Das Triumvirat Kafka, Weltsch, Brod wurde geschlossen. Es beruhte auf äußerster Wahrhaftigkeit der drei gegeneinander [. . .]. Ein wenig anders stand es mit dem vierten der Freunde, mit Oskar Baum. [. . .] Wir liebten ihn, weil er so tapfer und männlich den Schwierigkeiten seines Lebens die Stirn bot. Und wir halfen ihm, weil er trotz seiner besonderen Tapferkeit und Resolutheit Hilfe brauchte.[4]

Die Beziehung Brod – Kafka, die gegenseitige Liebe und Bewunderung, denn Kafka schätzte Brods Dichtung nicht weniger hoch ein als Brod Kafkas, wurde so oft und so ausführlich beschrieben, daß hier darauf nicht näher eingegangen werden muß.[5] Weniger bekannt hingegen ist die für Brod so bedeutsame, über sechs Jahrzehnte währende Freundschaft mit Felix Weltsch, die besonders in den düsteren Jahren nach 1940 für beide ein steter Born der Stärkung war. In den Jugendjahren oblag Weltsch, wie Brod berichtet, eine besonders wichtige Aufgabe in dem Kreis der Freunde: „Er formte in strengen Gedankenketten das, was uns Bild-Trunkene in unseren Wachträumen bewegte",[6] und in diesen Jahren nahmen bereits die nie abgeschlossenen Debatten über die Frage der freien Willensentscheidung ihren Anfang. Wie Brod schreibt, machte sich

> die Folge der Wahrheitserkenntnis, die Kafka und ich, indirekt auch Baum, aus dem Umgang mit Weltsch gewannen, [. . .] in unserem Leben allenthalben segensreich geltend. [. . .] Bei mir führten die Debatten mit Weltsch [. . .] zum Durchbruch in die Freiheit.[7]

Doch bis dahin hatte Brod einen langen und oft mühsamen Weg zurückzulegen. Brod spricht oft von diesem Weg der 'Wandlungen', von der nie ganz beseitigten 'Zweigleisigkeit' seines Wesens und Denkens. Wenn man jedoch heute mit objektivierender Distanz an die Beurteilung von Brods Leben und Wirken herangeht, kann man nicht umhin, diese von Freunden und Biographen[8] weitgehend übernommene Ansicht in Frage zu stellen. Das einzelne Werk, das Darstellungsprinzip einer Epoche seines literarischen Schaffens sogar, mögen den Schluß gestatten, daß die Dualistik oder Triplizität seiner ideologischen Beweisführung ein Niederschlag der Polarität sei, das Produkt eines Geistes, dem das ambivalente Nebeneinander der Konzeptionen eigen ist. Jedoch widerlegt das Gesamtwerk Brods diese Annahme; seine Kompromißlosigkeit tritt hervor und seine Polarität enthüllt sich als eigengesetzliches dialektisches System der Gedankenklärung, eine unumgängliche Vorstufe der Einheit, die wie jedes Ganze letzten Endes aus Teilen bestehen muß.

An zwei Werken, die jeweils den Abschluß einer Erkenntnisentwicklung markieren, läßt sich dieses Denkprinzip Brods sehr deutlich verfolgen: an dem Roman *Schloß Nornepygge*, 1908, einem seiner wichtigsten Werke, das noch völlig zu der Periode des 'Indifferentismus' gehört und doch die Abkehr von dieser Geisteshaltung dokumentiert, und, vierzig Jahre später, der große historische Roman *Galilei in Gefangenschaft*, 1948, die Summe der zögernden Erkenntnis, daß das Wissen von dem Bösen neben dem Glauben an das 'trotzdem' wirksame ethische Postulat im Menschen bestehen kann. Es ist nicht das „Prinzip Hoffnung", es ist klarer und eindeutiger in Brods Gedankenvorstellung, und der Durchbruch hierzu wird in dem historischen Roman von 1948 literarisch verdeutlicht.

Am 24. Oktober 1911 schrieb Kurt Tucholsky, der in diesem Jahr Brod kennen gelernt hatte und in seinen folgenden Briefen an Brod häufig seiner Bewunderung und Zustimmung zu Brods Veröffentlichungen Ausdruck gibt, an Brod: „. . . Überrascht hat mich, daß Sie *Tod den Toten* mit 18 Jahren geschrieben haben!

Ich habe immer an diesem Buch die unerhörte Schärfe des Denkens bewundert, wie da eine Sache bis zum Letzten durchgedacht ist, und 18 Jahre! . . .“[9] Die in dem Band *Tod den Toten* enthaltenen elf Novellen (Berlin 1906), sind das Resultat einer jahrelangen – seit 1900, wie Brod in seiner Autobiographie genau feststellt – Fixation auf Schopenhauer. „Ich las *jahrelang* nichts als Schopenhauer und die von ihm empfohlenen Autoren: Calderon, Cervantes, Goethe, Lord Byron, buddhistische Schriften. Ich war der typische 'lector unius libri'.“[10] An erster Stelle stand bereits damals für Brod die Frage nach der Freiheit des menschlichen Willens, und gegen die Beweisführung Schopenhauers, daß der Wille 'nezessiert' werde, wußte der Sechzehnjährige nichts einzuwenden; diese „Waffenstreckung der Ethik“ wurde ihm zum 'Indifferentismus', der von der Unfreiheit des Willens abgeleitete „müde Fatalismus ohne Möglichkeit ethischer Wertungen“.[11] Da die moralische Verantwortlichkeit des Menschen durch die Negierung der Freiheit jedes menschlichen Handelns aufgehoben ist, ist auch alles gleichgültig, gleichwertig; der Mensch, dem Kausalgesetz unentrinnbar unterworfen, tut stets nur was er will und tut es doch notwendig: Quid fit, necessario fit. So trägt die Novellensammlung des 'Indifferentismus' das Motto „Nil Admirari“ und an Stelle des 'Finis' auf dem letzten Blatt steht „Omnis Admirari“.

Zur vollen Entfaltung kam die Weltanschauung des 'Indifferentismus' in *Schloß Nornepygge*, dem Roman – „geschrieben 1903-1908 und gewidmet dem Andenken meines innigen Freundes und Mitarbeiters Max Bäumel“, wie die Inschrift lautet –, „den wir inbrünstig und hoffnungslos ersehnten“, wie Kurt Hiller schrieb, und den Felix Weltsch als „die dunkle Form“ des 'Indifferentismus' charakterisierte.[12] Das Thema des Buches ist nicht das Schloß, sondern der Schloßherr, Walder Nornepygge; er sucht Befriedigung und Antwort auf seine Fragen nach der Dekadenz, die in dem „Club der Differenzierten“ verkörpert wird, und strebt danach, nach ihrem Motto „Nichts was selbstverständlich ist, soll getan werden“ (S. 81) zu leben. Er versucht ohne Gefühl zu leben und leidet gleichzeitig unter dieser Gefühllosigkeit, die seinem Wesen entspringt. Er gerät in eine absolute Ambivalenz, die durch seine Vereinsamung – die des Intellektuellen – noch trostloser wird. Er will in den verschiedenen Lebensformen den Sinn des Daseins finden und kann in keiner der Lebensrollen, von bürgerlicher Ehemann bis Freiheitsheld, seine Bestimmung finden. Er ist nichts, er hat keinen Charakter: „Mein Charakter ist Charakterlosigkeit“ (S. 469). Er erkennt, daß er ein „Monstrum“, „der moderne Mensch“, „der hypertrophierte Intellekt“, ist (S. 468-473) und daß ihn die Determiniertheit des menschlichen Handelns doch nicht von der sittlichen Verantwortung freispricht. Da Brod hier den süchtigen Drang zur Krankheit, der dem 'kleinen Lo' die ästhetische 'Allseitigkeit' gestattete, bereits verwirft, ist Walder die Ablehnung der Verantwortung für das Geschehen nicht mehr möglich; Walder, ein 'Gesunder', geht „an der Überfülle“ zugrunde (S. 505). Sein Gegenpart ist Oironet, wie Brod hier Don Juan Tenorio, den lebenstüchtigen Kämpfer aus Mozarts Oper „Don Giovanni“ in symbolischer Umkehrung des Namens nennt; er bringt Walder zur Politik. Aber Walder muß erkennen, daß dieser letzte Versuch zu handeln sinnlos ist, denn jedes Handelns ist ein Denkfehler. Er hat die endgültige Antwort gefunden, die ihm keine andere Wahl als die der absoluten Selbstverneinung, des Selbstmords, läßt. Aber auch diese Entscheidung kommt zu spät: in zynischer Mißachtung der Absicht Walders läßt Oironet das Signal zum Aufstand geben und den bereits toten Walder als Symbol der Revolution ausrufen, „und Tausende hoben ihre Waffen [. . .], jubelten vor Kampflust [. . .] der Leiche zu" (S. 510).

Kaum ein Jahr später lehnte Brod bereits alles in der Indifferentismus-Epoche Geschriebene ab,[13] in anderen Kreisen jedoch, besonders in denen der jungen Literaten Berlins, sah man in dem Roman zunächst die erwartete Formulierung des Zeitgefühls; Kurt Hiller, Ludwig Rubiner, Franz Pfemfert begrüßten den Roman als Meisterwerk des Expressionismus.

Die Rolle Brods innerhalb des 'Prager Kreises' ist in ihrer Bedeutung oft gewürdigt worden, weit weniger bekannt ist der Impakt, den Brod außerhalb dieses Kreises, in anderen literarischen Zusammenschlüssen bereits zuvor ausgeübt hatte. Besonders erwähnt muß in diesem Zusammenhang der „Neue Club" werden, der von einer Gruppe von ursprünglich sieben Sezessionisten der Freien Wissenschaftlichen Vereinigung, unter der Führung von Kurt Hiller, im März 1909 gegründet wurde. Hillers 'Sensationismus' basierte weitgehend auf den Ideen, die Max Brod in den oben erwähnten Schriften entwickelt hatte, und für Hiller und seine Freunde war, wie er zurückblickend 1969 schrieb, der Roman *Schloß Nornepygge* die Bibel.[14] Bei den Veranstaltungen des 'Neuen Clubs' war Brod natürlich ein geschätzter Gast, und die von Hiller anläßlich eines Max Brod-Abends vom 3. März 1910 proklamierten Lobeshymnen klangen entsprechend und wurden in der „Bohemia" scharf kritisiert; nicht nur Hillers Bemerkungen über den zu einem – negativen – Vergleich herangezogenen Gottfried Keller wurden gerügt, „noch ärger aber war die Unreife des [. . .] Redners, als er gestand, daß ihm nach der ersten Lektüre von Brods *Nornepygge* 'Shakespeare, der Gigant, als Lokalreporter' erschienen sei".[15] Ab Juni 1910 veranstaltete der Neue Club, dessen Mitglieder zunehmend mit den Berliner Zeitschriften „Der Demokrat" und „Der Sturm" Kontakt bekamen, das „Neopathetische Cabaret". Die Rede Hillers bei der Eröffnung des ersten dieser Cabarets, am 1. Juni 1910, erklärt die Rezeption des Brodschen Romans, die sich nicht nur auf diesen Kreis beschränkte und – wenn auch nicht im Sinne des Autors – nicht ungerechtfertigt war:

> Dies ist das Kennzeichen einer höher gestimmten Lebendigkeit und des neuen Pathos: das alleweil lodernde Erfülltsein von unserm geliebten Ideelichen, vom Willen zur Erkenntnis und zur Kunst und zu den sehr wundersamen Köstlichkeiten dazwischen.[16]

Auch die Überschwenglichkeit des Stils in Brods Roman, die Häufung der Merkmale des Früh-Expressionismus – Aggressivität gegen das Bürgerliche, Überlegenheit den 'Philistern' gegenüber, das daraus entstehende Gefühl des Ausgestoßenseins, Haß gegen den eigenen Intellekt u.a. –, ließen Hiller den Roman und seinen 'Helden' im Sinne des Expressionismus deuten, in Walder „ein Exemplar des ehrenwertesten Typus Mensch: des moralisch gesonnenen Skeptikers, einen Odysseus der Seele" erblicken und den Selbstmord Walders als den „einzigen Akt eindeutigen Sichentschließens"[17] verstehen. Während also Hiller und gemeinsam mit ihm andere Schriftsteller und Kritiker in Walder die Idealgestalt des expressionistischen Menschen und in seinem Autor den expressionistischen Dichter sahen, hatte dieser selbst sein Werk als „unnaturalistisches Gefühls- und Gedankengebilde" bereits abgelehnt.[18] Wie Brod 1918 erklärte, hatte er sich in der Person des Walder „selbst aus der Welt geschafft . . . ich mußte von vorn anfangen, ganz neu".[19]

Brod hatte sich in *Schloß Nornepygge* seine Sturm- und Drangzeit von der Seele geschrieben und wenn er auch den Roman stets, noch 1968 in persönlichen Gesprächen entschieden ablehnte, trägt dieses Buch nichtsdestoweniger den Stempel der Einheit und der Kraft. Dies mag auch Franz Kafka empfunden haben, als er am 6.8.1908 über das Buch an Brod schrieb: „Was für ein Lärm, ein wie beherrschter Lärm."; die Kompromißlosigkeit der Anschauungen, die Brod später widerrief, gab dem Roman das Geschlossene, die Überzeugungskraft, die sich auch in dem kleinen Roman abzeichnet, in dem Brod selbst einen Wendepunkt zu sehen glaubte, in *Ein tschechisches Dienstmädchen*, 1907. William, der dumpfe Indifferente – im wesentlichen ein Doppelgänger Walders –, wird aus der Stumpfheit seines Vegetierens, aus der symbolischen Blindheit seines indifferenten Daseins, durch seine Liebe zu dem tschechischen Dienstmädchen erweckt, emporgerissen, nur um mit ihrem Tod „die Blendlaterne", die ihm die Wirklichkeit bemerkenswert gemacht hatte, zu verlieren; er versinkt in seine nur für kurze Zeit durch die Liebe unterbrochene Öde des Daseins. Die Wirkung des Romans ging weit über die Grenzen des Literarischen hinaus; gleichermaßen ungerechtfertigt glaubten Tschechen, Deutsche und Juden in der Erzählung Anhaltspunkte für Beleidigungen und Angriffe zu sehen, wiewohl Brod mit angestrengter Bemühung alle politischen, konfessionellen und sozialen Fragen umgeht und die Reaktionen und Gefühle der Handlungsträger ohne jede Verbindung zu ihrer gesellschaftlichen Stellung oder nationalen Zugehörigkeit beschreibt. Stefan Zweig hatte zu Recht darauf hingewiesen, daß Brod hier mit „merkwürdiger Feinhörigkeit" die zarten Liebesgefühle zweier Menschen erfaßt und ohne jedes Pathos wiedergibt.[20] Eindringlicher noch kommt diese zarte Gefühls- und Liebesfähigkeit in dem Drama *Die Höhe des Gefühls* zum Ausdruck, das 1909/10 entstanden ist; aus diesem Werk las Brod am 19. November 1910 bei einem 'öffentlichen Abend' des Neuen Clubs vor, bei dem er auch Gedichte aus dem 1907 erschienenen Lyrikband rezitierte. Eine Besprechung in der „Berliner Morgenpost" brachte eine im ganzen wohlwollende Kritik, die mit der Hoffnung beendet wird

> Max Brod hat viel Eigenes zu sagen, hoffentlich gibt er es wieder einmal in einem Buche, das so tiefsinnig und zugleich so amüsant ist wie sein kleines Meisterwerk *Ein tschechisches Dienstmädchen.*

Und eine weitere Besprechung des Abends lobte den „stille(n) Impressionismus, der auch den Erzählungen Brods ihren Reiz verleiht". Eine besonders einfühlende und für die Dichterin selbst typische Besprechung dieses Abends stammt von Else Lasker-Schüler:

Das Volk wird nie nach ihm (Brod) schrein; er sättigt nicht, er ist überhaupt nicht zum essen, man kann höchstens eine seiner Hände streicheln oder seinen Mund küssen – er hat einen schüchternen Kindermund. [. . .] Ich weiß den Namen seines Schauspiels nicht, aus dem er erzählte. Aber immer war es die Liebe, die über seine Lippen kam – mein Herz ging blau auf unter den vielen lauschenden Herzen. Max Brod ist ein Liebesdichter. Auch der andere Aufzug seines Schauspiels war ein Liebesgedicht, ein vielstimmiges, ein streitendes [. . .].[21]

Ohne an Max Brods Worten, der 'Indifferentismus', aus dem der Roman *Schloß Nornepygge* entstammt, sei das direkte Resultat der Schopenhauerschen Einwirkung, zu zweifeln, müssen doch noch weitere Einflüsse berücksichtigt werden. Man wird nicht fehlgehen, in dieser extremen Geisteshaltung auch eine Absetzung vom aktuellen Zeitgeschehen zu sehen, die Auflehnung des jungen Autors gegen eine Umwelt, deren Werte ausschließlich von politischen und nationalen Erwägungen bestimmt werden; das Auffallende dieser Reaktion Brods, die trotzdem einzig von der Warte einer humanistischen Sicht kommt – und daran sollte sich in den kommenden Jahrzehnten auch nichts ändern –, ist das Fehlen jedes Versuches, die politischen und sozialen Zusammenhänge zu meistern.

1944, zum 60. Geburtstag Brods, widmete ihm Hugo Bergmann eine so klare und verständnisvolle Studie, wie sie nur von diesem wegweisenden Freund kommen konnte, der bei Brods Entscheidung zum Zionismus eine dermaßen wichtige Rolle gespielt hatte, und für Hugo Bergmann ist in dem 'Indifferentismus' Brods die „völlige Ausweglosigkeit des westlichen, postassimilierten Judentums" enthüllt.

Dieses Nichts, vor dem die deutschsprechende Judenheit als Kollektiv damals stand, konnte keine bessere Philosophie als Ausdruck ihres Daseins finden als den extremen Glauben an die strenge Notwendigkeit und Vorherbestimmtheit alles Geschehens.[22]

Bergmann versteht den gedanklichen Ausgangspunkt Brods nicht nur als biographisch bedeutsam, sondern erfaßt darin den Reflex der jüdischen Gemeinschaft überhaupt zu diesem Zeitpunkt der Jahrhundertwende; er beurteilt auch die *Jüdinnen*, 1911, und den folgenden 'jüdischen' Roman Brods *Arnold Beer*, 1912, als eine Fortsetzung, einen „Vorteil" der indifferenten Weltanschauung, die Brod gestattet, das Leben zu „bedichten", ohne tatsächliches Engagement. Dem ist nur zum Teil zuzustimmen, denn in den Jahren zwischen *Schloß Nornepygge* und den beiden jüdischen Romanen hatte Brod die Eindrücke empfangen, die für seine ideologische, politische und weltanschauliche Entwicklung von größerem Einfluß waren als selbst die Freundschaft mit Kafka und Weltsch, obwohl der Letztere, der aus seinen Eindrücken die gleichen Konsequenzen zog wie Brod, den Freund in seiner Entwicklung begleitete und bestärkte.

Immer stärker wurde das Bewußtsein der Prager jüdischen Intellektuellen, daß das Judentum, in dem diese Generation nicht mehr als ihre Herkunft zu sehen vermeint hatte, selbst in der liberalen Welt der Künstler eine seelische, wenn auch noch nicht gesellschaftliche, so doch gefühlsmäßige Isoliertheit bedeutete, und parallel hierzu wurde das Wissen zwingender, daß sie in einer ungreifbaren, kaum fühlbaren Weise nicht 'dazu gehörten' und daß der ausschlaggebende Unterschied schon in der bloßen Tatsache, daß sie Juden waren, gegeben war. Vielleicht wurden diese Unterschiedlichkeit des Denkens und Seins, die Nuancen ihrer Reaktionen und Handlungsweise in dieser Atmosphäre, in der nationale Unterschiede gehegt und gepflegt wurden, klarer und früher deutlich als jenseits der Grenzen. Jedenfalls bildeten die „eisernen Fangeisen jüdischen Denkens", die sie zu einer jüdischen Kolonie machten, wie ein Prager nicht-jüdischer deutschsprachiger Dichter, Paul Leppin, es 1913 definierte,[23] doch auch die Grundlage ihrer Erkenntnis, daß ihr Prager Dasein in der bisherigen Form nur ein Provisorium sein konnte – und in dieser Erkenntnis, mehr als in einer gemeinsamen literarischen Einstellung, lag das Verbindende und Gemeinsame des 'Prager Kreises', wie unterschiedlich auch die Auswirkung, die Umsetzung in das literarische Werk der einzelnen Autoren war.[24]

Für Brod führte der Weg aus dieser ideellen und gefühlsmäßigen Ambivalenz zum Judentum – und es war kein leichter Weg, der Brod zum jüdischen Bewußtsein, zum Zionismus, zur Tatgläubigkeit leitete. Er selbst hat darüber und über die drei prinzipiellen Impulse viel geschrieben, und hier können sie nur kurz angeführt werden. Aus Martin Bubers drei Reden über das Judentum, gehalten in Prag 1909/10, im Kreise des jüdischen Studentenvereins Bar-Kochba, dem er nur als 'Gast und Opponent' angehörte,[25] erschloß sich Max Brod die Idee der Tat, die im Mittelpunkt jüdischer Religiosität steht. Dies war der Lichtstrahl, der die Dunkelheit der Schopenhauerschen Einwirkung endgültig durchbrach: der Wille zur Tat als religiöses Postulat, nicht mehr der Wille als blinder Drang, unmotivierter Trieb; es war die große Befreiung, deren Wirkung bis zum Tod Brods anhielt. Der zweite Impuls war die Begegnung mit dem Ostjudentum, in dem Brod zum erstenmal ein Begriff von jüdischem Volkstum übermittelt wurde, in dem der Glaube und die Religion gelebte und erlebte Wirklichkeit war: und der dritte Anstoß waren die ersten, direkten zionistischen Einflüsse, die, symptomatisch für Brod, im wesentlichen aus einem religionsphilosophischen Essay Hugo Bergmanns, *Die Heiligung des Namens*, kamen: Bergmann, etwas abweichend von Buber, macht wohl die 'Verwirklichung Gottes' von dem Menschen abhängig, betont aber,

> daß neben diesem Werdensprozeß der Gottheit – im Menschen – die Realität Gottes festgehalten werden muß. [. . .] Der Kampf der Menschheit auf ihrem Wege ist ein Kampf um die Gotterfülltheit ihres Lebens, um die Offenbarung Gottes in ihr. Das Endliche kämpft um seinen Sinn, um seine Erfüllung mit dem an sich Seienden Unendlichen. Die Freiheit ist entweder Nichts oder sie hat Substanz; um Gott kämpfend, kämpft sie um sich selbst, um ihren Sinn.[26]

Die Darlegungen Bergmanns beantworteten die innersten Fragen und Neigungen Brods: Der Mensch war frei, seine Entscheidung zu treffen, er konnte nicht nur auf sein eigenes Schicksal Einfluß nehmen, er hatte auch Anteil am Schicksal Gottes.

Neben diesen richtungsgebenden, führenden Einwirkungen muß ein anderer starker Antrieb erwähnt werden, der, paradoxerweise, aus der Negation von all diesen neuen Gedankenimpulsen stammte: die Beziehung Brods zu Franz Werfel. Die ursprüngliche Bewunderung für das Genie Werfels und die Förderung Brods, die die literarische Erfolglinie Werfels ermöglichte, war einer zeitweise sehr heftigen und – für Brod jedenfalls – schmerzhaften Enttäuschung gewichen. Ihr Ausgangspunkt war Werfels Kraus-Bewunderung zu einem Zeitpunkt, zu dem Brod mit Kraus bereits verfeindet und den Krausschen Angriffen ausgesetzt war. Aus den persönlichen Meinungsdifferenzen wurden weltanschauliche, die in der Form von Artikeln in den verschiedenen Zeitschriften ausgetragen wurden, vor allem in *Die weißen Blätter* und in *Der Jude*, und auf die hier, trotz ihres allgemeinen Interesses und ihrer Bedeutung für die religiöse und philosophische Erfassung Werfels und Brods, nicht eingegangen werden kann.[27] Die Entfremdung von Werfel war nicht der einzige Verlust, den Brod auf seinem 'neuen' Weg erlitt, eine nicht geringe Anzahl von Bekannten und Freunden machten aus ihrer Enttäuschung über die 'Wandlung zum Judentum' keinen Hehl. Wohl fand Brod in seinem neu erworbenen jüdischen Volksbewußtsein „reichlich Kompensation für den Verlust einiger wertloser Freunde", wie er im September 1968 schrieb,[28] aber mehr als ein halbes Jahrhundert zuvor hatte er die Dinge weniger abgeklärt beurteilt, und die zahlreichen Artikel und literarischen Arbeiten über die verschiedenen Fragen und Probleme, die zwar in der Zeit, aber doch vor allem im Wesen Brods gründen, zeugen von der Reaktion, die sich in einem starken 'Verantwortungsgefühl' des Autors äußerte.[29]

Die Versuche, Brods literarisches Schaffen zu charakterisieren, scheitern an der von Werk zu Werk wechselnden, manchmal sich überschneidenden Form und Stilwahl. Und Brods eigene Definition, er wäre ein realistischer Romantiker, kann im eigentlichen Sinn nur auf den Roman *Ein tschechisches Dienstmädchen* zutreffen. Kurt Pinthus glaubte, Brod letzten Endes doch stets als Ethiker verstehen zu können; fünfzehn Jahre nach Brods Tod und ein halbes Jahrhundert nach dieser Meinungsäußerung Pinthus' ist ihre Gültigkeit außer Zweifel.[30] Sie muß nur unter Einbezug seines Spätwerkes erweitert werden: Brods Ethikbegriff ist keine esoterisch erfaßte Idee, sondern ein auf das Wohl der Menschheit zielendes, den vollen Willenseinsatz erforderndes Postulat, das den zur Tat gewordenen Willen des Menschen voraussetzt und in der Tat stets einen Akt der Liebe sieht.

Brod hat die Möglichkeiten des Menschen, diese Ethikvorstellung zu realisieren, in jedem seiner Bücher – in ihrer verschiedenen Gestaltung und Steigerung – durch sechs Jahrzehnte neu gestaltet, neue Wege gesucht, neue Einsichten gefunden und verworfen. Die Meilensteine auf diesem langen, gewundenen Weg des Suchens sind in die unterschiedlichsten literarischen Formen gekleidet, und in jedem dieser Werke wird das Spannungsverhältnis Vitalität gegen Geist in anderer Form beleuchtet, die Frage aufgeworfen, ob Sein und Werden, Ethos und Eros als Gegensatz oder als Nebeneinander bestehen können, das Forschen nach dem Sinn des Bösen in der Welt, nach der eventuellen Zweckmäßigkeit des Bösen als Teil der kreativen Vitalität neu aufgenommen.

Dies ist nicht nur in den historischen oder kulturphilosophischen Werken, sondern auch in den vordergründig nur als 'Unterhaltungsromane' erscheinenden Büchern der Fall. Aus diesem Problemfeld erwuchs auch der Begriff der „Distanzliebe", den Brod in *Die Frau, die nicht enttäuscht*, 1933, prägte und der in großen Zügen auf der Idee Achad Haams basiert, die geistige Verankerung der Judenheit in Palästina könnte die Distanz zu den Gastvölkern ermöglichen und so der Assimilation vorbeugen; das Eigengesetzliche Brods ist der Höhenflug der Forderung: Liebe anstelle von Achtung oder Anerkennung. Welch weiten Weg Brod seit 1908 zurückgelegt hatte, beweist ein Satz Felix Weltsch' in seiner Besprechung des Romans:

> Distanz halten kann nur, wer selbst auf seinem Platz steht; nur der kann aber dieses Gleichgewicht wahren, der der lockenden fremden nationalen Kultur sein eigenes sicheres, jüdisches Ich entgegensetzen kann.[31]

Ein Menschenalter später, in seinem Erinnerungsbuch *Der Prager Kreis*, 1966, begründet Brod die Forderung nach 'Liebe' in dem Begriff 'Distanzliebe' dahingehend, daß

> der Begriff der Toleranz, so erhaben er an sich ist [. . .] nicht ausreicht, um menschenwürdige Beziehungen zwischen den Varianten der Gattung Mensch (das sind eben die Nationen) zu schaffen. (S. 58)

1921 hatte Brod mit seinem Bekenntnisbuch *Heidentum Christentum Judentum* einer Unzahl von jungen 'indifferenten' jüdischen Zeitgenossen die Möglichkeit einer geistigen Heimat im Judentum vor Augen geführt, aus einer vergessen geglaubten jüdischen historisch-religiösen Vergangenheit den Weg zu einem gelebten jüdischen Volks- und Selbstbewußtsein gewiesen. Max Brods geistesgeschichtliche Bedeutung in dieser Epoche muß in den brückenbauenden religionsphilosophischen Gedanken gesehen werden, mit denen er in diesem zweibändigen Werk die jüdischen Intellektuellen anfeuerte, beinahe vergessenes Gedankengut freizulegen und weiterzuentwickeln.

In diesem Werk, dem ein langer und mühsamer Klärungsprozeß vorangegangen war, entwickelte Brod zum erstenmal seine auf die Korrelation von Willen und Tat bezogenen Begriffsvorstellungen. Zu Beginn des Buches stellt Brod seine These vom edlen und unedlen Unglück auf: Das edle Unglück, das seinen Grund in der Endlichkeit des Menschen hat, ist das unabwendbare Unglück, das zur Struktur des Menschseins gehört. Gegen dieses Unglück vermag die menschliche Macht nichts; das Tun des Menschen ist beschränkt auf das Gebiet des unedlen Unglücks, das menschlichen Ursprungs ist: Krieg, schlechte soziale Verhältnisse, Rassen- und Religionsverfolgungen. Dem unedlen Unglück abzuhelfen, liegt nicht nur in der Macht des Menschen, es ist, darüber hinausgehend, ein Teil seiner Bestimmung. In dieser für das Judentum fruchtbarsten unter den vielen Arbeiten Brods legt er auch seine Erfassung des jüdischen Diesseitsbegriffs dar: wenn ihm das Heidentum die Disseitsfortsetzung und das Christentum die Diesseitsverneinung ist, bedeutet ihm das Judentum das Diesseitswunder – die Überbrückung der Unvereinbarkeit des Zusammengehörigen. Der Mittelpunkt des Judentums ist für Brod das Wunder des verlorenen und wiedergefundenen Diesseits, ein Gedankengang, den er 1939 in seiner Schrift *Das Diesseitswunder* zusammenfassend darlegt. Die Diesseitserfassung, in der Brod den Grundunterschied zwischen den drei geistigen Mächten Heidentum, Christentum und Judentum deutet und von dem auch die jeweilige Stellungnahme zum edlen und unedlen Unglück bestimmt wird, erläutert er sehr eingehend mit einem zu Schopenhauer zurückzukehrenden – und ihn nochmals aus neuer Erkenntnis subjektiv interpretierenden – philosophischen Unterbau in den zwei Bänden *Diesseits und Jenseits*, 1947/48. Und 1968, in seinem letzten Werk *Das Unzerstörbare*, werden die Begriffsvorstellungen, aus denen seine Diesseitserfassung stammt, noch weiter ergänzt und erhellt.

Von der Vorrangstellung des Diesseitsbegriffs in der jüdischen Religion leitet Brod auch das Postulat ab, demzufolge der Mensch auch im Bewußtsein seiner Endlichkeit aus allen Kräften bemüht sein soll, durch das Wirken zum Guten das unedle Unglück zu vermindern. In diesem Wirken, in der guten Tat, aber sind drei Ebenen zu unterscheiden: die erste, die auf den eigenen Vorteil ausgerichtet ist und keine eigentliche Intention auf das Gute hat; die zweite, in der das Gute gewollt ist, und die dritte, in der das Gewollte mit dem pflichtmäßig Erkannten verschmilzt. Auf der zweiten Ebene, in der Pflicht und Natur nicht eins sind, auf der Ebene der 'Wahlfreiheit' also, kann und soll der Mensch zur Behebung des endlichen unedlen Unglücks wirken; in dem Eins-Werden von Pflicht und Natur, in der 'Schaffensfreiheit' der dritten Ebene, die außerhalb der menschlichen Willkür liegt, bedarf der Mensch der Gnade – als Geschenk Gottes (und die Gnade kann im Judentum nur ein individuelles Erlebnis sein).

Der stufenweise Aufstieg auf diesen Ebenen, das Bemühen um diesen Aufstieg, bilden den kulturphilosophischen Hintergrund der historischen Tatsachen in Brods Roman *Galilei in Gefangenschaft*, 1948. Bereits zweimal zuvor hatte Brod mit historischen Romanen die Klärung philosophisch-ideologischer Dilemmata und persönlicher Zweifel angestrebt; er hatte in *Tycho Brahes Weg zu Gott*, 1915, in den Seelenkämpfen des Hofastronomen Tycho den modernen Gottsucher dargestellt, aber auch den zwiespältigen, vor Liebe und Zuniegung zu dem viel nüchterneren und deshalb glücklicheren Kepler überströmenden Menschen – und hatte sich in beiden Fällen selbst dargestellt: die Beziehungen zwischen Tycho und Kepler sind in großem Maße die dichterische Wiedergabe der Beziehungen zwischen Brod und Werfel, und um das persönliche Moment herauszuarbeiten, war Brod stark von der historischen Wirklichkeit abgewichen. Auch das Verantwortungsbewußtsein Tychos, das der Ichbezogenheit Keplers entgegengesetzt wird, führte auf die Divergenz Brod-Werfel zurück, auf die Frage nach 'Selbsterlösung' – 'Welterlösung', die Gegenstand häufiger Debatten zwischen Brod und Werfel war; wie Brod am 26.11. 1913 an Martin Buber schrieb:

> Es ist dies [die soziale Ekstase] ein Punkt, der mich oft in Kontroversen mit unserem Freund Werfel beschäftigt hat: mir scheint sein Streben zu sehr 'Selbsterlösung' und dem stellte ich eben 'Welterlösung' gegenüber.[32]

Wie offensichtlich die Verkörperung des persönlichen Konfliktes hier für die nahen Freunde Brods war, geht aus einer Briefstelle Kafkas an Felice, vom 20.4. 1914 hervor (Brod hatte das Buch „meinem Freund Franz Kafka“ gewidmet): „Tycho Brahe, eines seiner (Brods) persönlichsten Bücher, eine peinigende, selbstquälerische Geschichte geradezu.“[33]

In seinem ersten historischen Roman verlegt Brod den Scheitelpunkt der seelischen Krise seines Helden, der ihm auch zum Triumph der Selbstüberwindung wird, in die 'freie Tat'; in ihr wurzeln der Verzicht Tychos auf Genugtuung und die Befürwortung Keplers. Jahre bevor er dieser 'freien Tat' den philosophischen Unterbau erstellt, die Ebenen der menschlichen Freiheit und Wirkungsmöglichkeit erläutert, ist die dichterische Gedankenvorstellung dieses Zusammenfallens von menschlichem Willen und göttlicher Gnade in Tycho verkörpert. Das Ineinanderaufgehen der äußeren Handlung mit dem inneren Geschehen, die Klarheit des seelischen Aufbaus und die tiefe Notwendigkeit, die das Schicksal Tychos zu einem paradigmatischen Fall des nach Wahrheit strebenden Menschen macht, verlieh dem Roman die literarische Gültigkeit, die er bis heute besitzt.

Die Frage nach der sinnvollen Aufgabe des Menschen in der Welt, die in dem ersten historischen Roman durch die Selbstüberwindung beantwortet scheint, wird ein Jahrzehnt später, in dem wahrscheinlich berühmtesten Roman Brods, dem historischen Roman *Reubeni, Fürst der Juden*, 1925, neu aufgeworfen. Die optimistische Phase, mit der *Tycho Brahe* ausklang, hatte einer ganz anderen Weltschau Platz machen müssen; in *Reubeni* ist die nur wenige Jahre zuvor exemplifizierte Diesseitsbejahung in der jüdischen Religion zu einem Kampf um ein besseres Diesseits – mit allen Mitteln, auch dem der Sünde – umgestaltet. Um diese Betrachtungsweise des Bösen in der Welt, um den Kampf gegen das unedle Unglück zu verdeutlichen, wird in der Fabel des Romans das historische Geschehen weitgehend verändert. Brods Reubeni ist nicht die unklare Gestalt aus der Geschichte der Juden, der falsche Messias, vielleicht ein Abenteurer; Brod läßt keine Zweifel über die Lauterkeit der Beweggründe und Absichten seines Reubeni entstehen. Dem passiven Erdulden des Daseins in der strengen Befolgung der Gesetze stellt Brod die Erkenntnis gegenüber, daß es die Pflicht des Menschen sei, das menschengeschaffene Leid mit allen Mitteln, auch mit dem bösen Trieb, zu bekämpfen. Nicht die Bezwingung des bösen Triebes soll es heißen, sondern Beherrschung; und Reubeni geht den selbstgewählten Weg der Sünde, er tut, wozu er sich berufen fühlt – in der Sicherheit, er könne die Sünde beherrschen. Er ist sich der Größe des Menschseins bewußt und auch der Verantwortung; in der dem Menschen gewährten Freiheit der Wahl und der Tat, wählt er aus Verzweiflung die Sünde, um mit ihrer Hilfe die an seinem Volk verübten Sünden zu bekämpfen. Er besitzt den Mut zum Bösen, aber er versagt vor Molcho, der danach brennt, in 'Reinheit' einer der Märtyrer zu werden, deren passives Leiden Reubeni stets so falsch erschienen war. Er weiß, daß Hunderte von der Art Molchos schon in Israel gewirkt hatten, ohne in ihrem 'Selbsterlösungsdrang' die Erlösung des Volkes einen Schritt näher zu bringen, er weiß um seine, Reubenis, Einzigkeit und doch gibt er angesichts der Erfolge, die dem 'reinen' Molcho mühelos zufliegen, den Kampf auf, wird vom Gestalter seines Geschicks zum Erdulder.

In dem dritten historischen Roman *Galilei in Gefangenschaft*, 1948,[34] wird der Gedanke der Wahrheitssuche zu dem Punkt geführt, von dem Brod nicht mehr abweichen sollte. Tycho irrt aus Eitelkeit, aus Schwäche, Reubeni aus Überschätzung seiner Kraft; Galilei verkörpert sowohl die Schwäche Tychos wie die Überheblichkeit Reubenis. Brod schuf in der Zentralgestalt dieses Romans nicht nur den Antipoden zu Walder aus *Schloß Nornepygge* – der Indifferente aus dem Jahre 1908 wird zum nur allzu Betroffenen 1948 –, sondern auch ein Werk über die Unfreiheit eines Menschen, dem es nicht gegeben ist, die wahre sittliche Entscheidung, die auf innerster Wahrheit aufgebaut sein muß, zu treffen. Anläßlich der Veröffentlichung dieses Romans legte Martin Buber in einem an Brod gerichteten Brief dar, „welcher neuartigen Gattung" seiner Ansicht nach dieser 'Galilei' zuzuordnen sei:

Ich meine den Roman, dem das irdische Schicksal des Geistes zum Thema geworden ist. Ich sage nicht: das Schicksal des geistigen Menschen, denn das ist je und je behandelt worden. Sondern es ist den Erzählern, die ich im Sinn habe, um den Geist selber zu tun, um Bewegung, Kampf und versuchte (hienieden wohl nie völlig gelingende) Versöhnung geistiger Potenzen, sodann aber um das geistige Ringen in den Tiefen der Person selber, tiefer noch als alles Widereinander von 'Geist' und 'Trieben': den Streit zwischen einem geistigen Trieb und einem andern geistigen Trieb; das und noch manches dazu [. . .].[35]

Das Schlüsselwort der Brodschen Romankonzeption ist „Gefangenschaft"; es verbindet in dem Roman die Gefangenschaft des Geistes mit der Gefangenschaft im Weltgeschehen zu einer motivischen Kette. Das Ringen der sich einander entgegenstellenden geistigen Triebe macht Galilei zum Gefangenen dieses Zwiespalts, und lange, ehe er der Gefangene der Inquisition wird, ist er der Gefangene seines Charakters. Anders als in den beiden vorhergehenden historischen Romanen, in denen der seelische Zwiespalt, die unterschiedlichen Reaktionen und Wege der Wahrheitssuche, an zwei Gestalten verdeutlicht wurden, gibt Brod Galilei keinen Gegenspieler. Der große Künstler Bernini, dieser 'zielsichere Glückspilz', als den ihn Galilei empfindet, erfüllt diese Aufgabe nicht, wiewohl er ähnlich wie Kepler und Molcho in den Romanen von 1915 und 1925, in seiner 'Einheit' und vordergründigen Bereitschaft, den Forderungen der Zeit entgegenzukommen, die Problematik der Zentralgestalt unterstreicht: indem sich Bernini der Zeit fügt, beherrscht er sie, aber Galilei kann seine Entdeckungen nicht unter Gewandfalten verbergen, möchte es auch gar nicht. Auch Delmedigo, der Schüler Galileis, der ihn mit seinen Worten beraten, warnen und beschützen will, ist kein Widerpart; er ist Jude, und die aus der Erfahrung von jahrhundertelangen Leiden aufgezwungene Erkenntnis spricht aus seinen Worten; Galilei weiß, daß Delmedigos Rat gut ist: „Der Geist ist überall zu Hause" (113);[36] er soll ihn zur Flucht überreden, aber auch das entspricht nicht Galileis Charakter, seiner Eitelkeit; er will jetzt und hier anerkannt werden.

Die in der Emigration entstandenen historischen Romane wurden in der Literaturforschung der letzten Jahrzehnte einigemale eingehend im Hinblick auf den persönlichen Ausgangspunkt des Autors untersucht, und vielfach wurde der Wunsch, für die eigene Situation historische Parallelen oder Ähnlichkeiten zu finden und mit ihrer Hilfe die Relativität der eigenen Probleme zu erkennen und zu meistern, als Motivation dieser Werke angenommen. Zu einem wesentlichen Teil trifft dies auch auf die historischen Romane Brods zu, die lange vor der Emigration entstanden sind, und außerdem spielt dabei auch *Das Geschichtsbewußtsein der Juden* eine Rolle, das ein zeitgenössischer Autor vieler berühmter historischer Romane, Lion Feuchtwanger, 1957 in einem gleichnamigen Artikel betont: der jüdische Schriftsteller, der historische Romane schreibt, fühlt sich nach Feuchtwanger tief bestätigt durch das Bewußtsein, die „großartigste literarische Tradition" fortzuführen, die der Bibel. Bei der Entstehung des Galilei-Romans kann bei Brod zweifellos die Darstellungsabsicht, historisches Geschehen unter dem Aspekt eines für die Gegenwart aktuellen Gehalts zu deuten, vorausgesetzt werden, auch der Versuch, Formen menschlichen Verhaltens und Versagens in ihrer Beispielhaftigkeit zu zeigen, ist offensichtlich, aber es ist in höherem Maße die Frage, warum es geschieht, die Brod in das Zentrum der Reflektionen stellt, als die Tatsache, daß es geschieht.

Zehn Jahre zuvor hatte Bertolt Brecht das Drama *Das Leben des Galilei* geschrieben; Brechts Drama und Brods Roman sind in der Emigration entstanden, beide geschaffen von Autoren, die, gleich Galilei, nun nicht lehren und nicht veröffentlichen durften. Das Schicksal des Renaissancegelehrten mochte ihnen zum gleichnishaften Spiegel ihres persönlichen Geschicks werden, obwohl die Entwicklung in den zwischen ihnen und Galilei liegenden vier Jahrhunderten auch die Weiterentwicklung der Tyrannei und ihrer Methoden gebracht hatte und das bloße Abschwören einer Idee nicht mehr genügte, um am Leben bleiben zu dürfen. Die dichterische Gestaltung einer so profilierten und dokumentierten Persönlichkeit und die historisch nicht anzuzweifelnden Tatsachen gestatten trotz der grundlegenden Differenzen in der Weltsicht der beiden Autoren Brod und Brecht Vergleiche der Erfassung des Galilei – um die Punkte der unterschiedlichen Erfassung und Darstellungsabsicht hervorzuheben: Auch Brods Galilei ist der große Gelehrte, der im steten Kampf mit seinen Impulsen steht, mit seiner Eitelkeit, seiner Rabelaischen Veranlagung und mit seiner verfänglich unbedenklichen Bereitschaft zur geistigen 'Aneignung' fremden Gutes. Auch Brods Galilei kommt zu der Ansicht, daß die Menschheit nichts Besseres verdient, als betrogen zu werden, und mit Hilfe 'Kleiner Lügen' erscheinen die Discorsi. Aber Brods Galilei gestattet sich diese 'Sünden', weil er, wie Reubeni, sowohl von der Wirksamkeit des Bösen im Werden der Welt überzeugt ist, wie von seiner Fähigkeit, ja Berufung, das Böse in seinen Dienst nehmen zu dürfen. Brecht wollte sein Drama stets als Parabel vom Verhältnis von Geist und Macht verstanden haben, dies blieb das Anliegen in der entscheidenden 13. Szene, in den drei Fassungen des Dramas, von 1938 bis 1956, trotz der dreimaligen Änderungen: das Verdikt gegen Galilei ist nichts mehr als ein Mittel im Kampf der Kirche gegen die Aufklärung – „die Wissenschaft ist die legitime und höchst geliebte Tochter der Kirche", läßt Brecht den Kardinal Bellarmin erklären. Zwar ist auch bei Brod diese Darstellungserfassung als thematisch bedingt mit einbezogen, sie erhält jedoch eine andere Prägung: auch die Kirche, trotz und mit ihrer Macht, ist in dem Kausalnetz gefangen; sie wird zum Instrument des Papstes im Kampf der Könige. Das Verdikt ist bei Brod folglich eine der Maßnahmen der Kirche in ihrem Bemühen, ihre erschütterte Stellung zu festigen, und es ist die persönliche Tragödie Galileis, zum Spielball dieser Machtkämpfe zu werden. Aus dieser Sicht werden auch die Schlußfolgerungen gezogen: während Brecht das Unterliegen des Individuums aus Staats- und Machtgründen in seinem Schauspiel festhält und damit den Gleichnischarakter mit seiner Zeit, in der der Mensch als solcher unwichtig geworden ist, herstellt, deutet Brod in dem Edikt das Gesicht der Zeit. Die Discorsi, erlaubt in einer Zeit, in der sich der Papst stark genug fühlte, sie als literarisches Kuriosum zu betrachten, werden nun, in der erschütterten Machtstellung, zur Gefahr, und außerdem war Urban in seiner Eitelkeit getroffen, denn Galilei hatte seinem 'Simplicô', dieser lächerlichen Figur des Hohlkopfs, der sein Unwissen hinter dem Argument von der Allmacht Gottes verbergen will, einige Züge Urbans gegeben. Der Prozeß, der nun eingeleitet wird, ist in nicht geringem Maße Galileis anmaßender Überheblichkeit und geistigem Dünkel anzulasten.

Brecht stellt in dem Drama die Vernunft der Wahrheit gegenüber, sein Galilei glaubt an die 'Gewalt der Vernunft' und auch daran, daß der Sieg der Vernunft nur 'der Sieg der Vernünftigen sein kann'. Bei Brod ist die Problematik völlig anders gelagert. Sein Galilei unterscheidet nicht zwischen Vernunft und Vernünftelei und ein Verbergen der Wahrheit bedeutet für ihn den Verzicht auf seinen persönlichen Ruhm; Galilei kann sich nicht aufringen zu dieser höchsten Stufe der geistigen Freiheit, in der die Tatsache, daß die gefundene Wahrheit unerkannt untergehen könnte, die Kraft des geistigen Lebens nicht verringert – so deutet Brod diese Stufe in seinem religionsphilosophischen Werk *Diesseits und Jenseits*.

In diesem vierteilig aufgebauten Roman – richtiger ist es, die Aufteilung in zwei Teile zu sehen, die jeweils von einem 'Nachspiel' abgeschlossen werden – gibt Brod den letzten Band seiner Trilogie – nach *Tycho Brahes Weg zu Gott* und *Reubeni, Fürst der Juden* –, die er den *Kampf um die Wahrheit* nannte; dieser zusammenfassende Titel wird dem Galilei-Roman nicht ganz gerecht, denn es ist vom Ausgangspunkt der Handlung an ein Kampf in Unfreiheit, und diese Unfreiheit ist das eigentliche motivbestimmende Moment des Romans und die unmittelbare Übertragung der Gedankengänge aus *Diesseits und Jenseits*. In dem historischen Rahmen des Romans verdichtet Brod das Postulat der sittlichen Entscheidung des Einzelnen, die auf innerer, erforschter Wahrheit aufgebaut sein muß, und die Erkenntnis, daß es keine sittliche Tat gibt, die nicht aus dem Erlebnis der Liebe kommt. In der Selbstverleugnung um der Wahrheit willen, in der Unterdrükkung der subjektiven Beweggründe, hätte die wahre sittliche Entscheidung Galileis liegen müssen. Felix Weltsch sah in dieser Gedankenvorstellung Brods „die große Erkenntnis des humanistischen Zeitalters . . ., das aber vor dem Ansturm des neuen Kollektivgeists verstummt.“[37]

Der Dialog, in allen Romanen Brods von großer Wichtigkeit, erfüllt in diesem Roman also auch die Aufgabe, die religions-philosophischen Gedanken und Erkenntnisse, die Brod seit seinem Bekenntnisbuch 1921 noch in zwei weiteren Werken weitergeführt und erläutert hatte, in dem Erzählfluß des historischen Geschehens und seiner dichterischen Erweiterung zu konkretisieren; dies gilt auch für die auf

Auseinandersetzung angelegten Monologe Galileis. Es sind Auseinandersetzungen mit dem eigenen Ich, eines geistigen Triebes mit dem anderen. In der Gewissensforschung Galileis, in der Einsamkeit des Kerkers der Inquisition, werden die Konflikte dieser Streitgespräche mit dem Ich immer deutlicher und schärfer. Galilei gesteht sich ein: „wer die Wahrheit nur unter der Bedingung erkennen will, daß er sie als erster erkennt, – der will sie gar nicht erkennen" (S. 577), und sucht verzweifelt nach einem Weg, der zwischen Märtyrertum und Abschwören liegt. Auch dieser dritte Weg, zwischen seinem bisherigen Weg der Lüge und dem Weg des Entsagens, ist kein Weg des Kompromisses; der Weg des Verzichtes aus Liebe schwebt ihm vor, auf dem Liebe und Wahrheit verschmelzen, den seine Tochter in ihrer kompromißlosen Lauterkeit geht.

Um seine Gedankenkette von den drei Ebenen der guten Tat zu verdeutlichen, idealisiert Brod die Gestalt der Tochter, und im dritten Teil des Romans, der den Untertitel „Ein Mensch wird gewogen" trägt, werden eigentlich zwei Menschen ge wogen, Galilei gegen seine Tochter Virginia, die jetzt – als Nonne – Suor Maria Celeste ist. Maria Celeste, in ihrer vollkommenen Liebe zu ihrem Vater, verkörpert Wahrheit und Stärke, in ihr werden höchste Liebe und lautere Wahrheit identisch, und Galilei, der weiß, daß er diese Stufe nie erreichen kann, fühlt das Absolute dieser Gefühle als 'Unheimliches', das seine eigene Wankelmütigkeit und Eitelkeit nur noch schärfer hervortreten läßt. Wohl hat auch er Momente, in denen er sich eins wähnt mit Bruno und Hutten, in denen er „mit all diesen Großen in die Trompete stößt" (S. 572), Momente, in denen er sich danach sehnt, seine Seelenstärke auf dem Weg der lautersten Wahrheit beweisen zu dürfen, jedoch als der Wunsch ihm erfüllt werden soll, muß er sich gestehen, daß er sich selbst mehr liebt als die Wahrheit. In dem Ringen der Triebe siegt die Angst, die territio realis, der Anblick der Folterwerkzeuge siegt über die abstrakte Sehnsucht nach Wahrheit.

Die Diesseitserfassung der Religionen, wie sie Brod in seinen beiden philosophischen Schriften *Diesseits und Jenseits*, ungefähr gleichzeitig mit der Niederschrift des Romans, vorlegte, und die die bereits weiter oben angeführte These vom edlen und unedlen Unglück, in *Heidentum Christentum Judentum*, erläutert, werden in den großen Gesprächspartien zwischen Galilei und dem Pater Qualificator dialogisch mit dem Romangeschehen verflochten; aus ihnen erschließt sich Brods Deutung des Verdikts und des Abschwurs. Brod beläßt der Diesseitsverneinung des Jesuitenpaters, die aus einer ihm aufgezwungenen Unterdrückung des eigenen Willens entspringt und sich nicht wie die der Suor Maria Celestes in Liebe und mit Gnadenbeistand vollzieht, wohl auch das 'Große der freiwilligen Unfreiheit': „für uns denkt die Kirche" (S. 665), aber diese absolute Aufgabe des Willens, die auch den Eingeborenen in dem 'idealen' Staat – der nichts mit Campanellas Sonnenstaat zu tun hat – von den Jesuiten aufgezwungen wird, will Galilei, trotz der Beredsamkeit des Paters und seinen Schilderungen der 'glückseligen' Lebensform in den Siedlungen der Mission an den Ufern des Paranaflusses, „von uns Reduktionen genannt" (S. 647), nicht als den richtigen Weg akzeptieren. In diesem über dreißig Buchseiten geführten Dialog, einem Meisterwerk der Gedankenführung wie der Form und des Stils, schließt der fünfundsechzigjährige Autor – es ist wohl kaum ein Zufall, daß Brod bei der Entstehung dieses Romans in dem ungefähr gleichen

Alter wie Galilei zur Zeit seines Widerrufs – den Ring der Gedankenketten über das organisierte Gemeinschaftsleben, die er 1918 in *Das große Wagnis*, dem Buch des 'Widerrufes', mit dem er sich damals von dem Aktivismus losgesagt hatte, eröffnete. Wie weit die Gedankenvorstellungen des jungen 'neuen' Zionisten Brod 1918 von der Idee der 'Kvuzzah' in Palästina, deren erste Versuche damals im Aufbau waren, beeinflußt waren, ist offensichtlich; 1948, nachdem er Gelegenheit gehabt hatte, sich von der kulturellen, gedanklichen und emotionellen Freiheit in diesen nun so zahlreichen Experimenten des Gemeinschaftslebens an Ort und Stelle zu überzeugen, ist die Gedankenführung in diesem Dialog zwischen Galilei und dem Pater zielsicherer und eindeutiger. Galilei kann die absolute Zucht aus Liebe, wie sie in der Behandlung der Eingeborenen in den 'Reduktionen' gehandhabt wird, nicht zu der „Würde des eigenen Denkens, des freien Urteils, das die Wahrheit will . . ." (S. 665) im Gegensatz sehen, er glaubt an die Möglichkeit eines 'Nebeneinander'. Auch die Worte des Paters, „Wahrheiten werden überholt" (S. 634), können ihn nicht überzeugen, auch nicht dann, wenn er widerwillig zugeben muß, daß „[. . .] andere Zeiten kommen [werden], in denen das, was Ihr heute beweisen wollt, etwas Selbstverständliches, Alltägliches sein wird" (S. 633), denn Galilei ist seiner sicher, daß es darauf ankommt, ob „hundert Jahre früher oder später [. . .]. Denn die Wissenschaft hat ein natürliches Wachstum, wie eine Pflanze, sie hat ihren Rhythmus, ihre eigene Zeit." (S. 634) Galilei glaubt – er will glauben, – an die Möglichkeit seines 'dritten' Weges, der dieses heidnisch-christliche Amalgam, vor dem Brod bereits in seinem Bekenntnisbuch 1921 zu warnen versucht hatte, vermeiden könnte; Galilei muß die Synthese von heidnischer Macht und christlicher Ergebung, und als solche erscheint ihm die Methode der Erziehung in den 'Reduktionen', ablehnen, denn die Hoffnung, den Weg zu finden, der „ein Weg der Kirche des reinen unendlichen Geistes" (S. 579) wäre, bestärkt ihn in seiner seelischen Einsamkeit, dem Ringen der Triebe in ihm.

Brod steht Galilei kritischer gegenüber als anderen historischen Gestalten seiner Werke; in der wichtigen Entscheidung, die diesen Gestalten bei Brod immer abverlangt wird, versagt Galilei, ohne daß Brod – wie bei Reubeni – hierfür eine außerhalb des eigenen Charakters liegende Begründung vorlegt. Mit Hilfe der etwas zögernd herbeigezogenen Fragestellung nach der Rechtfertigung einer 'egoistischen Selbsterlösung' vermag Brod aber doch, Galilei als Sucher der Wahrheit und Kämpfer für die Wahrheit zu erfassen und zu gestalten: zehn Jahre nach dem Widerruf, nach zehn Jahren als Gefangener der Inquisition, weiß Galilei, daß es damals richtig gewesen war, nicht zu sterben:

> Wir müssen für die Wahrheit zu sterben wissen, und zwar um unsertwillen, weil nur das ein reines Herz gibt. Und damals durfte ich trotz allem nicht sterben, – weil ich noch ein Stück Wahrheit nicht niedergelegt hatte und nicht das Recht hatte, an meine Reinheit zu denken. (S. 771)

Diese Darstellung bedeutet aber keineswegs, daß Brod in ihr seine persönliche Erfassung eines „Weiterleben um jeden Preis" geben wollte. Es kann auch nicht als Antwort Brods darauf gedeutet werden, ob es sittlich ist, für die Wahrheit zu sterben. In einem späteren historischen Roman, in *Armer Cicero*, 1955, nimmt Brod die Fragen nochmals auf und sieht sie von einem nur leicht veränderten Blickwinkel aus. Er zeigt einen Cicero, der den Ruhm immer mehr geliebt hatte, als man ihn lieben sollte, der aber dann doch, in den letzten Jahren seines Lebens, die seelische Größe und Freiheit des Geistes findet, um in Wahrheit für die Wahrheit zu kämpfen und zu sterben. Brod läßt Cicero den Tod nicht in stoischer Ruhe, sondern 'liebend' auf sich nehmen: „In der Liebe ausharren und liebend den Tod aushalten – etwas Stärkeres gibt es nicht", ist Ciceros befreiende Erkenntnis.

Galilei hat diese Stufe nicht erreicht; er ist der Unterliegende in dem großen Zwiespalt seiner geistigen Triebe, aber Brod zeigt ihn auch als den Gefangenen der Epoche: er ist in dem Netz der Kausalbedingtheit verfangen, wie die Fürsten, bei denen er Schutz sucht, wie die Richter, die ihn verurteilen, aber er ist auch der Kämpfer, dem die 'Gnade des Märtyrertums' versagt bleibt und der seine Schwäche „später gut macht", wie Brod in einem persönlichen Gespräch vom 8. November 1968 erklärte. Es ist offensichtlich, daß Brods Gedankenführung in der Gestaltung des Galilei von seiner Kenntnis der jüdisch-religiösen Erfassung des Märtyrertums beeinflußt und gehemmt war: nicht nur wird im Judentum die volle Last der freien sittlichen Entscheidung der Lauterkeit des Einzelnen anheimgestellt, die jüdische Religion erlaubt den Märtyrertod nur in ganz wenigen, genau definierten Fällen und selbst dann erst nach Berücksichtigung aller Gegebenheiten, um dem Zwang zum Götzendienst, Unzucht oder Sünde am Nächsten (hierzu gehört Verrat oder 'Leben gegen Leben') zu entgehen. Und nie ist es einem weltlichen Gericht gestattet, die Weigerung, den Märtyrertod auf sich zu nehmen, zu bestrafen. All dies wird von Rambam in *Kiddush Hashem* („Die Heiligung des Namens" – 'Namen' steht hier anstelle des Wortes für Gott, das nur beim Gottesdienst ausgesprochen werden darf) festgelegt.

Schloß Nornepygge und *Galilei in Gefangenschaft* umspannen die Entwicklung der ideologischen und religions-philosophischen Gedankengänge des Autors Max Brod, dessen Bedeutung gleicherweise in seinem Werk wie in seinem Wirken gesehen werden muß. Die vier Jahrzehnte zwischen den beiden Romanen, fast die Hälfte seines Lebens, waren für Brod ein Weg fortschreitender Lebensbejahung, die auch in dem Grauen, das die 'heidnische Macht' über die Welt brachte, nicht unterging. In den weiteren zwanzig Jahren seines Lebens, in den weiteren Erzählungen, Biographien und Autobiographien, historischen Romanen und Gedichten, wird auch dem tiefen Verantwortungsgefühl entsprochen, das Brod charakterisierte, und diesem Gefühl entstammt ebenso die Tendenz des Lehrenwollens im jüdischen Sinne – nicht durch Theorien, sondern durch Beispiele. Brods Bücher sind daher in erster Linie als 'Lebensmodelle' konzipiert, vor allem die historischen Romane – und daher sind seine historischen Zentralgestalten auch alle im weitesten Sinne des Wortes Lehrer. Ein zeitgenössischer hebräischer Dichter und Freund Max Brods, Shin Shalom, schrieb 1966 über ihn: „Der Weg Max Brods ist der Weg der Liebe zu den Menschen und ihrem Schöpfer", und er gibt hiermit das Credo Max Brods. Der Ethiker Brod war der Mentor des Künstlers Brod, der danach strebte, seine Mitmenschen in schaffender Liebe zum Werk an der Menschheit anzuspornen, nach dem Wort des Talmuds: „Größer ist der, der die Tat veranlaßt, als der, der sie ausübt."[39]

Anmerkungen

1 Bei der Volkszählung von 1910 betrug die Zahl der Juden Prags 27.986; da die nicht-jüdische Bevölkerung naturgemäß rascher anwuchs, sank jedoch der Prozentsatz der jüdischen Bevölkerung innerhalb dieses Zeitraums.

2 Siehe hierzu die Kindheitserinnerungen einiger Autoren des 'Prager Kreises': Max Brod, Adolf Schreiber, Berlin 1921, S. 29 f. E.E. Kisch, Die Abenteuer in Prag, Berlin 1920, S. 97 ff. Willy Haas, Erinnerungen. In: Die literarische Welt, München 1960, S. 9f.

3 Durch Jahre seiner Kindheit war Max Brod gezwungen, ein eisernes Korsett mit Halsschiene und Kopfapparat zu tragen. „Ich war noch stolz auf meinen Kopfapparat und ebensosehr auf den stoischen Gleichmut, mit dem ich die aufrecht gespannte Haltung meines Leibes, den immerwährenden Schmerz ertrug", schreibt Brod in: Streitbares Leben, München 1969, S. 174.

4 Max Brod, Der Prager Kreis, Stuttgart 1966, S. 36 und S. 118. Auf Seite 126 erwähnt Brod den „dunklen Untergrund [. . .], von dem sich Baum trotz aller [. . .] Tapferkeit nicht ganz freimachen konnte". Es gibt aber sehr viele Hinweise bei Kafka, Brod und Weltsch, aus denen sich die sehr intime reziproke Beziehung zu Baum entnehmen läßt.

5 Hierzu Margarita Pazi, Max Brod. In: Neue Rundschau, Berlin 1979, Erstes Heft, 90 Jg.

6 Prager Kreis, S. 132 f.

7 Ebd., S. 137.

8 Auch die Autorin dieser Arbeit war in den ersten Brod-Untersuchungen noch dieser Ansicht.

9 Der Brief befindet sich im Brod-Archiv, Tel-Aviv; sowohl dieser Brief wie noch zwei weitere wurden mir von der Erbin Ester Hoffe zur Einsicht überlassen, wofür ich danke.

10 Prager Kreis, S. 133.

11 Ebd., S. 134.

12 Kurt Hiller, Die Weisheit der Langenweile, I. Bd. Leipzig 1913, S. 133 und Felix Weltsch in einem Artikel in Die literarische Welt, 1926.

13 Am 5.8.1913 schrieb Brod an Martin Buber: [. . .] inwiefern ich jetzt diese ganze Theorie, die ich in meinen ersten Büchern verfolgte, eigentlich als unreife Vorstufe und Mißverständnis meiner heutigen „Erlösungs-Ekstase" betrachte, kann ich leider nicht in Kurzem auseinandersetzen. Der Brief befindet sich in der Jewish National and University Library, Jerusalem.

14 Kurt Hiller, Leben gegen die Zeit, Reinbek: Rowohlt 1969, S. 64.

15 Paul Friedrich, 'Max Brod-Abend'. In: Die Gegenwart, Jg. 39, Bd. 77, H. 11, vom 12. März 1910, S. 214. Doch sowohl in diesem Artikel, wie in dem in der Morgen-Ausgabe der 'Bohemia' vom 5. März 1910 wird der Roman *Schloß Nornepygge* sehr lobend besprochen. Desgleichen im 'Der Tag', Morgen-Ausgabe, Berlin, 4. März 1910. Alle Angaben dieser Anmerkung sind zitiert aus

zweiter Hand, nach: Die Schriften des Neuen Clubs. 1908-1914, Bd. I, hrsg. von Richard Sheppard, Hildesheim 1980.

16 Kurt Hiller: Die Weisheit der Langenweile, S. 235.

17 Ebd., S. 149.

18 Prager Kreis, S. 179.

19 Max Brod, in der Nachschrift zu *Jüdinnen*: In: 'Neue jüdische Monatshefte, 2, Prag 1918. S. 481.

20 In einem Brief an Max Brod vom 2.5.1909; im Besitz des Max Brod-Archivs.

21 Berliner Morgenpost, 20. November 1910; Berliner Lokal-Anzeiger, 22. November 1910; Der Tag, 22. November 1910. Else Lasker-Schüler in 'Der Sturm', Jg. 1, Nr. 40, 1. XII. 1910. Zitat-Quelle siehe Anm. 19.

22 Hugo Bergmann: Max Brod zu seinem sechzigsten Geburtstag. In: Mitteilungsblatt, 26. Mai 1944, S. 4, Tel-Aviv.

23 Paul Leppin. In: Im jüdischen Prag. Sammelschrift, Prag 1913, S. 34.

24 Siehe dazu Margarita Pazi: Fünf Autoren des 'Prager Kreises'. Frankfurt 1978 (Ernst Weiß, Oskar Baum, Ernst Sommer, Paul Kornfeld, Ludwig Winder).

25 Martin Buber: Drei Reden über das Judentum, erstmals im Druck erschienen 1911 bei Rütten und Loening, Frankfurt/M.

26 In den ergänzenden Ausführungen Bergmanns (zu seiner Arbeit *Die Heiligung des Namens*, Berlin 1913): Der Jude, 6. Jg. 1921/22, S. 69.

27 Hierzu weiter unten bei: Tycho Brahes Weg zu Gott, S. 205.

28 In einem Brief an Margarita Pazi.

29 Unter anderem in der Novelle *Die erste Stunde nach dem Tode*, 1916, die Brod als sein „expressionistischstes Werk" sah; Vom neuen Irrationalismus. In: Die weißen Blätter, 1913-14, Heft 8, S. 747 ff. u.a.m.

30 Kurt Pinthus: Max Brod zu seinem 50. Geburtstag. In: Gemeindeblatt, Berlin, 26. Mai 1934, S. 3f.

31 In: Die Selbstwehr, Prag 5.1.1934.

32 Der Brief befindet sich im Brod-Archiv, Tel-Aviv.

33 Die Identifizierung Tycho-Brod, Kepler-Werfel sah Brod in den identischen Vokalen der Namen bestätigt, siehe Streitbares Leben, S. 316 f. Die Ansicht Otto Picks in: Die neue Rundschau, XXIX, 1916/2, S. 863, „Kepler wird das Opfer (Tychos), seiner Natur gemäß, gar nicht als Opfer empfinden", illuminiert auch teilweise die Spannung in der Brod-Werfel Beziehung.

34 Der Roman, für den Brod den Bialik-Preis erhielt, einen der wichtigsten literarischen Preise Israels, wurde im gleichen Jahr ins Hebräische übersetzt.

35 Veröffentlicht in: Ein Kampf um Wahrheit, Tel-Aviv 1949, Festschrift für Max Brod zum 65. Geburtstag, hrsg. von seinem Schwager Ernst Taussig.

36 Die in Klammern gesetzten Zahlen zeigen die Buchseiten der Zitate nach: Galilei in Gefangenschaft, Winterthur 1948, an.

37 Felix Weltsch: Und sie dreht sich doch. In: Die neue Rundschau, 1949, S. 595.

38 In: K'tuwim Masot (Schriften und Essays) Tel-Aviv 1966, S. 45.

39 Der Babylonische Talmud, Baba Bathra, Fo. 9a; Maharsha legt Jesaja 32/17 dahingehend aus, daß über den Handelnden gesagt wird, er übe Gerechtigkeit, über den Verursacher hingegen, er bringe Frieden, und das ist das Bedeutendere.

John Milfull

Juden, Christen und andere Menschen. Sabbatianismus, Assimilation und jüdische Identität in Lion Feuchtwangers Roman *Jud Süß*

> Und das ist das Geheimnis, warum über Israel verhängt ist, daß alle Völker der Welt es versklaven: es soll aus ihnen jene Funken herausholen, die unter sie gefallen sind [. . .]. Und darum war es notwendig, Israel in alle vier Winde zu zerstreuen, damit es alles emporhebe.
>
> *Sefer ha-likkutim*, Bl. 89b[1]

> Im Judentum und an ihm haben Menschen gelernt, dieses Eigentum ihres Lebens gegenüber allen Tatsachen, den jähen des Zwanges und den langsamen des Gelingens, zu behaupten, gegenüber allem Schein, wie ihn der Erfolg leiht, das Zeugnis der Echtheit zu erbringen, wie nur das Opfer es ablegt, zu erfahren und darzutun, daß dem Menschen sein Unbesiegbares gegeben ist.
>
> Leo Baeck, *Das Wesen des Judentums*[2]

Das Paradox: obwohl Lion Feuchtwanger sich wie kaum ein anderer deutsch-jüdischer Schriftsteller von seiner Dissertation über *Der Rabbi von Bacherach* (1907) bis zu seinem letzten Roman *Jefta und seine Tochter* (1957), wiederholt mit Themen, Problemen und Gestalten aus der jüdischen Geschichte beschäftigt hat, obwohl sein Erfolgsroman *Jud Süß* ein breites internationales Leserpublikum für solche Themen gewann und in der nazistisch verfälschten Filmfassung von Veit Harlan zum Gegenstand einer heftigen Auseinandersetzung wurde, ist sein Verhältnis zum Judentum, sein besonderer Standort innerhalb der Diskussion über jüdische Identität und die Rolle der Juden in der Diaspora kaum erörtert worden. Während Germanisten aus der DDR, wie etwa die Initiatoren der kleinen Feuchtwanger-Welle, die die Politisierung der westlichen Germanistik in den sechziger Jahren begleitete, sich aus verständlichen Gründen vornehmlich mit seinen Geschichts- und Gesellschaftsanalysen abgegeben haben, scheint es bei denen, die sich mit Problemen der deutsch-jüdischen Literatur beschäftigen, eine gewisse Berührungsangst zu geben; sie ist in Elisabeth Petuchowskis Aufsatz zu *Jud Süß* noch deutlich zu spüren[3] und dürfte wohl auf Feuchtwangers unbequeme Stellung als nichtzionistischer deutsch-jüdischer Sozialist, der sich trotzdem immer wieder zu seinem Judentum bekannte, zurückzuführen sein. Es ist bezeichnend, daß der erste halbwegs befriedigende Ansatz[4] zu einer Untersuchung dieser Problematik bis 1982 auf sich warten ließ und im Bulletin des Leo Baeck-Instituts erschien, das die

Pflege des deutsch-jüdischen „Erbes" unter oft sehr schwierigen Bedingungen und in einer zunehmenden Isolierung fortgesetzt hat. So bleiben aber nicht nur ganze Werke Feuchtwangers in diesem Kontext unerforscht, sondern auch wichtige Themen- und Handlungskomplexe aus seinen bekanntesten Werken, wie z.B. *Jud Süß* und *Erfolg*. Im folgenden soll versucht werden, anhand einer Untersuchung einiger bisher kaum beachteter Aspekte des Romans *Jud Süß* einen neuen Zugang zu dieser Problematik zu erarbeiten und auf seine Konsequenzen für eine Interpretation bekannter und fast unbekannter Romane Feuchtwangers, wie z.B. die *Josephus*-Trilogie, kurz hinzuweisen.

Schon den ersten Lesern des Romans war es klar, daß die breitangelegte Darstellung des Schicksals des Hofjuden Josef Süß Oppenheimer in der württembergischen Gesellschaft des achtzehnten Jahrhunderts auf intensiven Quellenstudien fußte; die Biographien von Selma Stern und Curt Elwenspoek[5], die von dem Erfolg des Romans wohl angeregt wurden, konnten Feuchtwangers Verbindung von historisch verbürgten Tatsachen und darüber hinausgehenden Intuitionen im Grunde nur bestätigen. Seltsamerweise wurde das Neue, zum Teil Erfundene an der Darstellung weniger beachtet: „das Einbauen des Naemi-Motivs in die Romanfabel, die Aufnahme der fragwürdigen Version der halb-christlichen, adeligen Herkunft des Juden Süß" sowie die Einführung der gänzlich fiktiven Gestalt des Kabbalisten Rabbi Gabriel. Arie Wolf erkennt zu recht den engen Zusammenhang dieser drei „fiktionalisierenden" Elemente, ohne ihre wirkliche Bedeutung für die Aussage des Romans überzeugend begründen zu können: symptomatischerweise kann es sich für ihn bei Feuchtwangers wiederholter Berufung auf die lurianische Kabbala und deren Lehre von der Seelenwanderung nur um „gespielte Naivität" handeln. Dabei übernimmt Wolf unbewußt ein Vorurteil der älteren jüdischen Geschichtsschreibung eines Heinrich Graetz oder eines Leopold Zunz, für die die jüdische Mystik nur noch als verworrenes Zeug galt, und übersieht die Wende zu einer neuen, positiveren Deutung der Kabbala, die mit den Namen Martin Buber und Gershom Scholem untrennbar verbunden ist, deren Anfänge aber auf Gelehrte wie den Wiener Adolf Jellinek und den Vater Leo Baecks, Samuel Baeck, zurückgehen, der 1878 eine *Geschichte des jüdischen Volkes und seiner Literatur*[6] veröffentlichte, in der die Kabbalisten durchaus als Vorbereiter des modernen Judentums dargestellt werden. Wie Walter Berendsohn bemerkt,[7] spielte die Kabbala schon in der dramatischen Fassung eine wichtige Rolle; auch Feuchtwanger war keineswegs gegen die Faszination immun, die sie auf so verschiedene Repräsentanten der deutsch-jüdischen Intelligenz wie Franz Kafka, Leo Baeck und Arnold Zweig ausstrahlte. In seinem 1972 erschienenen Aufsatz „*Jud Süß*: Anatomy of a Best-Seller" nimmt W.E. Yuill die kabbalistischen Einlagen ernst genug, um wenigstens die Frage der „Seelenwerdung" Josefs mit Feuchtwangers bekannter Aussage über die Intention des Romans in Verbindung zu bringen; doch obwohl er in einer Fußnote bemerkt, daß es sich bei der Einführung der Gestalt des Jonathan Eybeschütz um einen bei Feuchtwanger erstaunlichen Anachronismus handelt, begnügt er sich mit der etwas lahmen Feststellung: „the anachronism is no doubt perpetrated by Feuchtwanger in order to illustrate something of the ferment in Jewish intellectual life during the first half of the 18th century, as well as to provide, in the urbane and elegant Eybeschütz, a foil to Rabbi Gabriel and to Süß himself in his regenerate existence"[8] – ausreichender Grund für einen Anachronismus bei einem so quellenbewußten Autor?

Im Grunde kann man sich des Eindrucks nicht erwehren, daß die meisten Feuchtwanger-Forscher den kabbalistischen Aspekt des Romans nicht ernst nehmen, weil sie ihn nicht ernst nehmen wollen: die Frage nach dem Sinn und der Funktion dieser „Einlagen" bleibt im Grunde unbeantwortet. Nicht von ungefähr kommt Feuchtwanger in dem 1933 erschienenen Aufsatz „Nationalismus und Judentum" auf die Kabbala zurück, indem er „[die] stärkste Idee des Judentums, [die] seiner messianischen Sendung", zur Grundlage eines „echten jüdischen Nationalismus" erklärt, der „sich vom Nationalismus anderer Völker dadurch unterscheidet, daß er lediglich in dem Bekenntnis zu einem geistigen Prinzip besteht".[9] Die Verwandtschaft dieser Stellungnahme mit dem „kulturzionistischen" Sozialismus Martin Bubers und Arnold Zweigs (Mitautor der „Streitschrift", in der der Aufsatz erschien),[10] ist nicht zu überhören; auch Buber und Zweig waren zu der Überzeugung gekommen, daß die „messianische Sendung" des Judentums, die ihnen in dem stark von der Kabbala beeinflußten Ostjudentum am deutlichsten gegenübertrat, nicht nur dem „jüdischen Volk" galt, sondern den anderen auch, daß sie dem Judentum eine besondere ethische Verantwortung auferlegte, Vorbereiter einer geistig und politisch wahrhaft emanzipierten Gesellschaftsordnung zu sein.

Rabbi Jonathan Eybeschütz erscheint zweimal im Roman: zunächst bei einem scheinbar völlig unmotivierten Besuch Rabbi Gabriels in Hamburg, dann als drittes Mitglied (mit Rabbi Gabriel und Süß selber) des kleinen Kreises, in dem Josef seine letzten Stunden vor dem Martyrium verbringt. Eybeschütz, Rabbi von Altona, dessen Streit mit Jakob Emden weit über die jüdische Gemeinde hinaus Aufsehen erregte, galt als heimlicher Anhänger des „falschen Messias" Sabbatai Zwi, hatte aber, wie Heinrich Graetz schreibt,

> keinen so festen Charakter und keine entschiedene Gesinnung [. . .], um sein inneres Denken mit seinem Tun in Gleichklang zu setzen. Mit dem rabbinischen Judentum offen zu brechen, sich als ein *Gegentalmudist*, wie mehrere polnische Sabbatianer es getan haben, mit der Gesamtjudenheit zu überwerfen, lag nicht in seinem Wesen. Er war zu praktisch, klug und auch zu bequem, um sich den Unannehmlichkeiten eines solchen Bruchs auszusetzen. Auch liebte er den Talmud und die rabbinische Literatur als Nahrung für seinen Witz, er konnte sie nicht missen.[11]

Graetz' widersprüchliche Haltung zu Eybeschütz – einerseits wirft er ihm Charakterschwäche vor, andererseits verurteilt er seine Anfälligkeit für die „berückende Kabbala mit ihren klippenreichen Untiefen" aufs schärfste, um zuletzt zugeben zu müssen, daß der Streit im Rabbinertum, der durch die Eybeschütz-Kontroverse ausgelöst wurde, „den Boden gelockert hat, auf dem eine bessere Saat aufgehen konnte", nämlich die jüdische Aufklärung eines Moses Mendelssohn – mag Feuchtwanger zu einer Auseinandersetzung mit dieser schillernden Gestalt angeregt haben; Rabbi Gabriel jedenfalls wirft Jonathan auf ähnliche Weise Charakterschwäche vor, ohne seine eigenen Sympathien für die verfemten Sabbatianer zu verhehlen:

„Warum hast du die Schüler des Sabbatai in Bann getan?“ fragte er mit seiner knarrigen Stimme. „Warum biegst du aus und krümmst dich und leugnest ab? Warum läßt du dich verteidigen von einem Goi mit dummen und albernen Sophistereien? Warum resignierst du nicht? Ist es so wichtig, daß du Rabbiner von Hamburg bist und deine Stuben voll von Menschen? Warum hast du“ – und in seiner Stimme war Klagen und Drohung – „dich selber in Bann getan?“[12]

Eybeschütz hat sein Wissen um die „obere Welt“ verraten. Die Ahnung, die Rabbi Gabriel „hergetrieben“ hatte, „von dem Mann [Süß], an den er gefesselt war, zu diesem“ [Eybeschütz], hat sich erfüllt.

An den nackten frechen Brüsten der Lilith lag jener, aber er sehnte sich und langte nach der Obern Welt; bei den Heiligen und Frommen, im silbernen Bart des Simon ben Jochai [des angeblichen Autors der *Sohar* und Begründers der Kabbala] lag dieser, aber es dürstete ihn nach den Zitzen der Lilith.

Für beide findet Rabbi Gabriel „das gleiche Bild, die gleiche Entsprechung“, die öde Gebirgslandschaft, aus der Josefs Botschaft ihn einst (im ersten Buch) geholt hat, und in der er sowohl die Verbindung zwischen Süß und sich selbst als auch zwischen der oberen und der unteren Welt versinnbildlicht fand. „Doch jener [Süß] war näher an der Vollendung als dieser [Eybeschütz].“ Süß schreitet eben „den Pfad ganz aus: vom rasenden Wirbel des Tuns, aus Macht, Lust, Besitz über den Trotz gegen die Zerwesung zur seligen Ledigung und Lösung, zur Verebbung im Nichtwollen und Verzicht“ (S. 433). Eybeschütz hingegen hat sich von dieser Entwicklung ausgeschlossen; er hängt zu sehr an den Äußerlichkeiten des Erfolgs. In der Todeszelle Josefs wird ihm das erst voll bewußt:

Er [Eybeschütz] saß mit ihnen, er trank mit ihnen, er trug das Zeichen des Schin [des Wissens um die „Obere Welt“] wie sie, er war wissend und erweckt wie sie: aber die Welle trug ihn nicht [. . .], er fühlte sich, der Reiche, Wissende, als kahlen Neidling und halben Verräter. (S. 510)

Eybeschütz hat also nicht nur das „heimliche Wissen“ seines Volkes verraten, das zugleich den Sinn seines Buches bildet, das Wissen um die „Eitelkeit und Belanglosigkeit der Macht“ (S. 202), er hat es als Wissender und Erweckter, als Kabbalist und Sabbatianer getan, der sich aus der Enge des rabbinischen Judentums innerlich gelöst hat, aber an seiner äußerlichen Machtstellung festhält. In der Gestalt Rabbi Gabriels wirft Feuchtwanger ihm eben nicht seinen Sabbatianismus vor, sondern seine Unfähigkeit, die daraus hervorgehende Erkenntnis, daß es zum Beispiel „gleich“ ist, „ob einer Jud . . . oder Goi oder Moslem [ist], wenn er nur weiß um die Obere Welt“ (S. 414), mit seinem persönlichen Leben zu vereinbaren. Feuchtwanger, der sich selber von seiner orthodoxen Erziehung distanziert hatte, betrachtet den Sabbatianismus offensichtlich als wichtige Vorstufe der jüdischen Aufklärung, doch hat er für ihn noch eine weitaus tiefere Bedeutung, der Eybeschütz in seiner sophistischen Verteidigungsrede nicht gerecht wird; der Grundgedanke der lurianischen Kabbala, daß es die messianische Sendung des Judentums sei, alle Völker zu erlösen, die „Funken" von den Schalen zu trennen und die untere Welt zur oberen zurückzuführen, gewann in den Schriften der Sabbatianer zum ersten Mal einen „internationalistischen" Sinn, der die „Zerstreuung Israels in alle vier Winde" (vgl. das Anfangszitat), die Diaspora, zur historischen Mission umdeutete. Die Interpretation der Apostasie Sabbatais als „Opferweg durch die Welten des Bösen"[13] wurde zum Sinnbild eines „erneuerten messianischen Judentums", dessen Verwandtschaft mit den schon zitierten Thesen Feuchtwangers aus *Nationalismus und Judentum* und Grundpositionen Bubers und Zweigs nicht zu übersehen ist. Sogar ein weit konservativerer Denker wie Leo Baeck nahm solche Anregungen in die zweite Auflage seines Buches *Das Wesen des Judentums* (1922) auf, das er schon 1905 als Gegenentwurf zu Adolf von Harnacks *Das Wesen des Christentums* (1900) veröffentlicht hatte; sie dienten dazu, die Sonderstellung des Judentums zu begründen sowie es gegen den traditionellen Vorwurf des Separatismus zu verteidigen. Das „Volk des Buches" war für ihn wie Feuchtwanger der Vertreter einer „geistigen Idee", deren Verwirklichung die Erlösung nicht nur der Juden, sondern der ganzen Menschheit bedeutete.

In der lurianischen Lehre von der Seelenwanderung fand Feuchtwanger die metaphorische Entsprechung zu dieser Vorstellung von der besonderen Sendung des Judentums. Die Seele des „Wissenden", Rabbi Gabriels, ist an die Seele des noch suchenden Josef gekoppelt; seinerseits trägt Josef nicht nur den christlichen Vater in sich, den er aus den tragischen Verstrickungen seines Lebensweges erlösen muß, sondern nimmt auch mit seinem Freund, Feind und Gönner Karl Alexander sowie Rabbi Gabriel an einem traumhaften Tanz teil, dessen Ende Süß aus den Illusionen des Erfolgs und der Macht befreit, während Karl Alexander an dem „Tierischen" seiner Natur kläglich scheitert und zurückgelassen wird. Auch Jonathan Eybeschütz, dessen Schicksal in gleich unerklärlicher Weise mit Gabriel und Josef verbunden ist, „trägt die Welle nicht"; er bleibt als Ausgestoßener zurück, der „den Pfad nicht ganz ausgeschritten hat."

Es lohnt sich, diesen Gedanken des „Pfades" zur Erlösung, der ganz ausgeschritten werden muß, genauer zu untersuchen. Der „Weg durch die Welten des Bösen", den er miteinbezieht, ist kein Un- bzw. Zufall, sondern notwendige Stufe, die überwunden werden muß, um zur letzten Klarheit zu gelangen. Es handelt sich eben bei Feuchtwanger nicht um eine einfache Gegenüberstellung des Abendländisch-Aktiven und des Morgenländisch-Passiven, wie oft verkürzend behauptet wurde, sondern um deren Aufhebung in einem Drei-Stufen-Modell, das mit der Grundstruktur eines scheinbar so wenig verwandten Werkes wie Hesses *Das Glasperlenspiel* einige Ähnlichkeit hat, wie mit den „Heilsgeschichten" der deutschen Romantik. Nach Verlust der „ersten" Unschuld – im Roman wohl durch die poetische Anspielung auf Josefs Ehe, aus der seine Tochter Naemi, Sinnbild der unschuldigen Grazie, hervorgegangen ist – muß man die „Reise um die Welt" antreten, das Leben in seiner ganzen verwirrenden Fülle kennenlernen, bevor man als

„Wissender" die dritte Stufe erreicht, die „selige Ledigung und Lösung" einer zweiten „Unschuld".

Damit aber hat Feuchtwanger eine tiefsinnige Deutung der jüdischen Existenz in der Diaspora mitgeliefert, die als „poetische Interpretation" sabbatianischer Grundgedanken die Assimilation, die Erfahrung von Glanz und Elend der abendländischen Gesellschaft, praktisch zur Vorbedingung der Läuterung macht, wobei es am Ende nebensächlich bleibt, „ob einer Jud . . . oder Goi oder Moslem [ist], wenn er nur weiß um die Obere Welt", wie Jonathan Eybeschütz richtig erkennt. Bei der „dritten Stufe" handelt es sich weniger um eine Wiederentdeckung der jüdischen Identität als um ihre Transzendierung. Zwar verleiht Josefs Weigerung, den Ausweg, den ihm der christliche Vater bietet, anzunehmen, seinem Martyrium erst die ethische Qualität; doch hat seine Erkenntnis, daß der „jüdische Teil" sein besserer ist, nichts mit einem ethnischen Prinzip zu tun. Sie läßt sich eher durch Feuchtwangers Grundthese über das Judentum begründen, daß es um die „Eitelkeit und Belanglosigkeit" der Macht weiß und daß dieses „heimliche Wissen" den Fortbestand eines Volkes gesichert hat, dessen Identität „lediglich in dem Bekenntnis zu einem geistigen Prinzip besteht". Der Lebensweg des Josef Süß soll also weder als abschreckendes Beispiel für das Scheitern der Assimilation noch als Mahnung zur Rückkehr zum Judentum verstanden werden, genauso wenig wie Josef Knechts Entschluß, die *vita contemplativa* Kastaliens hinter sich zu lassen und im Dienst an den Menschen unterzugehen, als „Fehler" zu deuten ist; die „Reise in die Welt" ist die notwendige Zwischenstufe, die erst überwunden werden muß, bevor die letzte, die der Einsicht und des Opfers, erreicht werden kann.

Nun hat natürlich das abenteuerliche Leben Josef Süß Oppenheimers am württemberger Hof mit dem pietistischen Erziehungsideal Hesses wenig gemein, aber gerade durch diese Gegenübersetzung lassen sich einige Grundstrukturen Feuchtwangers näher bestimmen. Der „Weg durch die bösen Welten" ist keineswegs wie bei Hesse eine Bewährungsprobe, die es mit Standhaftigkeit und christlicher Demut zu bestehen gilt; es handelt sich vielmehr um einen „Yoga des Ekzesses", der die Welt der Sinne bis zum Letzten ausschöpfen muß, bevor er zum Geistigen fortschreitet. Diese Progression fand Feuchtwanger nicht nur in der Lehre der Sabbatianer vorgebildet, sie kennzeichnet auch einen Roman, der ihn in seiner farbigen Handlungsfülle offensichtlich stark beeinflußt hat – Hoffmanns *Die Elixiere des Teufels*, der in ähnlicher Weise den Medardus durch den *jardin des délices* zur schließlichen Läuterung führt. Bei Feuchtwanger wie bei Hoffmann war der Welt- und Lebenshunger viel zu stark, als daß das mönchische Entsagungsideal eines Hesse sie hätte ansprechen können; es ist dem Leser beider Romane völlig klar, daß die zweifelhaften Abenteuer Josefs wie Medardus' nicht nur dazu mit solcher Fähigkeit dargestellt werden, daß sie in einer mystischen Schlußwendung überwunden werden können, sondern auch, weil sie den „Durst nach den Zitzen der Lilith" beider Autoren zum Ausdruck bringen, die Sehnsucht nach der „großen Welt", nach Ruhm, Erfolg und Abenteuer, die sich im Deutschland des neunzehnten wie des zwanzigsten Jahrhunderts offensichtlich nur schwer befriedigen ließ.

So stolz und unermüdlich Feuchtwanger die hohen Auflagen und die vielen Übersetzungen seiner Bücher betonte, so sehr er in späteren Jahren die Rolle des kämpferischen Intellektuellen für sich in Anspruch nahm und sich mit Beaumarchais oder Rousseau identifizierte, es gelang ihm so wenig wie anderen Intellektuellen der Weimarer Republik, den „deutschen Dualismus" zwischen Geist und Macht zu überwinden – er blieb von jener Welt der großen „Affären" ausgeschlossen, konnte ihr nur aus dem gut ausgestatteten Getto seiner Schriftstellerexistenz zuschauen. Bei Feuchtwanger trat aber von Anfang an die Überzeugung hinzu, nicht nur als Intellektueller, sondern auch als Jude Außenseiter bleiben zu müssen; eben deswegen konnte ihm das Schicksal Walter Rathenaus, dessen Werte sich doch kaum mit denen des Josef Süß vergleichen ließen, bei der Ausarbeitung des Romans als Ansporn und als „Beweis" der Richtigkeit seiner Grundthese dienen. Jakob Wassermanns Nachruf auf Rathenau in *Die Neue Rundschau* (1922), den Feuchtwanger wohl gelesen hat, weist bei aller Ungleichheit dieser beiden „Hofjuden" auf das Gemeinsame, die Tragik des Außenseitertums:

Die Sache wie eine herzlose Geliebte, die sich verweigert; der Mann wie ein unbedingt und grenzenlos sich Hingebender, der keinen Lohn findet oder den rechten Lohn nicht, den nicht, auf den er Anspruch erheben darf. Das erkennend, gibt er mehr und immer mehr, verschwendet sich, achtet Tag und Nacht für nichts, das Übermaß seiner Kraft für nichts, und muß doch sehen und erfahren, daß an seiner Leistung selbst dort noch Abstriche geschehen, wo ihr keine gleiche an die Seite gesetzt werden kann, daß seine Person selbst dort noch bezweifelt wird, wo sie allen anderen überlegen ist [Feuchtwanger hätte vielleicht geschrieben: *dort erst recht!*]. Das Opfer wurde mißachtet, die Liebe verschmäht.[14]

Wenn Josef Süß die „edlen Überzeugungen" Rathenaus auch fehlen, so werden beide als „Motoren" der Modernisierung von ihren nichtjüdischen Herren eingesetzt, verwertet, um dann doch das gleiche Schicksal der Ausgestoßenheit, des Sündenbocktodes zu erfahren; „gegenüber allem Schein, wie ihn der Erfolg leiht", erbringen sie, der Staatsmann wie der Abenteurer, „das Zeugnis der Echtheit . . ., wie nur das Opfer es ablegt".[15] Der „Erfolg" stellt sich als gefährliche Illusion heraus, die eine Zeitlang das Wissen um die „Eitelkeit und Belanglosigkeit der Macht", um das Außenseitertum zum Schweigen bringt, die aber überwunden werden muß, um zur letzten Stufe der Klarheit vorzudringen. Fortunas Rad dreht sich auch bei Feuchtwanger mit fast elisabethanischer Konsequenz: schon das frühe Drama *Warren Hastings* (1915) bezeugt seine Faszination mit dem jähen Abstieg eines Mächtigen.[16]

Es ist also wohl kein Zufall, daß dem Roman, in dem der *Erfolgs*romancier Feuchtwanger sich für die aktive Verantwortung des Intellektuellen scheinbar am deutlichsten engagiert, dieser Schlüsselbegriff sozusagen als Menetekel im Titel vorangestellt wurde. Der Erfolg, mit dem Jacques Tüverlins Kampf um die Gerechtigkeit im schwärzesten Bayern belohnt wird, ist nicht nur vom Standpunkt der erzählten Handlung höchst zweideutig. Tüverlin weiß „um das Zufällige jeden Erfolgs",[17] er weiß auch, daß er als „Hereingeschmeckter" Außenseiter bleiben muß, daß nur Johanna, „selber ein Stück Bayern", „gegen Bayern Zeugnis ablegen" kann.[18] Seine Schweizer Herkunft ist im Grunde nur Chiffre für das „Anders-Sein" des deutsch-jüdischen Intellektuellen, der nicht dazu gehört, der zwar beraten und helfen kann, dessen „asiatisches“ Wissen um das Zufällige, Belanglose des Erfolgs ihn aber von dem Engagement eines Kaspar Pröckl zurückhält. Der eigene Erfolg, die „priviligierte Position“, die ihn von den Auswirkungen der Inflation schützt und seine „geistige Freiheit“ ermöglicht, ist genauso zufällig; die tiefe Skepsis Tüverlins (und Feuchtwangers) gegenüber der langfristigen Wirkung solcher „Erfolge“ bleibt erhalten, wie Anna Seghers weiß er, „daß der Menschheit nichts geschenkt wird und nie geschenkt wurde. Jedes Stück errungene oder verteidigte Humanität kostet viel.“[19] Er kann nur hoffen, daß das geistige Prinzip, das er wie sein Namensvetter Jean-Jacques vertritt, sich im Laufe der Zeiten endlich durchsetzt, daß es der „messianischen Sendung“ der Intellektuellen gelingt, die „Funken“ auch aus den Schalen des derben bayerischen Lebens herauszuholen.

Diese fundamentale Einsicht Feuchtwangers bleibt eine Grundkonstante seines Schaffens, so sehr sich auch seine Vorstellung von der politischen Verantwortung des Schriftstellers und von seinem Verhältnis zu den „progressiven Kräften“ der Geschichte ändern mag. Es wäre zum Beispiel völlig verfehlt, die Entscheidung Josephus', nach Palästina zurückzukehren und in der als aussichtslos erkannten Revolte der „Eiferer des Tages“ unterzugehen, als Plädoyer Feuchtwangers für den „Aktivismus“ zu verstehen. Auch Josephus „schreitet den Pfad ganz aus“; er lernt am römischen Hofe die Tücken und Möglichkeiten des Erfolgs kennen, liegt jahrelang an den „nackten, frechen Brüsten der Lilith“, um am Ende doch zu dem eigenen Ursprung zurückzukehren, in dem scheinbar sinnlosen Opfertod seine Vollendung zu finden. Das hat nichts mit der Art von „jüdischem Nationalismus“ zu tun, vor der Feuchtwanger auch 1933 gewarnt hatte: „Er hatte die Welt gesucht, aber gefunden hatte er nur sein Land; denn er hatte die Welt zu früh gesucht.“ Josephus will die Enge des Judentums hinter sich lassen, zum „Weltbürger“ im eigentlichen Sinne des Wortes werden; daß er trotzdem die Versuche des Rabbi Gamaliel gutheißt, den zerstreuten Juden in der Form des „Gesetzes“ eine geistige Einheit zu geben, die die verlorene nationale ersetzen und transzendieren soll, bedeutet keinen Rückschritt, sondern eher ein nochmaliges Bekenntnis Feuchtwangers zur „messianischen Sendung“ des Judentums als Überwinder des Nationalstaates. Trotz aller Unterschiede hat Feuchtwangers zweiter Josef mit seinem ersten noch viel gemein: den „Welt- und Lebenshunger“, das Draufgängertum, das ihn oft zu unüberlegten und falschen Handlungen hinreißt, das aber seinem klugen und vorsichtigen Gegenspieler Justus gegenüber zugleich sein Vorteil ist; die These des *Jud Süß*-Romans, daß nur der die letzte Stufe erreichen kann, der den „Weg durch die bösen Welten“ auf sich nimmt, scheint sich auch hier zu bestätigen. Der „Erfolg“ Josephus' stellt sich als Chimäre heraus, bleibt aber notwendiges Stadium seiner Reise zu sich selbst. Die „jüdische Identität“, zu der er zurückgefunden hat, ist keine nationale, sondern die zeitbedingte Form seiner Hoffnung auf den „Tag, der kommen wird“, an dem die Welt, die er „zu früh gesucht hatte“, sich verwirklicht.

Auch in *Jud Süß* geht es keineswegs nur um die „Selbstfindung“ Josefs, sondern auch um den langwierigen Prozeß, in dem die deutsche Gesellschaft sich aus den Fesseln des Ständestaates befreit und über den „Absolutismus“ zum modernen

Kapitalismus entwickelt. Josef, der als „jüdischer Geldmensch" die Wege des internationalen Kapitals kennt und beherrscht, ist hier gleichzeitig Vorreiter und Zufrühgekommener; er wird zum Opfer einer geschichtlichen Entwicklung, bei deren Förderung er und seinesgleichen eine wichtige Rolle spielen, und die trotz aller negativen Begleiterscheinungen von Feuchtwanger schließlich bejaht werden muß. Die Rolle Rathenaus als „Agent" und Opfer des Modernisierungsprozesses mag er ähnlich verstanden haben; in beiden Fällen rächt sich das Atavistische, Zurückgebliebene an dem Repräsentanten des „Neuen". Zuletzt aber nähert er sich dem Geschichtsfatalismus Büchners, für den „der einzelne nur Schaum auf der Welle, die Größe ein bloßer Zufall, die Herrschaft des Genies ein Puppenspiel, ein lächerliches Ringen gegen ein ehernes Gesetz" bleiben muß, „es zu erkennen das Höchste, es zu beherrschen unmöglich".[20] An dem „Trotzdem", dem Bedürfnis, zu leben und zu handeln, auch wenn das „eherne Gesetz" sich nicht beherrschen läßt, scheitern und siegen seine Protagonisten.

Jedoch muß man fragen, inwieweit dieser „Fatalismus" Feuchtwangers in seiner spezifischen Situation als deutsch-jüdischer Schriftsteller verwurzelt ist. Man kennt sie genug, die hämisch-spöttischen Bemerkungen über den großbourgeoisen Lebensstil, die wunderschöne Bibliothek, die „chinesische Höflichkeit" des Unbeteiligt-Beteiligten. War sein Glauben an eine „messianische Sendung" der Literatur und des Judentums, die sich eines fernen Tages verwirklichen sollte, am Ende nichts als eine bequeme Ausrede, die den Rückzug ins Private rechtfertigte? Der Vorwurf geht heutigen „Eiferern des Tages" besonders glatt von der Zunge, scheint mir aber Feuchtwangers schwieriger Situation des *Outsider as Insider* keineswegs gerecht zu werden. Nicht nur hat die Geschichte die Richtigkeit seines Modells, in dem der Außenseiter erst verwertet und dann ausgestoßen wird, auch in seinem eigenen Fall aufs brutalste „bewiesen"; seiner Weigerung, sich einem anderen, spiegelverkehrten Nationalismus anzuschließen, wird wohl auch niemand, der seiner Vision einer emanzipierten Welt einige Sympathien entgegenbringt, eine ähnliche prophetische Gültigkeit abstreiten können. Mit der Erkenntnis der Fragwürdigkeit des eigenen Erfolgs und der beschränkten Wirkungsmöglichkeiten des *double outsider* leben zu müssen, war sicher keine heroische Aufgabe, aber es gibt nur wenige, die sie mit der gleichen Mischung aus selbstironischer Grazie und „asiatischer" Weisheit so produktiv gemeistert haben. Nicht von ungefähr urteilt die Literaturkritik der DDR, der die Schwierigkeiten des Übergangs aus dem geistigen Milieu der Weimarer Republik zu einer neuen „integrierten" Literatur sattsam bekannt sind, da sehr viel milder; Feuchtwangers Rolle als skeptisch-aufklärerischer Vorbereiter einer befreiten Gesellschaft, an der er selber nicht teilhaben konnte, wird noch gut verstanden. Auch Feuchtwangers Tote bleiben jung; sie müssen nur von der Geschichte selbst aus dem Nirwana des Noch-Nicht erlöst werden. Wie der falsche Messias Sabbatai Zwi haben sie die Welt zu früh gesucht, in der der Mensch sich von der Last der Traditionen lossagen könnte; das Ende des *Tikkun*, „des großen Werkes [. . .] der messianischen Restitution", läßt immer noch auf sich warten. Auch Feuchtwangers „Kabbala des Exils" erwartet den historischen Augenblick, wo der „Wunsch nach Revolutionierung alles Bestehenden [. . .] nun nicht mehr in desparaten Theorien wie der von der Heiligkeit der Sünde Ausdruck zu suchen [braucht], sondern [. . .] sich unmittelbar in der Mitarbeit an der Herbeiführung des neuen Zeitalters auswirken [kann]".[22] Daneben verblaßt der zeitweilige „Erfolg" eines deutsch-jüdischen Romanciers der Weimarer Republik; es ging ihm um Wichtigeres.

Anmerkungen

1 Zit. bei Gershom Scholem: *Die jüdische Mystik in ihren Hauptströmungen.* Frankfurt am Main 1967, S. 312.
2 Leo Baeck: *Das Wesen des Judentums*, Frankfurt am Main ^{6}1932, S. 192.
3 Elisabeth M. Petuchowski: Some Aspects of the Judaic Element in the Work of Lion Feuchtwanger. Leo Baeck Institute Year Book XXIII (1978), S. 213-226.
4 Arie Wolf: Lion Feuchtwanger und das Judentum. In: *Bulletin des Leo Baeck Instituts*, 61/1982, S. 57-78.
5 Selma Stern: Jud Süß. Ein Beitrag zur deutschen und zur jüdischen Geschichte. Berlin 1929; Curt Elwenspoek: Jud Süß Oppenheimer. Der große Finanzier und galante Abenteurer des 18. Jahrhunderts . . ., Stuttgart 1926.
6 Dr. S. Baeck: Die Geschichte des jüdischen Volkes und seiner Literatur vom babylonischen Exile bis auf die Gegenwart. Breslau ^{2}1887.
7 Walter A. Berendsohn: Der Meister des politischen Romans: Lion Feuchtwanger. Schriften des Deutschen Instituts der Universität Stockholm 3, o.J. [1976?], S. 33 ff.
8 W.E. Yuill: *Jud Süß*: Anatomy of a Best-Seller. In: John M. Spalek (Hrsg.): Lion Feuchtwanger, A Collection of Critical Essays. Los Angeles 1972, S. 129.
9 Lion Feuchtwanger: Nationalismus und Judentum. In: L.F.: Centum Opuscula. Rudolstadt 1956, S. 497, S. 493.
10 Vgl. Berendsohn (Anm. 7), S. 19 ff.
11 Heinrich Graetz: Volkstümliche Geschichte der Juden. Leipzig o.J., 3. Band, S. 447 ff.
12 Feuchtwanger: Jud Süß. Frankfurt am Main 1976 (Fischer-Bücherei), S. 414. – Im folgenden werden Zitate aus dem Roman nach der Seitenzahl dieser Ausgabe in Klammern ausgewiesen. –
13 Scholem (Anm. 1) S. 343.
14 Ernst Schulin (Hrsg.): Gespräche mit Rathenau. München 1980, S. 197.
15 Vgl. das Anfangszitat aus Baecks *Das Wesen des Judentums.*
16 Vgl. Egon Brückener, Klaus Modick: Lion Feuchtwangers Roman „Erfolg". Kronberg/Ts. 1978, S. 25.
17 Feuchtwanger: Erfolg. Frankfurt a.M. 1975, Bd. 2, S. 776.
18 Ebd., S. 771.
19 Eva Kaufmann: „Vorgriffe". In: Tendenzen und Beispiele. Zur DDR-Literatur in den siebziger Jahren. Leipzig 1981, S. 89.
20 Georg Büchner: Werke und Briefe. Wiesbaden 1958, S. 374.
21 Scholem (Anm. 1) S. 312.
22 Ebd. S. 351.

Jörg Schönert

„ . . . mehr als die Juden weiß von Gott und der Welt doch niemand.“[1] Zu Arnold Zweigs Roman *Der Streit um den Sergeanten Grischa*

Angesichts so eingehender und ertragreicher Untersuchungen, wie sie Eva Kaufmann und Jürgen Happ zum *Grischa*-Roman vorgelegt haben,[2] nimmt sich ein kurzer Essay zu diesem Hauptwerk Arnold Zweigs überflüssig oder anmaßend aus. Lassen sich dennoch im Panorama der Erfahrungen, Deutungen und Wirkungen, die sich mit dem Roman verbinden, einzelne Perspektiven vertiefen oder in anderer Weise anlegen?

1928 besprach Robert Neumann im Organ des Centralvereins *C.V. Zeitung. Blätter für Deutschtum und Judentum* Zweigs *Grischa* mit dem Fazit: „Dieses Buch von der getretenen Kreatur, dieses Buch vom Kriege, dieses Buch von Recht und Unrecht ist in hohem Maße ein Buch vom deutschen Juden.“[3] Die Einordnung stützt sich auf den ersten Blick mehr auf die Interessen des Rezensenten und der Redaktion als auf die zentrale Bedeutung entsprechender Figuren im Roman. So konvergieren auch in der Folgezeit die Urteile über den Text[4] nur selten mit Neumanns Befund; ausgenommen in der Variante antisemitischer Aggression gegen das – wie auch immer zu beschreibende – ‘Jüdische’ des Erzählwerks (vgl. weiter unten S. 230) oder in der heftigen Reaktion Emanuel Bin Gorions aus dem Jahre 1929: Der Autor des *Grischa* wisse zu wenig über das Ostjudentum; das Buch sei insgesamt noch unter der Schundliteratur anzusiedeln.[5]

Die Leitlinien der literaturwissenschaftlichen Diskussion wurden nach 1945 von Darstellungen aus der DDR bestimmt. Hierbei wird – pauschal gesagt – eine Biographie- und Werk-Entwicklung angelegt, die den Autor auf dem Weg vom ‘utopischen (zionistischen) Sozialismus’ zur Parteinahme für den ‘wissenschaftlichen Sozialismus’ verfolgt. Die Bedeutung ‘des Jüdischen’, die – so Hilscher[6] – bei Arnold Zweig vielfach überschätzt wird, ist als gering veranschlagt. Unpolemische Korrekturen dieser Einordnungen, wie sie sich vor allem in der ‘Auslandsgermanistik’ finden,[7] bleiben in der Argumentation auf den vorgegebenen Deutungsrahmen bezogen oder stellen Zweigs kritische Auseinandersetzung mit dem Zionismus in den Vordergrund. So notwendig es wäre, solche Diskussionen in der Bundesrepublik aufzunehmen und so wenig es im Rahmen meines Beitrags geschehen kann, sehe ich doch in der thematischen Klammer dieses Bandes eine nützliche Beschränkung, um – ungeachtet anderer wichtiger Perspektiven dieses großen Zeit- und (Anti-) Kriegsromans – Antwort auf die Frage zu finden, welche Bedeutung Zweigs Erfahrungen aus seinem Leben als Jude in Deutschland und sein Engagement in der Sache des Judentums für Entstehung und Verständnis des Textes haben.[8] Dafür ist weithin Bekanntes aus Zweigs Biographie und der Geschichte seines schriftstellerischen Werks in aller Kürze in Erinnerung zu rufen.[9]

Als Sohn eines Sattlers 1887 in Glogau geboren und in Schlesien aufgewachsen, lernt Zweig in Kindheit und Jugend am materiellen und sozialen Schicksal seiner Familie die zeit- und milieutypischen Zurücksetzungen der Juden kennen. Seine Kindheit stand wohl nicht im Zeichen orthodoxer Religiosität: „Man gehörte durch Geburt und Religion dem mosaischen Glauben an und pflegte ihn mit liberaler Toleranz.“[10] Für die Vorstellungswelt des Heranwachsenden wird der Umgang mit Literatur wichtiger als die religiösen Bindungen, ohne daß er sein Judentum verleugnet, „in das er hineingeboren war.“[11] Auch später, als sich Zweig für die zionistische Bewegung engagiert und gegen den Antisemitismus streitet, bleibt es sein Ziel, die 'jüdischen Dinge' mit Gelassenheit zu sehen, klar und entschieden zu argumentieren, Stärken und Schwächen der „deutschen Judenheit“ in ihrer Geschichte herauszustellen.[12] Sein Judentum erscheint Zweig als 'Selbstverständlichkeit';[13] er sieht darin nicht eine Last oder ein Trauma, sondern „ein wichtiges, schöpferisches Element“[14] für Identitätsbildung und Lebensführung. Selbst nach den ersten Erfahrungen mit dem neuen Reichskanzler Hitler reagiert der Autor in seiner *Bilanz der deutschen Judenheit* gelassen und wirbt weiter dafür, die wichtigen Impulse und kulturellen Leistungen der Juden in der Geschichte der Menschheit und besonders in der deutschen Kultur anzuerkennen, um sie auch für die Zukunft zu sichern: Die Differenzqualität der „Abstammung“ sei *eine* der unentbehrlichen Komponenten in Erscheinungsbild und Entwicklung der menschlichen Zivilisation; sie verleihe jeder Gruppe „einen bestimmten natürlichen Habitus“; sie sei Grundlage und Herausforderung für Schicksal und Lebensleistung.[15] Für Zweig folgt aus dieser Einsicht, daß er der Zurücksetzung als Jude in Deutschland durch intensive Aneignung der deutschen Kulturtradition und durch 'kulturelle Produktivität' begegnen will. Unterstützt von Privatstipendien belegt er an bedeutenden deutschen Universitäten Philosophie und Literaturwissenschaft; er sucht seinen Weg als Schriftsteller. Nachdem Zweig die kulturzionistische Position Martin Bubers kennengelernt hat und sich bei ihm – seit 1912 – brieflich Rat und Anregungen holt, rücken in seiner publizistischen und literarischen Aktivität Themen zur Geschichte und aktuellen Situation des Judentums in den Vordergrund, formiert sich das Bekenntnis zum Zionismus. Dem Drama *Abigail und Nabal* (1909) und den *Aufzeichnungen über eine Familie Klopfer* (1911)[16] folgt 1914 das Stück *Ritualmord in Ungarn*, für das Zweig 1915 den Kleistpreis erhält. Zugleich beginnt er mit einer Dramatisierung der „Vergessenen Geschichte“ aus Bubers Legende des *Baal-schem*, die 1925 als *Die Umkehr des Abtrünnigen* publiziert wird.[17] In einem Privatbrief an Helene Joseph schreibt Arnold Zweig am 4.7.1913: „Sie wissen, wie leidenschaftlich, ja mit welchem Glück ich Jude bin.“[18]

Beim Ausbruch des Ersten Weltkrieges ist Zweig – wie viele jüdische Intellektuelle seiner Generation – mit Begeisterung Deutscher. Er wird 1915 als Schipper eingezogen und an der Westfront eingesetzt, 1917 dann – zusammen mit anderen Literaten und bildenden Künstlern – in die Ober-Ost-Etappe 'gerettet', um dort die 'deutsche Sache' kulturell zu repräsentieren und publizistisch für sie zu werben. Zweig kann so das Revolutionsgeschehen im zaristischen Rußland aus der Nähe verfolgen. Er glaubt, daß in diesem Stadium der europäischen Geschichte nur der Weg zum Sozialismus eine Wendung zum Besseren bringen könne: für die Masse der Unterprivilegierten und Entrechteten und damit auch für die deutschen Juden. Diese Entwicklung soll – so Zweig – im Zeichen von Vernunft, Ethos und Arbeit stehen und ohne Gewalt vollzogen werden: Der erfolgreiche Schritt zum Sozialismus setze die innere Wandlung des Einzelnen voraus. Gustav Landauers Einstellung und Schriften geben Zweig die Zwanziger Jahre hindurch wichtige politische und kunsttheoretische Orientierungen.

Die zweite weitreichende Lebenserfahrung dieser Zeit in der Etappe ist die unmittelbare Begegnung mit dem Ostjudentum, die Zweigs Bekenntnis zu Bubers Kulturzionismus stärkt und vertieft. In seiner Schrift *Das ostjüdische Antlitz (zu 52 Zeichnungen von Hermann Struck)* wirbt der Autor dafür, die bedrohte Lebens- und Kulturgemeinschaft der Ostjuden zu retten, um ihre Traditionen und Kräfte in die zionistische Selbstfindung des Judentums einzubringen. Bei aller Skepsis und Kritik gegenüber nationalistischen Übersteigerungen des politischen Zionismus setzt sich Zweig in den Zwanziger Jahren nachhaltig für die Sache des Zionismus ein, zumal er in Palästina konkrete Möglichkeiten dafür sieht, seine Vorstellungen von einem ethischen und gewaltlosen Sozialismus im Zeichen von befriedigender Arbeit und materieller Gerechtigkeit zu verwirklichen.[19] Veröffentlichungen wie *Das neue Kanaan* (1925), *Juden auf der deutschen Bühne* (1927) und *Caliban* (1927) kennzeichnen – neben einer Vielzahl publizistischer Beiträge – die dreifache Perspektive von Zweigs 'aufklärerischem' Engagement: Werbung und ideelle Zurüstung für das 'neue Land Israel' im palästinensischen Mandatsgebiet, Verweis auf die wichtigen Kulturleistungen der deutschen Juden und Kampf gegen den Antisemitismus.[20] Ende 1923 tritt Zweig in die Redaktion der *Jüdischen Rundschau* ein.

Vor allem in der Zweig-Literatur aus der DDR wird betont, daß abweichend von den publizistischen Aktivitäten des Autors in den Fiktionstexten die brennenden Fragen des Judentums keine dominierende Stellung einnehmen. Ein solcher Befund ist – auch auf Robert Neumanns Einschätzung zurückgreifend – nun am *Streit um den Sergeanten Grischa* zu überprüfen.

Dem Stoff zu diesem Roman begegnet Zweig in einem konkreten Rechtsfall während seiner Dienstzeit im Etappenbereich Ober-Ost. 1921 hat er ein Drama *Der Bjuschew* abgeschlossen, das wohl den Rechtsbruch und die militärpolitische Willkür im Prozeß gegen den vermeintlichen russischen Spion in den Mittelpunkt stellt. Der Text dieser Urfassung ist nicht erhalten;[21] erst die bearbeitete Bühnenfassung *Das Spiel vom Sergeanten Grischa* (1930) liegt vor. Sie setzt freilich den *Grischa*-Roman voraus. Daß nicht mehr auf die frühe Ausarbeitung des Dramas zurückgegriffen werden kann, ist gerade aus der Sicht unseres Themas zu bedauern – gilt es doch, die Rolle der Repräsentanten des Ost- und Westjudentums im Streit um Grischa einzuschätzen. Dabei wäre im Vergleich von *Bjuschew* und *Grischa* auch zu ermitteln, ob Zweig sein begeistertes Eintreten für das Ostjudentum (vgl. *Das ostjüdische Antlitz*) in der Folgezeit korrigiert.[22] Über den hier zu vernachlässigenden Zusammenhang von dramatischer und epischer Fassung des Grischa-Stoffes hinaus ergeben sich mit der heutigen Stellung des Romans im Zyklus *Der große Krieg der weißen Männer* weitere kontextuelle Probleme. Muß der *Streit um den Sergeanten Grischa* allein aus der Entstehungssituation 1926 verstanden werden oder sind die übrigen Romane des Zyklus einzubeziehen? Damit wären Zweigs Erfahrungen im palästinensischen Exil ebenso zu diskutieren wie die seiner DDR-Zeit. Eine solche umfassende Analyse kann hier nicht geleistet werden. Ich konzentriere mich also – die Beschränkung nur pragmatisch rechtfertigend – auf den Roman als Einzeltext und stütze mich dabei auf die Hypothese, daß Zweig in diesem Erstling des geplanten siebenteiligen Zyklus sowohl seine romanästhetische als auch seine weltanschaulich-politische Position variantenreicher anlegt als in den anderen fünf (erschienenen) Romanen. Im Streit um den Sergeanten Grischa gibt es keine eindeutige Lösung – und das Bekenntnis zur überlegenen Position des Judentums, das als Zitat in der Überschrift herausgestellt wurde, dient mir bei den weiteren Überlegungen nur als Sonde, nicht als Richtschnur der Interpretation.

Zweig hatte zunächst vorgesehen, den *Grischa*-Roman als Mittelstück eines Triptychons, einer 'Trilogie des Übergangs' anzulegen.[23] Die Romane *Erziehung vor Verdun* (der jüdische Schriftsteller und deutsche Soldat Bertin wird zum Kriegsgegner) und *Einsetzung eines Königs* (zum Werdegang des preußischen Offiziers Winfried) sind als 'Erziehungs- und Entwicklungsromane' konzipiert,[24] die zugleich in den exemplarischen Erfahrungen ihrer Protagonisten zur zeit- und gesellschaftskritischen Analyse des Umbruchs zwischen 1916 und 1918 hinführen. Mit solchen eindeutigen genretypologischen Kategorien ist der *Grischa*-Roman jedoch nicht einzuordnen. Kommt man vom erweiterten Zyklus her, werden die Erwartungshaltungen der Leser heute durchaus auf das wiederkehrende Prinzip des repräsentativen Entwicklungsgangs eines Einzelnen gelenkt, wobei der Gefreite Bertin im Vordergrund steht.[25] Innerhalb des zunächst geplanten Triptychons liegt es nahe, von drei gleichberechtigten 'Erziehungsgeschichten' auszugehen, die auf der Erfahrungsebene des russischen Sergeanten und Kriegsgefangenen, des jüdischen Gefreiten und des preußischen Offiziers das Geschehen des Ersten Weltkriegs und seiner Folgen aufnehmen und deuten. Doch kann für Grischa – wie noch zu zeigen ist – nicht das traditionelle Schema des Entwicklungsromans (etwa mit Täwje als Figur des Mentors) zugrundegelegt werden, wie es weithin für die Geschichten Bertins und Winfrieds gilt. Grischa erfährt eher eine 'Wandlung' (mit plötzlichen Durchbrüchen zu Erkenntnis und Wahrheit – vgl. entsprechende Verfahren in expressionistischer Prosa und Dramatik), weniger einen 'Lern- und Entwicklungsprozeß'. Zweig variiert das erzählerische Organisationsmuster der Entwicklungsgeschichte aus der deutschen Literaturtradition des 19. Jahrhunderts durch Gestaltungsformen der Legende und Bekehrungsgeschichte, aber auch durch 'moderne' (tiefenpsychologische) Konzepte von Individualität und Persönlichkeitsbildung (vgl. etwa die Träume von Grischa und Schieffenzahn). Ob schließlich Grischas 'Weg nach innen'[26] als beispielgebende Tat[27] oder – so E. Kaufmann[28] – als selbstmörderischer Opfergang anzusehen ist, bleibt eine Frage, auf die von der Anlage der Erzählung auf den ersten Blick keine Antwort gegeben wird.

Mit Bezug auf den *Bjuschew* und die öffentlichen Diskussionen zum Rechtswesen der Weimarer Republik kann der *Grischa*-Roman auch als zeitkritische Darstellung eines Justizirrtums, der 'Affäre Grischa Propotkin' gelten; er schildert dann die Korruption der Idee von Recht und Gerechtigkeit durch die Machtinteressen der Repräsentanten eines verkommenen Staatswesens:[29] ein Zeitroman also mit Material aus der jüngsten Vergangenheit.[30] Der Titel der ersten Veröffentlichung des Romans (in Fortsetzungen) 1927 in der *Frankfurter Zeitung* lautete *Einer gegen alle*. Er verweist deutlich auf die aussichtslose Erwartung, daß gerecht gerichtet

würde, und auf den (legendenhaft überhöhten) Status des 'Opfers Grischa'. Auch ist in diesem Titel die Perspektive der zweiten Formulierung noch nicht angelegt, die den *Streit* um den Sergeanten Grischa, die Konkurrenz der „Deuter" (S. 437 ff.) betont, zugleich die Identifikation mit Grischa zurückdrängt und damit nahelegt, das Ergebnis des Streits in der Frage nach der rechten Gesinnung und der richtigen geschichtsmächtigen Idee zu suchen. Schließlich – und diese Annahme wird durch die 'Primärrezeption' des Romans gestützt – wären die genretypischen Muster auch nur als Mittel in einem Verfahren anzusehen, das aus dem Rechtsstreit um Grischa den Anti-Kriegsroman entwickelt: Dabei werden dem „großen Krieg der weißen Männer" der Heimkehrwunsch und die Friedenssehnsucht der 'kleinen Leute' entgegengesetzt, wird in der Verdrehung von Recht und im Verlust von Gerechtigkeit das alles pervertierende System des Macht-Krieges offengelegt und Schieffenzahns Rechtsbruch ebenso wie die Handlungsschwäche der ethisch gesinnten preußischen Offiziere auf die Angst vor Übergang und Umbruch, vor der sozialistischen Revolution bezogen.
Als Kriegsroman gibt der *Streit um den Sergeanten Grischa* Antwort auf die Frage, warum Kriege geführt werden und was der Krieg aus dem Menschen macht. Grischas Hinrichtung erscheint in dieser Perspektive nicht als Justizirrtum oder als Konsequenz der 'systemimmanenten Rechtsbeugung', sondern als einer der sinnlosen Tode, die das Kriegsgeschehen Tag für Tag fordert. Die Erfahrungen, Meinungen und Schicksale repräsentativer Figurengruppen und die 'realistische' Schilderung typischer Milieus (z.B. im Herrenfest oder in der Kantinenszene) würden der Darstellung die notwendige Authentizität geben.[32] In der stilisierten 'historischen Distanzierung' des übergeordneten auktorialen Erzählers, der seine Zurückhaltung freilich wiederholt mit kritischem Engagement oder parthetischer Anteilnahme durchbricht, orientiert sich Arnold Zweig an Feuchtwangers historischen Romanen. Aufschlußreich wäre vor allem ein Vergleich des Grischa-Romans mit dem *Jud Süß* von 1925 (vgl. in diesem Band S. 213ff.).[33] Auch bei Feuchtwanger wird in das Geschehen ein Rechtsfall einbezogen, wird die ursprünglich dramatische Bearbeitung des Stoffes erzählend umgeformt, um Historisches und Aktuelles in Beziehung zu setzen und der 'Wandlung' des Protagonisten zusätzliche Kommentar- und Sinnebenen zuzuordnen.

Als Ergebnis ist festzuhalten, daß Zweig dem Leser verschiedene Orientierungsmuster für die Lektüre anbietet. Die Erzählung erschöpft sich weder in der Dokumentation eines Rechtsfalles, noch in der chronikalischen Aufarbeitung des Ersten Weltkriegs, so daß der Leser die Figuren und das Geschehen des Romans nicht nur als Repräsentanz von Realgeschichte verstehen darf, sondern auch als 'Zeichen', deren Sinn erst zu entschlüsseln und zu „deuten" ist.[34] Die – mitunter allzu 'werkimmanent' angelegte – Untersuchung von Jürgen Happ hat die zahlreichen Motivverflechtungen, bildlichen Assoziationen und Symbole der Erzählung überzeugend dargestellt; Zweig setzt selbst mit dem – häufig kritisierten – Eingang des Romans, aber auch mit vielen Kapitelüberschriften entsprechende Signale für die 'sinnsuchende' Lektüre, die den 'Realismus' des Romans nicht aufheben, sich aber damit – aufs Ganze gesehen – auch nicht zufriedengeben soll. Im Erleben und Entziffern des Geschehens kann der Leser – in einer säkularen Haltung – dann ähnlich verfahren wie Täwje und seine Freunde beim Studium des Talmud.

Dieser Absicht widerspricht durchaus nicht, daß – wie im vordergründig realistischen Roman – Fabel und Figuren die wesentlichen Bauelemente des Romans darstellen. Die erzählte Geschichte (Grischas Flucht, Prozeß und Hinrichtung) weist jedoch bereits in ihrer zeitlichen Ausdehnung – von März bis November 1917 – über sich hinaus. Sie ist eingebettet in die Zeitenwende von der Februar-Revolution in Leningrad (mit dem Sturz des Zaren) bis hin zu den Ereignissen des 8. November, der Machtergreifung der Arbeiter- und Soldatenräte. Der Überläufer-Erlaß Schieffenzahns, der zum Grischa-Prozeß führt, entspringt der Angst, daß 'bolschewistische Ideen' in die deutschen Reihen übertragen werden und den militärischen Gehorsam schwächen könnten (S. 117). Selbst nachdem sich bestätigt hat, daß Grischa schon geraume Zeit als Kriegsgefangener in deutschem Gewahrsam war, will Schieffenzahn an der Exekution festhalten, um ein abschreckendes Exempel zu statuieren. Er erfaßt die Welt nach Maßgabe von Macht und Interesse, während Grischa, Täwje und die mit Grischa sympathisierenden Deutschen Weltordnung in ideellen Prinzipien suchen. In der Figurenkonstellation zeichnen sich – auf den ersten Blick – noch die Spuren des 'klassischen Dramas' mit Spiel und Gegenspiel ab – bis hinein in die große Disputationsszene zwischen Schieffenzahn und Lychow (S. 325-333). In der Ausführung des Romans werden solche eindeutigen Oppositionen jedoch gebrochen und durch anders angelegte Gruppierungen überlagert. Da ist zum einen der (nur über Grischa vermittelte) Widerstreit zwischen Babka und Täwje: zwischen dem – bis ins Animalische verkürzten – Lebenstrieb und der Pflicht zur geistig-sittlichen Disziplinierung von Körper und Lebenswillen, zu der sich Täwje bekennt.[35] Ein weiterer Gegensatz ergibt sich zwischen der immer wieder dargestellten Ohnmacht des Einzelnen (vgl. den Gefreiten Sacht) und den Möglichkeiten zu gemeinschaftlichem Handeln. Diese zukunftsweisende Alternative kann von Grischa nur zitierend – im Absingen des Revolutionsliedes – aufgenommen und erfahren werden. Gerade die beiden Anhänger revolutionärer und kollektiver Aktion, die Kerenski-Adeptin Deborah Süßkind und ihr Vetter, der Leninist Sascha (S. 94 f.), entziehen sich aber einer möglichen Solidarität mit Grischa und 'bewältigen' den Fall nur theoretisierend. Wo es zu solidarischen Handlungen kommt (wie zugunsten des Heimaturlaubers Sacht), ist dieses Geschehen nicht mehr auf den Streit um Grischa zu beziehen, sondern eröffnet – jenseits der Konkurrenz von Interessen und Weltanschauungen – eine Perspektive, in der sich die beschriebenen Machtverhältnisse generell umkehren: die Ohnmächtigen werden mächtig.

Auf den zweiten Blick wird auch die scheinbar eindeutige Opposition zwischen Schieffenzahn, Wilhelmi, Brettschneider und der Lychow-Gruppe in Frage gestellt. Lychow und Posnanski gehören ebenfalls der Kriegspartei an; sie versuchen lediglich, das Kriegsgeschehen so zu begreifen und zu ordnen, daß es sich – auf einer höchst abstrakten Ebene[36] – mit den Prinzipien von Ehre und Recht vermitteln läßt. Selbst Bertin, der als einziger in diesem Kreis Grischa nicht nur als ein Objekt für Prinzipien und Gefühle benutzt, sondern in ihm auch den Mitmenschen sieht (S. 152 f.), formuliert entschiedenen Widerspruch nur im Reich der Gedanken und Ideen (vgl. etwa S. 146f., 151). Indem der Autor solche Konstellationen herausarbeitet, schreibt er den einzelnen Figuren moralische Schuld zu, verweist zugleich aber auf die übergeordneten Determinanten von Systemzwang und Kriegsgeschehen.

Der zweite kritisch-entziffernde Blick läßt sogar konträre Figuren wie Schieffenzahn und Babka in eine mögliche Nachbarschaft rücken. Abgesehen von Reichweite und Spielraum ihres Handelns erscheinen sie beide als Pragmatiker, die einst – freilich auf nicht vergleichbare Weise – gedemütigt (zu Schieffenzahn vgl. S. 338 ff.), nun ihren Willen durchsetzen, um ihren Vorteil zu verfolgen. Babka will Grischa nicht retten, weil die Deutschen, die ihre Familie so brutal zerstört haben, in dem vermeintlichen Spion ein weiteres Opfer ihres Kriegssystems finden. Sie versucht nicht, den russischen Soldaten zu befreien, sondern Grischa, den Mann und den Vater ihres ungeborenen Kindes.[37] Babkas Besitzverlangen wird von Zweig nicht moralisierend eingeordnet (es steht ja nicht der Heimkehr Grischas zu Frau und Kind im Wege), sondern gebilligt als 'élan vital', der auch Grischa auf seiner Flucht aus dem Kriegsgefangenenlager in schwierigen Bedingungen überleben läßt. Doch im Streit um den Sergeanten Grischa unterliegt schließlich Babka gegenüber Täwje, dessen „Deutungen" des Geschehens Grischa dazu verhelfen, in seinem Tod Sinn zu finden, ihn – trotz des rechtsbeugenden Urteils – als gerecht anzusehen. Wäre also mit Täwje und seinem Kreis das eigentliche Sinnzentrum des Geschehens zu bestimmen,[38] kann der Leser Grischas Diktum, „mehr als die Juden weiß von Gott und der Welt doch niemand" (S. 312), nachvollziehen?

In der Figurenkonstellation des *Grischa*-Romans erhält Täwje über seine Rolle als Talmud-studierender Ostjude und Chassidim hinaus zusätzliches Gewicht, weil die Positionen der 'Westjuden' als schwach erscheinen. Wer im Zusammenwirken der Preußen Lychow und Winfried mit den Juden Posnanski und Bertin zugunsten Grischas ein Plädoyer für die „deutsch-jüdische Symbiose" sehen will – wie es M. Reich-Ranicki nahelegt[39] –, der muß letzten Endes die Bedeutung dieser Symbiose in Frage stellen, denn sie bringt weder für die Beteiligten, noch für Grischa ein positives Ergebnis. Zweifellos vertreten der Jurist Posnanski und der Schriftsteller Bertin, der eine orthodox, der andere freizügig in der Befolgung der religiösen Vorschriften, den Typus des 'deutschen Juden', wie ihn Zweig vielfach beschrieben hat. Dabei geht ihre Assimilationsbereitschaft nicht so weit, daß sie sich um „den Preis der Entjudung"[40] – wie der konvertierte Dr. Widson, vormals Davidsohn (S. 379f.), oder der geschniegelte Sanitätsarzt Dr. Lubbersch (S. 489) – emanzipiert hätten; sie repräsentieren nicht „die graeculi der Kaiserreich-Deutschen".[41] Doch können beide – aus unterschiedlichen Gründen – trotz ihrer geistigen Überlegenheit weder 'in Worten noch Werken' für Grischa das leisten, was Täwje bewirkt. Gegenüber dem Leser erwerben sie sich jedoch in den vielen Dialogen des Romans durchaus Autorität als scharfsichtige Diagnostiker der Zeit und als Kritiker des Krieges. Dieser Anspruch wird durch ihre Ohnmacht nicht eingeschränkt – was wiederum nicht ausschließt, daß ein unvoreingenommener Rezensent wie Tucholsky über sie zu einem vernichtenden Urteil kommt: Juden wie Posnanski hätten trotz ihrer Überlegenheit, die von gut trainiertem jüdischen Scharfsinn und von jüdischer Kultur getragen wird, eben „mitgemacht".[42] Zweig legt jedoch zu Posnanskis und Bertins Haltung im Roman eine andere Einstellung nahe, wenn er die beiden durch den Deutschen Pont rechtfertigen läßt, als sie sich den dienstlichen Pflichten bei der Hinrichtung Grischas entziehen[43]: Als Angehörige eines alten Kulturvolkes hätten sie – angesichts solcher Barbarei – „ein Recht auf ihre Nerven" (S. 472).

Ähnlich nüchtern, ja fast beiläufig geht Zweig im *Grischa*-Roman mit dem Antisemitismus um. Entsprechende Einstellungen spielen hier kaum eine Rolle, sieht man einmal von der Figur Brettschneiders ab. Aber auch bei ihm sind – beispielsweise – die Gedanken beim Ritt durch die Judenstadt Merwinsk (S. 306f.) in ein Spektrum zwischen Befremden, Unverständnis und Aggression einzuordnen. Diesen Befund stützt die eingangs entwickelte Skizze, daß Zweig zur Entstehungszeit des *Grischa* sich vor allem publizistisch gegen den Antisemitismus wandte. Doch selbst der 'einschlägigen' *Caliban*-Schrift (1920/21 begonnen, 1926 abgeschlossen) gilt der Antisemitismus nicht als zentrale Schicksalsfrage des Judentums, sondern wird als aktuelles Problem von Zweig den Aufgaben nachgeordnet, Existenz und Kultur der Ostjuden zu retten und die Zukunft der Juden in Palästina zu sichern.[44]

Zweigs nachhaltige Anteilnahme am Geschick des Ostjudentums ist nicht blind für Aspekte der Kritik und nicht frei von ironischer Distanzierung. Im Vergleich der Porträtskizzen in *Das ostjüdische Antlitz* mit dem Bild der Judenstadt Merwinsk im *Grischa*-Roman wird deutlich, daß sich Zweigs Begeisterung[45] mit der wachsenden Distanz zur unmittelbaren Erfahrung vermindert hat. Es bleibt zu fragen, ob Tucholsky die durchaus relativierte Position Täwjes in Zweigs Roman richtig erkannt hat, wenn er in seiner Rezension emphatisch die „unendliche Überlegenheit [der Ostjuden] über die kriegführenden Parteien, ihre äonenweite Weisheit und ihre tiefe Philosophie" rühmt.[46] Die Sicherheit und Ruhe, die Merwinsk und seine Bewohner in Zweigs Schilderung trotz aller Kriegsbedrängnis ausstrahlen (z.B. S. 306f.), sind auch als Folge des nach außen begrenzten Horizontes der einfachen Leute zu sehen (S. 83ff.). Doch bezieht sich Zweig nicht auf das simple kulturelle Modell von der Haskala-Rationalität des Westjudentums und der Chassidismus-Irrationalität des Ostjudentums,[47] obwohl das 'Anderssein' von Täwje und seinem Kreis im Vergleich zu Posnanski und Bertin herausgestellt wird.[48] Beide Gruppen haben im Roman weder Gemeinsamkeiten noch Berührungspunkte. Sie werden nicht in der Konkurrenz der Weltbilder und Ideen aneinander gemessen, sondern in ihrer lebenspraktischen Bedeutung für Grischa. Für ihn, den 'Rußki' und 'Mann aus dem Volke', ist Täwje, der Landsmann und Tischler, 'naturgemäß' der richtige Partner. Über diesen Aspekt nationaler und sozialer Adäquanz hinaus hat in der übergreifenden Sinnebene des Geschehens Täwjes Ethos von Arbeit und innerer Einkehr entscheidende Bedeutung,[49] weil es dem höchst bedrohten und gefährdeten Grischa Sicherheit und Identität vermittelt. Im Sinne des Entzifferungs- und Deutungsvorgangs, zu dem der Leser veranlaßt wird, wäre weiter zu fragen, ob der Russe und orthodoxe Christ Grischa mit seinem intensiven Heimkehr- und Friedenswunsch nicht partiell auch als – freilich nur angedeutete – Allegorie auf das Schicksal des Judentums zu Beginn des 20. Jahrhunderts verstanden werden könnte. Die verhängnisvolle 'Assimilation' zum Bjuschew – die „Sünde" des Namenstausches (so Täwje, S. 201) – wird durch die Unterweisungen des Ostjuden Täwje herausgestellt. Durch ihn, der den Namen von Tobias, dem Heimkehrer, trägt (S. 201), wird Grischa – zumindest in seiner Sinnsuche – über seinen Tod hinaus- und heimgeführt. Todestag ist der Tobias-Tag, der 2. November – und der 2. November 1917 ist zugleich der Tag der Balfour-Deklaration, mit der politisch den Juden die Möglichkeit zur 'Heimkehr ins Land Israel' eröffnet wird. Wohlgemerkt handelt es sich bei einer solchen Interpretation nicht um eine Festlegung, die alle anderen Deutungen ausschließt, sondern lediglich um die Beschreibung eines Assoziationsfeldes, das von Figur und Fabel abstrahierend gewonnen werden kann.

Explizit ausgeführt sind dagegen Bezüge, die Grischa mit der Christus-Figur, mit Verurteilung, Verspottung und Kreuztod verbinden.

Feldwebel Pont sieht in der – von Blut befleckten – Augenbinde des Erschossenen (seinem Taschentuch) ein „Symbol des Pontius Pilatus", so daß er – Laurentius Pontus – „keine Schuld am Tode dieses Unschuldigen habe" (S. 489). Bertin assoziiert beim Anblick des wieder einrückenden Hinrichtungskommandos: „Es ist vollbracht" (S. 492). Darüber hinaus hat das Kreuz-Zeichen – vom Georgskreuz, das Grischa als Kriegsorden des Zaren erhielt, über das Amtskreuz der Geistlichen bis hin zum Kreuz in der Küchenstube seiner Mutter – eine wichtige Symbolfunktion. Doch deutet diese Präsenz des Kreuzes im Alltag von Friedensleben und Kriegsgeschehen eher darauf hin, daß sich die Leidensgeschichte Christi – in säkularer Form – immer wieder als 'Alltagsgeschichte' lesen läßt,[50] daß Wort- und Bildverweise auf die Passion gleichsam als kulturell gängige Münze der Sinndeutungen ausgegeben und interpretiert werden können. Christus-Figuren und die entsprechenden Bild- und Motivbereiche sind in der Literatur des späten 19. und frühen 20. Jahrhunderts häufig zu finden,[51] so daß die metaphysischen Bezüge zugunsten des literarischen Materialwertes eingeschränkt wurden. So ist auch Grischas Ende nicht als 'Sieg über den Tod' zu verstehen; er wird physisch zerstört und „erledigt" (S. 492). Die leibliche Gestalt soll – zusammen mit allen anderen Toten – am Tag des Jüngsten Gerichts wiederhergestellt werden, nicht aber in einem singulären Auferstehungsgeschehen. Doch lebt Grischa – biologisch und sinnbildlich gesehen – weiter in dem neugeborenen Kind, dem er seine Lebenskraft schenkt.[52] Eine solche 'Auferstehung' ist für Grischa unabhängig von der Existenz Gottes; sie ist eingebunden in die Naturprozesse des 'Stirb und Werde' (S. 403). Grischa wird – auf's Ganze gesehen – keine Rolle zugeschrieben, die ihn als 'Erlöser' ausweist. Wenn die Christus-Allegorie deutend eingeführt werden soll, dann nur in der jüdischen Perspektive, die Zweig 1913 in einem Brief an Helene Joseph formuliert: Jesus von Nazareth ist die höchste Möglichkeit des Juden-Menschen (nicht aber Gottes Sohn).[53] So verweist Grischas 'Predigt' über die Verzeihung, die überall in der Welt sei (S. 254f.), auch auf den Jesus als Lehrer der Menschen. Im Ganzen gesehen dominieren die Bezüge zum Alten Testament;[54] wo das Neue Testament zitiert wird, geschieht dies zumeist durch die Vertreter der christlichen Amtskirchen,[55] die weniger 'Deuter' und Sinnstifter sind als Gegenstand von Kritik und Satire.

Einen weiteren symbolischen Sinn eröffnen Parallelsetzungen, die Grischa mit der Hiob-Figur in Verbindung bringen, dem Mann, der mit Gott haderte.[56] Grischas 'Wandlung' – er akzeptiert 'Sinn', ohne richtig zu begreifen – ist dann auch nicht psychologisch zu erklären oder ganz auf Täwjes Überzeugungskraft zurückzuführen. Im Annehmen des Todes durch Grischa wird – das Bewußtsein der Figur überschreitend – auf die bedingungslose Unterwerfung des gläubigen Juden unter die Gebote Gottes verwiesen: Hiob ist heimgekehrt. Doch wiederum läßt sich 'Sinn' nicht in den Grenzen der Hiob-Figur des Alten Testaments festlegen. Durch die Testamentsszene wird Grischa eindeutig mit Büchners Woyzeck in Verbindung gesetzt. Daß er als „Hiob des vierten Standes"[57] in die Geschichte des Klassenkampfes eingehen soll, ist eine anfechtbare Interpretation. Vom Text wird sie durch die Versöhnungsgesten des Grafen Ankerström in dieser Szene wieder in Frage gestellt: Hier wird Grischa Anerkennung zuteil, die Woyzeck etwa durch den Doktor oder den Hauptmann nicht findet.

Eindeutig ist dagegen wohl die roman-ästhetische Vorgabe für die Leser, die personale Identität des russischen Sergeanten und Fabrikarbeiters Propotkin bei der Suche nach dem Sinn der erzählten Geschichte aufgehoben zu sehen. Grischa ist nicht mehr der Protagonist des traditionellen Bildungs- und Entwicklungsromans, der eine eindeutige Repräsentationsfunktion hat,[58] sondern läßt sich unterschiedlichen Deutungsmöglichkeiten zuordnen. Diese Tatsache müßte die vorschnelle 'Ideologisierung' des Erzählten stören. Analog zu dem Lernvorgang, den Grischa angeleitet von Täwje vollzieht (nämlich von seiner Person abzusehen, auf das übergreifende Schicksal der Gruppen und Völker zu blicken), wird der Leser auf ein Lesen verpflichtet, das die Sinnbezüge der Figuren und Ereignisse jenseits ihrer begrenzt-historischen Repräsentanz verfolgt.[59] Jürgen Happ hat zu Recht festgehalten, daß Grischa in der Handlungsebene des Romans zum Ende hin immer mehr als *Objekt* für die Aktionen anderer Figuren erscheint (bis hin zu den Vorgängen des Deutens), während er zugleich auf der Sinnebene „in neuer Weise Subjekt" wird für 'seine' Botschaft: daß das fortwährende Töten des Krieges überwunden werden muß[60] – und sei es um den Preis, dafür mit dem eigenen Tode einzustehen. Im Versöhnungstraum Grischas, der dem Geschehen der Hinrichtung vorausgeht (S. 377ff.), wird der Gedanke der allgegenwärtigen Verzeihung aus der Rede des betrunkenen Grischa beim Herrenfest aufgegriffen. Wie er 'unbewußt' – im Rausch, als 'trunkener Dionysos' – wahr redete, so wird nun im 'Unterbewußtsein' des Traumes die Wahrheit der Versöhnung und die Heimkehr der Seele (im Vogelflugbild abgelöst von der zerstörbaren Physis) gewonnen. Auch damit sind die Wahrnehmungsgrenzen der 'Person' zugunsten eines kollektiven Bewußtseins – artikuliert als Sehnsuchts- und Traumbild – überschritten.[61] Nicht der 'Mensch Grischa' lebt weiter, sondern die Menschensubstanz, die Grischa – und andere – prägt. Diese 'Erkenntnis' erreicht Grischa beim 'Probeliegen' in seinem Sarg (S. 403). Professor Ankerström, der Intellektuelle, findet die lebenskräftige „Menschensubstanz" in besonderer Dichte im Kreis der „einfachen Leute" (S. 466). Mit seinem Kommentar gewinnen die zeitübergreifenden, metaphysisch orientierten Überlegungen Grischas wieder einen konkreten historisch-gesellschaftlichen Sinn: in der Erwartung des zukünftigen Übergangs von der Standes- und Privilegiengesellschaft zur 'Volksherrschaft'.[62]

Unter dem Aspekt, daß in einer neuen 'gleichmachenden' Gesellschaft (religiöser Orientierung oder sozialistischer Prägung) der Glücksanspruch des Einzelnen eingelöst ist, lassen sich die zynischen Aufhebungen der Person abgrenzen, wie sie von den Militärs vollzogen werden, die mit Menschenmaterial rechnen und an Materialschlachten gewöhnt sind. „Der einzelne ist eine Laus“ (S. 330; sein Leben sei „so unbeträchtlich“ wie ein Roßkäfer (S. 243), befindet Schieffenzahn – bezogen auf den Rechtsfall Bjuschew. Mustert man über den *Grischa*-Roman hinaus die Publikationen Zweigs in den späten Zwanziger Jahren, dann wird deutlich, daß diese Kritik auch dem gewaltsamen Durchsetzen des Sozialismus, dem bedenkenlosen Opfer des Einzelnen zugunsten des Klasseninteresses gilt.[63]

Die – sehr kursorischen – Überlegungen zum Zusammenhang von politischen, ethischen und ästhetischen Prinzipien in den literarischen und publizistischen Aktionen von Arnold Zweig in dieser Dekade[64] müssen – in aller Kürze – im Blick auf signifikante Textpartien des *Grischa*-Romans vertieft werden. Das zentrale Kapitel „Das Herrenfest“ (S. 224-255) ist dafür besonders geeignet.[65]

Beim Gartenfest, das Lychow zum Jahrestag des Kriegseintritts von Großbritannien gibt (wodurch der Krieg – so Lychow, S. 225 – erst ein richtiger Krieg geworden sei), dient der Untersuchungshäftling Grischa als Ordonnanz. Während des Festes treffen die Gerichtsakten zu seinem Fall vom Hauptquartier ein; Schieffenzahn hat – aus militärpolitischen Interessen – die Hinrichtung verfügt, obwohl zweifelsfrei erwiesen war, daß Grischa eben nicht mit dem Überläufer Bjuschew identisch ist (S. 242f.). Die Ereignisse und Gespräche, die in diesem Kapitel berichtet werden, weisen zum einen deutlich darauf hin, welche Kluft zwischen Offizieren und Mannschaften – selbst im Lager des ‘Soldatenpapas’ Lychow – besteht (die einfachen Soldaten feiern wenig später – in Parallelaktion – ein Kantinenfest, S. 278ff.). Zum anderen wird offenkundig, daß auch Lychow und seine Leute für den Krieg leben und ihn tragen. (Eine gewisse Ausnahme bildet dabei Bertin, der sich zumindest gedanklich immer mehr distanziert.) Sie setzen sich für Grischa ein, um ihr Weltbild und ihre Ordnungsvorstellungen aufrechterhalten zu können. Vor dem Menschen, dem ‘schmutzigen Russen’ Grischa, ekeln sich die ‘Herren’ (S. 255). In diesem – vom Krieg homogen gehaltenen – Milieu der Offiziere (und der ihnen zugeordneten Damen) bleiben abweichende Ansichten aus dem Kreis der Mannschaften ‘vor der Tür’. Die Wahrheit über den Krieg zu sagen, ist ein Akt der ‘Ruhestörung’, wie sie beim Herrenfest durch die beiden Betrunkenen, den Grafen Dubna-Trenczin und Grischa, vollzogen wird. Dubnas Anklage, daß jeder neue Kriegstag „immer neue Leichen“ bringe (S. 251), weist auch auf die angeordnete Exekution des harmlosen Kriegsgefangenen Grischa hin und zugleich über seinen Rechtsfall hinaus. Sein Tod hat im Blick derjenigen, die den Krieg betreiben und lenken, den Zweck, daß sie in ihrem Tun nicht gestört werden. Störenfriede wie Dubna und Grischa können abgeführt und mundtot gemacht werden. Der Anklagerede des kriegsverdrossenen Grafen korrespondiert der gleich darauf folgende Auftritt Grischas als Festgott Gambrinus bzw. Bacchus/Dionysos (der in der Antike auch als ‘Erlöser’-Gott gilt). Die Assoziationen zum gekreuzigten Christus, der als König der Juden verspottet wird, sind deutlich hergestellt: Grischa, mit dem Brettschneider und seine Leute ihren Spaß treiben, ist blutüberströmt. Auf dem Rücken hat man ihm mit Teer-Strichen den Kriegsorden des Eisernen Kreuzes gemalt, das zugleich auf seinen Status als dekorierter zaristischer Soldat verweist. Das Kreuz steht in der Bedeutungsambivalenz von Erlösungssymbol und ‘Ehrenzeichen’ für tüchtiges Töten (vgl. auch S. 477 und 486).[66] Grischa singt das Revolutionslied von 1905,[67] das seine Kameraden bereits bei Grischas Flucht aus dem Kriegsgefangenenlager anstimmten (S. 23), um mit dem Lärm die Fluchtgeräusche zu decken.[68] Das Lied erklang während der Aufstände von 1905 in den Gefängnissen, wenn Gefangene zur Hinrichtung geführt wurden. Es verweist schon hier auf die bevorstehende Exekution Grischas, des 'Revolutionärs zum Frieden' – zumal er sich im Versöhnungstraum vor seiner Hinrichtung wieder an das Lied erinnert (S. 378).[69] Im Zustand 'dionysischen Rausches' geschieht ein entscheidender – unbewußter – Schritt zu Grischas 'Wandlung' und 'innerer Einkehr', wie er sie dann unter Täwjes Anleitung bewußt vollzieht. Er rückt ab von der Gewalttätigkeit des Krieges und der Revolutionen in seiner 'Predigt' von der Verzeihung: „Alles ist klar und gut und freundlich und der Krieg ein Irrtum" (S. 254). Bekräftigt wird diese Verheißung mit dem Verweis auf Jesaja: Schwerter werden zu Pflugscharen bzw. – im Zeitalter der Industriearbeit – zu Werkzeugen.[70] Selbst in der liebevollen Distanzierung zu Täwjes 'Sinnstiftungen', mit der Grischa seine Rede abschließt, bleibt – durch den Jesaja-Verweis gestützt – die Weisheit des „kleinen jüdischen Dummkopfes" (S. 255) gegenwärtig.

Gleichsam in Engführung werden in dieser Szene wichtige Themen, Motive und Figurationen des Romans zusammengebracht, wobei der Autor – rezeptionslenkend – verdeutlicht, daß er über die offenkundigen Konstellationen der Figurenbeziehungen und des Handlungsablaufes hinaus die literarischen Möglichkeiten nutzen will, einer Figur mehrere Identitäten zuzuordnen sowie Festlegungen von Ort und Zeit in assoziativen Bildern aufzuheben, um 'Sinn-Tiefe' zu entwickeln. Zugleich wird klar, daß die politisch-gesellschaftlichen Zustände – trotz aller vordergründigen Festfreude und Harmonisierung – unhaltbar sind und daß der Weg zur Veränderung über die 'innere Einkehr' führt, daß Ethos und politisches Handeln aufeinander zu beziehen sind.

Diese Perspektive wird in der Testamentsszene und dem 'inneren Erlebnis' des Todes bei Grischas Hinrichtung befestigt. Nachdem Grischa im Versöhnungstraum (S. 377) Brüderschaft mit denen getrunken hat, die er tötete (und damit die scheinhaften 'Verbrüderungen' mit den deutschen Soldaten beim Herrenfest durch wahrhaftige Aussöhnung ersetzt), besiegelt die Testamentsszene (S. 460ff.) Grischas Verzeihungsrede vom Herrenfest: sie wendet das Ergebnis der 'inneren Einkehr' und wiederhergestellten Identität nach außen. Indem sich Grischa anhand seiner Habseligkeiten seine persönliche Geschichte wieder aneignet und zugleich sein 'Besitztum' auflöst, festigt er die Erinnerung an seine Person und bereitet die 'Auferstehung' seiner „Menschensubstanz" in beispielgebender Lebenskraft und 'Gesittung' vor: Grischa stirbt im Bewußtsein, „Teile seines Wesens über die Vernichtung weggerettet zu haben", mit dem „Gefühl der Fortdauer im Ich" (S. 487). Er lächelt sterbend, denn das Lachen ist im Motiv-Zusammenhang des Romans als Zeichen der Lebenskraft aufgebaut worden. Doch läßt der Erzähler Grischa durchaus keinen verklärten Tod sterben; dem Leser werden die Details der psychischen Bedrängnis und der physischen Zerstörung nicht erspart; unter der deckenden Binde sind Grischas Augen herausgequollen, 'unentstellt' erscheint das Gesicht nur mit dem Augentuch (S. 488).

Obwohl Grischa nicht 'heimgekommen' (S. 464) und aus dem Krieg noch kein Frieden geworden ist, obwohl der katholische wie der orthodoxe Geistliche bei der Hinrichtung eine klägliche Rolle spielen, stirbt Grischa getröstet. Er sieht in seinem Tod Sinn, weil er – der Soldat – damit für sein Töten sühnt (S. 367). Hat er diese Beruhigung Täwje, dem Ostjuden, und seiner Weisheit zu verdanken?

Auf der Ebene des Geschehens weist der 'Abgesang' zu Grischas Lebensgeschichte ganz in diese Richtung. Grischa hätte die Verantwortung für das zu gebärende Kind am liebsten Täwje übertragen (S. 465);[71] und Babka bringt in den Tagen der Oktober-Revolution das Kind im Merwinsker Krankenhaus zur Welt, betreut von dem ostjüdischen Arzt Dr. Jakobstadt und der Hebamme Nachtschwarz (S. 493). Damit ist im Widerstreit zwischen Babkas und Täwjes Interessen an Grischa so etwas wie eine Versöhnung angelegt, in der Täwjes Lebenswelt und Prinzipien besonderes Gewicht erhalten. Auch in der Konkurrenz der „Deuter" (S. 437ff.) bleibt die ostjüdische Perspektive den Reaktionen von Posnanski, Bertin und ihrem Kreis übergeordnet.
Die Krankenschwestern Bärbe und Sophie scheinen auf den ersten Blick diejenigen zu sein, die den gefangenen 'Rußki' als Individuum und Mensch ernst nehmen. Doch auch in ihrem Engagement benutzen sie Grischa weithin als 'Objekt'. Seine Geschichte bringt Abwechslung in den Etappenalltag, sie ist – so Bärbe – „spannend wie ein Roman" (S. 143). Romanhaft-Abenteuerliches hat Winfrieds Entführungsversuch, zu dem Bärbe den Anstoß gibt (S. 384). Selbst in das christlich bewegte Mitleid der beiden Frauen mischt sich Selbstgenuß ihrer Gefühle, was vom Erzähler nicht ohne Ironie verdeutlicht wird (S. 443). Bei Tee und klassischer Musik wird ihr Schmerz kultiviert und damit ebenso bewältigt wie die Furcht Posnanskis und Bertins, daß „Rechtlosigkeit als Zustand allgemeine Billigung" fände (S. 444). Die schnelle gesprächsweise Lösung des „Welträtsels", das der Grischa-Fall aufgegeben hatte, kommentiert Posnanski mit Selbstironie und verweist damit auf die brüchtig gewordene Position der Macht der „Sittlichkeit" (S. 444); denn Bertins Hoffnung, daß „trotz des kriegerischen Irreseins sittliche Kräfte noch immer spielten" (S. 193), müßte mit der unaufhaltsamen Exekution Grischas eigentlich zuschanden geworden sein. Die Verbindung von Sittlichkeit und Rechtssicherheit wird dem Bereich westlichen Denkens zugeordnet; sie prägt auch die Unruhe unter den Mannschaften angesichts des Willküraktes, der an Grischa vollzogen werden soll: „Wie's dem geht, kann's etwa dir nicht gehn oder mir?" (S. 283)
Ein anderes Rechtsbewußtsein haben Täwje und sein Kreis; sie denken in längeren welt- und heilsgeschichtlichen Perspektiven, das Schicksal des Einzelnen ist nichts gegen das Schicksal der Völker (S. 300). Mit der Geschichte von Sodom und Gomorrha versucht Täwje den Christen Grischa in dieses Denken einzuüben und ihm zugleich die eigene Geschichte zu deuten: Wenn das Todesurteil an Grischa vollstreckt wird, von dem alle wissen, daß es falsch ist, dann erweist sich, daß der Zustand der großen Reiche der Gegenwart der Verkommenheit des alten Sodom gleicht, dann sollen diese Reiche zerstört werden und – was Täwje unterdrückt – die Juden frei sein (S. 299). Mit Täwje hat der Leser gelernt, auf „bedeutsames Durchscheinen" von Grischas Geschichte (S. 201) zu achten. Der Zeitpunkt der Hinrichtung am Tag der Balfour-Deklaration scheint Täwjes Deutung von der Überhöhung des Falls in der Zeitenwende der Weltgeschichte und sittlichen Erneuerung des Menschengeschlechts (S. 406f.) zu bestätigen. In Merwinsk ist man mit dem Durchstudieren des Talmud zu Ende gekommen und hat davon gehört, daß Jerusalem von den Engländern den Juden zurückgegeben werden soll – das „siebente Reich" kann beginnen (S. 448f.): „Es stand gut um Israel" (S. 449). In *Caliban* hält Zweig fest: „Von der Balfour-Deklaration ab datieren die Juden als

Gruppe ein neues Lebensgefühl."[72] Doch wird Grischas Schicksal nicht unrelativiert vom Erzähler pathetisch einer weltgeschichtlichen Bestätigung zionistischer Ziele untergeordnet. Während die enthusiasmierten Deuter „ihre Gläschen" trinken, überhören sie „ im Tumult ihrer Gedanken das tiefe Schnarchen der beiden hungernden Schläfer auf der Ofenbank und dem Ofen." (S. 449) Nun sind die Merwinsker Talmud-Juden nicht mit der zionistischen Bewegung gleichzusetzen, die – so hofft Zweig – in Palästina auch für „menschenwürdige Formen der Wirtschaft und Güterverteilung" sorgen wird.[73] Dennoch – sie vergessen in ihrer geistigen Euphorie die materielle Not anderer. Diese Lücke schließen – als dritte Deutergruppe – Sascha und Dawja, die revolutionären jüdischen Sozialisten. Nach der ethisch-ideellen und der metaphysisch-geschichtsphilosophischen Deutung des Falles folgt nun die materiell-ökonomische (S. 452), die in ihrer Abstraktheit mit den privaten Verhältnissen der beiden jüdischen Jung-Revolutionäre kontrastiert und so auch nicht unangefochten bleibt. In den Zwanziger Jahren gilt für Zweig im wesentlichen der Primat des Geistes, nicht die Determinanz der Produktionsverhältnisse.

Wenn auch alle Deutungen gegenüber dem Geschehen nur teilweise berechtigt sind, so erfüllen sie statt der bewußtseinsbildenden Funktion doch eine ästhetische: sie verweisen den Leser darauf, hinter dem Fall des Rechtsbruches ein 'Allgemein-Bedeutendes' zu sehen.[74] Für die Posnanski-Gruppe gilt, daß ihre Vorstellungen von Gerechtigkeit auf den tönernen Füßen von Prinzipien stehen, die absolut gesetzt und mit dem geschichtlichen Prozeß nicht vermittelt werden. Der *Grischa*-Roman verdeutlicht die Erfahrung einer tiefgreifenden Krise der Ideen von Recht, Staat, Vaterland und Menschlichkeit. In der Kritik an Posnanski und Bertin distanziert sich Zweig auch von einer ersten Phase seines Lebens als Jude in Deutschland. Der Rezensent des *Grischa*-Romans im „Deutschen Adelsblatt" (Nr. 47 von 1929) hat diese Tendenz durchaus erkannt und auf seine Weise gedeutet: Aus allen Figuren des Romans rede – die 'deutsche Ehre' zersetzend – der Jude Arnold Zweig. Die Deutschen, „die wenn von nichts, dann doch sicher vom Kriege etwas verstehen", werden in diesem Kriegsroman von dem Juden, dem „ungeladenen Gast", beleidigt: Wie kann „ein solcher Mann unangefochten unsere Luft atmen, unser Brot essen".[75] Der 'jungen Tradition' der Gedankenwelt des deutschen Idealismus wird von Zweig die viel ältere und tiefere Weisheit der jüdischen Kultur entgegengesetzt – so wie sie im Ostjudentum unvermischt 'aufbewahrt' erscheint. Im Roman verdeutlicht der Kriegs-Prozeß gegen Grischa – Lychows Vorstellungen von Staat und Gerechtigkeit (S. 330) negierend – für alle klarsichtigen Beteiligten, daß die gesellschaftliche Ordnung des Kaiserreichs nicht nur Unrecht duldet, sondern auch Unrecht schafft. Darüber hinaus hat der Erste Weltkrieg den deutschen Juden zu Bewußtsein gebracht, daß ihre Stellung im Staat die der Rechtlosen bleibt, daß sie selbst als Vaterlandsverteidiger kein 'Heimatrecht' erworben haben. Auf die perfide Judenzählung von 1916 – die den Anteil von jüdischen Soldaten an der Front und Juden in der Etappe ermitteln sollte – antwortet Arnold Zweig 1917 mit seiner bitteren *Judenzählung vor Verdun*,[76] in der die gefallenen deutschen Soldaten jüdischer Abstammung aus ihren Gräbern auferstehen, um aus dem deutschen Staat, aus den Illusionen von 'Assimilation' und 'Symbiose' auszutreten, sich entschieden zur Religion und Denkwelt des Judentums zu bekennen und heimzukehren in das Land Israel. Der *Grischa*-Roman mit seiner Analyse des imperialistischen Kriegs rechtfertigt im indirekten Bezug der beiden Texte diesen Austritt. Er vollzieht sich nicht als offene Empörung, sondern – wie bei Grischa – als innere Wandlung, er versteht sich als 'Auszug' und 'Heimkehr'.

Bleibt zu fragen, wie die Positionen Täwjes und Saschas aufeinander zu beziehen sind;[77] werden sie auf der übergreifenden Sinnebene des Romans vermittelt? In der *Caliban*-Schrift charakterisiert Zweig die unterdrückten und entrechteten Juden „im Befreiungskampf der Menschheit als tapfere Soldaten des linken Flügels".[78] Zu diesem Zeitpunkt (1926/27) erscheinen ihm das Interesse des Judentums und gewaltfreie Programme des Sozialismus im Blick auf das neue Leben in Palästina vereinbar zu sein.[79] Und auch im *Grischa*-Roman steht neben der Hommage an die Macht eines – aus jüdischer Weisheit erneuerten – geistigen Prinzips[80] der Tribut an die geschichtsbewegende Kraft solidarischen Handelns in der Selbstbewußtwerdung der Unterdrückten. Wie Grischa, der an der Möglichkeit, Sinn zu finden, fast zerbrach und dem Sinn von Täwje geschenkt wird, so wird auch sein Bewacher Sacht, der an der Möglichkeit zu gerechtem Handeln verzweifelt, mit einem „Wunder" beschenkt. Für den zu spät gekommenen „Muschko" stoppt der bereits fahrende Urlauberzug (S. 503ff.); Heizer und Lokführer handeln solidarisch. Es ist November 1917: „Das Pack beginnt sich zu fühlen" (S. 505).

Grischas geistig-seelische Wandlung, der 'Weg nach innen', die November-Ereignisse in Rußland mit dem 'Frieden im Osten' und die neue Aktionsstärke der bislang Ohnmächtigen sind die optimistischen Perspektiven des Romans. Wie sie Wirklichkeit gewinnen können, liegt jenseits der Grenze der Erzählung. Der Autor setzt auf die Verbindung von zionistischen und sozialistischen Ideen. Nach der Erfahrung der Machtergreifung durch die Nationalsozialisten in Deutschland verstärkt sich bei Zweig die kämpferisch-sozialistische Perspektive: „Erst durch den Kampf gegen die allgemeine Ungerechtigkeit von Klasse zu Klasse wird auch den Juden als Juden Gerechtigkeit gesichert."[81] Zugleich verschärft Zweig seine Kritik an der nationalsozialistischen Bewegung und der Orthodoxie des politischen Zionismus (vgl. auch schon den Roman *De Vriendt kehrt heim* von 1932).[82] Sein weiterer Lebenslauf steht jedoch nach 1933 zunächst im Zeichen der Entscheidung für den Zionismus. Daß die Ansiedlung in Palästina für ihn keine 'Heimkehr' bedeutete, daß die Distanz zu Leben und Lebensmöglichkeiten im neuen Land Israel immer mehr wuchs, hat jüngst M. Wiznitzer dargestellt. Ab etwa 1940 gewinnt für Zweig die Einstellung Saschas, der marxistische Sozialismus,[83] Bedeutung, ohne daß er seine Identität als Jude preisgibt.

Mit der Heimkehr in den 'ersten sozialistischen Staat auf deutschem Boden' zieht Zweig die letzte Konsequenz seiner Entscheidung. Aus dieser Position hat der Autor – gleich seinen Biographen in der DDR – sein Bekenntnis zur Kultur und Weisheit des Judentums, sein Engagement für die 'Heimkehr' der Juden und zur „Reorganisation des Jüdischen im Juden"[84] aus den Jahrzehnten zwischen 1910 und 1940 dargestellt als eine Stufe, die es auf dem Weg zum internationalen und wissenschaftlichen Sozialismus zu überwinden galt. Die Hoffnung des *Grischa*-

Romans, daß sich die Vorstellungen von Recht und Gerechtigkeit aus der Tradition jüdischen Wissens „von Gott und der Welt" mit den Prinzipien des Sozialismus zu einem lebenspraktischen und geschichtsbewegenden Programm verbinden könnten, wurde weder in Zweigs Lebensweg noch in der Entwicklung des Staates Israel voll eingelöst.

Anmerkungen

1 Grischa über Täwje in *Der Streit um den Sergeanten Grischa.* – Arnold Zweig: Ausgewählte Werke in Einzelausgaben. Bd. 4. Berlin: Aufbau-Verlag, 13. Aufl. 1966 (1964). S. 312. – Belegstellen aus dieser Ausgabe werden im fortlaufenden Text in Klammern mit den Seitenzahlen nachgewiesen.

2 Vgl. Eva Kaufmann: Arnold Zweigs Weg zum Roman. Vorgeschichte und Analyse des Grischa-Romans. Berlin: Rütten 1967, sowie Jürgen Happ: Arnold Zweig: „Der Streit um den Sergeanten Grischa". Probleme des Aufbaus mit besonderer Berücksichtigung der Entwicklung der Grischagestalt. Stockholm: Almqvist 1974.

3 Dazu Annie Voigtländer: Welt und Wirkung eines Romans. Zu Arnold Zweigs *Der Streit um den Sergeanten Grischa.* Berlin u. Weimar: Aufbau-Verlag 1967. S. 56.

4 Dazu ebd.

5 Manuel Wiznitzer: Arnold Zweig. Das Leben eines deutsch-jüdischen Schriftstellers. Königstein/Ts.: Athenäum 1983. S. 34.

6 Eberhard Hilscher: Arnold Zweig. Leben und Werk. Berlin: Volk und Wissen 1973. S. 8.

7 So beispielsweise David R. Midgley: Arnold Zweig. Zu Werk und Wandlung 1927-1948. Königstein/Ts.: Athenäum 1980, sowie Happ (Anm. 2) und Wiznitzer (Anm. 5).

8 Ohne die freundschaftlichen Hilfestellungen und Ermunterungen von Hans-Peter Bayerdörfer wäre dieser Aufsatz nicht entstanden. Er geht in seinen wesentlichen Teilen auf eine gemeinsame Lehrveranstaltung zu jüdisch-deutschen Autoren im Sommer 1983 an der RWTH Aachen zurück.

9 Vergleiche dazu ausführlich Hilscher (Anm. 6), Midgley (Anm. 7), Wiznitzer (Anm. 5) und Georg Wenzel (Hrsg.): Arnold Zweig 1887-1968. Werk und Leben in Dokumenten und Bildern. Berlin u. Weimar: Aufbau-Verlag 1978.

10 Vgl. Heinz Kamnitzer: Über Arnold Zweig. In: Sinn und Form 19 (1967), S. 103-120. Hier S. 110.

11 Ebd. S. 111.

12 Dazu Midgley (Anm. 7), S. 63-65.

13 Vgl. Marcel Reich-Ranicki: Der preußische Jude Arnold Zweig. In: M. R.-R.: Deutsche Literatur in West und Ost. Prosa seit 1945. München: Piper 1963. S. 305-342. Hier S. 308f. Reich-Ranickis Formel vom „preußischen Juden" vereinfacht allerdings die komplexen und biographisch vielfach veränderten Konstellationen 'Deutschtum/Judentum' bei Zweig.

14 Arnold Zweig: Bilanz der deutschen Judenheit. (1934). ND Köln: Melzer 1961, S. 111.

15 Ebd. S. 109f.

16 Schon in *Aufzeichnungen über eine Familie Klopfer* entwickelt Zweig seine Sympathie für die zionistische Bewegung, vgl. dazu Moritz Goldstein: Arnold Zweig. In: Gustav Krojanker (Hrsg.): Juden in der deutschen Literatur. Berlin: Welt-Verlag 1922. S. 241-250. Hier S. 243, sowie Wiznitzer (Anm. 5), S. 20.

17 Hilscher (Anm. 6), S. 42f.

18 Zitiert nach Wenzel (Anm. 9), S. 48.

19 Zu Zweigs utopisch-idyllischen Vorstellungen vgl. Arnold Zweig: Das ostjüdische Antlitz (zu 52 Zeichnungen von Hermann Struck). (1920). 2. Aufl. Berlin: Welt-Verlag 1922. S. 162-166.

20 Vgl. Kamnitzer: Im Fegefeuer. In: Neue deutsche Literatur 21 (1973) H. 3. S. 89-115. Hier S. 102.

21 Vgl. Happ (Anm. 2), S. 161 – Hier auch ausführlicher zum Vergleich von Zweigs dramatischer und erzählerischer Bearbeitung des Grischa-Stoffes.

22 Hinweise dazu und eine hilfreiche Diskussion über den ersten Entwurf zu diesem Essay verdanke ich Hans-Harald Müller (Universität Hamburg), dessen Habilitationsschrift *Der Krieg und die Schriftsteller* (1984 vorgelegt) ein ausführliches Zweig-Kapitel enthalten wird.

23 Dazu Hilscher (Anm. 6), S. 71; Wenzel (Anm. 9), S. 159.

24 Georg Lukács (Arnold Zweigs Romanzyklus über den imperialistischen Krieg 1914-1918. In: G.L.: Schicksalswende. Berlin: Aufbau 1956. S. 162-189. Hier S. 163ff.) interpretiert 1939 die bis dahin vorliegenden Romane des Zyklus unter dem Gesichtspunkt der dargestellten Erziehung gegen den Krieg und der Analyse der 'Kriegsmaschinerie', die den Einzelnen gegen sein besseres Wissen und Wollen im Krieg hält. – Zu fragen ist, ob das – damit vorausgesetzte – Verfahren eines gesellschaftskritischen Realismus auch voll für den *Grischa*-Roman gilt oder ob Zweig erst mit den späteren Romanen seines Zyklus auf dieses Modell festzulegen ist.

25 Vgl. dazu Hans Mayer: Arnold Zweigs Grischa-Zyklus (1952). In: Lutz Winckler (Hrsg.): Antifaschistische Literatur. Bd. 3. Königstein/Ts.: Scriptor 1979. S. 63-76. Hier S. 71f. und 75.

26 Hierzu wäre genauer zu untersuchen, wann und wie Zweig Positionen von G. Landauer übernimmt; auch dazu H.-H. Müller (Anm. 22).

27 Eine verengende Perspektive bringt die Einordnung des *Grischa* als „Bildungsroman", in dem Grischa zu „betonter Innerlichkeit" gebildet wird – so Dieter Mayer: Arnold Zweig *Der Streit um den Sergeanten Grischa.* In: Jakob Lehmann (Hrsg.): Deutsche Romane von Grimmelshausen bis Walser. Bd. 1. Königstein/Ts.: Scriptor 1982. S. 195-211. Hier S. 203.

28 Kaufmann (Anm. 2), S. 217.

29 Zur Justizkritik in den Zwanziger Jahren vgl. Walter Müller-Seidel: Justizkritik im Werk Heinrich Manns. Zu einem Thema der Weimarer Republik. In: Heinrich Mann. Sein Werk in der Weimarer Republik. Zweites Internationales Symposium Lübeck 1981. Hrsg. v. Helmut Koopmann und Peter-Paul Schneider. Frankfurt/M.: Klostermann 1983. S. 103-127.

30 Vgl. etwa L. Feuchtwangers – späteren – Roman *Erfolg*.

31 In diesem Sinne argumentiert Kaufmann (Anm. 2), S. 172f.

32 Vgl. dazu die Rezension Tucholskys – Der Streit um den Sergeanten Grischa. (1927). In: K.T.: Gesammelte Werke. Bd. 2. Reinbek: Rowohlt 1960. S. 975-

982 – und den sich daran anschließenden Briefwechsel mit Zweig, abgedruckt bei Wenzel (Anm. 3), S. 562-569. – Zumindest für den *Grischa*-Roman ist die These zu bestreiten, daß Zweig in diesem Zyklus den Typ des „modernen Staatsromans" entwickelte – so Hans Albert Walter: Auf dem Weg zum Staatsroman (I). Arnold Zweigs Grischa-Zyklus. In: Frankfurter Hefte 23 (1968) H. 2, S. 564-574. Hier S. 574. Die Haupt- und Staatsaktionen des Ersten Weltkrieges werden nur 'nebenbei' berichtet. Selbst die Figuren, für die geschichtliche Vorbilder ermittelt werden können, sind mit ihren Handlungen und Einstellungen in erster Linie auf das Alltagsgeschehen des Krieges bezogen.

33 Dazu ausführlich H.-H. Müller (Anm. 22), der mich auf die Parallelen hingewiesen hat.

34 Damit stehen die – unterschiedlich differenzierten – Deutungen des Romans nach dem 'realistischen' Muster, etwa bei Lukács (Anm. 24) oder Kaufmann (Anm. 2), zur Debatte.

35 Zu den ironischen Akzenten, die Zweig in der Darstellung der Ostjuden von Merwinsk setzt, gehört auch, daß Täwje den Körper, der bei seiner Denkweise und Lebenseinstellung zu kurz kommt, mit der Branntwein-Flasche tröstet (S. 198f.).

36 Vgl. Lychows respektvolle Gedanken über Posnanski: Diese jüdischen Anwälte liebten das Recht um seiner selbst willen (S. 120).

37 Vgl. dagegen Hilscher (Anm. 6), der Babka zur Freiheitsheldin stilisiert.

38 Happ (Anm. 2), S. 181, sieht Grischa, Babka und Täwje als wesentliche Figuren auf der Ebene der Sinngebung des Geschehens. Kaufmann (Anm. 2) wertet dabei Täwje als Negativfigur (z.B. S. 185, 214ff., 217): seine Einstellung sei historisch zum Untergang verurteilt. Entsprechend wird Babka den positiv-vorwärtsweisenden Kräften zugeordnet.

39 Reich-Ranicki (Anm. 13), S. 328.

40 Arnold Zweig: Caliban oder Politik und Leidenschaft. Versuch über die menschlichen Gruppenleidenschaften dargetan am Antisemitismus. Potsdam: Kiepenheuer 1927. S. 327. In seiner Schrift verurteilt Zweig die Assimilation nicht grundsätzlich, sondern kritisiert sie dann, wenn zu diesem Zweck jüdische Identität preisgegeben, jüdische Abstammung verleugnet wird (S. 158).

41 Ebd. S. 159.

42 Tucholsky (Anm. 32), S. 980.

43 Zweig will dieses 'Versagen' durchaus nicht im Sinne einer diffusen Moral gewertet wissen (etwa nach der Maßgabe, daß man sich selbst treu bleiben müsse); doch insinuiert er auch nicht pathetisch – wie Midgley (Anm. 7) auslegt – eine „tragische Gespaltenheit" (S. 51) zwischen Denken und Tun Posnanskis.

44 Vgl. dazu Midgley (Anm. 7), S. 13.

45 Vgl. Zweigs Vorrede zur 2. Ausgabe des *Ostjüdischen Antlitz* (Anm. 19): Die Begegnung mit dem Ostjudentum habe für ihn eine „menschliche Verwandlung" bewirkt.

46 Tucholsky (Anm. 32), S. 976.

47 Vgl. Zweig: Ostjüdisches Antlitz (Anm. 19), S. 58: Daß im Ostjudentum selbst die einfachen Leute den Talmud studieren, führe zu einer spezifischen und allgemeinen Intellektualität. – Vgl. zur kulturellen Interpretation und literarischen Gestaltung der Westjuden/Ostjuden-Opposition Sander Gilman:

The Rediscovery of the Eastern Jews: German Jews in the East 1890-1918. In: David Bronsen (Hrsg.): Jews and Germans from 1860 to 1933: The Problematic Symbiosis. Heidelberg: Winter 1979. S. 338-365, vor allem S. 338-340.

48 Vgl. Gilman (Anm. 47), S. 344f.: Durch die Wirkung von M. Buber wird bereits vor dem Ersten Weltkrieg das Paradigma 'Ostjudentum' positiv besetzt – auch als Reaktion auf die Ideen- und Wertkrise im 'Westen' (S. 353f.); in der zweiten Phase des Ersten Weltkriegs kommt es dann zu einem nachhaltigen Wechsel in der Bewertung des Ostjudentums.

49 Vgl. Zweig: Ostjüdisches Antlitz (Anm. 19), S. 73: Arbeit – vor allem die Arbeit im Handwerk – ist der Mittelpunkt des ostjüdischen Alltags.

50 Vgl. Kaufmann (Anm. 2), S. 205: Grischa trage durchaus „Züge des Gekreuzigten", aber das Kreuz sei für ihn „nicht das Symbol des ewigen Lebens". – Als Georgskreuz, als Soldatenzeichen ist es sogar Zeichen des Krieges und des Todes.

51 Vgl. dazu Helmut Scheuer: Zur Christus-Figur in der Literatur um 1900. In: Roger Bauer u.a. (Hrsg.): Fin de siècle. Zu Literatur und Kunst der Jahrhundertwende. Frankfurt/M.: Klostermann 1977. S. 378-402.

52 Dazu Happ (Anm. 2), S. 123f.

53 Der Brief vom 4.7.1913 wird zitiert bei Wenzel (Anm. 9), S. 48.

54 Vgl. Happ (Anm. 2), S. 110.

55 Am 31.10., am Reformationstag, disputieren Lychow und Schieffenzahn über Staat, Recht und Religion, wodurch der 'Zeichenwert' des Termins als Gedenktag für die – problematische – Verbindung von Religion und Staatsinteresse betont wird. Durch die Festtagsstimmung bei den preußischen Protestanten wird Schieffenzahn nicht daran gehindert, auf die Vollstreckung des Todesurteils gegen Grischa zu dringen.

56 Happ (Anm. 2), S. 133f.

57 Kaufmann (Anm. 2), S. 197. – Der Status Grischas als 'Proletarier' (er ist Vorarbeiter in einer Seifenfabrik) spielt in der Geschichte seiner Flucht und Verurteilung nur eine unbedeutende Rolle.

58 Solange nur die 'realistische Ebene' des Geschehens beachtet wird, lassen sich Anlage und Bedeutung des Romans vor allem in 'Antagonismen' und 'positiv/negativ-Beziehungen' auflösen, wie es viele der literaturkritischen und literaturwissenschaftlichen Stellungnahmen aus der DDR zeigen. – Aber auch Walter (Anm. 32), S. 567f. und 570f., weist die Personen des Romans allzu rasch den gruppenspezifischen Determinanten und der Repräsentanz für bestimmte Milieus zu. Diese Einordnungen gelten für viele, aber nicht für alle Figuren.

59 Vgl. dazu Happ (Anm. 2), S. 111.

60 Ebd. S. 131.

61 Vgl. Zweig: Caliban (Anm. 40), z.B. S. 281f. mit Hinweisen auf die „Gruppenseele": geschichtliches Handeln könne nur auf ein „überpersönliches Ich" bezogen werden.

62 Kaufmann (Anm. 2), S. 176, verschenkt vieles von ihrer weit angelegten und ergebnisreichen Interpretation des Romans, wenn sie ihn generalisierend darauf fixiert, daß er den Entscheidungskampf zwischen „Imperialismus und Sozialismus" veranschauliche. Diese Perspektive wird – wenn man sie überhaupt einbringen kann – erst zum Schluß in den Ausblicken zum Geschehen eröffnet.

63 Vgl. Hilscher (Anm. 6), S. 92f.: Zweig wendet sich in den Zwanziger Jahren gegen den revolutionären Sozialismus, der erst zerstört, um aufzubauen. – Unter diesem Aspekt distanziert sich der Autor auch von den Gewalttätigkeiten in der Sozialismuspraxis der Sowjetrepubliken.
64 Vgl. Anneliese Große: Dichtung als Suche nach dem Sinn des Lebens und der Geschichte. Zur ästhetischen Position Arnold Zweigs. In: Werner Mittenzwei (Hrsg.): Positionen. Leipzig: Reclam 1969 (= RUB 482). S. 210-279.
65 Vgl. Happ (Anm. 2), S. 30: Das Herrenfest markiert die Mittelstelle des Romans und ist – nach Zweig – „das Hauptereignis".
66 Ebd. S. 136f.
67 Dazu ebd. S. 97f.
68 Ein weiteres Leitmotiv ist der Sarg: Grischa flüchtet im Sarg-Behältnis des Holzwaggons (S. 26f.), als Untersuchungshäftling baut er mit Täwje Särge und sucht sich schließlich vor der Hinrichtung selbst einen Sarg aus.
69 Vgl. Happ (Anm. 2), S. 120ff.
70 Vgl. dazu ebd. S. 89f.: Auch hier gilt wieder als leitende Perspektive für Selbstverwirklichung durch Arbeit das Handwerk.
71 'Hoffnung' im Motiv des neugeborenen Kindes festzumachen, ist Kennzeichen expressionistischer Literaturtradition. Zweig bezieht hier auch eine jüdische Variante ein, die sich im Vergleich mit dem Ausblick im *Ostjüdischen Antlitz* erschließt: dort trägt die Hoffnung der „Knabe Juda"; in den Kinderaugen soll sich das Antlitz des Messias spiegeln.
72 Zweig: Caliban (Anm. 40), S. 299.
73 Ebd. S. 302.
74 So auch Kaufmann (Anm. 2), S. 157.
75 Zitiert nach Voigtländer (Anm. 4), S. 91.
76 Arnold Zweig: Judenzählung vor Verdun. In: Die Schaubühne 13 (1917) Nr. 5, 1. Februar. S. 115-117.
77 Im Widerspruch zu dem Gewicht, das diese Frage in unserer Interpretation erhält, steht die Tatsache, daß Zweig sich bei der ersten Buchveröffentlichung des Romans damit einverstanden erklärte, daß die „Deuter"-Passagen zu Täwje und Sascha gestrichen werden, vgl. Happ (Anm. 2), S. 160. – Freilich ergibt sich die Bedeutung dieser Positionen auch aus Handlung und Figurengesprächen; im „Deuter"-Kapitel sind sie – für sich genommen – jedoch besonders 'eindeutig'.
78 Zweig: Caliban (Anm. 40), S. 325.
79 Vgl. dazu Klara Pomeranz Carmely: Das Identitätsproblem jüdischer Autoren im deutschen Sprachraum. Königstein/Ts.: Scriptor 1981. S. 79f. und 130. – Zweig entwickelt seine Einstellung bereits im *Ostjüdischen Antlitz* (Anm. 19), z.B. S. 157, verstärkt aber in *Caliban* (Anm. 40), z.B. S. 145.
80 Vgl. Pomeranz Carmely (Anm. 79), S. 118: Zweig sieht das Ostjudentum als Kern im Erneuerungspotential für das jüdische Volk.
81 Zweig: Bilanz (Anm. 14), S. 282.
82 Dazu ausführlich Midgley (Anm. 7), S. 65-74.
83 V Hilscher (Anm. 6), S. 130. – Zur Entstehungszeit des Grischa akzeptiert Zweig den Marxismus als einen von mehreren möglichen Wegen zur Umgestaltung der gesellschaftlichen Verhältnisse.
84 Zweig: Caliban (Anm. 40), S. 295.

Fritz Hackert

Die unkündbare Rolle. Kurt Tucholskys Verhältnis zum Judentum

Es hat an publizistischen und literaturwissenschaftlichen Versuchen nicht gefehlt, bestimmte Charakterzüge und Verhaltensweisen von Tucholsky der ideellen Prägung durch Muster der jüdischen Tradition zuzuschreiben. „Ein vergeblicher Prophet wie Jeremias", so Csokor, „liebte er gleich ihm sein Vaterland, warnte es gleich ihm vor einem Krieg, der es vernichten müsse."[1] Und Hans Prescher ließ seinem Kapitel mit dem metaphysischen Konzept der „seherischen Gabe und der fordernden Haltung" Tucholskys gar ein weiteres zum Wesensmerkmal der „Bindungslosigkeit" folgen, für die ihm das Gedicht *Hej-!* (7,226-230) als Beweis diente.[2]

Gegenwärtige Überlegungen innerhalb der jüdischen Gemeinden versehen die traditionellen Identitätsmaximen eher mit einem Fragezeichen. „Sind wir noch das auserwählte Volk?" – lautete ein Diskussionsthema auf der 6. Jugend- und Kulturtagung des Zentralrats der Juden in Deutschland (1983), wobei „Anspruch und Wirklichkeit" konfrontiert wurden[3] und die Aufforderung erging, die Probleme der jüdischen Identität weniger „auf der philosophisch-spekulativen Ebene" als „im geschichtlich-empirischen Bereich" zu untersuchen.[4]

Nach Geburt und Erziehung Jude zu sein, steht niemand und stand auch Tucholsky „nicht zur persönlichen Wahl oder zur individuellen Entscheidung".[5] Bis in sein Erscheinungsbild – „Außen jüdisch und genialisch" begann er die Verse auf einem Porträtfoto[6] – war ihm diese Tatsache zunächst auch selbstverständlich, ehe der Volljährige 1911 der Glaubensgemeinschaft seiner Eltern aufkündigte, weil er, wie es im betreffenden Rückblick heißt, „noch aus der frühsten Jugendzeit her einen unauslöschlichen Abscheu vor dem gesalbten Rabbiner hatte".[7] Zu stark aber ist die weitere Begründung von den viel späteren, innerjüdischen Positionskämpfen der zwanziger Jahre gefärbt als daß man der Jugenderinnerung vollen Glauben schenken dürfte. „'Aus dem Judentum ausgetreten'" sei er damals, weil er „die Feigheit dieser Gesellschaft mehr fühlte als begriff [. . .]. Wendriner war damals noch nicht geboren. Doch – aber er hatte noch keinen Namen. Also heraus."[8]

Dem Ernst dieses Erinnerungsbilds widerspricht die von ironischer Sympathie durchzogene Momentaufnahme Kafkas, der nach seiner Begegnung mit dem Freundesduo Tucholsky und Szafransky dem ersten völlige persönliche Ungebrochenheit bescheinigte: „ein ganz einheitlicher Mensch von einundzwanzig Jahren." Was hat er vor, der Herr Jurastudent? „Will Verteidiger werden, sieht nur wenige Hindernisse gleichzeitig mit der Möglichkeit ihrer Beseitigung." Klar doch, was kann ihm auch groß im Wege stehn? Höchstens ein Seelenproblem, das ihm gelegentlich bangemacht, die „Angst vor einer Verwandlung ins Weltschmerzliche, wie er es an älteren Berliner Juden seiner Richtung bemerkt hat".[9]

Denn natürlich hatten die Verwandten, Bekannten und Freunde nicht plötzlich gewechselt.[10] Den Identifikationsfiguren aus Kindheit und Jugend folgten in der Studien- wie in der Berufswelt die jüdischen Vorbilder, sei es der als „Rabbi Ben Jarotschiner" (1,148) titulierte juristische Repetitor, dessen Fallbeispielen die Tucholskyschen Pseudonyme „Peter Panter" (1,149) und „Theobald Tiger" (1,150) entstammen; sei es die Garde der Berliner Theaterkritik, unter der Tucholsky seine journalistischen Lehrjahre absolvierte: diese „Berliner Theaterkritik war nämlich wirklich jüdisch. Davon läßt sich nichts herunterhandeln". Und Walter Kiaulehn, der Tucholsky 1946 erneut den deutschen Lesern vorstellte,[11] läßt die Namen nur der Berühmtesten folgen: „Julius Bab, Artur Eloesser, [. . .] Norbert Falk, Manfred Georg, Fritz Engel, Maximilian Harden, Monty Jacobs, [. . .] Siegfried Jacobsohn, Alfred Kerr, Kurt Pinthus, Alfred Polgar."[12] Daß sich die Intelligenz einer auf soziale Emanzipation bedachten Gruppe in der wachsenden Reichshauptstadt gerade dieser Zeitungssparte zuwandte, hatte seine guten Gründe: „Die Vorliebe der Berliner für die Theaterkritik war zu einem sehr guten Teil daraus entstanden, daß die von der Polizei ausgeübte Zensur die Theaterkritik meist ungeschoren ließ. Zwischen den Zeilen stand sehr viel. Die Theaterkritik war der wahrhaft freie Teil der Berliner Presse."[13] *Die Schaubühne* Siegfried Jacobsohns sollte sich in diesem ästhetisch-sozialkritischen Spielraum zum republikanischen Kampfblatt für einen sozialliberalen Staat entwickeln, der die Emanzipation und Gleichstellung der Juden endlich praktisch gewährleisten würde.[14] Vorerst legte aber Tucholsky seinem Mentor noch Szenen- und Rollen-Analysen aus der Welt des Scheins vor – aus dem „kleinen Theaterchen" der „Beiden Brüder H." zum Beispiel, wo es „früher, in den neunziger Jahren [. . .] wie eine Synagoge (war). Zum Abendgottesdienst, gewissermaßen als Fortsetzung des Geschäfts, kamen die Lehrlinge der umliegenden Weißwarengeschäfte mit ihren Brautens hierher und hörten: 'Eine Partie Klabrias', die sie tagsüber im Kontor auswendig spielten" (1,77/78). Sie, die Synagoge, ist ein bleibender Bestandteil des „Home, sweet home" und gerät nicht aus dem Blick: „Da liegt die Stadt – nur schön bei Regenstürmen –/ teils an der Panke und teils an der Spree, / mit Synagogenkuppeln, Kirchentürmen / und einem Tanzpaleeh" (1,183). Im Theater fesselte Tucholsky von den jüdischen Schauspielern,[15] unter denen Paul Grätz später ein bevorzugter Interpret seiner Chansons wird, vor allem und immer wieder das Verwandlungsgenie Max Pallenberg.[16] Die Stoßrichtung seiner politisch-sozialen Kritik ist gleichzeitig vor dem Ersten Weltkrieg an einem Fall irrtümlicher jüdischer Diskriminierung ablesbar. Ihre Meldung über einen in Rußland verhafteten Deutschen stellte *Die Kreuz-Zeitung* dahingehend richtig, „daß Herr Berliner nicht der jüdischen Religion angehört, wie sie zuerst angenommen hatte". „Also lohnt es sich vielleicht doch, für den Mann [. . .] etwas zu tun", folgert Tucholsky sarkastisch. Warum jedoch geschieht trotzdem nichts? „Er ist deutscher Untertan [. . .] und es verlohnt sich eben nicht." In „diesem Lande den Gegensatz von Untertanen und Beamten (den es verfassungsrechtlich nicht mehr gibt)" (1,214/15) politisch-praktisch zu beseitigen, das Ende jeder Diskriminierung, der rassisch-religiösen wie der sozialen, herbeizuführen, wird die Aufgabe des republikanischen Journalisten sein.

Umgekehrt wie Herrn Berliner ging es Tucholsky: „Mit dem feinen Instinkt, der die boches auszeichnet“, schrieb der Exilierte 1935 an Arnold Zweig, „haben mich viele Leute nicht für einen Juden gehalten, was ich nicht geschmeichelt anmerke, sondern belustigt. In dreieinhalb Jahren Militär: nichts. Zuletzt war ich Polizeikommissar – auch nicht die Spur eines Hauches einer Idee.“[17] Die Kriegszeit verschaffte nicht nur dem Antimilitaristen entscheidende Eindrücke, sondern enthielt auch Orientierungsversuche privatester Art, so 1916 den Eintritt in die protestantische Kirche und den Anfang der Verbindung mit Mary Gerold, der viele Jahre lang umworbenen Blonden und späteren zweiten Frau, die im letzten Kriegsjahr ein dem Abscheu vor jüdischem Schiebertum entsprungenes, recht zweifelhaftes Kompliment empfängt: „ – Auf dem Kurfürstendamm gehen die Judenmadams spazieren. Ihre Fettkinne sagen: ‘O bitte, *wir* haben noch zu essen!’ – sie haben ganz kurze Röckchen an, furchtbar breite Hüften und eine mondscheingroße Basis [. . .]. Merkwürdig, wie wenig Kraft in ihnen steckt. Du hast im kleinen Finger mehr als sie. Es ist alles so abgebraucht und lasch und gleichgültig – Rasse ist nicht viel dabei. Nein, diese Frauen mag man gar nicht.“[18]

Zeichen seines politischen Aufbruchs ist 1918 Tucholskys Beitritt zur USPD, der sich zahlreiche jüdische Journalisten und Abgeordnete anfangs weniger aus revolutionärer Begeisterung als aus Kriegsgegnerschaft und Friedenssehnsucht angeschlossen hatten.[19] „Obwohl der Einfluß der Juden im politischen Leben im Laufe des Jahres 1919 bereits wieder zurückging, da die USPD, der besonders viele Juden angehörten, rapide an Einfluß verlor“,[20] richtete sich gegen die politisch auf der Linken in Erscheinung getretene Gruppe deutscher Juden eine rabiate antisemitische Propaganda und hämmerte der Öffentlichkeit in der Weimarer Republik die Feindstereotype vom jüdisch-bolschewistischen Vaterlandsverräter ein. Ein deutschnationales Flugblatt aus dem Jahr 1919, das die Köpfe der sozialistischen Gegner antisemitisch karikiert und sie als „Eure *jetzigen* Führer!“ anprangert, dokumentiert die besinnungslose Gleichsetzung: Nicht nur die Abgeordneten Cohn, Geyer, Katzenstein und Rosenfeld, sondern fälschlich auch Karl Kautsky und Clara Zetkin werden als Juden gekennzeichnet,[21] ein Sachverhalt, den Tucholsky 1921 mit der Bemerkung quittierte: „Ohne Juden macht dem Deutschnationalen der Wahlkampf überhaupt keinen Spaß. Ohne Juden könnte er ihn nicht führen“ (3,16).

Mit der Revolution und der Republik, so schien es gerade den Linksintellektuellen unter den politisch engagierten Juden, war den diskriminierenden Vorurteilen jede Grundlage entzogen und ein gesellschaftlicher Zustand erreicht, in dem Verfassungsnormen wie das Gleichheitsprinzip, die im Kaiserreich de jure schon vorhanden waren, endlich auch durchgängig verwirklicht werden konnten.[22] Gleichermaßen idealistisch wie emphatisch setzten sich ihre Emanzipationsforderungen aber über das Gefüge historisch-gesellschaftlicher Traditionsnormen hinweg, waren rational und abstrakt und dabei häufig „unaware of the extent to which they may be offending the non-rational sentiments of the majority“.[23] Der Paß, das Identitätspapier, ist er tatsächlich bloß „eine überholte Lächerlichkeit vergangener Jahrhunderte“? (3,22) Werden die Zeitgenossen sich der Absage an Vaterland und Staat – „Wir wollen nicht mehr" (3,59) – aus reiner Vernunft auch schon politisch anschließen?[24]

Kritik am Theaterpublikum war es, in der sich unter anderem der Umschwung von der *Schaubühne* zur *Weltbühne* vollzogen hatte.

Die Schauspieler waren selbst während des Krieges auf der Höhe ihrer Kunst geblieben, doch die neuen Parvenüs im Parkett zerschlugen ihnen durch taktlosen Szenenapplaus und durch Beifall an den falschen Stellen die feineren Wirkungen. Schonungslos begann darauf Jacobsohn nicht die Bühne, sondern dieses neureiche Publikum zu kritisieren und zu attackieren.[25]

Damit, „daß etwa zwei Drittel der Mitarbeiter der *Weltbühne* gebürtige Juden waren",[26] entwickelte sich das Blatt in der Weimarer Republik zu einem „Organ für das Selbstbewußtsein des Judentums, die Abwehr des Antisemitismus und die Erhaltung der staatsbürgerlichen Gleichberechtigung".[27] Jacobsohn wurde dabei nachgerühmt, daß er sich mit „heiterer Überlegenheit" auch „in Zeiten mit Pogromcharakter zu seinem Judentum bekannte".[28]

Den Lebensunterhalt freilich konnte man von den Beiträgen zur *Weltbühne* nicht bestreiten. „Das, was mir am meisten Spaß macht – die kleinen roten Hefte [. . .] – bringen am wenigsten ein und kommen nur als Nebenunterhaltung und zur Reklame in Frage", stellt Tucholsky 1919 als Redakteur der humoristischen Beilage *Ulk* des *Berliner Tageblatts* fest und kommt im gleichen Brief nochmals darauf zurück: „Erstaunlich ist die Resonanz in den Heften – daraufhin kommt alles. Der ganze große Leserkreis beim *Tageblatt* hat nicht das Echo wie die kleine Gemeinde."[29]

In der Tat sah sich die „international und antibürgerlich eingestellte"[30] *Weltbühne* einer breiten Front politischer Widersacher gegenüber, wobei nationaldeutsch gesinnte jüdische Gruppierungen die Gegnerschaft bei der innerjüdischen Auseinandersetzung bildeten. „Eine gegenseitige heftige Antipathie bestand [. . .] zwischen den linken jüdischen Intellektuellen um die *Weltbühne* und dem Verband Nationaldeutscher Juden, der von der 'jüdischen Clique' um Tucholsky und Jacobsohn scharf abrückte."[31] Die deutschen Juden in ihrer Mehrheit waren weit davon entfernt, sich mit dem von der *Weltbühne* distanziert unterstützten Zionismus oder gar mit deren republikanischer Vision zu identifizieren, die Kurt Hiller – auch er übrigens gelernter Jurist – zum Verwechseln ähnlich wie Tucholsky formulierte:

Eine soziale Republik, eine gerechte, freiheitliche, humanitäre, eine Republik für die Unterdrückten, eine Republik von Rang, in der die gütigsten und geistigsten, die am innigsten mit der Zukunft Verbündeten regieren und der Ärmste Kamerad ist, Kamerad durch den Ton der Behandlung und den Wirtschaftsinhalt der Behandlung.[32]

Sie suchten ihr Heil nicht in der sozialpolitischen Utopie, sondern in der Normalität der deutschen Gegenwart und deren Bestätigungswerten bis hin zum soldatischen Nationalismus, den der Reichsbund jüdischer Frontsoldaten pflegte – von

Tucholsky abschätzig als „gefüllte Milz mit einem Stahlhelm" (8,40) karikiert. Daß wirtschaftliche Gründe das Hauptmotiv des assimilatorischen Verhaltens ausmachten, war ihm nach einem Jahrzehnt der Konfrontation auch mit seinen jüdischen Mitbürgern klar, freilich ohne seinen moralischen Rigorismus als politisch untaugliches Mittel zu erschüttern. Im eben zitierten 'Brief an eine Katholikin' kommt er 1930 zu dem bitteren Fazit:

Hätten die deutschen Nationalisten nicht diese fast tierische Stalldumpfheit von pommerschen Bereitern aus dem vorigen Jahrhundert: sie hätten längst auf die allerdings zugkräftige Volksparole 'Haut die Juden!' verzichtet – und drei Viertel der deutschen Juden säßen heute da, wo sie klassenmäßig hingehören: bei der Deutschen Volkspartei. Sie tun es nicht, weil sie der Antisemitismus abstößt; sie tun es zum Teil doch, weil ihnen ihr Bankkonto lieber ist als eine Religion, von der sie nur noch das Weihnachtsfest und die *Frankfurter Zeitung* halten (8,40)

Welch bedeutenden Anteil die deutschen Juden am Kulturleben im Kaiserreich und in der Weimarer Republik hatten,[33] war ihnen selbst sehr wohl bewußt. Zu den „Organisationsorganisatoren", die in der goldenen Hälfte der zwanziger Jahre das „Week-end" vermarkten, zählt Tucholsky sarkastisch auch „Journalisten und andre Juden" (5,215), womit zweifellos sein beruflicher Gesichtskreis umschrieben und das Selbstbewußtsein ironisiert ist, mit dem sich jüdische Autoren in Presse und Literatur Geltung verschaffen. Nicht überraschen kann, daß gerade in einer Organisation „linksgerichteter Schriftsteller" wie der 'Gruppe 1925', der auch Tucholsky angehörte, „dreiundzwanzig der neununddreißig Beteiligten [. . .] mit Sicherheit jüdischer Herkunft" waren.[34] Lisa Matthias, selbst Journalistin und als Tucholskys Freundin das lebende 'Lottchen', erinnert sich an den Umgang in diesem Berliner Literaturbetrieb: „Wir verkehrten miteinander in einem mit jüdischen Redensarten stark vermischten Berliner Jargon, den der übrige *Clan*, der bei Schwannecke oder im Ullsteinkasino beheimatet war, auch sprach. Klabund, Ringelnatz, Hülsenbeck, Burschell, Illing – wir bedienten uns alle der gleichen schnoddrigen Sprache, und wir waren, nach außen hin, alle hundeschnäuzig kalt."[35]

Von jener Pose der Neuen Sachlichkeit abgesehen, bekundet sich in der objektivistischen Haltung das Vertrauen auf gesellschaftliche Anerkennung durch ein Höchstmaß professioneller Leistung. Rassen- oder Sozialbedingungen mögen nach Otto Flake, der zu Gustav Krojankers Sammelband *Juden in der deutschen Literatur* in der *Weltbühne* grundsätzliche Betrachtungen anstellte, – Blutgebundenheit, Paria- oder Renegatenverhalten – auch jüdischen Künstlern zu schaffen machen: die „Norm des Urteils" bezieht sich auf „absolute Grundgefühle", wo „Menschliches von Menschen behandelt" wird; und er setzt den Schlußpunkt zu seinem für den Standort der *Weltbühne* bezeichnenden Aufsatz mit dem Beispiel eines Komponisten: „Die jüdischen Nerven Mahlers zu empfinden, ist nicht schwer; aber in ein Urteil über seine Musik gehört der Begriff Jüdisch nicht, es ist nur nach der Leistung zu fragen."[36]

Es stimmt, daß in der Masse von Tucholskys Publikationen, wie er selbst unterstrich, „die Frage des Judentums" keinen großen Raum einnimmt. Ob sie ihn „niemals sehr bewegt" hat, so die Fortsetzung dieses Schreibens an den geschäftsführenden Syndikus des Central-Vereins deutscher Staatsbürger jüdischen Glaubens (CV), Dr. Hans Reichmann, – dieses Problem ist mit dem quantitativen Hinweis kaum erledigt. Gewiß, „die Grenzlinien laufen ganz anders" für den Militarismus-, Justiz- und Kapitalismuskritiker, laufen quer durch Konfessionen und Parteien und scheiden in deren Wirken schonungslos den Segen vom Unglück für die Menschheit.[37] Doch eröffnen die brieflichen Äußerungen aus dem Exil mit ihren vielzitierten Schmähungen der deutschen Juden eine Perspektive der Betroffenheit, die aus den Erfahrungen der vorangegangenen Jahre herrühren muß. Um sie zu vergegenwärtigen, wird es nützlich sein, eine Reihe von Texten Revue passieren zu lassen, in denen Tucholsky mittelbar oder direkt auf das Thema zu sprechen kommt.[38]

Auch wenn man die Briefe und den 'Fall Wendriner', dem ein spezieller Abschnitt gewidmet sein wird, einmal beiseite läßt, reißt die Serie der mit dem Antisemitismus oder der innerjüdischen Diskussion befaßten Äußerungen in den zwanziger Jahren bis zu Hitlers Machtübernahme nicht ab. In dessen späterer 'Hauptstadt der Bewegung' wurde 1920 der Sexualforscher Magnus Hirschfeld nach einem Vortrag „vom Podium heruntergeholt und zerschlagen" (2,425). Tucholsky zählt die Ressentiments auf, die sich in den bayerischen „Gehirnen zu einem unentwirrbaren Knäuel" verfilzten: „Aufklärungsfilm, Jude, Preuße, Bolschewismus, Dadaismus, Pazifismus und kein Vollbier". Für die provinziell-völkischen Schläger bedeuten die Negativ-Stereotypen: Es „ist der Jude vogelfrei. Vogelfrei der Sozialist, der Radikale, der Geistige, der Arbeiter" (2,426).

Eine Schlüsselstellung in dieser Textreihe nimmt der zweite, ebenfalls mit „Hepp hepp hurra!" überschriebene Artikel ein (1921: 3,14-17). Gedanken und Formulierungen aus ihm verwendet Tucholsky in den kommenden Jahren auf verschiedenste Weise. Das „alte Wort Roda Rodas [. . .] 'Der Antisemitismus [. . .] wird wohl erst etwas werden, wenn ihn die Juden in die Hand nehmen!'" taucht als Motto einer Rezension wieder auf (9,297). In ihr wendet er satirisch in ein persönliches Angebot – „Antisemitismus [. . .] Herrschaften, warum engagiert ihr nicht mich!" (9,299) –, was zunächst noch förmliche Feststellung bleibt: „jeder kluge Jude, der die Nachteile seiner Rasse durchschaut hat, könnte viel bessere und schlagendere Dinge gegen das Judentum anführen, als alle deutschnationalen Vollbärte zusammen." Daß die Deutschen, besonders in ihrer östlichen Zusammensetzung, ein Mischvolk „von Wenden, Kaschuben, Polen und einem Schuß Niedersachsen" seien, wird 1925 der „Burschenschaft 'Teutonenkraft'" (4,58) entgegengehalten. Daß „die Deutschen weniger die Fehler der Juden, als die assimilierten Juden germanische Untugenden angenommen haben", ist in den bösen Sätzen des Briefs an Arnold Zweig verknappt und verallgemeinert: „Es ist nicht wahr, daß die Deutschen verjudet sind. Die deutschen Juden sind verbocht." [9] Wie das 1921 politisch gemeint war, geht aus der These hervor: „Wäre die Deutschnationale Partei nicht so hirnlos dumm, antisemitisch zu sein, so würde sich ihr ein großer Teil der von Natur aus konservativen Judenschaft zuwenden" – eine Behauptung, die sich 1930 im Hinblick auf die Deutsche Volkspartei und ihre Attraktivität für die patriotischen deutschen Juden erneuert findet (8,40). Schließlich konfrontiert Tucholsky Germanen und Nichtarier in Sachen Geschäftsmoral, den „deutschnationalen Schieber [. . .] mit irgendeinem lodzer Juden“ und bestätigt dem Arier im vorgeführten Geschäftsfall, „daß die ehrfurchterschauernde Judenschaft noch etwas von ihm lernen konnte“.

Erwischte die Justiz allerdings die beiden Typen, im Extremfall etwa den ostjüdischen Berliner Schieber „Awrumele Schabbesdeckel“ und „Prinz Eitel-Friedrich von Hohenzollern“ (3,31), dann verkehrten sich die Maßstäbe. Nicht nur ergösse sich der Volkszorn allein über den Ostjuden – „Man müßte euch alle rausschmeissen, galizisches Gesindel!“ (3,218) –, sondern er hätte auch „sehr lange im Gefängnis Zeit, über sich und Deutschland nachzudenken“ (3,32). Der Prinz, der „über 300 000 Mark verschoben haben“ soll, kommt mit „500 M.“ (3,33) Geldstrafe davon. Tucholskys Justizkritik anfangs der zwanziger Jahre erreicht einen Siedepunkt bei der Beobachtung des „Prozesses Harden“ (1922), wo eine Jury über einen antisemitischen Mordanschlag zu richten hatte, deren Vorsitzender Jude war – nicht zum Schaden der Angeklagten: „Der Mann ist Jude. In seinem Unterbewußtsein schlummerte der Wunsch nach ‘Objektivität’, diese grauenhafte Angst vor der ‘Parteilichkeit’“ (3,299). Der Staatsanwalt zeigte sich fast unbeteiligt, so daß Harden inmitten einer Atmosphäre fortgesetzter Diffamierung die Geschworenen schließlich aufforderte, „wenigstens offen für Freisprechung zu stimmen, wenn sie der Meinung wären, daß man unbequeme Geistige – und besonders Juden – totschlagen dürfe“ (3,302).

Fast spielerisch dagegen war im gleichen Jahr „Herr Adolf Bartels“ (3,144-148) mit seiner antisemitischen Literaturgeschichte zu erledigen, „der im Irrgarten der deutschen Literatur herumtaumelnde Pogromdepp“ und opportunistische „Hakenkreuzpolichinell“, der sich den Völkisch-Nationalen mit seiner grotesken „Judenriecherei“ andient und dabei den Brüdern Mann die portugiesische Mutter als Nähe zum Judentum anrechnet, während er seine aberwitzige Ideologie vergißt, wenn er für die *Weltliteratur* des „liberalen Reclam gemietet“ wird.

Einen Augenblick gerät der jüdisch-antikapitalistische Kritiker ins Schwanken, wenn er nach seiner Begeisterung über eine mit indischer Verfremdungsoptik arbeitende Kritik an der mitteleuropäischen „seelenlosen Zivilisation“ (3,347) zu der bedrückenden Einsicht kommt, daß diese Moderne der Großstadt und der Technik von provinzieller Barbarei attackiert wird, die „sich die ethische Berechtigung mit Schlagworten einer alten Terminologie erborgt“ (3,349). Da schämt man „sich fast, gegen dieses Judentum, gegen diese Marke Zivilisation, gegen diese Maschinenethik anzugehen, da sie noch Edelwuchs und feinster Adel sind gegen das, was da auf der andern Seite heraufzieht. [. . .] Der ärgste Kapitalist ist eine Rettung gegen das andere“ (3,350)

„‘Eine Großstadt?’ sagte meine greise Freundin Lisa, als sie aus Paris zurückkam, ‘eine Großstadt? Kinder, auf dem Potsdamer Platz gackern ja die Hühner – !’“ (3,443) Und jetzt verwandelt sich unter Tucholskys satirischem Blick die zeitgenössische heimische Szene in eine pseudoländliche Idylle, das „Dorf Berlin“ (3,443), in dem unter vielen vertrauten Ansichten der von der Sonne vergoldete „Synagogenknopf“ und schon gar nicht die Judenfresser fehlen dürfen, die auf prompte Bedienung rechnen können: „In einer Ecke hat Schlächtermeister Wulle eine kleine Judenschlächterei aufgetan und steht, mit aufgekrempelten Hemdsärmeln vor der Tür." (3,444) Kleenet Rezept *Aus einem völkischen Kochbuch* jefällich?

Man schneide einen alten Juden in nicht zu dünne Scheiben, wälze ihn in einer Mehlschwitze und überstreue ihn vorsichtig mit etwas gestoßnem *Berliner Tageblatt*. Die Mischung lasse man in einem Stahlhelm dreimal aufkochen und serviere heiß. Ein Hakenkreuz aus Mazze wird den Appetit jedes deutschen Gastes anregen. (4,470)

Bei Tisch sitzen und saufen die „Ollen Germanen" von der Teutonia und schmettern ihren bevorzugten Kantus: „Verjudet sind die Wälder,/ verjudet Jesus Christ." (4,57) Aber daß auch Juden selbst darin einstimmen, dies verschlägt dem Kritiker die Sprache. So läßt er Otto Lubarsch, den Direktor der Berliner Pathologie und jüdischen Mitbegründer des antisemitischen 'Alldeutschen Verbands',[40] seinen Kommentar zum Finanzskandal um Iwan Kutisker aus der Perspektive von dessen medizinischer „Sektion" (5,290) abgeben: „'Der Mann, der hier vor Ihnen liegt,/ hat lange nicht genug gekriegt:/ er hieß Kustiker, war ein Jude –/ (Sie sehen das schon an der Zude) –/ er war ganz nikotinisiert/ und syphilitisch infiziert –/ na ja, ein Jude!'/ – Das Messer knirscht. Der Kantus stieg/ voll ärztlichen Takts. Die Leiche schwieg./ Laßt uns die Zähne zusammenbeißen: / es kann nicht jeder Lubarsch heißen."

Die Fähigkeit, in die Rolle seiner Gegner zu schlüpfen und sie mittels sprachlicher Mimikry zu entlarven, hatte der Theaterkritiker im Lauf der zwanziger Jahre zu einer gefürchteten Kunst entwickelt. In den „verschiedenen Schichten des Bürgertums" spürte er die Sprachprofile „mannigfaltiger Typen" auf und ließ sie ihre Glaubenssätze absondern.[41] Aber die dümmlich-gehässigen Vorurteile der „Frau Rechtsanwalt Margot Rosenthal" – „Christen sind dümmer als Juden und werden aus diesem Grund 'Gojim' genannt. [. . .] Alle Welt ist gegen die Juden – aus Neid" – unterscheiden sich nur durch ihre Überheblichkeit von denen der kompensierenden Kleinbürgerin „Emmi Pagel aus Guben (Niederlausitz)":

Schuld an dem ganzen Elend sind die Juden. Die Juden sind schmutzig, geldgierig, materiell, geil und schwarz. Sie haben alle solche Nasen und wollen Minister werden, soweit sie es nicht schon sind. [. . .] Alle Welt ist gegen Deutschland – aus Neid.

Besonders das Vokabular der völkisch-nazistischen Hetztiraden beherrschte Tucholsky parodistisch perfekt. Ein Musterbeispiel dafür ist der 'Enthüllungstitel' „Endlich die Wahrheit über Remarque" (7,91-93), „diesen Sproß Judas", der in Wirklichkeit „Erich Salomon Markus" hieß und zudem „Freimaurer und Jesuit", von Beruf unter anderem „Zuhälter" und „Hilfsbremser am jüdischen Leichenwagen" war. Mit den Beschimpfungsklischees, über die „ein Hitler-Mann" verfügte – „jüdische Geilheit [. . .] dreckige Triebe [. . .] November-Verbrecher [. . .] Bolschewisten" (8,248) –, wurde Tucholsky oft genug persönlich angegriffen. Damit, daß er dem Antisemitismus „nur in den Zeitungen [. . .] im Leben nie"[42] begegnet sein will, kennzeichnet er dessen Projektions-Charakter. Wie er ihm aber unter die Haut ging, das ist im Bericht über eine dieser direkten Anpöbelungen kaum noch ironisch wattiert: „In Wiesbaden bin ich nach der Vorlesung an den Nazis vorbeigefahren; sie standen da und stießen ihren Original-Schlachtruf aus: 'Huuu – !' und sie warfen mit Steinen und alten Brocken und waren überhaupt furchtbar mutig" (8,64). Mit Meldungen aus dem ganzen Reich dokumentierte Tucholsky den Vorfall in seinem „Sammelbuch für Zeitungsausschnitte aller Art",[43] wo sich die Belege der Angriffe auf ihn durch verschiedenste Rubriken ziehn. Kaum denkbar, daß sich *Völkischer Beobachter* und *Angriff* nicht auf *Die Weltbühne* und ihre Mitarbeiter gestürzt hätten. So reagiert letzterer auf eine Handwerker-Schelte Tucholskys, der dabei Themen und Töne Otto Reutters fortsetzte, mit den Schlagzeilen: „Jüdische Schmutzfinken beschimpfen den deutschen Handwerker" (Rubrik: Allerlei). „So sieht er aus", ist ein Artikel in der *Flamme* (4,37:12. 9.1929) überschrieben, der Tucholskys Pseudonyme 'entlarvt': „In Wirklichkeit heißt der alles Deutsche in den Dreck ziehende Judenjunge [nun eine Karikatur und darunter] Kurt Tucholsky." „Wer haut ihm auf die Judenfinger?" frage am 15.2.1930 die *Deutsche Wochenschau* (Berlin). Und als „Geilen Judenhohn" auf die deutsche Frau druckt der *Freiheitskampf* (15.10.1930) der Dresdner NSDAP das Chanson von der himmlisch dämlichen Blonden ab, seinen Kommentar mit der Drohung schließend, daß es „für solche Gemeinheit [. . .] nur eine Antwort (gibt) – aber wir wollen nicht zu Gewalttätigkeiten auffordern!"

Nicht von ungefähr erinnerte Tucholsky anfangs der dreißiger Jahre an Börnes Wort vom politisch furchtsamen Deutschen, der dazu noch Jude war: „'also ein Hase mit acht Füßen'" (9,134). Der von ihm 1931 glossierte Prospekt mit den Probeseiten vom „Lexikon der Juden", „Sigilla Veri" (9,297-300), kündigt ein sechsbändiges Werk an, das umfassend und detailliert über die jüdisch-bolschewistische Weltverschwörung Auskunft geben soll. Und Namen des vergangenen Jahrzehnts figurieren als Beispiele – „Magnus Hirschfeld [. . .] Kutisker, Iwan". Also wäre es Zeit zur Flucht, wenn schon kein kollektiver Widerstand zu provozieren ist? Ach nein, „denn sie erwarten einen Fußtritt" bloß (9,134) und verharren im übrigen in ihrer „engen Ichbezogenheit", „ewigen Empfindlichkeit" und „wahnwitzigen Eitelkeit" (9,300), ja gedenken, sich und ihr Geschäft mit einem opportunistischen Salto Mortale in Sicherheit zu bringen: „Der Zeitungsverleger Mülvoß, als welcher ein krummer Jid, / sprach: 'Wissen Se – ich bin nämlich Antisemit! /[. . .] Und die Redakteure bildeten sich im Kunstfliegen aus, / und je jüdischer einer hieß, desto rausserer flog er raus/" (10,31). Welche politische Alternative hinter dieser Anpassung steckte, das erklärte im Einklang mit der Gunst der Gegenwart am 31. März 1933 der Rabbiner Professor Dr. Weinberg in der *Jüdischen Presse*: „Überhaupt bringt man in jüdischen Kreisen und insbesondere in orthodoxen Kreisen der nationalen Erhebung Deutschlands mehr Sympathie und Verständnis entgegen, als die Führer dieser Bewegung wissen. Die religiösen Juden wissen, wie sehr sie gerade Hitler für seinen energischen durchgreifenden Kampf gegen den Kommunismus dankbar sein müssen."[44]

Eben nicht nur die religiösen, sondern noch viel mehr (so glauben sie wenigstens) die – Wendriners. Im letzten der sechzehn Stücke Rollenprosa lautet die entsprechende Stelle: „Wir haben grade von H. gesprochen. Bei dem weiß man wenigstens: er geht eim nich ann Safe. Bei den Kommunisten weiß ich das nicht. Oder vielmehr . . . ich weiß genau, was da rauskommt" (8,239). Und davon kann man sich leicht durch einen Blick auf die Äußerungen über Bolschewisten oder auch nur Arbeiter überzeugen: „man hat leider viel zu wenig an die Wand gestellt." So der prosperierende „Mittelstand" (4,222) in der goldenen Mitte der zwanziger Jahre. In dieser Zeit, 1925-26, erscheinen bezeichnenderweise die meisten dieser Gesprächspersiflagen eines unentwegten Geschäftsmanns und mittleren Charakters (Nr. 3 bis 13). Erstanden ist er aus der Verbindung eines Typs mit einer Situation, die der Veröffentlichung des ersten Textes noch den Titel lieh: „Zehn Minuten" (vgl. 10,330) – so lange nämlich telefoniert Herr Wendriner gerade nicht! Auch das Lottchen war übrigens situativ schon vorhanden (vgl. 3,470), ehe es als Prosarolle in Serie ging (1928/ 6,224) und sich im *Schloß Gripsholm* dann als Lydia gebärdete. Weiter dürfte kein Zufall sein, daß die Suche nach der Genese des Börsenjobbers auf sprachliche Spuren stößt. Noch per Feldpost erfährt Mary Gerold 1918 von Tucholskys Lektüre eines „sehr amüsanten kleinen Buchs über Börsengeschäfte [. . .] darin steht der himmlische Satz: 'Ein armer Idiot ist idiotisch; ein reicher Idiot ist reich'".[45] Letzteren dennoch in seiner unbekümmerten Idiotie vorgeführt zu haben, war der Aspekt von Wendriner, den ihm wohl die Kenner und Getroffenen der Berliner Bankwelt übelnahmen, wo Tucholsky 1923 bei 'Bett, Simon & Co.' aus inflationärem Geldmangel als Privatsekretär des Chefs arbeitete und die beste Gelegenheit zum Studium von Herrn Wendriners Milieu und Verhalten hatte. Ideologisch war dieser schon rundum komplett, als er noch gar keinen Namen hatte. In seinen ersten 'Zehn Minuten' (3,216/17) hält er es für „meschugge", während der Gedenkzeit das Telefon zu sperren, wo er doch eben wegen einer „Faktura" mit „Skalitzer [. . .] Schkandal" machen wollte. Er schwört auf staatliche Autorität – „die Regierung wird ja kräftig durchgreifen. [. . .] Die Polizei sollte da" –, ist Militarist und Monarchist – „Unterm Kaiser sind doch gewiß manche Sachen vorgekommen – aber [. . .] „ – und verwünscht jüdische Emanzipation samt Sozialismus: „ein Jude soll nicht solches Aufsehen von sich machen! Das reizt nur den Antisemitismus. Seit dem neunten November ist hier keine Ordnung mehr im Lande. [. . .] mit rote Fahnen – das hab ich gar gern!" Und wenn die Geschäfte nicht gehn, ist sein „politischer Grundsatz": „Mich kann die ganze Republik". Die Konstanz dieser Charakter-Ausstattung ist durch zahlreiche Maximen der ganzen weiteren Folge mühelos zu belegen: „Der Wilhelm war gar nicht so schlecht, wie se ihn jetzt immer machen. Na ja – ein Goi . . ." (4,156) Und sicher erstreckte sich auch Wendriners Hohenzollern-Nostalgie auf den Kultursektor: „Die Juden vom Film gehn mit Bismarck schlafen/ und stehn mit Moltken wieder auf" (4,316). Ist er demnach nichts als „die Karikatur eines jüdischen Kaufmanns [. . .], eines unsympathischen, eigensüchtigen, oberflächlichen, materialistischen, gerissenen, aber ungeistigen Bourgeois"?[46]

Diesem ideologischen Gerippe wäre auf Dauer kein Lese- und Hörerpublikum zu sichern. Entscheidend für die Figur ist ja, daß die Solostimme samt ihrer konfusen Partner-Orientierung mitten im unoffiziellen Alltag, im ganz gewöhnlichen Leben zu vernehmen ist. Herr Wendriner steht bei einer Beerdigung herum, betrügt ein bißchen, diktiert, sitzt erzählend und erziehend bei Tisch, geht ins Theater, hat eine Einladung, fährt in Urlaub, kann nicht einschlafen, kauft ein, läßt sich massieren oder die Haare schneiden, nimmt ein Bad oder taucht schimpfend im Büro auf – Repräsentant der schwätzenden schweigenden Mehrheit. Er ist ein Scheusal, kein Zweifel, aber ein liebenswürdiges, und Kurt Tucholsky haßt, aber liebt ihn auch.

Davon zeugt am besten ein Buchprojekt[47] aus der Zeit von Wendriners Hochkonjunktur, das auf „12 Geschichten“ plus Illustrationen berechnet war mit der Wirkungsabsicht: „'Herr Wendriner liest Herrn Wendriner' (und kommt zu dem Resultat 'Solch einen Kerl gibt es gar nicht!').“ Nach Tucholskys Vorstellung soll es sich um „einen bestimmten klarumrissenen Typus“ handeln, der auch in den Zeichnungen zum Ausdruck kommen müsse. Aber den ersten Entwurf weist er zurück: „Einerseits weil er viel zu jüdisch aussieht (so sieht Wendriner nicht aus) und zweitens weil er ein Vorkriegsmann ist.“ Denn er will einen „solchen Band“ wohl „scharf machen“, seiner Aufnahme jedoch eine Skala „vieler Nuancen“ zwischen „guter Charakterisierung und antisemitischer Streitschrift“ offenhalten, wobei es sich eben um einen zeitgenössischen Typus handelt. Bei der Illustration darf schon „eine große böse“ Puppe herauskommen, aber keine von George Grosz, der ihm „für diesen Fall nicht liebevoll genug (ist), denn es ist doch ein Stück Idylle daran“.

Die positive Identifikation Tucholskys mit seiner Figur zu leugnen, machte auch ihre formale Gelungenheit rätselhaft. Hier liefert er Meisterstücke seines geliebten Rollenmonologs, und nicht zufällig stellen ein ausgewählter 'Wendriner' zusammen mit dem „Älteren, aber leicht besoffenen Herrn“ (8,212) bis heute die Glanzpunkte kabarettistischer Tucholsky-Programme dar. Fand er nicht seine langen Blondinen selbst so attraktiv wie doof? „Mit ner großen Blondine? Lächerlich“ (4,233). Wie oft schwelgte er in dem Motiv einer nicht voran und schon gar nicht zu Ende kommenden Geschichte: „Ja, um auf die Geschichte zurückzukommen –“ (4,448). Möchte man mit dem Feinschmecker, dem Dicken, nicht selbst ein Delikatessengeschäft betreten und ihn auswählen hören? „Gefüllte Tomaten – nee. Aber 'n bißchen Aufschnitt können Sie mir geben. [. . .] Ein Fläschchen englische Sauce, Frollein, aber recht scharf!“ Und dazwischen die Engführung von Gaumen- und Liebesvorlust: „Haben Sie die gesehn? [. . .] Die Frau ist schon fabelhaft. Wissen Se, wenn ich noch so wär wie früher – [. . .] Nu sehen Sie sich das Stück dahinten an! Eine dolle Angelegenheit! Schweinebraten, Frollein, aber nicht so fett“ (3,486). Die Empfänger der ihnen gewidmeten Wendriner-Titel – Morus, d.i. Richard Lewinsohn, der wirtschaftspolitische Mitarbeiter der *Weltbühne* (4,221); Paul Grätz, den Herr Wendriner selbstverständlich im Theater aufsucht (4,560); der Hals- und Nasenarzt Curt Friedmann (6,95 – ach, Herr Wendriner im Wartezimmer fehlt!); der streitbare Romancier Emil Ludwig (7,112) –, sie hielten die Zueignung jeweils wohl kaum für eine Beleidigung.

Ohne 'Frahre' ist Wendriner mit seiner Quasselschnauze Berliner, was ihm sein Schöpfer, als er ein Jahr von ihm genug hatte (1927), mit Ingrimm bescheinigte: „Ich liebe Berlin nicht. Seine Wendriners hat Gott in den Mund genommen und sofort wieder ausgespien“ (5,188). Ein anderes Berlin als das der Wendriners liebt er aber doch, möchte aus Paris heimkehrend nur nicht – wie einstmals Heine –

die „Staationsbeamten in Preußisch-Blau“ (4,433) passieren müssen, welche seiner Kreatur hingegen nach „Mongmachta, Notta Damm, dem Louwer“ (4,432) wieder die häuslichen Gefühle von Ruhe und Ordnung vermitteln. Denn ein preußischer Kaufmann ist Wendriner zudem, nur leider kein „königlicher“ (3,216) mehr.

Nein, es gab ihn als diese Spezies in der Vorkriegszeit, wo Tucholsky „aus dem Judentum ausgetreten“ war, noch nicht. Tucholsky widerspricht sich da in seiner Verbitterung selbst und hat bloß noch den unterwürfigen Händler vor Augen, einen Typus, der nicht nur Aggressionsziel der Antisemiten, sondern wie der „Mauschel“ von Theodor Herzl beweist, auch ein Klotz am Bein der Zionisten war. Diese Art jüdische Bourgeoisie war so wenig wie die übrige für Aufbruch und Neubeginn zu begeistern. Nur hat es wenig Sinn, die Enttäuschung darüber, wie sie bei dem geborenen Berliner Gershom Scholem nachklingt,[49] auf den Urheber jener „‘erbarmungslosesten Nacktaufnahmen’“ aus der Weimarer Republik zu verschieben und ihn, dem die Geschichte seine Zukunftswünsche nicht erfüllte, als „widerwärtigsten jüdischen Antisemiten“[50] posthum zu diffamieren. Natürlich hatten viele Juden des Mittelstandes, „Centralvereinler und andere, [. . .] Tucholsky die ‘Wendriner’-Artikel übelgenommen“. Aber, so verteidigt ihn Kurt R. Grossmann als einstiger Mitstreiter bei der *Weltbühne*, „diesen ‘Wendriner’-Typ hat es gegeben, und er ist uns trotz der jüdischen Tragödie erhalten geblieben.“[51] Literarisch ist er seinerzeit sogar emigriert und zum „Andenken Kurt Tucholskys, des zu früh Verstummten, für immer Verstummten“ in New York als der unbelehrbare Spießer aufgetaucht, den auch das Exil nicht zu ändern vermochte: „Herr *Wendriner* im Deutsch-jüdischen Club.“[52] Ebenso wenig wie die Unterstellung von Antisemitismus taugt der Versuch, Tucholskys Intention einer jüdischen Karikatur zu bagatellisieren. „Daß Wendriner ‘Jude’ war [. . .] fällt auch dem sorgfältigen Leser kaum auf“?[53] „Nebbich“! (4,203) Da sehn se mal an de Sätze: „Nu geben Sie schon her den Bademantel!“ (4,155) Oder das Zurückfragen: „Die Reichsbank. Seh ich aus wie die Reichsbank?“ (6,97) Oder man stelle ein Namenregister von Wendriners Bekannten zusammen. Ja, Namen können täuschen, das wußte auch Herr Wendriner, selbst wenn „der Herr Generaldirektor Bronzheimer“ heißt. Doch steht er mit ihm nun unter der Brause und läßt seine Äuglein dem Namen nachspüren: „. . . (Ach – ich hab gar nicht gewußt, daß der Mann ’n Jude is . . . ach so – –!) Mohjn, Herr Bronzheimer“ (7,115). Darin, daß Wendriner kapitalistischer Mittelstandsjude ist, liegt gerade Tucholskys schärfste Distanzierung von ihm, so daß man Wendriners Sorglosigkeit gegenüber den Nazis nicht als die „kommunistische Auffassung“ Tucholskys interpretieren kann, „mit den reichen Juden [. . .] würden sich die Nationalsozialisten bald einigen“.[54] Dieser Idee hingen die Juden durchaus selbst an, und Herr Wendriner, der sich nach dem Wahlerfolg der Nazis vom 14. Sept. 1930 schon so benimmt, als ob er unter der Diktatur stehe (8,237-240), soll als abschreckendes Beispiel für einen schwerwiegenden Irrtum wirken. In seiner Übereinstimmung mit den nationalistischen Spießern aller Länder (vgl. 6,251) glaubt er sich aber geborgen. Wie soll er sich auch in diesem bürgerlichen Naturzustand bedroht fühlen, wo er ihn selbst nicht reflektieren und er selbst nicht begreifen kann, „daß auch er ein Babbitt ist; daß auch seine Vorstellungen, Gedanken, geläufigen Begriffe so lächerlich wirken können, wenn man sie still und freundlich aufreiht, ohne etwas dazu zu sagen; daß es grade die Dinge sind, die ihm selbstverständlich erscheinen, über die er gar nicht mehr diskutiert, und die in ihrer Würde so unbegreiflich albern sind; daß seine Dresdner Bank, sein Opernball, seine Literatur, seine Sympohoniekonzerte, seine elektrische Wohnungseinrichtung und seine Geschäfte genau, genau, genau dasselbe Maß an Widersinn und Sinnlosigkeiten ergeben" wie bei seinem amerikanischen Ebenbild (4,115/16).

Möglich, daß Tucholskys „bis zur Verzweiflung gesteigerte Unzufriedenheit"[55] mit diesem Dilemma ihn zu Gefühlen – nicht 'jüdischen' – des Selbsthasses trieb. „Selbsthaß", hatte er einmal gemeint, „ist der erste Schritt zur Besserung" (3,351). Doch einzugestehen, daß sein politischer Kurs Utopie geblieben war, hätte ein übermenschliches Maß von Selbstverleugnung gefordert. So wird die Ungerechtigkeit der folgenden Jahre bis zu seinem Tod darin bestehen, daß er den deutschen Juden anlastet,[56] was eigentlich auf die bürgerliche Gesellschaft gemünzt ist, die sich dem Faschismus ergibt.

Anmerkungen

1 Franz Theodor Csokor: Der deutsche Jeremias. In: Der Monat 4 (1952) S. 652.
2 Hans Prescher: Dr. Kurt Tucholskys publizistischer Kampf in den Jahren 1919 bis 1932. Diss. München 1956 (Masch.). Vgl. S. 178ff. u. S.184ff. – In Klammern mit Band- und Seitenzahl belegt werden die Texte aus: Kurt Tucholsky: Gesammelte Werke (In 10 Bänden). Reinbek: Rowohlt, 1975ff.
3 Programm zur 6. Jugend- und Kulturtagung des Zentralrats der Juden in Deutschland: „Juden in der Bundesrepublik 1983 – Religion, Familie, Gesellschaft".
4 Mordechai Piron: Die Probleme der jüdischen Identität heute. In: Jüdischer Presse Dienst Nr. 3/4 1983. S. 68.
5 Ebd.
6 Vgl. Klaus-Peter Schulz: Kurt Tucholsky in Selbstzeugnissen und Bilddokumenten. Hamburg: Rowohlt, 1959ff. S. 25.
7 Brief an Arnold Zweig vom 15.12.1935. In: Kurt Tucholsky: Ausgewählte Briefe 1913-1935. Reinbek: Rowohlt, 1962. S. 333 – künftig zitiert als: AB.
8 Ebd.
9 Tagebuchnotiz Kafkas, zit. nach Schulz (Anm. 6) S. 31/32.
10 Für Freud als exemplarisches Beispiel betont diese Verbundenheit mit dem Lebensmilieu Egon Schwarz: Melting Pot or Witch's Cauldron? Jews and Anti-Semites in Vienna at the Turn of the century. In: David Bronsen (Hrsg.): Jews and Germans from 1860 to 1933: The Problematic Symbiosis. Heidelberg: Winter, 1979. S. 276.
11 Vgl. Walther Kiaulehn: Der Mann mit den fünf PS. Nachwort zu: Kurt Tucholsky: Schloss Gripsholm. Hamburg: Rowohlt-Rotations-Romane, 1946 (Reprint 1983).
12 Walther Kiaulehn: Die Berliner Kritik war jüdisch. In: Thilo Koch (Hrsg.):

Porträts deutsch-jüdischer Geistesgeschichte. Köln: DuMont-Schauberg, 1961. S. 205.

13 ebd. S. 211.

14 *Die Weltbühne* dient unter diesem Gesichtspunkt als historische Quelle in: Hans-Helmuth Knütter: Die Juden und die deutsche Linke in der Weimarer Republik 1918-1933. Düsseldorf: Droste, 1971.

15 Vgl. die Namen und Porträts in: Juden in Preußen (Ausstellungskatalog). Dortmund: Harenberg, [2]1981. S. 376-379.

16 Vgl. die zahlreichen Belege in den Registern der Ges.W. (Bd. 10)

17 (Anm. 7) ebd.

18 An Mary Gerold vom 29. April 1918. In AB (Anm. 7) S. 357 – Zur Schwärmerei für das Blond vgl. die ganze Brieffolge ebd., S. 341ff.

19 Vgl. Peter Pulzer: Jewish Participation in Wilhelmine Politics. In: Bronsen (Anm. 10) S. 97.

20 Knütter (Anm. 14) S. 68.

21 Juden in Preußen (Anm. 15) S. 354/55.

22 Ebd. S. 339.

23 Pulzer (Anm. 19) S. 97/98.

24 Die Identifizierung dieses Rigorismus mit einem Typus behandelte auf der 'Tricentennial Conference of German-American History, Politics and Culture' (Philadelphia, October 3-6, 1983) Paul Breines: „Neither State nor Synagogue: The Jewish-German Left Intellectual as a Representative Jew."

25 Kiaulehn (Anm. 12) S. 214/15.

26 Kurt R. Grossmann: Deutsche Juden auf der Linken. Ihre politische Aktivität in der Weimarer Republik. In: Herbert A. Strauss u. Kurt R. Grossmann (Hrsg.): Gegenwart im Rückblick. Festgabe für die Jüdische Gemeinde zu Berlin 25 Jahre nach dem Neubeginn. Heidelberg: Winter, 1970. S. 87. – Grossmann bezieht sich auf: Istvan Deak: Kurt Tucholsky. In: ders.: Weimar Germany's Left-Wing Intellectuals. A political History of the Weltbühne and its Circle. Berkeley and Los Angeles, 1968.

27 Knütter (Anm. 14) S. 157.

28 Sozialistische Monatshefte 32 (1926) S. 892 – zit. nach ebd., S. 217, Anm. 176.

29 An Mary Gerold vom 27. Sept. 1919. In: AB (Anm. 7) S. 429/30.

30 Knütter (Anm. 14) S. 217.

31 Ebd. S. 103.

32 Kurt Hiller: Konzentration links! In: Die Weltbühne 23. Jg./H.7 vom 15.2. 1927, S. 249 – zit. nach Knütter (Anm. 14) S. 173.

33 Vgl. ergänzend: Juden in Preußen (Anm. 15) S. 314-323 (Theater, Kabarett, Publizistik, Zeitungs- und Verlagswesen).

34 Klaus Petersen: Die 'Gruppe 1925'. Geschichte und Soziologie einer Schriftstellervereinigung. Heidelberg: Winter, 1981. S. 93/94.

35 Lisa Matthias: Ich war Tucholskys Lottchen. Texte und Bilder aus dem Kintopp meines Lebens. Hamburg: Schröder 1962, S. 196.

36 Otto Flake: Juden in der Literatur. In: Die Weltbühne 19 (1923) Nr. 12 vom 22.3.1923, S. 333-336.

37 An Hans Reichmann vom 4.5.1929. In: AB (Anm. 7) S. 205-207. – Vgl. dazu: Hans Lamm: Tucholsky-Reichmann: Zwei Briefe über Judesein. In: Emuna. Blätter für christlich-jüdische Zusammenarbeit. 4 (1969) S. 161-168.

38 Um einige Beispiele vermehrt, benutze ich hier die Zusammenstellung von: Sylvie-Laurence Roos: Tucholsky und der Antisemitismus. Université de Nancy: Mémoire de Maîtrise 1971. – Vgl. auch das Kap. „Tucholsky – ein Antisemit?" In: Gerhard Zwerenz: Kurt Tucholsky. Biographie eines guten Deutschen. München: Bertelsmann, 1979, S. 109-118.

39 AB (Anm. 7) S. 334.

40 Vgl. Roos (Anm. 38) S. 8.

41 Zitate aus: „Die Glaubenssätze der Bourgeoisie" (6,251-254).

42 An Arnold Zweig (Anm. 7) – Zwerenz (Anm. 38) zieht daraus den verallgemeinernden Schluß: „Kurt Tucholsky wurde ständig als Pazifist, Polemiker, Satiriker angegriffen und bekämpft, nie als Jude" (S. 117).

43 Einzusehen im Tucholsky-Archiv des Deutschen Literatur-Archivs, Marbach a.N.; hier die Rubrik: „Abende".

44 Zit. nach Roos (Anm. 38) S. 8.

45 AB (Anm. 7) S. 388/89.

46 Knütter (Anm. 14) S. 148.

47 Alle folgenden Zitate aus dem Brief an Edith Jacobsohn vom 10.11.1925. In: AB (Anm. 7) S. 170/71.

48 Vgl. Roos (Anm. 38) S. 34.

49 Vgl. dazu: Gershom Scholem: On the Social Psychology of the Jews in Germany: 1900-1933. In: Bronsen (Anm. 10), bes. S. 26/27.

50 Rede von Gershom Scholem auf der 5. Plenartagung des Jüdischen Weltkongresses am 4. Aug. 1966 in Brüssel. In: Nahum Goldmann u.a.: Deutsche und Juden. Frankfurt a.M.: ed. suhrkamp 196, 1967. S. 39.

51 Grossmann (Anm. 26) S. 97.

52 anonym: „Herr Wendriner im Deutsch-jüdischen Club". In: Aufbau. Vol. 3. 1936/37, No. 3, S. 10.

53 Hans Lamm (Anm. 37) S. 166.

54 Knütter (Anm. 14) S. 148. – Der Verf. identifiziert Tucholsky mit Wendriner im Vorgriff auf sein KPD-Kapitel (S. 174ff.), wo die KPD-These zur Debatte steht, daß Klassen- die Rassenunterschiede überspielen würden.

55 Kurt Hiller: Kurt Tucholsky und der Selbsthaß. In: Text + Kritik. Heft 29: Kurt Tucholsky. München ^{2}1976. S. 8.

56 Vgl. dazu bes. die Korrespondenz in: AB (Anm. 7), mit Heinz Pol, Walter Hasenclever, Fritz Tucholsky u. Arnold Zweig. – Zweigs posthume Antwort ist abgedruckt in: Kurt Tucholsky: Briefe. Auswahl 1913 bis 1935. Berlin: Verlag Volk und Welt, 1983. S. 698-704.

Gunter E. Grimm

Ein hartnäckiger Wanderer. Zur Rolle des Judentums im Werk Franz Werfels

I.

Am 26. August 1945 erlag Franz Werfel einem Herzinfarkt. Alma Mahler-Werfel, seine Frau, ließ ihn „genauso" begraben, wie er in seinem letzten Roman *Stern der Ungeborenen* die Bestattung der Hauptfigur F.W. geschildert hatte: „in seinem Smoking, darunter sein Seidenhemd und ein zweites Seidenhemd neben ihm, ferner ein Smoking-Taschentuch und seine Brille, so wie er sie immer in der Brusttasche getragen hatte."[1] Werfels Frau hatte ein „rein weltliches Begräbnis" angeordnet.[2] Diese Tatsache mag angesichts der religiösen Thematik von Werfels Werk und der lebenslangen Beschäftigung mit Glaubensfragen einigermaßen verwunderlich erscheinen, entspricht aber letzten Endes dem Dilemma Werfels, in das ihn seine Auseinandersetzung mit der Welt des Judentums und des Christentums geführt hatte. Alma Mahler-Werfels Entscheidung fiel aus der Erkenntnis, daß Werfel, obwohl der katholischen Kirche zugewandt, sich nicht hatte taufen lassen, jedoch auch nicht einem orthodoxen Judentum sich zugehörig gefühlt hatte.[3] Dennoch entstand schon bald die Legende, Werfel habe sich kurz vor seinem Tode zum christlichen Glauben bekehrt, er habe die Nottaufe erhalten.[4]

Wer die letzten Romane Werfels gelesen hat, den mußte dieser angeblich konsequente Schritt im Grunde nicht einmal erstaunen. Denn Werfel hat eine ganze Reihe christlich-frommer Figuren gestaltet, er hat eine zum Bestseller avancierte Geschichte einer kleinen katholischen Heiligen geschrieben, die einem römisch-katholischen Schriftsteller selbst alle Ehre gemacht hätte, und er hat sich in Dramen und Vorträgen mit der metaphysischen Problematik und den historischen Erscheinungsformen des Christentums intensiv auseinandergesetzt. Werfels eigenes Werk hat unverkennbar seiner Vereinnahmung für das Christentum Vorschub geleistet. Und sie wurde denn auch von einer christlichen Literaturgeschichtsschreibung ohne tiefergehende Bedenken vollzogen. Für Wilhelm Grenzmann befindet sich Werfel „im Vorraum der christlichen Welt",[5] und Hans von Arnim und Annemarie von Puttkamer beschließen ihre Essays mit dem übereinstimmenden Statement, Franz Werfel sei zweifellos ein christlicher Dichter – auch wenn sie die Besonderheit seines, von jüdischen Voraussetzungen geprägten Bekenntnisses anerkennen.[6] Recht scheint ihnen sogar eine jüdische Stimme zu geben, die Werfel als Dichter des Judentums ablehnt:

> Franz Werfel *war* einmal ein Jude, er starb nicht als Jude. Werfel hat, wie die „Theologumena" in seinem nachgelassenen Buche „Zwischen oben und unten" unwiderleglich zeigen, sich ganz dem katholischen Glauben ergeben und damit aufgehört, ein *jüdischer Dichter* zu sein. Daran ändert nichts, daß er für die Juden

Lanzen bricht und den Christen manch träfes Wort sagt. Es gibt eine Grenze der Glaubensüberschreitung, welche aus dem Judentum herausführt, auch wenn sich diese Überläufer ostentativ als Juden deklarieren. Werfel hat sich sogar mit entschiedener Verurteilung gegen sie gewandt, um jedoch zum Schluß einen christlich-theologischen dialektischen Sprung zu machen, den wir ablehnen müssen.[7]

Karl-Heinrich Rengstorfs und Robert Brunners neuere Darstellungen von Werfels theologisch-religiösen Gedankengängen werden dem Doppelcharakter seines Glaubens gerechter, sie stellen jedoch – trotz Werfels definitiver Zugehörigkeit zum Judentum – die Rolle des Christusglaubens in den Vordergrund.[8] Erst Vincent J. Günther betont die Bedeutung des jüdischen Erbes für Werfel als Denker und Literat.[9]

Beim Durchmustern der einschlägigen Forschungsliteratur zu Franz Werfels Werk fällt die Häufung theoretischer Deutungen auf, so als sei Werfel ein Philosoph, nicht aber ein Dichter und Schriftsteller, ein Erfinder und Gestalter von Handlungen und Charakteren gewesen. Erklären läßt sich dieses merkwürdige Phänomen durch verschiedene Tatsachen und Vermutungen, etwa dadurch, daß unmittelbar nach der Weltkriegs-Katastrophe sich ein existentielles Vakuum auftat, das Werfel durch seine Sinngebungsversuche zu schließen sich bemühte, dann, daß die Fragestellungen an den Dichter von theologischer Seite bzw. von einer stark theologisch-religiös orientierten Literaturwissenschaft herangetragen wurden, schließlich, daß das unbewältigte deutsch-jüdische Verhältnis hier von einem metaphysischen Standpunkt aus interpretiert wurde, der sich gleichsam über den Parteien befand. Ganz abgesehen davon, war Werfel auch willkommenes Objekt proselytischer Missionierungssucht, die in ihm freudig den bekehrten Juden feierte, der – wenn er schon nicht getauft war – doch aus seiner Sympathie fürs Christentum kein Hehl machte.

Die einen Autoren reklamieren Werfel in toto für die christliche oder, enger noch, die römisch-katholische Glaubenswelt; die andern erblicken in Leben und Werk den Versuch einer Synthese; die dritte Partei dagegen macht ihre Ansicht, Werfel sei von Anfang bis Ende in erster Linie Jude gewesen, an dem unanfechtbaren Tatbestand der nicht vollzogenen Taufe fest. Da Werfel kein Dogmatiker war und sich nicht um Fixierung seiner Position innerhalb der petrifizierten Religionen mühte, vielmehr nach lebendiger Auseinandersetzung und Verständigung strebte, haftet – von streng kirchlichem Standpunkt aus – seinen Anstrengungen zweifellos etwas Dilettantisches an, etwas, wenn man so will, Poetisches. Ein Dichter also, der sich seinen Privat-Mythos im Rahmen der vorhandenen Religionen ausbaut – und darum letzten Endes doch kein ernstzunehmender Denker, da Religionswahrheiten eben (kirchlich) fixierte Axiome parat halten, nicht aber dem Einzelnen Spanne lassen, sein Verständnis in die Glaubenswahrheit einzubringen?

Existentielle Erfahrung und reflektierendes Bewußtwerden begründen und flankieren Werfels ästhetische Produktion. Daher steht die Untersuchung der Frage, welche Rolle der jüdische Problemkreis in Werfels Vita und Reflexion gespielt hat, vor der Analyse ausgewählter literarischer Werke.

II.

Werfel wurde am 10. September 1890 in Prag geboren; seine Vorfahren waren deutsch-böhmische Juden. Der Vater, Rudolf Werfel, hatte es als Gründer einer Handschuhexport- und Importfirma zu beträchtlichem Wohlstand gebracht; auch die Mutter stammte aus einer begüterten Familie.[10] Im Vorwort zur Essaysammlung *Zwischen Oben und Unten* beschreibt Werfel als geistigen Ausgangspunkt die Erziehung „im Geiste der humanitären Autonomie und Fortschrittsgewißheit", den „naiven Ammenglauben an Weltverbesserung durch Wissenschaft", die skeptische „Abgekehrtheit von metaphysischem, religiösem oder gar mystischem Denken und Fühlen" – wie es für den „Sohn des europäischen liberalen Bürgertums" um die Jahrhundertwende selbstverständlich war.[11] Schon in früher Zeit lehnte er die materialistisch-realistische Weltdeutung, die er mehrfach als 'naturalistischen Nihilismus' oder als 'Realgesinnung' bezeichnet, kategorisch ab – aus religiösen und aus ästhetischen Gründen. Mag unterschwellig auch der Vater-Sohn-Konflikt bei diesem Absetzungsversuch eine Rolle gespielt haben, der eigentliche Grund für die Abkehr von der planen Rationalismusgläubigkeit der assimilierten Vätergeneration liegt eher im Ungenügen, das der angehende Dichter angesichts wissenschaftlicher und intellektueller Welterklärungsmodelle empfindet. Noch hat Werfel dieser materialistischen Weltanschauung kein ausformuliertes Programm entgegenzusetzen, aber er schlägt bereits jetzt entschieden den Weg zum Glauben ein.

Schon in Prag wurde der Grundstein für Werfels Symbiose des jüdischen, christlichen und deutschen Elements gelegt: als Zögling der Piaristenschule kam er schon früh mit katholischer Tradition in Berührung. Das Paradoxon, daß in dieser Klosterschule die meisten Schüler aus jüdischen Elternhäusern stammten, erklärt sich aus der Prager Situation, in der Deutschtum und Judentum nahezu identisch waren.[12] Gerade im Zeitalter eines aufbrechenden slawischen Nationalismus vertraten die Prager Juden deutsche Interessen; sie fühlten sich nicht nur als Deutsche, sie wurden von den Tschechen auch als Vertreter des verhaßten Herrenvolkes abgestempelt. Daraus erklärt sich auch, daß Judentum für Werfel kaum als rassisches Faktum oder gar Problem in den Gesichtskreis trat, und als religiöses Phänomen im Grunde auch erst nach seinen Palästinareisen, auf denen er mit der jüdischen Existenz unmittelbar konfrontiert wurde.

Im Elternhaus trat das Judentum nur an den hohen Feiertagen in Erscheinung; die Besuche im mystischen Tempel erzeugten bei dem Knaben jedoch lediglich Gefühle des 'Scheus' und des 'Abscheus'.[13] Mit vierzehn Jahren zum modischen Atheisten und Anarchisten geworden, stellt Werfel die Tempelgänge ein – Judentum war für das Kind lediglich ein „halbbewußter Vorstellungsinhalt", kein religiöses „Erlebnis" mehr. Auch als „Identitäts-Konflikt" ist das Judentum in der Prager Zeit nicht präsent, eben weil antisemitische Invektiven den Deutschen mittreffen, der Jude aber Hauptträger deutscher Kultur ist.[14]

Mit den geradezu unheimlich wirkenden Ostjuden verband die weitgehend assimilierten, ganz dem westlerischen Kulturkreis zugehörigen Juden allenfalls ein geistiges Wissen um „gemeinsame Historie und Tradition".[15] Judentum war für den frühen Werfel weder historisch, noch literarisch oder religiös geprägt; aus einer gewissen Verlegenheit, Eigentümlichkeiten, besondere Merkmale zu entdecken, definiert Werfel Judentum als „Ausdrucksgemeinschaft" oder „Ausdrucksrasse", die durch eine bestimmte „Art zu agieren und zu reagieren" verbunden sei.[16] Werfel macht aus seiner Abneigung gegen das Antisinnliche, Antifreiheitliche und Antischöne des jüdischen Zelotismus keinen Hehl. Die schmutzigen und erbarmungswürdigen Zustände chassidisch-ostjüdischer Wohnviertel erzeugen in ihm das Gefühl unheimlicher Fremdheit.[17]

Zwei Jahre später weitet Werfel den engen Begriff der Rasse aus: Judesein, so meint er jetzt, sei keine „Eigentümlichkeit eines bestimmten Volkes, einer Rasse, sondern eine Qualität, die mehr oder minder in jedem Individuum steckt." Im Gegensatz Jüdisch-Arisch, den er als Ausdruck einer „metaphysischen Ökonomie" begreift, erblickt er den Konflikt der Zukunft.[18]

Schon 1917 hatte Werfel Weiningers These von der „transcendenten Rassenminderwertigkeit" widersprochen und das Elend des modernen Judentums als Folge der Gettoauflösung, als „selbstverständlich soziale Hysterie des verlorenen Mittelpunkts" erklärt.[19] Das Judentum, muß Werfel sich eingestehen, ist in dieser historischen Epoche vorwiegend negativ definiert, als Resultat feindlicher Außeneinstellungen. Diese Erfahrungen sind durch die Atmosphäre Wiens, in dem Werfel seit 1918 seinen Wohnsitz hatte, entscheidend geprägt; sie erzeugen die auch bei den andern jüdischen Schriftstellern bekannte „Identitätskrise":

> Ich lebe und strebe also in einer Welt, deren Kulturblüte ich leidenschaftlich liebe, die ich vermehren möchte, die das Ziel all meiner Zuneigung, Kritik, Hoffnung, Erfüllung ist, und eines Tages muß ich erkennen, daß ich ihr nicht angehöre, daß ich woanders hin zuständig bin, dorthin, wo ich mich erst recht nicht zuhause fühle.[20]

Dem immer heftiger angetragenen Angebot, im *Zionismus* die neue Identität zu finden, hält Werfel das Bewußtsein seiner modernen westeuropäischen Kultur entgegen: Für das Hier und Heute seiner jetzigen Existenz spiele Geschichte, Tradition und Ritus keine wesentliche Rolle – „die Makkabäer und die Königin Esther sind mir nicht näher als Hektor und Kassandra".[21]

Eine derart radikale Entscheidung, die von dem europäischen Juden den Bruch mit seiner lebensweltlichen Umgebung fordert, kann – so meint Werfel – nur aus Notwendigkeit und aus Liebe erfolgen. Wo diese Faktoren fehlen, bleibt das Bekenntnis zum Zionismus nicht nur problematisch, es bedeutet sogar einen Rückfall in genau den Nationalismus, den die Juden als erste hätten überwinden sollen.

Die im Frühjahr 1925 unternommene Reise in den Vorderen Orient (Ägypten, Palästina) konfrontiert Werfel zum ersten Mal unmittelbar mit 'gelebtem' Zionismus. Der Österreicher, dem Nationalstaaterei obsolet erscheinen muß, bleibt skeptisch:

> Der größte Teil der Menschheit ist Anachronismus. Und jetzt die Juden! Sie, die im Europa so sehr *voraus* sind, jetzt müssen sie zeigen, daß sie dasselbe können, was sie an andern Völkern so verlacht und verachtet haben.[22]

Immerhin hat dieser Aufenthalt Werfel zu seinem ersten ausgeführten Drama inspiriert, das sich mit der jüdisch-christlichen Problematik beschäftigt: *Paulus unter den Juden*. Im Sommer 1925 erfolgten erste und zweite Niederschrift.[23] Die Fragment gebliebene Erzählung *Pogrom* (Sommer 1926), wahrscheinlich auch ein später Nachhall dieser Palästinareise, enthält Werfels Erlebnis des Ostjudentums, mit dem er schon während seines Kriegsdienstes in Ostgalizien Bekanntschaft gemacht hatte. Werfel hat die Szene beim Rabbi in den Roman *Barbara oder die Frömmigkeit* eingefügt,[24] dessen Plan er im Frühjahr 1928 entwarf und zwischen Sommer 1928 und Winter 1929 ausarbeitete. Nach Fertigstellung dieses Romans besuchte das frisch verheiratete Paar Franz Werfel und Alma Mahler zum zweiten Mal Ägypten und Palästina. Nachhaltigen Eindruck hat das Schicksal der von den Türken verfolgten Armenier auf Werfel gemacht; hier entstanden die ersten Skizzen zum Roman *Die vierzig Tage des Musa Dagh*.[25] In diesem, übrigens besonders erfolgreichen Roman, der 1933 erschien, jedoch in Deutschland sogleich verboten wurde, gibt es deutliche Parallelen zwischen unterdrückter armenischer Minderheit und verfolgter Judenschaft – nicht nur das gemeinsame Schicksal, sondern auch künstlerisch-strukturelle Elemente verweisen auf die symbolische Integration jüdischer Geschichte.[26]

Die Machtübernahme der Nationalsozialisten in Deutschland wirft Schatten; sie beeinflußt Werfels Leben und schriftstellerisches Schaffen.[27] Der von Alma Mahler-Werfel als besonders gefährlich empfundene „schleichende Antisemitismus" in Österreich stößt Werfel auf das früher schon reflektierte Problem des rassischen Judeseins. Das Judentum als individuelles Schicksal kommt durchaus neu auf ihn zu. Bereits der k.u.k. Beamte aus dem Fragment *Pogrom* hatte sein Lebensdilemma formuliert: „Ich war also Jude! Ich war ein Andrer! Ich war nicht ein Mensch wie alle! [. . .] Fremd hier und fremd dort! Fremd über jede Vorstellung! Fremdheit, das Erzgefühl meines Lebens [. . .]."[28] Von dieser hier eingenommenen Position wird die Deutung Vincent J. Günthers verständlicher, der bei Werfel nicht, wie allerwegen sonst, die Frömmigkeit und den Weltglauben ins Zentrum seiner Würdigung stellt, sondern das Moment der Fremdheit.[29] Deutlicher noch und mit metaphysischer Ausweitung erfaßt im 1938 begonnenen Romanfragment *Cella oder die Überwinder* der jüdische Kommerzienrat Weil das jüdische Problem:

> Wir haben eine ganz andre Uhr im Blut als sie. Wir sind gewissermaßen aus dem Lauf der Geschichte ausgespart. Und dann: Alle können sie umprägen, nur uns nicht. Sie können uns umbringen, verjagen, ausrauben, aber nicht beugen, selbst wenn wir ihnen dabei mithelfen. Denn wir sind immun, ganz und gar. Diese gottgewollte Immunität ist der Grund, warum sie in uns unglücklich verhaßt sind.[30]

Seit 1933 rücken die spezifisch jüdischen Themen in den Vordergrund von Werfels dramatischer und epischer Produktion. 1934-1936 entsteht auf Max Reinhardts Anregung das Bibelspiel *Der Weg der Verheißung*, das seine Uraufführung im Januar 1937 im Manhattan Opera House in New York erlebte. Die palästinensischen Erfahrungen verbindet Werfel mit historischen Interessen in seinem *Jere-*

mias-Roman, in dessen Geschichtsdarstellung sich die finstere Gegenwart spiegelt. Dieser Roman ist das letzte in Österreich entstandene Werk.

Während Hitlers Einmarsch nach Österreich befand Werfel sich auf Capri (März 1938). Nach vorübergehendem Aufenthalt in Zürich begaben sich Franz Werfel und seine Frau nach Paris. Im französischen Exil entstanden verschiedene Arbeiten zur jüdischen Thematik, so der Essay *Das Geschenk Israels an die Menschheit. Eine Liste mit Kommentar* (1938), in dem Werfel einen breiten Abriß über jüdische Kulturtaten liefert, und das bereits erwähnte Fragment *Cella oder die Überwinder*, das Werfel bis zum 31. Januar 1939 beschäftigte, ehe er die Arbeit daran abbrach, im Bewußtsein, daß die historischen Ereignisse das Werk „überholt" hätten.[31] Auch in der 1940 entstandenen Erzählung *Eine blaßblaue Frauenschrift* bildet das Problem des Judeseins den Angelpunkt.[32] Von Oktober 1940 bis zu seinem Tod lebte Werfel in den Vereinigten Staaten, wohin ihm die abenteuerliche Flucht über die Pyrenäen, durch Spanien und über Lissabon gelungen war; zunächst in New York, hernach in Los Angeles, in Santa Barbara und Beverly Hills, Orten an der Pazifikküste. Hier entstanden außer dem rasch zum Bestseller avancierten Roman *Das Lied von Bernadette* die Tragikomödie *Jakobowsky und der Oberst* und der späte, sogenannte 'Reise-Roman' *Stern der Ungeborenen*; Verfolgung und Pariadasein der Juden bilden zentrale Themen beider Werke. Für die jüdische Problematik ist der zuerst im Dezember 1944 in englischer Sprache erschienene Sammelband *Zwischen Oben und Unten* (unter dem Titel *Between Heaven and Earth*) von besonderer Bedeutung. Er enthält nicht nur einige der für die religiöse Gesinnung Werfels zentralen Vorträge, sondern auch die unter dem Titel „Theologumena" zusammengestellten Aphorismen, die das Verhältnis zwischen Judentum und Christentum unter metaphysischem Blickwinkel beleuchten. Sie repräsentieren die Endstufe einer fast lebenslangen Reflexion.

III.

Der Gottglaube ist der zentrierende Kern von Werfels Weltanschauung; ihm sind alle konfessionell-religiösen Gesichtspunkte untergeordnet. Werfels trinitarische Auffassung der Gottheit zieht von vornherein einen Trennungsstrich zum orthodoxen Judentum.[33] Der Glaube an die Inkarnation Gottes in seinem Sohn Jesus Christus ist dann nur der Schlußpunkt zu diesem, von Juden als Häresie empfundenen Gottesverständnis.[34]

> Seitdem ich im Jahre 1916 meine 'Christliche Sendung' geschrieben habe, habe ich der Welt nicht verschwiegen, daß ich christusgläubig bin, ich habe es vielmehr in sehr vielen Werken bekannt. Mein mystischer, und ich kann wohl sagen katholischer Glaube ist das Knochengerüst meiner Gedichte und meines epischen und dramatischen Schaffens.[35]

Christentum und Christusglaube sind offenbar für ihn nicht identisch – eine von vielen christlichen Betrachtern übersehene Tatsache.

Jedoch ist dem 'extra muros' stehenden Juden Werfel[36] die Möglichkeit eines Christusglaubens außerhalb eines konfessionell legitimierten Christentums denkbar. Werfels Verständnis des Judentums und des Christentums bedingen sich wechselseitig. Die gegenseitige Abhängigkeit und Gebundenheit beider begründet sein Verbleiben im jüdischen Glauben. Allen aufschäumenden Rasseideologien zum Trotz faßt Werfel das Judentum als ein supranationales Phänomen mit metaphysischer Dimension. Da Christus ihm als der verheißene Messias gilt, erhält das Judentum aus dieser Perspektive eine genuin christlich definierte Funktion – eine in ihrer Reduktion des jüdischen Auftrags für das Judentum schlichtweg unakzeptable Auffassung. Werfel sieht in Israel – diese Definition begegnet ständig wieder – den „fleischlichen Zeugen der Offenbarung", der Offenbarung Gottes nämlich in seinem die Wahrheit und das Leben verkörpernden Sohn.[37] Ohne „dieses lebendige Zeugnis, das verfolgt und gegeißelt durch die ganze Welt geht, sänke Christus zu einem bloßen Mythos hinab",[38] gleich den Chiffren Apoll und Dionysos. Das Christentum braucht, auf daß es nicht zur Mythologie, zum nicht mehr geglaubten Bilder- und Figuren-Aerarium absinkt, des Widersachers und Neinsagers, der durch sein Leiden die Wahrheit des christlichen Glaubens bezeugt.

Dieses religiöse Verständnis bildet für Werfel auch den wichtigsten Grund *für* den *Antisemitismus* und *gegen* den *Zionismus*. Antisemitismus wird von Werfel konsequent als „metaphysisches Phänomen" begriffen, als „Form des Widerstandes gegen Christus", dargetan am Ort des geringsten Widerstandes. Israels Mission erkennt Werfel in der paradoxen Lehre einer „Verkehrung der heidnisch naiven Werte", dem Postulat, *gegen* die eigene „gefallene Natur" zu leben,[39] der antisemitische Christ gilt Werfel als Beleg, daß „die mechanisch getaufte, aber essentiell unbekehrte und unbeschnittene Natur ihren Messias, ihren Erlöser" haßt.[40] Werfel reduziert die antisemitischen Strömungen also ganz auf den theologisch begründeten Affekt, modifiziert jedoch das Motiv der jahrhundertelangen christlichen Judenfeindschaft: Die Rache für die Ermordung Christi ist allenfalls Sublimation, dahinter steckt der Neid auf das Volk, dem Gott das messianische Paradoxon gewährt hat.

Aus demselben metaphysischen Grund lehnt Werfel prinzipiell alle *zionistischen* Versuche ab, einen Staat Israel zu gründen und ihn den übrigen Nationen gleichzustellen. Vehement wendet er sich schon gegen den Ausdruck „Das hebräische Volk" und vermutet dahinter die Abkehr von Gott und der ganzen jüdischen Tradition.[41] Den Juden, die samt und sonders Gottes Erlösungsangebot ausgeschlagen hätten, könne für „Nichterkennen und Verwerfen des Messias" ihre Weltgeschichte – die Geschichte einer fortwährenden Verfolgung – nicht erlassen werden. Der Jude dürfe sich nicht über diese 'metaphysische Tatsache' hinwegsetzen – etwa durch Taufe oder durch Nationalisierung. Wie christusgläubig daher der einzelne Jude auch sein mag, „von der Tiefe der Fakten her" ist es ihm auf tragische Weise verwehrt, „Christ zu sein wie Deutscher oder Russe".[42] Aus der Geschichte holt Werfel den Beleg, die Juden seien seit je „die Gefoppten ihrer Fixierungsversuche" gewesen[43] – das Scheitern von Aufklärung, Kosmopolitismus, Liberalismus, Sozialismus und Nationalismus erhärtet ihm diese These.[44] Israel muß – dessen ist sich Werfel sicher – mehr sein als eine der üblichen Nationen;

seinen Charakter umschreibt er mit dem Begriff „historisch-biologischer Orden", in den man durch Geburt eintrete und aus dem man „bis zum vorletzten Tage nicht mehr entlassen werden" könne.[45]

Erschöpfte sich Israels Auftrag ausschließlich in einer negativen Zeugenschaft für Christus, so wäre in der Tat die entschlossenste Konsequenz der Übertritt zum Christentum. Ihn hat Werfel, wie er des öfteren bezeugt, niemals vollzogen.[46] Er hat dafür mehrere Gründe angegeben: Erstens desertiert der Konvertit „aus der Partei der Schwachen, der Verfolgten" – also ein moralischer Grund; zweitens desertiert er „aus Israel bis in die Tiefen zu Abraham, Isaak und Jakob hinab", er bricht dadurch mit der historischen Tradition des 'Gottesvolkes' und seiner Verheißung; drittens schließlich desertiert er vor Christus selbst, indem er die Aufgabe der jüdischen Buße unterbricht und damit den Heilsplan durch eigenmächtiges Selbsthandeln stört – dies also ein metaphysisch-eschatologischer Grund.[47]

Vielleicht, so mutmaßt Werfel, sei Israels „größtes Geschenk an die Welt" die von Gott im Heilsplan vorgesehene Rolle, die Christi Erlösungstat erst ermöglicht hat.[48] Israel – das sich zu Christus wie die Muschel zur Perle verhält – ist für Werfel kein „Anti-Christ"; wider sein eigenes Selbstverständnis kämpft Israel gerade für Christus.[49] Daraus leitet sich der gewichtige vierte Grund ab. Solange Christen Antisemiten sein können, in Israel nur „eine überlebende Verlegenheit" statt des „'aufgehobenen' Zeugen des Mysteriums" erblicken, einen Gegner statt einer Bestätigung des eigenen Glaubens, so lange gilt „ein getaufter Jude eben nur" als „ein getaufter *Jude*".[50] In den „Theologumena" hat Werfel das Paradox eines Widerspruchs zwischen Eigenverständnis und metaphysischer Deutung näher ausgeführt: Israel muß den schlechten Part des Gegenspielers auf sich nehmen, damit „das Heilsdrama der verschmähten Gottheit" sich historisch realisieren konnte. Christi umfassende Opfertat spielt sich auf dem Rücken Israels ab. In dieser leidenden Teilnahme am Erlösungsprozeß besteht der ewige und positive Beitrag Israels.[51] Die Verheißung des Judentums geht der christlichen parallel, irgendwann – eben am „vorletzten Tage"[52] werden die beiden Religionen ineinander aufgehen. Diese Lösung deutet Werfel in seinen Gedanken zur Entsprechungslehre an, die er auf die Josephsgeschichte und das Christentum anwendet: Israel wird demnach in die christliche Kirche „eingehen", jedoch nicht „aufgehen". Es soll als „gesonderte Wesenheit" – Werfel zieht dem hybriden Begriff der 'Erwähltheit' den bescheideneren Ausdruck 'Ausgesondertheit' vor – erhalten bleiben.[53] Aus der negativen Zeugenschaft in der Zeit wird am Ende aller Zeiten der „positive Kronzeuge" werden.[54] Um dem Auftrag der göttlichen Verheißung treu zu bleiben, darf der Jude sich keinen anderen Religionsgemeinschaften, Staaten oder Nationen anschließen.[55] Freilich tut sich eine solche metaphysische Deutung jüdischer Geschichte – gerade im 20. Jahrhundert und besonders nach der Katastrophe des Judentums in Hitlers Europa – nicht nur ausnehmend schwer, sie nimmt auch, unfreiwillig, fast zynische Züge an: Ist um solch einen Preis die Erfüllung des Verheißenen nicht allzu teuer erkauft? Schlägt Verheißung dann nicht in Verhöhnung und Erbarmungslosigkeit um? Werfel war sich, wenn er die Judenvernichtung als „gewaltigsten Religionskrieg aller Zeiten" interpretiert und als immer wiederkehrenden Auftrag Israels „den Gotteskampf um das Heil der ganzen Welt" erkennt,[56] jedenfalls der Fragwürdigkeit bewußt, das jüdische Schicksal durch das Dogma der Auserwähltheit zu erklären, Not als Läuterungsform zu 'transzendieren'.

Trotz der größten Niederlage, die je ein Feind Israels erlitten hat, kann Israel keinen reinen Triumph feiern:

Aber wie könnte Triumph und Jubel empfinden ein leeräugiger zerzauster Greis, der mit dem Grabscheit in der Hand einherwankt in der Podolischen Steppe, um seine Toten zu finden und zu bestatten?[57]

Es bleibt kein anderer Trost als der Verweis auf die transzendente Erfüllung der Verheißung. In der Gewißheit, daß Gott eher seine Offenbarung – also Christus – zurücknehmen werde als die Verheißung an den „Erstgeborenen", vertraut Werfel auf das göttliche Versprechen: „Zwischen deinem Gott und dir bleibt offene Rechnung, und sie wird beglichen werden zu deinen Gunsten, wenn die Gnade dereinst die Summe gezogen hat."[58] Nicht allein wegen des gegenseitigen Aufeinanderangewiesenseins[59] oder wegen der älteren Rechte Israels verliert die Taufe den 'Heilungscharakter'.[60] Ist 'Erlösungsbedürftigkeit' eine Voraussetzung des Christseins, so scheidet für den Juden, der seine Geschichte als Erlösungswerk begreift, der Übertritt konsequenterweise aus.[61]

Was also muß er konkret tun? Dem 'Prinzip Hoffnung' entsprechend hat er zu warten, bis sich die Gegensätze 'versöhnen', jüdischer Messiasglaube und christliche Inkarnationslehre sich vereinen. Dann erlösen Israel und Christus zusammen die Welt – eine semipelagianische Interpretation der Heilsgeschichte, wie Brunner zu Recht bemerkt.[62] Israels Opfer steht mindestens gleichberechtigt neben dem des Messias.

So verharrt Werfel im Paradox, nicht etwa im Vorraum der christlichen Welt, auch nicht zwischen Sinai und Golgatha; als 'Jude Christi' begibt er sich freiwillig außerhalb der konfessionellen Institutionen und nimmt zur jüdischen Bürde auch noch die der jüdischen Vorwürfe auf sich.

IV.

Das zentrale Thema des frühen, 1925/26 entstandenen Dramas *Paulus unter den Juden*[63] ist die Loslösung des Christentums aus dem jüdischen Glauben, für Werfels Verständnis des Judentums sicherlich der welthistorisch gewichtigste Einschnitt.[64] Werfel führt ein breites Spektrum jüdischer Einstellungen vor: den orthodoxen Hohenpriester und seine so völlig anders gearteten Söhne, den fanatischen Glaubenseiferer Chanan und den hellenistisch infiltrierten ('Assimilanten') Matthias sowie den versöhnlichen, über den Parteien stehenden Patriarchen Gamaliel. Auch die christliche Gegenseite weist Unterschiede auf: Dem auf Ausgleich bedachten Jakobus hält Paulus sein entschiedenes Nein entgegen. Von besonderer Ironie ist es dabei, daß gerade Schaul, das bewunderte Vorbild Chanans, sich vom Schüler des „Gerechten" Gamaliel zum Zeloten entwickelt, dann aber der Thora-

Lehre den Rücken kehrt und ein streitbares Christentum propagiert. Von den zahlreichen Aspekten, die vom Auserwähltheitsglauben bis zum jüdischen Selbsthaß reichen, steht die Auseinandersetzung Paulus' mit den jüdischen Schriftgelehrten im Mittelpunkt des Interesses. Paulus, der früher fanatisch für die Thora eintrat, verficht nach seiner Bekehrung ebenso leidenschaftlich die neue Lehre, ohne Rücksichtnahme auf die Folgen. Statt der früheren „Leere", die er „mit Haß und Hochmutsträumen von Israels Sieg" ausgefüllt hatte, erkennt er nun in Jesus Christus den verheißenen Messias, der seinem Leben die Gewißheit der Rettung gibt. Sein früheres Dasein gleicht ihm einem „Abgrund", sich selbst sieht er als „Angstschrei um den Menschen".[65] Während Jakobus die Messianität Jesu auf das Judentum beschränken will – „Der Christus Jesus war im Gesetz" –, vertritt Paulus die Heidenmission und damit die allmenschliche Aufgabe des Christentums: „Jesus, der Christus, ist über dem Gesetz!!"[66] Dieser innerchristliche Gegensatz wird auch im Verhältnis des Christentums zum Judentum ausgetragen.

Gegenüber dem Rabbi Huna betont Jakobus das Verbindende beider Lehren: „Wir sind strenge Juden Gottes und der reinen Thora" und beteuert, vom Gesetz, dieser „herrlichen Wahrheit", kein Jota abzuweichen. Paulus dagegen sieht seine Aufgabe darin, mit Christi Lehre gegen das mosaische Gesetz zu kämpfen,[67] ohne es jedoch zu verletzen – dies ziemt den „Juden des Christus" nicht. Höhepunkt ist das Religionsgespräch zwischen ihm und Gamaliel, der Sanftheit, Liebe und Freude lehrt und verkörpert.[68] Der im dritten Bild schon offenbare Gegensatz des christlichen Satzes „Das Gesetz ist erfüllt und die Liebe gekommen" und des jüdischen Satzes „Das Gesetz ist erfüllt und die Liebe wird kommen" bleibt nicht undiskutiert. Während Rabbi Huna apodiktisch die Unmöglichkeit eines Paktes zwischen Israel und dem Christentum erklärt, erkennt Gamaliel Jesus als „einen heiligen Menschen Gottes", der zu Unrecht hingerichtet wurde.[69] Er beauftragt Paulus, ihn zu Israel zurückzuführen, also Christentum und Judentum miteinander auszusöhnen. Dieses – aus jüdischer Sicht unerhörte – Zugeständnis kann Paulus jedoch nicht akzeptieren: Für ihn war Jesus nicht lediglich ein Erheller des Gesetzes, sondern dessen Überwinder, und als solcher nicht bloßer Mensch. An der Gottessohnschaft Jesu scheiden sich beide endgültig. Paulus ist seine eigene Verwandlung ein Indiz für die Messianität Christi, die Leibwerdung der Schechina – die Erneuerung gilt ihm als göttlicher Gnadenakt. Gamaliel verharrt dagegen in der jüdischen Lehre menschlicher Mitarbeit am Gottesreich.[70] Durch Christus sieht er das eigene „Friedenswerk" gefährdet; dem Bruch der Lehren wird unvermeidbar Kampf und Vernichtung nachfolgen. Der Schluß-Segen, mit dem er Paulus halb unbewußt entläßt, deutet auf die Anerkennung des tieferen Wahrheitsgehaltes der neuen Lehre hin, selbst um den Preis der eigenen Zerstörung. Werfel gestaltet hier die Tragik Israels in seinem besten Vertreter, dessen Gerechtigkeitsideal die Annahme des Erlösers Christus verhindert.[71]

Der Schluß – die Rückkehr des mit Israels Sünden beladenen Bockes in den Tempel, die Errichtung des kaiserlichen Standbildes im Tempel und der Tod des „letzten Gerechten" Gamaliel – scheint der Auffassung Petrus' recht zu geben, daß das Eintreffen dieser Tatsachen die Verheißung erfüllt und damit den Wahrgehalt des Christentums legitimiert.[72]

In Werfels eigenem Verständnis erscheint der historische Moment der Lostrennung als notwendige Konsequenz: Da die Gesetzeslehre aufgrund ihrer nationalen Beschränktheit nicht als Missionierungsinstrument einsetzbar ist, bedeutet die von Christus inaugurierte „allmenschliche“ Interpretation des Gesetzes zugleich die 'Aufhebung' des Judentums. Paulus fungiert als „Vollstrecker dieser Geschichtsmission“; Gamaliel, der „die ganze Gerechtigkeit des Gesetzes“ verkörpert und als „Hemmender“ das Erscheinen des Antichrist verhindert, muß zuvor fallen, damit der Weg für den Antichrist und damit – so die Verheißung – für die „Wiederkunft“ und die Herrschaft des Messias frei wird.[73] Paulus hat Gamaliel zwar besiegt, doch überstrahlt dessen fast resignativ-gütige Menschlichkeit den leidenschaftlich-proselytischen Missionseifer des Paulus – Werfel hat persönlich den Typus des „hohen Juden“ stets über den aktivistischen neuerungssüchtigen Typus des Politikers gestellt.[74]

In dem umfangreichen Roman *Barbara oder die Frömmigkeit* von 1929[75] trägt die zerrissene Gestalt des christusgläubigen Alfred Engländer den tragischen Konflikt des modernen, zwischen Judentum und Christentum stehenden Juden bis zur letzten Konsequenz aus. Seine Reflexionen und Diskussionen mit Ferdinand setzen das Gespräch zwischen Paulus und Gamaliel auf einer anderen Ebene fort. Ferdinand, der jugendliche, merkwürdig unbewußt, aber nicht stumpf dahinlebende Held des Romans steht dem scharfen und bohrenden Intellekt des unglücklichen Juden schutzlos gegenüber. Die Paradoxie ihres Dialogs besteht in der Umkehrung der natürlichen Positionen: der Adelige Ferdinand vertritt als Freigeist die Dominanz des Vernunftprinzips, der Jude Engländer dagegen ist überzeugter Christusanhänger.[76] Die liberale Freigeisterei, in die er – wie Werfel ja selbst – hineingeboren ist, erscheint ihm „als ein grauenhafter Rückschritt aus einem lichten Geist-All in platt überheblichen Primitivismus“.[77] Der „katholischen Weltanschauung tief ergeben“[78] befreit er Ferdinand von dessen wissenschaftshöriger „Realgesinnung“, – ein Kampf übrigens, den Werfel selbst in mehreren Vorträgen gegen den materialistischen Fortschrittsglauben, gegen die „Vergottung des Intellekts“ und dessen blinde Ersatzreligionen geführt hat.[79] Von den zwei diametral entgegenstehenden Kosmogonien hält Engländer die mosaische für umfassender als die materialistische, als deren Exponenten er höhnisch einen Professor Madenstierer erfindet. Die Offenbarung Mosis vermag die intellektgegründeten Hypothesen Madenstierers in sich aufzunehmen – der mehrfache biblische Sinn enthalte mit Gewißheit auch die rationalistischen Annahmen des modernen Aufklärers: „Das Gotteswort ist ein unausschöpfbarer Abgrund, in dem sowohl die biologische als auch die theologische Kausationslehre ineinander Platz haben, es ist der mathematische Ort der versöhnten Widersprüche.“ Als historischen Beweis führt Engländer die Existenz der katholischen Kirche und des Judentums an, die gegenüber den kurzlebigen rationalen Lehren „sozusagen ewige und unverwandelte Gestalten“ sind.[80] Freilich die Konsequenz einer Konversion zum Christentum zieht Engländer nicht; ob der von ihm stets genannte Grund – er fühle sich noch nicht frei, das „Martyrium einer falschen Auslegung zu tragen“ – den tatsächlichen Sachverhalt wiedergibt, kann angesichts der diffizilen Psyche Engländers, die nicht frei von jüdischem Selbsthaß ist, bezweifelt werden.[81] Gewiß steht dahinter auch die Rücksicht auf die Gesellschaft, die seinen Übertritt als Flucht vor dem Judentum mißdeuten könnte, aber auch der Gedanke, sein Christusglaube gerate dann nicht in den Verdacht, unlauteres und opportunistisches Mittel zu sozial und ökonomisch definierten Zwecken zu sein. Die innere Zerrissenheit, ein Produkt des jüdisch-christlichen Zwiespalts, steigert sich in der Kriegsära: Mit Geist und Seele glaubt Engländer weiterhin an Christus, doch der jahrhundertelang verachtete und gefolterte Körper versagt gleichsam die Gefolgschaft.[82]

Hier erhebt sich, bildlich gesprochen, in Engländer die jüdische Tradition selbst gegen den Verrat eines Übertritts zu ihren jahrhundertelangen Peinigern. Dieses psychische und historische Dilemma will Engländer, in einer seltsamen Verkennung der realen Gegebenheiten, durch eine offizielle Union der beiden großen Weltreligionen überwinden. Die „Sendung" Engländers besteht in der Versöhnung der feindlichen Brüder Synagoge und Kirche; zugleich will er die angebliche Identität von Israel und Christus durch ein Aufheben der Messiasleugnung herbeiführen und damit „das tragische Schicksal Israels" beenden.[83] Zu diesem Zweck will er „ein Welt-Synhedrion" einberufen, auf dem die „feierliche Wiederaufnahme und Durchführung des Prozesses Jesu" betrieben werden soll mit dem Ziel der Anerkennung Jesu als Messias und seiner Reintegration ins Judentum.[84] Auf der anderen Seite soll die Kirche sich zu einem „großmütig dogmatischen Entgegenkommen" und zu „weitherzigsten Zugeständnissen" bereiterklären. Engländer verfügt schon über einen exakt ausgearbeiteten Plan eines jüdisch-katholischen Konkordats. Zur Verwirklichung dieses letztlich dem Weltfrieden dienenden Plans sollen der „Dunajower Rabbi" und der Erzbischof von Wien gewonnen werden. Der Besuch beim Wunderrabbi – im übrigen eine Wiederaufnahme aus dem *Pogrom*-Fragment und eine der eindrucksvollsten Schilderungen ostjüdischer Gebräuche – endet kläglich. Die rein sprachliche Unmöglichkeit, sich zu verstehen – der assimilierte Jude Engländer verwendet einen (unzulänglichen) Dolmetscher –, signalisiert das Unverständnis auf einer höheren Ebene. Wie die Juden seinem häretischen Ansinnen gegenüber abweisend bleiben, ebenso fremdartig mutet ihn der ekstatische Tanz zu Ehren des wahren, des zukünftigen Messias an. Hier verhindert schon der Bruch innerhalb des Judentums selbst eine einheitliche Basis, von der aus die Union mit dem Christentum hätte angesteuert werden können. (Elkan, der freigeistige Jude, wurzellos und intellektuell, quittiert Engländers hybriden Versuch denn auch mit höhnischem Gelächter).[85] Die symbolische Zerteilung des Fisches – das Schwanzstück erhält der Christ Ferdinand, das edlere Kopfstück bleibt beim Rabbi – indiziert, welche Wahrheiten der Rabbi anzuerkennen bereit ist; Engländer ist für ihn nichts anderes als ein Abtrünniger. Sein verzweifelter Versuch, nun auf der Gegenseite die Synthesis zu erzwingen – er dringt ins erzbischöfliche Palais ein, gibt sich als „Bischof aller christusgläubigen Juden" aus und will über deren Aufnahme in die christkatholische Kirche verhandeln –, endet mit seiner Einlieferung in eine psychiatrische Klinik und danach einer Irrenanstalt.[86] Aus ihr erhält Ferdinand noch eine einzige Nachricht Engländers,[87] die in dunklen Worten das Finden eines seelischen, im Glauben beruhenden Friedens anzeigt.

In der Figur Engländers hat Werfel durchaus eigene Erfahrungen verarbeitet; er spielt hier im fiktionalen Raum eine Möglichkeit durch, an deren Realisierung er in seiner Gegenwart offenbar nicht geglaubt hat. Bittere Ironie ist es ja, daß Engländer, der edle Streiter für Aussöhnung und Weltfrieden, schließlich in der Heilanstalt endet. Das persönliche 'Heil', das er zunehmend findet, ist nicht in die Außenwelt übertragbar. Wenn eine Annäherung beider Glaubenslehren zu denken ist, so jedenfalls nicht auf die gewaltsam-synthetisierende Weise Engländers!

Selbstverständlich wirkte sich die nationalsozialistische Machtübernahme in Deutschland auf Werfels weitere Beschäftigung mit jüdischen Themen aus; sie zwang ihn, vor allen Synthesenkonzeptionen, den eigenen Ursprung bewußter zu reflektieren. In den Vordergrund trat fast zwangsläufig der Aspekt der Bedrohtheit des Judentums, das Schicksal der Verfolgung und des Leidens. Werfel hat dieses symptomatisch jüdische Schicksal in seinem Bibelspiel *Der Weg der Verheißung* und in seinem mythisch-historischen Roman *Höret die Stimme* zu gestalten versucht.[88] Doch fallen beide Versuche, die Idee „Israel als Träger der Gottesidee" mit plastischem Leben zu erfüllen, literarisch erheblich gegenüber Werfels sonstigem Veranschaulichungsvermögen ab.[89] Abgesehen vom Widerspruch zwischen dem allgemeinen künstlerischen Anspruch und ihrer aufs Judentum beschränkten Appellfunktion erhebt sich beim *Jeremias*-Roman insbesondere die Frage, ob sich die religiöse Glaubhaftigkeit in der Wahl eines archaisch-patinierten Stils hinreichend manifestiert? War es der Ausweg in die fast mythische Vergangenheit oder das Abweichen von der eigenen geistigen Linie, die zu solchem literarischen Defizit führten? Welch eindrucksvolle Szenen ihm noch immer gelangen, bewies er ja mit seiner Erzählung *Die wahre Geschichte vom wiederhergestellten Kreuz*, die ursprünglich in den *Cella*-Roman von 1938 integriert war und später selbständig und in veränderter Form erschien.[90] Die für die gesamte jüdische Tradition so zentrale Frage nach Gottes Gerechtigkeit wird – anders als im nachempfundenen *Jeremias*-Roman – am Beispiel eines jüdischen Rabbis konkret gemacht, und zwar – und damit kommt wieder Werfels Kernthema ins Blickfeld – in unübersehbarer Verknüpfung mit dem Christentum.

Rabbiner Aladar Fürst, der tragische Held der Geschichte, zeichnet sich von Anbeginn durch seine religiöse Einstellung aus; für seine Person hatte er „die ebenso uralt-unsinnige wie durch Leiden begreifliche Christusscheu seiner Väter" überwunden.[91]

In halb unbewußtem Verhalten rettet er seine vom SA-Mob vertriebene Gemeinde: Statt das Hakenkreuz, das der SA-Führer aus einem christlichen Grabkreuz geformt hat, zu küssen, wie von ihm verlangt wird, stellt er das „geschändete Kreuz" wieder her. Sein Tod führt zum Eingreifen der ungarischen Grenzwache und zur Aufnahme der flüchtigen Juden in Ungarn. Die Erzählung entwickelt das im *Barbara*-Roman vorgelegte Modell weiter. Werfel strebt hier keine wie immer beschaffene Synthese beider Religionen an. Auch erwächst die Legitimation des Judentums nicht mehr allein aus der Verfolgung. Im Opfertod des Juden für das Symbol des Christentums, den Glauben der Anderen, erhält das Judentum seine höchste Weihe. Damit stellt die kleine Erzählung bereits eine Stufe im Legitimationsprozeß des Judentums dar, die über den *Jeremias*-Roman hinausgeht, ja über

Aladar Fürsts eigene Rechtfertigung, das von Israel ertragene Leid belege den Wahrgehalt des jüdischen Weges.[92]

War Werfels Ziel im Bibelspiel, im *Jeremias*-Roman und in der Kreuzes-Geschichte, die historische und gegenwärtige Wahrhaftigkeit der göttlichen Verheißung aufzuzeigen, so hat er diesen roten Faden – das Neben- und Miteinander beider Offenbarungsreligionen – auch in die Zukunft weitergesponnen. In seinem letzten Werk, dem monumentalen utopischen Roman *Stern der Ungeborenen*, vereinigen sich die genuin jüdische Thematik und die Problematik des jüdisch-christlichen Verhältnisses. Dem Roman, den Werfel eine Woche vor seinem Tod vollendet hat, haftet so etwas von einem Vermächtnis an.[93]

Werfel selbst figuriert in diesem Zukunftsroman unter der Chiffre F.W. und durchschreitet, ein zum Leben auferweckter Mensch der Vorzeit, an der Hand seines als Vergil fungierenden Freundes B.H. die astromentalen Gefilde des „Djebels", den interplanetaren Weltraum und den urtümlichen Dschungel, von dem aus sich die radikale Rematerialisierung vollziehen soll. Im Prozeß einer zunehmenden 'Vergeistigung' und damit Entindividualisierung hatten nur zwei historische Institutionen Bestand: die katholische Kirche und das Judentum.[94] Saul Minjonman – der „Jude des Zeitalters", ein Mann von „kleiner, schmaler Gestalt" mit „eingefallenen Wangen", einem „dünnen schwarzen Bartanflug" und „gramumflorten Augen",[95] wohnt in den Slums, den „Schlupfwinkeln der Armen und Verachteten", in Räumen, die mit staubüberzogenen Erinnerungsstücken vollgestopft sind. Wie eh und je steht er der christlichen Religion ablehnend gegenüber und verkündet als sein Credo die Einheitlichkeit und Einzigkeit des jüdischen Gottes. In den Einwänden Minjonmans faßt Werfel nochmals all die Hindernisse zusammen, die einer Synthese beider Religionen von jüdischer Seite entgegenstehen. Gegenüber dem Christen beansprucht er einen transzendentalen Mehrwert seiner Religion: Der Christ könne die „vollkommene Weltjenseitigkeit" des jüdischen Gottes nicht ertragen, während das Warten gerade die Stärke des Juden ausmacht:

> Ich kann sogar auf den Heiland mit meinem ganzen Leben warten und zugleich wissen, daß er nicht kommt. Das ist meine größte Kraft . . .[96]

Das Halten der Gebote und das Warten – eben die Realisierung des Hoffnungsprinzips – erscheint dem Juden nachgerade als der irdische „Endzweck".[97] Die paradoxe Situation des Judentums besteht in dieser von nihilistischen Werten beherrschten astromentalen Spätphase, daß es ausgerechnet zusammen mit der Kirche das sittlich-metaphysische Gegenlager bildet; beide bedingen sich in ihrem Bestand. Die Kirche, gibt Minjonman zu bedenken, werde so lange leben, „wie wir leben, um zu zeugen für Abraham, Isaak und Jakob, die den wahren Gott zuerst erkannten . . ." Ihm hält F.W. – in die Rolle des christlichen Verteidigers gedrängt – die umgekehrte Ansicht der Kirche entgegen: „Sie meint, Israel werde so lange leben, wie sie lebt, also bis zum Ende der Dinge, um für den Messias zu zeugen . . ."[98] Das versöhnlich-unversöhnliche Resümee Minjonmans „Dann ist uns beiden geholfen" deutet wieder auf das gegenseitige Aufeinanderangewiesensein hin; die Zeugenschaft, die Werfel für das Judentum theoretisch formuliert hatte,[99] darf kein einseitiger Akt sein – beide Religionen bezeugen die Wahrheit Gottes, auch wenn die Motive sich unterscheiden. Minjonmans Erläuterung „Unendliche Strecken sind gleichlang, und wir können's ruhig abwarten, wer für wen zeugen wird", kann ergänzt werden durch die halb ironische Überlegung, daß irgendwo im Unendlichen zwei Parallelen schließlich aufeinander treffen.[100] Freilich repräsentiert Minjonman nur den positiven Typus des „harmlosen" Juden, eines mit überdurchschnittlichen Kenntnissen ausgerüsteten Arztes,[101] der „heilbares Leiden" heilt; der gefährlichere Typus ersteht in seinem eigenen Sohn Io-Joel Hainz, einem kühl-analytischen Assimilanten, der sich der „Wiederherstellung der unheilbar verletzten Gerechtigkeit" widmet.[102] In den „Theologumena" hat Werfel die „wilde politische, wissenschaftliche und künstlerische Neuerungssucht" dieses Typus metaphorisch durch die „metaphysische Ungeduld Ahasvers" zu erklären versucht, der das Ende des Leidenswegs vorwegnehmen möchte.[103] Die innerjüdische Antithetik – im „juristisch-querulierenden" Umstürzler und im geduldig-ausgleichenden Heilkundigen inkarniert – trägt sich im Rahmen eines Vater-Sohn-Konfliktes aus; das Judentum erzeugt sein eigenes Widerspiel, den aus Selbsthaß Abtrünnigen.

Auffälliger als diese für Werfel nicht ungewöhnliche, jüdischer Selbsterkenntnis entsprossene Konstellation[104] sind jedoch die das ganze Romangeschehen beleuchtenden Fakten, daß das Judentum auch in dieser Endzeit ein Pariadasein führt, daß hingegen das Christentum als Institution überdauert und schließlich, daß F.W. bei dessen Vertreter, dem Großbischof, Hilfe sucht.[105] Implizit ist damit auch eine Hierarchie der religiösen Einstellungen angedeutet. Der Jude leugnet sowohl „die großbischöfliche Lehre vom Sündenfall" als „groteske Überschätzung des Menschen" und als „blasphemische Unterschätzung Gottes",[106] als auch das „Geheimnis der Inkarnation" und das „Mysterium der Trinität".[107] Gleichwohl ist seine – vorläufige – Einstellung durch die „älteste und stetigste Erfahrung des menschlichen Leidens" ehrwürdig.[108] Dagegen setzt F.W. den gerade durch die Erfahrungen des astromentalen Aufenthalts gefestigten „Glauben an die Erbsünde",[109] an den „Fall des Menschen durch Ungehorsam". Der „unerklärbare Zwang", der den Menschen immer wieder zur Vernichtung „seines mühsam errungenen Gleichgewichtes" bringt, läßt F.W. erneut die tiefere christliche Wahrheit anerkennen: das Wissen um die Erlösungsbedürftigkeit des Menschen, seine Unfähigkeit, aus eigener Kraft am Vervollkommnungswerk mitzuwirken und die Notwendigkeit, daß der Erlösungsakt nur durch die Gnade Gottes erfolgen kann.[110] Die Erkenntnis, daß die Welt immer böser und sündiger werde und sich ständig von Gott entferne, enthüllt sich indes als die halbe Wahrheit.[111] In dem mystisch-rätselhaften Wort, das der Großbischof dem heimkehrenden F.W. mitgibt: „Wir entfernen uns nicht nur von Gott durch die Zeit, sondern wir nähern uns auch Gott durch die Zeit, indem wir uns vom Anfang aller Dinge weg und dem Ende aller Dinge zu bewegen", offenbart sich der zeitliche Charakter der Dialektik von Sünde und Erlösung, die das Verhältnis zwischen Gott und Mensch beherrscht. Am Ende der Zeit, wenn sich der irdische Kreislauf schließt, finden die Antithesen zur versöhnenden Synthese, hebt die Dichotomie sich in der unio mystica auf.[112]

Gerade der Utopieroman *Stern der Ungeborenen* bestätigt nochmals Werfels theoretische Ausführung: Nicht in der Entscheidung für eine der beiden Religionen, auch nicht in einer fragwürdig-vorzeitigen Synthese kann die Rettung der unerlösten Menschheit liegen; sie ist vielmehr im dialektischen Mit- und Gegeneinander, im positiven und negativen Bezeugen derselben Wahrheit zu finden. Daß diese Wahrheit dann doch jüdischen Zukunftsglauben und christliches Inkarnationsdogma zusammenzwingt, ist ein rational nicht auflösbares Rätsel.

Die paradoxe Situation des Judentums hat Werfel mehrfach in ein Bild zu fassen versucht. Am eindrucksvollsten vielleicht in einem Aphorismus der „Theologumena". Israel erscheint als ein morscher und windschiefer Wegweiser, dessen eine Hand zum Himmel hinauf und dessen andere Hand zur Erde hinabdeutet.

Er ist ein hartnäckiger Wanderer, der längst schon unterwegs zum Wegweiser erstarrte. Die in der frühen Dämmerung Vorübereilenden werfen ihm einen Blick zu und lesen Namen und Richtung des Ziels, das seine rechte erhobene Weiserhand angibt. Sie werden ans Ziel kommen, das er mit unermüdlichem Eifer anzeigt, während er immer schiefer und morscher am Wege stehn wird, bis er eines Tages umfällt. Oder sollte er sich als Letzter in Bewegung setzen, um jenen zu folgen, die durch ihn die Richtung zum Ziel kennengelernt haben?[113]

Nochmals wird schlagartig deutlich, weshalb Werfel im Judentum verharrt: Nicht allein um der Herkunft und der alttestamentlichen Verheißung willen, als gerade wegen der Zeugenschaft für die Messianität Christi. Dieses von Werfel stets neu formulierte, um immer neue Gründe erweiterte, jedenfalls konsequent durchgehaltene Paradoxon wird sich erst am Ende der Zeiten auflösen, dann nämlich, wenn Israel in Christus seinen Messias erkennt.[114] Hat Werfel sich um dieses Glaubens willen nicht in ein noch radikaleres Abseits begeben, als er es bei den Juden erkannt hat? Sein keineswegs unentschlossenes Sowohl-als-auch ist damit objektiv ständig in Gefahr, in ein privatistisches Weder-Noch umzuschlagen.

Anmerkungen

1 Alma Mahler-Werfel: Mein Leben. Frankfurt a.M.: Fischer, 1979. S. 308.

2 Ebd., S. 308. Werner Braselmann: Franz Werfel. Wuppertal-Barmen: Emil Müller, 1960. S. 119, spricht zu Unrecht von einem „katholischen Begräbnis"; vgl. Annemarie von Puttkamer: Franz Werfel. Wort und Antwort. Würzburg: Werkbund, 1952. S. 174.

3 Alma Mahler-Werfel: Mein Leben (Anm. 1), S. 307f., vgl. S. 301.

4 Lore B. Foltin: Franz Werfel, Stuttgart: Metzler, 1972. S. 108; Vincent J. Günther: Franz Werfel. In: Benno von Wiese (Hrsg.): Deutsche Dichter der Moderne. Ihr Leben und Werk. Berlin: Erich Schmidt, 1965. S. 280-299, hier S. 295.

5 Wilhelm Grenzmann: Dichtung und Glaube. Probleme und Gestalten der deutschen Gegenwartsliteratur. Frankfurt a.M., Bonn: Athenäum, 1967. S. 306, Titel des Werfel-Kapitels.

6 Hans von Arnim: Franz Werfel. In: Ders.: Christliche Gestalten neuerer deutscher Dichtung. Berlin: Wichern, 1961. S. 117-134, hier S. 134: Annemarie von Puttkamer: Franz Werfel. In: Otto Mann (Hrsg.): Christliche Dichter im

20. Jahrhundert. Beiträge zur europäischen Literatur. Bern und München: Francke, 2. Aufl. 1968. S. 360-370, hier S. 370.

7 N.W. im Israelischen Wochenblatt, Nr. 34, Jahrgang 46, S. 23; zit. nach Robert Brunner: Franz Werfels theologisches Vermächtnis. In: Judaica. Beiträge zum Verständnis des jüdischen Schicksals in Vergangenheit und Gegenwart. Band 2, Zürich: Zwingli, 1947. S. 209-229, hier S. 229. Andere Stimmen zu dieser Problematik verzeichnen Lore B. Foltin und John M. Spalek: Franz Werfel. In: John M. Spalek und Joseph Strelka (Hrsg.): Deutsche Exilliteratur seit 1933. Band 1 Kalifornien. Bern und München: Francke, 1976. S. 644-667, hier S. 576f.

8 Karl Heinrich Rengstorf: Zwischen Sinai und Golgatha. Zum religiösen Weg Franz Werfels. In: Tribüne. Zeitschrift zum Verständnis des Judentums. Jahrgang 11, Heft 42 (1972), S. 4703-4720; Robert Brunner: Franz Werfels theologisches Vermächtnis (Anm. 7).

9 Vincent J. Günther: Franz Werfel (Anm. 4).

10 Foltin: Werfel (Anm. 4), S. 17.

11 Franz Werfel: Zwischen Oben und Unten. Prosa, Tagebücher, Aphorismen, Literarische Nachträge, München, Wien: Langen-Müller, 2. Aufl. 1975. Vorrede, S. 13.

12 Werfel: Tagebucheintragungen. Erguß und Beichte. Ebd., S. 692. Zur Situation des Prager Judentums vgl. Heiko Haumann: Das jüdische Prag (1850-1914). In: Bernd Martin und Ernst Schulin (Hrsg.): Die Juden als Minderheit in der Geschichte. München: dtv, 1981. S. 209-230.

13 Werfel: Zwischen Oben und Unten (Anm. 11), S. 691. Werfel wehrt sich – dies ist eine Konstante seiner Anschauungen – gegen das Bekenntnis zu einem jüdischen Nationalgott, einem Stammesgott, der sich von der „National-Mystik und Mythologismen" der Neugermanen in nichts unterschieden hätte. Ebd., S. 697. Vgl. die Tagebucheintragung vom Mai 1921, ebd., S. 692, sowie *Theologumena*. In: Zwischen Oben und Unten (Anm. 11), S. 110-195, hier S. 161 Nr. 26, S. 155f. Nr. 18.

14 Ebd., S. 695. Werfels frühes, von 1917 stammendes Plädoyer *Die christliche Sendung*, in dem er sich für eine Erneuerung des Bewußtseins aus dem Geist eines freudigen Christentums ausspricht, hat von Max Brod eine vehemente Abfuhr erhalten. Zwischen Oben und Unten (Anm. 11), S. 560-576; Max Brods Stellungnahme *Franz Werfels 'Christliche Sendung'* in: Der Jude, Jahrg. 1, (1916/17), S. 717-724, hier S. 723. Ein Aufsatz Werfels „über seine Stellung zum Judentum", wie ihn der Herausgeber der Zeitschrift *Der Jude*, Martin Buber, in Aussicht stellt, ist allerdings nie erschienen. Ebd., S. 724. Vgl. auch Bubers Miszelle *Vorbemerkung über Franz Werfel*. In: Der Jude, Heft 1/2 (April/Mai 1917), S. 109-112. Dazu Rengstorf: Zwischen Sinai und Golgatha (Anm. 8), S. 4710. In Werfels Nachlaß findet sich ein biographisches Fragment *Erguss und Beichte* von 1920, das eine dezidierte Auseinandersetzung mit dem Judentum bietet, allerdings wohl nicht das von Buber erhoffte „starke nationale Bekenntnis" enthält. Zwischen Oben und Unten (Anm. 11), S. 690-700.

15 Zwischen Oben und Unten (Anm. 11), S. 695.

16 Ägyptisches Tagebuch. Eintragung vom 17. Januar 1925. Ebd., S. 707; vgl. die Eintragung vom Mai 1921. Ebd., S. 672.

17 Zwischen Oben und Unten (Anm. 11), S. 696f. „Was hatte ich mit diesen Menschen zu schaffen, mit dieser fremden Welt? Meine Welt waren die großen europäischen Künstler in ihrer Gegensätzlichkeit von Dostojewski bis Verdi."

18 Ebd., S. 674f.
19 Zum Judentum, ebd., S. 676.
20 Erguß und Beichte, ebd., S. 699.
21 Ebd., S. 700.
22 Ägyptisches Tagebuch. Eintragung vom 16. Januar 1925. Ebd., S. 706. Vgl. die Eintragung von Mitte Februar 1925; ebd., S. 738f., sowie Alma Mahler-Werfel: Mein Leben (Anm. 1), S. 140.
23 Tagebucheintragung Sommer 1925. Ebd., S. 689.
24 Werfel: Gesammelte Werke. Erzählungen aus zwei Welten. Zweiter Band. Frankfurt a.M.: Fischer. S. 336-375; die Rabbi-Szene auf S. 345-351; im Roman *Barbara oder Die Frömmigkeit*. Berlin, Wien, Leipzig: Zsolnay, 1929, entspricht ihr das sechste Kapitel „Der Tanz des Wunderrabbi" im „Dritten Lebensfragment", S. 525-539. Zur Entstehung des Romans Foltin: Werfel (Anm. 4), S. 69.
25 Alma Mahler-Werfel: Mein Leben (Anm. 1), S. 178; vgl. die Einleitung Werfels zur Erstausgabe des Romans *Die vierzig Tage des Musa Dagh*. Berlin, Wien, Leipzig: Zsolnay, 1933.
26 Beispielsweise greift Werfel mit der Phase des 40tägigen Ausharrens eine biblische Standardformel auf; vgl. Foltin: Franz Werfel (Anm. 4), S. 76; von Puttkamer: Franz Werfel (Anm. 2), S. 86; von Arnim: Christliche Gestalten (Anm. 6), S. 124.
27 Alma Mahler-Werfel: Mein Leben (Anm. 1), S. 202; zum folgenden S. 205.
28 Franz Werfel: Pogrom. In: F.W.: Gesammelte Werke. Erzählungen aus zwei Welten. Band 2. Hrsg. v. Adolf D. Klarmann. Frankfurt a.M.: Fischer, 1952. S. 371.
29 Günther: Franz Werfel (Anm. 4), S. 281f., 283f.
30 Franz Werfel: Cella oder Die Überwinder. Versuch eines Romans. Frankfurt a.M.: Fischer, 1954; zitiert wird nach der Taschenbuchausgabe Frankfurt a. M.: Fischer, 1982, S. 36.
31 Ebd., S. 239. Anmerkungen von Adolf D. Klarmann; Alma Mahler-Werfel: Mein Leben (Anm. 1), S. 239.
32 In: Franz Werfel: Gesammelte Werke. Erzählungen aus zwei Welten. Band 3. Hrsg. von Adolf D. Klarmann. Frankfurt a.M.: Fischer, 1954. S. 307-391.
33 Theologumena. In: Zwischen Oben und Unten (Anm. 11), S. 110-195, hier S. 112 Nr. 9.
34 Theologumena, ebd., S. 111-125, Nr. 1-33, bes. Nr. 1, 2, 32.
35 Werfel: Israel, der fleischliche Zeuge der Offenbarung. Zuerst in: Stimmen der Zeit, Band 165. Jahrgang 85 (1960), S. 50-53. Auch in: Werfel: Zwischen Oben und Unten (Anm. 11), S. 614. Vgl. auch Werfels Vorwort zum Roman *Das Lied von Bernadette*. Frankfurt a.M.: Fischer, 1980. S. 8.
36 Vgl. Werfels Bekenntnis im Epilog zum Roman *Der veruntreute Himmel. Die Geschichte einer Magd*. Frankfurt a.M.: Fischer, 1982. S. 278. „Sie wissen, daß ich extra muros stehe. Sie werden aber auch aus unseren Gesprächen erkannt haben, daß ich jedem Glauben, vor allem aber dem katholischen, mit größter Liebe und Verehrung zuneige."
37 Werfel: Zwischen Oben und Unten (Anm. 11), S. 614-618; Theologumena, ebd., S. 150 Nr. 2, S. 160 Nr. 24; Briefwechsel mit Egbert Munzer, S. 905. Auch im Romanfragment *Cella oder Die Überwinder* (Anm. 30), S. 162, begegnet diese Überlegung. Mit der Taufe der Juden würde Israel verschwinden,

und damit der „einzige reale Zeuge der göttlichen Offenbarung". Vgl. auch die Ausführungen von Rudolf Leder: Christus und Israel. Franz Werfels Deutung des jüdischen Schicksals. In: Stimmen der Zeit. Monatschrift für das Geistesleben der Gegenwart, Bd. 148 (1950/51), S. 34-42.

38 Theologumena, S. 150 Nr. 1; vgl. ebd., S. 614f.

39 Theologumena, S. 153 Nr. 12; wörtlich identisch mit den Ausführungen im Schreiben an Egbert Munzer, ebd., S. 616.

40 Theologumena, S. 154 Nr. 14.

41 Ebd., S. 161 Nr. 26.

42 Ebd., S. 151 Nr. 6.

43 Ebd., S. 159 Nr. 21.

44 Ebd., vgl. S. 162 Nr. 29, ferner Anm. 20 hier.

45 Ebd., S. 155f. Nr. 18.

46 Franz Werfel – Jude oder Christ? Antwortbrief Werfels auf eine Anfrage des „Israelischen Wochenblattes" von 1926. In: Werfel, Zwischen Oben und Unten (Anm. 11), S. 595f. „Ich bin nicht getauft! Ich werde mich niemals taufen lassen! Ich habe niemals vom Judentum fortgestrebt, ich bin im Fühlen und Denken bewußter Jude!" Vgl. ebd., S. 614, sowie die Ausführungen von Puttkamers: Franz Werfel (Anm. 2), S. 161.

47 Theologumena, S. 155 Nr. 16.

48 Werfel: Zwischen Oben und Unten (Anm. 11), S. 615.

49 Zu Israels falscher Selbstinterpretation vgl. Theologumena, S. 150 Nr. 3.

50 Werfel: Zwischen Oben und Unten, S. 615.

51 Theologumena, S. 152 Nr. 9 und Nr. 10.

52 Ebd., S. 151 Nr. 7. Werfel befindet sich mit seiner Deutung ganz im Einklang mit der Paulinischen Geschichtsinterpretation, 1. Römer Kap. 9-11, bes. 11, 25; 11, 11.25.26.

53 Theologumena, S. 160 Nr. 25, S. 159 Nr. 19; vgl. S. 159 Nr. 20.

54 Ebd., S. 160 Nr. 24. „Israel – Christentum auf Erden durch Leid und Verfolgung und Zerstreuung negativ bezeugend – wird der positive Kronzeuge im letzten Prozeß jenseits der Geschichte sein, wenn die unendliche Vater- und Sohnesliebe Gottes sich endgültig offenbart, denn die Verheißung an Abraham ist nicht aufgehoben."

55 Ebd., S. 163 Nr. 30.

56 Werfel: Unser Weg geht weiter. Zuerst in: Der Aufbau, New York, 27. Dezember 1940. In: Zwischen Oben und Unten (Anm. 11), S. 336f.; vgl. Gespräch mit Franz Werfel (30.1.1942), ebd. S. 623.

57 Theologumena, S. 162 Nr. 29.

58 Ebd., S. 164 Nr. 33.

59 Ebd., S. 155 Nr. 17; dazu Rengstorff: Zwischen Sinai und Golgatha (Anm. 8), S. 4720.

60 Theologumena, S. 151 Nr. 5.

61 Brunner: Werfels theologisches Vermächtnis (Anm. 7), S. 227.

62 Ebd., S. 229; vgl. Theologumena, S. 150 Nr. 3.

63 Im Sommer 1925 schrieb Werfel dieses 'metaphysische Geschichtsdrama' in zwei Niederschriften, mit denen er jedoch nicht zufrieden war. Die Vollendung gelang erst im Sommer des nächsten Jahres; das Werk erschien Ende August 1926. Alma Mahler-Werfel bezeugt das eingehende Quellenstudium Werfels und die intensive Auseinandersetzung mit diesem Stoff: „Alle Tage, alle

Nächte waren angefüllt mit Gesprächen über diesen ungeheuren Gegenstand." Alma Mahler-Werfel: Mein Leben (Anm. 1), S. 144.

64 „*Daß mein Paulusdrama in jüdischen Kreisen* so viele Zweifel an meiner Treue hat aufkommen lassen, kann ich nicht verstehen, ich glaube mit diesem Werke eine *nationale* Tragödie geschaffen zu haben, denn welcher Moment innerhalb der jüdischen Geschichte wäre tragischer als der von mir gewählte? Selbst die Zerstörung des Tempels ist eine unbedeutende Katastrophe diesem Augenblick gegenüber, die ungeheure Frage, die sich Israel selbst stellt: 'Ist Messias gekommen?' und die Antwort, die darauf die Geschichte gibt, ist dies nicht der tragische Vorwurf der jüdischen Historie?" Zwischen Oben und Unten (Anm. 11), S. 595f.

65 Paulus unter den Juden, in: Franz Werfel: Gesammelte Werke. Die Dramen. Band 1. Frankfurt a.M.: Fischer, 1959. S. 491.

66 Ebd.

67 Ebd., S. 521f.

68 Ebd., S. 498, 486, 500.

69 Ebd., S. 519.

70 Ebd., S. 529.

71 Ebd., S. 532; vgl. von Puttkamer: Werfel (Anm. 2), S. 51ff.

72 Ebd., S. 532ff.

73 So Werfels eigene Deutung im angefügten „Argument", ebd. S. 562.

74 Theologumena, S. 160 Nr. 22.

75 Barbara oder die Frömmigkeit. Berlin, Wien, Leipzig: Zsolnay, 1929. Zur Entstehung vgl. Foltin: Werfel (Anm. 4), S. 69f.

76 Ebd., S. 153ff.

77 Ebd., S. 149.

78 Ebd., S. 151.

79 *Realismus und Innerlichkeit* (1931), in: Zwischen Oben und Unten (Anm. 11), S. 16-40; *Von der reinsten Glückseligkeit des Menschen* (1937), ebd., S. 86-109.

80 Barbara (Anm. 75), S. 157.

81 Ebd., S. 152.

82 Ebd., S. 274, vgl. auch S. 513ff.

83 Ebd., S. 515.

84 Ebd., S. 533.

85 Ebd., S. 534.

86 Ebd., S. 548ff.

87 Ebd., S. 673.

88 Der Weg der Verheißung. In: Franz Werfel: Gesammelte Werke. Die Dramen. Band 2. Frankfurt a.M.: Fischer, 1959. S. 90-177. Jeremias. Höret die Stimme. Frankfurt a.M.: Fischer, 1981. Werner Braselmann nennt den Roman die „großartige Nachzeichnung des Lebensweges eines alttestamentlichen Propheten"; Braselmann: Werfel (Anm. 2), S. 65; Franz Brunner gilt der Roman als „eines der geschlossensten und einheitlichsten Prosawerke" Werfels; Franz Brunner: Franz Werfel als Erzähler. Diss. Zürich 1955. S. 116.

89 Weitgehend ersetzt Werfel Anschauung durch Vorstellung, plastische Konkretheit durch dunkles Geraun. Vgl. Jeremias, S. 311f. die vielen Substantivierungen auf -ung. Auch von Puttkamer: Werfel (Anm. 2), S. 154, konstatiert den Mangel an Transparenz und die merkwürdige Stumpfheit: dem Roman hafte

„etwas Gequältes an, so als hätte sein Autor ihn mit Begeisterung begonnen, aber nur gegen schwere innere Widerstände vollendet." Auch die gestelzt wirkenden Inversionen verleihen dem Stil eine überflüssige Patina, etwa S. 197 „Nicht fahren wie aus den Chören Asaphs tönende Arme von Riesen flehend und fordernd zum Himmel"; S. 199 „Dies aber sind der geforderten Kennzeichen wichtigste".

90 *Die Geschichte des Kaplans vom wiederhergestellten Kreuz* in: Cella oder Die Überwinder. Frankfurt a.M.: Fischer, 1982. S. 159-176. Die Erstveröffentlichung findet sich im Band: Franz Werfel: Erzählungen aus zwei Welten. Dritter Band. Frankfurt a.M.: Fischer, 1954. S. 224-242 als integrativer Bestandteil des Romans, und S. 400-428 als selbständige Geschichte unter dem Titel *Die wahre Geschichte vom wiederhergestellten Kreuz*.

91 Cella, S. 161.

92 Die Einbettung der Kreuz-Geschichte in den *Cella*-Roman verleiht dem Geschehen eine tiefere Dimension: In der Annäherung von Kaplan Felix und Rabbi Fürst, trotz der „jahrhunderttiefen Fremdheit" (S. 161), und im Verhältnis des Kaplans zu Dr. Bodenheim, dem Ich-Erzähler, und zu Baron Weil (Zeichen des Händehaltens, S. 189, 195, 201, 207) wird Werfels Glaube an das Aufeinander-Angewiesensein von Israel und Christentum thematisiert: „Wir gehören zusammen, aber wir sind keine Einheit" (S. 162, 186). Das gegenseitig stellvertretende Handeln der beiden als Idealvertreter ihrer Glaubensgemeinschaften konzipierten Gestalten (der Kaplan leidet mit den Juden, der Rabbi stellt das geschändete Kreuz wieder her) hat utopischen, ja Parabel-Charakter.

93 Entstanden ist das Werk zwischen Mai 1943 und Sommer 1945; am 17. August 1944 ist die Niederschrift beendet. Dazu Alma Mahler-Werfel: Mein Leben (Anm. 1), S. 303. Vgl. Werfels Brief an Friedrich Torberg vom 18. August 1945, in: Foltin: Werfel (Anm. 4), S. 107f., in dem Werfel, der eigenen Gefährdung bewußt, das Schreiben mit einem „Ritt über den Bodensee" verglichen hat.

94 Stern der Ungeborenen. Ein Reiseroman. Frankfurt a.M.: Fischer, 1981. S. 275 ist von einer wiedervereinigten christlichen Kirche die Rede, auf S. 705 ist diese Kirche eindeutig als die katholische Kirche apostrophiert.

95 Ebd., S. 282f.

96 Ebd., S. 288.

97 Ebd., S. 291f.

98 Ebd., S.289.

99 Theologumena, S. 155 Nr. 17. Diese Überzeugung begegnet auch in dem Romanfragment *Cella oder Die Überwinder* (Anm. 30), S. 162. „Wir gehören zusammen [. . .] aber wir sind keine Einheit. Im Römerbrief steht geschrieben: Die Gemeinde des Christus fußt auf Israel. Ich bin überzeugt davon, daß, solange die Kirche besteht, Israel bestehn wird, doch auch, daß die Kirche fallen muß, wenn Israel fällt . . ."

100 Werfel: Jacobowski und der Oberst. Frankfurt a.M.: Fischer, 1976. S. 103. Der Ewige Jude charakterisiert sein Verhältnis zum heiligen Franziskus: „Lassen Sie Gegensätze nur alt genug werden, dann finden sie sich, wie die Parallelen im Unendlichen." Auch Theologumena, S. 156ff. Nr. 19. Die Vereinigung beider Religionen, Alfred Engländers unzeitgemäßer Traum, wird erst am Ende der Zeit in Erfüllung gehen können – vorbereitet durch den erneuten

Opfertod des kleinen Sternentänzers Jo-Knirps: „In der Neuannahme des natürlichen Todes und Schmerzes durch den kleinen Sternentänzer hatte eine neue Zukunft die alte Zukunft abgelöst.“ Stern der Ungeborenen (Anm. 94), S. 698.

101 Ebd., S. 687f.

102 Ebd., S. 293ff., 689. Vorformen dieses Typus finden sich in der Gestalt des Feiwel im Drama *Bocksgesang* (1921) und in der Figur des Journalisten Ronald Weiß im *Barbara*-Roman.

103 Theologumena, S. 160 Nr. 22.

104 Dazu Tagebuchaufzeichnungen, in: Zwischen Oben und Unten (Anm. 11), S. 676 „Zum Judentum“, und S. 645: „Die Juden der Metropolen sind so unangenehm, weil sie ekelhaft an den Überkapitalistentyp des 'Weltmanns' arrivieren wollen.“ Vgl. auch von Puttkamer: Werfel (Anm. 2), S. 156f.

105 Stern der Ungeborenen (Anm. 94), S. 699, vgl. S. 277.

106 Ebd., S. 135.

107 Theologumena, S. 111ff., S. 112f. Nr. 9.

108 Stern der Ungeborenen (Anm. 94), S. 688.

109 Ebd., S. 701; vgl. die Abteilung „Einiges wenige von der Sünde“ aus den Theologumena, S. 138ff., S. 141 Nr. 13 und Nr. 16; ferner S. 114 Nr. 16.

110 Stern der Ungeborenen (Anm. 94), S. 701; vgl. Theologumena, S. 111f., besonders S. 124 Nr. 32, S. 113 Nr. 11, S. 114 Nr. 16.

111 Stern der Ungeborenen (Anm. 94), S. 275f.

112 Ebd., S. 708.

113 Theologumena, S. 163 Nr. 32.

114 Theologumena, S. 150 Nr. 4, S. 151 Nr. 7, S. 157ff. Nr. 19; vgl. auch S. 595f.

Russell A. Berman

„Der begrabenen Blitze Wohnstatt": Trennung, Heimkehr und Sehnsucht in der Lyrik von Nelly Sachs

„Nach Auschwitz Gedichte zu schreiben, ist barbarisch [. . .]."[1] Dieses Urteil Theodor W. Adornos wurde 1949 gefällt, angesichts der Katastrophe des nationalsozialistischen Völkermords, die dem Kulturkritiker das endgültige Versagen der bürgerlich-europäischen Tradition darzustellen schien. Jegliche naive Fortsetzung ererbter literarischer Formen, als ob nichts gewesen wäre, liefe somit auf eine Verhöhnung der Opfer hinaus. Weder ästhetischer Genuß noch die „selbstgenügsame Kontemplation", die Adorno in demselben Kontext erwähnt, vermochte der Erkenntnis standzuhalten, daß der einst vielversprechende zivilisatorische Fortschritt Gipfel und Ausgang in Gaskammern und Krematorien gefunden hat. Eine Rückkehr gar zu den Idealen der deutschen Klassik und Romantik, wie sie damals von konservativen Literaturkritikern gefordert wurde, mußte unmittelbar zu einer Verdrängung der Vergangenheit führen. Adornos Hinweis auf das Altern der Kultur traf insbesonders die Lyrik, denn keine lyrische Stimmung, kein Versinken des Ich in subjektive Betrachtung, konnte noch mit Glaubwürdigkeit gedeihen, ohne dem Bewußtsein des Geschehenen Abbruch zu tun.

Dieses asketische Verdikt forderte die westdeutschen Dichter der folgenden Jahrzehnte immer wieder heraus. Es wurde hier jedoch in Erinnerung gerufen, um die besondere Problematik im Werk von Nelly Sachs vorzustellen. 1949 waren bereits zwei Bände ihrer Gedichte erschienen, das erste, *In den Wohnungen des Todes*, 1946 im Ostberliner Aufbau-Verlag, und, drei Jahre später, *Sternverdunkelung*, im wichtigen Exilverlag Querido in Amsterdam. Sowohl für diese frühen Gedichte, in denen der Holocaust thematisch behandelt wird, wie auch für das zunehmend hermetische Spätwerk gilt Adornos Bezeichnung „nach Auschwitz", nicht bloß als Chronologie, sondern als Kern der dichterischen Identität. Nelly Sachs' Selbstverständnis als Dichterin und als Jüdin gründet in der geschichtlichen Erfahrung der faschistischen Judenverfolgung. Indem das Leiden in einer Dialektik von Klage und Hoffnung festgehalten wird, konvergiert ihre Lyrik mit Adornos Verzweiflung und entrinnt zugleich der gefürchteten Barbarei eines verklärenden Vergessens. Denn sie bietet nichts weniger als traditionelle Erlebnislyrik, in der sich die Stimme des isolierten Individuums durch die Sprache mit der verdinglichten Gesellschaft in Einklang bringen zu können glaubte. Mit solchem Optimismus, der letzten Endes der obsolet gewordenen literarischen Haltung des neunzehnten Jahrhunderts zugrunde lag, hat Nelly Sachs gebrochen, wie sie ein Jahr nach Adornos Mahnung dem Exilgermanisten Walter A. Berendsohn beteuerte:

> Wie muß das Dichten früher einmal wie Blumenpflücken gewesen sein. Eichendorff: „Schloß Dürande", Stifter: „Hochwald", auch Goethe trotz allem! Heute soll gewiß jeder der schreibt, das Geschriebene durchsterben um der furchtbar geheim-

nisvollen Formen wegen, die das Böse im Licht des Tages annimmt. Das in Zucht und Ordnung schon einregistrierte Böse, das bürgerlich schon Anerkannte, oft aus einem wurzellosen Wort, oder aus keinem Wort mehr bestehende.[2]

Authentische Lyrik ist kein „Blumenpflücken" mehr. In einem ähnlichen Sinn verzichtete einst Bertolt Brecht auf ein „Gespräch über Bäume". Böses geht um in der Welt, die zu ernst geworden ist für eine heitere Kunst.

Ausführliche Berichte über ihre Kindheit und Jugend hat Nelly Sachs immer wieder verweigert. In ihren Augen beruhte ihr Werk auf der kollektiven Erfahrung des Holocaust, nicht auf persönlichen Erlebnissen. Geboren am 10. Dezember 1891 in Berlin, das einzige Kind des Fabrikanten William Sachs und dessen Ehegattin Margarete, wuchs Leonie in „einer wilhelminisch-großbürgerlichen Idylle" in einer Villa im Tiergartenviertel auf.[3] Die geistige Atmosphäre im Hause Sachs zeigte die charakteristischen Züge des jüdischen Bürgertums des Kaiserreichs, vor allem eine ausgesprochene Identifikation mit Deutschland und der deutschen Kultur. Das akzentuierte Kulturinteresse läßt sich leicht als Religionsersatz erkennen, denn dem damaligen liberalen Judentum – und hierin bildete die Familie Sachs keine Ausnahme – galt die Assimilation an die nichtjüdische Umwelt als greifbares Ideal. Durch die bürgerliche Gleichberechtigung zur Zeit der Reichsgründung war jüdische Identität in eine Sache privaten religiösen Empfindens verwandelt worden und drohte nun als atavistische Merkwürdigkeit völlig zu verkümmern: „die Synagoge war [der Familie Sachs] ein ebenso fremder Ort wie die Kirche den meisten ihrer 'christlichen' Freunde."[4]

Somit war die Jugend der Nelly Sachs, die später wiederholt als die 'Dichterin des jüdischen Schicksals' beschrieben wurde, durch das beinahe völlige Fehlen eines besonderen jüdischen Kolorits gekennzeichnet. Ihre frühe Prosa, in dem Band *Legenden und Erzählungen* im Jahr 1921 veröffentlicht, verarbeitet vielmehr Bilder des christlichen Mittelalters, wie auch die Gedichte aus dieser Zeit, deren Aufnahme in den Sammlungen nach dem Zweiten Weltkrieg sie ausdrücklich ablehnte, eine starke Anlehnung in Form und Inhalt an die traditionelle Naturlyrik der deutschen Romantik aufweisen.[5] Weder von den politischen Ereignissen nach dem Sturz der Monarchie noch von der damaligen literarischen Avantgarde scheint Nelly Sachs berührt gewesen zu sein.

Solche Abgeschiedenheit fand 1933 mit der nationalsozialistischen Machtübernahme ein jähes Ende. Ihren Weg vom spätromantischen Dornröschenschlaf eines gehätschelten Kindes des Wilhelminismus durch die nationalsozialistische Schrekkensherrschaft hindurch zu einer neuen religiösen und poetischen Empfindung beschrieb sie nach dem Krieg in einem kurzen Text, *Leben unter Bedrohung*, der ihre Erlebnisse zwischen 1933 und 1940 behandelt. Zuallererst kommt der ruckartige Beginn, der einer fiktiven Gemeinschaft eine authentische Schwäche gegenüberstellt: „Zeit unter Diktat. Wer diktiert? Alle! Mit Ausnahme derer, die auf dem Rücken liegen wie der Käfer vor dem Tod."[6] Die Ausgestoßene vermag ihre plötzliche Verwandlung ebensowenig zu begreifen, wie Franz Kafkas Gregor Samsa die seinige. Darauf folgt sofort eine melancholische Klage über verlorene Liebe, ein Abschied von der Romantik, in dem Fernweh noch ein letztes Mal aufflackert und verschwindet:

Eine Hand nimmt mir die Stunde fort, die ich mit dir verbringen wollte. Sie nimmt mir diese Samentüte daraus blaue Blumen sprießen sollten ohne einen Hauch von violett, das schon an Untergang erinnert. Ohne zu wollen atme ich im Garten seinen Duft, aber die Rose ist schon anderen zugesprochen. [. . .] Wolken da oben. Wettbewerb im Sterben. Herrliches Fortziehen. Von dieser Erdenkugel abstoßen zu dürfen diese Wurzelfüße herauszureißen. Gnade, Gnade des Nicht-mehr-Sein-dürfens. Höchster Wunsch auf Erden: Sterben ohne gemordet zu werden.

Doch Angst und Terror verhöhnen solchen unerhörten Wunsch, hier wird der Moment, in dem die Romantik versagt, festgehalten. Zuflucht ist nirgends, Schrekken wird zur Daseinsform.

Eine existentielle Desorientierung stellt sich ein, deren Rahmen die Nürnberger Gesetze und der Pogrom der 'Kristallnacht' bilden. „Unter Bedrohung leben: im offenen Grab verwesen oder Tod."[7] Die Grenzen des Erklärungsvermögens der Ratio werden überschritten: „das Gehirn faßte längst nicht mehr." Auf der Suche nach Wundern und Transzendenz entdeckt die Dichterin eine Gottgläubigkeit und mystisches Judentum:

Sch'ma Israel des alten Volkes Todesgesang schrie aus den Kehlen derer die vor der schwarzen Mauer standen – ich weiß nicht wie die Mauer sank – aber ich weiß, daß sie schon vor dem Tode überstiegen war.[8]

Somit führt der Text zu demselben Umschlag, der sich in Arnold Schönbergs *Überlebende von Warschau* abzeichnet. Die via dolorosa durch die „zur Hölle gesteigerte Heteronomie" läßt keine diesseitige Hoffnung mehr zu und führt trotzdem einer Rettung entgegen.[9] Die Dichterin steht an der Schwelle des Durchbruchs zu ihrer produktiven Phase der vierziger Jahre. Die zerstörte Romantik kehrt zurück als neuentdeckte Religion, der Glaubenssatz des Judentums wird zum magischen Spruch, der die Welt durch kosmische Sehnsucht überwindet. Fernweh gilt keiner irdischen blauen Blume mehr, sondern dem ganz Anderen, einem Leben ohne Angst.

Der Stellungsbefehl zum Transport in ein Arbeitslager war schon angekommen, als Nelly Sachs und ihrer Mutter die Ausreise nach Schweden am 16. Mai 1940 glückte. Das Asylland kann sie zwar vor unmittelbar körperlicher Bedrohung schützen, nicht jedoch vor den Berichten vom Genozid. Die jüdische Thematik, untrennbar mit der Holocaust-Erfahrung verknüpft, wird zum Hauptbelang der Dichterin.

In der Nachkriegszeit wurde diese spontane Identifikation mit dem Judentum bald einer weiteren Herausforderung ausgesetzt. Im Zuge der Vernichtung der europäischen Diaspora entstand der neue Staat Israel, den Nelly Sachs begrüßte. Nun wurde aber das Judentum selber problematisch: es geht eigentlich um die Auseinandersetzung der Dichterin mit der seit der Jahrhundertwende wiederholt thematisierten Wahl zwischen einem politischen Zionismus, der, von den Nachfolgern Theodor Herzls betrieben, sein Ziel in einen eigenen Staat setzte, und einem Kulturzionismus, der, die Werte der religiösen Tradition betonend, seine Vorsprecher in Martin Buber und den Prager Zionisten wie Robert Weltsch fand. Es ist diese zweite Alternative, die sie immer wieder anzieht. Ihr, die nicht von zuhause aus, sondern durch Verfolgung Jüdin wurde, gilt das Judentum als Träger eines Wissens um Leiden und Außenseiter-Dasein, dessen innerem Kern politische Identität und staatliche Macht letztlich fremd bleiben mußten.

Das geistige Judentum, das sie dem politischen Zionismus vorzog, wurde im Laufe der fünfziger Jahre zunehmend profiliert. Es handelte sich nicht um die orthodoxe Religion des rabbinischen Judentums. Weder die Riten der Feiertage noch die alltäglichen Gesetze der Halacha scheinen ihr von persönlicher oder gar von dichterischer Bedeutung gewesen zu sein. Vielmehr wirkte die Buber-Lektüre der späten dreißiger Jahre nach. Im Gedankengut des osteuropäischen Chassidismus findet sie Metaphern und Problemstellungen, die ihrem eigenen Fragen entgegenzukommen scheinen. Davon legen besonders die Sammlungen *Und niemand weiß weiter* (1957) und *Flucht und Verwandlung* (1959) Zeugnis ab.

Drei miteinander verbundene mystische Themenkomplexe treten mit besonderer Deutlichkeit im dichterischen Werk auf. Die Kabbalisten setzten den Exilszustand in einen übergeschichtlichen Zusammenhang, der Vergangenheit und Gegenwart überwölbte: der Auszug aus Ägypten, der Verlust des Nationalstaats der Antike und die wiederholten Vertreibungen der Diaspora scheinen sich gegenseitig vorwegzunehmen und zu wiederholen, Spiegelbilder eines inneren Zustands, eines Exils der Seele.[10] Folglich weitet Nelly Sachs ihre eigene Exildichtung über die Grenzen der eigentlichen biographischen Erlebnisse aus, die Verfolgten des Holocaust wandern unentwegt durch die Sandwüste des Sinai.

Eine weitere Verbindungslinie zur Kabbala führt über den Gedanken der Schöpfung. Die jüdische Mystik zeichnet sich durch die vorrangige Bedeutung der Kosmogonie aus, denn nur durch sie wäre eine Theosophie, ein Wissen um Gott, möglich. Nelly Sachs richtet ihre Aufmerksamkeit auf das Universum als Schöpfungsobjekt. Die poetischen Bilder kreisen oft um die Grundelemente Erde, Wasser, Feuer und Luft, während die Spannung zwischen Sand und Sternen den Rahmen bildet. Beda Allemann spricht von der „Wiederaufnahme der kosmischen Dichtung mit modernen Mitteln".[11] Dieser kosmische Bezug entspricht zugleich dem nichtsubjektiven Charakter der Lyrik der Nelly Sachs, worin ja eine literaturhistorische Verwandtschaft mit einer Haupteigenschaft der Moderne zu erkennen ist. Hier weicht persönliche Erlebnislyrik der Erforschung des göttlichen Zusammenhangs des Alls.

Doch die Schöpfung, die die jüdische Mystik als eine sprachliche Schöpfung versteht, bedingt auch das Selbstverständnis der Dichterin. Dichterische Poiesis erinnert ständig an den kosmischen Anfang, nicht allerdings als Nachahmung, sondern als Sehnsucht nach einem Urzustand der Einheit. Die Lyrik kann keine *unio mystica* unmittelbar gewähren, denn der Exilszustand verlangt ein ständiges Bewußtsein der Trennung von Gott. „Der jüdische Mystiker behält fast stets auch in der Ekstase einen Sinn für die Distanz zwischen Schöpfer und Geschöpf."[12] In dem

Olam ha-Perud, der Welt der Trennung, kann die höchste Gotteserfahrung, *Debekuth*, lediglich eine Berührung, nicht eine Aufhebung des Unterschieds bedeuten.[13] Auch in den friedlichsten Gedichten der Nelly Sachs, wo die Versöhnung in greifbare Nähe gerückt wird, ist keine endgültige Ruhe erreicht, Flucht und Suche durch die Entfremdung hindurch bleibt ständige Aufgabe des Geschöpfs. Dessen Sehnsucht, die nicht in Erfüllung geht, deutet auf die zentrale Lehre der mystischen Kosmogonie, den *Zimzum*, nach dem die Schöpfung mit einem ursprünglichen Zurückziehen des unendlichen Gottes, *En-Sof*, in sich selbst beginnt, um, erst als zweiten Schritt, die eigentlich kreative Ausstrahlung zu ermöglichen.[14] *Zimzum* stellt das theologische Korrelat zur Dialektik der Sehnsucht in der Lyrik der Nelly Sachs dar. Sehnsucht vermittelt zwischen Exil und Schöpfung, denn diese ist nichts anderes als das Exil der Schöpfung von Gott. Die Gleichzeitigkeit von Konzentration und Ausstrahlung, die das Dasein der Schöpfung bedingt, verbietet eine letzte Ruhe. Daher die Bilder der Oszillation, der zyklischen Bewegung, des Ein- und Ausatmens, in den Gedichten, daher auch, daß Harmonie und Heimat bloß als Wunsch und Versprechen vorhanden sind, nie als gegenwärtiger Zustand. Solcher Wunsch wird vielmehr mit der eschatologischen Aufhebung der Schöpfung verbunden. Die Sehnsucht hört nur dort auf, wo die Trennung des Exils endet.

In den Gedichten der vierziger Jahre, die heute vielen das Bild der Nelly Sachs bestimmen, ist die Reaktion auf die nationalsozialistische Vernichtung des europäischen Judentums unmittelbar vorhanden. Der Titel des ersten Bandes, *In den Wohnungen des Todes*, deutet direkt darauf. Nicht bürgerliche Innerlichkeit behandeln diese Gedichte, sondern die Objektivität des Todes und der Toten, der keine bloß subjektiv lyrische Sprache gewachsen wäre. Die Dichterin hebt mit prophetischem Aufschrei an:

> O die Schornsteine
> Auf den sinnreich erdachten Wohnungen des Tods,
> Als Israels Leib zog aufgelöst in Rauch
> Durch die Luft -
> Als Essenkehrer ihn ein Stern empfing
> Der schwarz wurde
> Oder war es ein Sonnenstrahl?[15]

Die erste Zeile, die am Anfang der zweiten und, leicht abgewandelt, der vierten Strophe wiederholt wird, bietet keine Metapher, sondern die entlarvte Architektur der Vernichtungslager, in denen die Opfer vergast und verbrannt wurden. Auschwitz, Maidanek und Treblinka sind „die Wohnungen des Todes", keine Schauplätze mehr einer menschlichen Gesellschaft. Im Gegenteil, sie gehören einem Anderen, sie sind „Einladend hergerichtet/für den Wirt des Hauses, der sonst Gast war –/", d.i. der Tod. Kommt er sonst nur auf kurzen Besuch, um einzelne wegzuraffen, ist er hier einziger Inhalt des Lebens, das außerhalb jeglichen sinnvollen Zusammenhangs angesiedelt wird. Die Frage der zweiten Strophe: „Wer erdachte euch und baute Stein auf Stein/Den Weg für Flüchtlinge aus Rauch?" wiederholt als Zeitwort die erste Bezeichnung der Todesfabrik „erdacht", denn hier wurde

Denken für einen undenkbaren Zweck eingesetzt und hat dadurch seine Gültigkeit eingebüßt. Die Antwort auf diese Katastrophe läßt sich nicht nach den Gesetzen der Logik erdenken. Die Wende zum Religiösen kündigt sich schon an, doch zunächst bleibt dem Bewußtsein lediglich der gestammelte Ausruf des Entsetzens am Ende des Gedichts:

O ihr Schornsteine,
O ihr Finger,
Und Israels Leib im Rauch durch die Luft!

Diese Schlußformulierung verdankt ihre Kraft der gebrochenen Rhetorik: der Parallelismus der ersten zwei Zeilen wird in der dritten nicht durchgeführt. Der Anakoluth entspricht einem Versagen der logischen Sprache, die dem Inhalt kaum gewachsen wäre. Es überlebt nicht einmal die Grammatik des Satzes, dessen Bausteine, die Wörter, zu einsilbigen Vokalisierungen verkümmern. Es ist das Ausdrucksvermögen des Weinens, das, der eigenen Hilflosigkeit bewußt, die schreckliche Erscheinung der unentrinnbaren Drohung in geschluchzten Fragmenten verzerrt wiedergibt.

Indem das Leiden festgehalten und nicht dem Vergessen preisgegeben wird, werden aber zugleich Sehnsucht und Hoffnung gerettet. Die Gedichte, die an den Tod erinnern, ohne ihn begreifen zu wollen, eignen sich eine messianische Fähigkeit an, die ihn dennoch überwinden kann. Dieser Vorgang wird an anderer Stelle mit dem Bild des Schofars, des rituellen Widderhorns gefaßt, dessen Töne das jüdische Neujahr markieren:

Einer war,
Der blies den Schofar –
Warf nach hinten das Haupt,
Wie die Rehe tun, wie die Hirsche
Bevor sie trinken an der Quelle.
Bläst:
Tekia
Ausfährt der Tod im Seufzer –
Schewarim
Das Samenkorn fällt –
Terua
Die Luft erzählt von einem Licht![16]

Den hebräischen Wörtern, die im Gottesdienst des hohen Feiertages den Schofarritus begleiten, folgt hier eine steigende Bewegung: Tod, Befruchtung und kosmisches Wissen, das, wie der Schofar, auch die Dichtung gewährt. Ein mystischer Zyklus wird beschrieben, denn es folgt ein ebenso unaufhaltsamer Abstieg durch Brand und Tempelsturz zu Asche. Dieser Kreis wird mit einem dem Gedicht vorangestellten Spruch aus dem Buch Sohar kommentiert: „Und das Sinken geschieht um des Steigens willen". Es geht nicht um eine pessimistisch verstandene ewige Wiederkehr des Gleichen, sondern um die ständige Offenheit der Welt, der in jeder

Stunde die Posaunen der messianischen Rettung ertönen könnten. Somit bleibt auch dieser Gedichtschluß offen: „Und Einer bläst –". Das Gedicht, das mit dem Präteritum beginnt und im Präsens endet, hebt die Zeit auf. Vergangenheit und Zukunft konvergieren in der Gegenwart der poetischen Sprache, der dadurch eine eschatologische Funktion zugeschrieben wird, denn die letzte Zeile bezieht sich unüberhörbar auf die Wörter der Dichtung. Es kommt aber darauf an, den rettenden Ruf vernehmen zu können. Während die Dichterin dem visuellen Sinn zu mißtrauen scheint – sie klagt die bloß „Zuschauenden" an, „unter deren Blicken getötet wurde [. . .]"[17] –, hängt die Hoffnung von einem Hören ab:

> Preßt, o preßt an der Zerstörung Tag
> An die Erde das lauschende Ohr,
> Und ihr werdet hören, durch den Schlaf hindurch
> Werdet ihr hören
> Wie im Tode
> Das Leben beginnt.[18]

Solches Hören, das zur ursprünglichen Bestimmung des Menschen gehörte, ist verlorengegangen: „Lange haben wir das Lauschen verlernt!" Entfremdung von der Natur und moderne Lebensweise haben das Bewußtsein der Gottesnähe getrübt und das Ohr geschwächt. Hier setzt nach der Auffassung der Nelly Sachs die Dichtung als Vorwegnahme und Vorbereitung des heiligen Wortes ein. Die Botschaft, die sie verkündet, soll einen Leser evozieren, der eine höhere Botschaft erwartet.

Dieser Gestus, der dem irdischen Geschehen transzendente Bedeutung verleiht, tritt noch stärker in den Gedichten hervor, die sich auf die israelische Staatsgründung beziehen. In dem mit der Überschrift „Land Israel" versehenen vierten Teil der Sammlung *Sternverdunkelung* wird das Ende der Diaspora gefeiert:

> Nun hat Abraham die Wurzel der Winde gefaßt
> denn heimkehren wird Israel aus der Zerstreuung.[19]

Das zeitgeschichtliche Ereignis wird mit einer biblischen Rhetorik durchleuchtet, die, anstatt die realpolitische Bedeutung zu betonen, die neugefundene Nähe zum Schöpfer und seinem Werk, der Natur, unterstreicht:

> Aber die Jungen haben die Sehnsuchtsfahne entfaltet,
> denn ein Acker will von ihnen geliebt werden
> und eine Wüste getränkt
>
> und nach der Sonnenseite Gott
> sollen die Häuser gebaut werden.

Über das Land sieht Nelly Sachs keine Fahne staatlicher Macht flattern, sondern die „Sehnsuchtsfahne" der Gottbedürftigen. Daraus wird kein Privileg abgeleitet, ebensowenig wie die Bezugnahme auf den Urvater Abraham darauf zielt, einen legalen Anspruch auf das Territorium historisch zu belegen. Im Gegenteil tendiert die religiöse Aura, die dem Land Israel verliehen wird, dazu, den diesseitigen politischen Charakter des Staates zu relativieren. So endet das erste Gedicht dieser Gruppe, in der die Heimkehrthematik überwiegt, mit einem weiteren Bild eines Außenseiter-Daseins:

> steht vielleicht schon eine neue Ruth
> in Armut und Lese haltend
> am Scheidewege ihrer Wanderschaft.[20]

Die, die ihre Heimat gefunden haben, werden daran erinnert, daß andere noch im Exil wandern. Es geht hier nicht um die in der Diaspora verbliebenen Juden, wie z.B. die Dichterin selber. Die Geschichte der Ruth fragt stattdessen nach der Lage der Fremden innerhalb der jüdischen Gemeinschaft und mahnt zur Gastfreundschaft und Toleranz. Daß Nelly Sachs gerade diese Figur an den Schluß dieses wichtigen Gedichts setzt, zeugt davon, wie sie dem Konzept eines exklusiv jüdischen Nationalstaats kritisch gegenübersteht. Diese Kritik, die dadurch unterstrichen wird, daß die Fremde mit dem sonst dem Juden zugeschriebenen Schicksal der „Wanderschaft" assoziiert wird, fordert den neuen Staat zu einem Universalismus auf, der allein seiner eigentlichen Bestimmung gerecht werden könnte: „erwählte Sternenstätte/für den himmlischen Kuß!"[21]

Solche Wanderschaft folgt der Flucht, die im Werk der Nelly Sachs zu einer Daseinsform wird, die den mystischen Weg zur Gottesnähe beschreibt. Flucht ist unbedingte Voraussetzung für Zuflucht, nur die Entfremdung gewährt den Gedanken ihrer eigenen Aufhebung:

> Da Du
> unter dem Fuß dir
> das Staubbeflügelte Sternbild der Flucht gebarst
> warf eine Hand Feuer in deinen Mund.
>
> O eingeschlossenes Liebeswort
> du brennende Sonne
> im Rad der Nacht –[22]

Die kosmische Ordnung – es geht wie so oft um ein Bild der Erde im Universum – kommt im Zeichen der Flucht zustande. Trennung und Verstoßensein bilden den Rahmen, in dem ein glühendes Wissen vom Heimkehren entsteht. Dieses „eingeschlossene Liebeswort" ist die Quelle der Sehnsucht und Hoffnung auf eine eschatologische Erlösung und das Ende jeglichen Fliehens:

> Mit Lippen am Stein des Gebets
> küsse ich lebenslang Tod,
> bis der singende Samen aus Gold
> den Fels der Trennung zerbricht.

In den Ausdrücken des Betens, das hier als Chiffre der Dichtung fungiert, werden die versteinerten Verhältnisse anerkannt und zugleich, als handelte es sich um eine magische Form, in eine Sphärenmusik aufgelöst. Diese Verwandlung, der oft mit dem Bild des Schmetterlings Ausdruck verliehen wird, wohnt von vornherein dem Flüchtlingsdasein inne, das mit der widerspruchsvollen Bezeichnung „staubbeflügelt" bezeichnet wird. Das Oxymoron trägt eine religiöse Botschaft: irdischer Staub, der Schwerkraft entbunden, schwebt hinauf, der Sinaisand des ständigen Fliehens vergeistigt sich und kippt in einen Flug um, dessen erotischer Gehalt in den letzten Strophen hervorglänzt: „Lippen", „küsse", „Samen" und die „Trennung", die zerbricht, um der nicht ausgesprochenen Vereinigung Platz zu machen. Wie die Flucht ihr eigenes Ende, die wiedergefundene Heimat, in sich birgt, kann diese erreichte *unio mystica* nie auf die Erinnerung an das Leiden der Geschichte verzichten. Solcher Mystik liegt also die Gleichzeitigkeit von Flucht und Heimat, Entfremdung und Erlösung, zugrunde: die fortwährende Oszillation des kabbalistischen *Zimzum*, der das Dasein ermöglicht.

Die sprachlichen Formen der Esoterik – verwickelte Symbolik, radikale Verkürzungen, paradoxe Bilder – beeinflussen zunehmend die Gestalt der Dichtungen, die allmählich den extensiven Anredecharakter der ersten Holocaustlyrik einbüßen. Die Beschäftigung mit der Mystik, vermittelt durch die Lektüre Martin Bubers und Gershom Scholems, macht sich auch inhaltlich bemerkbar. Das Gedicht „Chassidische Schriften" z.B. bietet eine Reihe spruchartiger Formulierungen: die viermal wiederholte Zeile „Alles ist Heil im Geheimnis" wird aus wechselnder Perspektive exegetisch kommentiert. Das Thema gleitet von der Kosmogonie über den sprachlichen Charakter der Schöpfung und die dem Körper als Mikrokosmos innewohnende zahlenmystische Bedeutung zur Erinnerung an die biblische Offenbarungsgeschichte. Auffallend ist die Vorrangigkeit, die die Dichterin dem Wort als Medium der Schöpfung zuspricht. So beginnt das Gedicht:

> Alles ist Heil im Geheimnis
> und das Wort lief aus
> das atemverteilende Weltall,
>
> schützt wie Masken mit seiner abgewandten Seite
> die sternegebärende Nacht.[23]

Das ursprüngliche Nichts der „Nacht", die dem *En-Sof*, dem unerkennbaren, da noch mit keinen Eigenschaften ausgestatteten Gott der kabbalistischen Theosophie entspricht, erscheint verteilt in dem Weltall durch die Ausstrahlung des Wortes, das die Schöpfung vollbringt. So gewinnt die Sprache einen Doppelcharakter. Während die Wörter die Dinge der Welt durch Namensgebung hervorbringen, bleibt ihnen eine Kehrseite, die den Ursprung „schützt wie Masken". Kosmische Schöpfung und Dichten als Poiesis fließen ineinander über. Das dichterische Wort, das den Weg von Gott beschreibt, beleuchtet auch den mystischen Weg zurück zu einer unmittelbaren Gotteserfahrung. Folglich erscheint der Einzug in Kanaan als eine Bewegung des Wortes, das ein utopisches Wissen aufbewahrt:

Und die Bundeslade zog ihre Träger
über den Jordan, denn die Elemente trieben
geschwisterhaft die Segnung der Schrift!

Und das Herz der Steine,
flugsandangefüllt,
ist der Mitternächte Aufbewahrungsort
und der begrabenen Blitze Wohnstatt.

Subjekt und Objekt sind verkehrt: es ist nicht die werdende altisraelische Nation, die den Jordan überquert, sondern die „Schrift", die als Statthalter des Rettungsgedankens den Menschen zu bewegen vermag. Auf die moderne Dichtung übertragen heißt das: die Lyrik darf nicht als Objektivierung subjektiver Erfahrung verstanden werden, sondern umgekehrt als „Aufbewahrungsort" eines objektiven Wissens um die immanente Einheit der Welt und die potentielle Überwindung der Isolation des noch im Exil verbannten je einzelnen Subjekts.

Die drei großen Themen der Mystik der Nelly Sachs – Exil, Schöpfung und Sprachschöpfung – treten mit besonderer Deutlichkeit in dem fünf Gedichte einschließenden Zyklus *Geheimnis brach aus dem Geheimnis* hervor, das 1957 in der Sammlung *Und niemand weiß weiter* erschien. Die Identifikation mit dem Autor des mittelalterlichen Hauptwerks der Kabbala, des Buches *Sohar*, wird gleich am Anfang festgelegt und zieht eine Linie zwischen dichterischem Schreiben und kosmischem Ursprung:

Da schrieb der Schreiber des Sohar
und öffnete der Worte Adernetz
und führte Blut von den Gestirnen ein,
die kreisten unsichtbar, und nur
von Sehnsucht angezündet.[24]

Die mystische Deutung vermag die tradierten Schriften wiederzubeleben, indem sie ein Wissen kreiert, das die „Sehnsucht" des Alls nach dessen Ursprung vernimmt. Die Lyrik erhebt den Anspruch, die Entfremdung der Sprache zu überwinden, was nur durch die Anerkennung ihrer Rolle in dem *Ma'asse Bereschith*, dem kosmischen Ursprung, gelingen kann:

Des Alphabetes Leiche hob sich aus dem Grab,
Buchstabenengel, uraltes Kristall,
mit Wassertropfen von der Schöpfung eingeschlossen,
die sangen – und man sah durch sie
Rubin und Hyazinth und Lapis schimmern,
als Stein noch weich war
und wie Blumen ausgesät.

Die Fähigkeit jedoch, sich des Anfangs zu entsinnen, kann keine Rückkehr zur ersten Einheit herbeiführen. Der Mystiker, der das Geheimnis der Schöpfung erkannt hat, muß es wieder verhüllen. Er „wickelt wieder ein in Liebesleiden/wie

Mütter tun: denn Leiden ist Versteck fürs Licht."[25] Das Verbot eines unmittelbaren Ausplauderns dient nicht dazu, Vorrechte esoterischer Gruppen zu bewahren, sondern gilt der geschichtlichen Leiderfahrung in der Welt der Trennung. Die hermetische Form, die das Geheimnis besiegelt, schützt zugleich das Bewußtsein des Exils. Denn „es kehrt auch niemand heil zu seinem Gott zurück".[26] Diese Mystik entgeht dem jede Mystik gefährdenden Pantheismus, indem sie der Trauer treu bleibt. Einheit und Entfremdung stehen in ständiger Spannung. So schließt der Zyklus mit den spruchartigen Zeilen: „Doch die entgleisten Sterne ruhen aus im Anfangswort/und die verzogene Sehnsucht hinkt an ihren Ort." Die Ruhe der kosmischen Ordnung schließt auch die Unordnung in sich ein, denn nur „die entgleisten Sterne" können den Weg zurück zum Anfang antreten. Die Heimkehr bedarf des Hinkens, das sich auf den Kampf Jakobs mit dem Engel bezieht. Die Suche nach Gott, die gelingen soll, darf nicht die Erfahrung der Trennung der Vergessenheit überlassen.

Dieser pessimistische Zug in der Mystik der Nelly Sachs hängt mit den zentralen Belangen der Dichterin zusammen, deren Lyrik weniger in Theosophie mündet als in die Erforschung des menschlichen Leidens. So setzt sie neben den Geheimniszyklus das Gedichtpaar „Die Stunde zu Endor" und „Landschaft aus Schreien", in denen statt der Schöpfungsthematik Untergang und Isolation vorherrschen. Das erste Gedicht geht von der Erzählung in 1. *Samuel* 28 aus, in der Saul in tiefster Verzweiflung sich zur Hexe von Endor begibt, um sich mit Hilfe ihrer verbotenen Beschwörungsmagie Rat beim verstorbenen Propheten Samuel zu holen. „Saul, der Jäger aus Schwermut",[27] hat die Gottesnähe verloren und versinkt in religionsgeschichtlicher Regression. In „der kämpfenden Seele Sterbezelle" erfährt der melancholische „Gottentlassene" von dem eigenen unaufhaltsamen Ende, dem kein Zauber und kein Machtspruch Einhalt zu bieten vermag:

> Aufgerissen ist die Zeit,
> diese Wunde vor Gott!
>
> Angerührt ist der Wurm,
> der gräbt lautlos das Ende –[28]

Die Trennung vom Schöpfer, die sonst als Gehäuse der Hoffnung auftritt, ist desselben Schreckens voll, der die eigentlichen Holocaust-Gedichte auszeichnet. Der Ort der Sehnsucht, die die Pforte darstellt, durch das – um mit den Worten des wahlverwandten Geistes Walter Benjamin zu reden – zu jeder Stunde der Messias treten könnte,[29] ist das tiefste Jammertal des Leids, das das zweite Gedicht beim Namen nennt:

> O Messer aus Abendrot, in die Kehlen geworfen,
> wo die Schlafbäume blutleckend aus der Erde fahren,
> wo die Zeit wegfällt
> an den Gerippen in Maidanek und Hiroshima.[30]

Die Katastrophe des Massensterbens widersteht dem Versuch sprachlicher Bewältigung. Das Ausmaß des Leids macht den bloßen Gedanken an Versöhnung zuschanden. Wie die Dichtung ist auch die Mystik kein „Blumempflücken" mehr. Es führt keine Königsstraße zur Erlösung:

> Dies ist die Landschaft aus Schreien!
> Himmelfahrt aus Schreien,
> empor aus des Leibes Knochengittern.

Die Gedichte der Nelly Sachs entstehen immer angesichts der Barbarei, von einem Glauben inspiriert, der die Hoffnungslosigkeit erkennt. Auch die Momente ekstatischer Gottesnähe entspringen solcher Verzweiflung. „Die Himmelfahrt aus Schreien", die die Aufgabe dieser Lyrik bestimmt, klingt ständig nach. Die Lektüre ihres Werkes möge dazu dienen, sie vernehmbar zu machen.

Anmerkungen

1 Theodor W. Adorno: Prismen. Kulturkritik und Gesellschaft. Berlin und Frankfurt am Main: Suhrkamp, 1955. S. 31.
2 Walter A. Berendsohn: Nelly Sachs. Einführung in das Werk der Dichterin jüdischen Schicksals. Darmstadt: Agora, 1974. S. 151-52.
3 Bengt Holmqvist: Die Sprache der Sehnsucht. In: Bengt Holmqvist (Hrsg.): Das Buch der Nelly Sachs. Frankfurt am Main: Suhrkamp, 1977. S. 25.
4 Ebd.
5 Olof Lagercrantz: Versuch über die Lyrik der Nelly Sachs. Frankfurt am Main: Suhrkamp, 1967. S. 34.
6 Berendsohn (Anm. 2), S. 9.
7 Ebd. S. 10.
8 Ebd. S. 12.
9 Theodor W. Adorno: Noten zur Literatur III. Frankfurt am Main: Suhrkamp, 1965. S. 126.
10 Gershom Scholem: Die jüdische Mystik in ihren Hauptströmungen. Frankfurt am Main: Alfred Metzner, 1957. S. 21.
11 Beda Allemann: Hinweis auf einen Gedicht-Raum. In: Nelly Sachs zu Ehren. Frankfurt am Main: Suhrkamp, 1961. S. 37.
12 Scholem (Anm. 10), S. 132.
13 Ebd. S. 242.
14 Ebd. S. 287.
15 Fahrt ins Staublose. Die Gedichte der Nelly Sachs. Frankfurt am Main: Suhrkamp, 1961. S. 8.
16 Ebd. S. 14.
17 Ebd. S. 20.
18 Ebd. S. 19.
19 Ebd. S. 128.
20 Ebd. S. 127.

21 Ebd. S. 126.
22 Ebd. S. 157.
23 Ebd. S. 141.
24 Ebd. S. 209.
25 Ebd. S. 210.
26 Ebd. S. 213.
27 Ebd. S. 216.
28 Ebd. S. 219-20.
29 Walter Benjamin: Illuminationen. Ausgewählte Schriften. Frankfurt am Main: Suhrkamp, 1961. S. 279.
30 Fahrt ins Staublose (Anm. 15) S. 222.

Michael Ossar

Die jüdische messianische Tradition und Ernst Tollers *Wandlung*

> Soll ich dem Wahnwitz der Verfolger verfallen und statt des deutschen Dünkels den jüdischen annehmen ? [. . .] wenn mich einer fragte, wohin ich gehöre, ich würde antworten: eine jüdische Mutter hat mich geboren, Deutschland hat mich genährt, Europa mich gebildet, meine Heimat ist die Erde, die Welt mein Vaterland.[1]

I.

Diese Worte aus Tollers Autobiographie, *Eine Jugend in Deutschland*, „am Tag der Verbrennung meiner Bücher in Deutschland"[2] vollendet, umreißen stichwortartig die verschiedenen Stationen am Leidensweg des Dichters, und zwar in dreierlei Hinsicht. Vergils „Mantua me genuit" nachgebildet, bezeugen sie das Ringen eines jungen Menschen um eine Definition seines Selbst, seines Judentums in einer äußerst komplizierten Welt der wechselnden Loyalitäten – ein Prozeß, der mit seismographischer Genauigkeit und peinlicher Ehrlichkeit in der Autobiographie registriert wird. Sie bezeugen aber auch das Phänomen einer ständigen Bewußtseinserweiterung, wobei das Verständnis des Judentums als Leidensgemeinschaft den jungen Mann um so empfänglicher macht für die Leiden seiner Mitmenschen. Diese Antwort Tollers auf die Gretchenfrage bezeugt schließlich den Durchbruch des Dichters in seinen Reifejahren zu einer Art Verallgemeinerung des anarchistischen Sozialismus ins Revolutionäre, wobei die apokalyptisch-messianische Strömung des Judentums ein wesentliches Moment darstellt. Diese drei Aspekte des Problems erscheinen in dem als Motto vorangestellten Zitat als zeitlich aufeinanderfolgende Etappen. Was aber im Motto auf engstem Raum zusammengedrängt als eine zeitliche Abfolge, eine Entwicklung erscheint, erweist sich in dem Text selbst als eine dialektische Wechselwirkung, die nicht nur strukturell und inhaltlich *Eine Jugend in Deutschland* charakterisiert, sondern auch Tollers Erstlingswerk, *Die Wandlung*. Wie Michael Löwy in einem besonderen anregenden Artikel ausgeführt hat,[3] läßt sich dieses Phänomen, das nicht nur bei Toller, sondern auch bei Franz Rosenzweig, Martin Buber, Gustav Landauer, Walter Benjamin, Franz Kafka, Ernst Bloch und Georg Lukács u.a. anzutreffen ist, auf die speziellen Verhältnisse des zentraleuropäischen Judentums zurückführen.

Ich möchte im folgenden – in Anlehnung an Löwys Ausführungen – diesen drei Themen nachgehen, um darzulegen, wie die drei Auffassungen des Judentums, die ihnen zugrundeliegen (Judentum als Chiffre für eine verknöcherte überlebte Orthodoxie, als Chiffre für das Ausgestoßenstein aus der Gemeinschaft und das daraus resultierende Mitleid mit den sozial Zurückgesetzten, schließlich als Chiffre für revolutionäre Apokalyptik), ihre Wurzeln im jüdischen Begriff des Messianismus haben. Ich werde dann zeigen, wie Toller diesen Begriff durch die Vermittlung Landauers und Bubers sich angeeignet und in seinem Stück *Die Wandlung* verwendet hat.

II.

Tollers *Eine Jugend in Deutschland* gliedert sich, wie sein erstes Drama, *Die Wandlung* (1917/18), in zwei Teile: eine Beschreibung des Lebens eines Heranwachsenden und die Chronik der Münchener Revolution sowie der darauffolgenden vierjährigen Inhaftierung des Schriftstellers. Im ersten Teil fällt dem Leser die ausschlaggebende Rolle, die das Judentum sogar in einer fast völlig assimilierten Familie spielt, auf; im zweiten Teil tritt dieses Thema zurück, zugunsten einer alles andere ausschließenden Hingabe an den Kampf um eine gerechtere Welt, eine neue Gesellschaft der Verbrüderung, also der Abschaffung aller die Menschen voneinander trennenden Schranken wie Religion und Klasse. Die dialektische Spannung zwischen diesen zwei einander sich bedingenden Elementen wird in dem Buch thematisiert und bestimmt auch strukturell die Art und Weise, wie Toller seine Geschichte erzählt. So erscheint z.B. jede Erwähnung des Judentums in einem seltsam zwiespältigen Lichte, das einerseits das Judentum als sinnloses Überbleibsel und leere Orthodoxie, zum anderen als Zeichen für den ausgebeuteten, geschändeten Menschen überhaupt erscheinen läßt. Schon die ersten Worte der Autobiographie des 1893 in Samotschin, einer kleinen Stadt im Netzebruch, geborenen Dichters über den Schutzbrief, den der Großvater mütterlicherseits von Friedrich dem Großen bekam, weisen auf das Bewußtsein des Jungen von seiner äußerst prekären Daseinsberechtigung in einer Welt, wo das Lebensnotwendigste von denen, die es sich leisten können, erkauft werden muß. Die Juden, die von der überwiegend protestantischen deutschen Bevölkerung nur geduldet waren, fühlten sich als Ureinwohner, als die Niederlausitz an Preußen abgetreten wurde, und machten gemeinsame Sache mit ihnen gegenüber den Polen. Obwohl die Juden in Sachen deutscher Kultur sich päpstlicher als der Papst gebärdeten, bestand immer noch zwischen den Deutschen und Juden der Stadt eine Kluft, die nie überbrückt werden konnte; dieses Gefühl des unverschuldeten Ausgestoßenseins bildete dann später den Ausgangspunkt für Tollers *Wandlung*. Diese komplizierten Verhältnisse wurden von dem sensitiven Jungen genau registriert, denn jedes der Kindheitserlebnisse, die Toller 1933 rückblickend erzählt, dient als Indiz für seine ständige Bewußtseinserweiterung: die Episode, in der die Spielgefährtin Ilse von ihrem Kindermädchen vom kleinen Juden weggescheucht wird; die Episode vom Eintritt des Jungen in die Gesellschaft der 'Wahren Christen', in der Hymnen gesungen und Posaunen geblasen wurden; die Freundschaft mit Stanislaus, dem Sohn des polnischen Nachtwächters: „Wenn die anderen 'Polack' schreien, schreie ich auch 'Polack', er ist trotzdem mein Freund";[4] die Hep-hep Rufe der anderen Kinder: „Auf der Straße schreien die Kinder: 'Jude, hep, hep!' Ich habe es früher nicht gehört. Nur Stanislaus schreit nicht [. . .]";[5] die vorwurfsvolle Frage an die Mutter: „Warum sind wir Juden?/ – Schlaf Kind, und frag nicht so töricht./ Ich schlafe nicht. Ich möchte kein Jude sein";[6] die Episode vom Brand des Nachbarhauses:

Jule, unsere Köchin, sieht mich und jagt mich ins Bett zurück. – Warum brennt es, Jule? – Weil Gott strafen will. – Warum will Gott strafen? – Weil kleine Kinder zuviel fragen. Ich fürchte mich, ich kann nicht mehr einschlafen, es riecht nach Rauch, es riecht nach Versengtem, es riecht nach dem lieben Gott. Am anderen Morgen stehe ich vor verkohlten Balken und Steinen, sie sind noch heiß. – Nicht einen Knochen hat man gefunden, die arme Frau ist in ihrem Bett verbrannt. [. . .] Rechts von der Tür hängt ein rundes längliches Glasröhrchen, an das zu rühren mir verboten ist, das Stubenmädchen Anna bekreuzigt sich, bevor sie es abstaubt. – Da wohnt der Juden ihr Gott drin, brummt sie. [. . .] Ich zerschlage das Glasröhrchen. 'Er' rührt sich nicht. Ich werfe das Röhrchen auf den Boden. 'Er' rührt sich nicht. [. . .] Fröhlich lege ich mich ins Bett, mögen alle wissen, daß ich den 'lieben Gott' totgeschlagen habe.[7]

Die Reihe solcher Erlebnisse ließe sich fortsetzen. Sie gipfeln in dem Einsatz Tollers für den schwachsinnigen Arbeiter Julius, der sieben Stunden lang in Krämpfen am Bahnhof liegt und schließlich stirbt. Wegen eines Kompetenzstreits ist niemand dem Mann zu Hilfe geeilt, während Straßenjungen den Sterbenden mit Steinen bewerfen. Toller schreibt darüber einen anonymen, empörten Artikel in einer Lokalzeitung und wird dafür vom Bürgermeister gemaßregelt. Nur dem Einfluß seines Vaters, der Stadtverordneter ist, verdankt Toller den glimpflichen Ausgang seines ersten Konflikts mit der politischen Macht.

Derartige Erlebnisse charakterisieren einen Mann, dessen Einsatz für seine Mitmenschen schon von Anfang an von einer tiefen Ehrlichkeit und einem tiefen Mitgefühl geprägt war. Man wird Toller meines Erachtens nicht gerecht, wenn man seine Hinwendung zum Sozialismus einfach als Flucht vor dem Judentum abtut, wie einige Kritiker dies behaupten. Im Gegenteil: Toller hat stets im Juden nur die reinste und auffallendste Verkörperung der leidenden Kreatur gesehen. Die Ermordung Gottes, die im kindlichen Gemüt so rührend und naiv erscheint, kommt auch später in den Dramen des engagierten Schriftstellers vor, wo beispielsweise Gott von der Frau in *Masse Mensch* angeklagt wird:

Schändete ich
Gott?
Oder schändete
Gott
Den Menschen?
O ungeheurlich
Gesetz der Schuld
Darin sich
Mensch und Mensch
Verstricken *muß*.
Gott
Vor ein Gericht!
Ich klage an.[8]

Das naive Gefühl des Kindes für die unvermeidliche Ungerechtigkeit des Lebens wandelt sich hier in ein wesentlich subtileres Bewußtsein von der gottgewollten moralischen Beschaffenheit der Gesellschaft, wonach derjenige, der seinen Mitmenschen helfen will, auch Gewalt anwenden muß, wenn er nicht wirkungslos bleiben soll. Tollers Ringen um Selbstverständnis in den als Motto zitierten Worten ist also gleichzeitig ein immer akuter werdendes Ringen um einen akzeptablen Ausgleich zwischen den z.T. berechtigten Wünschen und Ansprüchen des Individuums und der Notwendigkeit, solche Ansprüche zurückzustellen zugunsten des Wohls eines größeren Ganzen. Dabei ist es nicht etwa so, daß die Wünsche des Menschen *qua* Individuum immer auf eine selbstische Befriedigung von asozialen Impulsen hinauslaufen, während das Gemeinwohl immer den Idealzustand darstellt. Im Gegenteil, oft ist es so, daß die Moralprinzipien des Individuums höher geachtet werden müssen als die Kompromisse, die eine Welt der Realpolitik, ob von links, ob von rechts aus gesehen, verlangt. So öffnen das Judentum und die daraus resultierende Dialektik zwischen den Ansprüchen des Individuums und denen der Gruppe Toller die Augen für die ähnliche Dialektik innerhalb des freiheitlichen Sozialismus – eine Dialektik, die sich in der breiten Skala der Sozialismen zeigt, die von extrem individualistisch eingestellten Anarchisten wie Max Stirner über kommunistische Anarchisten wie Kropotkin bis hin zu Lenin reicht.

III.

Wir haben schon festgestellt, daß die als Motto zitierten Worte aus Tollers Autobiographie die Behauptung zu unterstützen scheinen, bei den jüdischen Sozialisten sei der Sozialismus ein ins Weltliche transponierter Messianismus. Diese These ist in der einen oder der anderen Gestalt zu einem Gemeinplatz der Forschung geworden; so stellt z.B. Klara Pomeranz Carmely ihrem Kapitel über Sozialismus die Worte Jakob Wassermanns voran, man müsse diesen Idealisten zugestehen, „daß in ihrem Tun eine vielleicht unsinnige und schuldvolle, vielleicht aber auch weit in die Zukunft deutende Folgerichtigkeit liegt: die Überpflanzung der vom Judentum empfangenen Messiasidee aus dem Religiösen ins Soziale".[9] Auch Martin Buber sehe in seinem Werk *Der Jude und sein Judentum* einen „wesenhaften Zusammenhang zwischen Judentum und Sozialismus".[10] Hans-Helmuth Knütter widmet dieser These zehn Seiten seiner Studie *Die Juden und die deutsche Linke in der Weimarer Republik 1918-33* und führt u.a. Hermann Cohen, Kurt Eisner, Leo Baeck, Martin Buber, Arnold Zweig, Leon Blum, Ernst Bloch, Alfred Döblin, Friedrich Heer, René König und Arnold Künzli an.[11] Der „wesenhafte Zusammenhang" ist also keineswegs einfach als eine boshafte Verleumdung der vom zersetzenden Einfluß der Juden sprechenden Nazis abzutun. Im Gegenteil, er ist ein tief in der prophetischen Tradition des Judentums verwurzeltes Phänomen, das von einer breiten Skala jüdischer Intellektuellen der verschiedensten politischen Färbung anerkannt wurde. Trotzdem ist Knütter nicht gewillt, der Behauptung recht zu geben. Er läßt sie zwar als historisches Faktum gelten, weist aber auf den ausgesprochen atheistischen Charakter des Sozialismus hin und meint, Erklärungen wie die des Journalisten Manfred Georg seien wenig überzeugend:

Es ist ein großer Unterschied, ob ein Volk dreieinhalb Jahrtausende länger denkt, wirkt, soziale Gemeinschaft hat, oder ob es erst seit zweitausend Jahren oder weniger eine gewisse Kulturstufe erreicht hat. Nehmen wir nur Begriffe wie Gerechtigkeit oder Menschenrecht oder Pflicht, so würden wir, wenn wir ihn von einem Juden oder einem Angehörigen eines jüngeren Volksstammes denken ließen und wir die Möglichkeit hätten, den gedanklichen Niederschlag in einer chemischen Reagenz einzufangen, feststellen, daß der von dem Juden gedachte Begriff eine andere psychische und logische Färbung hat, als der von seinem Partner gedachte.[12]

Knütter weist derartige mystische Ergüsse, die letzten Endes eine Art Lysenkoismus implizieren, in den meisten Fällen entschieden zurück. Vor allen Dingen sei bei der assimilierten jüdischen Intelligenz oder bei den Intellektuellen, die mit dem Judentum gebrochen haben, eine solche Vererbungstheorie einfach nicht stichhaltig.[13]

Das Problem aber bleibt und harrt noch einer Lösung. Denn ein so weit verbreitetes Phänomen ist meines Erachtens mit dem Hinweis, die religiös entwurzelten Juden zwischen Getto und Assimilierung hätten es nötig, sich auf ihre historischen Wurzeln zu besinnen, „um das Selbstvertrauen nicht zu verlieren“, nicht erledigt. Mit der Behauptung „Man rettet Traditionen, die religiös nichts mehr bedeuten, indem man sie säkularisiert“,[14] ist immer noch nicht erklärt, warum atheistische Intellektuelle ausgerechnet diese jüdische prophetische Tradition umfunktionieren, um ihr mangelndes Selbstvertrauen zu retten. Mit gerade diesem kritischen Problem befaßt sich Michael Löwy, dessen Ausführungen ich im folgenden skizzieren möchte, um seine überaus anregenden Ergebnisse auf den speziellen Fall Toller und dessen *Wandlung* anzuwenden.[15]

Löwy beruft sich auf Lucien Goldmann – nicht um zu behaupten, der Sozialismus bestimmter jüdischer Intellektueller sei eine Übertragung des Messianismus ins Weltliche, sondern um eine viel umfassendere These zu untersuchen: dem Sozialismus an sich liege das Messianische zugrunde:

Ce sont des représentations comme celles d'arrivée du Messie, du Royaume des Cieux, etc., qui se retrouvent, dépourvues de tout élément de transcendance ou de surnaturel dans cette religion immanente qu'est le socialisme où elles prennent la forme de l'espoir et de la foi en un avenir historique immanent que les hommes doivent réaliser par leur propre action.[16]

Diese These präzisiert Löwy unter Berufung auf Karl Mannheim dahingehend, daß es unter allen Abarten des Sozialismus eben der sozialistische Anarchismus sei, „in dem sich am reinsten diese genuine Form des chiliastischen Bewußtseins erhalten hat“.[17] Laut Mannheim ist es Tollers Freund Gustav Landauer, der diesen Anarchismusbegriff am konsequentesten vertritt. Aus Tollers Autobiographie *Eine Jugend in Deutschland* geht hervor, daß seine erste Bekanntschaft mit Landauer und dessen Schriften in die Periode zwischen 1917, der Zeit der ersten Arbeit an der *Wandlung*, und Februar/März 1918, als das Stück fertiggestellt wurde, fällt. Toller unterstreicht die Bedeutung dieses Einflusses zur Zeit der Abfassung seines ersten Dramas, in dem seine eigene anarchistische Abwandlung des Sozialismus am ausgeprägtesten erscheint, in seiner Autobiographie: ,,Am Abend bevor ich Heidelberg verlasse, ist ein Brief von Gustav Landauer eingetroffen, dessen 'Aufruf zum Sozialismus' mich entscheidend berührt und bestimmt hat."[18] Wie groß dieser Einfluß gewesen ist und in welcher Art und Weise er sich in dem Drama niederschlägt, werden wir im letzten Abschnitt dieses Kapitels sehen.[19]

Interessanterweise konstatiert Gershom Scholem dieselbe Verbindung zwischen jüdischem Messianismus und Anarchismus, die wir bei Karl Mannheim antreffen: ,,Es liegt in der Natur der messianischen Utopie ein anarchisches Element, die Auflösung alter Bindungen, die in dem neuen Zusammenhang der messianischen Freiheit ihren Sinn verlieren."[20] Dieses anarchische Element ist kein zufälliges, ist nicht eines unter vielen; es ist vielmehr ein wesenhafter Bestandteil des Begriffes Utopie:

Die Vision der messianischen Erneuerung und Freiheit war ihrer Natur nach dazu angetan, die Frage aufkommen zu lassen, was dann der Stand der Thora und der von ihr sich herschreibenden Halacha [des Gesetzes] sein würde [. . .]. Je größer die Veränderungen in der Natur oder die Umwälzungen im moralischen Wesen des Menschen gedacht wurden, welch letztere etwa durch das Erlöschen der destruktiven Macht des bösen Triebes in der messianischen Zeit bedingt werden, desto größer mußten auch die Modifikationen werden, die die Wirksamkeit des Gesetzes unter solchen Umständen betrafen. Ein Gebot oder Verbot konnte ja kaum mehr dasselbe sein, wenn es nicht mehr eine Auseinandersetzung zwischen Gut und Böse zum Gegenstand hatte [. . .], sondern viel eher einer rein sich ergießenden messianischen Spontaneität der menschlichen Freiheit entsprang, die sozusagen ihrer Natur nach nur noch das Gute realisiert und daher eigentlich all jener 'Zäune' und Beschränkungen nicht mehr bedurfte, mit denen es die Halacha umgab, um es vor den Versuchungen des Bösen zu sichern.[21]

IV.

Das abstrakte Kräftespiel, wie es hier von Scholem dargelegt wird, findet seine exakte Verkörperung bei Toller in den ersten und letzten Bildern seines Dramas, die es umrahmen und als Indizien für die erste Wandlung, die des Helden Friedrich, und die zweite Wandlung, die der Gesellschaft durch das mächtige Beispiel Friedrichs, fungieren. Im ersten Bild vertritt Friedrichs Mutter eine überlebte verknöcherte Auffassung des Judentums (interessanterweise fällt das Wort Jude, wie Rosemarie Altenhofer in ihrer Dissertation bemerkt,[22] im Stück nicht), allen Sinnes bar:

MUTTER: [. . .] Friedrich, ich komme mit einer Bitte, einer winzigen Bitte . . . Erfüll sie deiner alten Mutter. Friedrich, geh zum Gottesdienst. Die Leute würden . . .

FRIEDRICH: Die Leute! Oh, sag doch lieber zum Dienst der Leute, und nicht zum Dienst Gottes, aus dem Ihr einen verknöcherten, engherzigen Ritter machtet, der ein einziges Gesetzbuch schrieb, nach dem er Menschen richtet. Immer mit denselben toten Gesetzesparagraphen. Und dem Engherzigen dienen. Sie ekeln mich an, Eure Leutedienste, denn ich kann sie nicht Gottesdienste nennen. Seid Ihr freier, wenn Ihr das Gotteshaus verlaßt? Nein – nein. – Und die Enge in Euren weiten Gotteshallen – an der ersticke ich.[23]

In der letzten Szene sind die Bilder, deren sich Friedrich bedient, um den Massen ihre Situation vorzumalen, Bilder, die eine Welt der Regeln, der Gesetze, des Zwanges gegen eine utopische Welt der Freiheit ausspielen. Friedrich predigt:

Du Kind gehst in die Schule und Angst befällt dich auf dem Weg. Das Schulzimmer sieht aus, als ob es Regentag wäre und dabei scheint doch die Sonne. Der Lehrer sitzt auf dem Katheder wie der böse Geist aus einem Märchen, das du heimlich lasest. Er blickt dich zornig an und schilt dich, weil du deine Aufgabe nicht behalten konntest. Und doch ist dein Herz so voll von seltsam Erlebten. Du möchtest ihn so gerne fragen, er aber herrscht dich an, und behauptet, du hättest keine Religionsgeschichte gelernt und wärest kein guter Christ.[24]

Und später, in den Worten, die die zweite Wandlung einleiten, heißt es: „O, wenn ihr Menschen wäret, – unbedingte freie Menschen.“[25] Tollers Stück, das während der Haft für seine Teilnahme am Streik der Münchener Munitionsarbeiter und somit (diese Tatsache wird immer wieder von Kritikern ignoriert, die es vom Standpunkt seiner späteren Karriere aus interpretieren) *vor* den Erlebnissen Tollers in der Novemberrevolution geschrieben wurde, beschreibt den Umschlag als etwas, was spielend leicht vollbracht wird. Friedrich braucht nur die Massen an ihr Menschentum zu errinern, um die gewaltlose Transformierung einer ganzen Gesellschaft zuwege zu bringen:

Geht hin zu den Reichen und zeigt ihnen ihr Herz, das ein Schutthaufen ward. Doch seid gütig zu ihnen, denn auch sie sind Arme, Verirrte.[26]

Der Prozeß, der sich hier vollzieht, wird von Martin Buber in seinem Aufsatz *Prophetie und Apokalyptik* beschrieben, wo zwischen Prophet und apokalyptischem Mensch unterschieden wird.[27] Aufgabe des Propheten ist es, unter Einsatz seines ganzen Ich, den Menschen die Augen für die verschiedenen ihnen innewohnenden Möglichkeiten zu öffnen. So ist er kein Weissager, der auf eine unveränderliche Zukunft hinweist, sondern im Gegenteil einer, der schon vorhandene Alternativen veranschaulicht und den Menschen aufruft, aktiv an seiner Erlösung mitzuwirken. Genau das tut Friedrich. Der apokalyptische Mensch dagegen (in Tollers Stück wird er vom 'Kommis des Tages', dem kommunistischen Agitator, vertreten) sieht in der Zukunft nur ein unabänderliches Schicksal, eine herannahende Katastrophe, nach deren Einbruch, dem Ende aller Tage, die Geschichte sich erfüllt und ein utopischer Zustand sich einstellt. Der historische Materialismus, der Determinismus des Karl Marx ist also laut Buber der einen, apokalyptischen Strömung der jüdischen utopischen Tradition entsprungen. Die andere, messianische Strömung, für die Buber Partei ergreift, findet sich genau beschrieben in der anti-marxistischen Polemik *Aufruf zum Sozialismus* von Bubers Freund und

Mentor, Gustav Landauer. Auch Landauer sieht den 'Sozialismus' in seiner Definition[28] als eine voluntaristische Möglichkeit, die jederzeit verwirklicht werden könne:

[. . .] der Sozialismus ist zu allen Zeiten möglich und ist zu allen Zeiten unmöglich; er ist möglich, wenn die rechten Menschen da sind, die ihn wollen das heißt tun; und er ist unmöglich, wenn die Menschen ihn nicht wollen oder ihn nur sogenannt wollen, aber nicht zu tun vermögen. [. . .][29]

Man hat in der Forschung die Vagheit und das Unwahrscheinliche am Schluß von Tollers Drama immer wieder gerügt. Aber man kann ein Drama, das sich Werke wie das mittelalterliche Mysterienspiel und Strindbergs *Nach Damaskus* zum Vorbild nimmt, nicht hinsichtlich Dialogführung, Charakterentwicklung und Handlung an den Maßstäben eines klassischen Dramas messen, wie es z.B. Hans Marnette[30] u.a. tun; genauso wenig darf man in einem visionären, expressionistischen Stück, das Reinhard Johannes Sorges *Bettler* vergleichbar ist, einen detaillierten, ausführlichen, logisch unanfechtbaren Entwurf einer zukünftigen Gesellschaft erwarten. Eberhard Lämmert bezeichnet den Unterschied treffend und überzeugend, indem er die Bogenschuß-Szene im 21. Gesang der *Odyssee* mit der analogen Szene in Sorges *Odysseus* vergleicht; auf der einen Seite die detaillierte Beschreibung der Spannung des Bogens und der Art, wie der Pfeil durch die kleinen Löcher von zwölf Äxten fliegt, auf der anderen Seite die lapidare Nennung eines Schusses in den grenzenlosen Himmel. Lämmert bemerkt dazu:

Die vielfältige und reichgegliederte Handlung ist ersetzt durch einen einzigen pathetischen Akt [. . .] es ist überhaupt kein Ziel, das sich sachlich bestimmen oder eingrenzen ließe [. . .] Der Pfeil selbst verliert alle Körperlichkeit; seine bloße Feuerspur aber vermag über die ganze Erde hin den aufbrechenden Morgen zu zünden.[31]

Wir haben es hier vielmehr mit einer mystischen Vision zu tun, wie Buber sie in Worten, die die Wechselwirkung, den Dialog zwischen Friedrich und seinem Publikum, genau registrieren, beschreibt:

Die Grundhaltung des Juden ist durch den Begriff des *Jichud*, der 'Einung', bezeichnet, der vielfach mißverstanden wird. Es geht um die unablässig erneute Bestätigung der göttlichen Einheit in der Vielfältigkeit der Erscheinungen [. . .] immer wieder geschieht, durch menschliche Wahrnehmung und Bewährung, angesichts der ungeheuren Gegensätzlichkeit des Lebens, und insbesondere angesichts jenes sich mannigfaltig kundgebenden Urwiderspruchs, den wir die Zweiheit von Gut und Böse nennen, dieser Gegensätzlichkeit nicht zum Trotz, sondern zu Liebe und Versöhnung, die Einung, das heißt: die Erkennung, Anerkennung, Wiedererkennung der göttlichen Einheit.[32]

So ist es fehl am Platz zu behaupten, wie Rosemarie Altenhofer in ihrer sonst feinfühligen Interpretation es tut, die größte Schwäche des Stückes liege darin, daß

Toller seine utopischen Vorstellungen nicht zwingend und überzeugend darstellen könne, „weil er sich [. . .] in die Bilderwelt einer Tradition geflüchtet hat, deren Kraft er selbst nicht mehr vertraute".[33] Scholem sieht dieses Phänomen der mangelnden Spezifikation des utopischen Zieles und der Person des Messias ja in eben dieser jüdischen Tradition verwurzelt: „Es sammeln sich in ihr als einem Medium des Vollzugs Züge so verschiedener historischer und psychologischer Herkunft, daß sie über- und nebeneinander gelagert kein scharfes persönliches Bild ergeben."[34] Diese Verschwommenheit sei letzten Endes auf das dialektische Verhältnis der messianischen und apokalyptischen Elemente der jüdischen utopischen Tradition zurückzuführen, die sich in den Gestalten des Messias aus dem Hause Davids und dem aus dem Hause Josefs verkörpern. Der erstere sei es, der den Antichrist endgültig besiegt und „eben darin die rein positive Seite dieses Komplexes vor[stellt]",[35] während im letzteren sich die Züge des Katastrophalen sammeln. Auch Ernst Bloch behandelt dieses Problem und bietet eine ähnliche Erklärung an – nicht nur in seinem Werk *Geist der Utopie*, sondern auch in anderen Schriften. Er unterscheidet z.B. im *Prinzip Hoffnung* zwischen der 'abstrakten Utopie' der utopischen Sozialisten, die einfach Wolkenkuckucksheime entwerfen, die Träume bleiben müssen, weil sie „keinen Fahrplan" enthalten, und der 'konkreten Utopie', die die Wurzeln einer radikalen Änderung in der Gegenwart sucht. Eine solche konkrete Utopie verkörpert der Marxismus, der aber hinwiederum durch eine 'kalte' und eine 'warme' Strömung gekennzeichnet ist. Die kalte Strömung umfaßt die klare, objektive Analyse der historischen Kräfte und der bestehenden Verhältnisse; die warme dagegen die humanen und befreienden Tendenzen des Marxismus.[36] Die dialektische Spannung zwischen diesen keineswegs miteinander harmonisierenden Tendenzen drückt sich schon in Engels' Wort vom Sprung aus dem Reich der Notwendigkeit ins Reich der Freiheit aus und wird einer strengen Untersuchung in Tollers *Hoppla, wir leben!* (1927) unterzogen. Aber auch in Tollers anderen nachrevolutionären Stücken kommen immer wieder Gegensatzpaare vor – die Frau und der Namenlose in *Masse Mensch* (1921), Jimmy Cobbett und John Wible in *Die Maschinenstürmer* (1922) –, die diese Dialektik veranschaulichen. Die Präzisierung dieser Dialektik zieht sich wie ein roter Faden durch Tollers Opus und spielt die gleiche Rolle bei ihm wie die Erfassung des „Noch-nicht-bewußten" bei Bloch, die Formulierung unserer nur dunkelgeahnten Bedürfnisse und revolutionären Sehnsüchte. So entdecken z.B. Douglas Kellner und Harry O'Hara bei Bloch durchaus eine Kongruenz zwischen dem religiösen Messianismus und dem Sozialismus, denn die großen Ketzer der Geschichte, die das Reich Gottes auf Erden realisieren wollten, mußten notwendigerweise den Status quo bekämpfen.[37] Die Vision eben eines solchen Kampfes stellt die Schlußszene von Tollers *Wandlung* dar.

Zum Begriff der Wandlung gehört, wie vielfach in der Forschung bemerkt worden ist, ein Vorher und ein Nachher. In Tollers Drama läßt sich der Moment der Wandlung präzis angeben: das siebte Bild, das Friedrichs Begegnung mit dem Kriegsinvalidenpaar und seine Überwindung eines falschverstandenen Nationalismus und Traditionalismus zugunsten einer Vision von der Verbrüderung aller Menschen beschreibt, fungiert als Mittelachse des Stückes. Wie in der Autobiographie,

Eine Jugend in Deutschland, wird das Vorher von den Themen Judentum, Patriotismus, Ringen des Helden um Selbsterkenntnis und Selbstachtung beherrscht. Wie in der Autobiographie verschwindet das Thema Judentum im zweiten Teil des Dramas, nach der Wandlung Friedrichs, fast völlig von der Bildfläche, die vielmehr von den Themen Geburt des neuen Menschen, Revolution, Zukunft, Ringen um eine neue menschliche Gemeinschaft, durchtränkt von Geist im Landauerschen Sinne, beherrscht ist. Landauer schreibt:

Sind wir wieder einmal bei dir angelangt, herrliches erlösendes Allgemeines und Eines, das du dem wahren Denken so nötig bist wie dem wahren Leben, das Mitleben schafft und Gemeinschaft und Einung und Innung, das im Kopf der Denkenden die Idee ist und im Leben alles Lebenden durch alle Reiche der Natur hin der Bund der Bünde ist? das du mit Namen heißest: Geist![38]

Die Zweiteilung des Dramas in einen rückwärts- und einen vorwärtsgerichteten Teil entspricht den zwei Elementen der jüdischen messianischen Tradition, die Scholem in seinem oben zitierten Aufsatz konstatiert: einmal dem restaurativen, das eine Re-etablierung eines goldenen Zeitalters, eines verlorenen Paradieses vorsieht, das oft mit dem Reich Davids identifiziert wird; zum anderen, einem utopischen, zukunftsgerichteten Element, das einen noch nie vorhandenen Idealzustand *hic et nunc* realisieren will. Einmal überwiegt das eine, einmal das andere Element, aber keines beherrscht je unbestritten das Feld. Der Grund dafür ist klar: auch das Restaurative hat utopische Momente; auch in der Utopie machen sich restaurative Momente wirksam.[39] So operiert auch in Scholems Messianismusbegriff, wie bei Ernst Bloch, eine dialektische Spannung, die sich, wie schon erwähnt, in den zwei Messiasgestalten verkörpert. In Tollers *Wandlung* erscheint die erste Tendenz in Friedrichs Sehnsucht nach einer 'Scholle', nach einer Heimat, nach Überwindung seiner Isolation, seines Ausgestoßenseins. Die zweite Tendenz drückt sich, der Anlage des Dramas entsprechend, im zweiten Teil des Stückes aus, in der Verheißung vom Anbruch der Utopie, wo alle Schranken der Klasse und der Religion überwunden werden, wo Gesellschaft sich in Gemeinschaft verwandelt, d.h. wo ein noch nie vorhandener Zustand sich hier und jetzt einstellt. Beide Tendenzen sind eng miteinander verquickt, und „nur aus beiden heraus kristallisiert sich die messianische Idee".[40]

Löwy bemerkt in bezug auf diese Stelle: „The Hebraic concept – biblical and cabalist – of *tikkun* (simultaneous restoration, reparation and reform) is the condensed expression of this duality of the messianic tradition."[41] Löwy weist darauf hin, daß dieselbe dialektische Verbindung beider Tendenzen an anderer Stelle in der Geistesgeschichte vorkommt, nämlich in der Geschichte des Anarchismus und ganz besonders bei Gustav Landauer, der die mittelalterliche Kommune verherrlicht hat. Dieser „völkische Sozialismus", den Eugène Lunn in Landauers Werken so treffend charakterisiert hat, findet sich auch in Tollers *Wandlung*, denn in der vierten Station, 7. Bild (es ist die einzige Station, die aus nur einem Bild besteht), als Friedrichs Geliebte sich von ihm lossagt, unter Berufung auf die heimatliche Scholle, auf die sie nicht zu verzichten gewillt ist, erwidert Friedrich: „Nein, auch ich habe ja Wurzeln geschlagen, auch ich besitze ja eine Scholle, in der ich wurzle mit meinem Herzblut. Rot ist die Scholle gefärbt davon. Meine Scholle ist unser Vaterland. Das ganze große Vaterland. Du bist klein, Gabriele, du bist klein."[42] Später, nach dem Gespräch mit seiner Schwester und der Zerschlagung seiner Statue 'Sieg des Vaterlandes', erfährt natürlich dieser Begriff der Scholle eine Verallgemeinerung: „Meine Heimat ist die Erde, die Welt mein Vaterland". Doch ist es wichtig zu betonen, daß auch nach der Wandlung dieses 'völkische', restaurative Element immer noch vorhanden, ja sogar ausschlaggebend ist:

SCHWESTER: Dein Weg führt dich hinauf. FRIEDRICH: Zur Mutter zurück? SCHWESTER: Höher, doch auch zur Mutter. FRIEDRICH: Zum Vaterland zurück? SCHWESTER: Höher, doch auch zu deinem Land [. . .]. Dein Weg führt dich zu Gott [. . .]. Zu Gott, der Geist und Liebe und Kraft ist,/ Zu Gott, der in der Menschheit lebt./ Dein Weg führt dich zu den Menschen.[43]

Hier zeigt sich die innige Verbundenheit von Restaurativem und Utopischem, von der Löwy und Scholem sprechen, in seltener Reinheit.

Für Scholem ist der wesentliche Unterschied zwischen dem jüdischen und dem christlichen Messianismus der öffentliche, diesseitsgerichtete Charakter des ersteren. Nach jüdischer Tradition sei die Erlösung ein Vorgang, „welcher sich in der Öffentlichkeit vollzieht, auf dem Schauplatz der Geschichte und im Medium der Gemeinschaft, kurz, der sich entscheidend in der Welt des Sichtbaren vollzieht und ohne solche Erscheinung im Sichtbaren nicht gedacht werden kann".[44] Im Gegensatz zur Innerlichkeit des christlichen Messianismus ist der jüdische immer schon ein gesellschaftlicher Akt und somit paßt er (wie Ernst Bloch hervorgehoben hat) ganz gut in die Reihe der säkularisierten revolutionären Bewegungen. Nach Scholem bringt diese Sachlage mit sich, daß der jüdische Messianismus in seinem Ursprung und Wesen eine Katastrophentheorie sei: „Diese [. . .] betont das revolutionäre, umstürzlerische Element im Übergang von jeder historischen Gegenwart zur messianischen Zukunft."[45] Das anarchistische Prinzip Proudhons und Bakunins, *destruam et aedificabo*, sowie der Fortfall der Notwendigkeit der Halacha, des Gesetzes, nach der Verwirklichung der Utopie und der Verwandlung der Menschheit in 'neue Menschen', unterstreichen, nach Löwy, den schon von Scholem betonten anarchistischen Charakter des jüdischen Messianismus. Deswegen sieht er in diesen zwei scheinbar so disparaten Traditionen, der religiösen des jüdischen Messianismus und der säkularisierten des freiheitlichen Sozialismus und Anarchismus, eine strukturelle Homologie, einen geistigen Isomorphismus. Hier sind wir also an dem Punkt angelangt, wo wir eine Antwort auf die eingangs gestellte Frage wenigstens andeutungsweise geben können. Die Übertragung des jüdischen Gedankenguts ins Sozialistische, der man bei Toller und so vielen seiner Zeitgenossen begegnet, ist weder einfach als erzwungene Flucht vor dem Judentum in eine klassenlose, schrankenlose Welt der allgemeinen Verbrüderung zu erklären (wie Klara Pomeranz Carmely meint), noch ist sie ein psychologischer Verteidigungsmechanismus und Rückzug auf eine nicht mehr geglaubte Tradition, ein verzweifelter Versuch, Selbstachtung zu erlangen, wie Knütter meint. Sie ist vielmehr Ausdruck eines komplizierten, im Wesen der religiösen wie der soziologischen Situation der deutschen Juden verankerten Phänomens – Löwy nennt es eine Wahlverwandtschaft.

Was ist die Beschaffenheit dieser soziologischen Situation? Warum fühlt sich eine Gruppe von mehr oder weniger assimilierten Juden, Vertreter der deutschen Kultur kat exochen wie Ernst Bloch, Toller, Walter Benjamin, Theodor W. Adorno und Herbert Marcuse, von ihr betroffen? Warum wirkt sich dieses Kräftespiel auf eben diese Weise aus, statt etwa in der Gestalt des aufklärerischen Rationalismus der *Haskala*-Bewegung? Als Antwort stellt Löwy zwei Thesen auf. Der anti-kapitalistische Romantizismus (der Begriff wurde von Lukács geprägt), die Sehnsucht nach einer präkapitalistischen, einfacheren Welt, die die beiden Begriffe Restauration und Utopie auf mystische Weise miteinander verbindet, sei wesenhafter Bestandteil des intellektuellen Klimas der Zeit. Ohne ihn könne man nicht auskommen, wenn man die Werke so verschiedener Männer wie Thomas Mann, Stefan George, Ferdinand Tönnies, Max Weber, oder überhaupt des Expressionismus verstehen wolle. Insbesondere aber Juden wurden von diesem anti-kapitalistischen Romantizismus betroffen, denn sie waren in ihrer Eigenschaft als Volk des Buches Anhänger der angestammten deutschen Kultur, wurden aber trotz allen Bemühens nicht in die deutsche Gesellschaft als vollwertige Bürger aufgenommen. Dieser Ausschluß bedingte also bei den freischwebenden intellektuellen Schichten unter den Juden eine zunehmende Besinnung auf ihre eigenen Wurzeln (vgl. Franz Kafka und Scholem), aber zur gleichen Zeit eine Identifizierung mit revolutionären Utopien freiheitlichen Charakters – um so mehr, bemerkt Löwy, als diese zwei Bereiche strukturell homolog waren. Zu dieser Gruppe zentraleuropäischer deutschsprechender Juden zählt er Franz Rosenzweig, Martin Buber, Gershom Scholem, Gustav Landauer, Walter Benjamin, Franz Kafka, Ernst Toller, Ernst Bloch und Georg Lukács.

Löwys zweite These lautet: „What permits us to conceive of these nine men as a group [. . .] is the fact that *within a cultural neo-romantic background and in a relationship of elective affinity, their work contains a Jewish messianic dimension and a utopian-libertarian dimension.*“[46] Natürlich überwiegt bei den einen das erste Element, bei den anderen das zweite. Auf dieser Basis könne man also zwischen drei Gruppen unterscheiden: 1) anarchistisch-religiöse Juden (Rosenzweig, Buber, Scholem); bei dieser Gruppe verhindert das Utopische eine völlige Identifizierung mit einem engen Nationalismus; 2) religiöse jüdische Anarchisten (Landauer, Kafka, Benjamin); 3) assimilierte, atheistisch-religiöse anarcho-bolschewistische Juden (Lukács, Toller, Bloch); bei dieser Gruppe sei der „religiöse Atheismus“ (der Ausdruck stammt von Lukács) sowohl aus christlichen wie aus jüdischen Quellen gespeist. Tollers *Wandlung* bietet ein eklatantes Beispiel dafür, denn im zweiten Teil werden durchgängig Bilder aus der christlichen Heilsgeschichte bemüht, um den Leidensweg des Helden zu veranschaulichen. Zum Teil ist das natürlich durch das Vorbild des Stationendramas bedingt.

V.

Ich möchte im Schlußteil auf einige Gedankengänge hinweisen, die eine bedeutende Verwandtschaft zwischen dem Messianismus in Tollers *Wandlung* und demjenigen Martin Bubers verraten – eine Verwandtschaft, die, ob sie auf Einfluß oder auf Ambiente beruht, die Thesen Löwys untermauert. Es gibt natürlich einen großen Unterschied zwischen den beiden, einen Unterschied, den schon Löwys Gruppierung nahelegt: das Religiöse spielt eine überaus wichtige Rolle bei Buber, bei Toller dagegen eine sehr geringe. Doch ist der religiöse Aspekt von Bubers Messianismus, wie Scholem bemerkt,[47] stets sehr eigenwillig gewesen. In vieler Hinsicht nimmt der Begriff „Geist" in Tollers und Landauers Philosophie den Platz ein, den Gott in Bubers Philosophie einnimmt.

Die Parallelen zwischen Buber und Toller lassen sich auf die anarchistischen Elemente der frühen Werke Bubers, *Daniel* (1913), *Ereignisse und Begegnungen* (1917) und *Ich und Du* (1923), zurückführen, sind aber immer noch in seinem Werk *Pfade in Utopia* vorhanden. Sie erstrecken sich bis in den Wortlaut und Stil der beiden Schriftsteller. Man vergleiche etwa Friedrichs Rede vor der Kathedrale mit Bubers Beschreibung einer Gesellschaft, die erneuerungsbedürftig ist:

FRIEDRICH: Du Kind gehst in die Schule und Angst befällt dich auf dem Weg [. . .]. Aber nun stehst du in der Fabrik. Von morgens bis abends schlägst du immer wieder einen Hebel zurück. [. . .] Und dein Atem wird schwer in der stickigen Luft und deine Augen füllen sich mit Tränen, wenn du durch die verstaubten Fenster das Licht ahnst, und die Freiheit und Blumen und Jugend. [. . .] Ich kenne dich Frau, verarbeitet und vergrämt. [. . .] Und so seid ihr alle verzerrte Bilder des wirklichen Menschen!/ Ihr Eingemauerte, ihr Verschüttete, ihr Gekoppelte und Atemkeuchende, ihr Lustlose und Verbitterte/ Denn ihr habt den Geist vergraben . . .[48]

Buber schreibt:

Du eingetan in die Schalen, in die dich Gesellschaft, Staat, Kirche, Schule, Wirtschaft, öffentliche Meinung und dein eigener Hochmut gesteckt haben, Mittelbarer unter Mittelbaren, durchbrich deine Schalen, werde unmittelbar, rühre Mensch die Menschen an! / Uralter Wust und Mulm ist zwischen Mensch und Mensch gehäuft. Sinngeborene Form entartete zu Konvention, Ehrfurcht zu Mißtrauen, Keuschheit der Mitteilung zu geizender Verschlossenheit. Mitunter tappen die Menschen im bangen Rausch aufeinander zu – und verfehlen sich, denn der Mulmhaufe ist zwischen ihnen.[49]

Aber nicht nur in ihrer Analyse des Bestehenden sprechen Toller und Buber mit einer Stimme. Auch in ihrem Aufruf an den Menschen, sich und seine Welt zu erneuern, stimmen sie miteinander überein. Buber schreibt:

Du sollst helfen. Jeder Mensch, der dir begegnet, bedarf der Seelenhilfe, jeder bedarf deiner Hilfe. [. . .] Du sollst in dir die Hilfsfähigkeit wecken. [. . .] Entmengt die Menge [. . .]. Nicht mehr durch Ausschließung, nur noch durch Einbeziehung kann das Reich errichtet werden. Wenn es euch nicht mehr schaudert und nicht mehr ekelt, wenn ihr die Menge zu Menschen löst und auch noch das Herz der Rohen, der Süchtigen, der Kärglichen mit eurer Liebe schlagt, dann und dann allein ist mitten im Ende der neue Anfang da. [. . .] Schweigend wartet die Welt auf den Geist![50]

Friedrich schließt seine hymnische Ansprache mit den Worten:

Oh, wenn ihr Menschen wäret – unbedingte, freie Menschen. [. . .] Nun ihr Brüder, rufe ich euch zu: Marschiert! Marschiert am lichten Tag! Nun geht hin zu den Machthabern und kündet ihnen mit brausenden Orgelstimmen, daß ihre Macht ein Truggebilde sei. Geht hin zu den Soldaten, sie sollen ihre Schwerter zu Pflugscharen schmieden. Geht hin zu den Reichen und zeigt ihnen ihr Herz, das ein Schutthaufen ward. Doch seid gütig zu ihnen, denn auch sie sind Arme, Verirrte. Aber zertrümmert die Burgen, zertrümmert lachend die falschen Burgen, gebaut aus Schlacke, aus ausgedörrter Schlacke. Marschiert – marschiert am lichten Tag. Brüder, recket zermarterte Hand/ Flammender freudiger Ton!/ Schreite durch unser freies Land/ Revolution! Revolution![51]

Die Reihe solcher Beispiele ließe sich beliebig fortsetzen. Aber auch in theoretischer Hinsicht decken sich weitgehend die messianischen Vorstellungen dieser zwei Juden zentraleuropäischen Ursprungs. Es würde den Rahmen dieses Kapitels sprengen, einen ausführlichen Vergleich der theoretischen Standpunkte von Toller, Buber und auch Landauer vorzunehmen.[52] Doch genügen, glaube ich, die Hinweise, die wir aus Tollers *Wandlung* gewonnen haben, um die Ergiebigkeit von Löwys Analyse anzudeuten.

Anmerkungen

1 Ernst Toller: Gesammelte Werke. Hrsg. von Wolfgang Frühwald und John M. Spalek. München: Hanser 1978. Bd. 4: Eine Jugend in Deutschland, S. 228.
2 Toller: GW. Bd. 4. S. 11.
3 Michael Löwy: Jewish Messianism and Libertarian Utopia in Central Europe. In: New German Critique (Spring/Summer 1980). H. 20. S. 105-16.
4 Toller: GW. Bd. 4. S. 14.
5 Toller: GW. Bd. 4. S. 20.
6 Toller: GW. Bd. 4. S. 21.
7 Toller: GW. Bd. 4. S. 17-19.
8 Toller: GW. Bd. 2: Dramen und Gedichte aus dem Gefängnis 1918-1924. S. 103.
9 Klara Pomeranz Carmely: Das Identitätsproblem jüdischer Autoren im deutschen Sprachraum. Königstein (Ts.): Scriptor, 1981. S. 74.
10 Pomeranz Carmely (Anm. 9) S. 74.

11 Hans-Helmuth Knütter: Die Juden und die deutsche Linke in der Weimarer Republik 1918-33. Düsseldorf: Droste, 1971. S. 58.
12 Manfred Georg: Der jüdische Revolutionär. In: Die Weltbühne. 26. (25.5.30) Nr. 9. S. 315.
13 Knütter (Anm. 11) S. 62.
14 Knütter (Anm. 11) S. 66.
15 Löwy (Anm. 3) S. 105-16.
16 Lucien Goldmann. Épistémologie et Philosophie politique. Paris: Éditions Denoël/Gonthier, 1978. S. 216-217.
17 Karl Mannheim: Ideologie und Utopie. 5. Aufl. Frankfurt/Main: G. Schulte-Bulmke, 1969. S. 195.
18 Toller: GW. Bd. 2. S. 84.
19 Für eine ausführlichere Darstellung dieses Problemkreises sei auf mein Buch, Anarchism in the Dramas of Ernst Toller. Albany, New York: State University of New York Press, 1980, passim, verwiesen.
20 Gershom Scholem: Zum Verständnis der messianischen Idee im Judentum. In: GS.: Judaica. Frankfurt/Main: Suhrkamp, 1963. S. 41f.
21 Scholem (Anm. 20) S. 42-44.
22 Rosemarie Altenhofer: Ernst Tollers politische Dramatik. Diss. Washington Univ. (St. Louis) 1976. S. 339.
23 Toller: GW. Bd. 2. S. 19.
24 Toller: GW. Bd. 2. S. 58.
25 Toller: GW. Bd. 2. S. 60.
26 Toller: GW. Bd. 2. S. 61.
27 Martin Buber: Schriften zur Bibel. Bd. 2. München: Kösel, 1964. S. 925-42.
28 Eugene Lunn, in seinem ausgezeichneten Landauer-Buch, Prophet of Community. Berkeley: University of California Press, 1973, nennt es „romantic socialism".
29 Gustav Landauer: Aufruf zum Sozialismus. Köln: F.J. Marcan, 1925. S. 106.
30 Hans Marnette: Untersuchungen zum Inhalt-Form Problem in Ernst Tollers Dramen. Diss. Potsdam, 1963.
31 Eberhard Lämmert: Das expressionistische Verkündigungsdrama. In: Hans Steffen (Hrsg.): Der deutsche Expressionismus: Formen und Gestalten. Göttingen: Vandenhoeck und Ruprecht, 1965. S. 139f.
32 Martin Buber: Der Jude und sein Judentum. Köln: Melzer, 1963. S. 188-89.
33 Altenhofer (Anm. 22) S. 38f.
34 Scholem (Anm. 20) S. 38.
35 Scholem (Anm. 20) S. 39f.
36 Ernst Bloch: Das Prinzip Hoffnung. Frankfurt/Main: Suhrkamp 1974. S. 241.
37 Douglas Kellner und Harry O'Hara: Utopia and Marxism in Ernst Bloch. In: New German Critique (Herbst 1976) H. 9. S. 11-34.
38 Landauer (Anm. 29) S. 33.
39 Scholem (Anm. 20) S. 12.
40 Scholem (Anm. 20) S. 11.
41 Löwy (Anm. 3) S. 106.
42 Toller: GW. Bd. 2. S. 37.
43 Toller: GW. Bd. 2. S. 40.
44 Scholem (Anm. 20) S. 7.
45 Scholem (Anm. 20) S. 20.

46 Löwy (Anm. 3) S. 112.
47 Gershom Scholem: Martin Buber's Conception of Judaism. In: On Jews and Judaism in Crisis. Selected Essays. New York: Schocken, 1976, S. 126-171. Ursprünglich: Martin Bubers Auffassung des Judentums. In: Eranos Jahrbuch (Zürich, 1967) H. 25. S. 9-55.
48 Toller: GW. Bd. 2. S. 58f.
49 Martin Buber: Hinweise. Zürich: Manesse, 1953. S. 290f.
50 Buber (Anm. 49) S. 291.
51 Toller: GW. Bd. 2. S. 60f.
52 Dieser Aufgabe habe ich ein Kapitel meines Buches, Anarchism in the Dramas of Ernst Toller (Anm. 19), gewidmet.

Bernd Hüppauf

Joseph Roth: *Hiob.* Der Mythos des Skeptikers

I.

Als Hiob im Jahre 1930 erschien, war Joseph Roth bereits ein bekannter Autor und, wie ein zeitgenössischer Rezensent wenig später bemerkte, unter der Rubrik „Kulturbolschewist“ eingeordnet.[1] Roth hatte als Journalist seit 1919 an liberalen und linken Zeitungen ein breites Publikum erreicht, und auch seine frühen Romane hatten ihm Beachtung eingetragen. Mit *Hiob* und *Radetzkymarsch* (1932), das ist oft gesagt worden und auch den zeitgenössischen Rezensenten nicht entgangen, trat ein neuer Roth vor die Öffentlichkeit. Seine „Wandlung“ läßt sich zwar einige Jahre zurückverfolgen und ist oft mit seiner Reise in die Sowjetunion (1926) in Zusammenhang gebracht worden, gewinnt jedoch konkrete literarische und für die Öffentlichkeit sichtbare Form erst mit dem Erscheinen *Hiobs.* Der Roman gilt bis heute als der Umschlagpunkt in der Wende vom „sozialistischen“ Autor der *Neuen Sachlichkeit* zum konservativen, teils reaktionären sensiblen Stilisten und Legenden- und Mythenschöpfer.[2]

Roths Weg von Brody nach Wien hat ihn, daran kann seit der Edition seiner frühen journalistischen Arbeiten durch Sültemeyer sowie einigen folgenden Interpretationen kein Zweifel mehr bestehen, in ein linksbürgerliches, sozialistisches Engagement geführt.[3] Es ist festgestellt worden, daß Roth weder einen Beitrag zur sozialistischen Geschichts- und Gesellschaftstheorie geleistet noch aktiv politisch gehandelt und wohl nicht einmal eine klare Vorstellung von sozialistischer und marxistischer Theorie gehabt habe.[4] Man braucht in der Tat nur an das Leben und Werk Max Adlers, der als *Theoretiker des Austromarxismus* gleichzeitig mit Roth über ganz ähnliche Fragen wie dieser nachdachte, zu erinnern, um den scharfen Kontrast auch innerhalb des österreichischen und revisionistischen Spektrums zu illustrieren: nicht systematisches Denken sondern gegenstandsnahe Reflexion, nicht Struktur sondern phänomenologische Zusammenhänge, nicht Abstraktion sondern Anschauung, nicht Kant und Marx sondern Grillparzer und Polgar bilden die Bezugspunkte und Charakteristika bereits von Roths frühen und engagierten Werken. Seine jüdische Herkunft hat für Adler, den Kenner von Marx' sozialistischer Antwort auf die „Judenfrage“, nie eine Bedeutung gehabt, während sie für Roth von Anfang an eine zentrale Orientierung bildete.

Aber so wenig Roth je ein sozialistischer Theoretiker war, so wenig er Anspruch auf einen bewußten „Klassenstandpunkt“ erheben kann,[5] so offensichtlich hat er doch in den politischen und literarischen Auseinandersetzungen der zwanziger Jahre für seine Zeitgenossen erkennbar Stellung bezogen und seine Arbeit, sein Selbstverständnis und seine Orientierung in der gesellschaftlichen Wirklichkeit im Horizont damaliger sozialistischer Emanzipationstheorie entwickelt. Wenn er in einem Brief an Ihering seine Mitarbeit am *Berliner Börsen Courier* unter anderem mit der Begründung aufkündigt, er könne nicht fortwährend seinen „Sozialismus verleugnen“,[6] so liegen darin nicht nur Koketterie und Argumentationstaktik (beides liegt Roth keineswegs fern), sondern er meint es auch *ernst*.

Unter seinen frühen Romanen bildet *Das Spinnennetz* (1923 in der Wiener *Arbeiterzeitung* vorabgedruckt) das überzeugendste Beispiel seines politischen Horizonts. Der wohl durchschaute Zusammenhang zwischen autoritärem Charakter und Faschismus und die Denunziation des Kleinbürgertums als Brutstätte des antisemitischen völkischen Militarismus zählt zu den literarischen Höhepunkten früher sozialistischer Faschismuskritik. Trommlers Vergleich des Romans mit H. Manns *Der Untertan* erscheint durchaus gerechtfertigt,[7] erhellt jedoch gleichzeitig Roths Abstand zu den revolutionären Sozialisten unter den Autoren der Weimarer Republik, wie sie sich im ‘Bund proletarisch-revolutionärer Schriftsteller’ organisiert hatten, aber auch von der Position etwa des „anarchobohemischen“ (H. Kreuzer) antitheoretischen und wirklichkeitshungrigen Dichters und heimatlosen Aktivisten und Trinkers Franz Jung. Dessen – damalige – „‘Begeisterung’ für das ‘Zukunftsland’ und die ‘Menschenheimat’ Sowjetrußland“ hat Roth nie geteilt.[8]

Aus dem sozialistischen Weltbild bleibt Roths scharfe Kritik am Bürgertum des 20. Jahrhunderts, das die Werte des Humanismus, denen es seinen eigenen Aufstieg zu verdanken hat, verraten habe und durch seine Vergötzung des technisch-zivilisatorischen Fortschritts die sozialen Bedingungen eines menschenwürdigen Lebens zerstöre, bis in seine letzte Schaffensphase erhalten.[9]

Die *Neue Sachlichkeit*, zu deren Programm Roth einige Stichwörter geliefert hat, bildet den literarischen Kontext für die ästhetischen Anschauungen und Erzähltechniken dieser frühen Phase in seinem Schaffen: Reportage und Bericht statt Dichtung und Einbildungskraft.[10]

Mit dieser produktiven, knapp zehnjährigen Phase, die sich unter Blochs Stichwort „Programm Citoyen“ zusammenfassen läßt, bricht Roth am Ende der zwanziger Jahre, und der Erfolgsroman *Hiob*[11] wird von den zeitgenössischen Lesern als das Werk eines neuen und unbekannten Roth erkannt. Das „Neue“ liegt vor allem im Bruch mit den Grundpositionen der *Neuen Sachlichkeit* und einer demonstrativen Rückwendung zum bewährten Alten: geschlossene Romanform, auktoriale Erzählperspektive, maßvolles Tempo, stilisierte „klassische“ Sprache, Betonung der normativen Bedeutung von Tradition und Überlieferung, statische Wertstruktur, exemplarische Bedeutung einer harmonischen Gesellschaftsordnung, Mythisierung von Geschichte. Der Roman ist ausnahmslos als der Ausdruck einer literarisch und politisch-sozial konservativen Grundhaltung verstanden worden, und man kann allenfalls in der Emotionalität und Unversöhnlichkeit seiner Kampfansage an die instrumentelle Vernunft des westlichen Bürgertums noch die Zeichen eines Engagements erkennen, dem konservative Mäßigung und distanzierte Skepsis fremd sind.

Die Handlung ist „einfach“ und linear aufgebaut, und obwohl Roth von Anfang an märchenhafte Erzählelemente benutzt, bricht doch erst der Schluß deutlich mit der Plausibilität eines psychologisch und soziologisch leicht nachvollziehbaren Geschehens. Die Kombination aus Erzählkonventionen des *Naturalismus* und des *poetischen Realismus* mit der *romantischen* Stilisierung einer mythischen

Epoche zur transzendenten Norm machen den Roman zu einem Gegenpol des literarischen Programms der Moderne und ihres formalen und sozialen Gewissens.

Diese Diskrepanz in Roths Werk hat zu sehr unterschiedlichen und widersprüchlichen Darstellungen und Erklärungsversuchen geführt, die ebensooft Licht auf die Entwicklung Roths wie auf die ästhetischen und ideologischen Positionen der Interpreten geworfen haben.

Allgemeine Übereinstimmung herrscht über die Bedeutung einer persönlichen Krise, in die Roth seit Anfang 1927 gerät. Deren Stichworte sind: Ausbruch von Schizophrenie bei seiner Frau (1928) und ihre schließliche Einlieferung in eine geschlossene Anstalt, die damit verbundenen finanziellen Nöte und ein jahrelanger quälender Selbstvorwurf, an ihrem Schicksal die Schuld zu tragen; eine mit der gesellschaftlichen Entwicklung Deutschlands und Österreichs sowie mit seiner Reise in die Sowjetunion zusammenhängende politische Desillusionierung und der Verlust von Orientierung im gesellschaftlichen Bezugsfeld; berufliche Schwierigkeiten, vor allem mit der *Frankfurter Zeitung,* für die er seit 1923 arbeitete. Unter den Überschriften „Die wachsende Entfremdung“ und „Der lange Leidensweg“ zeichnet Bronsen ein detailreiches Bild dieser Jahre einer tiefen Krise,[12] und er fügt an, daß Roth sich in einer „künstlerischen Sackgasse“ verrannt habe. Aus dieser „Schaffenskrise“, die sich in einem Hang zur Repetition und Sterilität in den Romanen dieser Jahre zeige (*Zipper und sein Vater* [1928] *Rechts und Links* [1929] *Der stumme Prophet* [Fragment, 1929]), rette er sich in die „Naivität“ des Fabulierens und die „Wärme“ eines aus der eigenen Leidenserfahrung geborenen neuen Menschenbildes.[13] In der „metaphysisch ausgerichteten Perspektive“ *Hiobs,* die zum erstenmal eine positive Antwort auf die früher gestellten Fragen erlaube, habe Roth die persönliche Krise zu einem „künstlerischen Höhepunkt“ geführt.

Das – zuweilen von ihm selbst gepflegte – Bild vom politisch naiven Opfer der Verhältnisse relativiert sein frühes linkes Engagement wie seine spätere konservative Haltung zum Ornament des Dichtertums und macht die Frage nach dem Neuen in Roths Werk seit 1930 zu einer Nebensächlichkeit gegenüber der Kontinuität von Roths ästhetischer Sensibilität und allmählicher Entwicklung zu literarischer Meisterschaft.[14]

Von anderen Standpunkten aus liest sich Roths persönliche, artistische und politische Entwicklung anders. Sültemeyer, die zuerst mit Nachdruck auf Roths frühes sozialistisches Engagement hingewiesen hat, faßt seine Desillusionierung nach 1926 mit den Worten „Politisch entstand in ihm eine Leere [. . .]“ zusammen.[15] Demgegenüber sind aus der Kenntnis seines Spätwerks Zweifel an seinem früheren Engagement angemeldet worden, das weniger sozialistisch als vielmehr kulturkritisch-feuilletonistisch gewesen sei und dabei eher in den Umkreis des anti-bürgerlichen Affekts der jüdisch-bürgerlichen Wiener Moderne gehöre. „Die bürgerlich subjektivistische Form des Feuilletons hat er niemals aufgegeben . . .“, stellt ein Autor fest, und der Schritt zur These ist nicht weit, *Hiob* stelle gar keinen „Bruch“ in Roths Entwicklung dar, sondern bilde nur den konsequenten letzten Schritt auf seiner kontinuierlichen Entwicklung in die Reaktion.[16]

Roths ambivalentes Verhältnis zur Geschichte läßt sich weit zurückverfolgen und paßt zum Schwanken zwischen seinen Vorlieben für den *Adel* und das *einfache Volk*, das Fritz Hackert zu der Bemerkung führt, Roth habe „im Milieu der armen Leute eher den lyrischen Reiz als das sozialpolitische Problem" gesucht.[17]

Gegenüber diesem grundsätzlichen Zweifel an einem Bruch – als Folge des Zweifels an Roths genuinem frühen Engagement – bricht für Uwe Schweikert Roths politische Phase auf ihrem Höhepunkt, zu Ende des Jahres 1924, plötzlich ab, „ohne daß ein Grund erkennbar oder bekannt wäre".[18] Danach scheint ihm Roths Entwicklung zum *Hiob* und zum Spätwerk eine gradlinige Folge kleiner Schritte zu sein.

In Claudio Magris' Interpretation erscheint Roths Engagement in allen Schaffensphasen als Element seines ostjüdisch geprägten Humanismus. Messianismus und Chassidismus sind die Pole, zwischen denen Roth sein Bild vom Ostjuden als dem wahren Humanisten und vom rückständigen, „verspäteten" Österreich als der authentischen Gesellschaft bürgerlicher Selbstbestimmung zum normativen Ideal potenziere und durch die verschiedenen Stadien seines Werks hindurch entwickle.[19]

Magris' Interpretation, die Roths Wende von der Kontinuität eines humanistischen Engagements überlagert sieht, gewinnt ihre Überzeugungskraft aus der Autorität einer umfassenden Kenntnis der ostjüdischen Literatur, Ideengeschichte und Lebenswirklichkeit. Im Kontext der „antihistorizistischen" *verlorenen Welt des Ostjudentums* erscheinen Roths früheres sozialistisches Engagement und sein späterer Entwurf einer rückwärtsgewandten Utopie benachbart und als Variationen eines eschatologischen Weltbildes.

Ich will im Rahmen dieses knappen Aufsatzes *Hiob* im Licht dieser Wende interpretieren und beabsichtige, der ostjüdischen Dimension in Roths Werk, wie Magris sie entwickelt hat, eine andere an die Seite zu stellen, in der Hoffnung, der Komplexität Roths, der sich als „ein Franzose aus dem Osten, ein Humanist, ein Rationalist mit Religion, ein Katholik mit jüdischem Gehirn"[20] fühlte und mehr als einen Gegensatz in seinem Leben vereinte, näher zu kommen.

Meine These läßt sich folgendermaßen zusammenfassen. Seit etwa 1926 entdeckt Roth auf unsystematische und intuitive Weise für sich, was in der philosophischen Tradition des Westens seit Montaigne und Charron als *Skeptizismus* bezeichnet wird. Den ersten und auf Roth befreiend wirkenden Anstoß dazu lieferte bereits seine Reise nach Frankreich (1925). Es bedurfte jedoch weiterer vier Jahre in seiner Biographie und einer veränderten Konstellation der gesellschaftlichen Verhältnisse in Deutschland und Europa, bevor aus der Latenz dieses Skeptizismus die klare Grundhaltung Roths wurde, die sein bisheriges Weltbild ersetzte. *Hiob* ist der erste Roman und eine radikale – oder vielleicht wäre es angemessener zu sagen: naive – Ausprägung dieser Grundhaltung, aus der jedoch sein gesamtes späteres Werk entsteht. Sein politischer *Konservativismus* und seine *reaktionäre* Mythisierung von Geschichte lassen sich als Folgen dieser Position der Skepsis verstehen. Im folgenden werde ich diese These näher erläutern.

II.

Im Mai reist Roth nach Paris und ist begeistert. Die Briefe an Freunde zeigen einen ungewohnten Überschwang, und man fragt sich etwas verwundert nach den Ursachen dieses anhaltenden Enthusiasmus. Bronsen gibt als einen Grund an, „der Jude fühle sich in Paris nicht als Außenseiter und falle nicht durch sein Temperament auf wie in Deutschland".[21] Roth genießt das Flair der Großstadt, den großzügigen Lebensstil und die französische Mentalität.

Frankreich wirkt aber noch aus einem weiteren Grund auf ihn so befreiend: er löst sich von einem offenbar wie ein Druck auf ihm lastenden intellektuellen Milieu. Die *Angstrengung des Begriffs,* die seit Hegel und Marx das Zentrum emanzipatorischer Geschichtstheorie bildet und für die die deutschen Sozialisten seit je eine besondere Schwäche zeigten, kommt ihm plötzlich wie ein Gebrechen vor, das man abwerfen kann. Die folgenden Sätze aus seiner Reportage *Die weißen Städte* lassen sich nicht nur als Kritik an Deutschland, sondern ebenso als eine Selbsterkenntnis und persönliche Distanzierung lesen:

In Deutschland ist der 'Begriff' heilig und unwandelbar. Wir glauben an die Nomenklatur. In Deutschland erscheinen die 'zuverlässigsten' Führer, die 'gründlichsten' Beobachtungen und Forschungen. Alles Niedergeschriebene wird Gesetz. Man glaubt einem Buch aus dem Jahre 1880. Man dürfte nicht einmal einem aus dem Jahre 1925 glauben . . .[22]

Die vagen Formulierungen „wir" und „in Deutschland" lassen es fraglich erscheinen, ob sich Roth der Richtung seines Angriffs völlig bewußt ist. Seine ironischen Wendungen lassen doch sehr wohl darauf schließen, daß er *das* Denken meint, in dem konstruktive Theorie der Gesellschaft eine selbständige Rolle beansprucht. Roth beginnt hier seine persönlich gefärbte Abrechnung mit der auf einem System von Begriffen und der Konstruktion historischer Gesetze beruhenden sozialistischen Geschichts- und Gesellschaftstheorie.

Seine Reise nach Frankreich, die er als Überschreitung einer Erfahrungsgrenze empfindet und als Reise „hinter den Zaun" bezeichnet,[23] verschiebt den Horizont seiner bisherigen Welterfahrung und löst ihn aus der Sphäre eines sozialistischen Gesellschaftsbildes, dessen Übernahme für den jungen jüdischen Kriegsheimkehrer und angehenden Schriftsteller in der revolutionären Phase von 1918/19 wohl beinahe 'natürlich', jedenfalls nicht die Folge einer intellektuellen Auseinandersetzung gewesen war.

Der ironischen Attacke auf die begriffsgläubigen Deutschen – die gewiß nicht als eine bloße Kritik am Nominalismus zu lesen ist – folgen Abschnitte, die sich wie ein ironischer Katechismus der modernen Skepsis lesen:

Jenseits, hinter dem Zaun, war die Nomenklatur niemals so heilig. Die Namen flossen immer weit um die Dinge, die Kleider waren lose. Man war nicht bestrebt, alles unverrückbar zu fixieren [. . .] Es ist in Deutschland fast unmöglich, nicht aufzufallen, wenn ich nichts spiele, wenn ich nichts verleugne und nichts übertreibe. Zwischen diesen zwei Arten zu erscheinen, habe ich die traurige Wahl. Denn ich muß auch, wenn ich keinen Typus, keine Gattung, kein Geschlecht, keine Nation, keinen Stamm, keine Rasse repräsentiere, dennoch etwas zu repräsentieren suchen. Wir sind gezwungen, 'Farbe zu bekennen', und nicht etwa eine beliebige, sondern eine aus der offiziellen Farbenskala: sonst sind wir ohne 'Gesinnung'. Es ist das Kennzeichen der engen Welt, daß sie das Undefinierbare verdächtigt. Es ist das Kennzeichen der weiten, daß sie mich gewähren läßt . . .[24]

In einer lockeren, feuilletonistischen (auch wortreichen) Art und ohne jeden philosophischen Anspruch geschrieben, lesen sich diese und die weiteren Sätze dennoch wie Kommentare und Paraphrasen zu Montaignes *Essais.* Die persönliche Entdeckung der Skepsis bedeutete für Roth offenbar eine Befreiung von einem undeutlich empfundenen Zwang der Theorie, den er mit seinem Leben und Arbeiten in den vergangenen Jahren in Deutschland verband. Hier dürfte eine tiefere Wurzel für die Begeisterung und den Jubel liegen, die diese erste Frankreicherfahrung begleiten, aber auch der Keim für das Ende des „roten Josephs". „Hinter dem Zaun gewann ich mich selbst wieder", schreibt er;[25] aber die Metamorphose ist weit komplexer als diese einfache Formulierung erwarten läßt.

In seinem großen kritischen Essay über *Montaigne und die Funktion der Skepsis* (1938) stellt Max Horkheimer eine Reihe von Grundpositionen zusammen, die die philosophische Skepsis seit Montaigne charakterisieren. Zu ihnen gehören unter anderen: der weite Horizont und die Verachtung der Engstirnigkeit. Ihr Stil ist die Beschreibung, nicht die Theorie. In der Praxis bedeutet die Skepsis eine Orientierung am Hergebrachten und Mißtrauen gegen jedes Begriffssystem, gegen Geschichtstheorie und -utopie. Da die Skepsis keine Wahrheit kennt, sind ihr Glaubenskämpfe und Ideologien zuwider. Ihr Verhältnis zur Realität ist durch die sinnliche Wahrnehmung bestimmt; wenn es daher auch sinnlos ist, vom Wesen der Dinge zu reden, so lassen sich doch Erscheinungen beobachten und verknüpfen. Als Handlungsnormen gelten unmittelbare Wahrnehmung und Reflexion, natürliches Bedürfnis, Gesetze und Herkommen, tradiertes Wissen. Revolutionäres Handeln ist für die Skeptiker ein Schrecken. Die philosophische Skepsis ist der genaue Gegensatz zur Destruktion,[26] als welche sie gelegentlich ihren eigenen Anhängern und Gegnern erscheint. Sie ist ihrem Wesen nach konservativ. Sie sieht die menschliche Vernunft nicht bloß als schwach, sondern auch als potentiell gefährlich, da sie als letzte Instanz die Entscheidung zwischen *Wahr* und *Falsch* treffen will und dabei die einzig bedeutende Alternative zwischen *Ordnung* und *Unordnung* verwischt.[27]

In gut skeptischer Weise, nämlich unsystematisch, ohne feste Begrifflichkeit („Überlassen Sie das Thomas Mann!"), sehr persönlich und wirklichkeitsnah entwickelt Roth in den folgenden Jahren immer wieder Formulierungen, in denen er, ohne wohl je Montaigne gelesen zu haben, dessen Grundpositionen zu seinen eigenen macht. Es bedarf jedoch einiger Anstöße von außen, damit diese zunächst rein spontan und auf der Ebene von Erlebnis und Intuition liegende Skepsis manifest wird und als Lebensanschauung und Weltbild Roths literarische Praxis formt. Persönliche Enttäuschungen, der Zusammenbruch seiner Ehe und seine Zukunftsungewißheit, der Aufstieg des Faschismus, das Verhalten der Linksparteien und die allgemein politisch-gesellschaftliche Entwicklung, die eine Verwirklichung sozialistischer Hoffnungen ausschließt, sind solche äußeren Anstöße, die zu einer Abwendung Roths von Geschichte im Sinn einer Einheit von Geschehen und Begriff, verändernder Praxis und interpretierendem Bewußtsein führten. An die Stelle seines radikal-bürgerlichen und sozialistischen Engagements trat zunehmend eine unpolitisch skeptische Grundhaltung, die allerdings Konservatismus im politischen Sinn implizierte.

In seiner Studie über *Roth und die Neue Sachlichkeit* schreibt Trommler, „daß viele bürgerliche Schriftsteller dieser Zeit [um 1930] mit der Abkehr von realitätsbezogener Literatur reagierten und sich stattdessen einer 'seinsunmittelbaren' Dichtung zuwandten, vorwiegend Lyrik und magisch-metaphorischer Prosa".[28] In späteren Arbeiten haben Trommler und andere die Jahre von etwa 1928 bis 1930 als einen Epocheneinschnitt in der literarischen Produktion der Weimarer Republik herausgearbeitet.[29] Der Umschwung in der Literatur dieser Jahre wurde bestimmt durch die *Wiederkehr des Weltkriegs* in neuer Wertung: das Gemeinschafts-, Front- und Grabenerlebnis wurde mythisiert, Kampf und Tod erschienen als lebensspendende Quellen für den höheren Wert der *Nation,* die heilenden Kräfte der *Natur* und des *Glaubens* der Väter wurden wiederentdeckt. In seinen Bemerkungen über diese Umschichtung in Wissenschaft und Literatur machte Horkheimer (1932) als ihre Grundlage die Tendenz aus, daß der Verstand „vor den großen Problemen zu verstummen und substanzielleren Mächten der Seele das Feld zu räumen habe [. . .]."[30] Andere belegten die Tendenzwende dieser Jahre mit Schlagworten wie „Kulturreaktion" (Marcuse) oder „getarnte Reaktion" (Ihering).

Diese Verschiebung im literarisch-kulturellen Koordinatensystem hat zweifellos auch Roth beeinflußt und seine Absage an politisches Engagement gefördert. Es wäre jedoch eine grobe Verzerrung, wollte man Roths Mythisierung des Shtetl und Alt-Österreichs in die Nähe der gleichzeitigen Literatur dunkler nationalistischer Mythologien rücken und die politischen Implikationen als einen Teil des sich um 1930 etablierenden konservativ-reaktionären Umfeldes sehen. Roths Bild vom Krieg hat keinen Anteil an dessen Heroisierung. Die Folgen des Kriegs sieht er in der Zerstörung humaner Lebensformen und im Triumph des „elenden" Nationalismus. Entscheidend für Roths Wandel ist, daß das Ende seines Links-Engagements nicht etwa in den neuen Konservatismus führt; seine neue Position entsteht vielmehr aus dem Versuch, jenseits vom Wahrheitsanspruch der Geschichtstheorien und von politischen Systemen zur Ebene des Konkret-Besonderen zurückzufinden. Die Wurzel seiner Skepsis liegt im frühbürgerlichen französischen Humanismus, in dessen Zentrum Freiheit und Selbstbestimmung des einzelnen stehen.

Roth – wie viele andere Autoren auch – scheint sich in diesen Jahren vor eine radikale Entscheidung gestellt zu sehen; und wie Montaigne in seiner Extremsituation, wählte Roth jetzt „die Konkretion des Besonderen". Mit Bezug auf diese Entscheidung stellte Hans Mayer kürzlich fest, der Erfolg der Aufklärung entscheide sich an den *Außenseitern.*[31] Einen ganz ähnlichen Schluß zog Roth, als er mit Hiob den Außenseiter aller Außenseiter zum Gegenstand eines Romans machte: von Gott selbst ausgesondert, von der Welt verlassen, mit Gott hadernd, sitzt der biblische Hiob auf einem Haufen Asche und der Hiob des 20. Jahrhunderts in einem New Yorker Hinterstübchen.

Die Frage nach dem Schicksal derjenigen, „die gedrückte Menschen sind, ohne als gedrückte Menschheit aufbegehren zu können“,[32] löst nun Roths ohnehin mit vielen Unklarheiten belastetes sozialistisches Engagement ab. Der geborene und gewordene Außenseiter Roth – der die zionistische Antwort nie ernsthaft erwogen hat – legt sich die Frage vor, was aus einem zum Außenseiter geborenen und gemachten Ostjuden in den Gesellschaften des Ostens und des Westens von 1930 wird. Dabei ignoriert er – jedenfalls im Hauptteil des Romans –, ebenso wie es Mayer von Montaigne feststellt, „alle Menschheit mitsamt Utopien, Sonnenstaaten und Neuatlantischen Visionen“. In dieser Wendung zum konkreten Einzelmenschen – und nicht in einer Wende zur politischen Reaktion – liegt der Kern des Neuen in Roths *Hiob*.

Roth, der gewiß Marx' Aufsatz nicht gelesen hat, hatte doch lange Jahre auch unter dem Einfluß des Gedankens gestanden, der *den* Juden an einer großen Aufgabe beteiligte. Denn sobald er sein ihm von der bürgerlichen Gesellschaft aufgeprägtes *praktisches Wesen* erkennt und überwindet, schreibt Marx, „arbeitet er aus seiner bisherigen Entwicklung heraus an der *menschlichen Emanzipation* schlechthin und kehrt sich gegen den *höchsten praktischen* Ausdruck der menschlichen Selbstentfremdung“.[33]

Aus der Abwendung von diesem *großen* Gedanken der sozialistischen Tradition entsteht Roths Beschäftigung mit der *kleinen* Frage nach dem Schicksal einzelner Individuen oder Gruppen und folgerichtig sein 'jüdischster' Roman. Das Problem der Emanzipationsfähigkeit der Gesellschaft wird zu einem der Glücksfähigkeit; und Glück kann wohl immer nur am einzelnen erfahren werden. Mendel Singer, der „einfache Mann“ aus dem Osten, macht diese Erfahrung gründlich und schmerzhaft.

Das zentrale Problem dieser skeptischen Wende Roths darf nicht übersehen werden. „Der positive Gehalt der Skepsis ist das Individuum“, stellt Horkheimer lakonisch kritisch fest.[34] Das prinzipielle Mißtrauen gegenüber den *Begriffen* und einer *Nomenklatur*, der Zweifel an der Möglichkeit der *menschlichen Emanzipation schlechthin* und die Negierung des *Wahrheitsbegriffs* machen eine Instanz nötig, die als ein Gegenlager fungiert. Erst der Rückzug auf eine autonome Instanz ermöglicht dem Skeptiker, jeden Absolutheitsanspruch als eine Meinung unter vielen, die sich alle gegenseitig widersprechen und das Wesentliche nie treffen, zu relativieren. „Das einsame Ich, ein Kraftpunkt, ist die einzige verständliche Realität . . . Das Ich ist allein in einer unsicheren, wechselnden, trügerischen Welt.“[35] Montaignes fester Turm, in den er sich 1571, an seinem 38. Geburtstag zurückzog, „um im Schoße der gelehrten Jungfrauen in Stille und Sicherheit auszuruhen . . .“,[36] kann als Symbol der politischen Unabhängigkeit, sozialen Geborgenheit und kulturellen Überlegenheit der Position des aristokratisch-frühbürgerlichen Ichs gelten.

Diesen *Kraftpunkt* ersetzt Joseph Roth, der politisch orientierungslos gewordene, heimatlose Nomade ohne soziale Sicherheit, durch transzendente Konstruktionen: das Ostjudentum und Alt-Österreich. Hier liegt die Wurzel für Roths Hypostasierung des Shtetl zu einer jenseits der technisch-zivilisatorischen Zerstörung liegenden idealen Lebensform. Nicht kulturkritische Nostalgie oder ein Hang zur Idylle, sondern die Notwendigkeit, seiner Skepsis einen festen Bezugspunkt zu geben, der sowohl das bürgerliche Subjekt als auch die „elende" Realität seiner Geschichte transzendiert, führt Roth in den Mythos. Es spricht für die Sensibilität gegenüber der Geschichte dieses so oft für seine geschichtliche Ignoranz gescholtenen 'Mythologen', daß er den Zerfall auch dieses *Kraftpunktes* sieht und in seinem Essay *Juden auf Wanderschaft* (1927) wie im *Hiob* mitdenkt.

Es ist keineswegs das „kompromißlose Festhalten an der einmal erreichten, an eine bestimmte historische Situation gebundenen Subjektivität", die Roth „zurück in den Mythos" geführt hat.[37] Magris stellt zutreffend fest, daß Trotta sich „draußen" befand, sobald er geadelt war.[38] In dieser Lage befinden sich alle zentralen Figuren Roths: die Juden und die Bauern, die Heimkehrer und die Adligen, vom Mörder und Trinker nicht zu reden. Es sind die Außenseiter, die Skurrilen und Spleenigen, die Unangepaßten, die Abweichenden, die den technischen oder den politischen 'Fortschritt' verpaßt haben und auffällig werden, deren Individualität Roth als Maßstab für seine Gesellschaft dient und nicht als ein Beleg dafür, daß die Idee des autonomen bürgerlichen Subjekts über die Katastrophen seiner Geschichte hinweg gerettet werden könne.

In seinem Haß auf das Bürgertum bucht Roth nicht nur den Historismus, das Produkt des bürgerlichen 19. Jahrhunderts, auf sein Konto, sondern die Konstruktion eines emanzipatorischen Geschichtsprozesses, in dem die eigene Gegenwart eine durch objektive Kategorien bestimmte Position einnimmt, erscheint ihm als ein ebenso überholter Versuch dieses 19. Jahrhunderts und als Ausdruck der menschenverachtenden Haltung, die die bürgerliche Klasse gegenüber dem Leben und dem Glücksanspruch des einzelnen einnimmt. Die Verarbeitung seiner Reise durch die Sowjetunion zeigt, daß die – einmal geteilte – Erwartung einer Befreiung der Menschen durch Revolution nun für ihn zur Lüge geworden ist. Die Sowjetunion im Jahre 1926 liefert ihm Anschauungsmaterial für die Überzeugung, daß die Revolution ein weiteres Beispiel für die Perversion des fortschrittsbesessenen bürgerlich-technischen Zeitalters sei. Der Geschichte ist damit in seinen Augen das Urteil gesprochen.

Im Hinblick auf den *Stummen Propheten* stellt Magris fest: „Das zeitgeschichtliche Engagement verkehrt sich in die Negation der Kategorie des Aktuellen. Für Roth existieren weder Gegenwart noch Zukunft, weil es keine Möglichkeit gibt, irgendwie auf die Geschichte einzuwirken."[39] Als einem Kommentar zu Roths frisch gewonnener Position ist dem weitgehend zuzustimmen. Jedoch folgt daraus keineswegs so unmittelbar, wie es Magris erscheint, Roths „reaktionäre Einstellung". Sie ist vielmehr nur die mittelbare Folge der Schwierigkeiten, in der gesellschaftlichen Wirklichkeit dieser Jahre die Position der Skepsis einzunehmen. War es Montaigne ein leichtes, seine skeptische Abwehr aller konstruktiven Theorie und Selbstüberschätzung des Menschen als Subjekt seiner Geschichte mit der Verteidigung der bestehenden politischen und sozialen Ordnung zu verbinden und einen gegenwartsbejahenden Konservatismus zu entwickeln, so läßt Roths zwanzigstes Jahrhundert so viel Gelassenheit und Mäßigung nicht mehr zu. Vom frühbürgerlichen Aufbruch in eine Welt der Menschenrechte und des Glücksversprechens war nicht viel mehr übrig geblieben als die Perversion der instrumentellen Vernunft, die die sozialen Bedingungen für ein menschenwürdiges Leben, die Montaigne in seiner Gesellschaft sich verwirklichen sah, nun endgültig zerstörte. Der Skeptiker des zwanzigsten Jahrhunderts, will er nicht zum Agenten *dieser* Verhältnisse werden, wandelt sich zwangsläufig von einem Konservativen zum Reaktionär. So entsteht das Paradox, dem auch Roth zum Opfer fällt, daß die Skepsis zur Avantgarde der Mythologie wird.

Der Reaktionär sieht sich, wie Klaus Epstein zutreffend sagt, durchaus nicht als „Gefangener der Geschichte"[40] (wenngleich durchaus als ihr Opfer) und will nicht bewahren, sondern benutzt vergangene Verhältnisse als Legitimation für den Versuch einer Umkehr der geschichtlichen Bewegung. Im Unterschied zu linken Geschichtstheorien geht es der Reaktion jedoch gerade nicht um einen Geschichts*prozeß*, sondern um die Wiederherstellung einer „natürlichen Ordnung", die in der Gegenwart verloren ist und als mythische Zeit (Mittelalter, Ancien Régime usw.) erinnert wird. Die mythische Zeit Roths liegt vor 1914, in den Lebensformen des Ostjudentums und der politisch-gesellschaftlichen Struktur des k. und k. Über-Vater-Landes.

Beantwortet man die Frage nach den Ursachen von Roths reaktionärer Haltung seit dem Ende der zwanziger Jahre auf diese Weise, erscheinen seine späteren Handlungen und Überzeugungen weder unerklärlich noch rein dezisionistisch noch als das Pendant seines früheren sozialistischen Engagements mit umgekehrten Vorzeichen. Sie werden vielmehr zur impliziten Konsequenz einer intellektuellen Position, die Roth in einer als ausweglos empfundenen Lage für sich entwickelt hat und die in der großen philosophischen Tradition Westeuropas steht. Die Einheit des Rothschen Werks muß dafür allerdings geopfert werden. Statt ein kontinuierliches kulturkritisches oder humanistisches Engagement, in dem lediglich die ideologischen Legitimationen wechseln, muß unter diesen Voraussetzungen ein Bruch zwischen Roths frühem sozialistischen Engagement und seiner späteren weltanschaulichen Skepsis angenommen werden, deren integrales, jedoch durchaus sekundäres Moment ein reaktionärer Mythos bildet.

III.

Inwieweit ist *Hiob* der Roman dieser Skepsis? Um mit der Person Hiob-Mendels zu beginnen: er ist die Personifikation des skeptischen Handlungsideals, das sich im Anschluß an Montaigne kurz folgendermaßen zusammenfassen läßt: die Stellung des Menschen in dieser Welt ist fragil, die Zukunft ungewiß und das Individuum ein Nichts im allgemeinen Geschehen. Die Weisheit liegt in der stoischen Ataraxie und darin, dem Glück innerhalb der gegebenen Ordnung nachzugehen, ohne seine Liebe an irdische Güter oder Wahrheiten zu hängen. Tyrannei und Unrecht gehören zur gegebenen Ordnung, und ein Kampf gegen sie ist töricht, da er sie nicht aus der Welt schaffen kann. Begrenztes Anpassen und Dulden zeichnen die Haltung der wahren Überlegenheit aus. Aus der Tradition der Väter entnimmt der Skeptiker die Maximen des Handelns. Verstoß gegen die Tradition oder Gewalt gegen sich und andere ist eine Sünde. Ein Leben in der Familie und der Gemeinschaft gläubiger Juden des Shtetl, die alle diesen Normen folgen, ist stärker als alle Gewalt, ermöglicht das größtmögliche Glück und überwindet den Tod.

Nach diesen Maximen[41] verlief das ruhige Leben des Lehrers Mendel Singer, Sohn eines Lehrers, seit Jahren, und doch gerät dies Leben aus den Fugen. Sein Sohn Menuchim ist ein Krüppel; sein Sohn Jonas wird Fuhrknecht unter Russen, will seinen Vater nicht mehr kennen, trinkt Schnaps, liebt die Pferde und will zum Militär; der Weg seiner Tochter Mirjam aus der Welt der Familie hinaus in die Assimilation ist durch ihre erotischen Neigungen vorgezeichnet; und am weitesten entfernt sich Schemarjah, der nicht nur das Shtetl und das Land seiner Väter verläßt, Amerikaner, Geschäftsmann und Soldat wird, sondern auch noch seine Liebe daran hängt, zum Patrioten wird und damit, ohne es selbst zu merken, sich zu einem anderen Menschen modeln läßt, der den neuen Namen Sam bekommt; zwischen Mendel und seiner Frau erstirbt die Liebe. Die Familie, Basis des jüdischen Lebens,[42] zerbricht von innen. Schließlich führt Mendel, der pater familias, in einem Versuch, seine Tochter vor dem Schicksal der Kosakenbraut zu bewahren, die Reste seiner Familie in den endgültigen Untergang nach Amerika. In der Folge dieses Schritts bleibt Menuchim verlassen zurück, Sam kommt als Soldat um, Mirjam verfällt dem Irrsinn und Deborah stirbt am Kummer darüber. Montaignes Überzeugung: „Niemand geht es lange schlecht ohne eigene Schuld", ist die Grundlage für Mendel Singers wiederholte und stets bohrender werdende Frage: „Wo ist die Sünde?"[43] Mendel, der sich nicht bewußt ist, je gegen die Ordnung, die Weisheit der Väter und Gottes Gebot verstoßen zu haben, sucht in seinen eigenen Taten nach der Ursache des Zusammenbruchs, ohne zu erkennen, daß nicht er gesündigt, sondern die Welt um ihn herum sich verändert hat. Roths stilisiertes Bild des jüdischen Ostens zeigt ein Ideal mit tiefen Sprüngen.

Seine Rekonstruktion des Shtetl ist weit entfernt von den Paradiesen der Südsee oder des primitiven Afrikas, die der Literatur und Kunst des 20. Jahrhunderts als Fluchtburgen dienten. Sie liefert zwar seiner Skepsis den *Kraftpunkt;* aber sie reflektiert auch gleichzeitig die Unmöglichkeit, einen Ort jenseits des zerstörerischen Prozesses der Moderne zu gewinnen. Die Zerstörung von Mendel Singers Familie und eigenem Leben kommt nicht von außen und heißt nicht *Auswanderung.* Sie ist längst da, bevor vom Auswandern die Rede ist, kommt von innen und heißt letztlich *Assimilation.* Auf dem Rückweg von der Musterung philosophieren die beiden Brüder über das Leben. Der eine möchte ein Bauer werden, trinken und mit den Mädchen schlafen. Er entwickelt das Ideal der *Normalität* des von den Russen ununterscheidbar Assimilierten. Sein Bruder hingegen entwickelt auf die Frage „Was ist das Leben?" ein naives Bild der Assimilation im westlichen Reichtum und Fortschritt:

Das Leben [. . .] ist in großen Städten zu sehen. Die Bahnen fahren mitten durch die Straßen, alle Läden sind so groß wie bei uns die Gendarmerie-Kaserne, und die Schaufenster sind noch größer. Ich habe Ansichtskarten gesehen. Man braucht keine Tür, um in ein Geschäft zu treten, die Fenster reichen bis zu den Füßen.[44]

Westliche oder östliche Assimilation, schleichender oder rasanter sozialer Wandel, sozialistische oder kapitalistische Modernisierung bedeuteten gleichermaßen das Ende des Ostjudentums als Ideal einer geschlossenen Lebenswelt, und Roth war sich dessen bewußt. Mendel Singer ist ein jüdischer Patriarch, für dessen Rolle seine Gesellschaft keinen Raum mehr hat. Aus diesem Anachronismus gewinnt der Roman einen entscheidenden Teil seiner ironischen Brechung. Erst nachdem das Ende der geschlossenen ostjüdischen Welt, in der das individualistische Ideal des frühbürgerlichen Humanismus sich länger unverzerrt erhalten hatte als im Westen, unausweichlich gekommen war, wurde die Überhöhung dieses Ideals zum Typus des Patriarchen möglich. Mendel Singer vertritt den in seiner eigenen Welt anachronistisch gewordenen Anspruch des autonomen Subjekts durch den Idealtyp des biblischen Patriarchen.[45] Auch er führt seine Familie. Aber er muß seine Macht mit vielen anderen Mächten teilen, und das Ziel seiner Reise ist das 'gelobte Land' Amerika. Dem inneren Auflösungsprozeß, in dem Roth die Welt des Ostjudentums zeigt, entspricht die Außenperspektive der Schilderung.[46] Sein eigener Weg in den Westen macht deutlich, daß erst aus dem Bruch mit der Tradition deren Rolle als alternative und idealisierte Gegenwelt entstehen kann. Der Selektions- und Typisierungsprozeß, der durch die Außenperspektive im Umgang mit dem Objekt in Gang gebracht wird, setzt das Ende der Autonomie dieser Lebenswelt voraus. Ihr Widerstand gegen die westliche Welt des Fortschritts ist um 1930 auf *partielles* und *temporäres* Anderssein geschrumpft. Auch in dieser Hinsicht waren Roths Mythen gebrochen; und er hat sich darüber wohl grundsätzlich keiner Illusion hingegeben, selbst wenn seine Sehnsucht nach *Heimat* und sein Hang zu *Mythen* gelegentlich stärker waren als seine kritische Einsicht.

Roth ging es nicht anders als dem stoischen Mendel Singer, der weiß, wie fragil die Stellung des Menschen in der Welt und wie unsicher die Zukunft ist, daß das Leben von der Angst und dem Leid nicht zu trennen ist und er nach Zuchnow gehört; und doch glaubt er seinen Kindern *aufs Wort,*

> daß Amerika das Land Gottes war, New York die Stadt der Wunder und Englisch die schönste Sprache. Die Amerikaner waren gesund, die Amerikanerinnen schön, der Sport wichtig, die Zeit kostbar, die Armut ein Laster, der Reichtum ein Verdienst, die Tugend der halbe Erfolg, der Glaube an sich selbst ein ganzer . . . Bald werden die Menschen fliegen wie die Vögel, schwimmen wie die Fische, die Zukunft sehn wie Propheten, im ewigen Frieden leben und in vollkommener Eintracht Wolkenkratzer bis zu den Sternen bauen. Die Welt wird sehr schön sein, dachte Mendel Singer, glücklich mein Enkel! Er wird alles erleben![47]

Mendel wiegt sich gegen sein besseres Wissen bereitwillig in Illusionen. Aber die Ironie des Erzählers zeigt die Wirklichkeit unter dieser Schicht der Illusionen. Nie hat Mendel Singer so oft an den Tod gedacht wie jetzt, „wo alles gut zu gehen begann".[48] Er bewundert die Größe und den Fortschritt Amerikas, doch „es beruhigte ihn, zu wissen, daß er noch vor dem Triumph der Lebenden ein Toter sein würde".[49] Die Angst vor der Gewalt der Bauern und Soldaten[50] hat er in Rußland zurückgelassen, jetzt ist sie als Angst vor dem Unbekannten und Ungreifbaren stärker als je: „In diesen Nächten schüttelte ihn die Furcht, wie der Wind einen schwachen Baum.“[51] Und als Mendel Singer glaubt, die Sorgen hätten ihn – zum erstenmal in seinem Leben – „soeben erst . . . verlassen“, bricht der Krieg aus und macht allen seinen Hoffnungen ein jähes Ende. Mendel Singer hatte begonnen, die Zukunft zu planen, das Schicksal aktiv in die eigene Hand zu nehmen und eine neue Ordnung für sich aufzubauen. Wenn es eine Antwort auf seine Frage nach der Sünde gibt, so liegt sie hier. Er war von den Maximen seiner Väter abgefallen, und die Folge ist der Zweifel: „ [. . .] meine Kinder verbrennen, meine Schuld ist es, meine Schuld! Und ich singe Psalmen. Es ist nicht genug! Es ist nicht genug!“[52] Am Ende dieser Entwicklungslinie steht Mendels Versuch, Gott und seinen Glauben in Flammen aufgehen zu lassen und die gemurmelte Bilanz seines Lebens: „Aus, aus, aus ist es mit Mendel Singer! Er hat keinen Sohn, er hat keine Tochter, er hat kein Weib, er hat kein Geld, er hat kein Haus, er hat keinen Gott! Aus, aus, aus ist es mit Mendel Singer!“

Werfen wir zum Schluß noch einen Blick auf die *Glücksfähigkeit* der beiden Gesellschaften des Romans, die ja eine zentrale Rolle in Roths skeptisch-individualistischer Wende einnimmt. Die Bilanz am Ende von Mendels Lebensabschnitt in Zuchnow fällt negativ aus. Die Vorbereitungen zur Reise nach Amerika waren gerade erst abgeschlossen:

Aber schon begann das Haus Mendel Singer zu zerfallen. „Wie morsch muß es doch gewesen sein“ – dachte Mendel. „Es ist morsch gewesen, und man hat es nicht gewußt [. . .] Hier war mein Großvater Lehrer; hier war mein Vater Lehrer, hier war ich Lehrer. Jetzt fahre ich nach Amerika. Meinen Sohn Jonas haben die Kosaken genommen, Mirjam wollen sie mir nehmen. Menuchim – was wird mit Menuchim?“[53]

Der Auszug aus Zuchnow ist der erste Tiefpunkt in Mendel Singers maßvollem Streben nach Glück. Er hatte getan, was in seinen Kräften stand, nach dem Wort Gottes und dem Vorbild der Väter gelebt und sein Los in Ergebenheit getragen. Und doch hatte Gott ihn gestraft. Er war aus der alten Ordnung gestoßen, seine Familie aufgelöst, und er selbst, der Patriarch in einer Umwelt, die keinen Raum mehr für Patriarchen hatte, wurde „ein Schatten, der sich vor sich selbst fürchtet . . .“.[54]

Der Entschluß zur Auswanderung ist Mendels Entscheidung, sein erster Versuch, gegen das Schicksal anzukämpfen, Mirjam zu retten und die Trümmer der Familie zu kitten. Mendel Singer verleugnet seinen eigenen Grundsatz: „Man soll sein Schicksal tragen!“[55], und er wirkt damit auf die Beschleunigung der Katastrophe hin. „Lange Jahre habe ich gewartet, um einen kleinen Zipfel des Glücks zu sehn“, stellt er fest; aber was er findet, ist Amerika, „ein tödliches Vaterland“.[56]

Nachdem das Wort *Angst* wie ein Leitmotiv den Roman durchzogen hat, leitet nun der Satz: „Ich habe keine Angst, meine Freunde!“[57] das ‘erste Ende’ des Romans ein. Mit der Angst hat Mendel das Leben der Menschen hinter sich gelassen und wartet auf den Tod. Einsam fristet er als Hausknecht seine Tage in Skowronneks fensterloser Hinterstube. Roths bitter-lakonischer Kommentar zur Frage nach Hiobs Verhältnis zu Gott: „Mein Hiob findet ihn nicht",[58] bezieht sich wohl auf diesen plausiblen und konsequenten Schluß des Romans. Den „kleinen Zipfel des Glücks" hat Mendel Singer nicht zu sehen bekommen.

Was nun folgt, läßt sich als den Skandal der Skepsis Roths bezeichnen. Das große Glück in Form einer Legende vom Plattenspieler und vom wiedergefundenen dirigierenden Sohn ist der Ausdruck davon, daß Roth den Gegensatz zwischen seiner Glückserwartung und den tatsächlichen Lebensbedingungen in aller Kraßheit eingesteht und die Wirklichkeit zugunsten des Märchens aufkündigt. Roth macht sich kaum die Mühe, die mangelnde Plausiblität dieses 'zweiten Romanschlusses' zu verbergen. *Hiob* ist von da aus gesehen der „radikalste" von Roths Romanen: die Skepsis gegenüber jedem sozialreformerischen oder revolutionären Glücksversprechen führt zur Abwendung vom zeitbezogenen und engagierten Roman. Die Erfüllung des Glücksanspruchs jedoch bleibt im unvermittelten Gegensatz zur gesellschaftlichen Wirklichkeit von 1930. Roth versucht nicht einmal, ihn zu verdekken, sondern setzt sich so offen märchenhaft über die Verhältnisse der Wirklichkeit hinweg wie in keinem anderen Roman. Schon im *Radetzkymarsch* ebnet er den schroffen Gegensatz wieder ein, und seine Skepsis sorgt für eine Glättung der Extreme. Die Sehnsucht nach Heimat wird einem gewissen Plausibilitätsanspruch unterworfen, der Mythos in die Vergangenheit verlegt und durch seinen milden Glanz für den bürgerlichen Leser akzeptabel gemacht.

Übersetzt man das „Wunder" am Ende des Romans in die Sprache von Roths skeptisch-konkreter Ausgangsfrage, unter welchen Bedingungen der Jude Mendel Singer einen Zipfel des Glücks erhaschen könne, zurück, so läßt die Antwort keinen Zweifel zu: außerhalb des Wunders hat Roth keine solchen Bedingungen gefunden. So ist die Verbindung aus Skepsis und Glückserfüllung des Romans, die Roth später mit der Bemerkung „Geigenton: Paganini" disqualifizierte,[59] gleichzeitig Ausdruck der Radikalität, mit der er Wunsch und Wirklichkeit konfrontiert, und der Naivität, mit der er dem Wunsch den Anschein von Wirklichkeit gab.

Roths Perspektive ist jedoch keineswegs mit der des Märchens identisch. Der Roman bezieht seine treibende Kraft nicht aus dem Ende, vielmehr dienen Märchen und Wunder als eine Rückzugsposition in der durch den Verlust früherer Überzeugungen schwankend und perspektivelos gewordenen Realität. Weder aus dem Wunder am Ende des Romans noch aus der Mythisierung einer verlorenen ostjüdischen Lebenswelt läßt sich auf eine *absolute* Perspektive des Autors schließen. Vielmehr hat Roth seit seiner skeptischen Wende den Anspruch auf Absolutes aufgegeben, und das Mythische dient ihm nicht als Ort der absoluten Wahrheit, sondern als eine Hilfskonstruktion fürs Überleben in einer Welt ohne Hoffnung. Die selbstverständliche Sicherheit und das gelassene Darüberstehen, die Montaigne im zeitlichen Wandel seiner Gesellschaft ebenso wie in ihrer hierarchischen Struktur einnehmen konnte, sind für Roth unerreichbar geworden. Aber diese skeptisch-stoischen Eigenschaften leben weiter in Roths idealisierten Welten des Ostjudentums und des alten Österreichs und lassen den Traum von einem menschenwürdigen Leben auch in den finsteren Zeiten seiner eigenen Gegenwart nicht ersterben. Wenn der Satz „Und Hiob starb alt und lebenssatt" einmal möglich war, so kann er auch wieder möglich werden. Roth will die Erinnerung an diese Möglichkeit wachhalten.

Anmerkungen

1 Hans Oppenheimer: Joseph Roths *Radetzkymarsch*. In: C.V. Zeitung 11 (1932) S. 517.

2 Der Sonderband *Joseph Roth* der Zeitschrift *Text und Kritik*, München: 1982, versammelt eine Reihe von Aufsätzen, die sich insbesondere mit dieser Frage beschäftigen. Zu den prononcierten Beiträgen gehören: Uwe Schweikert: „Der rote Joseph". Politik und Feuilleton bom frühen Joseph Roth (1919 - 1926). Ebd. S. 40-55. Hartmut Scheible: Joseph Roths Flucht aus der Geschichte. Ebd. S. 56-66. Sonja Sasse: Der Prophet als Außenseiter. Rezeption von Zeitgeschehen bei Joseph Roth. Ebd. S. 76-89. Martha Wörsching: Die rückwärts gewandte Utopie. Sozialpsychologische Anmerkungen zu Joseph Roths Roman *Radetzkymarsch*. Ebd. S. 90-100. Wolfgang Jehmüller: Zum Problem des „zweifachen Zeugnisses" bei Joseph Roth. Ebd. S. 67-75.

3 Ingeborg Sültemeyer: Studien zum Frühwerk Joseph Roths. Mit einem Anhang: Bisher unbekannte Arbeiten aus dem Zeitraum 1915-1926. Frankfurt 1969 (Diss. Phil. Fak.). Joseph Roth: Der Neue Tag. Unbekannte politische Arbeiten 1919 bis 1927. Hg. v. I. Sültemeyer. Köln, Berlin: Kiepenheuer u. Witsch, 1970.

4 Sonja Sasse etwa meint, es sei Roth nie gelungen, „zum Sozialismus eine rationale – und damit realistische – Einstellung zu finden [. . .]". Sasse (Anm. 2) S. 88.

5 Uwe Schweikert (Anm. 2): „Der Klassenstandpunkt wird sogar [. . .] vollständig geleugnet [. . .]. Joseph Roths Weg zum elitären Kulturpessimismus begann in Wahrheit nicht erst nach, sondern schon während seiner sozialromantischen Phase [. . .]" (S. 53f.).

6 Joseph Roth: Briefe 1911-1939. Hg. v. Hermann Kesten. Köln, Berlin: Kiepenheuer u. Witsch, 1970. S. 40: Brief vom 17. September 1922.

7 Frank Trommler: Joseph Roth und die Neue Sachlichkeit. In: David Bronsen (Hrsg.): Joseph Roth und die Tradition. Darmstadt Agora, 1975. S. 276-304; S. 282.

8 Horst Denkler: Der Fall Franz Jung. Beobachtungen zur Vorgeschichte der 'Neuen Sachlichkeit'. In: Reinhold Grimm und Jost Hermand (Hrsg.): Die sogenannten Zwanziger Jahre. Bad Homburg, Berlin, Zürich: Gehlen, 1970. S. 75-108; S. 81.

9 Claudio Magris hat kenntnisreich die Wurzeln dieser Zivilisations- und Bürgerlichkeitskritik in der ostjüdischen Philosophie und Lebenspraxis dargestellt: Claudio Magris: Weit von wo. Verlorene Welt des Ostjudentums. Wien: Europaverl., 1974 (zuerst Turin 1971).

10 Trommler (Anm. 7). Zur allgemeinen Frage vgl. Helmut Lethen. Neue Sachlichkeit 1924-1932. Stuttgart, Metzler, 1970. Der Begriff und die Interpretation der unter ihm zusammengefaßten Literatur sind umstritten.

11 Vgl. David Bronsen: Joseph Roth. Eine Biographie. Köln: Kiepenheuer u. Witsch, 1974. S. 389f. „*Hiob* erreichte die erhoffte Auflage von 30 000 Exemplaren. 1931 erschien die amerikanische Ausgabe, die im November desselben

Jahres von der größten amerikanischen Buchgemeinschaft zu ihrem 'Book-of-the-Month' ernannt wurde [. . .]. 1933 erscheint die englische Ausgabe [. . .]."

12 Bronsen (Anm. 11) S. 299-352.

13 Ebd. S. 381-391.

14 Vgl. besonders Marcel Reich-Ranicki: Joseph Roths Flucht ins Märchen. In: M.R-R.: Nachprüfung. Aufsätze über deutsche Schriftsteller von gestern. München, Zürich: Piper, 1977, S. 202-228.

15 Sültemeyer: Studien (Anm. 3) S. 231.

16 Schweikert (Anm. 2) S. 54; Jehmüller (Anm. 2) S. 73.

17 Fritz Hackert: Kulturpessimismus und Erzählform. Studien zu Joseph Roths Leben und Werk. Bern: Lang, 1967, ders.: Joseph Roths Nachlaß im Leo-Baeck-Institut. In: Bronsen (Anm. 7) S. 374-399; S. 375.

18 Auch die Meinung, daß die Reise in die Sowjetunion Roth die Augen über seine ihm bis dahin subjektiv verborgenen „Klasseninteressen" geöffnet habe und er von dem Zeitpunkt an offen die Partei der aristokratischen Reaktion ergriffen habe, ist vertreten worden. Wörsching (Anm. 2) S. 94.

19 Claudio Magris hat auf „Die zwei Gesichter des Bürgers" in Roths Werken aufmerksam gemacht. Magris (Anm. 9) S. 122-128.

20 Brief vom 1.10.1926. Briefe (Anm. 6) S. 98.

21 Bronsen (Anm. 11) S. 266.

22 Joseph Roth: Die weißen Städte. Werke Bd. 3, Hg. v. Hermann Kesten. Köln, Berlin: Kiepenheuer u. Witsch, 1975/76, S. 881f.

23 Ebd. S. 882.

24 Ebd. S. 882f.

25 Ebd. S. 882.

26 Roth selbst verwendet im *Mittäglichen Frankreich* den Begriff *Skepsis* in ebendiesem Sinn der Destruktion und Abwendung vom Leben, also einem meinem eigenen Wortgebrauch entgegengesetzten Sinn. Roth spricht, in einer etwas dunklen Formulierung, von der „Skepsis der metaphysischen Weisheit" (Werke Bd. 3, S. 884), die für ihn eine Folge der geschichtlichen Diskontinuitäten und Zerrissenheit Mittel- und Osteuropas ist. Sein Begriff der Skepsis bildet wohl den Gegenpol zur Kindheit und steht am Anfang eines theoretisch geprägten Umweltverhältnisses. Im vorliegenden Aufsatz gebrauche ich den Begriff der Skepsis nie im Sinn von Roths Wortgebrauch.

27 Max Horkheimer: Montaigne und die Funktion der Skepsis. In: M.H.: Kritische Theorie der Gesellschaft Bd. 2, Frankfurt: Fischer 1968, S. 201-259; hier bes. S. 206-215. Horkheimers Bewertung Montaignes ist von seiner pessimistischen Einschätzung der künftigen Entwicklung Europas im Jahre 1938 stark beeinflußt. Der Wert seiner Analyse wird dadurch nicht beeinträchtigt.

28 Trommler (Anm. 7) S. 293f.

29 Zur Periodisierung: F. Trommler: Der 'Nullpunkt' und seine Verbindlichkeit für die Literaturgeschichte. In: Basis 1. Jahrbuch für deutsche Gegenwartsliteratur. Frankfurt 1970, S. 9-25. Hans Dieter Schäfer: Zur Periodisierung der deutschen Literatur seit 1930. In: Literaturmagazin 7. Hg. v. Nicolas Born und Jürgen Manthey. Reinbek: Rowohlt, 1977. S. 95-115. Bernd Hüppauf: Krise ohne Wandel. In: B.H. (Hg.): *Die Mühen der Ebenen.* Kontinuität und Wandel in der deutschen Literatur und Gesellschaft 1945-1949. Heidelberg: Winter 1981. S. 47-112. Vgl. auch zum folgenden: Karl Prümm: Das Erbe der Front. Der antidemokratische Kriegsroman der Weimarer Republik und seine national-

sozialistische Fortsetzung. In: Horst Denkler und Karl Prümm (Hrsg.): Die deutsche Literatur im Dritten Reich. Themen-Traditionen-Wirkungen. Stuttgart: Reclam, 1976. S. 138-164. Bernd Hüppauf: *Der Sieg ist verschlungen in den Tod.* Bilder vom Tod und Sterben im Ersten Weltkrieg. In: B.H.: Ansichten vom Krieg. Vergleichende Studien zum Ersten Weltkrieg in Literatur und Gesellschaft. Königstein: Hain, 1984. S. 56-102.

30 Max Horkheimer: Bemerkungen über Wissenschaft und Krise. In: M.H.: Kritische Theorie der Gesellschaft Bd. 1, Frankfurt: Fischer 1968, S. 1-8.

31 Hans Mayer: Außenseiter. Frankfurt: Suhrkamp, 1981, S. 12.

32 Ebd. S. 11.

33 Karl Marx: Zur Judenfrage. MEW Bd. 1, Berlin: Dietz, 1958, S. 372.

34 Max Horkheimer (Anm. 27) S. 220.

35 Ebd. S. 220.

36 Aus der lateinischen Inschrift, die Montaigne zur Erinnerung an diesen Schritt in der Bibliothek seines Turms anbringen ließ. Für weitere Einzelheiten: Hugo Friedrich: Montaigne. Bern: Francke, 1949.

37 Scheible (Anm. 2) S. 64.

38 Magris (Anm. 9) S. 95.

39 Ebd. S. 241.

40 Klaus Epstein: Die Ursprünge des Konservativismus in Deutschland. Frankfurt, Berlin: Propyläen, 1973 (zuerst Princeton 1966). S. 23.

41 Formulierungen in Anlehnung an Horkheimer (Anm. 27) S. 220f. Die Nähe zur Lebensauffassung des biblischen Hiobs und seiner Freunde ist bemerkenswert.

42 Vgl. Magris (Anm. 9) S. 129-135.

43 Joseph Roth: Hiob. Werke Bd. 1, hg. v. Hermann Kesten, Köln, Berlin: Kiepenheuer u. Witsch, 1975, S. 874f.

44 Ebd. S. 866.

45 Dem *Archetypus* der Gestalt des *Vaters,* der *Apotheose* der Vaterfigur und der *patriarchalischen* Rolle Hiobs widmet C. Magris (Anm. 9) intensive Reflexionen (S. 140-164).

46 Vgl. ebd. S. 91-95.

47 *Hiob* (Anm. 43) S. 931.

48 Ebd. S. 932.

49 Ebd. S. 931.

50 Ebd. S. 890.

51 Ebd. S. 934.

52 Ebd. S. 934. Das folgende Zitat ebd. S. 954.

53 Ebd. S. 909.

54 Ebd. S. 878.

55 Ebd. S. 872.

56 Ebd. S. 936 und S. 941.

57 Ebd. S. 950.

58 Bronsen (Anm. 11) S. 389.

59 Ebd. S. 388.

Martin Bollacher

Vom Gewissen der Worte: Elias Canetti und die Verantwortung des Dichters im Exil

I.

Zu Beginn seiner Stockholmer Verleihungsrede anläßlich der Überreichung des Nobelpreises für Literatur an Elias Canetti am 10. Dezember 1981 konstatierte der schwedische Lyriker Johannes Edfelt: „Der exilierte und kosmopolitische Schriftsteller Canetti hat eine Heimat, und das ist die deutsche Sprache. Ihr ist er treu geblieben, und oft hat er seine Liebe zu den Meisterwerken der klassischen deutschen Kultur bezeigt."[1] Edfelt, selbst Liebhaber und Übersetzer deutscher Literatur, dem deutschen Publikum vor allem durch eine von Nelly Sachs besorgte Auswahl-Ausgabe seiner Gedichte bekannt,[2] benennt hier die zentralen Erfahrungs- und Themenbereiche eines Autors, der in einer Sprache schreibt, die nicht seine Muttersprache ist, die ihm aber, wie er in seiner auf deutsch gehaltenen Nobelpreis-Dankrede bestätigte, „zur Heimat wurde".[3] Als einen Spaniolen, der dennoch „ein deutscher Dichter ist",[4] hatte Hermann Broch den Freund bereits im Januar 1933 den Hörern der Volkshochschule Leopoldstadt vorgestellt, und ein deutscher Dichter ist der als Jude in Bulgarien geborene Elias Canetti trotz des von den Deutschen verschuldeten Unheils auch geblieben. Die Erfahrungen seiner kosmopolitischen und doch zugleich auch spezifisch jüdisch-spaniolischen Herkunft, die ihm schon früh das Bewußtsein des Andersseins, des Exils als einer conditio judaica vermittelte, im besonderen aber die späte und dafür um so beharrlichere Aneignung der deutschen Sprache gehen als ein Grundthema in sein literarisches Werk ein, das in allen seinen Bereichen eine starke autobiographische Prägung aufweist. „Alle Texte Canettis", so schreibt Dagmar Barnouw, „sind auf gleichzeitig distanzierte und intime Weise autobiographisch."[5]

Dem Einmalig-Individuellen von Canettis literarischer (Selbst-)Aussage eignet aber wiederum der Charakter des Über-Individuellen, des Zeittypischen, des 'Repräsentativen': sein so häufig zitiertes 'Einzelgängertum' – ein Begriff, mit dem wohl nicht zuletzt die langjährige „Resonanzlosigkeit Canettis in seinem Sprachgebiet"[6] erklärt werden soll – orientiert sich stets an der Verantwortung des Schriftstellers, der sich als öffentlich Redender und Schreibender der Macht, aber auch des 'Gewissens der Worte' bewußt ist. Canetti erscheint somit als ein zeitgenössischer Verwandter des von Immanuel Kant charakterisierten aufklärerischen Schriftstellers, der sich in öffentlicher, moralisch-pädagogischer Funktion „an ein Publikum im eigentlichen Verstande durch Schriften wendet",[7] zeigt sich aber auch als ein unbestechlicher Kritiker seiner Zeit, der dem Chaos der Gegenwart das Hoffnungsbild einer *anderen* Zukunft und eines *anderen* Menschen entgegenhält. „Heute, seit Hiroshima", so betonte er in seiner Dankesrede auf die Verleihung des Nobelpreises, „weiß jeder, was Krieg ist, und daß jeder es weiß, ist unsere einzige Hoffnung."[8] Die von Europa ausgehende Verwüstung der Länder und Völker hat Canetti in seinem ersten Buch, dem 1931 im Manuskript abgeschlossenen und vier Jahre später publizierten Roman *Die Blendung*, ahnungsvoll beschworen – in einem „Epos des *Hasses*", in dem doch der Leser immer wieder „das *liebende* Herz des Autors"[9] verspürt. Auch nach der Katastrophe des Zweiten Weltkriegs bewahrt sich der 'exilierte und kosmopolitische Schriftsteller' seine Liebe und seinen Dank für jenes andere Europa, das sich dem Massenwahn, der Religion der Macht und dem Rassismus entzogen hat: wenn er bei der Verleihung des Nobelpreises Karl Kraus, Franz Kafka, Robert Musil und Hermann Broch als seine zum „verspäteten, zum eigentlichen Europa"[10] gehörenden literarischen Ahnen nennt, weist er zurück auf jenen alteuropäischen Sprach- und Kulturraum, dem auch er seine schriftstellerische Existenz verdankt – die habsburgische Donaumonarchie. Dem spaniolisch-deutschen Dichter war Wien – freilich erst nach dem Zusammenbruch der österreichisch-ungarischen Monarchie – zur „eigentlichen Heimatstadt" (PM, S. 78) geworden.

Geboren wurde Canetti am 25. Juli 1905 in Rustschuk. Die am südlichen Ufer der unteren Donau gelegene Stadt war nach dem Zerfall des Osmanischen Reichs bulgarisch geworden (amtlicher Name: Ruse), beherbergte aber eine bunt gemischte Bevölkerung in ihren Mauern, die in ihrer nationalen, ethnischen und sprachlichen Vielfalt ein eindrucksvolles Bild der Balkan-Lebensverhältnisse in der Zeit vor dem Ersten Weltkrieg bot. In Rustschuk lebten damals neben den 'einheimischen' Bulgaren auch Türken, Griechen, Albanesen, Armenier, Zigeuner und spanische Juden. Die Rustschuker Spaniolen waren sephardischen Ursprungs, also Nachfahren der iberischen Juden, die nach dem Fall des maurischen Granada im Jahr 1492 aus dem Reich der katholischen Könige Isabella und Ferdinand vertrieben worden waren. Sie emigrierten in viele europäische Länder – eine größere Gemeinde, aus der Baruch de Spinoza hervorging, lebte in Amsterdam –, ließen sich aber auch in Nordafrika und im nahen Osten nieder, wo sie unter toleranter mohammedanischer Herrschaft vor Verfolgung sicher waren. Die meisten Rustschuker Spaniolen waren zu Beginn des Jahrhunderts noch türkische Staatsbürger und mochten – wie die aus Adrianopel (Edirne) stammenden Canetti-Großeltern – auf ihr türkisches Erbe und ihre türkischen Lebensgewohnheiten nicht verzichten (vgl. das Kap. *Das Haus des Türken* in der GZ, S. 28f.). Noch im Sommer 1915 reisten Elias und seine Mutter, deren Familie ursprünglich aus Livorno kam, von Wien aus mit türkischen Pässen nach Bulgarien.

Die Umgangssprache im Rustschuker Spaniolen-Viertel war ein altertümliches, mit Hebraismen und einigen türkischen Ausdrücken vermischtes Spanisch (Ladino), das in aramäischer Schrift geschrieben wurde und das auch Canettis erste Sprache bildete.[11] Die ersten Kinderlieder, die er hörte, waren spanisch, und auf spanisch unterhielten sich auch der Vater, der Handelsmann Jacques Canetti, und die Mutter Mathilde, geb. Arditti, mit den Kindern – Elias war der älteste von drei Söhnen. In Canettis Autobiographie erscheint die Sprache seiner Herkunft in zahlreichen Namen und formelhaft geronnenen Ausdrücken, in denen leitmotivisch vor allem die hierarchisch gefügte Patriarchenwelt der Canetti- und Arditti-Familien erinnert wird. 'Spanisch' war aber auch die Gesinnung der Spaniolen, die als gläubige Juden mit einem regen Gemeindeleben sich doch den anderen Juden – insbesondere den jiddisch sprechenden Juden Osteuropas[12] – überlegen fühlten: „Mit naiver Überheblichkeit", so bemerkt Canetti rückblickend, „sah man auf andere Juden herab, ein Wort, das immer mit Verachtung geladen war, lautete 'Todesco', es bedeutete einen deutschen oder aschkenasischen Juden" (GZ, S. 12). Von dem hochmütigen Kasten- und Familienstolz, von dem auch die Mutter ergriffen war, hatte sich Canetti früh distanziert – für viele Spaniolen dürfte er aber als Schutzwehr gegen antisemitische Anfeindungen gedient haben, als eine paradoxe Verteidigung freilich, gründete sich doch ihre eigene Geschichte auf die Vertreibung aus Spanien (vgl. GZ, S. 284f.)! Der neuerlichen Vertreibung und Verfolgung kamen die meisten bulgarischen Spaniolen übrigens durch Auswanderung nach Palästina zuvor: als Canetti im Sommer 1924 – wiederum von Wien aus – nach Sofia fuhr, erlebte er die rauschhafte Aufbruchstimmung der Spaniolen-Gemeinde mit, die sich überall im Lande zum Zionismus bekehrt hatte. Ein Vetter aus der Familie der Mutter, Bernhard Arditti, gehörte zu den feurigsten Verfechtern der zionistischen Bewegung, und in spanischer Sprache geißelte er den separatistischen Hochmut der Spaniolen. Canetti, der ja schon Jahre zuvor von Rustschuk nach 'Europa', d.h. donauaufwärts, gezogen war,[13] teilte die Begeisterung der zionistischen Auswanderer nicht. Die Wege der Balkan-Spaniolen und der mittel- und westeuropäischen Sephardim trennten sich – auch im Bereich der Sprache. Als der Besucher, der gerade an der Wiener Universität das Studium der Chemie aufgenommen hatte, seinem zionistischen Vetter gesteht, er wolle ein deutscher Schriftsteller werden, erwidert dieser ihm unmutig: „Wozu? Lern Hebräisch! Das ist unsere Sprache. Glaubst du, daß es eine schönere Sprache gibt?" (FO, S. 108)

Canettis Weg zur deutschen Sprache beginnt inmitten der jüdisch-sephardischen Diaspora Bulgariens. Die Eltern waren nämlich in Wien zur Schule gegangen, hatten sich über ihre gemeinsame Leidenschaft für das Burgtheater kennen und lieben gelernt und kamen auch in späteren Jahren mit ihren Erinnerungen an die Welt des Theaters und der Literatur nie zu Ende. Die deutsche Sprache war für die Eltern zur Sprache des vertrauten Umgangs und der Liebe geworden, galt ihnen aber auch als die Sprache der Bildung und der Kultur: „Deutsch Wiener Färbung", so bemerkt Erich Fried, „war die Bildungssprache aller Menschen auf dem Balkan, die etwas auf sich hielten."[14] Die Eltern Canetti sprachen deutsch jedoch nur untereinander, als eine Art Geheim- und Zaubersprache (vgl. das Kap. *Die Zaubersprache* in der GZ, S. 37ff.), durch die sie sich in Stimmung, Temperament und Gestik verwandelten, die aber dem angespannt lauschenden Kind verschlossen blieb. Nur das Wort 'Wien' wurde preisgegeben, was bei dem Kind wiederum den Glauben entstehen ließ, „daß es sich um wunderbare Dinge handeln müsse, die man nur in dieser Sprache sagen könne" (GZ, S. 38).

Im Sommer 1911 übersiedelte die Familie Canetti nach Manchester. Den Eltern war Rustschuk „zu eng und zu orientalisch" (GZ, S. 50) geworden, und der Vater versprach sich in dem Kernland des politischen und wirtschaftlichen Liberalismus besseren geschäftlichen Erfolg. Nach dem plötzlichen Tod des Vaters – er starb bei Ausbruch des Balkankriegs – zog es die Mutter aber in das geliebte Wien zurück. Da Elias in Manchester, wo er zur Schule ging, zwar Englisch und auch etwas Französisch, aber kein Deutsch gelernt hatte, machte die Mutter Zwischenstation in Lausanne, um dem Sohn vor seiner erneuten Einschulung in Wien die deutsche Sprache beizubringen. Dies geschah innerhalb von wenigen Wochen, in einer unter Hohn und Qualen vollzogenen Radikalkur, die dem verzweifelten Verlangen der Mutter entsprang, ihr mit dem Tod des Gatten verstummtes Zwiegespräch nun mit dem ältesten Sohn fortzuführen. Unter der Einwirkung der Mutter wurde Canetti damals „zur deutschen Sprache wiedergeboren", und das Deutsche war für ihn „eine spät und unter wahrhaftigen Schmerzen eingepflanzte Muttersprache" (GZ, S. 102; S. 107); für den europäischen Schriftsteller wurde sie – nach den Schuljahren in Wien (1913 - 1916), Zürich (1916 - 1921) und Frankfurt (1921 - 1924) – zum eifersüchtig und leidenschaftlich gehüteten Erbe, das er nach vierzehn in seiner 'eigentlichen Heimatstadt' Wien verbrachten Jahren 1938 mit in die Emigration nahm. Canetti, der jetzt abwechselnd in London und Zürich lebt, hat immer nur deutsch geschrieben.

II.

Canettis 'Wiedergeburt' zum Deutschen als einer erst spät erworbenen und nie wieder aufgegebenen 'Muttersprache' läßt sich – allgemein gesehen – als Beispiel einer jüdischen Assimilation im Geist jener deutsch-europäischen, aufklärerisch-liberalen Kultur verstehen, die in ihrer kosmopolitischen Weite den aus ihrer sprachlichen, religiösen und nationalen Tradition gelösten Juden eine neue geistige 'Heimat' zu bieten schien.[15] Auf eine solche – vor allem für das liberale jüdische Bürgertum charakteristische – 'Akkulturation' deuten schon die Wiener Bildungsjahre der theaterbegeisterten Eltern Canetti oder die späteren Lektüreabende in Wien, an denen die Mutter, unter dem erneuten Eindruck der Burgtheaterwelt, mit ihrem gerade zehnjährigen Sohn „Schiller auf deutsch und Shakespeare auf englisch" (GZ, S. 118) las. Die Mutter, die nur Sprachen mit Literaturen gelten ließ, verteidigte auch in Zürich hartnäckig die Reinheit der in der Familie gesprochenen Sprache gegenüber dem Schweizerdeutsch, und die Wirkung ihres Burgtheatertraums zeigt sich noch in Canettis unveröffentlichtem Jugenddrama *Junius Brutus*, in Jamben geschrieben und von Schiller „in jeder Einzelheit bestimmt" (GZ, S. 270). Zu diesem Bild der jüdischen Identitätsfindung im 'geistigen Raum' der deutsch-österreichischen Kultur gehört auch die religiöse Emanzipation der Mutter: eine Aufführung von Lessings *Nathan dem Weisen* im Burgtheater hatte sie zur Anhängerin einer säkularisierten Toleranz- und Humanitätsreligion in Lessings Sinn gemacht (vgl. GZ, S. 280)!

Mit dem Begriff der 'Assimilation' läßt sich aber die Besonderheit des Canettischen Wegs in die deutsche Sprache – und das heißt seines schriftstellerischen Werdegangs – nur unvollständig fassen. Die Genese des deutschsprachigen Dichters bedeutet nicht nur Verlust, sondern auch Bewahrung des spaniolischen Erbes. So ruft Canetti in seinen autobiographischen Schriften *(Die gerettete Zunge* und *Die Fackel im Ohr)* die für immer versunkene Welt der Balkan-Spaniolen mit ihren altehrwürdigen Riten und Gebräuchen in unsere Gegenwart zurück, um durch die Kraft der Erinnerung gegen die Schrecken und die Gleichgültigkeit der Geschichte zu protestieren, kennzeichnet damit aber auch das ihn für immer bestimmende Gesetz seiner Herkunft: wenn alles, was Canetti später erlebte, „in Rustschuk schon einmal geschehen" (GZ, S. 11) war, dann muß auch der jüdisch-spaniolische Ursprung in der geistigen Bildungsgeschichte des Autors seine untilgbaren Spuren hinterlassen haben. Beim Aufweis dieser Spuren sind wir auf Canettis eigene Darstellung seiner Lebensgeschichte angewiesen, die nicht dem Gesetz der 'erklärenden' Psychologie, sondern der Poetik der individuellen, intakt belassenen Erinnerung des sich selbst gehörenden Menschen gehorcht. Wenn Canetti in einem programmatischen Abschnitt seines Lebensberichts *Die Fackel im Ohr* sich als Geschichtsschreiber seiner selbst in Abwandlung eines Luther-Worts auf die Unversehrtheit der Erinnerungsbilder beruft – „die Erinnerung sie sollen lassen stân" (S. 342)[16] –, so benennt er damit einen Grundzug nicht nur seiner im engeren Verstand autobiographischen Schriften: seine Schreibweise – ob im Roman *Die Blendung* oder in den Dramen, Prosastücken, Aufzeichnungen, Reden und Essays – ist gekennzeichnet durch die unauflösbare Einheit von „Geschehenem" und „Erlebtem".[17]

Der Schriftsteller versichert sich der Erinnerung im Wort: „Das wort sie sollen lassen stahn."[18] Die Faszination durch das gehörte und gesprochene Wort prägt Canettis Oeuvre und klingt leitmotivisch in der Namengebung seiner Schriften an: in der *Geretteten Zunge* und der *Fackel im Ohr* als der Entwicklungsgeschichte eines Dichters, der über die persönliche Sprachfindung und die Kraussche *Schule des Hörens* zum eigenen Werk gelangt; in den *Stimmen von Marrakesch* als literarischer Evokation eines akustischen Wirklichkeitserlebnisses, bei dem die Macht der Sprache selbst noch im Lallen des geringsten Menschengeschöpfs erfahren wird; in der Essaysammlung *Das Gewissen der Worte* als beständigem Dialog des Schriftstellers mit sich selbst, seinen Widersachern und seinen geistigen Ahnen oder in den Porträtskizzen des *Ohrenzeugen*, der als distanziert-unbestechlicher Lauscher die Monstrositäten seiner Gegenwart registriert. Erinnerung als Wiedererweckung und Bewahrung von Wort, Stimme, Namen und Sprache – dies ist das „Glaubensbekenntnis" (FO, S. 342) des spaniolisch-deutschen Dichters, der als „jeune écrivain de plus de 2.000 ans"[19] die Kultur seiner eigenen Zeit mit dem altjüdischen Erbe in einem bewußt-unbewußten Widerspiel von Identifikation und Distanzierung verbindet. Zeuge einer Welt, der das Jenseits vergangen ist und deren 'Wirklichkeiten' – Tod, Irrsinn, Heimatlosigkeit, Macht, Masse und Vereinzelung – vom „Entsetzen des Schlachthauses, auf dem alles gegründet ist" (PM, S. 172), bestimmt sind, unternimmt Canetti den Versuch, durch eine Sprache der Präzision, der humanen Verantwortung und der „gewählten Worte"[20] der babylonischen Sprach- und Sinnverwirrung des Zeitalters Widerstand zu bieten. Wenn er unter dem Eindruck des verheerenden Kriegs-Weltgerichts im Sommer 1945 notiert: „Menschen durch Worte am Leben erhalten, – ist das nicht beinahe schon so, wie sie durch Worte erschaffen?" (PM, S. 80), so äußert sich hierin das verzweifelte Bemühen des überlebenden Dichters, Menschen, die wie die Juden „zu Sklaven, dann zu Vieh, dann zu Ungeziefer degradiert worden" (PM, S. 81) sind, durch Worte und Namen vor dem Tod und dem Vergessen zu bewahren, wobei auch der Schreibende selbst, „um bestehen zu können, einen Vorrat von unbezweifelten Namen“ (PM, S. 53) benötigt. „Mein Gott ist der Name, der Atem meines Lebens ist das Wort“ (PM, S. 173) – so lautet eine andere Aufzeichnung aus dem Jahre 1955. Der feierliche Ton dieses Bekenntnisses entspringt dem unbeirrbaren Glauben an die Benennbarkeit und ‘Lesbarkeit’ der Welt und somit einem geradezu religiösen Verhältnis zum Wort als einem Mittel der Wirklichkeitsoffenbarung. Das ‘Wort’ in seiner Dreiheit von ‘Sinn’, ‘Kraft’ und ‘Tat’, durch die der biblisch-johanneische ‘Logos’-Begriff bei Goethe dem neuzeitlichen Wirklichkeitsverständnis erschlossen wird, bildet das Lebenselixier des Dichters Canetti,[21] der in seinem Vornamen die Erinnerung an den Namen des Herrn trägt: der hebräische Name ‘Elias’, ‘Elija(hu)’ bedeutet ‘mein Gott ist Jahwe’.

Die Bedeutung der jüdischen Tradition für Canettis Wort-Religion und für seine Interpretation des Zusammenhangs von Sprache und Welt mag ein in der *Geretteten Zunge* berichtetes Kindheitserlebnis veranschaulichen: der Fünfjährige droht die von der Schule kommende ältere Cousine Laurica mit dem Beil zu erschlagen, weil sie ihn von der Schrift – d.h. vom Einblick in ihre Schulhefte – ausgeschlossen hatte. „Ich glaube“, so kommentiert der Autobiograph diese Verzweiflungstat, „man begriff, daß es mir so sehr um die Schrift zu tun war, es waren Juden, und die ‘Schrift’ bedeutete ihnen allen viel“ (S. 47). Im Zeichen des bewahrenden und erinnernden Worts vergegenwärtigt auch der Geschichtsschreiber Canetti seine Herkunft aus dem ‘schriftgelehrten’ Judentum, dessen eigene Überlieferung wiederum in fast ausschließlicher Weise von der ‘Schrift’ – dem Alten Testament und den Traditions-Sammlungen des Talmud – bestimmt ist. Mittel der sprachlichen Evokation ist dabei häufig die Wiedergabe eines prägnanten oder formelhaften Ausdrucks, also einer Art von ‘Kennwort’, wie es Canetti später unter dem Eindruck der Krausschen *Schule des Hörens* als ‘akustisches Zitat’ beschrieben hat.[22] Ob durch das rätselhafte Schimpf- und Seufzerwort ‘Haman’ (GZ, S. 32), in dem sich altjüdische Purim-Tradition und Alltagssprache zu neuer Bedeutung verbinden; ob durch das rituelle Losungswort des ‘Ma-nischtanah’ (GZ, S. 36), mit dem Elias am Seder-Abend die Fragen der Haggada stellte und ohne welche der Großvater mit seiner Erzählung des Auszugs aus Ägypten nicht beginnen konnte;[23] ob durch den spanischen Kriegsruf „Agora vo matar a Laurica“ (GZ, S. 46) – immer wieder zitiert Canetti die Geschichte seiner Jugend mittels der autoritativ-akustischen Formel, die die ‘Wirklichkeit’ in der Erinnerung verfügbar macht und ihr die vom Schriftsteller zugewiesene Bedeutung sichert. Unter allen aus Rustschuk überlieferten Sätzen ragt aber *einer* hervor, dessen Wortlaut wir nicht kennen, der jedoch den Dichter gezeichnet hat: es ist die feierliche Verfluchung des nach England übersiedelnden Vaters durch den Großvater, der sich mit dem Auswanderungsplan nicht abfinden konnte! Der unerwartete Tod des Vaters in Manchester mußte wie eine furchtbare Vollstreckung des Fluches erscheinen, gab es doch nach jüdischer Auffassung nichts Furchtbareres als die Verfluchung des Sohnes durch den Vater (vgl. GZ, S. 51). Das „frühe Entsetzen über ein Todesurteil und den Befehl, durch den es vollstreckt wurde“ (GZ, S. 271), hat Canetti nicht wieder losgelassen und wurde zu einem Grundmotiv seines Werks.[24] Sein unversöhnlicher Haß auf Tod und Sterben, wie er in dem Parabeldrama *Die Befristeten* (1964) am deutlichsten zum Ausdruck kommt, entzündete sich aber noch an einem anderen Ereignis, nämlich der in der Genesis berichteten Opferung Isaaks durch seinen eigenen Vater: die Versuchung Abrahams, Isaak auf Geheiß zu töten, hat Canetti schon als Kind verstört und ihm den Zweifel am *Befehl* geweckt, ja ihn davon abgehalten, „zum gläubigen Juden zu werden" (FO, S. 30)!

Die Buch-Tradition eines in Schrift und Wort beheimateten Exil-Judentums, die frühkindliche Begegnung mit dem archaischen Judäospanisch der Balkan-Sephardim sowie ein spätes, „auf einer vor-logischen Stufe"[25] vollzogenes Eindringen in die deutsche Sprache haben dem Sprachverständnis Canettis seine eigentümliche Prägung verliehen. Wirklichkeit erscheint immer nur in den Formen ihrer sprachlichen Ausdeutung, die ihrerseits Wirklichkeit erst konstituiert. Dieser realitätsstiftenden, gleichsam mythisch-magischen Macht des Worts, die nach dem Bericht der Genesis dem Menschen verliehen wurde, damit er Besitz von der Schöpfung ergreife,[26] wurde Canetti zunächst durch seinen *eigenen* Namen bewußt: „Die Buchstaben des eigenen Namens" – so eine Aufzeichnung von 1946 – „haben eine furchtbare Magie, als sei die Welt aus ihnen zusammengesetzt. Wäre eine Welt ohne Namen denkbar?" (PM, S. 87) An anderer Stelle bekennt er, gerade aus der Erfahrung der Nicht-Identität von Eigennamen und mythischem Ereignis – der Entrückung des Propheten Elias im Feuerwagen – sei ihm eine eigentümliche Scheu vor dem eigenen Namen, ja „eine wirklich magische Beziehung zu Namen"[27] überhaupt geblieben. Wie sehr die magische Beziehung zum Eigennamen, die an die jüdische Tabuisierung des Gottesnamens erinnert, besonders in lebensgeschichtlichen Krisensituationen an Bedeutung gewinnt, zeigt eine Aufzeichnung aus dem englischen Exil, die den tiefen Zwiespalt Canettis zwischen seinem kosmopolitischen Schriftsteller-Auftrag und seiner conditio judaica erahnen läßt: als er auf dem Höhepunkt der nationalsozialistischen Judenverfolgung gegen die „größte Versuchung in [s]einem Leben", nämlich die: „ganz Jude zu sein", ankämpft, erfüllt ihn der eigene alttestamentliche Name „mit Stolz", so wie ihn auch die Lektüre des Alten Testaments, in dem er seinen „Traum von den künftigen hohen Lebensaltern der Menschen" (PM, S. 61) wiederfindet, nun mit Stolz und Genugtuung erfüllt!

Die magische Wirkung, die vom *eigenen* Namen ausgeht, wiederholt sich für Canetti, der „den Buchstaben und Worten verfallen" (GZ, S. 373) war, in der Beziehung zu *anderen* Namen. Das Rätselhafte zwischen individueller und generischer Benennung wirkt zwar nur auf Menschen, die den Inhalt eines Namens ermessen können,[28] doch kein Zweifel, daß Canetti die Spannung zwischen Namen und Bedeutung zum wichtigen Baustein seiner Schreibweise gemacht hat – man denke etwa an die 'sprechenden' Namen in der *Hochzeit* oder in der *Komödie der Eitelkeit* oder an die mit schicksalhaft-ominöser Bedeutung aufgeladenen Zahlennamen in den *Befristeten,* die zum Schibboleth einer alle Lebensbereiche durchdringenden 'Religion der Macht' erstarrt sind. Wie bewußt Canetti den Konflikt zwischen Namen und 'Wirklichkeit' als literarisches Darstellungsmittel einsetzt, zeigt aber vor allem die Figur des buckligen Zwergs Fischerle in der *Blendung,* der auf groteske Weise das Assimilationsbestreben wie den Selbsthaß des Wiener

Juden verkörpert: durch seinen diminutiven Geschlechtsnamen als Angehöriger eines diskriminierten Volkes gebrandmarkt, trägt er in seinem Vornamen – Siegfried (!) – das auf Wagner-Kult und Deutschtums-Ideologie verweisende Kennzeichen einer radikalen Assimilation, wie sie in Wien beispielsweise von Otto Weininger, dessen Buch *Geschlecht und Charakter* „noch in jeder Diskussion zur Sprache" (FO, S. 136) kam, aber auch von Canettis Lehrmeister Karl Kraus gepredigt wurde. Als 'Entreebillet zur europäischen Kultur' – bei Weininger die Konversion zum Protestantismus, bei Kraus zum Katholizismus – galt bei weiten Kreisen des jüdischen Bürgertums, wenn nicht der Austritt aus der jüdischen Glaubensgemeinschaft, so doch die Demonstration einer 'deutschen' oder gar deutschnationalen Gesinnung (vgl. die Gestalt des Herrn Rebhuhn in der FO, S. 11). Daß eine solche – auf der Verleugnung der Herkunft beruhende – radikale Assimilation oft genug zur quälenden Krankheit des jüdischen Selbsthasses und damit zu einer 'verkrüppelten' Existenz führte, veranschaulicht Canetti in der Figur des Krüppels Fischerle, der sich als größenwahnsinniger Über-Siegfried in die Rolle eines Schachkaisers von Amerika hineinträumt. Von Selbsthaß zerfressen – er „glaubte an nichts, nur daran, daß 'Jud' zu den Verbrechen gehört, die sich von selbst bestrafen"[29] –, sucht er sich in den amerikanischen Schachweltmeister Dr. Siegfried Fischer zu verwandeln. Seine durch einen Kleiderwechsel symbolisierte Metamorphose – in dem Kapitel *Das Kleine* ersetzt Fischerle sein altes Gewand durch das 'westliche' Habit eines Gentleman – wird aber von seiner Umwelt nicht akzeptiert. Der Assimilant wird von einem asozialen 'Herrenmenschen' erschlagen – eine grausame Parodie auf den jüdischen Traum einer Assimilation in einer von Machtrausch und Größenwahn geblendeten Welt![30]

Der „Wortmensch" (FO, S. 311) Canetti empfand seine „durch nichts zu beeinflussende Abhängigkeit von Namen" als „ein Schicksal" (GZ, S. 136), und in das Werk ist diese Abhängigkeit als eine vielgestaltige 'Poetik der Namen' eingegangen, die ihre Aussagekraft aus dem „Konflikt zwischen Namen und Taten" (GZ, S. 136) bezieht. In solcher Wort-Religion vermischt sich Fremdes mit Eigenstem, Kollektives mit Individuellem, aber auch das Einmalig-Unverkennbare mit dem in der Wiederholung erscheinenden Immergleichen zu einem mythisch-magischen Spracherleben. „Man braucht unendlich ferne Sätze, die man kaum versteht, als Halt über die Jahrtausende", so notiert der Dichter in seinen Aufzeichnungen (PM, S. 207), aber auch: „Das Schwerste: immer wieder entdecken, was man ohnehin weiß" (PM, S. 69). So wie das im Grunde exotisch-fremde Judäospanische Canettis Muttersprache war, so wurde ihm die geheimnisvolle 'Zaubersprache' der Eltern zur zweiten, zur eigentlichen Mutter-Sprache und Sprachheimat. Und was den mitteleuropäischen Leser als „exotische Nachricht berühren mochte" – etwa J.P. Hebels Erzählung *Denkwürdigkeiten aus dem Morgenland* –, war dem deutschen Spaniolen „vertraut, als käme es aus einer Art von Heimat" (GZ, S. 323). Mit der Erfahrung Kannitverstans, „als die Eltern in einer [ihm] unbekannten Sprache zueinander redeten", hatte Canettis Leben begonnen, und was sich bei dem deutschen Handwerksburschen „im Unverständnis einzelner Gelegenheiten erhöhte", hatte sich bei ihm „als Erhöhung einer ganzen Sprache ausgewirkt" (GZ, S. 323).

Als einen Spaniolen, der 'ein deutscher Dichter' ist, hatte Broch den noch unbekannten Autor einem Wiener Publikum am 23. Januar 1933 vorgestellt. Eine Woche später wurde in Deutschland mit der Berufung Hitlers zum Reichskanzler die sogenannte Machtergreifung eingeleitet, die zur Verfolgung und Vertreibung der Juden in Europa führte. Als ein „spanischer Dichter in deutscher Sprache"[31] nahm der Emigrant Canetti damals das Deutsche aus Wien so mit, wie Hunderte von Jahren zuvor seine aus Granada vertriebenen Vorfahren ihr Spanisch. Im individuellen Schicksal des Dichters wiederholt sich das Schicksal des eigenen Volkes – „Die Juden sind wieder in Ägypten. [. . .] So sollen sich alle ihre alten Schicksale auf einmal wiederholen" (PM, S. 26) –, und der „Dichter im Exil" (PM, S. 47) erkennt, wie sehr „die Welt schon immer eine Welt von Verbannten war" (PM, S. 37).

Die Aufzeichnungen während der Kriegsjahre lassen auch bei Canetti eine Verschärfung der Identitätsproblematik im Angesicht der entfesselten 'Religion der Macht' und der nationalsozialistischen Judenverfolgung erkennen, die er sich in *Masse und Macht* als furchtbare Konsequenz der durch die Geld-Inflation verursachten „Entwertung der Person"[32] wie als die Wahnsinnstat des paranoischen 'Machthabers' zu erklären sucht. Im Dialog mit der geschriebenen Geschichte der Juden erhofft sich der Emigrierte Antwort auf das Chaos der Gegenwart: ist nicht die Bibel allein „dem Unglück des Menschen angemessen" (PM, S. 45)? Wenn es aber ihre „Furchtbarkeit" ist, die „tröstet" (PM, S. 50) – verlangen nicht die neuen Toten, daß man sich *als Jude* wieder zum Judentum bekennt? „Kann ich nicht", so fragt Canetti im Jahr 1944, „weiterhin allen gehören, wie bisher, und doch Jude sein?" (PM, S. 61) Was immer mit den überlebenden Juden geschehen wird – durch die Massenvernichtung der zu Ungeziefer Degradierten hat sich, wie der Theoretiker der Macht erkennt, die alte Geschichte der Beziehung andrer Menschen zu Juden „grundlegend verändert. Man verabscheut sie nicht weniger; aber man *fürchtet* sie nicht mehr" (PM, S. 81). Von daher der brennende Gedanke: „Hitler müßte jetzt als Jude weiterleben" (PM, S. 79)! Die Zweischneidigkeit der Macht erweist sich aber auch an den Deutschen, die in der Niederlage ihren Opfern gleich wurden: „Hitler hat die Deutschen zu Juden gemacht, in einigen wenigen Jahren, und 'deutsch' ist nun ein Wort geworden, so schmerzlich wie 'jüdisch'" (PM, S. 67).

Trotz aller Anfechtungen hat sich Canetti von der Kultur und Sprache der Deutschen nicht losgesagt – und zwar gerade *als Jude*. Dem drohenden Sprachverlust in fremdsprachiger Umgebung, die ihm „die vertraute Nahrung der Namen" (PM, S. 47) verweigerte, begegnete er durch beschwörende deutsche 'Wortanfälle'[33] – nicht zuletzt im Bewußtsein jener besonderen Konstellation spaniolisch-deutscher Sprachaffinität, die Canetti vielleicht zur einzigen literarischen Person macht, „in der die Sprachen der beiden großen Vertreibungen so eng beieinanderliegen".[34] Aus dem Widerstand gegen den Machthaber Hitler und die zum 'Wörterbuch des Unmenschen' verunstaltete deutsche Sprache erwächst dem Verbannten die Verantwortung für das Idiom der verlorenen 'Heimat', für eine Sprache, die er als Jude „rein gehalten"[35] hat. In einem bewegenden Bekenntnis zur deutsch-jüdischen Gemeinschaft notiert der 'Dichter im Exil' im Jahre 1944:

Die Sprache meines Geistes wird die deutsche bleiben, und zwar weil ich Jude bin. Was von dem auf jede Weise verheerten Land übrig bleibt, will ich als Jude in mir behüten. Auch *ihr* Schicksal ist meines; aber ich bringe noch ein allgemein menschliches Erbteil mit. Ich will ihrer Sprache zurückgeben, was ich ihr schulde. Ich will dazu beitragen, daß man ihnen für etwas Dank hat. (PM, S. 62f.)

Die vom Zürcher Schüler so bewunderte Moral aus Hebels *Denkwürdigkeiten aus dem Morgenland* – „Man soll seinem Feind keinen Stein in der Tasche und keine Rache im Herzen nachtragen" (GZ, S. 323) – erfüllt sich in Canettis Ethos der humanen Verantwortung, das dem Schriftsteller inmitten des völkermordenden Krieges den Satz ermöglicht: „[. . .] ich will keine Rache, ich will andere Menschen" (PM, S. 26). Nicht aus dem Vergessen speist sich dieses Ethos, sondern aus der Fähigkeit des exilierten Dichters, seinen eigenen Ursprüngen und damit der Geschichte der Vertreibungen nachzudenken – einer Fähigkeit der Erinnerung, die den westlichen Reisenden Canetti auch im Judenviertel des 'modernen' Marrakesch an ein heimatlich-zeitloses Ziel gelangen läßt: „Ich mochte nicht mehr weg von hier, vor Hunderten von Jahren war ich hier gewesen, aber ich hatte es vergessen und nun kam mir alles wieder."[36] Wenn es zum *Beruf des Dichters* gehört, gegen „die wachsende Macht des Todes in Vielen"[37] die Verwandlungsfähigkeit des Menschen als Hoffnungsziel seiner Selbstverwirklichung aufzuzeigen und das verwandlungsreiche literarische Erbe der Menschheit zu hüten, so erkennen wir in diesem Credo auch das beharrliche Bemühen des deutsch-jüdischen Autors, sich seiner individuell-kollektiven Biographie erinnernd zu bemächtigen und die Vergangenheit am Leben zu halten. Denn der „eigentliche Wert der Erinnerung besteht in dieser Einsicht, daß nichts vorüber ist" (PM, S. 296).

Anmerkungen

Abkürzungsverzeichnis:

GZ = Elias Canetti: Die gerettete Zunge. Geschichte einer Jugend. München/Wien: Hanser, 1977.

FO = Elias Canetti: Die Fackel im Ohr. Lebensgeschichte 1921 - 1931. München/Wien: Hanser, 1980.

PM = Elias Canetti: Die Provinz des Menschen. Aufzeichnungen 1942 - 1972. Frankfurt/M. 1976 (Fischer Taschenbuch 1677).

1 Zit. nach: Elias Canetti: Die Blendung. Nobelpreis für Literatur 1981. Zürich: Coron Verlag, o.J. S. 21.

2 Unter dem Titel *Der Schattenfischer* im Georg Büchner Verlag (o.J.) erschienen. Edfelt hat auch Canettis Aufzeichnungen *Die Provinz des Menschen* ins Schwedische übertragen (1979).

3 Zit. nach: Canetti: Die Blendung. Nobelpreis für Literatur 1981. S. 13.

4 Hermann Broch: Einleitung zu einer Lesung von Elias Canetti in der Volkshochschule Leopoldstadt am 23. Januar 1933 in: Canetti lesen. Erfahrungen mit seinen Büchern. Hrsg. v. Herbert G. Göpfert. München/Wien: Hanser, 1975. S. 119.

5 Dagmar Barnouw: Elias Canetti. Stuttgart 1979 (M 180). S. 1.

6 Herbert G. Göpfert: Vorwort zu: Canetti lesen. S. 7.

7 Beantwortung der Frage: Was ist Aufklärung? In: Immanuel Kant: Werke in zehn Bänden. Hrsg. v. Wilhelm Weischedel. Darmstadt: WB, 1968/70. Bd. 9, S. 56.

8 Canetti: Die Blendung. Nobelpreis für Literatur 1981. S. 27.

9 So das Urteil Alban Bergs in einem Brief an Elias Canetti vom 11.11.1935 in: Canetti lesen. S. 122.

10 Canetti: Die Blendung. Nobelpreis für Literatur 1981. S. 27.

11 Vgl. dazu Viktor Suchy: „Das spätmittelalterliche Spanisch auf dem Balkan war eine Sprache von Verbannten und Exulanten, eine Frucht spanischer 'christlicher Nächstenliebe', die jüdische Menschen ins Exil getrieben hatte." (Exil in Permanenz. Elias Canetti und der unbedingte Primat des Lebens. In: Die deutsche Exilliteratur 1933-1945. Hrsg. v. Manfred Durzak. Stuttgart: Reclam, 1973. S. 283).

12 Canetti selbst lernte auch in späteren Jahren kein Jiddisch, die Sprache blieb ihm fremd (vgl. FO, S. 213).

13 In Rustschuk hieß die übrige Welt „Europa, und wenn jemand die Donau hinauf nach Wien fuhr, sagte man, er fährt nach Europa, Europa begann dort, wo das türkische Reich einmal geendet hatte" (GZ, S. 11).

14 Elias Canetti: Welt im Kopf. Eingel. und ausgew. von Erich Fried. Graz und Wien: Stiasny-Bücherei 102, 1962. S. 8. – Zum Einfluß Österreichs auf die Canettis während der frühen Rustschuker Zeit vgl. auch *Die gerettete Zunge,* S. 41ff.

15 Vgl. zum Problem der Assimilation Klara Pomeranz Carmely: Das Identitätsproblem jüdischer Autoren im deutschen Sprachraum. Von der Jahrhundertwende bis zu Hitler. Königstein/Ts.: Athenäum, 1981. S. 16ff., S. 170f. sowie *Einleitung*, S. 22ff.

16 In der letzten Strophe von Luthers reformatorischem Bekenntnislied *Eine feste Burg ist unser Gott* heißt es: „Das wort sie sollen lassen stahn [. . .]" (Martin Luther: Die deutschen geistlichen Lieder. Tübingen: Niemeyer, 1967. S. 40).

17 So Peter von Haselberg in seiner Rezension der *Blendung* in der *Frankfurter Zeitung* vom 12.4.1936, zit. nach: Canetti lesen. S. 92.

18 Vgl. Anm. 16.

19 Dies die Überschrift eines Canetti-Artikels von Jean Clémentin in *Le Canard Enchaîné* vom 16.6.1982.

20 Konfuzius in seinen Gesprächen. In: Elias Canetti: Die gespaltene Zukunft. Aufsätze und Gespräche. München: Hanser, 1972. S. 40.

21 Vgl. Faust I, V. 1224-1237. – Eine wahnhaft-verzerrte Kontrafaktur zur neuzeitlichen 'Logos'-Auslegung als lebendig-wirkender 'Tat' findet sich im Kap. *Die Erstarrung* in der *Blendung,* wo Kien aus der werdenden Zeit in die Stein gewordene Vergangenheit flüchtet: „Im Anfang war das Wort, aber es *war,* also war die Vergangenheit vor dem Wort" (Elias Canetti: Die Blendung. Frankfurt/M. 1982 [Fischer Taschenbuch 696]. S. 169).

22 Vgl. *Die Fackel im Ohr,* S. 240ff. und den Essay *Karl Kraus, Schule des Widerstands* in: Elias Canetti: Das Gewissen der Worte. Essays. 2. Aufl. Frankfurt/M. 1976 (Fischer Taschenbuch 5058). S. 42ff.

23 Die erste Haggada wurde übrigens im Jahre 1482 in Spanien gedruckt – also kurz vor der Vertreibung der iberischen Juden (vgl. Leo Prijs: Die Welt des Ju-

dentums. Religion, Geschichte, Lebensweise. München 1982 [BSR 261]. S. 110); den Auszug aus Ägypten deutet Canetti später als 'Massensymbol' – eine Art nationalen Einheitsgefühls – der Juden (vgl. Elias Canetti: Masse und Macht. Bd. 1. Reihe Hanser 124. 2. Aufl. 1976. S. 196).

24 Der Schlußvers seines Erstlingsstücks *Junius Brutus* lautet: „Dem Vater Fluch, der seine Söhne mordet!" (GZ, S. 270); noch im Vorwort zu seiner Aphorismen-Sammlung bezeichnet er die Frage des Todes als diejenige, die ihm „die wichtigste ist [. . .]" (PM, S. 8). – Der über den Vater gesprochenen Fluchformel steht übrigens in der Autobiographie die – wenn auch ironisch gefärbte – Segensformel für den Enkel gegenüber: „Yo ti bendigo, Eliachicu, Amen" (GZ, S. 24f.; FO, S. 97).

25 Manfred Durzak: Versuch über Elias Canetti. In: Akzente 17 (1970). S. 171.

26 Vgl. 1. Mose 2, 19/20. – Schon für Herder, der übrigens ähnlich wie Canetti die Bedeutung des Gehörsinns im Zusammenhang der menschlichen Welterfahrung hervorhebt, ist der Bericht der Genesis über die Benennung der Wirklichkeit durch den Menschen Sinnbild seiner Grundauffassung von der 'Menschlichkeit' der Sprache; vgl. J.G. Herder: Abhandlung über den Ursprung der Sprache. Hrsg. v. Hans Dietrich Irmscher. Stuttgart 1981 (RUB 8729[2]), S. 46, S. 162.

27 Gespräch mit Joachim Schickel (März 1972). In: Canetti: Die gespaltene Zukunft. S. 105. – Bereits in Rustschuk war die noch 'unbegriffene' deutsche Sprache für das Kind zur „Zaubersprache" (GZ, S. 35) geworden, deren geheimnisvolles 'Sesam öffne dich!' sich auf wunderbare Weise erfüllte, als der Knirps einmal die ahnungslose Mutter mit dem nur vom Vater benutzten Kosenamen „Mädi" (GZ, S. 38) aus dem Hause lockte!

28 Vgl. Elias Canetti: Alle vergeudete Verehrung. Aufzeichnungen 1949-1960. München: Hanser, 1970, S. 59.

29 Canetti: Die Blendung: Fischer. S. 265.

30 Die hier skizzierten Ansichten zu Fischerle verdanke ich in ihren Grundzügen Gerald Stieg (Paris), dessen Deutung im Herbst 1983 in einem Aufsatz über *Kraus und Canetti* (in: *Modern Austrian Literature,* Riverside, Ca.) erscheint.

31 Gespräch mit Horst Bienek (Oktober 1965). In: Canetti: Die gespaltene Zukunft. S. 103. – Canettis 'Hispanität' bedürfte einer eigenen Untersuchung, und zwar im Hinblick auf sein Sprachverständnis wie auf die Tradition der großen satirischen Werke – etwa des *Don Quichote* oder der im Gespräch mit Bienek erwähnten *Celestina* oder der *Sueños* von Quevedo.

32 Canetti: Masse und Macht. Bd. 1. S. 206.

33 Vgl. die Rede *Wortanfälle* in: Canetti: Das Gewissen der Worte. S. 170ff.

34 Gespräch mit Horst Bienek. In: Canetti: Die gespaltene Zukunft. S. 103.

35 Ebd.; vgl. *Die Provinz des Menschen,* S. 75; dazu auch *Einleitung* S. 15. – Die in der vorliegenden Studie formulierten Gedanken zu Canettis Exilerfahrung stützen sich vorwiegend auf die Aufzeichnungen in der *Provinz des Menschen;* eine ausführlichere Darstellung wird erst nach Erscheinen des dritten Memoirenbands möglich sein!

36 Elias Canetti: Die Stimmen von Marrakesch. Aufzeichnungen nach einer Reise. Reihe Hanser 1. 7. Aufl. 1976. S. 45.

37 Der Beruf des Dichters. In: Canetti: Das Gewissen der Worte. S. 290.

Theo Buck

„Wachstum oder Wunde". Zu Paul Celans Judentum

Mit den Verfolgten, in spätem, un-
verschwiegenem,
strahlendem
Bund.

GW 2,25

Vse poéty židy
Alle Dichter sind Juden (Marina Zwetajewa)

GW 1,287

Mit uns, den
Umhergeworfenen, dennoch
Fahrenden:

der eine
unversehrte,
nicht usurpierbare,
aufständische
Gram.

GW 3,151

I.

Wer als deutschsprachiger Jude in die diffuse Situation der untergegangenen Donaumonarchie hineingeboren wurde, mußte in seinem Judentum zwangsläufig mehr sehen als ein bloß akzidentielles Moment der Herkunft. Der 1920 in Czernowitz (heute: Tschernowzy), dem Zentrum der Bukowina, zur Welt gekommene Paul Pessach[1] Antschel, uns bekannt unter seinem Künstlernamen Paul Celan[2], konnte freilich nicht ahnen, welchen Anspannungen, Zwängen, Perversionen und Verlusten er sich im Europa der dreißiger und vierziger Jahre ausgesetzt sehen sollte. Als „existentieller Außenseiter" (Hans Mayer) brauchte er sich während seiner Jugend gewiß nicht zu fühlen. Gesellschaftliche Deklassierung widerfuhr ihm damals nicht. Judenhaß war selten. Denn in der Bukowina lebten – ähnlich wie in Prag oder Danzig – viele Völker nebeneinander und miteinander: Slawen, Deutsche, Juden, hier auch noch Rumänen und verschiedene kleinere ethnische Gruppen.[3] Juden bildeten fast die halbe Bevökerung der 1920 rumänisch gewordenen Provinzhauptstadt Czernowitz. Insofern beschreibt der Hinweis Israel Chalfens, es habe sich um eine „jüdische Stadt deutscher Sprache" gehandelt,[4] den dortigen Sachverhalt historisch zutreffend. Der Grund für die anderswo ungewöhnliche Interessenkoalition zwischen Österreichern, Deutschen und den auf Assimilation bedachten Juden war die gemeinsame Frontbildung gegen die „irredentistischen Bestrebungen der Slawen und Rumänen".[5] Deutsche Sprache und Kultur prägten das kulturelle Leben der Stadt. Die Juden hatten daran erheblichen Anteil. Als verläßlicher Gewährsmann berichtet Chalfen: „Man konnte das mit österreichischer Lässigkeit und slawischer Breite gesprochene, von jiddischen Redewendungen durchflochtene Bukowiner Deutsch überall in der Stadt hören."[6] Viele Studenten an der 1875 gegründeten deutschen Franz-Joseph-Universität zu Czernowitz entstammten jüdischen Familien. Daran änderte sich auch in der rumänischen Ära wenig.

Andererseits war die Bukowina in den letzten Jahrhunderten ein ausgesprochenes Reliktgebiet.[7] Deswegen konnten sich dort die jüdischen Traditionen und Lebensgewohnheiten ziemlich ungebrochen erhalten. Mit guten Gründen hat Celan die „topographische Skizze" seiner Jugendzeit vor diesen Hintergrund gestellt, als er in der Bremer Ansprache 1958 darauf hinwies: „Es ist die Landschaft, in der ein nicht unbeträchtlicher Teil jener chassidischen Geschichten zu Hause war, die Martin Buber uns allen auf deutsch wiedererzählt hat. [. . .] es war eine Gegend, in der Menschen und Bücher lebten."[8] Die Vergangenheitsform wurde vom Autor mit Bedacht gewählt, denn alles „Legendarische" (Siegfried Kracauer) ging in der totalitären Barbarei der nationalsozialistischen 'Endlösung der Judenfrage' unwiederbringlich verloren.

Erst der 'im Namen des deutschen Volkes' vollzogene Völkermord an sechs Millionen Juden machte Celan jüdische Estistenz als soziales Schicksal bewußt: als die bittere Erfahrung vom Außenseiter, der sich richtig nur für seine Fremdheit entscheiden kann. Es bedurfte der „Botschaft [. . .] aus ukrainischen Halden"[9], um entsprechende Denkanstöße auszulösen. Jude zu sein, wurde dadurch für ihn, wortwörtlich, zur Lebens-Frage.

Davor gab es für den Mann aus Czernowitz die vielfältigen Einwirkungen jüdischen Glaubens, jüdischer Legenden und Parabeln, jüdischer Geschichte, jüdischer Folklore, vor allem aber die prägenden Bilder des Alten Testaments, der mosaischen Gesetzestreue, der antinomischen Talmud-Exegesen. Sozialisation im Zeichen jener festgefügten, facettenreichen Traditionswelt des Ostjudentums, wie wir sie in den Memoiren des in Galizien geborenen Manès Sperber, deutlicher noch in den „Geschichten aus Odessa" des Isaak Babel[10] oder in den 'Bildern aus Witebsk' des Marc Chagall[11] nacherleben können. Aus diesem tiefreichenden Erfahrungsschatz hat Celan später immer wieder geschöpft.

So gut wie keinen Zugang hatte er indes zu den mystischen und apokalyptischen Traditionen des Judentums. Dem religiösen Glauben seiner Väter gegenüber erwies er sich als indifferent. Ganz bewußt nahm Celan nach dem 'Bar-Mizwa' (der jüdischen Konfirmation)[12] nie mehr aktiv an einem Gottesdienst in der Synagoge teil. Regressive Orthodoxie widerstrebte ihm ebenso wie der offensive zionistische Erneuerungswille. Bezeichnenderweise hielt er sich an einen dritten Weg: den der liberalen, gleichsam 'unjüdischen' Lösung des Dilemmas zwischen Identitätsbewahrung und Assimilation. Wie zahlreiche jüdische Intellektuelle sah er produktive Möglichkeiten am ehesten auf der politischen Linken. Dies dürfte der Grund für Celans Mitarbeit in der illegalen kommunistischen Jugendorganisation UTC gewesen sein.[13] Die intensive Beschäftigung mit den Schriften Peter Kropotkins und Gustav Landauers und die danach bekundete Übereinstimmung mit dem anarchistischen Gedankengut[14] bezeugen jedoch, daß parteilich verordnete Orthodoxie von Anfang an nicht seine Sache war. Unter den Eindrücken des Stalinismus geriet er dann in wachsende Distanz zum offiziellen Kommunismus. Reale Einsamkeit prägte die Linie seines Lebens – schon damals.

Allerdings lag die Fremdheit gegenüber der sozialen Umgebung bis zu einem gewissen Grad auch in seiner Absicht. Mit Bedacht ließ er im Bukowiner Freundeskreis verlauten, Jiddisch sei in seinem Verständnis lediglich „verdorbenes Deutsch", ein im Grunde rein „folkloristisches Phänomen".[15] Zwar soll er gerne einzelne jiddische Verse nachgesprochen haben[16], doch habe man sonst „nie etwas jiddisch Gesprochenes" von ihm gehört.[17] Dahinter steckte nicht etwa der Wunsch, sein Judentum hinter sich zu lassen; eher schon war diese Haltung Ausdruck seiner Affinität zur westlichen Kultur und ebenso seiner Bindung an die deutsche Sprache und Literatur. Als künstlerisch Interessierter folgte Celan der Kategorie des Besonderen. Hätte es den Holocaust nicht gegeben, wäre es wohl bei jenen Orientierungen geblieben. Allein die Erfahrung des ihm zuvor offenbar unbekannten Gefühls jüdischer Solidarität eröffnete wieder den Zugang zu Ursprünglichkeit und Poesie des Jiddischen. Die Begegnung mit der eigenen Vergangenheit hatte für Celan durchaus Proustsche Erinnerungs- und Erkenntnisqualität.

Wenn angemerkt werden konnte, Celan sei in seiner Bukowiner Heimat keine gesellschaftliche Deklassierung widerfahren, so bedarf das einer Präzisierung. Diese Aussage gilt nur vor dem Hintergrund der von Chalfen überlieferten Sachlage eines kräftig „pulsierende(n) jüdische(n) Leben(s) . . . , das allen antisemitischen Bemühungen, es zu untergraben, widerstand."[18] Natürlich war auch das Vielvölkergebiet östlich der Karpaten für Israeliten kein idyllisches Reservat. Daß sie zwar geduldet, nicht aber wirklich gleichberechtigt waren, kam den jüdischen Bürgern von Czernowitz immer wieder schmerzlich zum Bewußtsein. Politische Entscheidungen wurden praktisch über die Juden hinweg getroffen. Von ihrer christlichen Umgebung blieben sie abgetrennt. Überall stieß man auf die Trennungslinie „unsichtbarer Gettomauern" (Hans Mayer). Der missionarische Eifer der Zionisten hatte seine Ursache in vielfältigen Formen verurteilender Stigmatisierung. Als dreizehnjähriger Gymnasiast vertraute Celan einem Brief an die Tante in Palästina den vielsagenden Satz an: „Ja, was den Antisemitismus in unserer Schule betrifft, da könnte ich ein 300 Seiten starkes Buch darüber schreiben."[19]

Noch ahnte der junge Mann nicht, daß er in ein Lebensglück auf Widerruf hineinwuchs. Zwar erfuhr er schon früh von den nationalsozialistischen Judenverfolgungen im Deutschen Reich, weil der von dort geflohene Bruder seines Vaters, David Teitler, im Familienkreis häufig davon erzählte.[20] Für ihn blieb das jedoch zunächst ein Vorgang in der Ferne. Eine erste unmittelbare Anschauung bekam Celan als frischgebackener Abiturient auf der Reise zum Medizinstudium nach Frankreich beim Zwischenaufenthalt in Berlin. Zufällig kam er dort am Morgen nach der 'Reichskristallnacht' vom 9. November 1938 an. Unter dem Eindruck des Pogroms änderte er spontan seine Pläne und entschloß sich zur fluchtartigen Weiterfahrt. In fünf Versen des Gedichts „La Contrescarpe" hat er die ihm später deutlich gewordene Signalwirkung seines Schocks festgehalten. Es heißt da:

Über Krakau
bist du gekommen, am Anhalter
Bahnhof
floß deinen Blicken ein Rauch zu,
der war schon von morgen.[21]

Die lyrische Selbstreflexion steigert den autobiographischen Aspekt zur Aussage über eine Zeitlage. Mit dem Bild des Rauches erinnert Celan an jene tiefe Wunde, die damals in ihm aufriß. Sie sollte sich als unheilbar erweisen.

Gedichte schrieb Celan seit seinem fünfzehnten Lebensjahr. Die Tradition, an die er anzuknüpfen gedachte, war die bewußter Stilisierung: Formkunst in der Art Hofmannsthals, Rilkes oder des jungen Trakl. Nicht die „Negativität der erfahrenen Wirklichkeit" (Georg-Michael Schulz) wollte er zum Gegenstand seiner Lyrik machen, sondern „das aufgeblühte Leben".[22] Sein Anspruch war auf das Sprachkunstwerk und auf Überzeitlichkeit gerichtet. Daß er damit die lyrische Produktion als Surrogat des Wirklichen und insofern als Reservat einer fragwürdig gewordenen Innerlichkeit mißverstand, konnte der literarische Anfänger nicht wissen. Die Zeitläufte belehrten ihn eines Anderen. Leiden, Tod und Verderben wurden jetzt zum Anlaß des Schreibens. Der elende Tod des Vaters in der Deportation, die Ermordung der Mutter durch Genickschuß, eigene Erfahrungen im Arbeitslager Tîrgu Jiu, der organisierte Massenmord – das sind fürwahr Lebenseindrücke permanenter Erinnerung und damit Gegenwärtigkeit. Sie veränderten Celans ästhetische Kategorien radikal. „Welches der Worte du sprichst –/ du dankst / dem Verderben",[23] lautete nun sein poetisches Selbstverständnis. Mit 'Dichtertum' war da nichts mehr anzufangen. Dieser Schritt fiel ihm schwer. Wir spüren etwas von der zwar noch zögernden, innerlich jedoch beschlossenen Distanznahme, wenn Celan sich in einem Brief über seine frühe literarische Arbeit folgendermaßen äußert: „Er ist glücklich zu wissen, daß in seinen Gedichten oft das Wunderbare Bestand gewann, das, am Herzrand sich bewegend, ein Inniges, unsäglich Großes schildern sollte."[24] Die bewußt gewählte Form der Vergangenheit sowie die Überführung der brieflichen Reflexion in die dritte Person geben zu erkennen, daß es sich nur noch um einen Rückblick handelt. Vorbei die auratische Kunst.[25] Aus der Substanz seiner Existenz heraus mußte Celan jetzt ein neues ästhetisches Programm entwickeln. Von nun an galt es, mit den Widersprüchen und Schwierigkeiten poetischer Kreation zu leben; von nun an war er „Allein mit den jüdischen Gräbern."[26]

Der wirkliche künstlerische Formationsprozeß setzte erst damit ein. Er zwang den Schriftsteller zur ständigen Auseinandersetzung mit der Paradoxie einer noch unbegriffenen Realität. Eine Art „poetologisch-programmatischer Selbstanweisung" (Beda Allemann) für den neuen Kurs hat Celan im Gedicht „Sprich auch du" formuliert. Sie lautet so:

Sprich –
Doch scheide das Nein nicht vom Ja.

Gib deinem Spruch auch den Sinn:
gib ihm den Schatten.

Gib ihm Schatten genug,
gib ihm so viel,
als du um dich verteilt weißt zwischen
Mitternacht und Mittag und Mittnacht.

Blicke umher:
sieh, wie's lebendig wird rings –
beim Tode! Lebendig!
Wahr spricht, wer Schatten spricht.[27]

Hier geht es in der Tat um die 'nicht mehr Schönen Künste', um „verweigerte Poetisierung der Welt" (Klaus Voswinckel). Wenn deshalb ein Interpret der „Todesfuge" allen Ernstes an diesem Gedicht „Die Wiederkehr des Schönen" feiert,[28] heißt das die diametralen Intentionen dessen, der „Schatten spricht", von Grund auf verkennen. Celan hat das Nötige dazu gesagt, als er die Ausrichtung zeitgenössischer Lyrik wie folgt zu bestimmen versuchte: „Ihre Sprache ist nüchterner, faktischer geworden, sie mißtraut dem 'Schönen', sie versucht, wahr zu sein. [. . .] Sie verklärt sich nicht, 'poetisiert' nicht, sie nennt und setzt, sie versucht, den Bereich des Gegebenen und des Möglichen auszumessen."[29] Eine derartige Sprache ist für den Verfasser der „Todesfuge" Resultat der „Stimmen vom Nesselweg her".[30] Wer „Schatten spricht", spricht die Sprache des Leidens. Man kann Chalfen nur zustimmen, wenn er feststellt, ab diesem Zeitpunkt habe „das Jüdische Eingang in Pauls (d.i. Celans; d.V.) Dichtung gefunden."[31]

II.

Als Jude nach Auschwitz Gedichte in deutscher Sprache zu schreiben: – wahrlich ein weites Feld. Deutsch war Celans Muttersprache und damit, wie Chalfen richtig anmerkte, „die Sprache seines tieferen Lebens."[32] Gerade ihm, der zwischen mehreren Sprachen aufgewachsen war,[33] ging hierdurch „das schicksalhaft Einmalige der Sprache"[34] auf. Ruth Lackner erinnert sich an Diskussionen gegen Ende der Czernowitzer Zeit, die immer wieder um das Thema der schöpferischen Sprache kreisten. Celan bestand darauf: „Nur in der Muttersprache kann man die eigene Wahrheit aussagen."[35] Deutsch sprachen aber auch die Mörder seiner Mutter, jene makabren Todestechnokraten, in denen er die „Meister aus Deutschland"[36] sehen mußte. Deswegen stellte sich dem Überlebenden die bohrende Frage:

Und duldest du, Mutter, wie einst, ach, daheim,
den leisen, den deutschen, den schmerzlichen Reim?[37]

Die Antwort konnte nur zwiespältig ausfallen. In der Bremer Ansprache hat Celan, um äußerste Genauigkeit bemüht, das Resultat seiner insistierenden Überlegungen so zusammengefaßt:

Erreichbar, nah und unverloren blieb inmitten der Verluste dies eine: die Sprache. Sie, die Sprache, blieb unverloren, ja, trotz allem. Aber sie mußte nun hindurchgehen durch ihre eigenen Antwortlosigkeiten, hindurchgehen durch furchtbares Verstummen, hindurchgehen durch die tausend Finsternisse todbringender Rede. Sie ging hindurch und gab keine Worte her für das, was geschah; aber sie ging durch dieses Geschehen. Ging hindurch und durfte wieder zutage treten, 'angereichert' von all dem. In dieser Sprache habe ich, in jenen Jahren und in den Jahren nachher, Gedichte zu schreiben versucht: um zu sprechen, um mich zu orientieren, um zu erkunden, wo ich mich befand und wohin es mit mir wollte, um mir Wirklichkeit zu entwerfen.[38]

Muttersprache als Mördersprache, Mördersprache als Muttersprache und Sprache der Kunst. Celan blieb an das Deutsche gebunden, gerade weil er das Nichterfaßte erfassen wollte. Im übrigen war das die einzige vertretbare Gegenposition zu Adornos umstrittenem Diktum, nach Auschwitz sei kein Gedicht mehr möglich. „Mit seinem Dasein zur Sprache (gehend), wirklichkeitswund und Wirklichkeit suchend",[39] vermochte es der jüdische Dichter, Verse in deutscher Sprache „gegen deutsche Kulturbarbarei" (Klaus Wagenbach) zu schreiben.

Die existentiell erfahrenen Ungleichheiten im Menschlichen ließen Celan zum „intentionellen Außenseiter" (Hans Mayer) werden. Ungeachtet der zweifellos vorhandenen sozialistischen Erwartungen (oder gerade deswegen), konnte seines Bleibens in der ihm fremd gewordenen Heimat nicht länger sein. Die nun einmal gewählte Lebensorientierung zielte auf Prinzipielleres: „Ereignis, Bewegung, Unterwegssein", auf den „Versuch, Richtung zu gewinnen".[40] Zunächst erfolgte im April 1945 die Ausreise nach Rumänien. Aber auch dort hielt es ihn nur kurze Zeit. Ende 1947 unternahm er die Flucht von Bukarest in den Westen. Die Traumstadt der Jugendzeit, Wien, muß ihn bitter enttäuscht haben. Deutschland entfiel von vornherein. Ein Zurück gab es nicht. Die Entscheidung für das ohnehin geliebte Frankreich war rasch getroffen. Im Sommer 1948 übersiedelte Celan nach Paris. Die Stadt an der Seine wurde der Rahmen für die zweite Hälfte seines Lebens. – Obwohl der Emigrant sich über die Gründe für seine Flucht ausschwieg, bedeutete der Ortswechsel ersichtlich auch einen Paradigmawechsel. Der Schriftsteller vollzog den Übergang von den Ideen der Oktoberrevolution zu denen der Französischen Revolution. Es kann keinem Zweifel unterliegen, daß sich Celan im Stalinismus der Schauprozesse und der Diktatur der Partei über das Proletariat fehl am Platze fühlen mußte. Zu offenkundig war die Mißachtung des Einzelnen. Eine dermaßen verordnete Existenz mochte der jeglicher Fremdbestimmung abholde Autor nicht führen. Man darf überdies nicht vergessen, wie stark unter Stalin der Antisemitismus grassierte. Darum löste Celan die unüberbrückbaren Widersprüche auf seine Weise. Er ging als Fremder in die Fremde, – mit seiner Genauigkeit ausgedrückt: „in die Fremde der Heimat."[41] An seinem profunden Mißtrauen gegenüber der Realität änderte sich dadurch nichts. Das erste Jahr in Paris bezeichnete er als „ein Schatten- und Dunkeljahr [. . .], das . . . keinen anderen Namen trug als den der Einsamkeit, der Abgeschiedenheit und Verschlossenheit."[42] Eigentlich war das, abgesehen von einigen Jahren der Stille, auch des Glücks und der Sammlung, fast eine vorausdeutende Charakterisierung der weiteren Lebensumstände.

Grundfalsch wäre es also, Celans Weg in die Fremde ganz im Zeichen seines Judentums anzusiedeln. Jude zu sein wurde für ihn gewiß zum ausschlaggebenden Denkanstoß, zur Lebensentscheidung und damit auch zu einem zentralen Thema seiner Kunst. Trotzdem muß es abwegig erscheinen, wenn Peter Mayer kurzerhand behauptet: „er dichtete, um Jude zu werden.“[43] Gerade der von Celan zum Motto erhobene Satz Marina Zwetajewas: „Alle Dichter sind Juden“[44] macht offenkundig, daß hier nicht die Frage des Judentums angesprochen ist, sondern die Position des Künstlers als Außenseiter der Gesellschaft. Jüdische Dichtung oder gar Dichtung des Judentums zu schreiben, lag keinesfalls in Celans Absicht.[45] Sein Horizont war entschieden weiter gespannt. Bekanntlich suchte er eine mögliche, ansprechbare Wirklichkeit, „im Lichte der U-topie.“[46] Er suchte sie nicht als Jude, vielmehr als Mensch unter Menschen. Auch dort, wo er vom Leiden der Juden spricht, meinte er gleichzeitig immer den konkret leidenden Menschen. Conditio judaica als conditio humana. Nur zu gut wußte er nämlich: „Wir leben unter finsteren Himmeln, und – es gibt wenig Menschen.“[47]

Wie Kafka bestand Celan auf der extremen Konsequenz eines Status der „Exterritorialität“; wie für den Prager Schriftstellerkollegen dehnte sich deshalb auch für ihn jeder „Einzelfall . . . auf das ganze Leben aus.“[48] Was immer zum Bestandteil der eigenen leidvollen Erfahrung geworden war, es gehörte damit zur Lebenssubstanz. Das macht: er bemaß alles nach der Integrität seines utopisch-menschlichen Anspruchs. Am sozialen Prozeß interessierte ihn deswegen das Gestische. So schärfte sich sein Blick für Lebensstrukturen. Jüdisches ist darin ebenso aufgehoben wie die übrigen Gegenstände seiner poetischen Arbeit. Verstanden als Teilaspekte eines umfassenden Bewußtseinsbilds gewinnen Jüdisches und Judentum erst den richtigen Stellenwert in Celans Dichtung. Wesentlich ist hierzu ferner die Erkenntnis, daß bei ihm Sprachdenken und Gestaltungsverfahren auf einem Begriff der Erfahrung beruhen, welcher den Bereich der aristotelischen 'Übertragung' (epiphora), also der Sinnbildlichkeit, einschließt. Anders ausgedrückt: Konkretes und Allgemeines sind bei ihm ungeschieden. Celansche Erfahrung lebt nämlich aus einer spezifischen Spannung zwischen Erinnerung und denkender Phantasie. Der von Walter Benjamin an den Gedichten Baudelaires vermerkte „Fundus der dialektischen Bilder“[49] ist auch dem lyrischen Kosmos des Dichters aus Czernowitz zuzusprechen. Die Art, wie er in den Gedichten ganz subjektive Erfahrungen (seine „allereigenste Enge“) in die Dimensionen der Weite, der Tiefe und der Vielfalt überführt, erklärt uns, was ihn dazu trieb, in der Büchner-Preis-Rede Dichtung zu bestimmen als „Unendlichsprechung von lauter Sterblichkeit und Umsonst.“[50] Kein Zweifel, er meinte das Ziel seiner Kunst und sprach in eigener Sache.

III.

„Unendlichsprechung von lauter Sterblichkeit und Umsonst" – aus dieser Formulierung erschließt sich das ethische und zugleich das ästhetische Hoffnungsprinzip des „wirklichkeitswunden" Autors. Beabsichtigt ist die Überführung von Erinnertem, einmal persönlich Erfahrenem, in eine mögliche neue gesellschaftliche Erfahrung. Auf dem Wege dialektischer Annäherung kommt es dabei – mittels der poetischen Evokation – im Bewußtsein des aufnahmebereiten Adressaten zu der angestrebten Koinzidenz von Utopie und plötzlichem Erkennen. In präsentisch-futurischer Spannung werden so Gedächtnis und „Vorschein" (Ernst Bloch), Ich und Wir, Geschichte und Gewissen produktiv aufeinander bezogen. Für Celan war solcher Identitätsgewinn eine Lebensfrage. Als Erfüllungsmöglichkeit konnte er sie nur vorsichtig insistierend einkreisen. Sie zu bekennen, hätte eine sprachliche Bestimmtheit erfordert, zu der er sich nicht in der Lage sah. Ging es doch um das Transzendieren „von lauter Sterblichkeit und Umsonst", will sagen um die Durchbrechung von Endlichkeit, Unerreichbarkeit, Vergeblichkeit und Bedingtheit. Darum galt sein lyrisches Suchen dem „Gegenwort", dessen auslösende Kraft eine „Atemwende" bewirken kann.[51] Das „Gegenwort" zielt auf Umgestaltung der Realität in der angedeuteten dialektischen Bewegung. Celans Ausdruckswelt transponiert die subjektiven Erfahrungsmuster seiner Erlebnistotalität auf die Ebene überformender ästhetischer Formulierung. Im Fall des Gelingens dringen sprachliche Reflexion und Sprachbewegung bis zu jenem Bereich vor, wo etwas vom „Lichte der U-topie" aufscheint. – Für unseren Zusammenhang wird es nun wichtig sein, der Konstellation von Erinnerung und Utopie an Beispielen jüdischer Selbstvergewisserung, jüdischen Schicksals und jüdischer Sprachzeichen im poetischen Werk konkret nachzugehen.

Letzten Endes ist es ohnehin geboten, so zu verfahren. Die ästhetischen Voraussetzungen der Celanschen Lyrik lassen sich nämlich nicht trennen von der Vita. Im Grunde konnte jeder Lebensmoment zur künstlerischen Herausforderung werden, bedeutete mithin virtuell ein Stück des Werkes. Auffallender Zug ist dabei eine durchgängige Reaktion: die des Widerspruchs zum Bestehenden. Wenn Celan dafür hält: das Gedicht bleibe „seiner Daten eingedenk", ja sogar die Tätigkeit des Gedichteschreibers als „eine aller unserer Daten eingedenk bleibenden Konzentration" definiert,[52] so bedeutet das ein ausdrückliches Bestehen auf den Dimensionen leidend erfahrener und kritisch verarbeiteter Geschichte. „Wirklichkeitswund" kann nur einer werden, der sich der Realität zuvor radikal ausgesetzt hat. Höchst zutreffend und bedenkenswert erscheint deshalb Hans Mayers Feststellung zu den historisch konkreten Implikationen von Celans Gestaltungsverfahren: „Für ihn war alles verständlich: nur wurde beim Verstehen viel vorausgesetzt."[53] Wer sich die Mühe macht, den konkreten Benennungen in den Gedichten genau nachzuspüren, stößt fortwährend auf gleichermaßen überraschende wie erhellende Anspielungen, Korrespondenzen, Zitate, Kombinationen und Assoziationen.

Celans Gedächtnisfähigkeit hatte etwas von einem hochdifferenzierten Datenspeicher. Allenthalben Erinnerungsmaterial („seiner Daten eingedenk"), jederzeit abrufbar, um der poetischen Kreation angemessen integriert zu werden. Naturgemäß nehmen im Rahmen der thematischen, symbolischen, metaphorischen und sprachlichen Werkstrukturen Jüdisches und Judentum einen besonderen Platz ein. So wenig dem Autor, wie gesagt, an spezifisch jüdischer Dichtung gelegen war, so sehr wird jedem Leser deutlich, daß er Gedichte eines Juden vor sich hat. Auf Schritt und Tritt begegnen wir Erinnerungen und Evokationen jüdischer Wirklichkeit und jüdischen Leidens. Es sind Zeichen jenes „Woandersseins", von dem Gershom Scholem spricht.[54] In ihnen manifestiert sich die Wunde jüdischer Existenz. Man denkt unwillkürlich an eine Tagebucheintragung Schnitzlers; dort steht der bedrückend-eindeutige Satz: „Wie schön ist es ein Arier zu sein, man hat sein Talent so ungestört."[55] Auch Celan hatte sein Talent gewiß nicht ungestört.

Der einzige Prosatext, den er verfaßt hat – *Gespräch im Gebirg*[56] – kreist um eben dieses Problem: „Wachstum oder Wunde."[57] Konkreter Gegenstand der im August 1959 geschriebenen Geschichte ist die Selbstverständigung eines Juden, der an einem Juliabend „wie Lenz, durchs Gebirg"[58] geht. Die Art, wie Celan hier Büchner zitiert, weist die narrative Konstruktion von vornherein als Denk- und Sprachspiel aus. Allerdings handelt es sich um ein Spiel mit sehr ernstem Charakter. Der Autor stellt die Frage: „welchen Daten schreiben wir uns zu?" Um eine Antwort darauf zu finden, muß er sich bemühen, „die Gestalt in ihrer Richtung zu sehen", hier – im „Gespräch im Gebirg" – die eigene Gestalt. Am Büchnerschen Lenz war Celan eine Möglichkeit solcher „Richtung" aufgegangen. Deren Ziel besteht in der „Freisetzung",[59] einer Freisetzung freilich, die in sich fragwürdig bleibt und deswegen auch bloß als Frage formuliert werden kann: „Finden wir jetzt vielleicht den Ort, wo das Fremde war, den Ort, wo die Person sich freizusetzen vermochte, als ein – befremdetes – Ich?"[60]

„Befremdetes Ich" – das war Celans Thema. Darum ließ er „einen Menschen 'wie Lenz' durchs Gebirg gehen." Den Anstoß dazu, die „kleine Geschichte zu Papier" zu bringen, beschreibt er in der Büchner-Preis-Rede. Dort gibt er die direkt auf Büchners Text bezogene Begründung: „Ich hatte mich [. . .] von einem '20. Jänner', von meinem '20. Jänner', hergeschrieben." Zugleich hält Celan bereits das Resultat fest: „Ich bin [. . .] mir selbst begegnet."[61]

Wie aber sieht die Selbstbegegnung aus? Wichtig ist hierzu eine Klärung des perspektivischen Aufbaus der Geschichte. Denn der äußere Erzählablauf stellt sich ziemlich rasch als einigermaßen trügerisch heraus. Bei genauerem Hinsehen erweisen sich die scheinbar eindeutigen Erzählformen – Bericht, Dialog, Monolog – nämlich als gekonnt ausdifferenziertes Rollenspiel. Noch komplizierter wird der Sachverhalt durch den gleichfalls wechselnden Modus der personalen Anrede.[62] Alles andere als einfach ist mithin die vom Titel herzuleitende „Gesprächs"-Situation. Betrachtet man die personalen und perspektivischen Erzählstrategien vom Ende der Geschichte her, verlieren Bericht und Dialog ihren objektivierenden Charakter. Es entsteht ein direkter Bezug zum Monolog, der seinerseits in eine längere Partie 'erlebter Rede'[63] und einen kurz abschließenden 'inneren Monolog' zerfällt. Zum Ausdruck kommen durchweg Vorstellungen ein und desselben Ichs. Imaginierter Erzählbericht, dialogische und monologische Textteile konvergieren in unmittelbar subjektiver Bekundung. Bezüge gesellschaftlicher Interaktion fehlen.

Man kann daraus nur folgern, daß es falsch wäre, hier nach Personen der dargestellten Welt zu suchen. Unverkennbar ist das Ganze ein mehrstimmiges Selbstgespräch, ein dialektisch ausholender innerer Selbst-Dialog. Dem entspricht auch die dafür einheitlich gewählte Form gesprochener Sprache als Ausdrucksvehikel.[64]

Ist einmal geklärt, daß die personal ausgewiesenen Gesprächsteilnehmer lediglich Medien einer inneren – geistigen – Selbstklärung sind, dann verdeutlicht sich der Erzähltext als Reflexionsprozeß eines personal gespaltenen Subjekts. Ein als Jude geborener Schriftsteller denkt nach über seine Position. Ausgangspunkt ist die bedrückende Realität „eines entstellten Judentums im Exil" (Gershom Scholem). Insofern bedeutet das „Gespräch im Gebirg" Selbstformulierung, Selbstprüfung und Lebensbestimmung zugleich.

Mithin ist der Autor durchweg in hohem Maße impliziert. Immer steckt er – ungeachtet der variierenden Distanz – hinter den Figuren des Erzählers, der Geschwisterkinder Klein und Groß, wie überhaupt hinter der ganzen narrativen Reflexionsstruktur. Vor allem aber ist er gleichzeitig auch das Objekt der medialen Beobachtung und Erörterung. Deswegen gehören übrigens die mitgeteilten Vorgänge und Gegenstände der Außenwelt allesamt zu seiner Vorstellungswelt. „Stock" und „Stein", „Türkenbund", „Rapunzel" und „Prachtnelke", „Kerze", „Stern", „Schatten" und „Straße" werden zu Elementen einer Seelenlandschaft. Dabei macht die semantische Komponente dieser Zeichen einer reicheren hermeneutischen Ausdrucksdimension Platz. Die Zeichen gewinnen Sinnbildfunktion.

Daß hier ein Künstler zu sich selber spricht, macht aus dem Text auch ein Gespräch an der Grenze zwischen Alltagsexistenz und Außenseitertum, zwischen Regel und Ausnahme. Es ist ein Grenz-Gespräch, das die Konsistenz des Bewußtseins extrem gefährdet, weil ein problematisches Ich sich selbst in „radikale Individuation"[65] hineintreibt. Mit der Preisgabe der vertrauten Horizonte ergibt sich überhaupt erst die Möglichkeit, als jüdischer Schriftsteller so über Judesein und Künstlertum zu reflektieren, wie es Celan in seiner Geschichte tut. Ersichtlich liegt es ihm fern, festumrissene und darum isolierte Themenbereiche abzuhandeln (wie etwa das „Dasein als Jude", das „Problem der Identität" oder „die wahre Potenz eines wirklichen Ich-Du-Verhältnisses"[66]).Entscheidend ist vielmehr die Klärung der eigenen Voraussetzungen, die Distanznahme des Künstlers, die „Freisetzung." Letzten Endes ist das „Gespräch im Gebirg" eine bewußte Aufhebung des Jüdischen. Zwar enthält der Text einerseits ein Bekenntnis zur Situation der Juden „unterm Stern"[67], doch bedeutet er andererseits eine Übersteigerung solcher Identifikation mittels der künstlerischen Verwirklichung. Wie daraus Identität und neue Trennung resultieren, wird noch genau zu bestimmen sein.

Es ist hier nicht der Ort, dem „textkonstitutiven und textstrukturierenden Metaphernfeld" (Gerhard Kurz) in seiner Gesamtheit nachzugehen. Einige der Bildlinien müssen jedoch aufgewiesen werden, da sie der Deutungsrichtung des Selbstverständigungsvorgangs unmittelbar zugeordnet sind. – Eine erste Textklammer ergibt sich aus der Bildkonstellation, mit welcher die Beschreibung des „durchs Gebirg" gehenden Juden zum Sinnbild der Situation des Judentums in der Welt gesteigert wird, wie die folgenden Ausschnitte zeigen:

die Sonne, und nicht nur sie, war untergegangen
der Jud, der Jud und Sohn eines Juden
sein Name, der unaussprechliche
ging unterm Gewölk, ging im Schatten, dem eignen und dem fremden
der Jud, [. . .] was hat er schon, was ihm auch wirklich gehört
unte, wo er hingehört
die Erde, nicht für dich . . . und nicht für mich
auf dieser Straße hier, auf die ich nicht hingehör
unterm Stern.

Wie Mosaiksteine fügen sich die einzelnen Bilder zum Ausdrucksgestus entfremdeter, leidvoller jüdischer Existenz. Ein Gleiches meint das an anderer Stelle gebrauchte Bild der „Rose der Fremde."[68] Celan weiß, daß sein Leben in diesem Zeichen steht.

Entfremdung bestimmt auch das Verhältnis zur Natur. Denn „in den Augen hängt ihnen der Schleier", der ihre Sicht beeinträchtigt („halb Bild und halb Schleier", „Armer Türkenbund, arme Rapunzel! [. . .] ihr steht nicht und blüht nicht, ihr seid nicht vorhanden, und der Juli ist kein Juli", „halb Schleier und halb Stern"). Ausgeschlossensein von der Natur, das heißt ebenso Ausgeschlossensein von der Gesellschaft. Der negative gesellschaftliche Befund provoziert geradezu Mit-Leiden des Erkennenden und damit das Bekenntnis zur Außenseiterrolle.

Anders zu leben, anders zu sehen, anders zu sprechen, anders zu sein, anders sein zu müssen als die meisten – diese erfahrene Entfremdung gibt den Blick auf eine Wirklichkeit unmenschlicher Praxis frei. Doch weiß der Autor, daß sein Judenschicksal andererseits ihm die Existenz als Künstler eröffnet hat. Die „Wunde" erweist sich als Voraussetzung des „Wachstums" („Ich liebte die Kerze, die da brannte, links im Winkel, ich liebte sie, weil sie herunterbrannte"). Im Akt künstlerischer Gestaltung erkennt der Schriftsteller die Möglichkeit, die Antinomien des Lebens zurückzulassen. Konfliktaufhebung durch Virtualisierung, – jedenfalls im Moment der Kreation („ich mit dem Türkenbund links, ich mit der Rapunzel, ich mit der heruntergebrannten, der Kerze, ich mit dem Tag, ich mit den Tagen . . . , ich auf dem Wege hier zu mir, oben"). Der Zuwachs an Substanz, das „Wachstum" des künstlerisch angereicherten Lebens bedeutet die Aufhebung der Entfremdung. Der „Schleier" ist gelüftet, der Zugang zur Natur unverstellt. Schreibend, genauer: seine Geschichte schreibend, hat Celan es geleistet, sich selbst zu begegnen und so – wenigstens monentan – seine Identität zu finden. Kunst heißt demnach für ihn „Freisetzung".

Weil es aber um das „solcherart freigesetzte befemdete Ich"[69] geht, kann der „20. Jänner", von dem der Text hergeschrieben ist, schwerlich eingeengt werden auf das Datum der 'Wannseekonferenz' und den dort getroffenen Beschluß zur 'Endlösung der Judenfrage' (20.1.1942).[70] Natürlich impliziert Celans „20. Jänner" die ermordete Mutter ebenso wie den Holocaust, aber auch die Blutspur der Geschichte insgesamt.[71] Die Daten, von denen er sich herschreibt, liegen auf einer höheren Ebene. Leiden und „Freisetzung" bilden da eine paradoxe Einheit. Mit voller Absicht fügte Celan seinen Überlegungen die erweiternde Frage an: „Und welchen Daten schreiben wir uns zu?"[72] Hier trifft er sich abermals mit Büchner und dessen Konzeption eines Zielbilds vom Menschen unter der Kategorie der „Möglichkeit des Daseins".

Allerdings entstehen aus dem „Wachstum" wiederum neue „Wunden". „Wie Lenz durchs Gebirg" zu gehen, also gleichsam „den Himmel als Abgrund unter sich" zu haben,[73] das zielt offenkundig darauf, die vertrauten Horizonte zurückzulassen. Gemeint ist demnach möglicher Gewinn von Freiheit. Darin liegt das eigentliche Resultat der Celanschen Selbstbegegnung. Indes wäre es vorschnell, den so hoffnungsvoll klingenden Schlußsatz – „ich auf dem Wege hier zu mir, oben" – als 'Versöhnung' zu deuten. Es bleibt bei Negation und Antithese. Denn die Selbstbehauptung als Künstler ist teuer erkauft. Ihr schmerzlicher Preis liegt im Verlust der sozialen Korrespondenz. Daß ein ansprechbares Du fehlt, ist dem „Gespräch im Gebirg" unübersehbar eingeschrieben. Gegen Schluß nämlich substituieren sich den Adressaten personale Negativformen namens „Niemand" oder „Hörstdu".[74] Deutlicher könnte der Autor nicht kundtun, auf welch prekärem Terrain er sich bewegt. „Wachstum" und „Wunde" – dieser Gegensatz bleibt virulent.

Immerhin bestimmt produktiv erfahrene Möglichkeit der Selbstverwirklichung als Künstler das ambivalente Bewußtsein entscheidend mit, das den Erzähltext hervorgebracht hat. Bereits in einem Brief des Jahres 1942 begegnen wir ansatzweise der gleichen Einsicht. Celan schrieb damals: „In meinen Händen habe ich das Leben umgetauscht, gesehen in sehr viel Bitternis, schließlich aber in eine Menschlichkeit, die mir einen Weg vorschrieb, den ich einmal versucht habe zu gehen und den ich noch gehen werde, aufrichtig und überzeugt."[75] Im „Gespräch im Gebirg" ist der Doppelaspekt von „Wunde" und „Wachstum" härter und schärfer gefaßt. Lebensvollzug wird zum Weg zwischen Antinomien, literarische Arbeit zum „Sprechen über der 'Wunde'" (Dietlind Meinecke). Daß Celan als Fünfzigjähriger Weg und Arbeit jäh abgebrochen hat, liegt sicher an den vielen unheilvollen Erfahrungsmomenten, die ihm das Paradoxe des Doppelaspekts allzu schmerzlich verdeutlichten, vielleicht mehr noch an der Kluft zwischen dem Verlangen nach sprachlicher „Freisetzung" und dem tatsächlich Unsagbaren. Eine von Celan nachgedichtete Strophe Ossip Mandelstamms spricht von „dem Menschen, der sich selbst verlorenging", dem aber der 'Sinn' des „Jahrhundert-Sterbens" aufgegangen ist.[76] Ein solcher Mensch war auch der Verfasser des „Gesprächs im Gebirg."

IV.

Wem wie Celan am „Gegenwort" gelegen ist, dem muß das eigene poetische Tun fortgesetztes Unbehagen bereiten. Dennoch versuchte der Lyriker, schreibend gegen das Unsagbare (und das zuviel Gesagte) anzukämpfen, solange er dazu die Kraft verspürte. Seiner Grenzen war er sich durchaus bewußt:

> Das Morgen-Lot, übergoldet,
> heftet sich dir an die mit-

schwörende, mit-
schürfende, mit-
schreibende
Ferse.[77]

Die attributiven Partizipialkonstruktionen liefern interessante Bestimmungen von Celans Konzeption künstlerischer Arbeit. Kein Morgenrot leuchtet dem Dichter. Vielmehr wird seine Aktion durch das Gewicht des „Morgen-Lots" behindert, das seine Bewegung – im Gegensatz zur geflügelten Ferse des Hermes – hemmt. Hier liegt auch der Grund, warum er nur Dunkles, nur „Schatten" sprechen kann.

Jüdisches und Judentum bilden dabei einen wichtigen, ja konstitutiven Bezugsrahmen. Ohne an irgendeiner Stelle ins Bekenntnishafte zu verfallen, arbeitete Celan Judaica recht unterschiedlicher Art in seine Gedichte ein. Sicher hat Peter Mayer den Stellenwert der jüdischen Komponente im Werk insofern überbewertet, als er darin eine zentrale „Bemühung um 'Jüdischkeit'" im Sinne Franz Rosenzweigs annehmen zu können glaubte.[78] Demgegenüber muß daran erinnert werden, daß Celan sogar ausdrücklich davor warnte, „seine Gedichte auf das Judentum oder das 'jüdische Schicksal' festlegen zu wollen."[79] Nicht der Konfession galt sein Engagement, sondern dem künstlerischen Ausdruck eingedenkender Trauer und – mehr noch – der lyrisch evozierten Möglichkeit hinter der Wirklichkeit. Dementsprechend ist Jüdisches dem ästhetischen Diskurs Celans einverleibt wie die anderen exponierten Bereiche (etwa Sprache, Liebe, Sexualität, Natur, Geschichte, Begegnung, Negation). Eine dialogische Struktur wird dabei allemal unterstellt. Doch scheint der Schriftsteller an deren aktueller Einlösung zunehmend gezweifelt zu haben. Nicht von ungefähr setzte er, wie Bernd Witte zutreffend anmerkte, seine Gedichte mehr und mehr „als Diskontinuum, als Montage aus verstümmelten und degradierten Dingen, Wörtern und Traditionen zusammen."[80] Selbst Wörter, Begriffe und traditionell 'feste' Bilder geraten unter diesen Bedingungen zu semantisch gebrochenen Konstruktionen. Ihre konkrete Bedeutung hängt – noch stärker als in herkömmlichen Gedichten – vom jeweiligen Kontext ab. Darum erschließen sich Verse Celans nur „mit wechselndem Schlüssel".[81] Auf genuin jüdische Literatur Versessene sind bei diesem Dichter an der falschen Adresse.

Beispielhaft in dieser Hinsicht wirkt die diametrale Deutung des Gedichts „Benedicta" durch Peter Mayer und Marlies Janz.[82] Während der eine dezidiert von einem „jüdischen Gedicht" spricht und dabei einem mit Celans Denkweise schwerlich zu vereinbarenden Sabbat-Verständnis aufsitzt („Wo Entfremdung regiert, feiert sich der nicht mehr gefeierte Sabbat selbst. [. . .] es ist der Sabbat des Ich, das nicht mehr der Stellvertretung durch die Sabbat-Seele bedarf, das nun selbst die Sabbat-Seele segnen kann"),[83] interpretiert die andere den Textzusammenhang nachvollziehbar als „Übergang von der Sprache der Patriarchen, die den Anspruch erhebt, sich dem göttlichen Pneuma, dem heiligen Geist, zu verdanken, zu einer somatisch-kreatürlichen Sprache."[84] Was den humanen Erwartungen des Autors näher kommt, liegt auf der Hand; denn der mit dem anarchischen Gedankengut Kropotkins und Landauers Aufgewachsene gehörte zu denjenigen, die für ihre utopischen Hoffnungen ohne religiöse Hilfe auskommen. Celan irgendwelche heilsgeschichtlichen Orientierungen zu unterstellen, muß also deplaziert erscheinen.

Dem Mann, der „Schatten spricht", konnte es nur darum zu tun sein, einer neuen, radikalen Qualität der Wahrnehmung und des Denkens vorzuarbeiten im Wort der Imagination. Wortmaterial der Bibel, der Kabbala oder des Chassidismus bedeutet keinesfalls „return to Judaism" (Jerry Glenn), eher eine Art verbaler 'Gegenkultur'. Celan stellt nämlich die „traditionelle mystisch-symbolische Bedeutung von Wörtern [. . .] durch die Art ihrer syntaktischen Kombination ebenso in Frage wie ihre alltägliche Bedeutung."[85] Ihre Transformation in den verschlüsselten Kosmos des Werkes macht es für den Adressaten erforderlich, jedesmal nach der adäquaten Entschlüsselung der dialektischen Semantik zu suchen. Für Celans ästhetische Formulierung gilt: „das schwimmende Wort / hat der Dämmer."[86]

Sogar die Evokation Jerusalems in den späten Gedichten übersteigt den Rahmen jüdischer Realität und Tradition. Zwar schwingt jeweils die Bedeutung der jetzigen Hauptstadt des Staates Israel, in der sich Celan zum Zeitpunkt der Niederschrift dieser Gedichte gerade aufhielt, ebenso mit wie das geistige Jerusalem, Berg Zion, Stadt Davids und Salomons, Ort des Ausgangs ins Exil nach der Zerstörung ('Hierosolyma est perdita') und Ort der messianischen Verheißung. Doch substituiert sich der Erwartungskomponente jüdischer Überlieferung eine durchaus subjektive Sinnversicherung: Jerusalem als Richtung des 'Zu-sich-selbst-Kommens' in der Liebesbegegnung („es stand / Jerusalem um uns"; „sag, daß Jerusalem i s t ."[87]). Der gleichen Ausdrucksqualität begegnen wir in dem Gedicht „Erinnerung an Frankreich" („Du denk mit mir: der Himmel von Paris, die große Herbstzeitlose."[88]) In der Sache hat das von Celan beschworene Jerusalem mehr zu tun mit einer existentiellen „Atemwende" als mit Messianismus. Entscheidend hingegen ist, wie immer in den Gedichten, die konkret erfahrene Topographie. Sie wird zum Richtbild der Selbstvergewisserung. Äußere und innere 'Landschaft' stimmen überein: Jerusalem als sehr diesseitige Utopie, die für einen Augenblick Realität gewinnt.[89]

Grundsätzlich ist daraus zu entnehmen, daß Celans transzendierendes Sprechen nicht in die Transzendenz verlagert werden darf. Es dient dem Lyriker als Möglichkeit, Erlebtes, Erinnertes, Begriffenes zur Sprache zu bringen. Will er dem Alltagsgeschwätz entgehen, ist er genötigt, ständig Wortselektionen vorzunehmen, das was Gottfried Benn die sprachlichen „Destillationen" nannte. Das erklärt auch die häufigen hebräischen, jiddischen, wie auch französischen, englischen oder russischen Zitate in den Gedichten. Verfremdend Vorgeprägtes erlaubt eine gleichsam unverstellte Ausdrucksqualität.[90] So erscheint etwa der aus der jüdischen Mystik kommende Begriff „Ziw" ('Lichtglorie Gottes', 'Offenbarung des Göttlichen als Lichtglanz') als Angelpunkt eines ganzen Gedichts:

Nah, im Aortenbogen,
im Hellblut:
das Hellwort.

Mutter, Rahel
weint nicht mehr.
Rübergetragen
alles Geweinte.

Still, in den Kranzarterien,
unumschnürt:
Ziw, jenes Licht.[91]

Celan registriert am physiologischen Befund seiner Herz- und Kreislauftätigkeit, wie das Arterienblut („Hellblut") die Herzkranzgefäße belebt. Im Einklang von Herzfunktion und Körperlichkeit geht ihm das „Hellwort" auf, das Bild „jenes Lichts", das für ihn die Hoffnung des Herzens repräsentiert.[92] Sie konkretisiert sich im Gedenken an die um ihre Kinder weinende Mutter Rahel (Jeremia 31, 15-17), deren Tränen er gestillt sieht. Aufgehobenes Leid („Rübergetragen / alles Geweinte") und „unumschnürte" Herzkranzarterien (will sagen: Freisein von Herzbeklemmungen) stehen für das erhellende Gefühl einer „Freisetzung". Die Licht-Offenbarung des Dichters geschieht hic et nunc. Sie fällt zusammen mit seiner Vorstellung vom „Belebend-Gerechten."[93]

Bilder aus der jüdischen Tradition und Begriffswelt werden häufig auch in die Darstellungen jüdischen Schicksals eingefügt (etwa in: „Eine Gauner- und Ganovenweise", „Todesfuge", „Engführung"). Ein Beispiel hierfür ist der „Jakobsstab" im Gedicht „Lila Luft."[94] Sternbild des Orion und Zeichen jüdischen Exils wie auch jüdischer Erneuerungskraft überziehen den Text mit einer Bedeutungsschicht, ohne die er schwerlich als Evokation der 'Reichskristallnacht', ihrer Vorgeschichte und ihrer Folgen, verstanden werden könnte. In der Identifikation mit seinem Volk, in der Solidarität mit den Opfern, findet Celan seine „Richtung". – In gleicher Absicht besinnt er sich seines Ursprungs (und unser aller Ursprung) im Gedicht: „Radix, Matrix":

(Wurzel.
Wurzel Abrahams. Wurzel Jesse. Niemandes
Wurzel – o
unser).[95]

Die Rückkehr zum Ausgangspunkt erschließt – in der Beschwörung – die humane Wurzel und – in der Reflexion (das heißt in der positiv verarbeiteten Negation) – die uneingelöste humane Zielstufe der „U-topie."

Vergleichbare Denkimpulse werden ausgelöst, wenn Celan seine Solidarität mit 'wahlverwandten' historischen Persönlichkeiten bekundet (so mit Rosa Luxemburg, Carl von Ossietzky, Freud, Kafka, Mandelstamm, Hölderlin oder Büchner, also mit Juden und Nicht-Juden). Auch daran läßt sich nachweisen, daß für ihn Jüdisches im Humanen aufgehoben ist.

Ohne die jüdischen Bilder, Traditionen, Themen und Sprachzeichen ist das Celansche Lebenswerk, diese – mit Peter Horst Neumann zu sprechen – „epochale Trauerarbeit eines europäischen Juden im Medium des deutschen Gedichts"[96] nicht denkbar. Der Schriftsteller hat sie den Gedichten belebend eingegeben und anverwandelt. In diesem Falle bewirkte die jüdische „Wunde" poetisches „Wachstum."

Selbstkritisch wachte Celan darüber, sich nicht zu „unverwüstlichen Hymnen" hinreißen zu lassen. Er schrieb dazu:

> Üppige Durchsage
> in einer Gruft, wo
> wir mit unsern
> Gasfahnen flattern,
>
> wir stehen hier
> im Geruch
> der Heiligkeit, ja.
>
> Brenzlige
> Jenseitsschwaden
> treten uns dick aus den Poren,
>
> in jeder zweiten
> Zahn-
> karies erwacht
> eine unverwüstliche Hymne.
>
> Den Batzen Zwielicht, den du uns reinwarfst,
> komm, schluck ihn mit runter.[97]

Ein poetologisches Gedicht gegen die „üppigen Durchsagen." Weil ihm derlei zuwider war, gelang Celan das produktive, richtungsweisende „Gegenwort". Sein Tod markiert ein Datum unserer Literaturgeschichte, das noch viel zu wenig ins Bewußtsein gedrungen ist: jüdischer Geist und deutsche Sprache sind seitdem unwiderruflich voneinander getrennt. Der Holocaust hat geistig auf uns zurückgeschlagen. Halten wir uns an das, was uns bleibt: der Händedruck des Exulanten mit dem französischen Paß und der deutschen Sprache, der einmal sagte: „Nur wahre Hände schreiben wahre Gedichte. Ich sehe keinen prinzipiellen Unterschied zwischen Händedruck und Gedicht."[98]

Anmerkungen

Herausgeberverzeichnis

– Celan, Paul: Gesammelte Werke in fünf Bänden. Hrsg. v. Beda Allemann und Stefan Reichert unter Mitwirkung von Rudolf Bücher. Frankfurt/M., Suhrkamp Verlag, 1983 (Sigel: GW 1-5).
– Über Paul Celan. Hrsg. v. Dietlind Meinecke. Frankfurt/M., Suhrkamp Verlag (= edition suhrkamp 495), 2.A. 1973 (Sigel: ÜC).

– Chalfen, Israel: Paul Celan. Eine Biographie seiner Jugend. Frankfurt/M., Suhrkamp Verlag (= suhrkamp taschenbuch 913), 1983 (Sigel: PC); zuerst: Frankfurt/M., Insel Verlag, 1979.

1 'Pessach' ist der hebräische Name, der nur bei religiösen Anlässen genannt und mündlich überliefert wird. Celans Vater wählte den Namen nach seinem Großvater mütterlicherseits. 'Pessach' bedeutet generell das jüdische Osterfest, das auch als 'Überschreitungsfest' bezeichnet wird. Das Wort steht sowohl für die Verschonung der jüdischen Erstgeborenen wie für den Auszug der Juden aus Ägypten (vgl. 2. Mose 12. Kap., 12-41). S.a.: PC, 25.

2 Das Pseudonym ist ein Anagramm von 'Ancel' (d.i. Antschel); vgl. hierzu: ÜC, 289, vor allem: PC, 147f.

3 Fast alle slawischen Stämme Südosteuropas finden sich in der Bukowina: Ungarn, Slowaken, Tschechen, Polen, in erster Linie jedoch Ukrainer. Letztere und die Rumänen stellten je ein Drittel der Bevölkerung. Aus den übrigen ethnischen Gruppen ragten die Juden (12 Prozent) und die Deutschen (9 Prozent, insbesondere Österreicher) heraus. Genauere Angaben bei Chalfen (PC, 10f.).

4 PC, 19. Dort auch der präzisierende Hinweis: „. . . in der Stadtmitte nannten die Firmenschilder fast nur jüdische Namen."

5 PC, 13. Chalfen erklärt diese besondere Situation folgendermaßen: „Während in Wien und in den österreichischen Erbländern der Antisemitismus wuchs, war er in der Bukowina kaum spürbar, denn die Juden bildeten das Gegengewicht zu den irredentistischen Bestrebungen der Slawen und Rumänen. An österreichischem Patriotismus übertrafen die Juden sogar viele Deutsche . . .".

6 PC, 19.

7 In dieser Hinsicht sind besonders bezeichnend die zahlreichen Klosterbauten im Moldauraum, vor allem im Nordteil, der Bukowina, die mit ihren gewaltigen Befestigungsmauern in der Türkenzeit Fluchtburgen für die Bevölkerung bildeten; so etwa die Klöster in Moldovita und Sucevita. Ein Gleiches gilt für die chassidische Tradition in Sadagora bei Czernowitz, seit 1841 der Zaddik aus dem ukrainischen Rischin dorthin gekommen war. Vgl. dazu: Nestler, Helmut: Fresken in der Bukowina. Die Wandmalereien an den Klosterkirchen; in: Pan 2/1984, S. 42-51; s.a.: PC, 12f. u. 24.

8 „Ansprache anläßlich der Entgegennahme des Literaturpreises der Freien Hansestadt Bremen" (GW 3,185f.; Zitat: 185).

9 Im Gedicht „Schwarze Flocken" hat Celan die Nachricht vom Tod seiner Eltern lyrisch aufbewahrt. Die ersten Verse lauten so: „Schnee ist gefallen, lichtlos. Ein Mond / ist es schon oder zwei, daß der Herbst . . ./ Botschaft brachte auch mir, ein Blatt aus ukrainischen Halden . . ." (GW 3,25). In den gleichen Zusammenhang gehört das Gedicht „Nähe der Gräber" (GW 3,20).

10 Isaak Emmanuilowitsch Babels Erzählzyklus „Geschichten aus Odessa" („Odesskie rasskazy") erschien 1921-24. In vier Erzählungen schildert der aus Odessa stammende Autor das Leben im dortigen Judenviertel, der Moldawanka. Als Zyklus wurden die „Odessaer Geschichten" (so der Titel der ersten deutschen Übersetzung 1926 im Malik-Verlag) 1931 veröffentlicht.

11 Vgl. hierzu: Schmalenbach, Werner/Sorlier, Charles: Marc Chagall. Paris 1979, S. 17-90; ebenso: Keller, Horst: Marc Chagall. Leben und Werk. Köln 1975, S. 10-72.

12 Celan hatte seine jüdische Firmung zum 'Sohn des Gebotes' ('Bar-Mizwa'), wie üblich, als Dreizehnjähriger (vgl. PC, 49f.).

13 Stiehler verweist mit Nachdruck auf Celans ‚linken, sozialistischen Standort'. Er datiert dessen Tätigkeit in der kommunistischen Jugendorganisation zwischen 1935 und 1937 (Stiehler, Heinrich: Muß ich das wissen, um zu verstehen? Nachträgliches zu Israel Chalfens Biographie der Jugend Paul Celans und einer Rezension Peter Horst Neumanns; in: Texte zum frühen Celan. Bukarester Celan-Kolloquium 1981. Zeitschrift für Kulturaustausch, 32. Jg., 3/1982, S. 232-236). Auch Chalfen erwähnt die Mitwirkung Celans an einer Solidaritätsaktion 'Rote Hilfe' für die republikanischen Kämpfer in Spanien (PC, 64). Doch kritisiert Stiehler mit Recht die unzureichende Berücksichtigung von Celans sozialistischem Engagement in Chalfens Darstellung. In der Tat spricht dieser lediglich von der Beteiligung an einem „antifaschistischen Jugendzirkel" (PC, 71f.).

14 In der Rede anläßlich der Verleihung des Georg-Büchner-Preises bezeichnet sich Celan ausdrücklich als „einen auch mit den Schriften Peter Kropotkins und Gustav Landauers Aufgewachsenen" (GW 3, 190). Zu denken ist hier in erster Linie an Peter Kropotkins (d.i. Pjotr Alexandrewitsch Fürst Kropotkin [Krapotkin]) anarchistische Sozialismusmodelle („Gegenseitige Hilfe", „Reden eines Rebellen"; hierzu a.: PC, 64) sowie an die utopischen Vorstellungen eines 'ethischen Sozialismus' des mit Martin Buber befreundeten Gustav Landauer („Aufruf zum Sozialismus", „Eine Ansprache an die Dichter", „Der werdende Mensch").

15 PC, 101.

16 Ruth Lackner berichtete gegenüber Chalfen von Celans Vorliebe für Elisier Steinbargs Fabelgedicht von 'Rabbi Leiserl, dem Kleinen', „der zu sich selber sprach und seine Schwermut fragte: / Was ist einer? / Da hörte er die Fliege summen, die im Ohr ihn plagte: / 'Einer ist doch keiner!'" (vgl. PC, 101 u. 165, Anm. 45).

17 PC, 101.

18 PC, 17.

19 Brief an Minna Brettschneider vom 30.1.1934 (PC 51). Die Schwester von Celans Vater wanderte 1933 mit ihrem Mann nach Palästina aus. Celan besuchte damals ein rumänisches Staatsgymnasium, das 'Liceul Ortodox de Baeti'. Dort litt er vor allem unter den Schikanen des Lehrers Zoppa, eines Führers der faschistischen 'Garda de Fier' ('Eiserne Garde'). Im Schuljahr 1934/35 wechselte Celan deshalb an das 'Liceul Marele Voevod Mihai' über, weil dort liberalere Verhältnisse herrschten (vgl. PC, 43, 52 u. 56).

20 Vgl. PC, 50f. u. 55.

21 GW 1, 283. Vgl. hierzu: Kelletat, Alfred: 'Lila Luft'. Ein kleines Berolinense Paul Celans; in: Text + Kritik, Nr. 53/54: Paul Celan. Hrsg. v. Heinz Ludwig Arnold. München 1977. S. 18-24 (vor allem S. 22).

22 Brief an Ruth Lackner vom 2.8.1942 (PC, 122).

23 GW 1, 129.

24 Brief an Ruth Lackner vom 19.3.1943 (PC, 130).

25 In die gleiche Richtung weist die an Ruth Lackner adressierte Mitteilung: „Überhaupt glaube ich, daß Dein Buch (gemeint ist ein ihr von Celan anvertrautes Konvolut mit frühen Gedichten; d.V.) . . . abgeschlossen ist, höchstens einige Gedichte werde ich hinzufügen können" (undatierter Brief vom Frühjahr 1943; PC, 130).

26 So im Gedicht „Russischer Frühling" (PC, 135).

27 GW 1, 135.
28 Gegen Walter Müller-Seidel (M.-S., W.: Probleme der literarischen Wertung. Über die Wissenschaftlichkeit eines unwissenschaftlichen Themas. Stuttgart 1965, S. 180).
29 GW 3, 167 ('Antwort auf eine Umfrage der Librairie Flinker', Paris 1958).
30 GW 1, 147.
31 PC, 129.
32 PC, 89.
33 Außer Deutsch sprach und schrieb Celan Rumänisch, Russisch und Französisch. Jiddisch verstand er mühelos; Hebräisch konnte er lesen. In der Schule lernte er gründlich Englisch.
34 GW 3, 175 ('Antwort auf eine Umfrage der Librairie Flinker', Paris 1961).
35 PC, 148.
36 GW 1,42 (Leitmotiv der „Todesfuge").
37 GW 3,20 (Schlußstrophe des Gedichts: „Nähe der Gräber").
38 GW 3, 185f.
39 GW 3, 186. Fast die gleiche Formulierung findet sich in der Büchner-Preis-Rede; dort heißt es: „unter dem Neigungswinkel seines Daseins (sprechend)" (GW 3, 197).
40 GW 3,186.
41 GW 1,131.
42 Brief an Ruth Lackner vom 2.12.1949 (PC, 155).
43 Mayer, Peter: Paul Celan als jüdischer Dichter (Diss. Heidelberg). Landau 1969, S. 171.
44 GW 1,287.
45 Vgl. dazu: Mayer, Hans: Erinnerung an Paul Celan; in: M.,H.: Der Repräsentant und der Märtyrer. Konstellationen der Literatur (= edition suhrkamp 463). Frankfurt/M. 1971, S. 169-188. Mayer verweist in diesem Zusammenhang auf die folgende Aussage Celans: „Ich habe ihn (gemeint ist Max Rychner; d.V.) wahrscheinlich enttäuscht. Er wollte jüdische Dichtung von mir haben oder was er dafür hielt. Aber ich schrieb ganz andere Dinge" (a.a.O., S. 184).
46 GW 3,199.
47 Brief an Hans Bender vom 18.5.1960 (GW 3,177f.; Zitat: 178).
48 Brief an Max Brod vom Anfang Mai 1921 (Kafka, Franz: Briefe 1902-1924. Hrsg. v. Max Brod. Frankfurt/M. 1958, S. 322).
49 Benjamin, Walter: Gesammelte Schriften. Hrsg. v. Rolf Tiedemann und Hermann Schweppenhäuser. Bd. I.2 (= werkausgabe Band 2). Frankfurt/M. 1980, S. 657. Interessant in diesem Zusammenhang ist die folgende 'Definition' Benjamins: „Das dialektische Bild ist ein aufblitzendes. So, als ein im Jetzt der Erkennbarkeit aufblitzendes Bild, ist das des Gewesenen . . . festzuhalten. Die Rettung, die dergestalt, und nur dergestalt, vollzogen wird, läßt sich immer nur als auf der Wahrnehmung von dem unrettbar sich verlierenden gewinnen" (a.a.O., S. 682).
50 GW 3,200.
51 „Gegenwort" (GW 3,189) und „Atemwende" (GW 3,195) sind Zentralbegriffe im Rahmen der poetologischen Bestimmungen in der Büchner-Preis-Rede. „Atemwende" ist auch der Titel einer 1967 erschienenen Gedichtsammlung (vgl.: GW 2,7). Die definitorische Fixierung von 1960 und die poetische Wei-

terung sind deutlich aufeinander bezogen. Das „Gegenwort“ stiftet das von Celan dem Gedicht zugesprochene „Geheimnis der Begegnung“ (GW 3,198).

52 GW 3,198.

53 S. Anm. 45; a.a.O., S. 170.

54 Scholem, Gershom: Judaica 2 (= Bibliothek Suhrkamp 263). Frankfurt/M. 1970, S. 34. Scholem bezieht sich dabei auf eine entsprechende Aussage von Charles Péguy: „Être ailleurs, le grand vice de cette race, la grande vertu secrète, la grande vocation de ce peuple“ (a.a.O., S. 33f.).

55 Tagebucheintragung Arthur Schnitzlers vom 4.11.1904 (Schnitzlers Tagebücher 1879-1931. Abschriften des Deutschen Literaturarchivs Marbach a.N.; Tb 4.11.1904); zit. n.: Abels, Norbert: Sicherheit ist nirgends. Judentum und Aufklärung bei Arthur Schnitzler. Königstein/Ts. 1982, S. 17.

56 „Gespräch im Gebirg“ erschien zuerst in ‘Die Neue Rundschau’, 2/1960, S. 199-202 und in ‘Das Atelier. 1: Zeitgenössische deutsche Prosa’. Hrsg. v. Klaus Wagenbach (= Fischer Bücherei 455). Frankfurt/M., S. 124-127, dann wieder in: C.P.: Ausgewählte Gedichte. Auswahl v. Klaus Reichert (= Bibliothek Suhrkamp 264). Frankfurt/M. 1970, S. 181-186; schließlich: GW 3,169-173.

57 Dieser Gegensatz findet Verwendung in dem 1943 entstandenen Gedicht: „Winter“, das auch ohne Titel überliefert ist (‘Neue Literatur’ (Bukarest), 5/1970, S. 99). Dort stehen die Verse: „Was wäre es, Mutter: Wachstum oder Wunde –/ versänk ich mit im Schneewehn der Ukraine?“. Die konkret auf das Schicksal der ermordeten Mutter bezogene Frage meint zunächst Wiedersehen im Tode; für den Überlebenden bleibt der Gegensatz virulent als existentielle Frage zwischen Selbstentfremdung und Selbstfindung.

58 GW 3,169. Celan bezieht sich auf den Anfangssatz von Georg Büchners Erzähltext „Lenz“ in der Fassung von Fritz Bergemann: „Den 20. Jänner ging Lenz durchs Gebirg“ (B., G.: Werke und Briefe. Wiesbaden 1958, S. 85). In den neueren Editionen wird der Satz in anderem Wortlaut wiedergegeben: „Den 20. Januar ging Lenz durch’s Gebirg“ (Werner R. Lehmann), bzw.: „Den 20. ging Lenz durch’s Gebirg“ (Hubert Gersch). In beiden Fällen geht das für Celan so wichtige Wort „Jänner“ verloren.

59 GW 3,196 und 194.

60 GW 3,195.

61 GW 3,201.

62 Die personale Anrede im Text reicht von der epischen Grundsituation ‘Erzähler – Adressat’ über die auktoriale Selbstansprache (hier durch ein ‘alter ego’ zur Selbstaussprache abgewandelt) und den scheinbaren Dialog zwischen Ich-Klein und Du-Groß bis zum Ich, das keinen Partner mehr kennt, und deswegen ein Nicht-Du als „Niemand“ oder „Hörstdu“ virtuell herbeizitiert. Wechsel zwischen Innen- und Außenbetrachtung überlagern die verschiedenen perspektivischen Ansätze noch zusätzlich.

63 Genauer handelt es sich um eine in die erste Person, Singular transponierte ‘erlebte Rede’.

64 Deutlich steht die Selbstaussprache im Vordergrund. Zwar hat Celan darauf hingewiesen, das „Gespräch im Gebirg“ sei „in Erinnerung an eine versäumte Begegnung im Engadin“ (GW 3,201) entstanden; doch bleibt die Information von Marlies Janz, der Text verdanke sich einem nicht zustandegekommenen Treffen mit Theodor W. Adorno, für unser Verständnis unerheblich (vgl.

Janz, Marlies: Vom Engagement absoluter Poesie. Zur Lyrik und Ästhetik Paul Celans. Frankfurt/M. 1976, S. 134 sowie S. 227, Anm. 132 und S. 229, Anm. 148).

65 GW 3,197.

66 So oder ähnlich lauten die Zuschreibungen thematischer Schwerpunkte für den Text bei den meisten Interpreten. Hier zit. in der Reihenfolge: Böschenstein-Schäfer, Renate: Anmerkungen zu Paul Celans 'Gespräch im Gebirg'; in: ÜC, S. 226-238 (Zitat: S. 231); Schulz, Georg-Michael: Individuation und Austauschbarkeit. Zu Paul Celans 'Gespräch im Gebirg'; in: Deutsche Vierteljahresschrift für Literaturwissenschaft und Geistesgeschichte, Jg. 53, 3/1979, S. 463-477 (Zitat: 463); Jackson, John E.: Die Du-Anrede bei Paul Celan. Anmerkungen zu seinem 'Gespräch im Gebirg'; in: Text + Kritik, H. 53/54: Paul Celan. München 1977, S. 62-68 (Zitat: S. 68). Ganz entsprechend legt sich Gerhard Buhr darauf fest, in der Geschichte den „Weg von der kunstbedingten Selbstvergessenheit zur Wende der Selbstreflexion" dargestellt zu sehen (B.,G.: Celans Poetik. Göttingen 1976, S. 140), Hermann Burger „das erschütternde Dokument einer Selbstbegegnung" (B., H.: Paul Celan. Auf der Suche nach der verlorenen Sprache. Zürich/München 1974, S. 34); Peter Mayer redet gar von einem „Religionsgespräch" (a.a.O., S. 104 und 109), während Lielo Anne Pretzer eine „Selbstbegegnung Celans mit den Ermordeten seines Volkes" unterstellt (P., L.A.: Geschichts- und sozialkritische Dimensionen in Paul Celans Werk. Eine Untersuchung unter besonderer Berücksichtigung avantgardistisch-surrealistischer Aspekte. Bonn 1980, S. 38). Daß all das zu kurz oder auch daneben greift, braucht kaum eigens betont zu werden.

67 GW 3,173; dabei sind Stern Davids und Judenstern als extreme Gegensätze angesprochen.

68 GW 1,23.

69 GW 3,196.

70 Gegen Janz (J., M.: a.a.O., S. 105). Obwohl ihre Findung für sich genommen plausibel erscheint, spricht prinzipiell dagegen die Tatsache, daß Celan betont, „jedem Gedicht" bleibe „sein '20. Jänner' eingeschrieben" (GW 3,196). Gemeint sein kann also nur eine jeweils ganz spezifische Extremsituation, von der sich eine „Atemwende" oder eine neue „Richtung" herleiten läßt.

71 Einige willkürlich ausgewählte Beispiele genügen: „Peuple de Paris. *No pasaràn*" (GW 1,270), „eine Handvoll Reis/ er stirbt als dein Freund" (GW 2,259), „raupen die Tanks" (GW 2,376), „Der Mann ward zum Sieb, die Frau/ mußte schwimmen, die Sau" (GW 2,334).

72 GW 3,196 (vgl. Anm. 59).

73 GW 3,195.

74 GW 3,171 (vgl. Anm. 62).

75 Brief an Ruth Lackner vom 2.8.1942 (PC, 122).

76 Es handelt sich um die fünfte Strophe des Gedichts „Der erste Januar 1924". Sie lautet im Zusammenhang: „O Lehm-und-Leben! O Jahrhundert-Sterben!/ Nur dem, ich fürcht, erschließt er sich, dein Sinn,/ in dem ein Lächeln war, ein hilfloses – dem Erben,/ dem Menschen, der sich selbst verlorenging" (GW 5,145).

77 GW 2,25.

78 Mayer, Peter: a.a.O., S. 8. Ganz entsprechend unterstellt Mayer „jüdische Grundkräfte" als wahres Movens Celanscher Dichtung (ebd., S. 158). Einen

ähnlichen Ansatz verfolgen die Untersuchungen von Wilhelm Höck (Von welchem Gott ist die Rede?; in: ÜC, 265-276) und Joachim Schulze (Celan und die Mystiker. Motivtypologische und quellenkundliche Kommentare. Bonn 1976). Unversehens wird Celan da in religiöse bzw. theologische Bereiche abgedrängt. Neuerdings hat Otto Pöggeler einen Versuch in dieser Richtung unternommen (Poeta theologus? Paul Celans Jerusalem-Gedichte; in: Literatur und Religion. Hrsg. v. Helmut Koopmann und Winfried Woesler. Freiburg 1984, S. 251-264). Derartige Interpretationsbemühungen hat Adelheid Rexheuser in der Auseinandersetzung mit Höck und Mayer überzeugend widerlegt und am konkreten Beispielfall untermauert (Sinnsuche und Zeichen-Setzung in der Lyrik des frühen Celan. Linguistische und literaturwissenschaftliche Untersuchungen zu dem Gedichtband 'Mohn und Gedächtnis'. Bonn 1974).

79 ÜC, 20.

80 Witte, Bernd: Zu einer Theorie der hermetischen Lyrik. Am Beispiel Paul Celans; in: Poetica. Zeitschrift für Sprach- und Literaturwissenschaft. 13. Bd., H. 1-2, 1981, S. 133-148 (Zitat: S. 144).

81 GW 1,112.

82 Vgl.: GW 1,249f. Mayer, Peter: a.a.O., S. 125-128; Janz, Marlies: a.a.O., S. 140-142. Auf vergleichbare Differenzen in der Interpretation hat Bernd Witte hingewiesen in seiner Gegenüberstellung der Thesen von Joachim Schulze und Marlies Janz sowie Peter Horst Neumanns und Klaus Voswinckels (W., B.: Schattenland. Zu Paul Celans spätesten Gedichten und einigen seiner Interpreten; in: Neue Rundschau 89/1978, S. 97-112; Beispiele: S. 107).

83 Mayer, Peter: a.a.O., S. 8, 126 und 128.

84 Janz, Marlies: a.a.O., S. 140.
„Gegen die göttliche Affirmation des Bestehenden protestiert das Gedicht, indem es das sakrale Wort 'gebenedeiet' in der Mitte abbricht und im kreatürlichen Laut enden läßt. [. . .] Das Jiddische fungiert . . . als Modus der Entheiligung, der Profanisierung von Sakralem. 'Gebentscht' greift das Wort 'gebenedeiet' auf und bringt es im 'tscht' – bzw. 'scht'-Laut zum Schweigen. Aber 'gebenscht' ist nicht nur die Verabschiedung von 'gebenedeiet', sondern auch die Rettung des sakralen Worts für die Belange der gottverlassenen Kreatur, die in ihrer Opposition gegen das Bestehende gesegnet, ja heiliggesprochen wird.“

85 Rexheuser, Adelheid: a.a.O., S. 170.

86 GW 2,268. Vgl. hierzu a. das Gedicht: „Kleide die Worthöhlen aus . . . / erweitere sie . . . / sinnhin und sinnher / . . . und lausch ihrem zweiten / und jeweils zweiten und zweiten / Ton“ (GW 2,198).

87 GW 3,96 und 105. Ein deutlicher Zusammenhang besteht hier zu dem Gedicht „Du sei wie du, immer“ („*Stant vp Jherosalem inde / erheyff dich* / Auch wer das Band zerschnitt zu dir hin, / *inde wirt / erluchtet* / knüpfte es neu, in der Gehugnis . . . “; GW 2,327).

88 GW 1,28. Ähnlich der Vers: „dein Haus in Paris zur Opferstatt deiner Hände“ (GW 1,45), wieder aufgenommen im Gedicht „Zwölf Jahre“ (GW 1,220).

89 Mit Vorsicht zu genießen ist deshalb Bernhard Böschensteins Vorschlag, in „Jerusalem“ eine „Chiffre“ zu sehen „für das Ende der Zeit, für einen neuen Zustand nach der Zeit“; denn er folgert daraus in seinen ansonsten hilfreichen Anmerkungen: „ . . . jetzt scheint der Dichter an den Ort des Weltendes ge-

langt und bereit zu sein, sein Leben, das ihn von der Wahrheit trennt, im Tod abzulegen, um endlich frei zu sein für *Jerusalem*" (B.B.: Erste Notizen zu Celans letzten Gedichten. Zur zweiten Abteilung von 'Zeitgehöft'; in: Text + Kritik. H. 53/54: Paul Celan. München 1977. S. 55-61; Zitate: S. 55). Man sollte die offenkundigen Reflexe einer Liebesbegegnung mit einer Israelin in Jerusalem nicht in Zusammenhang bringen mit Celans Freitod in der Seine. Noch weniger haltbar sind die Thesen Otto Pöggelers, der eine „'mystische' Liebeseinung" dort annimmt, wo der Autor ersichtlich den Beischlaf der Liebenden meint. Kein Wunder, daß Pöggeler im Fortgang dieses Ansatzes völlig ins Schleudern kommt: „Der Dichter verliert sein Du an es selbst, nämlich die Schechina an die Stadt, das himmlische Jerusalem an das irdische, das mystische an das wirkliche" (!) (P., O.: a.a.O., S. 260f.).

90 Z.B.: „Schibboleth" (GW 1,131 und 270), „Kaddisch" und „Jiskor" (GW I, 222), „Tekiah!" (GW 1, 285), „kumi ori" (GW 2,327) und „Hachnissini" (GW 3,95).

91 GW 2,202.

92 Vgl. hierzu: „Licht war. Rettung" (GW 2,107); s.a.: GW 1,184.

93 GW 2,196.

94 GW 2,335 und 1,289 (Jakob und Israel, Jakobstab und Davidstern gehen hier ineinander über).

95 GW 1,239.

96 Neumann, Peter Horst: Fünf Bände – zu spät und zu früh. Eine schöne Edition mit Mängeln: die erste Gesamtausgabe der Werke des Dichters Paul Celan; in: Die Zeit, Nr. 10 (2.3.1984), S. 49.

97 GW 2, 192.

98 GW 3,177.

Personenregister

Aufgenommen sind nur historische, nicht literarisch-fiktive Personen. In den Einzelbeiträgen wird der Name des Autors, dem sie gewidmet sind, nicht nach Einzelstellen verzeichnet. Ziffern in Normalsatz geben die Fundstellen im Haupttext, Ziffern in Kursiv-Satz solche in Anmerkungen an. Die in den Anmerkungen genannten Verfasser von Forschungsliteratur sind nur dann berücksichtigt, wenn eine dezidierte inhaltliche Bezugnahme erfolgt, nicht aber wenn lediglich bibliographisch verwiesen oder ein Zitat nachgewiesen wird.

Verzeichnis der Mitarbeiter

Bauschinger, Sigrid
Jahrgang 1934. Studium der Philosophie sowie der deutschen und französischen Literatur in Frankfurt/Main. Promotion 1959. Lehrt als Professorin für deutsche Sprache und Literatur an der Universität von Massachusetts in Amherst (USA). Arbeitsgebiete: Deutsche Literatur des 20. Jahrhunderts, deutsch-jüdische Autoren, Exil-Literatur, deutsch-amerikanische literarische Zwischenbeziehungen. Veröffentlichungen: *Amerika in der deutschen Literatur. Neue Welt-Nordamerika-USA* (Mit H. Denkler und W. Malsch). Stuttgart 1975; *Else Lasker-Schüler. Ihr Werk und ihre Zeit*. Heidelberg 1980.

Bayerdörfer, Hans-Peter
Jahrgang 1938. Studium der Germanistik, Philosophie und Evangelischen Theologie an den Hochschulen in Tübingen, Hamburg, Berlin und New York. Magisterprüfung 1964, Promotion 1966 und Habilitation 1974; Assistententätigkeit am Lehrstuhl von Klaus Ziegler in Tübingen; seit 1974 Professor für Neuere Deutsche Literaturgeschichte an der Technischen Hochschule Aachen. Forschungsschwerpunkte und Publikationen zur Geschichte von Drama und Theater seit dem 18. Jahrhundert sowie zur Geschichte der Lyrik seit dem Vormärz.

Berman, Russell A.
Geboren 1950 in Boston/Massachusetts (USA). Studium an der Harvard University, in München, Berlin und in St. Louis/Missouri, wo er 1979 an der Washington University promovierte. Seit 1979 Assistenzprofessor für Germanistik an der Stanford University in Kalifornien. Forschungsinteressen: Geschichte der Literaturkritik (*Between Fontane and Tucholsky: Literary Criticism and the Public Sphere in Imperial Germany*, New York 1983), Probleme der Moderne, Literatur und Faschismus, Ästhetik des Films, Kritische Theorie.

Bollacher, Martin
Jahrgang 1940. Studium in Tübingen, Berlin und Rennes (Frankreich). In Tübingen 1969 Promotion und 1977 Habilitation; 1979 Akad. Rat; 1981 Visiting Professor an der Washington University in St. Louis/Missouri; 1982 apl. Professor für Deutsche Philologie in Tübingen. Forschungsschwerpunkte: Literatur der Aufklärung und der Goethezeit, Heine, Literatur des 20. Jahrhunderts, Verhältnis Literatur-Theologie/Philosophie. Publikationen: *Der junge Goethe und Spinoza* (1969); *Lessing, Vernunft und Geschichte* (1978); *Wackenroder und die Kunstauffassung der frühen Romantik* (1983); Mitarbeit an *Heinrich Heine*, hrsg. v. J. Brummack (1980); Aufsätze zur Literatur des 18., 19. und 20. Jahrhunderts.

Buck, Theo
Jahrgang 1930. Studierte Germanistik, Romanistik und Geschichte in Tübingen und Paris. 1956 Promotion bei Friedrich Beißner. Arbeit im Schuldienst (1957-59), in der Erwachsenenbildung (1959-63) und für den DAAD an Universitäten in Zaire und Frankreich (1963-72). Direktor des Heinrich-Heine-Hauses in Paris

(1972-73). Professor an der Universität Göttingen (1973-78). Seit 1979 Professor für Neuere Deutsche Literaturgeschichte an der Technischen Hochschule Aachen. Gastprofessuren an den Universitäten Paris III (Sorbonne Nouvelle), Paris IV (Sorbonne, Grand Palais), Middlebury (Vermont/USA) und Antwerpen. Publikationen vor allem zur Literatur des 18. und 19. Jahrhunderts.

Grimm, Gunter E.
Jahrgang 1945. Studium der Germanistik, Geschichte und Politischen Wissenschaft in Tübingen; 1970 Promotion; 1981 Habilitation; Lehrstuhlvertretungen in Bielefeld (1981) und Gießen (1983/84); Visiting Professor an der Washington University in St. Louis/Missouri (1983); seit 1983 Professor für Deutsche Philologie in Tübingen. Forschungsschwerpunkte: Literatur des Barock und der Aufklärung (Lessing, Herder); Novellistik des 19. Jahrhunderts; Literatur im Dritten Reich; Wissenschaftsgeschichte; Literaturtheorie. Veröffentlichungen: *Die Hiob-Dichtung Karl Wolfskehls.* Bonn 1972; *Literatur und Leser. Theorien und Modelle zur Rezeption literarischer Werke* (Hrsg.). Stuttgart 1975; *Satiren der Aufklärung. Texte zur Satire und Satirentheorie* (Hrsg.). Stuttgart 1975, ^{2}1979; *Lessing. Epoche – Werk – Wirkung. Ein Arbeitsbuch für den literaturgeschichtlichen Unterricht* (Mithrsg.). München 1975, ^{4}1981; *Rezeptionsgeschichte. Grundlegung einer Theorie. Mit Analysen und Bibliographie.* München 1977; *Theodor Storm. Gedichte und Texte zur Lyriktheorie* (Hrsg.). Stuttgart 1978; *Justinus Kerner. Ausgewählte Werke* (Hrsg.). Stuttgart 1981; *Literatur und Gelehrtentum in Deutschland. Untersuchungen zum Wandel ihres Verhältnisses vom Humanismus bis zur Frühaufklärung.* Tübingen 1983. Herausgebertätigkeit: *Arbeitsbücher zur Literaturgeschichte.* München 1975ff. (Mithrsg.). – *Literatur-Kabinett. Deutsche Literatur in Reprints.* München 1983ff. Aufsätze in Zeitschriften, Sammelbänden und Festschriften; Rezensionen; Mitarbeit an Lexika und Zeitungen.

Hackert, Fritz
Jahrgang 1934. Lehre als Industriekaufmann; Studium der Germanistik und Anglistik in Tübingen, München und London; Referendar und Studienassessor in Stuttgart; Doktorand, Wissenschaftlicher Assistent und Akademischer Rat in Tübingen; Associate Professor in Athens/Georgia (USA). Akademischer Oberrat am Deutschen Seminar der Universität Tübingen. Forschungsschwerpunkte in der Goethezeit, der Weimarer Republik und der Zeit des Exils zwischen 1933 und 1945. Publikationen: *Kulturpessimismus und Erzählform. Studien zu Joseph Roths Leben und Werk.* Bern 1967; *Johann Wolfgang Goethe: Iphigenie auf Tauris. Erläuterungen und Dokumente* (Mithrsg.). Stuttgart 1969; *Germanistik International. Vorträge und Diskussionen auf dem internationalen Symposium „Germanistik im Ausland" vom 23. bis 25. Mai 1977 in Tübingen* (Mithrsg.). Tübingen 1978; *Heinrich von Kleist: Prinz Friedrich von Homburg. Erläuterungen und Dokumente.* Stuttgart 1979; Aufsätze über Heinrich von Kleist, Joseph Roth, Robert Walser, Neue Sachlichkeit; Rezensionen.

Hoffmann, Paul
1917 in Österreich geboren. Studium der Germanistik und Geschichte in Wien 1939 durch Emigration nach Neuseeland unterbrochen. Dort 12 Jahre lang Farmer. 1951 Rückkehr nach Wien für acht Jahre; Tätigkeit an der Volkshochschule und beim Rundfunk; Promotion. Seit 1959 wieder in Neuseeland; Aufbau des aka-

demischen Deutschstudiums an der Universität Wellington, seit 1964 als Professor of German und Head of Department. 1963 Gastprofessor an der University of Illinois/Urbana (USA). Seit 1970 Professor für Neuere deutsche Literatur in Tübingen. 1978 erhielt er in Neuseeland den Queen's Service Order. Forschungsschwerpunkte: Geschichte der Lyrik; Klassik und Romantik; Symbolismus, Österreichische Literatur; deutsch-jüdische Dichtung; deutsch-englische Komparatistik; Übersetzen von Gedichten. Veröffentlichungen: *Das religiöse Spätwerk Karl Wolfskehls*, Wien 1958; (noch unveröffentlicht *Die geistige Welt Karl Wolfskehls*); *Symbolismus* (bevorstehend); Essays.

Horch, Hans Otto
Jahrgang 1944. Studium der Germanistik, Philosophie und Musikwissenschaft in Tübingen und Aachen. Promotion 1974 bei Hans Schwerte. Wissenschaftlicher Assistent am Germanistischen Institut der Technischen Hochschule Aachen 1974-1984. Habilitation 1984. Seither Privatdozent für Neuere Deutsche Literaturgeschichte dortselbst. Schwerpunkte der Forschung: Gottfried Benn, Fontane (Realismus), Hölderlin, Judentum und deutsche Literatur.

Hüppauf, Bernd
Jahrgang 1942. Studierte Germanistik, Philosophie und Geschichte an den Universitäten Würzburg, Göttingen und Tübingen und promovierte 1970 mit einer Dissertation über Robert Musil. 1970-1976 Assistent an den Universitäten Tübingen und Regensburg. Zur Zeit Professor an der University of New South Wales in Kensington/Sydney (Australien). Publikationen über Methoden und Geschichte der deutschen Literaturwissenschaft und die deutsche Literatur des 20. Jahrhunderts.

Kohn, Caroline
Jahrgang 1900, erstes Doktorat in Wien (Anglistik), Journalistin und Schriftstellerin, seit 1930 in Frankreich lebend; promoviert an der Sorbonne 1962 mit Staatsdoktorat. Publikationen in deutschen und franzöaischen Reihen. Thèse *Karl Kraus. Le polémiste et l'écrivain, défenseur des droits de l'individu* (deutsche Fassung in erweiterter Form unter dem Titel *Karl Kraus*. Stuttgart: Metzler, 1966); *Karl Kraus als Lyriker*. Paris 1968.

Kwiet, Konrad
Jahrgang 1941. Studium der Geschichte und Politischen Wissenschaften in Berlin und Amsterdam. Promotion über das *Reichskommissariat Niederlande*, Stuttgart 1968; Assistent, Assistenzprofessor und Privatdozent an der Technischen Universität Berlin (1967-1976); Visiting Fellow am St. Antony College Oxford (1981); Associate Professor am Department of German Studies, University of New South Wales in Kensington/Sydney (Australien). Publikationen zur Geschichte der Juden und deutschen Geschichtsschreibung sowie des Faschismus und Antifaschismus, u.a. *Selbstbehauptung und Widerstand. Deutsche Juden im Kampf um Existenz und Menschenwürde 1933-1945*, zusammen mit H. Eschwege, Hamburg 1984.

Milfull, Helen
Jahrgang 1947. Promovierte 1975 an der University of New South Wales in Kensington/Sydney (Australien) mit einer Arbeit über *Franz Kafka*. Seitdem Veröffentlichungen im „Jahrbuch des Leo-Baeck-Instituts" und „Seminar". Studiert zur Zeit russische Sprache und Literatur an der Universität NSW.

Milfull, John
Jahrgang 1940. Professor of German Studies an der University of New South Wales in Kensington/Sydney (Australien). Diverse Arbeiten zur deutschen Literatur des 19. und 20. Jahrhunderts, besonders zu Brecht, DDR-Literatur und der sog. „deutsch-jüdischen Symbiose".

Ossar, Michael
Jahrgang 1938. Studium an der Cornell University Ithaca/N.Y. (USA), der Freien Universität Berlin und der University of Pennsylvania. Promotion 1973. Lehrtätigkeit u.a. an der Universität Freiburg, am Sweet Briar College, an der University of Pennsylvania und am Swarthmore College/Pennsylvania. Zur Zeit Associate Professor of German an der Kansas State University in Manhattan/Kansas (USA). Hauptforschungsgebiete: Anarchismus, Literatur der Weimarer Republik, Nachkriegsliteratur in der Bundesrepublik; an Autoren besonders Ernst Toller, Franz Kafka, Adolf Muschg und Ilse Aichinger. Seit 1978 Redakteur der „Studies in Twentieth Century Literature".

Pazi, Margarita
Geboren in der Tschechoslowakei. 1945 Einwanderung in Palästina. Studium der Germanistik und Vergleichenden Literaturwissenschaft an den Universitäten London, Sorbonne (Paris) und Würzburg. 1969 Promotion. Zur Zeit Professorin in Tel Aviv (Israel). Forschungsbereich und Publikationen über deutsch-jüdische Autoren (Fanny Lewald, Moritz Hartmann, Siegfried Kapper, Berthold Auerbach, Else Lasker-Schüler, Ernst Weiß, Paul Kornfeld, Arnold und Stefan Zweig, Kurt Tucholsky); *Max Brod. Werk und Persönlichkeit.* Bonn 1970; *Nachrichten aus Israel. Anthologie deutschsprachiger Autoren in Israel.* Hrsg. und eingeleitet. Hildesheim 1981; *Fünf Autoren des Prager Kreises.* Bern 1978.

Schönert, Jörg
Jahrgang 1941. Studium der Germanistik und Anglistik in München, Reading, Zürich. Promotion 1968 in München; Wissenschaftlicher Assistent, Habilitation 1977 dortselbst; 1980 Professor für Neuere Deutsche Literaturgeschichte an der Technischen Hochschule Aachen, seit 1983 an der Universität Hamburg. Arbeitsgebiete: Literaturgeschichte des späten 18. und 19. Jahrhunderts; Wedekind/Sternheim (*Carl Sternheim.* 1975); DDR-Literatur; Trivialliteraturforschung, Literaturtheorie, Methodologie; interdisziplinäre Aspekte der Literaturwissenschaft (*Literatur und Kriminalität.* 1983).

Schwarz, Egon
Geboren 1922. 1938 aus Wien ausgewandert. Elf Jahre als Wanderarbeiter in Südamerika. Seit 1949 in den USA. Studium der Germanistik und Romanistik. Professor of German an der Washington University in St. Louis/Missouri. Publikationen: *Hofmannsthal und Calderon*, Cambridge, Mass. 1962; *Verbannung. Aufzeichnungen deutscher Schriftsteller im Exil* (Mithrsg.). Hamburg 1964; *Joseph von Eichendorff.* New York 1972; *Das verschluckte Schluchzen. Poesie und Politik bei Rainer Maria Rilke.* Frankfurt a.M. 1972; *Keine Zeit für Eichendorff. Chronik unfreiwilliger Wanderjahre. Eine Autobiographie.* Königstein 1979; *Dichtung, Kritik, Geschichte. Essays zur Literatur 1900-1930.* Göttingen 1983.

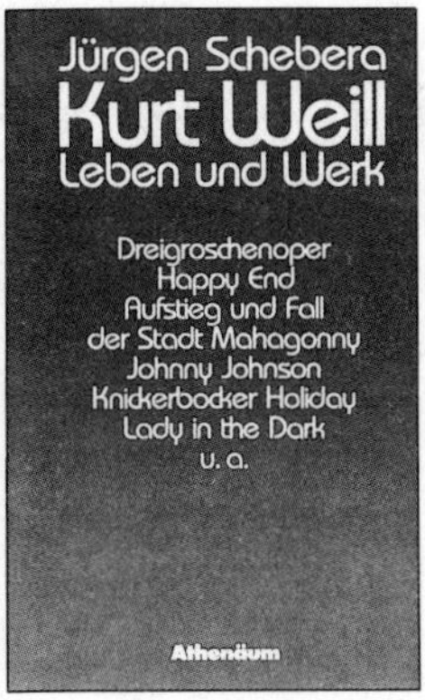

Jürgen Schebera
Kurt Weill
Leben und Werk
1984. 352 Seiten mit zahlreichen Abbildungen, geb. DM 38,–
ISBN 3-7610-8300-9

Eine der interessantesten Musikerpersönlichkeiten unseres Jahrhunderts ist in einem neuen Licht zu sehen. Weltweit bekannt ist Weill als Brechts erster Komponist, als das musikalische Genie der „Dreigroschenoper" und von „Aufstieg und Fall der Stadt Mahagonny". Nun präsentiert Jürgen Schebera ihn als den maßgeblichen Erneuerer der deutschen Opernbühne der Weimarer Republik und des Broadway-Theaters. Die Freunde und Mitarbeiter Kurt Weills, die im Ausland zu Worte kommen, geben dem Leser einen direkten Einblick in die Werkstatt und die Zeit des Komponisten. Ein mit einem reichhaltigen Bildteil ausgestattetes Buch.
Jürgen Schebera studierte Germanistik und Kulturwissenschaft; Promotion in Musikwissenschaft. Wissenschaftlicher Mitarbeiter der Akademie der Wissenschaften der DDR.

Wilhelm von Sternburg
Lion Feuchtwanger
Eine Biographie
1984. 340 Seiten mit Abb., geb. DM 38,–
ISBN 3-7610-8350-5

Diese Biographie ist „der ambitionierteste Versuch, Lion Feuchtwangers Leben und Werk als Paradigma eines deutschen Schriftstellerlebens in der ersten Hälfte unseres Jahrhunderts vorzuführen" (Süddeutsche Zeitung). Als Romancier, Theaterkritiker, Dramatiker, politischen Essayisten und hellsichtigen Analytiker des Antisemitismus stellt Wilhelm von Sternburg diesen Autor von Weltrang in den politischen und geistigen Strömungen seiner Zeit vor. Er beschreibt sein besonderes Verhältnis zum Judentum, sein oft mißverstandenes politisches Bekenntnis und seine künstlerische Entwicklung vom bissigen Theaterkritiker zum Meister des historischen Romans.
Wilhelm von Sternburg leitet seit 1979 die politische Redaktion des Fernsehens beim Hessischen Rundfunk.

Manuel Wiznitzer
Arnold Zweig
Das Leben eines deutsch-jüdischen Schriftstellers
1983. 228 Seiten, kt. DM 38,–
ISBN 3-7610-8271-1

Manuel Wiznitzer zeichnet die komplizierte Lebensgeschichte Arnold Zweigs inmitten des dramatischen Weltgeschehens nach. Zweig lebte – gleichsam als Modell einer deutsch-jüdischen Symbiose – aus dem Bewußtsein seiner deutschen geistigen Tradition, konnte aber doch keine vorbehaltlose Entscheidung für den Zionismus treffen. Ist der gegen Arnold Zweig erhobene Vorwurf des Opportunismus berechtigt? Waren die Jahre von 1933 bis 1948 für ihn nur ein langes Exil? Diesen Kernfragen geht diese Biographie nach.
Manuel Wiznitzer, 1919 in Berlin geboren, flüchtete 1939 aus Deutschland. 1948/49 in Israel. Studium der Germanistik und Romanistik; 1970-1976 Dozent an der Universität Tel Aviv. Ausgedehnte Forschungsarbeit der Exilliteratur.

Ursula Madrasch-Groschopp
Die Weltbühne
Porträt einer Zeitschrift
1983. 440 Seiten, über 150 Abb., geb. DM 48,–
ISBN 3-7610-8269-X

Für den Besitzer des Nachdrucks der „Weltbühne" eine unerläßliche Ergänzung, für den zeitgeschichtlich Interessierten *die* Geschichte des streitbaren Blattes. Ihr reich illustriertes, erzählerisches Porträt dieser Zeitschrift basiert auf Briefen, Dokumenten, in Gesprächen gesammelten Berichten unmittelbar Beteiligter und auf „Weltbühne"-Texten aus sieben Jahrzehnten. Es ist die Geschichte einer radikal-demokratischen Zeitschrift sowie die Schilderung ihres Programms, ihrer Wirkung und der Persönlichkeit ihrer Herausgeber. Die Darstellung der „Weltbühne" in den 20er Jahren nimmt breiten Raum ein, doch bleibt ihre Fortsetzung nach dem Zweiten Weltkrieg nicht ausgespart.
Ursula Madrasch-Groschopp war 27 Jahre lang stellvertretende Chefredakteurin der „Neuen Weltbühne".

Hans-Joachim Schoeps

Judentum und Christenheit in der Auseinandersetzung um die Wahrheit

Jüdisch-christliches Religionsgespräch in neunzehn Jahrhunderten
Mit einem Nachwort von Edna Brocke
Reprint, 230 Seiten,
geb., DM 38,–
ISBN 3-7610-0362-5

Das Buch stellt die Geschichte des Gesprächs dar, das Israel und die Kirche im Ringen um die Wahrheit miteinander führen. Das innere Spannungsverhältnis zwischen Israel und der Kirche wird im Spiegel der Kontroversen von neunzehn Jahrhunderten aufgezeigt. Die Leitlinie dieser Auseinandersetzung, die die Kirchenväter und Rabbiner der frühtalmudischen Zeit begonnen haben und die bis zu Martin Buber und Franz Rosenzweig reicht, geht vom Dogmenstreit zum Glaubensgespräch.

Aus dem Inhalt:
Der jüdisch-christliche Glaubensgegensatz
Der Fortgang der Auseinandersetzungen im Mittelalter
Die neuzeitliche Wendung
Religionsgespräche aus der Existenz (Franz Rosenzweig – Eugen Rosenstock – Martin Buber – Karl Ludwig Schmidt)

Hans-Joachim Schoeps (1909–1980), Dr. phil., seit 1950 ordentlicher Professor für Religions- und Geistesgeschichte. Veröffentlichungen u. a.: „Religionen", „Ja, Nein und Trotzdem", „Deutsche Geistesgeschichte der Neuzeit", „Preußen-Geschichte eines Staates", „Der Weg ins deutsche Kaiserreich".

Theodor Wolff

Ein bisher unveröffentlichtes Manuskript des liberalen Publizisten und Politikers Theodor Wolff

„Die Juden"
Herausgegeben und eingeleitet von
Bernd Sösemann
308 Seiten, geb. DM 48,–
ISBN 3-7610-0366-8

Dieses bisher unveröffentlichte Manuskript aus dem Nachlaß Theodor Wolffs, geschrieben in Nizza zwischen 1942 und 1943, ist der erste Band eines geplanten dreiteiligen Zyklus, zu dem auch die Bände „Die Franzosen" und „Die Deutschen" gehören sollten. Den eigentlichen jüdischen Fragen gegenüber verhielt sich Wolff stets sehr zurückhaltend; einen besonderen Wert besitzen darum diese Aufzeichnungen, in denen sich Betrachtungen und Gedanken sowie „aktuelle" Berichte und autobiographische Details zu den historischen, politisch-ideologischen, gesellschaftlichen, kulturellen, religiösen und rechtlichen Dimensionen des „jüdischen Problems" im Laufe der Jahrhunderte finden. Theodor Wolffs persönliche Situation im französischen Exil sowie die antisemitische Stimmung in Frankreich vor und im Zweiten Weltkrieg, die Opposition in Frankreich, das deutsche Besatzungsregime stehen im Vordergrund dieses brillant formulierten Essays, in dem sich ein unabhängiger Geist, ein literarisch gebildeter, wohlinformierter politischer Kopf zeigt.

Theodor Wolff (1869–1943), zunächst Korrespondent, dann Chefredakteur des „Berliner Tageblatts". 1933 emigrierte er nach Frankreich, 1943 wurde er in Nizza verhaftet und im Lager Sachsenhausen interniert. Er starb im Israelitischen Krankenhaus in Berlin-Moabit.

Franz Kobler

Dreihundert Jahre jüdische Geschichte im deutschen Sprachraum

Juden und Judentum in deutschen Briefen aus drei Jahrhunderten
Herausgegeben und erläutert von Franz Kobler
Reprint. 416 Seiten,
geb., DM 58,–
ISBN 3-7610-0363-3

Franz Kobler hat in diesem Band Briefe von und an Juden und Briefe, die Nichtjuden untereinander über Juden und Judentum gewechselt haben, vereinigt. Anhand dieser schriftlichen Bekenntnisse verfolgt er den Gang der jüdischen Geschichte im Bereich des deutschen Sprachgebiets in den letzten drei Jahrhunderten und macht den tragischen Kampf zwischen dem Streben nach Assimilation und nach Selbstbehauptung transparent. So sind Briefe von 1648 bis 1922 gesammelt, die einen Querschnitt durch die Geschichte und die Briefliteratur geben: Moses Mendelssohn, Spinoza, Friedrich Schleiermacher, Henriette Herz, Rahel Varnhagen, Karoline von Humboldt, Heinrich Heine, Anton Bruckner, Gustav Mahler, Max Liebermann, Theodor Herzl, Gustav Landauer, Walther Rathenau.
Die Auswahl schließt mit dem Jahre 1922, das durch den Tod Walther Rathenaus für die deutsche wie für die jüdische Geschichte in gleicher Weise bedeutsam geworden ist.

Franz Kobler (1882–1965) praktizierte in Wien als Rechtsanwalt. Mitarbeit in der Zionistischen Bewegung. 1939 emigrierte er nach England, wo er hauptsächlich am „Institute for Jewish Learning" in London wirkte. 1947 Übersiedlung in die USA.

Aus unserem Wissenschafts-Programm

Blendung als Lebensform Paul Celan Judendarstellung

Friedbert Aspetsberger/Gerald Stieg (Hrsg.)
Elias Canetti
Blendung als Lebensform
Etwa 200 Seiten, kt. ca. DM 38,–
ISBN 3-7610-8312-2 (Athenäum)
Erscheinungstermin: April 1985

Zum 80. Geburtstag Elias Canettis.

Ein Sammelband zu Leben und Werk des Nobelpreisträgers.

Durch geistesgeschichtliche, historische und politische Spurensicherung werden jene Züge herausgearbeitet, die wesentlich zur Kontur von Canettis Werk und Biographie gehören. (Die einzelnen Beiträge stammen von Friedbert Aspetsberger, Alfred Doppler, Konstanze Fliedl, Youssef Ishaghpour, Elfriede Pöder, Sigurd P. Scheichl, Wendelin Schmidt-Dengler, Franz Schuh und Gerald Stieg).

Marlies Janz
Vom Engagement absoluter Poesie
Zur Lyrik und Ästhetik Paul Celans
256 Seiten, kt. DM 38,–
ISBN 3-7610-8305-X (Athenäum)

Kann „absolute Poesie" engagiert sein? In dieser Interpretation Celans geht es um die Explikation des politischen Gehalts von Celans Lyrik überhaupt, gerade auch der scheinbar völlig esoterischen Gedichte.
Die Autorin befragt Celans Dichtung nicht nur auf ihren konkret-historischen Wirklichkeitsbezug, sondern zeigt zugleich die ungewöhnliche dichterische Verfahrensweise, mit deren Hilfe Celan die empirische Wirklichkeit in eine Sprache transformiert, die sich von der herkömmlichen Mitteilungsform unterscheidet.

Heidi M. Müller
Die Judendarstellung in deutschsprachiger Erzählprosa (1945-1981)
Hochschulschriften Literaturwissenschaft Band 58
220 Seiten, kt. DM 38,–
ISBN 3-445-02310-7 (Hain)

Im Steit um Kafka und das Judentum

Der Bri
und Ha

Herau
Julius
Etwa 200 Seiten, geb.
mit Schutzumschlag ca. DM 28,–
Jüdischer Verlag bei Athenäum
ISBN 3-7610-0380-3
Erscheinungstermin: September 1985

Es war das gemeinsame Interesse an Franz Kafka, insbesondere an der religiösen Dimension des Kafkaschen Werkes, das Max Brod und den zwanzigjährigen Hans-Joachim Schoeps 1929 zusammengeführt hat. Ihr erstmalig veröffentlichter Briefwechsel informiert nicht nur über das Verhältnis der beiden, sondern auch über ihr Bemühen, gemeinsam das Werk Kafkas herauszugeben. Der Leser erfährt Einzelheiten über die unterschiedlichen Kafka-Interpretationen, die gleichzeitig die kontroversen Positionen – die Auseinandersetzung zwischen Assimilation und Zionismus – im deutschen Judentum der dreißiger Jahre widerspiegeln.

Der vom Historiker Julius H. Schoeps herausgegebene und kenntnisreich kommentierte Briefwechsel enthält rund 60 Briefe, die Max Brod und Hans-Joachim Schoeps zwischen 1929 und 1952 wechselten. Er gibt einen Einblick in das Denken und Fühlen des deutschsprachigen Judentums am Vorabend der Katastrophe und zeigt den Willen beider zu überleben, sich dem Zugriff der Nationalsozialisten zu entziehen. Leidenschaftlich debattieren Brod und Schoeps nach 1945 Schuld und Verantwortung und stellen die Frage, ob es für Juden ein ... Nachkriegsdeutschland gibt.

Kurzinformation:
Dieser erstmalig veröffentlichte Briefwechsel zwischen Max Brod und Hans- ... über die ... seiner Her- ... Außerdem gibt er Aufschluß über die unterschiedlichen Kafka-Interpretationen, die gleichzeitig die kontroversen Positionen – die Auseinandersetzung zwischen Zionismus und Assimilation – im deutschen Judentum der dreißiger Jahre widerspiegeln.

Der Herausgeber:
Julius H. Schoeps, geb. 1942, Studium der Geschichte, Geistesgeschichte, Politik- und Kommunikationswissenschaft. Promotion 1969, Habilitation 1973. Seit 1974 Professor für Politische Wissenschaften an der Universität/GH Duisburg.

Die Autoren:
Max Brod (1884–1968), Studium der Rechtswissenschaften. Theater- und Musikkritiker des „Prager Tagblatts". Seit 1913 Zionist, emigrierte 1939 nach Palästina, wo er Dramaturg des „Habimah"-Theaters in Tel Aviv wurde. Er schrieb Romane, meist historischen Inhalts, darunter mehrere mit jüdischen Motiven. Freund Kafkas, dessen Werk er gegen den Willen des Verfassers vor der Vernichtung bewahrte und später herausgab.

Hans-Joachim Schoeps (1909–1980), Dr. phil., 1938 Emigration nach Schweden. Während der Emigration arbeitete er über Religionsgeschichte und veröffentlichte nach dem Krieg zahlreiche Werke auf diesem Gebiet. 1946 Habilitation in Marburg, 1947 Ruf auf ein persönliches Ordinariat für Religions- und Geistesgeschichte an der Universität Erlangen. 1950 ordentlicher Profes-